사관학교

10개년
기출문제 다잡기
수학영역

시대에듀

육군사관학교 | 모집 정원 330명(남 286명 / 여 44명)

❶ 입학 전형별 배점

구분			배점						
			계	1차 시험	2차 시험			내신	수능
					신체 검사	체력 검정	면접		
일반 전형	우선 선발	고교학교장 추천	1,000	합·불	합·불	160	640	200	–
		적성 우수		300		100	500	100	
	종합선발			50		50	200	100	600
특별 전형	고른 기회	독립유공자 손자녀·국가유공자 자녀		300		100	500	100	–
		농어촌 학생							
		기초생활수급자·차상위계층							
	재외국민 자녀		600	합·불		100	500	–	

※ 한국사능력검정시험 가산점 : 1급-3점, 2급-2.6점, 3급-2.2점, 4급-1.5점, 5급-1.1점, 6급-0.7점
※ 체력우수자 가산점 1점(체력 검정 전종목 만점자)

❷ 전형 일정 : 6월 중 접수 ➡ 7월 말 1차 시험 ➡ 8월 중 1차 시험 합격자 발표 ➡ 9~10월 2차 시험 ➡ 11월 중 합격자 발표(우선·특별)/12월 말 합격자 발표(종합)

공군사관학교 | 모집 정원 235명(남 199명 / 여 36명)

❶ 입학 전형별 배점

구분		배점					한국사능력 검정시험(가산점)	학교생활기록부	수능
		계	1차 시험	2차 시험					
				신체 검사	체력 검정	면접			
우선 선발	일반 전형	1,000	300	합·불	150	450	0~5	100	–
	고교학교장 추천		합·불			650		200	
	특별 전형 Ⅰ		300			450		100	
	특별 전형 Ⅱ		300			450		100	
종합선발			–			450	–	–	400

※ 한국사능력검정시험 가산점 : 1급-5점, 2급-3.5점, 3급-2점, 미제출-0점

❷ 전형 일정 : 6월 중 접수 ➡ 7월 말 1차 시험 ➡ 8월 중 1차 시험 합격자 발표 ➡ 8~10월 2차 시험 ➡ 11월 중 합격자 발표(우선)/12월 중 합격자 발표(종합)

해군사관학교 | 모집 정원 170명(남 144명/여 26명)

❶ 입학 전형별 배점

구분		계	1차 시험	2차 시험				학생부 (비교내신)	수능
				신체 검사	체력 검정	면 접	비교과		
우선 선발	고교학교장 추천	1,000	200	합 · 불	100	500	100	100	–
	일반우선		400			400	–		
	독립 · 국가유공자								
	고른 기회								
	재외국민 자녀								
종합선발			–			200		50	650

※ 한국사능력검정시험 가산점 : 1급 - 5점, 2급 - 4점, 3급 - 3점
※ 체력 검정 전 종목 1등급 획득 시 가산점 1점, 태권도 3단, 유도 · 검도 2단 이상 가산점 1점, 수상인명구조자격(LIFE GUARD) 보유 시 가산점 1점

❷ 전형 일정 : 6월 중 접수 ➡ 7월 말 1차 시험 ➡ 8월 초 1차 시험 합격자 발표 ➡ 9~10월 2차 시험 ➡ 10월 말 합격자 발표(우선)/12월 중 합격자 발표(종합)

국군간호사관학교 | 모집 정원 90명(남 14명/여 76명)

❶ 입학 전형별 배점

구분			계	1차 시험	2차 시험			학생부 (교과+비교과)	가산점 α	수능
					신체 검사	체력 검정	면 접			
일반 전형	우선 선발	고교학교장 추천	500+α	100	합 · 불	50	250	100	5점 이하	–
		일반우선		125			200	125		–
	종합선발		1,000	–			150	100	–	700
특별 전형	독립유공자 손자녀 · 국가유공자 자녀		500+α	125			200	125	5점 이하	–
	기회균형									
	재외국민 자녀									

※ 한국사능력검정시험 가산점 : 1급 - 5점, 2급 - 3점, 3급 - 1점

❷ 전형 일정 : 6월 중 접수 ➡ 7월 말 1차 시험 ➡ 8월 중 1차 시험 합격자 발표 ➡ 9~10월 2차 시험 ➡ 11월 초 합격자 발표(우선 · 특별)/12월 중 합격자 발표(종합)

❖ 상기 내용은 2025학년도 모집 요강을 참고하였습니다. 각 홈페이지에서 최종 확정된 모집 요강을 반드시 확인하시기 바랍니다.

수학영역 공통 · 선택(2025학년도)

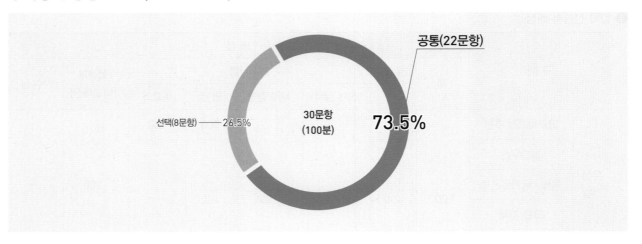

선택(8문항) —— 26.5%

30문항
(100분)

공통(22문항)

73.5%

❶ 한줄평

작년보다 높아진 난도로 시간 분배에 대한 연습이 필요

❷ 영역 분석

- 공통 : 작년에 비해 난도는 높아졌지만 기존 기출 유형과 비슷하므로 꼼꼼한 기출 분석이 필요
- 선택(확률과 통계/미적분/기하) : 전반적으로 공통과목에 비해 난도는 평이한 수준이며 빠르고 정확한 계산이 요구됨

수학영역 공통 · 선택(2024학년도)

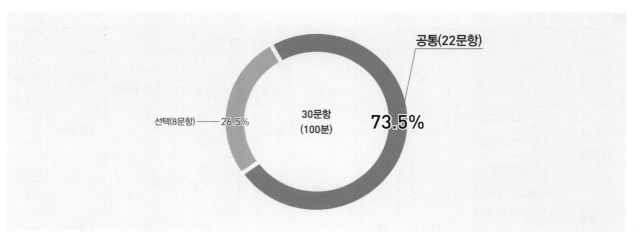

선택(8문항) —— 26.5%

30문항
(100분)

공통(22문항)

73.5%

❶ 한줄평

작년보다 난도는 낮지만 전반적으로 수준 있는 문제가 출제

❷ 영역 분석

- 공통 : 작년과 비슷한 난도이며 꼼꼼한 기출 분석을 통한 개념 학습이 필요
- 선택(확률과 통계/미적분/기하) : 전반적으로 공통과목에 비해 난도는 평이한 수준

이 책의 구성과 특징 STRUCTURES

문제편

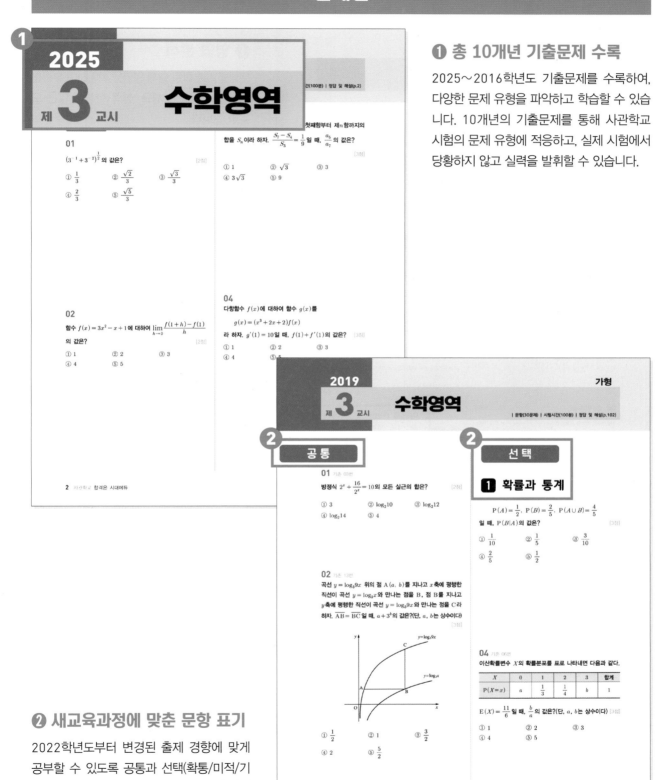

❶ 총 10개년 기출문제 수록

2025~2016학년도 기출문제를 수록하여, 다양한 문제 유형을 파악하고 학습할 수 있습니다. 10개년의 기출문제를 통해 사관학교 시험의 문제 유형에 적응하고, 실제 시험에서 당황하지 않고 실력을 발휘할 수 있습니다.

❷ 새교육과정에 맞춘 문항 표기

2022학년도부터 변경된 출제 경향에 맞게 공부할 수 있도록 공통과 선택(확통/미적/기하) 과목으로 분류했습니다. 교육과정에 맞춰 똑똑하게 학습하세요.

※ 교육과정에 들어가지 않는 문항들은 '기타'로 분류

이 책의 구성과 특징 STRUCTURES

해설편

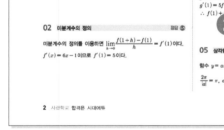

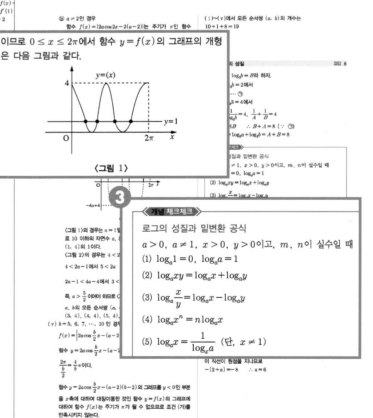

❶ 영역 분석

문항별 세분화된 출제 영역을 확인하여 부족한 영역을 파악해 보세요. 실력 향상에 많은 도움이 됩니다.

❷ 정확한 해설

혼자서도 학습이 가능하도록 문제풀이를 명확하게 제시하였습니다.

❸ 중요한 개념 정리

헷갈리거나 어려운 개념을 정리하여, 개념이 문제에 어떻게 적용되었는지 보여주고, 개념 정리를 도와줍니다.

MILITARY ACADEMY

특별제공편

수학영역 암기 달달 핵심 노트

01 부분집합의 개수
유한집합 $A = \{a_1, a_2, a_3, \cdots, a_n\}$ 일 때
(1) 집합 A의 부분집합의 개수: 2^n개
(2) 집합 A의 진부분집합의 개수: $(2^n - 1)$개
(3) 특정한 $m(m \le n)$개의 원소를 반드시 포함하는 집합 A의 부분집합의 개수: a^{n-m}개
(4) 특정한 $k(k \le n)$개의 원소를 제외한 집합 A의 부분집합의 개수: a^{n-k}개
(5) 집합 A의 부분집합의 모든 원소들의 총합: $2^{n-1}(a_1 + a_2 + \cdots + a_n)$

02 복소수
(1) i의 거듭제곱
$i^n = \begin{cases} i & (n=4k-3) \\ -1 & (n=4k-2) \\ -i & (n=4k-1) \\ 1 & (n=4k) \end{cases}$ (단, k는 자연수)
(2) 켤레복소수
  ① $z = a + bi$의 켤레복소수는 $\bar{z} = a - bi$이다.
  ② 두 복소수 z_1, z_2에 대하여
  $\overline{z_1 \pm z_2} = \bar{z_1} \pm \bar{z_2}, \ \overline{z_1 z_2} = \bar{z_1} \bar{z_2},$
  $\overline{\left(\dfrac{z_1}{z_2}\right)} = \dfrac{\bar{z_1}}{\bar{z_2}} (z_2 \ne 0)$
  ③ 복소수 z에 대하여 $z + \bar{z}, \ z\bar{z}$는 실수이다.

03 곱셈 공식
(1) $(a \pm b)^2 = a^2 \pm 2ab + b^2$
(2) $(a+b)(a-b) = a^2 - b^2$
(3) $(x+a)(x+b) = x^2 + (a+b)x + ab$
(4) $(ax+b)(cx+d) = acx^2 + (ad+bc)x + bd$
(5) $(a \pm b)^3 = a^3 \pm 3a^2b + 3ab^2 \pm b^3$
(6) $(a \pm b)(a^2 \mp ab + b^2) = a^3 \pm b^3$
(7) $(a+b+c)^2 = a^2 + b^2 + c^2 + 2(ab+bc+ca)$

04 곱셈 공식의 변형
(1) $a^2 + b^2 = (a+b)^2 - 2ab = (a-b)^2 + 2ab$
(2) $a^3 + b^3 = (a+b)^3 - 3ab(a+b)$
(3) $a^3 - b^3 = (a-b)^3 + 3ab(a-b)$
(4) $a^2 + b^2 + c^2 = (a+b+c)^2 - 2(ab+bc+ca)$
(5) $a^2 + b^2 + c^2 - ab - bc - ca$
  $= \dfrac{1}{2}\{(a-b)^2 + (b-c)^2 + (c-a)^2\}$

(8) $(a+b+c)(a^2+b^2+c^2-ab-bc-ca)$
  $= a^3 + b^3 + c^3 - 3abc$
(9) $(a^2+ab+b^2)(a^2-ab+b^2) = a^4 + a^2b^2 + b^4$

05 인수분해
(1) 공통인수를 찾는다.
(2) 인수분해 공식을 이용한다.
(3) 인수분해 공식을 이용할 수 없는 경우
  ① 공통부분을 치환하여 인수분해
  ② 차수가 낮은 문자에 대하여 내림차순으로 정리하여 인수분해
  ③ 복이차식 꼴: $x^2 = X$으로 치환하여 인수분해
  ④ 삼차 이상의 다항식의 인수분해: 인수정리 이용

06 나머지정리
x에 대한 다항식 $f(x)$를...
나머지는 $f(a)$이다.
※ 다항식 $f(x)$를 일...
  $Q(x)$, 나머지를...
  $f(x) = (x-a)Q(x)...$
  $x = a$를 대입하면...
※ 나머지가 0이 되...
고 이를 인수정리...

❶ 암기 달달 핵심 노트

중요한 수학 개념 등의 핵심적인 내용을 제공하고 있습니다. 꼼꼼하게 학습하여 시험에 대비하세요.

수학영역 오답 다잡기

풀이 날짜:

오답 문항	오답 과목 및 오답 단원	오답 유형	정 · 오답 분석

다음번에 꼭 확인해야 할 부분

❷ 오답 다잡기표

틀린 문제를 한 번 더 확인하고 복습할 수 있습니다. 오답 다잡기표를 적절하게 활용하면 실력이 한층 더 향상됩니다.

특별제공편 다운로드 방법

'시대에듀(www.sdedu.co.kr)
➔ 도서 ➔ 도서업데이트'에서 사관학교 검색, 우측 QR코드 스캔 후 PDF 다운

이 책의 차례 CONTENTS

MILITARY ACADEMY

2026

사관학교

10개년
기출문제 다잡기

★ ★   ★ ★

수학영역

[문제편]

공통

01

$\left(3^{-1} + 3^{-2}\right)^{\frac{1}{2}}$ 의 값은? [2점]

① $\dfrac{1}{3}$　　　② $\dfrac{\sqrt{2}}{3}$　　　③ $\dfrac{\sqrt{3}}{3}$

④ $\dfrac{2}{3}$　　　⑤ $\dfrac{\sqrt{5}}{3}$

02

함수 $f(x) = 3x^2 - x + 1$ 에 대하여 $\displaystyle\lim_{h \to 0} \dfrac{f(1+h) - f(1)}{h}$

의 값은? [2점]

① 1　　　② 2　　　③ 3

④ 4　　　⑤ 5

03

공비가 양수인 등비수열 $\{a_n\}$ 의 첫째항부터 제n항까지의

합을 S_n 이라 하자. $\dfrac{S_7 - S_4}{S_3} = \dfrac{1}{9}$ 일 때, $\dfrac{a_5}{a_7}$ 의 값은?

[3점]

① 1　　　② $\sqrt{3}$　　　③ 3

④ $3\sqrt{3}$　　　⑤ 9

04

다항함수 $f(x)$ 에 대하여 함수 $g(x)$ 를

$$g(x) = (x^3 + 2x + 2)f(x)$$

라 하자. $g'(1) = 10$ 일 때, $f(1) + f'(1)$ 의 값은? [3점]

① 1　　　② 2　　　③ 3

④ 4　　　⑤ 5

05

두 상수 $a\,(a > 0)$, b에 대하여 함수 $y = a\sin ax + b$의
주기가 π이고 최솟값이 5일 때, $a + b$의 값은? [3점]

① 5   ② 6   ③ 7

④ 8   ⑤ 9

06

다항함수 $f(x)$가

$$\lim_{x \to \infty} \frac{x^2}{f(x)} = 2, \quad \lim_{x \to 3} \frac{f(x-1)}{x-3} = 4$$

를 만족시킬 때, $f(4)$의 값은? [3점]

① 10   ② 11   ③ 12

④ 13   ⑤ 14

07

두 수열 $\{a_n\}$, $\{b_n\}$에 대하여

$$\sum_{k=1}^{10} (2a_k + b_k + k) = 60, \quad \sum_{k=1}^{10} (a_k - 2b_k + 1) = 10$$

일 때, $\displaystyle\sum_{k=1}^{10} (a_k + b_k)$의 값은? [3점]

① 1   ② 3   ③ 5

④ 7   ⑤ 9

08

최고차항의 계수가 3인 이차함수 $f(x)$의 한 부정적분을
$F(x)$라 하자.

$$f(1) = 0, \ F(1) = 0, \ F(2) = 4$$

일 때, $F(3)$의 값은? [3점]

① 16   ② 20   ③ 24

④ 28   ⑤ 32

09

두 점 P와 Q는 시각 $t=0$일 때 각각 점 A(9)와 점 B(1)에서 출발하여 수직선 위를 움직인다. 두 점 P, Q의 시각 $t(t \geq 0)$에서의 속도는 각각

$$v_1(t) = 6t^2 - 18t + 7, \quad v_2(t) = 2t + 1$$

이다. 시각 t에서의 두 점 P, Q 사이의 거리를 $f(t)$라 할 때, 닫힌구간 $[1, 3]$에서 함수 $f(t)$의 최댓값은? [4점]

① 6   ② 8   ③ 10
④ 12   ⑤ 14

10

$-\dfrac{1}{2} < t < 0$인 실수 t에 대하여 직선 $x = t$가 두 곡선

$$y = \log_2(x+1), \quad y = \log_{\frac{1}{2}}(-x) + 1$$

과 만나는 점을 각각 A, B라 하고, 점 B를 지나고 x축에 평행한 직선이 곡선 $y = \log_2(x+1)$과 만나는 점을 C라 하자. $\overline{\text{AB}} = \log_2 9$일 때, 선분 BC의 길이는? [4점]

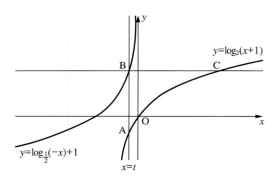

① 4   ② $\dfrac{13}{3}$ ③ $\dfrac{14}{3}$
④ 5   ⑤ $\dfrac{16}{3}$

11

최고차항의 계수가 -1인 사차함수 $f(x)$가 다음 조건을 만족시킨다.

(가) 모든 실수 x에 대하여 $f(3-x) = f(3+x)$이다.
(나) 실수 t에 대하여 닫힌구간 $[t-1, t+1]$에서의 함수 $f(x)$의 최댓값을 $g(t)$라 할 때, $-1 \leq t \leq 1$인 모든 실수 t에 대하여 $g(t) = g(1)$이다.

$f(2) = 0$일 때, $f(5)$의 값은? [4점]

① 36   ② 37   ③ 38
④ 39   ⑤ 40

12

2 이상의 자연수 n에 대하여 $-(n-k)^2 + 8$의 n제곱근 중 실수인 것의 개수를 $f(n)$이라 하자.

$$f(3) + f(4) + f(5) + f(6) + f(7) = 7$$

을 만족시키는 모든 자연수 k의 값의 합은? [4점]

① 14   ② 15   ③ 16
④ 17   ⑤ 18

13

$-6 \le t \le 2$인 실수 t와 함수 $f(x) = 2x(2-x)$에 대하여 x에 대한 방정식

$$\{f(x) - t\}\{f(x-1) - t\} = 0$$

의 실근 중에서 집합 $\{x \mid 0 \le x \le 3\}$에 속하는 가장 큰 값과 가장 작은 값의 차를 $g(t)$라 할 때, 함수 $g(t)$는 $t = a$에서 불연속이다. $\displaystyle \lim_{t \to a-} g(t) + \lim_{t \to a+} g(t)$의 값은?(단, a는 $-6 < a < 2$인 상수이다) [4점]

① 3
② $\dfrac{7}{2}$
③ 4
④ $\dfrac{9}{2}$
⑤ 5

14

다음 조건을 만족시키는 모든 수열 $\{a_n\}$에 대하여 $|a_5|$의 최댓값과 최솟값을 각각 M, m이라 할 때, $M + m$의 값은? [4점]

(가) $a_2 = 27$, $a_3 a_4 > 0$

(나) 2 이상의 모든 자연수 n에 대하여 $\displaystyle \sum_{k=1}^{n} a_k = 2|a_n|$ 이다.

① 224
② 232
③ 240
④ 248
⑤ 256

15

최고차항의 계수가 1이고 $f'(0) = f'(2) = 0$인 삼차함수 $f(x)$가 있다. 양수 p와 함수 $f(x)$에 대하여 함수

$$g(x) = \begin{cases} f(x) & (f(x) \ge x) \\ f(x-p) + 3p & (f(x) < x) \end{cases}$$

가 실수 전체의 집합에서 미분가능할 때, $f(0)$의 값은? [4점]

① $4 - 3\sqrt{6}$
② $2 - 2\sqrt{6}$
③ $3 - 2\sqrt{6}$
④ $3 - \sqrt{6}$
⑤ $4 - \sqrt{6}$

16

부등식 $4^x - 9 \times 2^{x+1} + 32 \le 0$을 만족시키는 모든 정수 x의 값의 합을 구하시오. [3점]

17

공차가 0이 아닌 등차수열 $\{a_n\}$이

$$a_{12} = 5,\ |a_5| = |a_{13}|$$

을 만족시킬 때, a_{24}의 값을 구하시오.   [3점]

18

최고차항의 계수가 1인 삼차함수 $f(x)$가 다음 조건을 만족시킬 때, $f(3)$의 값을 구하시오.   [3점]

> (가) 모든 실수 x에 대하여 $f(-x) = -f(x)$이다.
>
> (나) $\displaystyle\int_{-2}^{2} xf(x)dx = \dfrac{144}{5}$

19

그림과 같이 $\overline{AB} = 7$, $\overline{BC} = 13$, $\overline{CA} = 10$인 삼각형 ABC가 있다. 선분 AB 위의 점 P와 선분 AC 위의 점 Q를 $\overline{AP} = \overline{CQ}$이고 사각형 PBCQ의 넓이가 $14\sqrt{3}$이 되도록 잡을 때, $\overline{PQ}^2$의 값을 구하시오.   [3점]

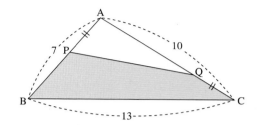

20

최고차항의 계수가 1인 삼차함수 $f(x)$와 함수 $g(x) = |f(x)|$가 다음 조건을 만족시킬 때, $g(8)$의 값을 구하시오.   [4점]

> (가) 함수 $y = f'(x)$의 그래프는 직선 $x = 2$에 대하여 대칭이다.
>
> (나) 함수 $g(x)$는 $x = 5$에서 미분가능하고, 곡선 $y = g(x)$ 위의 점 $(5, g(5))$에서의 접선은 곡선 $y = g(x)$와 점 $(0, g(0))$에서 접한다.

21

다음 조건을 만족시키는 두 실수 α, β에 대하여 $\dfrac{12}{\pi} \times (\beta - \alpha)$의 최댓값을 구하시오. [4점]

> $0 \le x \le 2\pi$에서 함수
> $$f(x) = \cos^2\left(\frac{13}{12}\pi - 2x\right) + \sqrt{3}\cos\left(2x - \frac{7}{12}\pi\right) - 1$$
> 은 $x = \alpha$일 때 최댓값을 갖고, $x = \beta$일 때 최솟값을 갖는다.

22

함수 $f(x) = x^2 - 2x$와 최고차항의 계수가 1인 삼차함수 $g(x)$에 대하여 실수 전체의 집합에서 연속인 함수 $h(x)$가 다음 조건을 만족시킨다.

> (가) 모든 실수 x에 대하여
> $\{h(x) - f(x)\}\{h(x) - g(x)\} = 0$이다.
> (나) $h(k)h(k+2) \le 0$을 만족시키는 서로 다른 실수 k의 개수는 3이다.

$\displaystyle\int_{-2}^{3} h(x)dx = 26$이고 $h(10) > 80$일 때, $h(1) + h(6) + h(9)$의 값을 구하시오. [4점]

❶ 확률과 통계

23

확률변수 X가 이항분포 $\mathrm{B}\left(49, \dfrac{3}{7}\right)$을 따를 때, $\mathrm{V}(2X)$의 값은? [2점]

① 16   ② 24   ③ 32

④ 40   ⑤ 48

24

두 사건 A와 B는 서로 독립이고
$$\mathrm{P}(A \mid B) = \frac{1}{2}, \quad \mathrm{P}(A \cup B) = \frac{7}{10}$$
일 때, $\mathrm{P}(B)$의 값은? [3점]

① $\dfrac{3}{10}$ ② $\dfrac{2}{5}$ ③ $\dfrac{1}{2}$

④ $\dfrac{3}{5}$ ⑤ $\dfrac{7}{10}$

$(x^2+y)^4\left(\dfrac{2}{x}+\dfrac{1}{y^2}\right)^5$ 의 전개식에서 $\dfrac{x^4}{y^5}$ 의 계수는? [3점]

① 80　　　② 120　　　③ 160
④ 200　　　⑤ 240

집합 $X=\{1,2,3,4,5\}$에 대하여 다음 조건을 만족시키는 함수 $f:X\to X$의 개수는? [3점]

> (가) $x=1,2,3$일 때 $f(x)\le f(x+1)$이다.
> (나) 함수 f의 치역의 원소의 개수는 2이다.

① 50　　　② 60　　　③ 70
④ 80　　　⑤ 90

어느 사관학교 생도의 일주일 수면 시간은 평균이 45시간, 표준편차가 1시간인 정규분포를 따른다고 한다. 이 사관학교 생도 중 임의추출한 36명의 일주일 수면 시간의 표본평균이 44시간 45분 이상이고 45시간 20분 이하일 확률을 다음 표준정규분포표를 이용하여 구한 것은? [3점]

z	$P(0\le Z\le z)$
0.5	0.1915
1.0	0.3413
1.5	0.4332
2.0	0.4772

① 0.6915　　　② 0.8185　　　③ 0.8413
④ 0.9104　　　⑤ 0.9772

숫자 1, 1, 2, 2, 4, 4, 4가 하나씩 적혀 있는 7장의 카드가 있다. 이 7장의 카드를 모두 한 번씩 사용하여 일렬로 나열할 때, 서로 이웃한 2장의 카드에 적혀 있는 두 수의 차를 각각 a, b, c, d, e, f라 하자. 예를 들어 그림과 같이 나열한 경우 $a=3$, $b=1$, $c=1$, $d=3$, $e=0$, $f=2$이다.

$a+b+c+d+e+f$의 값이 짝수가 되도록 카드를 나열하는 경우의 수는?(단, 같은 숫자가 적혀 있는 카드끼리는 서로 구별하지 않는다) [4점]

① 100　　　② 110　　　③ 120
④ 130　　　⑤ 140

29

흰 공 1개, 검은 공 1개, 파란 공 1개, 빨간 공 1개가 들어 있는 주머니가 있다. 이 주머니에서 임의로 하나의 공을 꺼내어 색을 확인한 후 다시 넣는 시행을 한다. 이 시행을 4번 반복하여 확인한 색의 종류의 수를 확률변수 X라 할 때, $\mathrm{E}(64X-10)$의 값을 구하시오. [4점]

30

흰 공 1개, 검은 공 6개, 노란 공 2개가 들어 있는 주머니에서 임의로 한 개의 공을 꺼내는 시행을 한다. 이 시행을 반복하여 주머니에 남아 있는 공의 색의 종류의 수가 처음으로 2가 되면 시행을 멈춘다. 시행을 멈출 때까지 꺼낸 공의 개수가 4일 때, 꺼낸 공 중에 흰 공이 있을 확률은 $\dfrac{q}{p}$이다. $p+q$의 값을 구하시오(단, 꺼낸 공은 다시 넣지 않고, p와 q는 서로소인 자연수이다). [4점]

🔟 미적분

23

$\displaystyle\lim_{n \to \infty}\left(\sqrt{4+\dfrac{1}{n}}-2\right)$의 값은? [2점]

① $\dfrac{1}{4}$ ② $\dfrac{1}{2}$ ③ $\dfrac{3}{4}$

④ 1 ⑤ $\dfrac{5}{4}$

24

함수 $f(x)=e^{x^2}$에 대하여 $\displaystyle\lim_{n \to \infty}\sum_{k=1}^{n}\dfrac{k}{n^2}f\left(\dfrac{k}{n}\right)$의 값은? [3점]

① $\dfrac{1}{4}e-\dfrac{1}{2}$ ② $\dfrac{1}{4}e-\dfrac{1}{4}$ ③ $\dfrac{1}{2}e-\dfrac{1}{2}$

④ $\dfrac{1}{2}e-\dfrac{1}{4}$ ⑤ $\dfrac{3}{4}e-\dfrac{1}{4}$

25

함수 $f(x) = \ln(e^x + 2)$의 역함수를 $g(x)$라 하자. 함수
$h(x) = \{g(x)\}^2$에 대하여 $h'(\ln 4)$의 값은? [3점]

① $2\ln 2$ ② $3\ln 2$ ③ $4\ln 2$

④ $5\ln 2$ ⑤ $6\ln 2$

26

$0 < t < \pi$인 실수 t에 대하여 점 $A(t, 0)$을 지나고 y축에
평행한 직선이 두 곡선 $y = \sin\dfrac{x}{2}$, $y = \tan\dfrac{x}{2}$와 만나는 점
을 각각 B, C라 하고, 점 B를 지나고 x축에 평행한 직선이
선분 OC와 만나는 점을 D라 하자. 삼각형 OAB의 넓이를
$f(t)$, 삼각형 ACD의 넓이를 $g(t)$라 할 때, $\displaystyle\lim_{t \to 0+} \dfrac{g(t)}{\{f(t)\}^2}$
의 값은?(단, O는 원점이다) [3점]

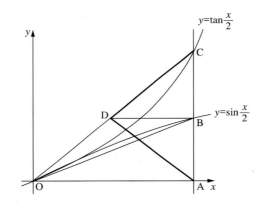

① $\dfrac{1}{8}$ ② $\dfrac{1}{4}$ ③ $\dfrac{3}{8}$

④ $\dfrac{1}{2}$ ⑤ $\dfrac{5}{8}$

27

그림과 같이 곡선 $y = \dfrac{\sqrt{\ln(x+1)}}{x}$ $(x > 0)$과 x축 및 두
직선 $x = 1$, $x = 3$으로 둘러싸인 부분을 밑면으로 하는 입
체도형이 있다. 이 입체도형을 x축에 수직인 평면으로 자른
단면이 모두 정사각형일 때, 이 입체도형의 부피는? [3점]

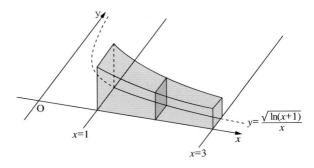

① $\dfrac{1}{3}\ln\dfrac{9}{8}$ ② $\dfrac{1}{3}\ln\dfrac{3}{2}$ ③ $\dfrac{1}{3}\ln\dfrac{9}{2}$

④ $\dfrac{1}{3}\ln\dfrac{27}{4}$ ⑤ $\dfrac{1}{3}\ln\dfrac{27}{2}$

28

실수 전체의 집합에서 연속인 함수 $f(x)$가 모든 실수 x에
대하여

$$\int_0^x (x - t)f(t)dt = e^{2x} - 2x + a$$

를 만족시킨다. 곡선 $y = f(x)$ 위의 점 $(a, f(a))$에서의
접선을 l이라 할 때,

곡선 $y = f(x)$와 직선 l 및 y축으로 둘러싸인 부분의 넓이
는?(단, a는 상수이다) [4점]

① $2 - \dfrac{6}{e^2}$ ② $2 - \dfrac{7}{e^2}$ ③ $2 - \dfrac{8}{e^2}$

④ $2 - \dfrac{9}{e^2}$ ⑤ $2 - \dfrac{10}{e^2}$

29

두 실수 a, b에 대하여 x에 대한 방정식 $x^2 + ax + b = 0$의 두 근을 α, β라 하자. $(\alpha - \beta)^2 = \dfrac{34}{3}\pi$일 때, 함수 $f(x) = \sin(x^2 + ax + b)$가 $x = c$에서 극값을 갖도록 하는 c의 값 중에서 열린구간 (α, β)에 속하는 모든 값을 작은 수부터 크기순으로 나열한 것을 c_1, c_2, $\cdots$, c_n(n은 자연수)라 하자. $(1 - n) \times \displaystyle\sum_{k=1}^{n} f(c_k)$의 값을 구하시오(단, $\alpha < \beta$). [4점]

30

양수 k와 이차함수 $f(x)$에 대하여 함수

$$g(x) = \begin{cases} \displaystyle\lim_{n \to \infty} \dfrac{|x-2|^{2n+1} + f(x)}{|x-2|^{2n} + k} & (|x-2| \neq 1) \\ \dfrac{|f(x+1)|}{k+1} & (|x-2| = 1) \end{cases}$$

이 실수 전체의 집합에서 연속이다. 닫힌구간 $[1, 3]$에서 함수 $f(g(x))$의 최댓값과 최솟값을 각각 M, m이라 할 때, $10(M + m)$의 값을 구하시오. [4점]

❸ 기하

23

좌표공간의 점 $A(1, -2, 3)$을 y축에 대하여 대칭이동한 점을 P라 하고, 점 A를 zx평면에 대하여 대칭이동한 점을 Q라 할 때, 선분 PQ의 길이는? [2점]

① $4\sqrt{3}$ ② $5\sqrt{2}$ ③ $2\sqrt{13}$
④ $3\sqrt{6}$ ⑤ $2\sqrt{14}$

24

좌표평면에서 방향벡터가 $\vec{u} = (3, 1)$인 직선 l과 법선벡터가 $\vec{n} = (1, -2)$인 직선 m이 이루는 예각의 크기를 θ라 할 때, $\cos\theta$의 값은? [3점]

① $\dfrac{3\sqrt{2}}{10}$ ② $\dfrac{2\sqrt{2}}{5}$ ③ $\dfrac{\sqrt{2}}{2}$
④ $\dfrac{3\sqrt{2}}{5}$ ⑤ $\dfrac{7\sqrt{2}}{10}$

25

그림과 같이 한 모서리의 길이가 3인 정육면체 $ABCD-EFGH$에서 선분 EH를 $2:1$로 내분하는 점을 P, 선분 EF를 $1:2$로 내분하는 점을 Q라 할 때, 점 A와 직선 PQ 사이의 거리는? [3점]

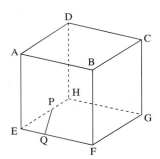

① $\dfrac{7\sqrt{5}}{5}$　　　② $\dfrac{3\sqrt{5}}{2}$　　　③ $\dfrac{8\sqrt{5}}{5}$

④ $\dfrac{17\sqrt{5}}{10}$　　　⑤ $\dfrac{9\sqrt{5}}{5}$

26

포물선 $(y+2)^2 = 16(x-8)$의 초점에서 포물선 $y^2 = -16x$에 그은 두 접선의 접점을 각각 P, Q라 하자. 포물선 $y^2 = -16x$의 초점을 F라 할 때, $\overline{PF}+\overline{QF}$의 값은? [3점]

① 33　　　② 34　　　③ 35

④ 36　　　⑤ 37

27

그림과 같이 $\overline{AB}=9$, $\overline{BC}=8$, $\overline{CA}=7$인 삼각형 ABC가 있다. 점 C에서 선분 AB에 내린 수선의 발을 P, 점 B에서 선분 AC에 내린 수선의 발을 Q라 하자. 두 선분 CP, BQ의 교점을 R이라 할 때, $\overrightarrow{AR}\cdot(\overrightarrow{AB}+\overrightarrow{AC})$의 값은? [3점]

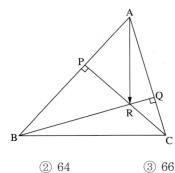

① 62　　　② 64　　　③ 66

④ 68　　　⑤ 70

28

그림과 같이 두 점 $F(c, 0)$, $F'(-c, 0)$ $(c > 0)$을 초점으로 하는 타원 $\dfrac{x^2}{81} + \dfrac{y^2}{75} = 1$과 두 점 F, F'을 초점으로 하는 쌍곡선 $\dfrac{x^2}{a^2} - \dfrac{y^2}{b^2} = 1$이 있다. 타원과 쌍곡선이 만나는 점 중 제1사분면 위의 점을 P라 하고, 선분 $F'P$가 쌍곡선과 만나는 점 중 P가 아닌 점을 Q라 하자. 두 점 P, Q가 다음 조건을 만족시킬 때, 점 P의 x좌표는?(단, a와 b는 양수이다)

[4점]

> (가) $\overline{PQ} = \overline{PF}$
> (나) 삼각형 PQF의 둘레의 길이는 20이다.

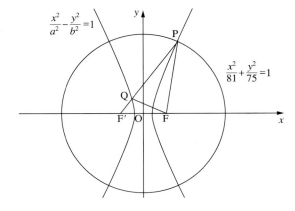

① $\sqrt{13}$ ② $\dfrac{3\sqrt{6}}{2}$ ③ $\sqrt{14}$

④ $\dfrac{\sqrt{58}}{2}$ ⑤ $\sqrt{15}$

29

$\overline{AB} = 2$, $\overline{BC} = \sqrt{5}$인 직사각형 ABCD를 밑면으로 하고 $\overline{OA} = \overline{OB} = \overline{OC} = \overline{OD} = 2$인 사각뿔 $O-ABCD$가 있다. 선분 OA의 중점을 M이라 하고, 점 M에서 평면 OBD에 내린 수선의 발을 H라 하자. 선분 BH의 길이를 k라 할 때, $90k^2$의 값을 구하시오.

[4점]

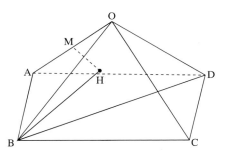

30

좌표평면에 한 변의 길이가 $4\sqrt{2}$인 정삼각형 OAB와 다음 조건을 만족시키는 점 C가 있다.

> (가) $|\overrightarrow{AC}| = 4$
> (나) $\overrightarrow{OA} \cdot \overrightarrow{AC} = 0$, $\overrightarrow{AB} \cdot \overrightarrow{AC} > 0$

$(\overrightarrow{OP} - \overrightarrow{OC}) \cdot (\overrightarrow{OP} - \overrightarrow{OA}) = 0$을 만족시키는 점 P와 정삼각형 OAB의 변 위를 움직이는 점 Q에 대하여 $|\overrightarrow{OP} + \overrightarrow{OQ}|$의 최댓값과 최솟값의 합이 $p + q\sqrt{33}$일 때, $p^2 + q^2$의 값을 구하시오(단, p와 q는 유리수이다). [4점]

공통

01

$\log_2 \dfrac{8}{9} + \dfrac{1}{2}\log_{\sqrt{2}} 18$의 값은? [2점]

① 1   ② 2   ③ 3

④ 4   ⑤ 5

02

함수 $f(x)$에 대하여 $\displaystyle\lim_{x\to\infty}\dfrac{f(x)}{x}=2$ 일 때, $\displaystyle\lim_{x\to\infty}\dfrac{3x+1}{f(x)+x}$ 의 값은? [2점]

① $\dfrac{1}{2}$ ② 1   ③ $\dfrac{3}{2}$

④ 2   ⑤ $\dfrac{5}{2}$

03

공비가 양수인 등비수열 $\{a_n\}$의 첫째항부터 제n항까지의 합을 S_n이라 하자. $S_6 = 21S_2$, $a_6 - a_2 = 15$일 때, a_3의 값은? [3점]

① $\dfrac{1}{2}$ ② $\dfrac{\sqrt{2}}{2}$ ③ 1

④ $\sqrt{2}$ ⑤ 2

04

함수 $f(x) = x^3 + ax + b$ 에 대하여 $\displaystyle\lim_{h\to 0}\dfrac{f(1+h)}{h} = 5$ 일 때, ab의 값은?(단, a, b는 상수이다) [3점]

① -10 ② -8 ③ -6

④ -4 ⑤ -2

05

$\sin\theta < 0$이고 $\sin\left(\theta - \dfrac{\pi}{2}\right) = -\dfrac{2}{5}$일 때, $\tan\theta$의 값은?

[3점]

① $-\dfrac{\sqrt{21}}{2}$ ② $-\dfrac{\sqrt{21}}{5}$ ③ 0

④ $\dfrac{\sqrt{21}}{5}$ ⑤ $\dfrac{\sqrt{21}}{2}$

06

모든 실수 t에 대하여 다항함수 $y = f(x)$의 그래프 위의 점 $(t,\ f(t))$에서의 접선의 기울기가 $-6t^2 + 2t$이다. 곡선 $y = f(x)$가 점 $(1,\ 1)$을 지날 때, $f(-1)$의 값은? [3점]

① 1 ② 2 ③ 3

④ 4 ⑤ 5

07

다음 조건을 만족시키는 모든 유리수 r의 값의 합은? [3점]

(가) $1 < r < 9$

(나) r를 기약분수로 나타낼 때, 분모는 7이고 분자는 홀수이다.

① 102 ② 108 ③ 114

④ 120 ⑤ 126

08

두 함수

$$f(x) = \begin{cases} -5x - 4 & (x < 1) \\ x^2 - 2x - 8 & (x \geq 1) \end{cases},\ g(x) = -x^2 - 2x$$

에 대하여 두 곡선 $y = f(x)$, $y = g(x)$로 둘러싸인 부분의 넓이는? [3점]

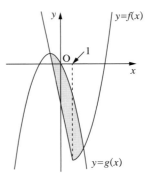

① $\dfrac{34}{3}$ ② 11 ③ $\dfrac{32}{3}$

④ $\dfrac{31}{3}$ ⑤ 10

09

그림과 같이 한 변의 길이가 2인 정육각형 ABCDEF에 대하여 점 G를 $\overline{AG}=\sqrt{5}$, $\angle BAG=\dfrac{\pi}{2}$가 되도록 잡고, 점 H를 삼각형 BGH가 정삼각형이 되도록 잡는다. 선분 CH의 길이는?(단, 점 G는 정육각형의 외부에 있고, 두 선분 AF, BH는 만나지 않는다) [4점]

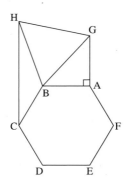

① $2\sqrt{5}$ ② $\sqrt{21}$ ③ $\sqrt{22}$

④ $\sqrt{23}$ ⑤ $2\sqrt{6}$

10

함수

$$f(x)=\int_a^x (3t^2+bt-5)dt \quad (a>0)$$

이 $x=-1$에서 극값 0을 가질 때, $a+b$의 값은?(단, a, b는 상수이다) [4점]

① 1 ② $\dfrac{4}{3}$ ③ $\dfrac{5}{3}$

④ 2 ⑤ $\dfrac{7}{3}$

11

함수 $f(x)=-2^{|x-a|}+a$의 그래프가 x축과 두 점 A, B에서 만나고 $\overline{AB}=6$이다. 함수 $f(x)$가 $x=p$에서 최댓값 q를 가질 때, $p+q$의 값은?(단, a는 상수이다) [4점]

① 14 ② 15 ③ 16

④ 17 ⑤ 18

12

최고차항의 계수가 -1인 이차함수 $f(x)$와 상수 a에 대하여 함수

$$g(x)=\begin{cases} f(x) & (x<0) \\ a-f(-x) & (x\geq 0) \end{cases}$$

이 다음 조건을 만족시킨다.

> (가) $\displaystyle\lim_{x\to 0}\dfrac{g(x)-g(0)}{x}=-4$
>
> (나) 함수 $g(x)$의 극솟값은 0이다.

$g(-a)$의 값은? [4점]

① -40 ② -36 ③ -32

④ -28 ⑤ -24

13

수열 $\{a_n\}$ 이 $a_1 = -3$, $a_{20} = 1$ 이고, 3 이상의 모든 자연수 n 에 대하여 $\sum_{k=1}^{n} a_k = a_{n-1}$ 을 만족시킨다. $\sum_{n=1}^{50} a_n$ 의 값은?

[4점]

① 2   ② 1   ③ 0

④ −1   ⑤ −2

14

실수 k 에 대하여 함수 $f(x)$ 를 $f(x) = x^3 - kx$ 라 하고, 실수 a 와 함수 $f(x)$ 에 대하여 함수 $g(x)$ 를

$$g(x) = \begin{cases} f(x) & (x < a \text{ 또는 } x > a+1) \\ -f(x) & (a \le x \le a+1) \end{cases}$$

이라 하자. 〈보기〉에서 옳은 것만을 있는 대로 고른 것은?

[4점]

┌─ 보 기 ─┐

ㄱ. 두 실수 k, a 의 값에 관계없이 함수 $g(x)$ 는 $x = 0$ 에서 연속이다.

ㄴ. $k = 4$ 일 때, 함수 $g(x)$ 가 $x = p$ 에서 불연속인 실수 p 의 개수가 1이 되도록 하는 모든 실수 a 의 개수는 3이다.

ㄷ. 함수 $g(x)$ 가 실수 전체의 집합에서 연속이 되도록 하는 모든 순서쌍 (k, a) 의 개수는 2이다.

① ㄱ   ② ㄴ   ③ ㄷ

④ ㄱ, ㄴ   ⑤ ㄱ, ㄷ

15

0이 아닌 실수 전체의 집합에서 정의된 함수

$$f(x) = \begin{cases} \log_4(-x) & (x < 0) \\ 2 - \log_2 x & (x > 0) \end{cases}$$

이 있다. 직선 $y = a$ 와 곡선 $y = f(x)$ 가 만나는 두 점 A, B 의 x 좌표를 각각 x_1, x_2 $(x_1 < x_2)$ 라 하고, 직선 $y = b$ 와 곡선 $y = f(x)$ 가 만나는 두 점 C, D 의 x 좌표를 각각 x_3, x_4 $(x_3 < x_4)$ 라 하자.

$\left| \dfrac{x_2}{x_1} \right| = \dfrac{1}{2}$ 이고 두 직선 AC와 BD가 서로 평행할 때, $\left| \dfrac{x_4}{x_3} \right|$ 의 값은?(단, a, b 는 $a \ne b$ 인 상수이다)

[4점]

① $3 + 3\sqrt{3}$ ② $5 + 2\sqrt{3}$ ③ $4 + 3\sqrt{3}$

④ $6 + 2\sqrt{3}$ ⑤ $5 + 3\sqrt{3}$

주관식

16

$a^4 - 8a^2 + 1 = 0$ 일 때, $a^4 + a^{-4}$ 의 값을 구하시오. [3점]

17

다항함수 $f(x)$에 대하여 함수 $g(x)$를

$g(x) = (x^3 - 2x)f(x)$ 라 하자. $f(2) = -3$, $f'(2) = 4$일 때, 곡선 $y = g(x)$ 위의 점 $(2,\ g(2))$에서의 접선의 y절편을 구하시오.　　　　　　　　[3점]

18

수열 $\{a_n\}$에 대하여

$$\sum_{k=1}^{7}(a_k + k) = 50,\quad \sum_{k=1}^{7}(a_k + 2)^2 = 300$$

일 때, $\displaystyle\sum_{k=1}^{7}{a_k}^2$의 값을 구하시오.　　　　[3점]

19

x에 대한 방정식 $x^3 - \dfrac{3n}{2}x^2 + 7 = 0$의 1보다 큰 서로 다른 실근의 개수가 2가 되도록 하는 모든 자연수 n의 값의 합을 구하시오.　　　　　　　　[3점]

20

수직선 위를 움직이는 점 P의 시각 $t(t > 0)$에서의 가속도가 $a(t)$가 $a(t) = 3t^2 - 8t + 3$이다. 점 P가 시각 $t = 1$과 시각 $t = \alpha\,(\alpha > 1)$에서 운동 방향을 바꿀 때, 시각 $t = 1$에서 $t = \alpha$까지 점 P가 움직인 거리는 $\dfrac{q}{p}$이다. $p + q$의 값을 구하시오(단, p와 q는 서로소인 자연수이다).　　　　[4점]

21

두 양수 a, b에 대하여 두 함수

$$y = 3a\tan bx,\quad y = 2a\cos bx$$

의 그래프가 만나는 점 중에서 x좌표가 0보다 크고 $\dfrac{5\pi}{2b}$ 보다 작은 세 점을 x좌표가 작은 점부터 x좌표의 크기순으로 A_1, A_2, A_3이라 하자. 선분 A_1A_3을 지름으로 하는 원이 점 A_2를 지나고 이 원의 넓이가 π일 때, $\left(\dfrac{a}{b}\pi\right)^2 = \dfrac{q}{p}$ 이다. $p+q$의 값을 구하시오(단, p와 q는 서로소인 자연수이다). [4점]

22

최고차항의 계수가 1인 이차함수 $f(x)$에 대하여 함수 $g(x) = x|f(x)|$가 다음 조건을 만족시킨다.

(가) 극한
$$\lim_{h \to 0+}\left\{\frac{g(t+h)}{h} \times \frac{g(t-h)}{h}\right\}$$
가 양의 실수로 수렴하는 실수 t의 개수는 1이다.

(나) x에 대한 방정식 $\{g(x)\}^2 + 4g(x) = 0$의 서로 다른 실근의 개수는 4이다.

$g(3)$의 값을 구하시오. [4점]

1 확률과 통계

23

이산확률변수 X의 확률분포를 표로 나타내면 다음과 같다.

X	2	4	6	합계
$P(X=x)$	a	a	b	1

$E(X) = 5$일 때, $b-a$의 값은? [2점]

① $\dfrac{1}{3}$ ② $\dfrac{5}{12}$ ③ $\dfrac{1}{2}$

④ $\dfrac{7}{12}$ ⑤ $\dfrac{2}{3}$

24

한 개의 주사위와 한 개의 동전이 있다. 이 주사위를 한 번 던져 나온 눈의 수만큼 반복하여 이 동전을 던질 때, 동전의 앞면이 나오는 횟수가 5일 확률은? [3점]

① $\dfrac{1}{48}$ ② $\dfrac{1}{24}$ ③ $\dfrac{1}{16}$

④ $\dfrac{1}{12}$ ⑤ $\dfrac{5}{48}$

25

다항식 $(ax+1)^7$의 전개식에서 x^5의 계수와 x^3의 계수가 서로 같을 때, x^2의 계수는?(단, a는 0이 아닌 상수이다)

[3점]

① 28 ② 35 ③ 42
④ 49 ⑤ 56

26

육군사관학교 모자 3개, 해군사관학교 모자 2개, 공군사관학교 모자 3개가 있다. 이 8개의 모자를 모두 일렬로 나열할 때, 양 끝에는 서로 다른 사관학교의 모자가 놓이도록 나열하는 경우의 수는?(단, 같은 사관학교의 모자끼리는 서로 구별하지 않는다)

[3점]

육군사관학교   해군사관학교   공군사관학교

① 360 ② 380 ③ 400
④ 420 ⑤ 440

27

7개의 문자 a, b, c, d, e, f, g를 모두 한 번씩 사용하여 왼쪽에서 오른쪽으로 임의로 일렬로 나열할 때, 다음 조건을 만족시킬 확률은?

[3점]

> (가) a와 b는 이웃하고, a와 c는 이웃하지 않는다.
> (나) c는 a보다 왼쪽에 있다.

① $\dfrac{1}{42}$ ② $\dfrac{1}{21}$ ③ $\dfrac{1}{14}$
④ $\dfrac{2}{21}$ ⑤ $\dfrac{5}{42}$

28

숫자 1, 2, 3, 4, 5, 6, 7, 8이 하나씩 적혀 있는 8장의 카드가 있다. 이 8장의 카드를 일정한 간격을 두고 원형으로 배열할 때, 한 장의 카드와 이 카드로부터 시계 방향으로 네 번째 위치에 놓여 있는 카드는 서로 마주 보는 위치에 있다고 하자. 서로 마주 보는 위치에 있는 카드는 4쌍이 있다. 예를 들어, 그림에서 숫자 1, 5가 적혀 있는 두 장의 카드는 서로 마주 보는 위치에 있고, 숫자 1, 4가 적혀 있는 두 장의 카드는 서로 마주 보는 위치에 있지 않다.

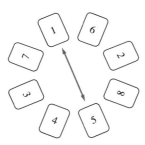

이 8장의 카드를 일정한 간격을 두고 원형으로 임의로 배열하는 시행을 한다. 이 시행에서 서로 마주 보는 위치에 있는 두 장의 카드에 적혀 있는 두 수의 차가 모두 같을 때, 숫자 1이 적혀있는 카드와 숫자 2가 적혀 있는 카드가 서로 이웃할 확률은?(단, 회전하여 일치하는 것은 같은 것으로 본다)

[4점]

① $\dfrac{1}{18}$ ② $\dfrac{1}{9}$ ③ $\dfrac{1}{6}$
④ $\dfrac{2}{9}$ ⑤ $\dfrac{5}{18}$

29

어느 공장에서 생산하는 과자 1개의 무게는 평균이 150g, 표준편차가 9g인 정규분포를 따른다고 한다. 이 공장에서 생산하는 과자 중에서 임의로 n개를 택해 하나의 세트 상품을 만들 때, 세트 상품 1개에 속한 n개의 과자의 무게의 평균이 145g 이하인 경우 그 세트 상품은 불량품으로 처리한다. 이 공장에서 생산하는 세트 상품 중에서 임의로 택한 세트 상품 1개가 불량품일 확률이 0.07 이하가 되도록 하는 자연수 n의 최솟값을 구하시오(단, Z가 표준정규분포를 따르는 확률변수일 때, $\mathrm{P}(0 \le Z \le 1.5) = 0.43$으로 계산한다). [4점]

30

네 명의 학생 A, B, C, D에게 같은 종류의 연필 5자루와 같은 종류의 공책 5권을 다음 규칙에 따라 남김없이 나누어 주는 경우의 수를 구하시오(단, 연필을 받지 못하는 학생이 있을 수 있고, 공책을 받지 못하는 학생이 있을 수 있다). [4점]

(가) 학생 A가 받는 연필의 개수는 4 이상이다.
(나) 공책보다 연필을 더 많이 받는 학생은 1명뿐이다.

② 미적분

23

수열 $\{a_n\}$의 첫째항부터 제 n항까지의 합을 S_n이라 하자.

$S_n = 4^{n+1} - 3n$일 때, $\displaystyle\lim_{n \to \infty} \frac{a_n}{4^{n-1}}$의 값은? [2점]

① 4   ② 6   ③ 8

④ 10   ⑤ 12

24

함수 $f(x) = \dfrac{x+1}{x^2}$에 대하여 $\displaystyle\lim_{n \to \infty} \frac{1}{n} \sum_{k=1}^{n} f\left(\frac{n+k}{n}\right)$의 값은? [3점]

① $\dfrac{1}{2} + \dfrac{1}{2}\ln 2$ ② $\dfrac{1}{2} + \ln 2$ ③ $1 + \dfrac{1}{2}\ln 2$

④ $1 + \ln 2$ ⑤ $\dfrac{3}{2} + \dfrac{1}{2}\ln 2$

25

곡선 $\pi \cos y + y \sin x = 3x$가 x축과 만나는 점을 A라 할 때, 이 곡선 위의 점 A에서의 접선의 기울기는? [3점]

① 2   ② $2\sqrt{2}$ ③ $2\sqrt{3}$

④ 4   ⑤ $2\sqrt{5}$

26

그림과 같이 중심이 O, 반지름의 길이가 1이고 중심각의 크기가 $\frac{\pi}{2}$인 부채꼴 OA_1B_1이 있다. 호 A_1B_1의 삼등분점 중 점 A_1에 가까운 점을 C_1, 점 B_1에 가까운 점을 D_1이라 하고, 사각형 $A_1C_1D_1B_1$에 색칠하여 얻은 그림을 R_1이라 하자.

그림 R_1에서 중심이 O이고 선분 A_1B_1에 접하는 원이 선분 OA_1과 만나는 점을 A_2, 선분 OB_1과 만나는 점을 B_2라 하고, 중심이 O, 반지름의 길이가 $\overline{OA_2}$, 중심각의 크기가 $\frac{\pi}{2}$인 부채꼴 OA_2B_2를 그린다. 그림 R_1을 얻은 것과 같은 방법으로 두 점 C_2, D_2를 잡고, 사각형 $A_2C_2D_2B_2$에 색칠하여 얻은 그림을 R_2라 하자.

이와 같은 과정을 계속하여 n번째 얻은 그림 R_n에 색칠되어 있는 부분의 넓이를 S_n이라 할 때, $\lim_{n \to \infty} S_n$의 값은? [3점]

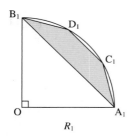 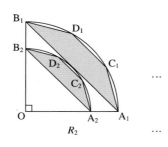

R_1 R_2

① $\frac{1}{2}$ ② $\frac{13}{24}$ ③ $\frac{7}{12}$

④ $\frac{5}{8}$ ⑤ $\frac{2}{3}$

27

그림과 같이 곡선 $y = (1+\cos x)\sqrt{\sin x}\left(\frac{\pi}{3} \le x \le \frac{\pi}{2}\right)$와 x축 및 두 직선 $x = \frac{\pi}{3}$, $x = \frac{\pi}{2}$로 둘러싸인 부분을 밑면으로 하는 입체도형이 있다. 이 입체도형을 x축에 수직인 평면으로 자른 단면이 모두 정사각형일 때, 이 입체도형의 부피는? [3점]

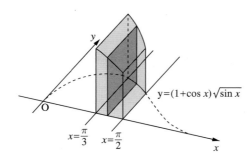

$y = (1+\cos x)\sqrt{\sin x}$

① $\frac{5}{12}$ ② $\frac{13}{24}$ ③ $\frac{2}{3}$

④ $\frac{19}{24}$ ⑤ $\frac{11}{12}$

28

양의 실수 t와 상수 $k(k>0)$에 대하여 곡선 $y = (ax+b)e^{x-k}$이 직선 $y = tx$와 점 (t, t^2)에서 접하도록 하는 두 실수 a, b의 값을 각각 $f(t)$, $g(t)$라 하자. $f(k) = -6$일 때, $g'(k)$의 값은? [4점]

① -2 ② -1 ③ 0

④ 1 ⑤ 2

29

$0 < t < \dfrac{\pi}{6}$ 인 실수 t에 대하여 곡선 $y = \sin 2x$ 위의 점 $(t,\ \sin 2t)$를 P 라 하자. 원점 O를 중심으로 하고 점 P를 지나는 원이 곡선 $y = \sin 2x$와 만나는 점 중 P 가 아닌 점을 Q라 하고, 이 원이 x축과 만나는 점 중 x좌표가 양수인 점을 R라 하자. 곡선 $y = \sin 2x$와 두 선분 PR, QR로 둘러싸인 부분의 넓이를 $S(t)$라 할 때, $\displaystyle\lim_{t \to 0+} \dfrac{S(t)}{t^2} = k$이다. k^2의 값을 구하시오. [4점]

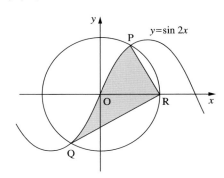

30

양의 실수 전체의 집합에서 정의된 함수 $f(x)$가 다음 조건을 만족시킨다.

> (가) 모든 양의 실수 x에 대하여 $f'(x) = \dfrac{\ln x + k}{x}$ 이다.
>
> (나) 곡선 $y = f(x)$는 x축과 두 점 $\left(\dfrac{1}{e^2},\ 0\right)$, $(1,\ 0)$에 서 만난다.

$t > -\dfrac{1}{2}$ 인 실수 t에 대하여 직선 $y = t$가 곡선 $y = f(x)$와 만나는 두 점의 x좌표 중 작은 값을 $g(t)$라 하자. 곡선 $y = g(x)$와 x축, y축 및 직선 $x = \dfrac{3}{2}$으로 둘러싸인 부분의 넓이는 $\dfrac{ae + b}{e^3}$ 이다. $a^2 + b^2$의 값을 구하시오(단, k는 상수이고, a, b는 유리수이다). [4점]

23

좌표공간의 두 점 $A(4,\ 2,\ 3)$, $B(-2,\ 3,\ 1)$과 x축 위의
점 P에 대하여 $\overline{AP}=\overline{BP}$일 때, 점 P의 x좌표는? [2점]

① $\dfrac{1}{2}$ ② $\dfrac{3}{4}$ ③ 1

④ $\dfrac{5}{4}$ ⑤ $\dfrac{3}{2}$

24

두 쌍곡선

$$x^2-9y^2-2x-18y-9=0,$$

$$x^2-9y^2-2x-18y-7=0$$

중 어느 것과도 만나지 않는 직선의 개수는 2이다. 이 두 직
선의 방정식을 각각 $y=ax+b$, $y=cx+d$라 할 때,
$ac+bd$의 값은?(단, a, b, c, d는 상수이다) [3점]

① $\dfrac{1}{3}$ ② $\dfrac{4}{9}$ ③ $\dfrac{5}{9}$

④ $\dfrac{2}{3}$ ⑤ $\dfrac{7}{9}$

25

좌표평면의 점 $A(0,\ 2)$와 원점 O에 대하여 제1사분면의
점 B를 삼각형 AOB가 정삼각형이 되도록 잡는다. 점
$C(-\sqrt{3},0)$에 대하여 $|\overrightarrow{OA}+\overrightarrow{BC}|$의 값은? [3점]

① $\sqrt{13}$ ② $\sqrt{14}$ ③ $\sqrt{15}$

④ 4 ⑤ $\sqrt{17}$

26

그림과 같이 $\overline{AB}=1$, $\overline{AD}=2$, $\overline{AE}=3$인 직육면체
$ABCD-EFGH$가 있다. 선분 CG를 $2:1$로 내분하는 점
I에 대하여 평면 BID와 평면 EFGH가 이루는 예각의 크기
를 θ라 할 때, $\cos\theta$의 값은? [3점]

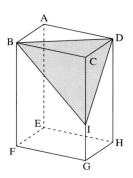

① $\dfrac{\sqrt{5}}{5}$ ② $\dfrac{\sqrt{6}}{6}$ ③ $\dfrac{\sqrt{7}}{7}$

④ $\dfrac{\sqrt{2}}{4}$ ⑤ $\dfrac{1}{3}$

27

두 점 $F(2,\ 0)$, $F'(-2,\ 0)$을 초점으로 하고 장축의 길이
가 12인 타원과 점 F를 초점으로 하고 직선 $x=-2$를 준선
으로 하는 포물선이 제1사분면에서 만나는 점을 A라 하자.
타원 위의 점 P에 대하여 삼각형 APF의 넓이의 최댓값
은?(단, 점 P는 직선 AF 위의 점이 아니다) [3점]

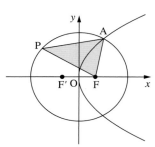

① $\sqrt{6}+3\sqrt{14}$ ② $2\sqrt{6}+3\sqrt{14}$

③ $2\sqrt{6}+4\sqrt{14}$ ④ $2\sqrt{6}+5\sqrt{14}$

⑤ $3\sqrt{6}+5\sqrt{14}$

28

삼각형 ABC의 세 꼭짓점 A, B, C가 다음 조건을 만족시킨다.

(가) $\overrightarrow{AB} \cdot \overrightarrow{AC} = \dfrac{1}{3}|\overrightarrow{AB}|^2$

(나) $\overrightarrow{AB} \cdot \overrightarrow{CB} = \dfrac{2}{5}|\overrightarrow{AC}|^2$

점 B를 지나고 직선 AB에 수직인 직선과 직선 AC가 만나는 점을 D라 하자. $|\overrightarrow{BD}| = \sqrt{42}$일 때, 삼각형 ABC의 넓이는? [4점]

① $\dfrac{\sqrt{14}}{6}$ ② $\dfrac{\sqrt{14}}{5}$ ③ $\dfrac{\sqrt{14}}{4}$

④ $\dfrac{\sqrt{14}}{3}$ ⑤ $\dfrac{\sqrt{14}}{2}$

29

초점이 F인 포물선 $y^2 = 4px \, (p > 0)$이 점 $(-p, 0)$을 지나는 직선과 두 점 A, B에서 만나고 $\overline{FA} : \overline{FB} = 1 : 3$이다. 점 B에서 x축에 내린 수선의 발을 H라 할 때, 삼각형 BFH의 넓이는 $46\sqrt{3}$이다. p^2의 값을 구하시오. [4점]

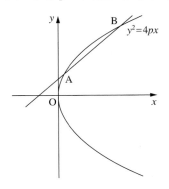

30

좌표공간에 두 개의 구

$$C_1 : (x-3)^2 + (y-4)^2 + (z-1)^2 = 1,$$
$$C_2 : (x-3)^2 + (y-8)^2 + (z-5)^2 = 4$$

가 있다. 구 C_1 위의 점 P와 구 C_2 위의 점 Q, zx평면 위의 점 R, yz평면 위의 점 S에 대하여 $\overline{PR} + \overline{RS} + \overline{SQ}$의 값이 최소가 되도록 하는 네 점 P, Q, R, S를 각각 P_1, Q_1, R_1, S_1이라 하자.

선분 $R_1 S_1$ 위의 점 X에 대하여

$$\overline{P_1 R_1} + \overline{R_1 X} = \overline{X S_1} + \overline{S_1 Q_1}$$ 일 때, 점 X의 x좌표는 $\dfrac{q}{p}$ 이다.

$p + q$의 값을 구하시오(단, p와 q는 서로소인 자연수이다). [4점]

공통

01

$\dfrac{4}{3^{-2}+3^{-3}}$ 의 값은?　　　　　[2점]

① 9　　　　　② 18　　　　　③ 27

④ 36　　　　　⑤ 45

02

함수 $f(x) = (x^3 - 2x^2 + 3)(ax + 1)$ 에 대하여
$f'(0) = 15$ 일 때, 상수 a의 값은?　　　[2점]

① 3　　　　　② 5　　　　　③ 7

④ 9　　　　　⑤ 11

03

등비수열 $\{a_n\}$ 에 대하여 $a_2 = 4$, $\dfrac{(a_3)^2}{a_1 \times a_7} = 2$ 일 때, a_4의
값은?　　　　　[3점]

① $\dfrac{\sqrt{2}}{2}$　　　② 1　　　③ $\sqrt{2}$

④ 2　　　　　⑤ $2\sqrt{2}$

04

함수 $y = f(x)$의 그래프가 그림과 같다.

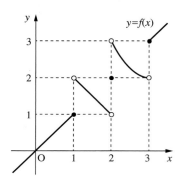

$\lim\limits_{x \to 1+} f(x) + \lim\limits_{x \to 3-} f(x)$ 의 값은?　　　[3점]

① 1　　　　　② 2　　　　　③ 3

④ 4　　　　　⑤ 5

05

이차방정식 $5x^2 - x + a = 0$의 두 근이 $\sin\theta$, $\cos\theta$일 때,
상수 a의 값은?　　　　　[3점]

① $-\dfrac{12}{5}$　　　② -2　　　③ $-\dfrac{8}{5}$

④ $-\dfrac{6}{5}$　　　⑤ $-\dfrac{4}{5}$

06

함수 $f(x) = \dfrac{1}{2}x^4 + ax^2 + b$ 가 $x = a$에서 극소이고, 극댓값 $a+8$을 가질 때, $a+b$의 값은?(단, a, b는 상수이다)

[3점]

① 2   ② 3   ③ 4

④ 5   ⑤ 6

07

그림과 같이 직선 $y = mx + 2 (m > 0)$이 곡선 $y = \dfrac{1}{3}\left(\dfrac{1}{2}\right)^{x-1}$ 과 만나는 점을 A, 직선 $y = mx + 2$가 x축, y축과 만나는 점을 각각 B, C라 하자. $\overline{AB} : \overline{AC} = 2 : 1$일 때, 상수 m의 값은?

[3점]

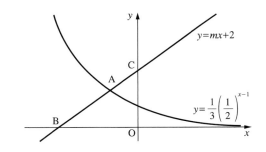

① $\dfrac{7}{12}$ ② $\dfrac{5}{8}$ ③ $\dfrac{2}{3}$

④ $\dfrac{17}{24}$ ⑤ $\dfrac{3}{4}$

08

함수

$$f(x) = \begin{cases} x^2 - 2x & (x < a) \\ 2x + b & (x \geq a) \end{cases}$$

가 실수 전체의 집합에서 미분가능할 때, $a + b$의 값은?(단, a, b는 상수이다)

[3점]

① -4 ② -2 ③ 0

④ 2 ⑤ 4

09

곡선 $y = |\log_2(-x)|$를 y축에 대하여 대칭이동한 후 x축의 방향으로 k만큼 평행이동한 곡선을 $y = f(x)$라 하자. 곡선 $y = f(x)$와 곡선 $y = |\log_2(-x+8)|$이 세 점에서 만나고 세 교점의 x좌표의 합이 18일 때, k의 값은? [4점]

① 1   ② 2   ③ 3

④ 4   ⑤ 5

10

사차함수 $f(x)$가 다음 조건을 만족시킬 때, $f(2)$의 값은?
[4점]

> (가) $f(0) = 2$이고, $f'(4) = -24$이다.
> (나) 부등식 $xf'(x) > 0$을 만족시키는 모든 실수 x의
> 값의 범위는 $1 < x < 3$이다.

① 3
② $\dfrac{10}{3}$
③ $\dfrac{11}{3}$

④ 4
⑤ $\dfrac{13}{3}$

11

자연수 n에 대하여 직선 $x = n$이 직선 $y = x$와 만나는 점을 P_n, 곡선 $y = \dfrac{1}{20}x\left(x + \dfrac{1}{3}\right)$과 만나는 점을 Q_n, x축과 만나는 점을 R_n이라 하자. 두 선분 $\mathrm{P}_n\mathrm{Q}_n$, $\mathrm{Q}_n\mathrm{R}_n$의 길이 중 작은 값을 a_n이라 할 때, $\displaystyle\sum_{n=1}^{10} a_n$의 값은?
[4점]

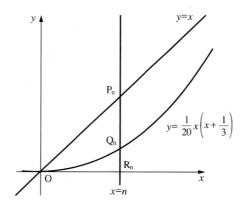

① $\dfrac{115}{6}$
② $\dfrac{58}{3}$
③ $\dfrac{39}{2}$

④ $\dfrac{59}{3}$
⑤ $\dfrac{119}{6}$

12

함수
$$f(x) = \begin{cases} x^2 + 1 & (x \le 2) \\ ax + b & (x > 2) \end{cases}$$
에 대하여 $f(\alpha) + \displaystyle\lim_{x \to \alpha+} f(x) = 4$를 만족시키는 실수 α의 개수가 4이고, 이 네 수의 합이 8이다. $a + b$의 값은?(단, a, b는 상수이다)
[4점]

① $-\dfrac{7}{4}$
② $-\dfrac{5}{4}$
③ $-\dfrac{3}{4}$

④ $-\dfrac{1}{4}$
⑤ $\dfrac{1}{4}$

13

그림과 같이 중심이 O_1이고 반지름의 길이가 $r(r > 3)$인 원 C_1과 중심이 O_2이고 반지름의 길이가 1인 원 C_2에 대하여 $\overline{O_1O_2} = 2$이다. 원 C_1 위를 움직이는 점 A에 대하여 직선 AO_2가 원 C_1과 만나는 점 중 A가 아닌 점을 B라 하자. 원 C_2 위를 움직이는 점 C에 대하여 직선 AC가 원 C_1과 만나는 점 중 A가 아닌 점을 D라 하자. 다음은 $\overline{BD}$가 최대가 되도록 네 점 A, B, C, D를 정할 때, $\overline{O_1C}^2$을 r에 대한 식으로 나타내는 과정이다.

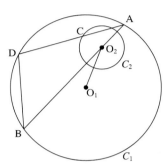

삼각형 ADB에서 사인법칙에 의하여

$$\frac{\overline{BD}}{\sin A} = \boxed{(가)}$$

이므로 $\overline{BD}$가 최대이려면 직선 AD가 원 C_2와 점 C에서 접해야 한다.

이때 직각삼각형 ACO_2에서 $\sin A = \dfrac{1}{\overline{AO_2}}$이므로

$$\overline{BD} = \frac{1}{\overline{AO_2}} \times \boxed{(가)}$$

이다.

그러므로 직선 AD가 원 C_2와 점 C에서 접하고 $\overline{AO_2}$가 최소일 때 $\overline{BD}$는 최대이다.

$\overline{AO_2}$의 최솟값은

$$\boxed{(나)}$$

이므로 $\overline{BD}$가 최대일 때,

$$\overline{O_1C}^2 = \boxed{(다)}$$

이다.

위의 (가), (나), (다)에 알맞은 식을 각각 $f(r)$, $g(r)$, $h(r)$라 할 때, $f(4) \times g(5) \times h(6)$의 값은? [4점]

① 216   ② 192   ③ 168
④ 144   ⑤ 120

14

최고차항의 계수가 1인 이차함수 $f(x)$에 대하여 함수 $g(x)$를

$$g(x) = \begin{cases} f(x) & (x < 1) \\ 2f(1) - f(x) & (x \geq 1) \end{cases}$$

이라 하자. 함수 $g(x)$에 대하여 〈보기〉에서 옳은 것만을 있는 대로 고른 것은? [4점]

┤ 보 기 ├

ㄱ. 함수 $g(x)$는 실수 전체의 집합에서 연속이다.

ㄴ. $\displaystyle\lim_{h \to 0+} \frac{g(-1+h) + g(-1-h) - 6}{h} = a$ (a는 상수) 이고 $g(1) = 1$이면 $g(a) = 1$이다.

ㄷ. $\displaystyle\lim_{h \to 0+} \frac{g(b+h) + g(b-h) - 6}{h} = 4$ (b는 상수)이면 $g(4) = 1$이다.

① ㄱ   ② ㄱ, ㄴ   ③ ㄱ, ㄷ
④ ㄴ, ㄷ   ⑤ ㄱ, ㄴ, ㄷ

15

함수 $f(x) = \left| 2a\cos\dfrac{b}{2}x - (a-2)(b-2) \right|$가 다음 조건을 만족시키도록 하는 10 이하의 자연수 a, b의 모든 순서쌍 (a, b)의 개수는? [4점]

(가) 함수 $f(x)$는 주기가 π인 주기함수이다.

(나) $0 \leq x \leq 2\pi$에서 함수 $y = f(x)$의 그래프와 직선 $y = 2a - 1$의 교점의 개수는 4이다.

① 11   ② 13   ③ 15
④ 17   ⑤ 19

16

$\log_3 a \times \log_3 b = 2$ 이고, $\log_a 3 + \log_b 3 = 4$ 일 때, $\log_3 ab$ 의
값을 구하시오. [3점]

17

함수 $f(x) = 3x^3 - x + a$ 에 대하여 곡선 $y = f(x)$ 위의
점 $(1,\ f(1))$ 에서의 접선이 원점을 지날 때, 상수 a 의 값
을 구하시오. [3점]

18

곡선 $y = x^3 + 2x$ 와 y 축 및 직선 $y = 3x + 6$ 으로 둘러싸인
부분의 넓이를 구하시오. [3점]

19

수열 $\{a_n\}$ 은 $a_1 = 1$ 이고, 모든 자연수 n 에 대하여
$a_{2n} = 2a_n$, $a_{2n+1} = 3a_n$ 을 만족시킨다. $a_7 + a_k = 73$ 인
자연수 k 의 값을 구하시오. [3점]

20

원점을 출발하여 수직선 위를 움직이는 점 P의 시각 $t(t \geq 0)$에서의 속도는
$$v(t) = |at - b| - 4 \, (a > 0, \ b > 4)$$
이다. 시각 $t = 0$에서 $t = k$까지 점 P가 움직인 거리를 $s(k)$, 시각 $t = 0$에서 $t = k$까지 점 P의 위치의 변화량을 $x(k)$라 할 때, 두 함수 $s(k)$, $x(k)$가 다음 조건을 만족시킨다.

> (가) $0 \leq k < 3$이면 $s(k) - x(k) < 8$이다.
> (나) $k \geq 3$이면 $s(k) - x(k) = 8$이다.

시각 $t = 1$에서 $t = 6$까지 점 P의 위치의 변화량을 구하시오(단, a, b는 상수이다). [4점]

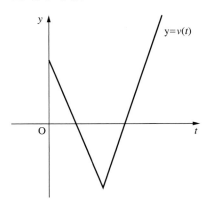

21

등차수열 $\{a_n\}$이 다음 조건을 만족시킨다.

> (가) $a_6 + a_7 = -\dfrac{1}{2}$
>
> (나) $a_l + a_m = 1$이 되도록 하는 두 자연수 l, $m \, (l < m)$의 모든 순서쌍 $(l, \ m)$의 개수는 6이다.

등차수열 $\{a_n\}$의 첫째항부터 제14항까지의 합을 S라 할 때, $2S$의 값을 구하시오. [4점]

22

최고차항의 계수가 정수인 삼차함수 $f(x)$에 대하여 $f(1) = 1$, $f'(1) = 0$이다. 함수 $g(x)$를
$$g(x) = f(x) + |f(x) - 1|$$
이라 할 때, 함수 $g(x)$가 다음 조건을 만족시키도록 하는 함수 $f(x)$의 개수를 구하시오. [4점]

> (가) 두 함수 $y = f(x)$, $y = g(x)$의 그래프의 모든 교점의 x좌표의 합은 3이다.
> (나) 모든 자연수 n에 대하여
> $$n < \int_0^n g(x)dx < n + 16$$이다.

선택

1 확률과 통계

23

$(x+2)^6$의 전개식에서 x^4의 계수는? [2점]

① 58   ② 60   ③ 62

④ 64   ⑤ 66

24

이산확률변수 X의 확률분포를 표로 나타내면 다음과 같다.

X	1	2	3	합계
$P(X=x)$	a	$\dfrac{a}{2}$	$\dfrac{a}{3}$	1

$E(11X+2)$의 값은? [3점]

① 18   ② 19   ③ 20

④ 21   ⑤ 22

25

어느 회사에서 근무하는 직원들의 일주일 근무 시간은 평균이 42시간, 표준편차가 4시간인 정규분포를 따른다고 한다. 이 회사에서 근무하는 직원 중에서 임의추출한 4명의 일주일 근무 시간의 표본평균이 43시간 이상일 확률을 다음 표준정규분포표를 이용하여 구한 것은? [3점]

z	$P(0 \le Z \le z)$
0.5	0.1915
1.0	0.3413
1.5	0.4332
2.0	0.4772

① 0.0228   ② 0.0668   ③ 0.1587

④ 0.3085   ⑤ 0.3413

26

세 학생 A, B, C를 포함한 6명의 학생이 있다. 이 6명의 학생이 일정한 간격을 두고 원 모양의 탁자에 모두 둘러앉을 때, A와 C는 이웃하지 않고, B와 C도 이웃하지 않도록 앉는 경우의 수는?(단, 회전하여 일치하는 것은 같은 것으로 본다) [3점]

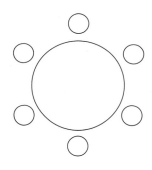

① 24   ② 30   ③ 36

④ 42   ⑤ 48

27

한 개의 주사위를 두 번 던져서 나온 눈의 수를 차례로 a, b라 하자. 이차부등식 $ax^2 + 2bx + a - 3 \leq 0$의 해가 존재할 확률은? [3점]

① $\dfrac{7}{9}$　　② $\dfrac{29}{36}$　　③ $\dfrac{5}{6}$

④ $\dfrac{31}{36}$　　⑤ $\dfrac{8}{9}$

28

두 집합 $X = \{1,\ 2,\ 3,\ 4\}$, $Y = \{0,\ 1,\ 2,\ 3,\ 4,\ 5,\ 6\}$에 대하여 X에서 Y로의 함수 f 중에서
$$f(1) + f(2) + f(3) + f(4) = 8$$
을 만족시키는 함수 f의 개수는? [4점]

① 137　　② 141　　③ 145

④ 149　　⑤ 153

주관식

29

서로 다른 두 자연수 a, b에 대하여 두 확률변수 X, Y가 각각 정규분포 $\mathrm{N}(a,\ \sigma^2)$, $\mathrm{N}(2b-a,\ \sigma^2)$을 따른다. 확률변수 X의 확률밀도함수 $f(x)$와 확률변수 Y의 확률밀도함수 $g(x)$가 다음 조건을 만족시킬 때, $a+b$의 값을 구하시오. [4점]

(가) $\mathrm{P}(X \leq 11) = \mathrm{P}(Y \geq 11)$
(나) $f(17) < g(10) < f(15)$

30

그림과 같이 두 주머니 A와 B에 흰 공 1개, 검은 공 1개가 각각 들어 있다. 주머니 A에 들어 있는 공의 개수 또는 주머니 B에 들어 있는 공의 개수가 0이 될 때까지 다음의 시행을 반복한다.

두 주머니 A, B에서 각각 임의로 하나씩 꺼낸 두 개의 공이 서로 같은 색이면 꺼낸 공을 모두 주머니 A에 넣고, 서로 다른 색이면 꺼낸 공을 모두 주머니 B에 넣는다.

4번째 시행의 결과 주머니 A에 들어 있는 공의 개수가 0일 때, 2번째 시행의 결과 주머니 A에 들어 있는 흰 공의 개수가 1 이상일 확률은 p이다. $36p$의 값을 구하시오. [4점]

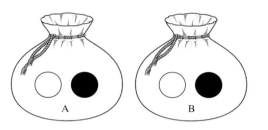

❷ 미적분

23

$\displaystyle\lim_{n \to \infty} \dfrac{1}{\sqrt{an^2 + bn} - \sqrt{n^2 - 1}} = 4$일 때, ab의 값은?(단, a, b는 상수이다) [2점]

① $\dfrac{1}{4}$　　② $\dfrac{1}{2}$　　③ $\dfrac{3}{4}$

④ 1　　⑤ $\dfrac{5}{4}$

24

함수 $f(x) = x^3 + 3x + 1$ 의 역함수를 $g(x)$라 하자. 함수 $h(x) = e^x$ 에 대하여 $(h \circ g)'(5)$의 값은? [3점]

① $\dfrac{e}{8}$ ② $\dfrac{e}{7}$ ③ $\dfrac{e}{6}$

④ $\dfrac{e}{5}$ ⑤ $\dfrac{e}{4}$

25

함수 $f(x) = x^2 e^{x^2-1}$ 에 대하여 $\displaystyle\lim_{n\to\infty}\sum_{k=1}^{n}\dfrac{2}{n+k}f\left(1+\dfrac{k}{n}\right)$ 의 값은? [3점]

① $e^3 - 1$ ② $e^3 - \dfrac{1}{e}$ ③ $e^4 - 1$

④ $e^4 - \dfrac{1}{e}$ ⑤ $e^5 - 1$

26

구간 $(0, \infty)$에서 정의된 미분가능한 함수 $f(x)$가 있다. 모든 양수 t에 대하여 곡선 $y = f(x)$ 위의 점 $(t, f(t))$에서의 접선의 기울기는 $\dfrac{\ln t}{t^2}$ 이다. $f(1) = 0$일 때, $f(e)$의 값은?

[3점]

① $\dfrac{e-2}{3e}$ ② $\dfrac{e-2}{2e}$ ③ $\dfrac{e-1}{3e}$

④ $\dfrac{e-2}{e}$ ⑤ $\dfrac{e-1}{e}$

27

그림과 같이 $\overline{A_1B_1} = 4$, $\overline{A_1D_1} = 3$인 직사각형 $A_1B_1C_1D_1$ 이 있다. 선분 A_1D_1을 $1:2$, $2:1$로 내분하는 점을 각각 E_1, F_1이라 하고, 두 선분 A_1B_1, D_1C_1을 $1:3$으로 내분하는 점을 각각 G_1, H_1이라 하자. 두 삼각형 $C_1E_1G_1$, $B_1H_1F_1$로 만들어진 ⚝ 모양의 도형에 색칠하여 얻은 그림을 R_1이라 하자.

그림 R_1에서 두 선분 B_1H_1, C_1G_1이 만나는 점을 I_1이라 하자. 선분 B_1I_1 위의 점 A_2, 선분 C_1I_1 위의 점 D_2, 선분 B_1C_1 위의 두 점 B_2, C_2를 $\overline{A_2B_2} : \overline{A_2D_2} = 4 : 3$인 직사각형 $A_2B_2C_2D_2$가 되도록 잡는다. 그림 R_1을 얻은 것과 같은 방법으로 직사각형 $A_2B_2C_2D_2$에 ⚝ 모양의 도형을 그리고 색칠하여 얻은 그림을 R_2라 하자.

이와 같은 과정을 계속하여 n번째 얻은 그림 R_n에 색칠되어 있는 부분의 넓이를 S_n이라 할 때, $\displaystyle\lim_{n\to\infty}S_n$의 값은? [3점]

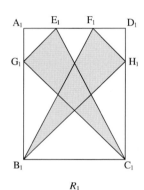 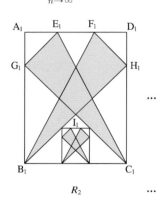

R_1 R_2 $\cdots$

① $\dfrac{347}{64}$ ② $\dfrac{351}{64}$ ③ $\dfrac{355}{64}$

④ $\dfrac{359}{64}$ ⑤ $\dfrac{363}{64}$

28

$0 < a < 1$인 실수 a에 대하여 구간 $\left[0, \dfrac{\pi}{2}\right)$에서 정의된 두 함수 $y = \sin x$, $y = a\tan x$의 그래프로 둘러싸인 부분의 넓이를 $f(a)$라 할 때, $f'\left(\dfrac{1}{e^2}\right)$의 값은? [4점]

① $-\dfrac{5}{2}$ ② -2 ③ $-\dfrac{3}{2}$

④ -1 ⑤ $-\dfrac{1}{2}$

주관식

29

그림과 같이 반지름의 길이가 5이고 중심각의 크기가 $\dfrac{\pi}{2}$인 부채꼴 OAB에서 선분 OB를 $2:3$으로 내분하는 점을 C라 하자. 점 P에서 호 AB에 접하는 직선과 직선 OB의 교점을 Q라 하고, 점 C에서 선분 PB에 내린 수선의 발을 R, 점 R에서 선분 PQ에 내린 수선의 발을 S라 하자. $\angle \mathrm{POB} = \theta$일 때, 삼각형 OCP의 넓이를 $f(\theta)$, 삼각형 PRS의 넓이를 $g(\theta)$라 하자.

$80 \times \displaystyle\lim_{\theta \to 0+} \dfrac{g(\theta)}{\theta^2 \times f(\theta)}$의 값을 구하시오(단, $0 < \theta < \dfrac{\pi}{2}$). [4점]

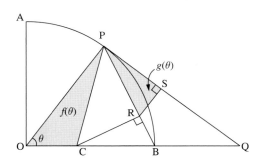

30

최고차항의 계수가 -2인 이차함수 $f(x)$와 두 실수 $a(a > 0)$, b에 대하여 함수

$$g(x) = \begin{cases} \dfrac{f(x+1)}{x} & (x < 0) \\ f(x)e^{x-a} + b & (x \geq 0) \end{cases}$$

이 다음 조건을 만족시킨다.

> (가) $\displaystyle\lim_{x \to 0-} g(x) = 2$이고 $g'(a) = -2$이다.
>
> (나) $s < 0 \leq t$이면 $\dfrac{g(t) - g(s)}{t - s} \leq -2$이다.

$a - b$의 최솟값을 구하시오. [4점]

❸ 기하

23

좌표공간에서 점 $\mathrm{P}(2,\ 1,\ 3)$을 x축에 대하여 대칭이동한 점 Q에 대하여 선분 PQ의 길이는? [2점]

① $2\sqrt{10}$ ② $2\sqrt{11}$ ③ $4\sqrt{3}$

④ $2\sqrt{13}$ ⑤ $2\sqrt{14}$

24

그림과 같이 평면 α 위에 $\angle BAC = \dfrac{\pi}{2}$ 이고, $\overline{AB} = 1$, $\overline{AC} = \sqrt{3}$ 인 직각삼각형 ABC가 있다. 점 A를 지나고 평면 α에 수직인 직선 위의 점 P에 대하여 $\overline{PA} = 2$일 때, 점 P와 직선 BC 사이의 거리는? [3점]

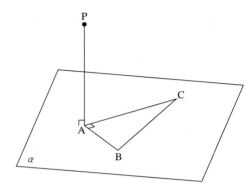

① $\dfrac{\sqrt{17}}{2}$ ② $\dfrac{\sqrt{70}}{4}$ ③ $\dfrac{3\sqrt{2}}{2}$

④ $\dfrac{\sqrt{74}}{4}$ ⑤ $\dfrac{\sqrt{19}}{2}$

25

타원 $\dfrac{x^2}{16} + \dfrac{y^2}{9} = 1$ 과 두 점 A$(4, \ 0)$, B$(0, \ -3)$ 이 있다. 이 타원 위의 점 P에 대하여 삼각형 ABP의 넓이가 k가 되도록 하는 점 P의 개수가 3일 때, 상수 k의 값은? [3점]

① $3\sqrt{2} - 3$ ② $6\sqrt{2} - 7$ ③ $3\sqrt{2} - 2$

④ $6\sqrt{2} - 6$ ⑤ $6\sqrt{2} - 5$

26

그림과 같이 정삼각형 ABC에서 선분 BC의 중점을 M이라 하고, 직선 AM이 정삼각형 ABC의 외접원과 만나는 점 중 A가 아닌 점을 D라 하자. $\overrightarrow{AD} = m\overrightarrow{AB} + n\overrightarrow{AC}$일 때, $m+n$의 값은?(단, m, n은 상수이다) [3점]

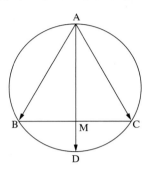

① $\dfrac{7}{6}$ ② $\dfrac{5}{4}$ ③ $\dfrac{4}{3}$

④ $\dfrac{17}{12}$ ⑤ $\dfrac{3}{2}$

27

그림과 같이 두 초점이 F, F$'$인 쌍곡선 $ax^2 - 4y^2 = a$ 위의 점 중 제1사분면에 있는 점 P와 선분 PF$'$ 위의 점 Q에 대하여 삼각형 PQF는 한 변의 길이가 $\sqrt{6}-1$인 정삼각형이다. 상수 a의 값은?(단, 점 F의 x좌표는 양수이다) [3점]

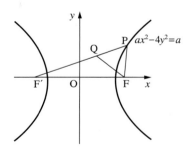

① $\dfrac{9}{2}$ ② 5 ③ $\dfrac{11}{2}$

④ 6 ⑤ $\dfrac{13}{2}$

28

점 F를 초점으로 하고 직선 l을 준선으로 하는 포물선이 있다. 포물선 위의 두 점 A, B와 점 F를 지나는 직선이 직선 l과 만나는 점을 C라 하자. 두 점 A, B에서 직선 l에 내린 수선의 발을 각각 H, I라 하고 점 B에서 직선 AH에 내린 수선의 발을 J라 하자. $\dfrac{\overline{BJ}}{\overline{BI}} = \dfrac{2\sqrt{15}}{3}$ 이고 $\overline{AB} = 8\sqrt{5}$ 일 때, 선분 HC의 길이는? [4점]

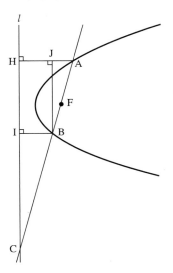

① $21\sqrt{3}$ ② $22\sqrt{3}$ ③ $23\sqrt{3}$

④ $24\sqrt{3}$ ⑤ $25\sqrt{3}$

29

좌표공간에 점 $(4, 3, 2)$를 중심으로 하고 원점을 지나는 구 $S : (x-4)^2 + (y-3)^2 + (z-2)^2 = 29$가 있다. 구 S 위의 점 $P(a, b, 7)$에 대하여 직선 OP를 포함하는 평면 α가 구 S와 만나서 생기는 원을 C라 하자. 평면 α와 원 C가 다음 조건을 만족시킨다.

> (가) 직선 OP와 xy평면이 이루는 각의 크기와 평면 α 와 xy평면이 이루는 각의 크기는 같다.
> (나) 선분 OP는 원 C의 지름이다.

$a^2 + b^2 < 25$일 때, 원 C의 xy평면 위로의 정사영의 넓이는 $k\pi$이다. $8k^2$의 값을 구하시오(단, O는 원점이다). [4점]

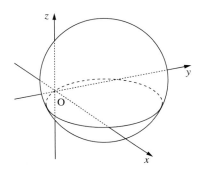

30

좌표평면 위의 세 점 $A(6, 0)$, $B(2, 6)$, $C(k, -2k)$ $(k > 0)$와 삼각형 ABC의 내부 또는 변 위의 점 P가 다음 조건을 만족시킨다.

> (가) $5\overrightarrow{BA} \cdot \overrightarrow{OP} - \overrightarrow{OB} \cdot \overrightarrow{AP} = \overrightarrow{OA} \cdot \overrightarrow{OB}$
> (나) 점 P가 나타내는 도형의 길이는 $\sqrt{5}$ 이다.

$\overrightarrow{OA} \cdot \overrightarrow{CP}$의 최댓값을 구하시오(단, O는 원점이다). [4점]

공통

01

$\lim\limits_{x \to 2} \dfrac{x^2 - x + a}{x - 2} = b$일 때, $a + b$의 값은?(단, a, b는 상수

이다) [2점]

① 1   ② 2   ③ 3

④ 4   ⑤ 5

02

등비수열 $\{a_n\}$에 대하여 $a_3 = 1$, $\dfrac{a_4 + a_5}{a_2 + a_3} = 4$일 때, a_9의

값은? [2점]

① 8   ② 16   ③ 32

④ 64   ⑤ 128

03

$\sum\limits_{k=1}^{9} k(2k+1)$의 값은? [3점]

① 600   ② 605   ③ 610

④ 615   ⑤ 620

04

함수 $f(x) = x^3 - 4x^2 + ax + 6$에 대하여

$$\lim\limits_{h \to 0} \dfrac{f(2+h) - f(2)}{h \times f(h)} = 1$$

일 때, 상수 a의 값은? [3점]

① 2   ② 4   ③ 6

④ 8   ⑤ 10

05

다항함수 $f(x)$의 도함수 $f'(x)$가 $f'(x) = 4x^3 + ax$이고
$f(0) = -2$, $f(1) = 1$일 때, $f(2)$의 값은?(단, a는 상수

이다) [3점]

① 18   ② 19   ③ 20

④ 21   ⑤ 22

06

$\sqrt[m]{64} \times \sqrt[n]{81}$의 값이 자연수가 되도록 하는 2 이상의 자연
수 m, n의 모든 순서쌍 (m, n)의 개수는? [3점]

① 2   ② 4   ③ 6

④ 8   ⑤ 10

07

함수 $f(x) = \cos^2 x - 4\cos\left(x + \dfrac{\pi}{2}\right) + 3$ 의 **최댓값은?** [3점]

① 1 　　② 3 　　③ 5

④ 7 　　⑤ 9

08

그림과 같은 5개의 칸에 5개의 수 $\log_a 2$, $\log_a 4$, $\log_a 8$, $\log_a 32$, $\log_a 128$을 한 칸에 하나씩 적는다. 가로로 나열된 3개의 칸에 적힌 세 수의 합과 세로로 나열된 3개의 칸에 적힌 세 수의 합이 15로 서로 같을 때, a의 값은? [3점]

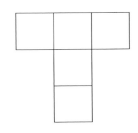

① $2^{\frac{1}{3}}$ 　　② $2^{\frac{2}{3}}$ 　　③ 2

④ $2^{\frac{4}{3}}$ 　　⑤ $2^{\frac{5}{3}}$

09

첫째항이 1인 등차수열 $\{a_n\}$이 있다. 모든 자연수 n에 대하여 $S_n = \displaystyle\sum_{k=1}^{n} a_k$, $T_n = \displaystyle\sum_{k=1}^{n} (-1)^k a_k$라 하자. $\dfrac{S_{10}}{T_{10}} = 6$일 때, T_{37}의 값은? [4점]

① 7 　　② 9 　　③ 11

④ 13 　　⑤ 15

10

양의 실수 a에 대하여 함수 $f(x)$를

$$f(x) = \begin{cases} x^2 - 5a & (x < a) \\ -2x + 4 & (x \geq a) \end{cases}$$

라 하자. 함수 $f(-x)f(x)$ 가 $x = a$에서 연속이 되도록 하는 모든 a의 값의 합은? [4점]

① 9 　　② 10 　　③ 11

④ 12 　　⑤ 13

11

시각 $t = 0$일 때 동시에 원점을 출발하여 수직선 위를 움직이는 두 점 P, Q의 시각 $t(t \geq 0)$에서의 속도가 각각 $v_1(t) = 3t^2 - 6t$, $v_2(t) = 2t$이다. 두 점 P, Q가 시각 $t = a(a > 0)$에서 만날 때, 시각 $t = 0$에서 $t = a$까지 점 P가 움직인 거리는? [4점]

① 22 　　② 24 　　③ 26

④ 28 　　⑤ 30

12

닫힌구간 $[-1, 3]$에서 정의된 함수

$$f(x) = \begin{cases} x^3 - 6x^2 + 5 & (-1 \le x \le 1) \\ x^2 - 4x + a & (1 < x \le 3) \end{cases}$$

의 최댓값과 최솟값의 합이 0일 때, $\displaystyle\lim_{x \to 1+} f(x)$의 값은?(단, a는 상수이다) [4점]

① -5 ② $-\dfrac{9}{2}$ ③ -4

④ $-\dfrac{7}{2}$ ⑤ -3

13

$a > 1$인 실수 a에 대하여 좌표평면에 두 곡선 $y = a^x$, $y = |a^{-x-1} - 1|$이 있다. 〈보기〉에서 옳은 것만을 있는 대로 고른 것은? [4점]

┤ 보 기 ├

ㄱ. 곡선 $y = |a^{-x-1} - 1|$은 점 $(-1, 0)$을 지난다.

ㄴ. $a = 4$이면 두 곡선의 교점의 개수는 2이다.

ㄷ. $a > 4$이면 두 곡선의 모든 교점의 x좌표의 합은 -2보다 크다.

① ㄱ   ② ㄱ, ㄴ   ③ ㄱ, ㄷ

④ ㄴ, ㄷ   ⑤ ㄱ, ㄴ, ㄷ

14

함수 $f(x) = x^3 - x$와 상수 $a(a > -1)$에 대하여 곡선 $y = f(x)$ 위의 두 점 $(-1, f(-1))$, $(a, f(a))$를 지나는 직선을 $y = g(x)$라 하자. 함수

$$h(x) = \begin{cases} f(x) & (x < -1) \\ g(x) & (-1 \le x \le a) \\ f(x-m) + n & (x > a) \end{cases}$$

가 다음 조건을 만족시킨다.

(가) 함수 $h(x)$는 실수 전체의 집합에서 미분가능하다.
(나) 함수 $h(x)$는 일대일대응이다.

$m + n$의 값은?(단, m, n은 상수이다) [4점]

① 1   ② 3   ③ 5

④ 7   ⑤ 9

15

다음 조건을 만족시키는 모든 수열 $\{a_n\}$에 대하여 a_1의 최솟값을 m이라 하자.

(가) 수열 $\{a_n\}$의 모든 항은 정수이다.
(나) 모든 자연수 n에 대하여 $a_{2n} = a_3 \times a_n + 1$, $a_{2n+1} = 2a_n - a_2$이다.

$a_1 = m$인 수열 $\{a_n\}$에 대하여 a_9의 값은? [4점]

① -53 ② -51 ③ -49

④ -47 ⑤ -45

16

함수 $f(x) = (x+3)(x^3+x)$의 $x=1$에서의 미분계수를 구하시오.

[3점]

17

$0 \leq x < 8$일 때, 방정식 $\sin \dfrac{\pi x}{2} = \dfrac{3}{4}$의 모든 해의 합을 구하시오.

[3점]

18

모든 양의 실수 x에 대하여 부등식 $x^3 - 5x^2 + 3x + n \geq 0$이 항상 성립하도록 하는 자연수 n의 최솟값을 구하시오.

[3점]

19

함수 $f(x) = \log_2 kx$에 대하여 곡선 $y = f(x)$와 직선 $y = x$가 두 점 A, B에서 만나고 $\overline{OA} = \overline{AB}$이다. 함수 $f(x)$의 역함수를 $g(x)$라 할 때, $g(5)$의 값을 구하시오(단, k는 0이 아닌 상수이고, O는 원점이다).

[3점]

20

양의 실수 a에 대하여 함수 $f(x)$를

$$f(x) = \begin{cases} \dfrac{3}{a}x^2 & (-a \leq x \leq a) \\ 3a & (x < -a \text{ 또는 } x > a) \end{cases}$$

라 하자. 함수 $y = f(x)$의 그래프와 x축 및 두 직선 $x = -3$, $x = 3$으로 둘러싸인 부분의 넓이가 8이 되도록 하는 모든 a의 값의 합은 S이다. $40S$의 값을 구하시오.

[4점]

21

$\angle BAC = \theta \left(\frac{2}{3}\pi \leq \theta < \frac{3}{4}\pi \right)$인 삼각형 ABC의 외접원의 중심을 O, 세 점 B, O, C를 지나는 원의 중심을 O′이라 하자. 다음은 점 O′이 선분 AB 위에 있을 때, $\frac{\overline{BC}}{\overline{AC}}$의 값을 θ에 대한 식으로 나타내는 과정이다.

삼각형 ABC의 외접원의 반지름의 길이를 R라 하면 사인법칙에 의하여 $\frac{\overline{BC}}{\sin\theta} = 2R$

세 점 B, O, C를 지나는 원의 반지름의 길이를 r라 하자. 선분 O′O는 선분 BC를 수직이등분하므로 이 두 선분의 교점을 M이라 하면 $\overline{O'M} = r - \overline{OM} = r - |R\cos\theta|$

직각삼각형 O′BM에서 $R = \boxed{\text{(가)}} \times r$이므로

$\sin(\angle O'BM) = \boxed{\text{(나)}}$

따라서 삼각형 ABC에서 사인법칙에 의하여

$\frac{\overline{BC}}{\overline{AC}} = \boxed{\text{(다)}}$

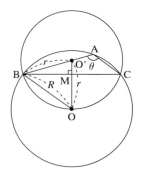

위의 (가), (나), (다)에 알맞은 식을 각각 $f(\theta)$, $g(\theta)$, $h(\theta)$라 하자. $\cos\alpha = -\frac{3}{5}$, $\cos\beta = -\frac{\sqrt{10}}{5}$인 α, β에 대하여

$f(\alpha) + g(\beta) + \left\{ h\left(\frac{2}{3}\pi\right) \right\}^2 = \frac{q}{p}$이다. $p+q$의 값을 구하시오(단, p와 q는 서로소인 자연수이다). [4점]

22

일차함수 $f(x)$에 대하여 함수 $g(x)$를

$$g(x) = \int_0^x (x-2)f(s)ds$$

라 하자. 실수 t에 대하여 직선 $y = tx$와 곡선 $y = g(x)$가 만나는 점의 개수를 $h(t)$라 할 때, 다음 조건을 만족시키는 모든 함수 $g(x)$에 대하여 $g(4)$의 값의 합을 구하시오.

[4점]

$g(k) = 0$을 만족시키는 모든 실수 k에 대하여 함수 $h(t)$는 $t = -k$에서 불연속이다.

선택

1 확률과 통계

23

다항식 $(2x+1)^6$의 전개식에서 x^2의 계수는? [2점]

① 40   ② 60   ③ 80

④ 100   ⑤ 120

24

숫자 1, 2, 3, 4, 5, 6이 하나씩 적혀 있는 6개의 공이 있다. 이 6개의 공을 일정한 간격을 두고 원형으로 배열할 때, 3의 배수가 적혀 있는 두 공이 서로 이웃하도록 배열하는 경우의 수는?(단, 회전하여 일치하는 것은 같은 것으로 본다) [3점]

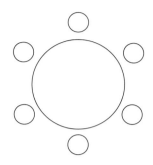

① 48   ② 54   ③ 60

④ 66   ⑤ 72

25

어느 학교의 컴퓨터 동아리는 남학생 21명, 여학생 18명으로 이루어져 있고, 모든 학생은 데스크톱 컴퓨터와 노트북 컴퓨터 중 한 가지만 사용한다고 한다. 이 동아리의 남학생 중에서 데스크톱 컴퓨터를 사용하는 학생은 15명이고, 여학생 중에서 노트북 컴퓨터를 사용하는 학생은 10명이다. 이 동아리 학생 중에서 임의로 선택한 1명이 데스크톱 컴퓨터를 사용하는 학생일 때, 이 학생이 남학생일 확률은? [3점]

① $\dfrac{8}{21}$ ② $\dfrac{10}{21}$ ③ $\dfrac{15}{23}$

④ $\dfrac{5}{7}$ ⑤ $\dfrac{18}{23}$

26

1부터 10까지의 자연수가 하나씩 적혀 있는 10장의 카드가 있다. 이 10장의 카드 중에서 임의로 선택한 서로 다른 3장의 카드에 적혀 있는 세 수의 곱이 4의 배수일 확률은? [3점]

1	2	3	4	5
6	7	8	9	10

① $\dfrac{1}{6}$ ② $\dfrac{1}{3}$ ③ $\dfrac{1}{2}$

④ $\dfrac{2}{3}$ ⑤ $\dfrac{5}{6}$

27

평균이 100, 표준편차가 σ인 정규분포를 따르는 모집단에서 크기가 25인 표본을 임의추출하여 구한 표본평균을 $\overline{X}$라 하자. $P(98 \leq \overline{X} \leq 102) = 0.9876$일 때, σ의 값을 다음 표준정규분포표를 이용하여 구한 것은? [3점]

z	$P(0 \leq Z \leq z)$
1.5	0.4332
2.0	0.4772
2.5	0.4938
3.0	0.4987

① 2   ② $\dfrac{5}{2}$ ③ 3

④ $\dfrac{7}{2}$ ⑤ 4

28

두 집합 $X = \{1,\ 2,\ 3,\ 4,\ 5,\ 6,\ 7,\ 8\}$, $Y = \{1,\ 2,\ 3\}$ 에 대하여 다음 조건을 만족시키는 모든 함수 $f : X \to Y$의 개수는? [4점]

> (가) 집합 X의 임의의 두 원소 x_1, x_2에 대하여
> $\quad x_1 < x_2$이면 $f(x_1) \leq f(x_2)$이다.
> (나) 집합 X의 모든 원소 x에 대하여
> $\quad (f \circ f \circ f)(x) = 1$이다.

① 24   ② 27   ③ 30

④ 33   ⑤ 36

29

그림과 같이 8개의 칸에 숫자 0, 1, 2, 3, 4, 5, 6, 7이 하나씩 적혀 있는 말판이 있고, 숫자 0이 적혀 있는 칸에 말이 놓여 있다. 한 개의 주사위를 사용하여 다음 시행을 한다.

> 주사위를 한 번 던져
> 나오는 눈의 수가 3 이상이면 말을 화살표 방향으로 한 칸 이동시키고,
> 나오는 눈의 수가 3보다 작으면 말을 화살표 반대 방향으로 한 칸 이동시킨다.

위의 시행을 4회 반복한 후 말이 도착한 칸에 적혀 있는 수를 확률변수 X라 하자. $\mathrm{E}(36X)$의 값을 구하시오. [4점]

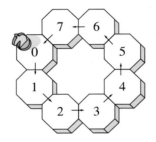

30

검은 공 4개, 흰 공 2개가 들어 있는 주머니에 대하여 다음
시행을 2회 반복한다.

> 주머니에서 임의로 3개의 공을 동시에 꺼낸 후, 꺼낸 공
> 중에서 흰 공은 다시 주머니에 넣고 검은 공은 다시 넣지
> 않는다.

두 번째 시행의 결과 주머니에 흰 공만 2개 들어 있을 때,
첫 번째 시행의 결과 주머니에 들어 있는 검은 공의 개수가
2일 확률은 $\dfrac{q}{p}$ 이다. $p+q$의 값을 구하시오(단, p와 q는 서
로소인 자연수이다).　　　　　　　　　　　　[4점]

② 미적분

23

$\lim\limits_{n \to \infty} (\sqrt{an^2 + bn} - \sqrt{2n^2 + 1}) = 1$일 때, ab의 값은?(단,
a, b는 상수이다)　　　　　　　　　　　　[2점]

① $\sqrt{2}$　　　　　② 2　　　　　③ $2\sqrt{2}$

④ 4　　　　　⑤ $4\sqrt{2}$

24

$\lim\limits_{n \to \infty} \sum\limits_{k=1}^{n} \dfrac{1}{n + 3k}$ 의 값은?　　　　　　　[3점]

① $\dfrac{1}{3}\ln 2$　　　② $\dfrac{2}{3}\ln 2$　　　③ $\ln 2$

④ $\dfrac{4}{3}\ln 2$　　　⑤ $\dfrac{5}{3}\ln 2$

25

매개변수 t로 나타내어진 곡선 $x = e^t \cos(\sqrt{3}\,t) - 1$,
$y = e^t \sin(\sqrt{3}\,t) + 1\,(0 \le t \le \ln 7)$의 길이는?　　　[3점]

① 9　　　　　② 10　　　　　③ 11

④ 12　　　　　⑤ 13

26

그림과 같이 $\overline{AB_1}=2$, $\overline{AD_1}=\sqrt{5}$ 인 직사각형 $AB_1C_1D_1$ 이 있다. 중심이 A 이고 반지름의 길이가 $\overline{AD_1}$ 인 원과 선분 B_1C_1 의 교점을 E_1, 중심이 C_1 이고 반지름의 길이가 $\overline{C_1D_1}$ 인 원과 선분 B_1C_1 의 교점을 F_1 이라 하자. 호 D_1F_1 과 두 선분 D_1E_1, F_1E_1 로 둘러싸인 부분에 색칠하여 얻은 그림을 R_1 이라 하자. 그림 R_1 에서 선분 AB_1 위의 점 B_2, 호 D_1F_1 위의 점 C_2, 선분 AD_1 위의 점 D_2 와 점 A 를 꼭짓점으로 하고 $\overline{AB_2}:\overline{AD_2}=2:\sqrt{5}$ 인 직사각형 $AB_2C_2D_2$ 를 그린 다. 중심이 A 이고 반지름의 길이가 $\overline{AD_2}$ 인 원과 선분 B_2C_2 의 교점을 E_2, 중심이 C_2 이고 반지름의 길이가 $\overline{C_2D_2}$ 인 원과 선분 B_2C_2 의 교점을 F_2 라 하자. 호 D_2F_2 와 두 선분 D_2E_2, F_2E_2 로 둘러싸인 부분에 색칠하여 얻은 그림을 R_2 라 하자. 이와 같은 과정을 계속하여 n번째 얻은 그림 R_n 에 색칠 되어 있는 부분의 넓이를 S_n 이라 할 때, $\lim_{n \to \infty} S_n$ 의 값은?

[3점]

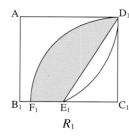
R_1

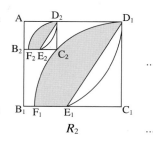
R_2 ...

① $\dfrac{8\pi+8-8\sqrt{5}}{7}$ ② $\dfrac{8\pi+8-7\sqrt{5}}{7}$

③ $\dfrac{9\pi+9-9\sqrt{5}}{8}$ ④ $\dfrac{9\pi+9-8\sqrt{5}}{8}$

⑤ $\dfrac{10\pi+10-10\sqrt{5}}{9}$

27

양의 실수 t에 대하여 곡선 $y=\ln(2x^2+2x+1)\,(x>0)$ 과 직선 $y=t$ 가 만나는 점의 x좌표를 $f(t)$ 라 할 때, $f'(2\ln 5)$ 의 값은?

[3점]

① $\dfrac{25}{14}$ ② $\dfrac{13}{7}$ ③ $\dfrac{27}{14}$

④ 2 ⑤ $\dfrac{29}{14}$

28

그림과 같이 길이가 4인 선분 AB 의 중점 O 에 대하여 선분 OB 를 반지름으로 하는 사분원 OBC 가 있다. 호 BC 위를 움직이는 점 P 에 대하여 선분 OB 위의 점 Q 가 $\angle APC = \angle PCQ$ 를 만족시킨다. 선분 AP 가 두 선분 CO, CQ 와 만나는 점을 각각 R, S 라 하자. $\angle PAB = \theta$ 일 때, 삼각형 RQS 의 넓이를 $S(\theta)$ 라 하자. $\lim_{\theta \to 0+} \dfrac{S(\theta)}{\theta^2}$ 의 값은?(단, $0 < \theta < \dfrac{\pi}{4}$)

[4점]

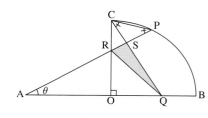

① $\dfrac{1}{4}$ ② $\dfrac{1}{2}$ ③ 1

④ 2 ⑤ 4

29

실수 전체의 집합에서 연속인 함수 $f(x)$가 다음 조건을 만족시킨다.

(가) $-1 \le x \le 1$에서 $f(x) < 0$이다.

(나) $\displaystyle\int_{-1}^{0} |f(x)\sin x|\,dx = 2$, $\displaystyle\int_{0}^{1} |f(x)\sin x|\,dx = 3$

함수 $g(x) = \displaystyle\int_{-1}^{x} |f(t)\sin t|\,dt$에 대하여

$$\int_{-1}^{1} f(-x)g(-x)\sin x\,dx = \frac{q}{p}$$

이다. $p+q$의 값을 구하시오(단, p와 q는 서로소인 자연수이다). [4점]

30

최고차항의 계수가 1인 삼차함수 $f(x)$에 대하여 함수

$$g(x) = \begin{cases} f(x) & (0 \le x \le 2) \\ \dfrac{f(x)}{x-1} & (x < 0 \ \text{또는} \ x > 2) \end{cases}$$

가 다음 조건을 만족시킨다.

(가) 함수 $g(x)$는 실수 전체의 집합에서 연속이고, $g(2) \ne 0$이다.

(나) 함수 $g(x)$가 $x=a$에서 미분가능하지 않은 실수 a의 개수는 1이다.

(다) $g(k) = 0$, $g'(k) = \dfrac{16}{3}$인 실수 k가 존재한다.

함수 $g(x)$의 극솟값이 p일 때, p^2의 값을 구하시오. [4점]

❸ 기하

23

세 벡터 $\vec{a} = (x, \ 3)$, $\vec{b} = (1, \ y)$, $\vec{c} = (-3, \ 5)$가 $2\vec{a} = \vec{b} - \vec{c}$를 만족시킬 때, $x+y$의 값은? [2점]

① 11   ② 12   ③ 13

④ 14   ⑤ 15

24

좌표공간의 두 점 $A(0, 2, -3)$, $B(6, -4, 15)$에 대하여 선분 AB 위에 점 C가 있다. 세 점 A, B, C에서 xy평면에 내린 수선의 발을 각각 A', B', C'이라 하자. $2\overline{A'C'} = \overline{C'B'}$일 때, 점 C의 z좌표는? [3점]

① -5 ② -3 ③ -1

④ 1 ⑤ 3

25

쌍곡선 $x^2 - \dfrac{y^2}{3} = 1$ 위의 제1사분면에 있는 점 P에서의 접선의 x절편이 $\dfrac{1}{3}$이다. 쌍곡선 $x^2 - \dfrac{y^2}{3} = 1$의 두 초점 중 x좌표가 양수인 점을 F라 할 때, 선분 PF의 길이는? [3점]

① 5 ② $\dfrac{16}{3}$ ③ $\dfrac{17}{3}$

④ 6 ⑤ $\dfrac{19}{3}$

26

좌표공간에서 중심이 $A(a, -3, 4)(a > 0)$인 구 S가 x축과 한 점에서만 만나고 $\overline{OA} = 3\sqrt{3}$일 때, 구 S가 z축과 만나는 두 점 사이의 거리는?(단, O는 원점이다) [3점]

① $3\sqrt{6}$ ② $2\sqrt{14}$ ③ $\sqrt{58}$

④ $2\sqrt{15}$ ⑤ $\sqrt{62}$

27

그림과 같이 한 변의 길이가 4인 정삼각형 ABC에 대하여 점 A를 지나고 직선 BC에 평행한 직선을 l이라 할 때, 세 직선 AC, BC, l에 모두 접하는 원을 O라 하자. 원 O 위의 점 P에 대하여 $|\overrightarrow{AC} + \overrightarrow{BP}|$의 최댓값을 M, 최솟값을 m이라 할 때, Mm의 값은?(단, 원 O의 중심은 삼각형 ABC의 외부에 있다) [3점]

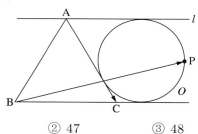

① 46   ② 47   ③ 48

④ 49   ⑤ 50

28

[그림 1]과 같이 $\overline{AB} = 3$, $\overline{AD} = 2\sqrt{7}$인 직사각형 ABCD 모양의 종이가 있다. 선분 AD의 중점을 M이라 하자. 두 선분 BM, CM을 접는 선으로 하여 [그림 2]와 같이 두 점 A, D가 한 점 P에서 만나도록 종이를 접었을 때, 평면 PBM과 평면 BCM이 이루는 각의 크기를 θ라 하자. $\cos\theta$의 값은?(단, 종이의 두께는 고려하지 않는다) [4점]

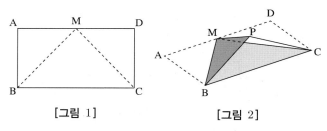

[그림 1]   [그림 2]

① $\dfrac{17}{27}$ ② $\dfrac{2}{3}$ ③ $\dfrac{19}{27}$

④ $\dfrac{20}{27}$ ⑤ $\dfrac{7}{9}$

29

그림과 같이 포물선 $y^2 = 16x$의 초점을 F라 하자. 점 F를 한 초점으로 하고 점 $A(-2, 0)$을 지나며 다른 초점 F'이 선분 AF 위에 있는 타원 E가 있다. 포물선 $y^2 = 16x$가 타원 E와 제1사분면에서 만나는 점을 B라 하자. $\overline{BF} = \dfrac{21}{5}$일 때, 타원 E의 장축의 길이는 k이다. $10k$의 값을 구하시오.

[4점]

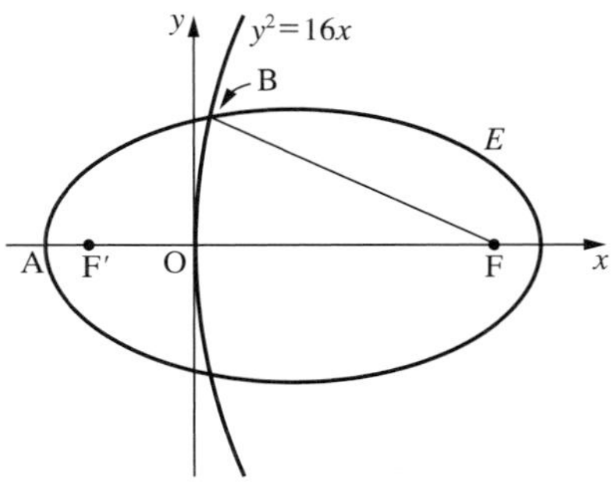

30

좌표평면 위의 두 점 $A(6, 0)$, $B(6, 5)$와 음이 아닌 실수 k에 대하여 두 점 P, Q가 다음 조건을 만족시킨다.

(가) $\overrightarrow{OP} = k(\overrightarrow{OA} + \overrightarrow{OB})$이고 $\overrightarrow{OP} \cdot \overrightarrow{OA} \le 21$이다.

(나) $|\overrightarrow{AQ}| = |\overrightarrow{AB}|$이고 $\overrightarrow{OQ} \cdot \overrightarrow{OA} \le 21$이다.

$\overrightarrow{OX} = \overrightarrow{OP} + \overrightarrow{OQ}$를 만족시키는 점 X가 나타내는 도형의 넓이는 $\dfrac{q}{p}\sqrt{3}$이다. $p+q$의 값을 구하시오(단, O는 원점이고, p와 q는 서로소인 자연수이다).

[4점]

공통

01 기존 01번

$\left(\dfrac{9}{4}\right)^{-\frac{3}{2}}$ 의 값은? [2점]

① $\dfrac{2}{3}$ ② $\dfrac{4}{9}$ ③ $\dfrac{8}{27}$

④ $\dfrac{16}{81}$ ⑤ $\dfrac{32}{243}$

02 기존 03번

$\sin\theta = -\dfrac{1}{3}$ 일 때, $\dfrac{\cos\theta}{\tan\theta}$ 의 값은? [2점]

① -4 ② $-\dfrac{11}{3}$ ③ $-\dfrac{10}{3}$

④ -3 ⑤ $-\dfrac{8}{3}$

03 기존 05번

함수 $y = 4^x - 1$ 의 그래프를 x축의 방향으로 a만큼, y축의 방향으로 b만큼 평행이동한 그래프가 함수 $y = 2^{2x-3} + 3$ 의 그래프와 일치할 때, ab의 값은? [3점]

① 2   ② 3   ③ 4

④ 5   ⑤ 6

04 기존 08번

x에 대한 연립부등식

$$\begin{cases} \left(\dfrac{1}{2}\right)^{1-x} \geq \left(\dfrac{1}{16}\right)^{x-1} \\ \log_2 4x < \log_2 (x+k) \end{cases}$$

의 해가 존재하지 <u>않도록</u> 하는 양수 k의 최댓값은? [3점]

① 3   ② 4   ③ 5

④ 6   ⑤ 7

05 기존 10번

$0 \leq x < 2\pi$일 때, 방정식 $\cos^2 3x - \sin 3x + 1 = 0$의 모든 실근의 합은? [3점]

① $\dfrac{3}{2}\pi$ ② $\dfrac{7}{4}\pi$ ③ 2π

④ $\dfrac{9}{4}\pi$ ⑤ $\dfrac{5}{2}\pi$

06 기존 15번

그림과 같이 반지름의 길이가 4이고 중심이 O인 원 위의 세 점 A, B, C에 대하여

$$\angle ABC = 120°, \quad \overline{AB} + \overline{BC} = 2\sqrt{15}$$

일 때, 사각형 $OABC$의 넓이는? [4점]

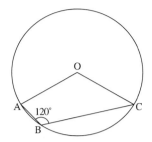

① $5\sqrt{3}$ ② $\dfrac{11\sqrt{3}}{2}$ ③ $6\sqrt{3}$

④ $\dfrac{13\sqrt{3}}{2}$ ⑤ $7\sqrt{3}$

07 기존 18번

수열 $\{a_n\}$이 모든 자연수 n에 대하여 다음 조건을 만족시킨다.

(가) $a_{2n+1} = -a_n + 3a_{n+1}$

(나) $a_{2n+2} = a_n - a_{n+1}$

$a_1 = 1$, $a_2 = 2$일 때, $\displaystyle\sum_{n=1}^{16} a_n$의 값은? [4점]

① 31 ② 33 ③ 35

④ 37 ⑤ 39

08 기존 22번

함수 $f(x) = 5\sin\left(\dfrac{\pi}{2}x + 1\right) + 3$의 주기를 p, 최댓값을 M이라 할 때, $p + M$의 값을 구하시오. [3점]

09 기존 26번

두 실수 a, b와 수열 $\{c_n\}$이 다음 조건을 만족시킨다.

(가) $(m+2)$개의 수

a, $\log_2 c_1$, $\log_2 c_2$, $\log_2 c_3$, $\cdots$, $\log_2 c_m$, b가 이 순서대로 등차수열을 이룬다.

(나) 수열 $\{c_n\}$의 첫째항부터 제m항까지의 항을 모두 곱한 값은 32이다.

$a + b = 1$일 때, 자연수 m의 값을 구하시오. [4점]

10 기존 27번

모든 자연수 n에 대하여 곡선 $y = \sqrt{x}$ 위의 점 $A_n(n^2, n)$ 과 곡선 $y = -x^2 (x \geq 0)$ 위의 점 B_n이 $\overline{OA_n} = \overline{OB_n}$을 만족시킨다. 삼각형 A_nOB_n의 넓이를 S_n이라 할 때, $\displaystyle\sum_{n=1}^{10} \frac{2S_n}{n^2}$의 값을 구하시오(단, O는 원점이다).　　　　[4점]

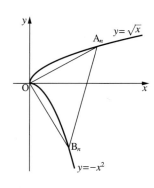

선 택

1 확률과 통계

11 기존 04번

$\left(x^3 + \dfrac{1}{x}\right)^5$의 전개식에서 x^3의 계수는?　　　　[3점]

① 5　　　　② 10　　　　③ 15

④ 20　　　　⑤ 25

---

12 기존 06번

그림과 같이 원형 탁자에 7개의 의자가 일정한 간격으로 놓여 있다. A, B, C를 포함한 7명의 학생이 모두 이 7개의 의자에 앉으려고 할 때, A, B, C 세 명 중 어느 두 명도 서로 이웃하지 않도록 앉는 경우의 수는?(단, 회전하여 일치하는 것은 같은 것으로 본다)　　　　[3점]

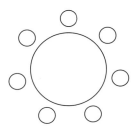

① 108　　　　② 120　　　　③ 132

④ 144　　　　⑤ 156

---

13 기존 09번

다섯 개의 자연수 1, 2, 3, 4, 5 중에서 중복을 허락하여 3개의 수를 택할 때, 택한 세 수의 곱이 6 이상인 경우의 수는?　　　　[3점]

① 23　　　　② 25　　　　③ 27

④ 29　　　　⑤ 31

14 기존 13번

주머니에 1, 1, 1, 2, 2, 3의 숫자가 하나씩 적혀 있는 6개의 공이 들어 있다. 이 주머니에서 임의로 2개의 공을 동시에 꺼낼 때, 꺼낸 공에 적힌 두 수의 차를 확률변수 X라 하자. $\mathrm{E}(X)$의 값은? [3점]

① $\dfrac{14}{15}$ ② 1 ③ $\dfrac{16}{15}$

④ $\dfrac{17}{15}$ ⑤ $\dfrac{6}{5}$

15 기존 16번

확률변수 X는 정규분포 $\mathrm{N}\left(m,\ 4^2\right)$을 따르고, 확률변수 Y는 정규분포 $\mathrm{N}\left(20,\ \sigma^2\right)$을 따른다. 확률변수 X의 확률밀도함수가 $f(x)$일 때, $f(x)$와 두 확률변수 X, Y가 다음 조건을 만족시킨다.

> (가) 모든 실수 x에 대하여 $f(x+10)=f(20-x)$이다.
> (나) $\mathrm{P}(X \geq 17)=\mathrm{P}(Y \leq 17)$

z	$\mathrm{P}(0 \leq Z \leq z)$
0.5	0.1915
1.0	0.3413
1.5	0.4332
2.0	0.4772

$\mathrm{P}(X \leq m+\sigma)$의 값을 위의 표준정규분포표를 이용하여 구한 것은?(단, $\sigma > 0$) [4점]

① 0.6915 ② 0.7745 ③ 0.9104

④ 0.9332 ⑤ 0.9772

16 기존 17번

다음은 모든 자연수 n에 대하여 부등식

$$\sum_{k=1}^{n} \frac{_{2k}\mathrm{P}_k}{2^k} \leq \frac{(2n)!}{2^n} \quad \cdots\cdots \; (*)$$

이 성립함을 수학적 귀납법으로 증명한 것이다.

(i) $n=1$일 때,

(좌변) $= \dfrac{_2\mathrm{P}_1}{2^1} = 1$이고, (우변) $=$ ⬚(가) 이므로

$(*)$이 성립한다.

(ii) $n=m$일 때, $(*)$이 성립한다고 가정하면

$$\sum_{k=1}^{m} \frac{_{2k}\mathrm{P}_k}{2^k} \leq \frac{(2m)!}{2^m}$$ 이다.

$n=m+1$일 때,

$$\sum_{k=1}^{m+1} \frac{_{2k}\mathrm{P}_k}{2^k} = \sum_{k=1}^{m} \frac{_{2k}\mathrm{P}_k}{2^k} + \frac{_{2m+2}\mathrm{P}_{m+1}}{2^{m+1}}$$

$$= \sum_{k=1}^{m} \frac{_{2k}\mathrm{P}_k}{2^k} + \frac{\boxed{(나)}}{2^{m+1}\times(m+1)!}$$

$$\leq \frac{(2m)!}{2^m} + \frac{(나)}{2^{m+1}\times(m+1)!}$$

$$= \frac{(나)}{2^{m+1}} \times \left\{ \frac{1}{(다)} + \frac{1}{(m+1)!} \right\}$$

$$< \frac{(2m+2)!}{2^{m+1}}$$

이다. 따라서 $n=m+1$일 때도 $(*)$이 성립한다.

(i), (ii)에 의하여 모든 자연수 n에 대하여

$$\sum_{k=1}^{n} \frac{_{2k}\mathrm{P}_k}{2^k} \leq \frac{(2n)!}{2^n}$$

이다.

위의 (가)에 알맞은 수를 p, (나), (다)에 알맞은 식을 각각

$f(m)$, $g(m)$이라 할 때, $p + \dfrac{f(2)}{g(4)}$ 의 값은? [4점]

① 16　　　　② 17　　　　③ 18

④ 19　　　　⑤ 20

17 기존 23번

모평균이 15이고 모표준편차가 8인 모집단에서 크기가 4인 표본을 임의추출하여 구한 표본평균을 $\overline{X}$ 라 할 때, $\mathrm{E}(\overline{X}) + \sigma(\overline{X})$의 값을 구하시오. [3점]

18 기존 25번

흰 구슬 3개와 검은 구슬 4개가 들어 있는 상자가 있다. 한 개의 주사위를 던져서 나오는 눈의 수가 3의 배수이면 이 상자에서 임의로 2개의 구슬을 동시에 꺼내고, 나오는 눈의 수가 3의 배수가 아니면 이 상자에서 임의로 3개의 구슬을 동시에 꺼낼 때, 꺼낸 구슬 중 검은 구슬의 개수가 2일 확률은 $\dfrac{q}{p}$ 이다. $p+q$의 값을 구하시오(단, p와 q는 서로소인 자연수이다). [3점]

19 기존 29번

그림은 여섯 개의 숫자 1, 2, 3, 4, 5, 6이 하나씩 적혀 있는 여섯 장의 카드를 모두 한 번씩 사용하여 일렬로 나열할 때, 이웃한 두 장의 카드 중 왼쪽 카드에 적힌 수가 오른쪽 카드에 적힌 수보다 큰 경우가 한 번만 나타난 예이다.

| 1 | 2 | 4 | 3 | 5 | 6 |

이 여섯 장의 카드를 모두 한 번씩 사용하여 임의로 일렬로 나열할 때, 이웃한 두 장의 카드 중 왼쪽 카드에 적힌 수가 오른쪽 카드에 적힌 수보다 큰 경우가 한 번만 나타날 확률은 $\dfrac{q}{p}$ 이다. $p+q$의 값을 구하시오(단, p와 q는 서로소인 자연수이다). [4점]

2 미적분

20 기존 02번

$\displaystyle\lim_{n\to\infty}\dfrac{1}{\sqrt{n^2+5n}-n}$ 의 값은? [2점]

① $\dfrac{1}{5}$ ② $\dfrac{2}{5}$ ③ $\dfrac{3}{5}$

④ $\dfrac{4}{5}$ ⑤ 1

21 기존 07번

곡선 $x^2-2xy+3y^3=5$ 위의 점 $(2,\,-1)$에서의 접선의 기울기는? [3점]

① $-\dfrac{6}{5}$ ② $-\dfrac{5}{4}$ ③ $-\dfrac{4}{3}$

④ $-\dfrac{3}{2}$ ⑤ -2

22 기존 11번

함수 $f(x)=\dfrac{e^x}{\sin x+\cos x}$ 에 대하여 $-\dfrac{\pi}{4}<x<\dfrac{3}{4}\pi$에서 방정식 $f(x)-f'(x)=0$의 실근은? [3점]

① $-\dfrac{\pi}{6}$ ② $\dfrac{\pi}{6}$ ③ $\dfrac{\pi}{4}$

④ $\dfrac{\pi}{3}$ ⑤ $\dfrac{\pi}{2}$

23 기존 12번

그림과 같이 곡선 $y = \sqrt{x}\, e^x (1 \leq x \leq 2)$와 x축 및 두 직선 $x = 1$, $x = 2$로 둘러싸인 도형을 밑면으로 하는 입체도형이 있다. 이 입체도형을 x축에 수직인 평면으로 자른 단면이 모두 정사각형일 때, 이 입체도형의 부피는? [3점]

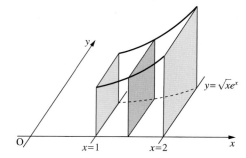

① $\dfrac{e^4 + e^2}{4}$ ② $\dfrac{2e^4 - e^2}{4}$ ③ $\dfrac{2e^4 + e^2}{4}$

④ $\dfrac{3e^4 - e^2}{4}$ ⑤ $\dfrac{3e^4 + e^2}{4}$

24 기존 14번

함수 $f(x) = \ln x$에 대하여 $\displaystyle\lim_{n \to \infty} \sum_{k=1}^{n} \dfrac{1}{n+k} f\left(1 + \dfrac{k}{n}\right)$의 값은? [4점]

① $\ln 2$ ② $(\ln 2)^2$ ③ $\dfrac{\ln 2}{2}$

④ $\dfrac{(\ln 2)^2}{2}$ ⑤ $\dfrac{(\ln 2)^2}{4}$

25 기존 19번

그림과 같이 한 변의 길이가 6인 정사각형 $A_1 B_1 C_1 D$에서 선분 $A_1 D$를 $1:2$로 내분하는 점을 E_1이라 하고, 세 점 B_1, C_1, E_1을 지나는 원의 중심을 O_1이라 하자. 삼각형 $E_1 B_1 C_1$의 내부와 삼각형 $O_1 B_1 C_1$의 외부의 공통부분에 색칠하여 얻은 그림을 R_1이라 하자.

그림 R_1에서 선분 $E_1 D$ 위의 점 A_2, 선분 $E_1 C_1$ 위의 점 B_2, 선분 $C_1 D$ 위의 점 C_2와 점 D를 꼭짓점으로 하는 정사각형 $A_2 B_2 C_2 D$를 그린다. 정사각형 $A_2 B_2 C_2 D$에서 선분 $A_2 D$를 $1:2$로 내분하는 점을 E_2라 하고, 세 점 B_2, C_2, E_2를 지나는 원의 중심을 O_2라 하자. 삼각형 $E_2 B_2 C_2$의 내부와 삼각형 $O_2 B_2 C_2$의 외부의 공통부분에 색칠하여 얻은 그림을 R_2라 하자.

이와 같은 과정을 계속하여 n번째 얻은 그림 R_n에 색칠되어 있는 부분의 넓이를 S_n이라 할 때, $\displaystyle\lim_{n \to \infty} S_n$의 값은? [4점]

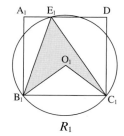 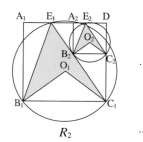

R_1 R_2

① $\dfrac{90}{7}$ ② $\dfrac{275}{21}$ ③ $\dfrac{40}{3}$

④ $\dfrac{95}{7}$ ⑤ $\dfrac{290}{21}$

26 기존 20번

세 상수 a, b, $c\,(a > 0,\ c > 0)$에 대하여 함수

$$f(x) = \begin{cases} -ax^2 + 6ex + b & (x < c) \\ a(\ln x)^2 - 6\ln x & (x \geq c) \end{cases}$$

가 다음 조건을 만족시킨다.

> (가) 함수 $f(x)$는 실수 전체의 집합에서 연속이다.
> (나) 함수 $f(x)$의 역함수가 존재한다.

$f\left(\dfrac{1}{2e}\right)$의 값은? [4점]

① $-4\left(e^2 + \dfrac{1}{4e^2}\right)$

② $-4\left(e^2 - \dfrac{1}{4e^2}\right)$

③ $-3\left(e^2 + \dfrac{1}{4e^2}\right)$

④ $-3\left(e^2 - \dfrac{1}{4e^2}\right)$

⑤ $-2\left(e^2 + \dfrac{1}{4e^2}\right)$

27 기존 21번

함수 $f(x)$를

$$f(x) = \int_0^x |t\sin t|\,dt - \left| \int_0^x t\sin t\,dt \right|$$

라 할 때, 〈보기〉에서 옳은 것만을 있는 대로 고른 것은? [4점]

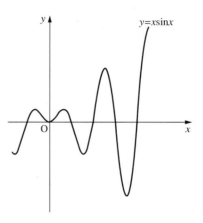

┤ 보 기 ├

ㄱ. $f(2\pi) = 2\pi$

ㄴ. $\pi < \alpha < 2\pi$인 α에 대하여

$\displaystyle\int_0^\alpha t\sin t\,dt = 0$이면 $f(\alpha) = \pi$이다.

ㄷ. $2\pi < \beta < 3\pi$인 β에 대하여

$\displaystyle\int_0^\beta t\sin t\,dt = 0$이면

$\displaystyle\int_\beta^{3\pi} f(x)\,dx = 6\pi(3\pi - \beta)$이다.

① ㄱ
② ㄱ, ㄴ
③ ㄱ, ㄷ
④ ㄴ, ㄷ
⑤ ㄱ, ㄴ, ㄷ

28 기존 24번

수열 $\{(x^2 - 6x + 9)^n\}$ 이 수렴하도록 하는 모든 정수 x 의 값의 합을 구하시오. [3점]

29 기존 28번

그림과 같이 $\overline{AB} = \overline{AC} = 4$ 인 이등변삼각형 ABC에 외접하는 원 O 가 있다. 점 C를 지나고 원 O 에 접하는 직선과 직선 AB의 교점을 D라 하자. $\angle CAB = \theta$ 라 할 때, 삼각형 BDC의 넓이를 $S(\theta)$ 라 하자. $\lim\limits_{\theta \to 0+} \dfrac{S(\theta)}{\theta^3}$ 의 값을 구하시오

(단, $0 < \theta < \dfrac{\pi}{3}$). [4점]

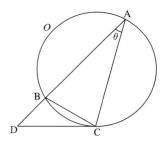

30 기존 30번

두 함수 $f(x) = x^2 - ax + b \, (a > 0)$, $g(x) = x^2 e^{-\frac{x}{2}}$ 에 대하여 상수 k 와 함수 $h(x) = (f \circ g)(x)$ 가 다음 조건을 만족시킨다.

(가) $h(0) < h(4)$

(나) 방정식 $|h(x)| = k$의 서로 다른 실근의 개수는 7이고, 그중 가장 큰 실근을 α 라 할 때 함수 $h(x)$ 는 $x = \alpha$ 에서 극소이다.

$f(1) = -\dfrac{7}{32}$ 일 때, 두 상수 a, b 에 대하여 $a + 16b$ 의 값을 구하시오(단, $\dfrac{5}{2} < e < 3$ 이고, $\lim\limits_{x \to \infty} g(x) = 0$ 이다). [4점]

공통

01 기존 01번

$\left(\dfrac{1}{4}\right)^{-\frac{3}{2}}$ 의 값은? [2점]

① 1　　　　② 2　　　　③ 4

④ 8　　　　⑤ 16

02 기존 03번

$\sin\theta = -\dfrac{1}{3}$ 일 때, $\dfrac{\cos\theta}{\tan\theta}$ 의 값은? [2점]

① -4　　　② $-\dfrac{11}{3}$　　　③ $-\dfrac{10}{3}$

④ -3　　　⑤ $-\dfrac{8}{3}$

03 기존 04번

함수 $f(x) = (x^3 - 2x + 3)(ax + 3)$ 에 대하여
$f'(1) = 15$ 일 때, a의 값은?(단, a는 상수이다) [3점]

① 3　　　　② 4　　　　③ 5

④ 6　　　　⑤ 7

04 기존 05번

닫힌구간 $[-1,\ 3]$ 에서 정의된 함수 $y = f(x)$ 의 그래프가 그림과 같다.

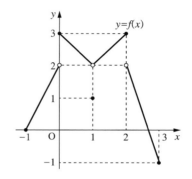

$\displaystyle\lim_{x \to 0-} f(x) + \lim_{x \to 2+} f(x)$의 값은? [3점]

① 1　　　　② 2　　　　③ 3

④ 4　　　　⑤ 5

05 기존 07번

다항함수 $f(x)$ 가 모든 실수 x에 대하여

$$\int_1^x f(t)dt = x^3 + ax - 3$$

을 만족시킬 때, $f(a)$ 의 값은?(단, a는 상수이다) [3점]

① 10　　　② 11　　　③ 12

④ 13　　　⑤ 14

06 기존 09번

곡선 $y = -x^3 + 3x^2 + 4$에 접하는 직선 중에서 기울기가 최대인 직선을 l이라 하자. 직선 l과 x축 및 y축으로 둘러싸인 부분의 넓이는? [3점]

① $\dfrac{3}{2}$ ② 2 ③ $\dfrac{5}{2}$

④ 3 ⑤ $\dfrac{7}{2}$

07 기존 10번

$0 \le x < 2\pi$일 때, 방정식 $|\sin 2x| = \dfrac{1}{2}$의 모든 실근의 합은? [3점]

① 4π ② 6π ③ 8π

④ 10π ⑤ 12π

08 기존 12번

시각 $t = 0$일 때 동시에 원점을 출발하여 수직선 위를 움직이는 두 점 P, Q의 시각 $t(t \ge 0)$에서의 속도가 각각 $v_1(t) = 2t + 3$, $v_2(t) = at(6 - t)$이다. 시각 $t = 3$에서 두 점 P, Q가 만날 때, a의 값은?(단, a는 상수이다) [3점]

① 1 ② 2 ③ 3

④ 4 ⑤ 5

09 기존 13번

수열 $\{a_n\}$은 $a_1 = \dfrac{3}{2}$이고, 모든 자연수 n에 대하여

$a_{2n-1} + a_{2n} = 2a_n$을 만족시킨다. $\displaystyle\sum_{n=1}^{16} a_n$의 값은? [3점]

① 22 ② 24 ③ 26

④ 28 ⑤ 30

10 기존 15번

최고차항의 계수가 1인 사차함수 $f(x)$가 다음 조건을 만족시킨다.

> (가) 모든 실수 x에 대하여 $f(-x) = f(x)$이다.
> (나) 함수 $f(x)$는 극댓값 7을 갖는다.

$f(1) = 2$일 때, 함수 $f(x)$의 극솟값은? [4점]

① -6 ② -5 ③ -4

④ -3 ⑤ -2

11 기존 16번

두 실수 a, b와 수열 $\{c_n\}$이 다음 조건을 만족시킨다.

> (가) $(m+2)$개의 수
> a, $\log_2 c_1$, $\log_2 c_2$, $\log_2 c_3$, $\cdots$, $\log_2 c_m$, b가 이 순서대로 등차수열을 이룬다.
> (나) 수열 $\{c_n\}$의 첫째항부터 제m항까지의 항을 모두 곱한 값은 32이다.

$a+b=1$일 때, 자연수 m의 값은? [4점]

① 6   ② 8   ③ 10

④ 12   ⑤ 14

12 기존 19번

그림과 같이 $\overline{AB}=\overline{AC}$인 이등변삼각형 ABC에서 선분 AC를 $5:3$으로 내분하는 점을 D라 하자.

$2\sin(\angle ABD)=5\sin(\angle DBC)$일 때, $\dfrac{\sin C}{\sin A}$의 값은?

[4점]

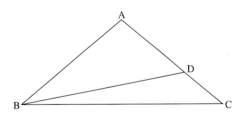

① $\dfrac{3}{5}$ ② $\dfrac{7}{11}$ ③ $\dfrac{2}{3}$

④ $\dfrac{9}{13}$ ⑤ $\dfrac{5}{7}$

13 기존 20번

0이 아닌 실수 k에 대하여 다항함수 $f(x)$의 도함수 $f'(x)$가 $f'(x)=3(x-k)(x-2k)$이다. 함수

$$g(x)=\begin{cases} f(x) & (x \le 1 \text{ 또는 } x \ge 4) \\ \dfrac{f(4)-f(1)}{3}(x-1)+f(1) & (1 < x < 4) \end{cases}$$

의 역함수가 존재하도록 하는 모든 실수 k의 값의 범위가 $\alpha \le k < \beta$일 때, $\beta-\alpha$의 값은? [4점]

① $\dfrac{3}{8}$ ② $\dfrac{1}{2}$ ③ $\dfrac{5}{8}$

④ $\dfrac{3}{4}$ ⑤ $\dfrac{7}{8}$

14 기존 21번

두 곡선 $y=|2^x-4|$, $y=\log_2 x$가 만나는 두 점의 x좌표를 x_1, x_2 $(x_1 < x_2)$라 할 때, 〈보기〉에서 옳은 것만을 있는 대로 고른 것은? [4점]

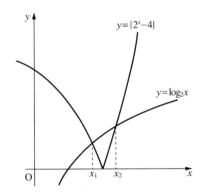

> ─┤ 보 기 ├─
> ㄱ. $\log_2 3 < x_1 < x_2 < \log_2 6$
> ㄴ. $(x_2-x_1)(2^{x_2}-2^{x_1}) < 3$
> ㄷ. $2^{x_1}+2^{x_2} > 8+\log_2(\log_3 6)$

① ㄱ   ② ㄱ, ㄴ   ③ ㄱ, ㄷ

④ ㄴ, ㄷ   ⑤ ㄱ, ㄴ, ㄷ

15 기존 22번

$\lim\limits_{x \to \infty} \left(\sqrt{x^2 + 22x} - x \right)$의 값을 구하시오. [3점]

16 기존 23번

함수 $f(x) = 5\sin\left(\dfrac{\pi}{2} x + 1 \right) + 3$의 주기를 p, 최댓값을 M 이라 할 때, $p + M$의 값을 구하시오. [3점]

17 기존 24번

부등식 $2 + \log_{\frac{1}{3}} (2x - 5) > 0$을 만족시키는 모든 정수 x의 개수를 구하시오. [3점]

18 기존 26번

함수

$$f(x) = \begin{cases} x^2 - 10 & (x \le a) \\[2mm] \dfrac{x^2 + ax + 4a}{x - a} & (x > a) \end{cases}$$

가 $x = a$에서 연속일 때, $f(2a)$의 값을 구하시오(단, a는 상수이다). [4점]

19 기존 28번

양수 a와 함수 $f(x)$가 다음 조건을 만족시킨다.

(가) $0 \le x < 1$일 때, $f(x) = 2x^2 + ax$ 이다.
(나) 모든 실수 x에 대하여 $f(x + 1) = f(x) + a^2$ 이다.

함수 $f(x)$가 실수 전체의 집합에서 연속일 때, 곡선 $y = f(x)$와 x축 및 직선 $x = 3$으로 둘러싸인 부분의 넓이를 구하시오. [4점]

20 기존 29번

수열 $\{a_n\}$이 모든 자연수 n에 대하여

$$\sum_{k=1}^{n} a_k = n^2 + cn \ (c는 \ 자연수)$$

를 만족시킨다. 수열 $\{a_n\}$의 각 항 중에서 3의 배수가 아닌 수를 작은 것부터 크기순으로 모두 나열하여 얻은 수열을 $\{b_n\}$이라 하자. $b_{20} = 199$가 되도록 하는 모든 c의 값의 합을 구하시오. [4점]

21 기존 30번

양수 a에 대하여 함수 $f(x)$는

$$f(x) = \begin{cases} x(x+a)^2 & (x < 0) \\ x(x-a)^2 & (x \geq 0) \end{cases}$$

이다. 실수 t에 대하여 곡선 $y = f(x)$와 직선 $y = 4x + t$의 서로 다른 교점의 개수를 $g(t)$라 할 때, 함수 $g(t)$가 다음 조건을 만족시킨다.

(가) 함수 $g(t)$의 최댓값은 5이다.
(나) 함수 $g(t)$가 $t = \alpha$에서 불연속인 α의 개수는 2이다.

$f'(0)$의 값을 구하시오. [4점]

1 확률과 통계

22 기존 02번

두 사건 A, B가 서로 독립이고 $P(A) = \dfrac{2}{3}$, $P(A \cap B) = \dfrac{1}{4}$일 때, $P(B)$의 값은? [2점]

① $\dfrac{1}{4}$ ② $\dfrac{3}{8}$ ③ $\dfrac{1}{2}$

④ $\dfrac{5}{8}$ ⑤ $\dfrac{3}{4}$

23 기존 06번

$\left(2x^2 + \dfrac{1}{x}\right)^5$의 전개식에서 x^4의 계수는? [3점]

① 80   ② 85   ③ 90

④ 95   ⑤ 100

24 기존 08번

그림과 같이 원형 탁자에 7개의 의자가 일정한 간격으로 놓여 있다. A, B, C를 포함한 7명의 학생이 모두 이 7개의 의자에 앉으려고 할 때, A, B, C 세 명 중 어느 두 명도 서로 이웃하지 않도록 앉는 경우의 수는?(단, 회전하여 일치하는 것은 같은 것으로 본다) [3점]

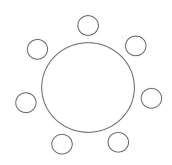

① 120   ② 132   ③ 144

④ 156   ⑤ 168

25 기존 11번

어느 사관생도가 1회의 사격을 하여 표적에 명중시킬 확률이 $\frac{4}{5}$이다. 이 사관생도가 20회의 사격을 할 때, 표적에 명중시키는 횟수를 확률변수 X라 하자. $V\left(\frac{1}{4}X+1\right)$의 값은?

(단, 이 사관생도가 매회 사격을 하는 시행은 독립시행이다) [3점]

① $\frac{1}{5}$ ② $\frac{2}{5}$ ③ $\frac{3}{5}$

④ $\frac{4}{5}$ ⑤ 1

26 기존 14번

어느 방위산업체에서 생산하는 방독면 1개의 무게는 평균이 m, 표준편차가 50인 정규분포를 따른다고 한다. 이 방위산업체에서 생산하는 방독면 중에서 n개를 임의추출하여 얻은 방독면 무게의 표본평균이 1740이었다. 이 결과를 이용하여 이 방위산업체에서 생산하는 방독면 1개의 무게의 평균 m에 대한 신뢰도 95%의 신뢰구간을 구하면 $1720.4 \le m \le a$이다. $n+a$의 값은?(단, 무게의 단위는 g이고, Z가 표준정규분포를 따르는 확률변수일 때, $P(0 \le Z \le 1.96) = 0.475$로 계산한다) [4점]

① 1772.6   ② 1776.6   ③ 1780.6

④ 1784.6   ⑤ 1788.6

27 기존 17번

확률변수 X는 정규분포 $N(10, 5^2)$을 따르고, 확률변수 Y는 정규분포 $N(m, 5^2)$을 따른다. 두 확률변수 X, Y의 확률밀도함수를 각각 $f(x)$, $g(x)$라 할 때, 두 곡선 $y=f(x)$와 $y=g(x)$가 만나는 점의 x좌표를 k라 하자. $P(Y \le 2k)$의 값을 다음 표준정규분포표를 이용하여 구한 것은?(단, $m \ne 10$) [4점]

z	$P(0 \le Z \le z)$
0.5	0.1915
1.0	0.3413
1.5	0.4332
2.0	0.4772

① 0.6915   ② 0.8413   ③ 0.9104

④ 0.9332   ⑤ 0.9772

28 기존 18번

다음은 모든 자연수 n에 대하여 부등식

$$\sum_{k=1}^{n} \frac{_{2k}\mathrm{P}_k}{2^k} \leq \frac{(2n)!}{2^n} \quad \cdots\cdots \ (*)$$

이 성립함을 수학적 귀납법으로 증명한 것이다.

(i) $n = 1$일 때,

(좌변) $= \dfrac{_2\mathrm{P}_1}{2^1} = 1$ 이고, (우변) $=$ 　(가)　 이므로

$(*)$이 성립한다.

(ii) $n = m$일 때, $(*)$이 성립한다고 가정하면

$$\sum_{k=1}^{m} \frac{_{2k}\mathrm{P}_k}{2^k} \leq \frac{(2m)!}{2^m}$$ 이다.

$n = m+1$일 때,

$$\sum_{k=1}^{m+1} \frac{_{2k}\mathrm{P}_k}{2^k} = \sum_{k=1}^{m} \frac{_{2k}\mathrm{P}_k}{2^k} + \frac{_{2m+2}\mathrm{P}_{m+1}}{2^{m+1}}$$

$$= \sum_{k=1}^{m} \frac{_{2k}\mathrm{P}_k}{2^k} + \frac{\boxed{(나)}}{2^{m+1} \times (m+1)!}$$

$$\leq \frac{(2m)!}{2^m} + \frac{\boxed{(나)}}{2^{m+1} \times (m+1)!}$$

$$= \frac{\boxed{(나)}}{2^{m+1}} \times \left\{ \frac{1}{\boxed{(다)}} + \frac{1}{(m+1)!} \right\}$$

$$< \frac{(2m+2)!}{2^{m+1}}$$

이다. 따라서 $n = m+1$일 때도 $(*)$이 성립한다.

(i), (ii)에 의하여 모든 자연수 n에 대하여

$$\sum_{k=1}^{n} \frac{_{2k}\mathrm{P}_k}{2^k} \leq \frac{(2n)!}{2^n}$$

이다.

위의 (가)에 알맞은 수를 p, (나), (다)에 알맞은 식을 각각

$f(m)$, $g(m)$이라 할 때, $p + \dfrac{f(2)}{g(4)}$ 의 값은? 　[4점]

① 16　　　　② 17　　　　③ 18

④ 19　　　　⑤ 20

29 기존 25번

한 개의 주사위를 두 번 던져서 나오는 눈의 수를 차례로 a, b라 하자. ab가 6의 배수일 때, a 또는 b가 홀수일 확률은 $\dfrac{q}{p}$ 이다. $p+q$의 값을 구하시오(단, p와 q는 서로소인 자연수이다).　[3점]

30 기존 27번

다음 조건을 만족시키는 자연수 a, b, c, d, e의 모든 순서쌍 $(a,\ b,\ c,\ d,\ e)$의 개수를 구하시오.　[4점]

(가) $a+b+c+d+e = 10$

(나) ab는 홀수이다.

공통

01 기존 01번

제3사분면의 각 θ에 대하여 $\cos\theta = -\dfrac{1}{2}$일 때, $\tan\theta$의 값은? [2점]

① $-\sqrt{3}$ ② $-\dfrac{\sqrt{3}}{3}$ ③ $\dfrac{\sqrt{3}}{3}$

④ 1 ⑤ $\sqrt{3}$

02 기존 12번

$0 \le x \le 2\pi$일 때, 방정식 $\tan 2x \sin 2x = \dfrac{3}{2}$의 모든 해의 합은? [3점]

① 2π ② $\dfrac{5}{2}\pi$ ③ 3π

④ $\dfrac{7}{2}\pi$ ⑤ 4π

03 기존 16번

그림과 같이 1보다 큰 두 상수 a, b에 대하여 점 $\mathrm{A}(1, 0)$을 지나고 y축에 평행한 직선이 곡선 $y = a^x$과 만나는 점을 B라 하고, 점 $\mathrm{C}(0, 1)$에 대하여 점 B를 지나고 직선 AC와 평행한 직선이 곡선 $y = \log_b x$와 만나는 점을 D라 하자. $\overline{\mathrm{AC}} \perp \overline{\mathrm{AD}}$이고, 사각형 ADBC의 넓이가 6일 때, $a \times b$의 값은? [4점]

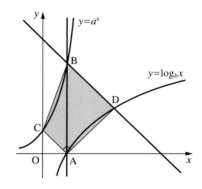

① $4\sqrt{2}$ ② $4\sqrt{3}$ ③ 8
④ $4\sqrt{5}$ ⑤ $4\sqrt{6}$

1 확률과 통계

04 기존 04번

두 사건 A, B에 대하여

$$\mathrm{P}(A \cap B) = \frac{1}{6}, \ \mathrm{P}(A^C \cup B) = \frac{2}{3}$$

일 때, $\mathrm{P}(A)$의 값은?(단, A^C은 A의 여사건이다) [3점]

① $\frac{1}{6}$ 　　② $\frac{1}{3}$ 　　③ $\frac{1}{2}$

④ $\frac{2}{3}$ 　　⑤ $\frac{5}{6}$

05 기존 05번

같은 종류의 흰 바둑돌 5개와 같은 종류의 검은 바둑돌 4개가 있다. 이 9개의 바둑돌을 일렬로 나열할 때, 검은 바둑돌 4개 중 2개는 서로 이웃하고, 나머지 2개는 어느 검은 바둑돌과도 이웃하지 않도록 나열하는 경우의 수는? [3점]

① 60 　　② 72 　　③ 84

④ 96 　　⑤ 108

06 기존 07번

이산확률변수 X가 가지는 값이 0, 2, 4, 6이고 X의 확률질량함수가

$$\mathrm{P}(X=x) = \begin{cases} a & (x=0) \\ \dfrac{1}{x} & (x=2, \ 4, \ 6) \end{cases}$$

일 때, $\mathrm{E}(aX)$의 값은? [3점]

① $\frac{1}{8}$ 　　② $\frac{1}{4}$ 　　③ $\frac{1}{2}$

④ 1 　　⑤ 2

07 기존 08번

주머니 A에는 1부터 5까지의 자연수가 각각 하나씩 적힌 5장의 카드가 들어 있고, 주머니 B에는 6부터 8까지의 자연수가 각각 하나씩 적힌 3장의 카드가 들어 있다. 주머니 A에서 임의로 한 장의 카드를 꺼내고, 주머니 B에서 임의로 한 장의 카드를 꺼낸다. 꺼낸 2장의 카드에 적힌 두 수의 합이 홀수일 때, 주머니 A에서 꺼낸 카드에 적힌 수가 홀수일 확률은? [3점]

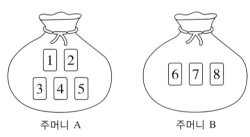

주머니 A　　　　　주머니 B

① $\frac{1}{4}$ 　　② $\frac{3}{8}$ 　　③ $\frac{1}{2}$

④ $\frac{5}{8}$ 　　⑤ $\frac{3}{4}$

08 기존 14번

어느 도시의 직장인들이 하루 동안 도보로 이동한 거리는 평균이 m km, 표준편차가 σ km인 정규분포를 따른다고 한다. 이 도시의 직장인들 중에서 36명을 임의추출하여 조사한 결과 36명이 하루 동안 도보로 이동한 거리의 총합은 216 km이었다. 이 결과를 이용하여, 이 도시의 직장인들이 하루 동안 도보로 이동한 거리의 평균 m에 대한 신뢰도 95%의 신뢰구간을 구하면 $a \le m \le a + 0.98$이다. $a + \sigma$의 값은? (단, Z가 표준정규분포를 따르는 확률변수일 때, $\mathrm{P}(|Z| \le 1.96) = 0.95$로 계산한다) [4점]

① 6.96 ② 7.01 ③ 7.06
④ 7.11 ⑤ 7.16

09 기존 18번

다음은 자연수 n에 대하여 방정식 $a+b+c=3n$을 만족시키는 자연수 a, b, c의 모든 순서쌍 (a, b, c) 중에서 임의로 한 개를 선택할 때, 선택한 순서쌍 (a, b, c)가 $a > b$ 또는 $a > c$를 만족시킬 확률을 구하는 과정이다.

방정식

$a + b + c = 3n$ ······ (*)

을 만족시키는 자연수 a, b, c의 모든 순서쌍 (a, b, c)의 개수는 [(가)]이다.

방정식 (*)을 만족시키는 자연수 a, b, c의 순서쌍 (a, b, c)가 $a > b$ 또는 $a > c$를 만족시키는 사건을 A라 하면 사건 A의 여사건 A^C은 방정식 (*)을 만족시키는 자연수 a, b, c의 순서쌍 (a, b, c)가 $a \le b$와 $a \le c$를 만족시키는 사건이다.

이제 $n(A^C)$의 값을 구하자.

자연수 $k(1 \le k \le n)$에 대하여 $a = k$인 경우, $b \ge k$, $c \ge k$이고 방정식 (*)을 만족시키는 자연수 a, b, c의 순서쌍 (a, b, c)의 개수는 [(나)]이므로

$n(A^C) = \sum\limits_{k=1}^{n} \boxed{(나)}$ 이다.

따라서 구하는 확률은

$\mathrm{P}(A) = \boxed{(다)}$ 이다.

위의 (가)에 알맞은 식에 $n = 2$를 대입한 값을 p, (나)에 알맞은 식에 $n = 7$, $k = 2$를 대입한 값을 q, (다)에 알맞은 식에 $n = 4$를 대입한 값을 r라 할 때, $p \times q \times r$의 값은? [4점]

① 88 ② 92 ③ 96
④ 100 ⑤ 104

10 기존 24번

확률변수 X는 정규분포 $N(m, \sigma^2)$을 따르고, 다음 조건을 만족시킨다.

(가) $P(X \geq 128) = P(X \leq 140)$

(나) $P(m \leq X \leq m+10) = P(-1 \leq Z \leq 0)$

$P(X \geq k) = 0.0668$을 만족시키는 상수 k의 값을 다음의 표준정규분포표를 이용하여 구하시오(단, Z는 표준정규분포를 따르는 확률변수이다). [3점]

z	$P(0 \leq Z \leq z)$
0.5	0.1915
1.0	0.3413
1.5	0.4332
2.0	0.4772

11 기존 25번

1부터 9까지의 자연수가 각각 하나씩 적힌 9개의 공을 같은 종류의 세 상자에 3개씩 나누어 넣으려고 한다. 세 상자 중 어떤 한 상자에 들어 있는 3개의 공에 적힌 수의 합이 나머지 두 상자에 들어 있는 6개의 공에 적힌 수의 합보다 크도록 9개의 공을 나누어 넣는 경우의 수를 구하시오(단, 공을 넣는 순서는 고려하지 않는다). [3점]

12 기존 27번

한 번 누를 때마다 좌표평면 위의 점 P를 다음과 같이 이동시키는 두 버튼 ㉠, ㉡이 있다.

[버튼 ㉠]

그림과 같이 길이가 $\sqrt{2}$인 선분을 따라 점 (x, y)에 있는 점 P를 점 $(x+1, y+1)$로 이동시킨다.

[버튼 ㉡]

그림과 같이 길이가 $\sqrt{5}$인 선분을 따라 점 (x, y)에 있는 점 P를 점 $(x+2, y+1)$로 이동시킨다.

예를 들어, 버튼 ㉠, ㉠, ㉡ 순으로 누르면 원점 $(0, 0)$에 있는 점 P는 아래 그림과 같이 세 선분을 따라 점 $(4, 3)$으로 이동한다. 또한 원점 $(0, 0)$에 있는 점 P를 점 $(4, 3)$으로 이동시키도록 버튼을 누른 경우는 ㉠㉠㉡, ㉠㉡㉠, ㉡㉠㉠으로 3가지이다.

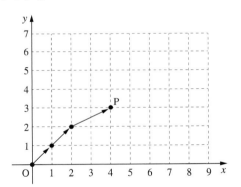

원점 $(0, 0)$에 있는 점 P를 두 점 $A(5, 5)$, $B(6, 4)$ 중 어느 점도 지나지 않고 점 $C(9, 7)$로 이동시키도록 두 버튼 ㉠, ㉡을 누르는 경우의 수를 구하시오. [4점]

❷ 미적분

13 기존 03번

$\displaystyle\lim_{x \to 0} \frac{2x\sin x}{1 - \cos x}$ 의 값은?　　　　　　　　　[2점]

① 1　　　　　② 2　　　　　③ 3

④ 4　　　　　⑤ 5

14 기존 10번

함수 $f(x) = \dfrac{6x^3}{x^2 + 1}$ 의 역함수를 $g(x)$라 할 때, $g'(3)$의 값은?　　　　　　　　　[3점]

① $\dfrac{1}{6}$　　　　② $\dfrac{1}{3}$　　　　③ $\dfrac{1}{2}$

④ $\dfrac{2}{3}$　　　　⑤ $\dfrac{5}{6}$

15 기존 17번

그림과 같이 두 곡선 $y = \dfrac{3}{x}$, $y = \sqrt{\ln x}$ 와 두 직선 $x = 1$, $x = e$로 둘러싸인 도형을 밑면으로 하는 입체도형이 있다. 이 입체도형을 x축에 수직인 평면으로 자른 단면이 모두 정사각형일 때, 이 입체도형의 부피는?　　　　　　　　　[4점]

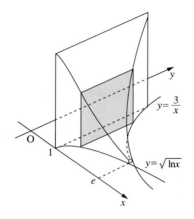

① $5 - \dfrac{9}{e}$　　　② $5 - \dfrac{8}{e}$　　　③ $5 - \dfrac{7}{e}$

④ $6 - \dfrac{9}{e}$　　　⑤ $6 - \dfrac{8}{e}$

16 기존 19번

함수 $f(x) = xe^{2x} - (4x + a)e^x$ 이 $x = -\dfrac{1}{2}$ 에서 극댓값을 가질 때, $f(x)$의 극솟값은?(단, a는 상수이다)　　　[4점]

① $1 - \ln 2$　　　② $2 - 2\ln 2$　　　③ $3 - 3\ln 2$

④ $4 - 4\ln 2$　　　⑤ $5 - 5\ln 2$

17 기존 20번

두 상수 a, b와 함수 $f(x) = \dfrac{|x|}{x^2+1}$ 에 대하여 함수

$$g(x) = \begin{cases} f(x) & (x < a) \\ f(b-x) & (x \geq a) \end{cases}$$

가 실수 전체의 집합에서 미분가능할 때, $\displaystyle\int_a^{a-b} g(x)\,dx$ 의 값은? [4점]

① $\dfrac{1}{2}\ln 5$ 　② $\ln 5$ 　③ $\dfrac{3}{2}\ln 5$

④ $2\ln 5$ 　⑤ $\dfrac{5}{2}\ln 5$

18 기존 21번

두 함수 $f(x) = 4\sin\dfrac{\pi}{6}x$, $g(x) = |2\cos kx + 1|$ 이 있다. $0 < x < 2\pi$에서 정의된 함수 $h(x) = (f \circ g)(x)$에 대하여 〈보기〉에서 옳은 것만을 있는 대로 고른 것은?(단, k는 자연수이다) [4점]

┤ 보 기 ├

ㄱ. $k = 1$일 때, 함수 $h(x)$는 $x = \dfrac{2}{3}\pi$에서 미분가능 하지 않다.

ㄴ. $k = 2$일 때, 방정식 $h(x) = 2$의 서로 다른 실근의 개수는 6이다.

ㄷ. 함수 $|h(x) - k|$가 $x = \alpha (0 < \alpha < 2\pi)$에서 미분 가능하지 않은 실수 α의 개수를 a_k라 할 때, $\displaystyle\sum_{k=1}^{4} a_k = 34$이다.

① ㄱ 　② ㄱ, ㄴ 　③ ㄱ, ㄷ
④ ㄴ, ㄷ 　⑤ ㄱ, ㄴ, ㄷ

19 기존 22번

함수 $f(x) = (3x + e^x)^3$에 대하여 $f'(0)$의 값을 구하시오. [3점]

20 기존 23번

매개변수 t로 나타내어진 곡선 $x = 2\sqrt{2}\sin t + \sqrt{2}\cos t$, $y = \sqrt{2}\sin t + 2\sqrt{2}\cos t$가 있다. 이 곡선 위의 $t = \dfrac{\pi}{4}$에 대응하는 점에서의 접선의 y절편을 구하시오. [3점]

21 기존 28번

그림과 같이 $\overline{\text{AB}} = 1$이고 $\angle\text{ABC} = \dfrac{\pi}{2}$인 직각삼각형 ABC에서 $\angle\text{CAB} = \theta$라 하자. 선분 AC를 $4 : 7$로 내분하는 점을 D라 하고, 점 C에서 선분 BD에 내린 수선의 발을 E라 할 때, 삼각형 CEB의 넓이를 $S(\theta)$라 하자. $\displaystyle\lim_{\theta \to 0+} \dfrac{S(\theta)}{\theta^3} = \dfrac{q}{p}$일 때, $p + q$의 값을 구하시오(단, $0 < \theta < \dfrac{\pi}{4}$이고, p와 q는 서로소인 자연수이다). [4점]

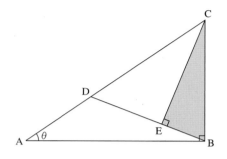

22 기존 30번

최고차항의 계수가 1인 삼차함수 $f(x)$에 대하여 함수 $g(x) = \displaystyle\int_0^x \dfrac{f(t)}{|t|+1}dt$가 다음 조건을 만족시킨다.

(가) $g'(2) = 0$
(나) 모든 실수 x에 대하여 $g(x) \geq 0$이다.

$g'(-1)$의 값이 최대가 되도록 하는 함수 $f(x)$에 대하여 $f(-1) = \dfrac{n}{m - 3\ln 3}$일 때, $|m \times n|$의 값을 구하시오(단, m, n은 정수이고, $\ln 3$은 $1 < \ln 3 < 1.1$인 무리수이다). [4점]

3 기하

23 기존 02번

좌표평면 위의 네 점 $\text{O}(0, 0)$, $\text{A}(2, 4)$, $\text{B}(1, 1)$, $\text{C}(4, 0)$에 대하여 $\overrightarrow{\text{OA}} \cdot \overrightarrow{\text{BC}}$의 값은? [2점]

① 2   ② 4   ③ 6

④ 8   ⑤ 10

24 기존 06번

초점이 F인 포물선 $y^2 = 4x$ 위의 점 $\text{P}(a, 6)$에 대하여 $\overline{\text{PF}} = k$이다. $a + k$의 값은? [3점]

① 16   ② 17   ③ 18

④ 19   ⑤ 20

25 기존 09번

평면 α 위에 있는 서로 다른 두 점 A, B와 평면 α 위에 있지 않은 점 P에 대하여 삼각형 PAB는 한 변의 길이가 6인 정삼각형이다. 점 P에서 평면 α에 내린 수선의 발 H에 대하여 $\overline{PH} = 4$일 때, 삼각형 HAB의 넓이는?　　　[3점]

① $3\sqrt{3}$　　　② $3\sqrt{5}$　　　③ $3\sqrt{7}$

④ 9　　　⑤ $3\sqrt{11}$

26 기존 11번

좌표공간의 두 점 A$(2, 2, 1)$, B(a, b, c)에 대하여 선분 AB를 $1 : 2$로 내분하는 점이 y축 위에 있다. 직선 AB와 xy평면이 이루는 각의 크기를 θ라 할 때, $\tan\theta = \dfrac{\sqrt{2}}{4}$이다. 양수 b의 값은?　　　[3점]

① 6　　　② 7　　　③ 8

④ 9　　　⑤ 10

27 기존 13번

쌍곡선 $\dfrac{x^2}{4} - y^2 = 1$의 꼭짓점 중 x좌표가 음수인 점을 중심으로 하는 원 C가 있다. 점 $(3, 0)$을 지나고 원 C에 접하는 두 직선이 각각 쌍곡선 $\dfrac{x^2}{4} - y^2 = 1$과 한 점에서 만날 때, 원 C의 반지름의 길이는?　　　[3점]

① 2　　　② $\sqrt{5}$　　　③ $\sqrt{6}$

④ $\sqrt{7}$　　　⑤ $2\sqrt{2}$

28 기존 15번

두 상수 a, $b(b < 0 < a)$에 대하여 직선 $\dfrac{x-a}{a} = 3 - y = \dfrac{z}{b}$ 위의 임의의 점과 평면 $2x - 2y + z = 0$ 사이의 거리가 4로 일정할 때, $a - b$의 값은?　　　[4점]

① 25　　　② 27　　　③ 29

④ 31　　　⑤ 33

29 기존 26번

그림과 같이 한 변의 길이가 6인 정삼각형 ACD를 한 면으로 하는 사면체 $ABCD$가 다음 조건을 만족시킨다.

> (가) $\overline{BC} = 3\sqrt{10}$
>
> (나) $\overline{AB} \perp \overline{AC}$, $\overline{AB} \perp \overline{AD}$

두 모서리 AC, AD의 중점을 각각 M, N이라 할 때, 삼각형 BMN의 평면 BCD 위로의 정사영의 넓이를 S라 하자. $40 \times S$의 값을 구하시오.　　　　[4점]

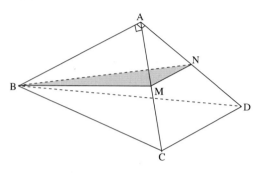

30 기존 29번

좌표공간에 구 $C : x^2 + y^2 + (z+2)^2 = 2$와 점 $A(0,\ 3,\ 3)$이 있다. 구 C 위의 점 P와 $\left|\overrightarrow{AQ}\right| = 2$, $\overrightarrow{OA} \cdot \overrightarrow{QA} = 3\sqrt{6}$ 을 만족시키는 점 Q에 대하여 $\overrightarrow{AP} \cdot \overrightarrow{AQ}$의 최댓값은 $p\sqrt{2} + q\sqrt{6}$이다. $p+q$의 값을 구하시오(단, O는 원점이고, p, q는 유리수이다).　　[4점]

공통

01 기존 02번

$\sqrt[3]{36} \times \left(\sqrt[3]{\dfrac{2}{3}}\right)^2 = 2^a$일 때, a의 값은?　　　[2점]

① $\dfrac{4}{3}$　　　　② $\dfrac{5}{3}$　　　　③ 2

④ $\dfrac{7}{3}$　　　　⑤ $\dfrac{8}{3}$

02 기존 03번

함수 $y=f(x)$의 그래프가 그림과 같다.

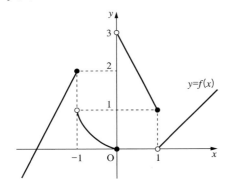

$\lim\limits_{x \to -1+} f(x) + \lim\limits_{x \to 0-} f(x)$의 값은?　　　[2점]

① 1　　　　② 2　　　　③ 3

④ 4　　　　⑤ 5

03 기존 04번

4개의 수 6, a, 15, b가 이 순서대로 등비수열을 이룰 때, $\dfrac{b}{a}$의 값은?　　　[3점]

① $\dfrac{3}{2}$　　　　② 3　　　　③ $\dfrac{5}{2}$

④ 4　　　　⑤ $\dfrac{7}{2}$

04 기존 08번

다항함수 $f(x)$에 대하여 $\lim\limits_{h \to 0} \dfrac{f(1+h)-3}{h} = 2$일 때, 함수 $g(x)=(x+2)f(x)$에 대하여 $g'(1)$의 값은?　　　[3점]

① 5　　　　② 6　　　　③ 7

④ 8　　　　⑤ 9

05 기존 09번

두 곡선 $y = x^2$, $y = (x-4)^2$과 y축으로 둘러싸인 부분의 넓이를 S_1, 두 곡선 $y = x^2$, $y = (x-4)^2$과 직선 $x = 4$로 둘러싸인 부분의 넓이를 S_2라 할 때, $S_1 + S_2$의 값은?

[3점]

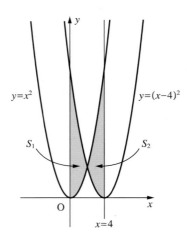

① 30　　　② 32　　　③ 34

④ 36　　　⑤ 38

06 기존 11번

함수

$$f(x) = \begin{cases} a & (x < 1) \\ x + 3 & (x \geq 1) \end{cases}$$

에 대하여 함수 $(x-a)f(x)$가 실수 전체의 집합에서 연속이 되도록 하는 모든 실수 a의 값의 합은? [3점]

① 1　　　② 2　　　③ 3

④ 4　　　⑤ 5

07 기존 14번

수열 $\{a_n\}$은 $a_1 = 4$이고, 모든 자연수 n에 대하여

$$a_{n+1} = \begin{cases} \dfrac{a_n}{2 - a_n} & (a_n > 2) \\ a_n + 2 & (a_n \leq 2) \end{cases}$$

이다. $\displaystyle\sum_{k=1}^{m} a_k = 12$를 만족시키는 자연수 m의 최솟값은?

[4점]

① 7　　　② 8　　　③ 9

④ 10　　　⑤ 11

08 기존 15번

두 양수 a, $b(a > b)$에 대하여 $9^a = 2^{\frac{1}{b}}$, $(a+b)^2 = \log_3 64$일 때, $\dfrac{a-b}{a+b}$의 값은? [4점]

① $\dfrac{\sqrt{6}}{6}$　　　② $\dfrac{\sqrt{3}}{3}$　　　③ $\dfrac{\sqrt{2}}{2}$

④ $\dfrac{\sqrt{6}}{3}$　　　⑤ $\dfrac{\sqrt{30}}{6}$

09 기존 20번

최고차항의 계수가 1인 사차함수 $f(x)$에 대하여 함수 $g(x)$를

$$g(x) = \begin{cases} f(x) & (f(x) \geq a) \\ 2a - f(x) & (f(x) < a) \end{cases} \quad (a\text{는 상수})$$

라 하자. 두 함수 $f(x)$, $g(x)$가 다음 조건을 만족시킨다.

(가) 함수 $g(x)$는 $x = 4$에서만 <u>미분가능하지 않다.</u>

(나) 함수 $g(x) - f(x)$는 $x = \dfrac{7}{2}$에서 최댓값 $2a$를 가진다.

$f\left(\dfrac{5}{2}\right)$의 값은? [4점]

① $\dfrac{5}{4}$ ② $\dfrac{3}{2}$ ③ $\dfrac{7}{4}$

④ 2 ⑤ $\dfrac{9}{4}$

10 기존 21번

함수 $f(x) = (x-2)^3$과 두 실수 m, n에 대하여 함수 $g(x)$를

$$g(x) = \begin{cases} f(x) & (|x| < a) \\ mx + n & (|x| \geq a) \end{cases} \quad (a > 0)$$

이라 하자. 함수 $g(x)$가 실수 전체의 집합에서 연속일 때, 〈보기〉에서 옳은 것만을 있는 대로 고른 것은? [4점]

┌─ 보 기 ├─

ㄱ. $a = 1$일 때, $m = 13$이다.

ㄴ. 함수 $g(x)$가 $x = a$에서 미분가능할 때, $m = 48$이다.

ㄷ. $f(a) - 2af'(a) > n - ma$를 만족시키는 자연수 a의 개수는 5이다.

① ㄱ   ② ㄱ, ㄴ   ③ ㄱ, ㄷ
④ ㄴ, ㄷ   ⑤ ㄱ, ㄴ, ㄷ

11 기존 23번

자연수 n에 대하여 좌표평면에서 직선 $x = n$이 곡선 $y = x^2$과 만나는 점을 A_n, 직선 $x = n$이 직선 $y = -2x$와 만나는 점을 B_n이라 할 때, $\displaystyle\sum_{n=1}^{9} \overline{A_n B_n}$의 값을 구하시오.

[3점]

12 기존 25번

이차함수 $f(x)$가 $f(0) = 0$이고

$$\lim_{x \to 0} \frac{f(x)}{x} = \lim_{x \to 1} \frac{f(x) - x}{x - 1}$$

일 때, $60 \times f'(0)$의 값을 구하시오. [3점]

13 기존 27번

다항함수 $f(x)$가 모든 실수 x에 대하여

$\int_1^x (2x-1)f(t)\,dt = x^3 + ax + b$일 때, $40 \times f(1)$의 값

을 구하시오(단, a, b는 상수이다). [4점]

14 기존 29번

수열 $\{a_n\}$은 a_1이 자연수이고, 모든 자연수 n에 대하여

$$a_{n+1} = \begin{cases} a_n - d \ (a_n \geq 0) \\ a_n + d \ (a_n < 0) \end{cases} \ (d \text{는 자연수})$$

이다. $a_n < 0$인 자연수 n의 최솟값을 m이라 할 때, 수열 $\{a_n\}$은 다음 조건을 만족시킨다.

(가) $a_{m-2} + a_{m-1} + a_m = 3$

(나) $a_1 + a_{m-1} = -9(a_m + a_{m+1})$

(다) $\displaystyle\sum_{k=1}^{m-1} a_k = 45$

a_1의 값을 구하시오(단, $m \geq 3$). [4점]

15 기존 30번

두 이차함수 $f(x)$, $g(x)$에 대하여 실수 전체의 집합에서 정의된 함수 $h(x)$가 $0 \leq x < 4$에서

$$h(x) = \begin{cases} x & (0 \leq x < 2) \\ f(x) & (2 \leq x < 3) \\ g(x) & (3 \leq x < 4) \end{cases}$$

이고, 다음 조건을 만족시킨다.

(가) 모든 실수 x에 대하여 $h(x) = h(x-4) + k$(k는 상수)이다.

(나) 함수 $h(x)$는 실수 전체의 집합에서 미분가능하다.

(다) $\displaystyle\int_0^4 h(x)\,dx = 6$

$h\left(\dfrac{13}{2}\right) = \dfrac{q}{p}$일 때, $p+q$의 값을 구하시오(단, p와 q는 서로소인 자연수이다). [4점]

선택

1 확률과 통계

16 기존 06번

두 사건 A, B에 대하여

$$P(A \cap B) = \frac{1}{6}, \ P(A^C \cup B) = \frac{2}{3}$$

일 때, $P(A)$의 값은?(단, A^C은 A의 여사건이다) [3점]

① $\dfrac{1}{6}$ ② $\dfrac{1}{3}$ ③ $\dfrac{1}{2}$

④ $\dfrac{2}{3}$ ⑤ $\dfrac{5}{6}$

17 기존 07번

연속확률변수 X가 가지는 값이 범위는 $0 \le X \le 2$이고 X의 확률밀도함수의 그래프는 그림과 같이 두 점 $\left(0, \dfrac{3}{4a}\right)$, $\left(a, \dfrac{3}{4a}\right)$을 이은 선분과 두 점 $\left(a, \dfrac{3}{4a}\right)$, $(2, 0)$을 이은 선분으로 이루어져 있다. $\mathrm{P}\left(\dfrac{1}{2} \le X \le 2\right)$의 값은?(단, a는 양수이다) [3점]

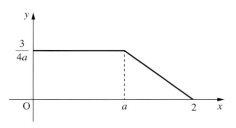

① $\dfrac{2}{3}$ ② $\dfrac{11}{16}$ ③ $\dfrac{17}{24}$

④ $\dfrac{35}{48}$ ⑤ $\dfrac{3}{4}$

18 기존 10번

확률변수 X가 이항분포 $\mathrm{B}(5, \, p)$를 따르고,
$$\mathrm{P}(X=3) = \mathrm{P}(X=4)$$일 때, $\mathrm{E}(6X)$의 값은?(단, $0 < p < 1$) [3점]

① 5 ② 10 ③ 15

④ 20 ⑤ 25

19 기존 13번

어느 도시의 직장인들이 하루 동안 도보로 이동한 거리는 평균이 $m \, \mathrm{km}$, 표준편차가 $1.5 \, \mathrm{km}$인 정규분포를 따른다고 한다. 이 도시의 직장인들 중에서 36명을 임의추출하여 조사한 결과 36명이 하루 동안 도보로 이동한 거리의 평균은 $\overline{x} \, \mathrm{km}$이었다. 이 결과를 이용하여, 이 도시의 직장인들이 하루 동안 도보로 이동한 거리의 평균 m에 대한 신뢰도 95%의 신뢰구간을 구하면 $a \le m \le 6.49$이다. a의 값은?(단, Z가 표준정규분포를 따르는 확률변수일 때, $\mathrm{P}(|Z| \le 1.96) = 0.95$로 계산한다) [3점]

① 5.46 ② 5.51 ③ 5.56

④ 5.61 ⑤ 5.66

20 기존 16번

1부터 6까지의 자연수가 각각 하나씩 적힌 6장의 카드를 모두 일렬로 나열할 때, 서로 이웃하는 두 카드에 적힌 수를 곱하여 만들어지는 5개의 수가 모두 짝수인 경우의 수는? [4점]

① 120 ② 126 ③ 132

④ 138 ⑤ 144

21 기존 19번

다음은 자연수 n에 대하여 방정식 $a+b+c=3n$을 만족시키는 자연수 a, b, c의 모든 순서쌍 (a, b, c) 중에서 임의로 한 개를 선택할 때, 선택한 순서쌍 (a, b, c)가 $a > b$ 또는 $a > c$를 만족시킬 확률을 구하는 과정이다.

방정식

$a+b+c=3n$ ⋯⋯ $(*)$

을 만족시키는 자연수 a, b, c의 모든 순서쌍 (a, b, c)의 개수는 $\boxed{\text{(가)}}$ 이다.

방정식 $(*)$을 만족시키는 자연수 a, b, c의 순서쌍 (a, b, c)가 $a > b$ 또는 $a > c$를 만족시키는 사건을 A라 하면 사건 A의 여사건 A^C은 방정식 $(*)$을 만족시키는 자연수 a, b, c의 순서쌍 (a, b, c)가 $a \le b$와 $a \le c$를 만족시키는 사건이다.

이제 $n(A^C)$의 값을 구하자.

자연수 $k(1 \le k \le n)$에 대하여 $a=k$인 경우, $b \ge k$, $c \ge k$이고 방정식 $(*)$을 만족시키는 자연수 a, b, c의 순서쌍 (a, b, c)의 개수는 $\boxed{\text{(나)}}$ 이므로

$n(A^C) = \sum\limits_{k=1}^{n} \boxed{\text{(나)}}$ 이다.

따라서 구하는 확률은

$P(A) = \boxed{\text{(다)}}$ 이다.

위의 (가)에 알맞은 식에 $n=2$를 대입한 값을 p, (나)에 알맞은 식에 $n=7$, $k=2$를 대입한 값을 q, (다)에 알맞은 식에 $n=4$를 대입한 값을 r라 할 때, $p \times q \times r$의 값은?

[4점]

① 88   ② 92   ③ 96
④ 100   ⑤ 104

---

22 기존 26번

두 개의 주사위를 동시에 던져서 나온 두 눈의 수의 최대공약수가 1일 때, 나온 두 눈의 수의 합이 8일 확률은 $\dfrac{q}{p}$이다. $p+q$의 값을 구하시오(단, p와 q는 서로소인 자연수이다).

[4점]

23 기존 28번

그림과 같이 같은 종류의 검은 공이 각각 1개, 2개, 3개가 들어 있는 상자 3개가 있다. 1부터 6까지의 자연수가 각각 하나씩 적힌 6개의 흰 공을 3개의 상자에 남김없이 나누어 넣으려고 한다. 각각의 상자에 들어 있는 공의 개수가 모두 3의 배수가 되도록 6개의 흰 공을 나누어 넣는 경우의 수를 구하시오(단, 흰 공이 하나도 들어 있지 않은 상자가 있을 수 있고, 공을 넣는 순서는 고려하지 않는다).

[4점]

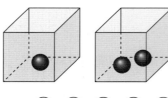

①   ②   ③   ④   ⑤   ⑥

2 미적분

24 기존 18번

그림과 같이 한 변의 길이가 4인 정사각형 $A_1B_1C_1D_1$이 있다. 4개의 선분 A_1B_1, B_1C_1, C_1D_1, D_1A_1을 $1:3$으로 내분하는 점을 각각 E_1, F_1, G_1, H_1이라 하고, 정사각형 $A_1B_1C_1D_1$의 내부에 점 E_1, F_1, G_1, H_1 각각을 중심으로 하고 반지름의 길이가 $\dfrac{1}{4}\overline{A_1B_1}$인 4개의 반원을 그린 후 이 4개의 반원의 내부에 색칠하여 얻은 그림을 R_1이라 하자.

그림 R_1에서 점 A_1을 지나고 중심이 H_1인 색칠된 반원의 호에 접하는 직선과 점 B_1을 지나고 중심이 E_1인 색칠된 반원의 호에 접하는 직선의 교점을 A_2, 점 B_1을 지나고 중심이 E_1인 색칠된 반원의 호에 접하는 직선과 점 C_1을 지나고 중심이 F_1인 색칠된 반원의 호에 접하는 직선의 교점을 B_2, 점 C_1을 지나고 중심이 F_1인 색칠된 반원의 호에 접하는 직선과 점 D_1을 지나고 중심이 G_1인 색칠된 반원의 호에 접하는 직선의 교점을 C_2, 점 D_1을 지나고 중심이 G_1인 색칠된 반원의 호에 접하는 직선과 점 A_1을 지나고 중심이 H_1인 색칠된 반원의 호에 접하는 직선의 교점을 D_2라 하자. 정사각형 $A_2B_2C_2D_2$의 내부에 그림 R_1을 얻은 것과 같은 방법으로 4개의 반원을 그리고 이 4개의 반원의 내부에 색칠하여 얻은 그림을 R_2라 하자.

이와 같은 과정을 계속하여 n번째 얻은 그림 R_n에 색칠되어 있는 부분의 넓이를 S_n이라 할 때, $\displaystyle\lim_{n\to\infty} S_n$의 값은? [4점]

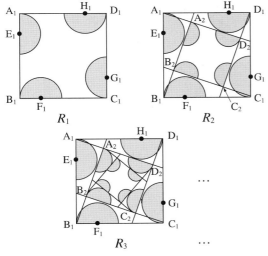

① $\dfrac{9\sqrt{2}\,\pi}{4}$ ② $\dfrac{19\sqrt{2}\,\pi}{8}$ ③ $\dfrac{5\sqrt{2}\,\pi}{2}$

④ $\dfrac{21\sqrt{2}\,\pi}{8}$ ⑤ $\dfrac{11\sqrt{2}\,\pi}{4}$

25 기존 22번

$\displaystyle\lim_{n\to\infty}\dfrac{a\times 3^{n+2}-2^n}{3^n-3\times 2^n}=207$일 때, 상수 a의 값을 구하시오.

[3점]

3 기타 (교육과정 개편으로 공통과 선택영역 이외의 문제를 모아둠)

26 기존 01번

전체집합 $U=\{1,\,2,\,3,\,4,\,5\}$의 두 부분집합 $A=\{1,\,3\}$, $B=\{3,\,5\}$에 대하여 집합 $A^C\cap B^C$의 모든 원소의 합은?

[2점]

① 3 ② 4 ③ 5
④ 6 ⑤ 7

27 기존 05번

그림은 함수 $f : X \to Y$를 나타낸 것이다.

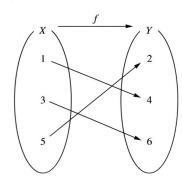

함수 $g : Y \to X$에 대하여 함수 $g \circ f : X \to X$가 항등함수일 때, $g(6) + (f \circ g)(4)$의 값은? [3점]

① 4 　　　　② 5 　　　　③ 6

④ 7 　　　　⑤ 8

28 기존 12번

실수 x에 대한 두 조건 p, q가 다음과 같다.

$p : (x-a+7)(x+2a-18)=0$, $q : x(x-a) \le 0$

p가 q이기 위한 충분조건이 되도록 하는 모든 정수 a의 값의 합은? [3점]

① 24 　　　　② 25 　　　　③ 26

④ 27 　　　　⑤ 28

29 기존 17번

집합 $X = \{x | x > 0\}$에 대하여 함수 $f : X \to X$가

$$f(x) = \begin{cases} \dfrac{1}{x}+1 & (0 < x \le 3) \\[2mm] -\dfrac{1}{x-a}+b & (x > 3) \end{cases}$$

이다. 함수 $f(x)$가 일대일 대응일 때, $a+b$의 값은?(단, a, b는 상수이다) [4점]

① $\dfrac{13}{4}$ 　　　　② $\dfrac{10}{3}$ 　　　　③ $\dfrac{41}{12}$

④ $\dfrac{7}{2}$ 　　　　⑤ $\dfrac{43}{12}$

30 기존 24번

무리함수 $f(x) = \sqrt{ax+b}$에 대하여 두 곡선 $y = f(x)$, $y = f^{-1}(x)$가 점 $(2, 3)$에서 만날 때, $f(-6)$의 값을 구하시오(단, a, b는 상수이다). [3점]

공통

01 기존 03번

방정식 $2^x + \dfrac{16}{2^x} = 10$의 모든 실근의 합은? [2점]

① 3
② $\log_2 10$
③ $\log_2 12$
④ $\log_2 14$
⑤ 4

02 기존 13번

곡선 $y = \log_3 9x$ 위의 점 $\mathrm{A}\,(a,\ b)$를 지나고 x축에 평행한 직선이 곡선 $y = \log_3 x$와 만나는 점을 B, 점 B를 지나고 y축에 평행한 직선이 곡선 $y = \log_3 9x$와 만나는 점을 C라 하자. $\overline{\mathrm{AB}} = \overline{\mathrm{BC}}$일 때, $a + 3^b$의 값은?(단, a, b는 상수이다)

[3점]

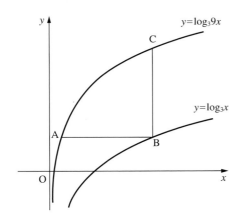

① $\dfrac{1}{2}$
② 1
③ $\dfrac{3}{2}$
④ 2
⑤ $\dfrac{5}{2}$

선택

1 확률과 통계

03 기존 04번

두 사건 A, B에 대하여

$$\mathrm{P}(A) = \frac{1}{2},\ \ \mathrm{P}(B) = \frac{2}{5},\ \ \mathrm{P}(A \cup B) = \frac{4}{5}$$

일 때, $\mathrm{P}(B|A)$의 값은? [3점]

① $\dfrac{1}{10}$
② $\dfrac{1}{5}$
③ $\dfrac{3}{10}$
④ $\dfrac{2}{5}$
⑤ $\dfrac{1}{2}$

04 기존 06번

이산확률변수 X의 확률분포를 표로 나타내면 다음과 같다.

X	0	1	2	3	합계
$\mathrm{P}(X=x)$	a	$\dfrac{1}{3}$	$\dfrac{1}{4}$	b	1

$\mathrm{E}(X) = \dfrac{11}{6}$일 때, $\dfrac{b}{a}$의 값은?(단, a, b는 상수이다) [3점]

① 1
② 2
③ 3
④ 4
⑤ 5

05 기존 09번

흰 공 4개와 검은 공 2개가 들어 있는 주머니에서 임의로 한 개의 공을 꺼내어 공의 색을 확인한 후 다시 넣는 시행을 5회 반복한다. 각 시행에서 꺼낸 공이 흰 공이면 1점을 얻고, 검은 공이면 2점을 얻을 때, 얻은 점수의 합이 7일 확률은? [3점]

① $\dfrac{80}{243}$　　② $\dfrac{1}{3}$　　③ $\dfrac{82}{243}$

④ $\dfrac{83}{243}$　　⑤ $\dfrac{28}{81}$

06 기존 11번

연속확률변수 X가 갖는 값의 범위가 $0 \le X \le 4$이고, X의 확률밀도함수의 그래프는 그림과 같다. $1 < k < 2$일 때, $\mathrm{P}(k \le X \le 2k)$가 최대가 되도록 하는 k의 값은? [3점]

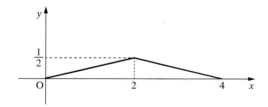

① $\dfrac{7}{5}$　　② $\dfrac{3}{2}$　　③ $\dfrac{8}{5}$

④ $\dfrac{17}{10}$　　⑤ $\dfrac{9}{5}$

07 기존 16번

서로 다른 6개의 사탕을 세 명의 어린이 A, B, C에게 남김 없이 나누어 줄 때, 어린이 A가 받은 사탕의 개수가 어린이 B가 받은 사탕의 개수보다 많도록 나누어 주는 경우의 수는?(단, 사탕을 하나도 받지 못하는 어린이는 없다) [4점]

① 180　　② 190　　③ 200

④ 210　　⑤ 220

08 기존 18번

[그림 1]과 같이 5개의 스티커 A, B, C, D, E는 각각 흰색 또는 회색으로 칠해진 9개의 정사각형으로 이루어져 있다. 이 5개의 스티커를 모두 사용하여 [그림 2]의 45개의 정사각형으로 이루어진 ⊞ 모양의 판에 빈틈없이 붙여 문양을 만들려고 한다. [그림 3]은 스티커 B를 ⊞ 모양의 판의 중앙에 붙여 만든 문양의 한 예이다.

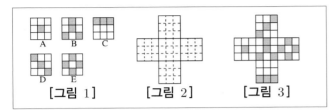

[그림 1]   [그림 2]   [그림 3]

다음은 5개의 스티커를 모두 사용하여 만들 수 있는 서로 다른 문양의 개수를 구하는 과정의 일부이다(단, ⊞ 모양의 판을 회전하여 일치하는 것은 같은 것으로 본다).

> ⊞ 모양의 판의 중앙에 붙이는 스티커에 따라 다음과 같이 3가지 경우로 나눌 수 있다.
>
> (i) A 또는 E를 붙이는 경우
>   나머지 4개의 스티커를 붙일 위치를 정하는 경우의 수는 $3!$
>   이 각각에 대하여 4개의 스티커를 붙이는 경우의 수는 $1 \times 2 \times 4 \times 4$
>   그러므로 이 경우의 수는 $2 \times 3! \times 32$
>
> (ii) B 또는 C를 붙이는 경우
>   나머지 4개의 스티커를 붙일 위치를 정하는 경우의 수는 (가)
>   이 각각에 대하여 4개의 스티커를 붙이는 경우의 수는 $1 \times 1 \times 2 \times 4$
>   그러므로 이 경우의 수는 $2 \times$ (가) $\times 8$
>
> (iii) D를 붙이는 경우
>   나머지 4개의 스티커를 붙일 위치를 정하는 경우의 수는 (나)
>   이 각각에 대하여 4개의 스티커를 붙이는 경우의 수는 (다)
>   그러므로 이 경우의 수는 (나) $\times$ (다)

위의 (가), (나), (다)에 알맞은 수를 각각 a, b, c라 할 때, $a+b+c$의 값은?   [4점]

① 52   ② 54   ③ 56

④ 58   ⑤ 60

09 기존 22번

$\left(3x^2 + \dfrac{1}{x}\right)^6$의 전개식에서 상수항을 구하시오.   [3점]

10 기존 25번

모평균이 85, 모표준편차가 6인 정규분포를 따르는 모집단에서 크기가 16인 표본을 임의추출하여 구한 표본평균을 $\overline{X}$라 할 때, $P(\overline{X} \geq k) = 0.0228$을 만족시키는 상수 k의 값을 다음 표준정규분포표를 이용하여 구하시오.   [3점]

z	$P(0 \leq Z \leq z)$
0.5	0.1915
1.0	0.3413
1.5	0.4332
2.0	0.4772

11 기존 28번

1부터 11까지의 자연수가 하나씩 적혀 있는 11장의 카드 중에서 임의로 두 장의 카드를 동시에 택할 때, 택한 카드에 적혀 있는 숫자를 각각 m, $n(m < n)$이라 하자. 좌표평면 위의 세 점 $A(1, 0)$, $B\left(\cos\dfrac{m\pi}{6}, \sin\dfrac{m\pi}{6}\right)$, $C\left(\cos\dfrac{n\pi}{6}, \sin\dfrac{n\pi}{6}\right)$ 에 대하여 삼각형 ABC가 이등변삼각형일 확률이 $\dfrac{q}{p}$일 때, $p+q$의 값을 구하시오(단, p와 q는 서로소인 자연수이다).

[4점]

2 미적분

12 기존 02번

함수 $f(x) = \ln(2x+3)$에 대하여 $\displaystyle\lim_{h \to 0}\dfrac{f(2+h) - f(2)}{h}$ 의 값은?

[2점]

① $\dfrac{2}{7}$ ② $\dfrac{5}{14}$ ③ $\dfrac{3}{7}$

④ $\dfrac{1}{2}$ ⑤ $\dfrac{4}{7}$

13 기존 07번

좌표평면 위를 움직이는 점 P의 시각 $t(0 < t < \pi)$에서의 위치 $P(x, y)$가 $x = \cos t + 2$, $y = 3\sin t + 1$이다. 시각 $t = \dfrac{\pi}{6}$에서 점 P의 속력은?

[3점]

① $\sqrt{5}$ ② $\sqrt{6}$ ③ $\sqrt{7}$

④ $2\sqrt{2}$ ⑤ 3

14 기존 08번

실수 전체의 집합에서 연속인 함수 $f(x)$에 대하여 $\displaystyle\int_1^{e^2}\dfrac{f(1+2\ln x)}{x}dx = 5$일 때, $\displaystyle\int_1^5 f(x)dx$의 값은?

[3점]

① 6 ② 7 ③ 8

④ 9 ⑤ 10

15 기존 10번

곡선 $y = e^{\frac{x}{3}}$ 과 이 곡선 위의 점 $(3,\ e)$ 에서의 접선 및 y축으로 둘러싸인 도형의 넓이는? [3점]

① $\dfrac{e}{2} - 1$　　② $e - 2$　　③ $\dfrac{3}{2}e - 3$

④ $2e - 4$　　⑤ $\dfrac{5}{2}e - 5$

16 기존 12번

실수 전체의 집합에서 미분가능한 함수 $f(x)$ 가 모든 실수 x에 대하여 $xf(x) = x^2 e^{-x} + \displaystyle\int_1^x f(t)dt$ 를 만족시킬 때, $f(2)$ 의 값은? [3점]

① $\dfrac{1}{e}$　　② $\dfrac{e+1}{e^2}$　　③ $\dfrac{e+2}{e^2}$

④ $\dfrac{e+3}{e^2}$　　⑤ $\dfrac{e+4}{e^2}$

17 기존 14번

다항함수 $f(x)$에 대하여 함수 $g(x) = f(x)\sin x$가 다음 조건을 만족시킬 때, $f(4)$의 값은? [4점]

(가) $\displaystyle\lim_{x \to \infty} \frac{g(x)}{x^2} = 0$

(나) $\displaystyle\lim_{x \to 0} \frac{g'(x)}{x} = 6$

① 11　　② 12　　③ 13

④ 14　　⑤ 15

18 기존 19번

그림과 같이 선분 BC를 빗변으로 하고, $\overline{BC} = 8$인 직각삼각형 ABC가 있다. 점 B를 중심으로 하고 반지름의 길이가 $\overline{AB}$인 원이 선분 BC와 만나는 점을 D, 점 C를 중심으로 하고 반지름의 길이가 $\overline{AC}$인 원이 선분 BC와 만나는 점을 E 라 하자. $\angle ACB = \theta$ 라 할 때, 삼각형 AED의 넓이를 $S(\theta)$라 하자. $\displaystyle\lim_{\theta \to 0+} \frac{S(\theta)}{\theta^2}$ 의 값은? [4점]

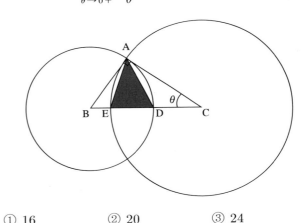

① 16　　② 20　　③ 24

④ 28　　⑤ 32

19 기존 21번

함수 $f(x) = |x^2 - x|e^{4-x}$ 이 있다. 양수 k에 대하여 함수 $g(x)$를

$$g(x) = \begin{cases} f(x) & (f(x) \le kx) \\ kx & (f(x) > kx) \end{cases}$$

라 하자. 구간 $(-\infty, \infty)$에서 함수 $g(x)$가 미분가능하지 않은 x의 개수를 $h(k)$라 할 때, 〈보기〉에서 옳은 것만을 있는 대로 고른 것은?　　　　　　　　　[4점]

┌─ 보 기 ─────────────────────┐
ㄱ. $k = 2$일 때, $g(2) = 4$이다.

ㄴ. 함수 $h(k)$의 최댓값은 4이다.

ㄷ. $h(k) = 2$를 만족시키는 k의 값의 범위는
　　$e^2 \le k < e^4$이다.
└──────────────────────────┘

① ㄱ　　　　② ㄱ, ㄴ　　　　③ ㄱ, ㄷ

④ ㄴ, ㄷ　　　⑤ ㄱ, ㄴ, ㄷ

20 기존 23번

함수

$$f(x) = \begin{cases} -14x + a & (x \le 1) \\ \dfrac{5\ln x}{x-1} & (x > 1) \end{cases}$$

이 실수 전체의 집합에서 연속일 때, 상수 a의 값을 구하시오.　　　　　　　　　　　　　　[3점]

21 기존 24번

곡선 $x^2 + y^3 - 2xy + 9x = 19$ 위의 점 $(2,\ 1)$에서의 접선의 기울기를 구하시오.　　　　　　　　　[3점]

22 기존 26번

함수 $f(x) = \dfrac{2x}{x+1}$ 의 그래프 위의 두 점 $(0,\ 0)$, $(1,\ 1)$에서의 접선을 각각 l, m이라 하자. 두 직선 l, m이 이루는 예각의 크기를 θ라 할 때, $12\tan\theta$의 값을 구하시오. [4점]

23 기존 30번

함수 $f(x) = \dfrac{x}{e^x}$ 에 대하여 구간 $\left[\dfrac{12}{e^{12}},\ \infty\right)$ 에서 정의된 함수 $g(t) = \displaystyle\int_0^{12} |f(x) - t|\,dx$ 가 $t = k$에서 극솟값을 갖는다. 방정식 $f(x) = k$의 실근의 최솟값을 a라 할 때, $g'(1) + \ln\left(\dfrac{6}{a} + 1\right)$ 의 값을 구하시오. [4점]

3 기하

24 기존 01번

두 벡터 $\vec{a} = (6,\ 2,\ 4)$, $\vec{b} = (1,\ 3,\ 2)$에 대하여 벡터 $\vec{a} - \vec{b}$의 모든 성분의 합은? [2점]

① 4　　　　② 5　　　　③ 6

④ 7　　　　⑤ 8

25 기존 05번

좌표공간에서 두 점 $A(5,\ a,\ -3)$, $B(6,\ 4,\ b)$에 대하여 선분 AB를 $3:2$로 외분하는 점이 x축 위에 있을 때, $a + b$의 값은? [3점]

① 3　　　　② 4　　　　③ 5

④ 6　　　　⑤ 7

26 기존 15번

그림과 같이 타원 $\dfrac{x^2}{a} + \dfrac{y^2}{12} = 1$의 두 초점 중 x좌표가 양수인

점을 F, 음수인 점을 F′이라 하자. 타원 $\dfrac{x^2}{a} + \dfrac{y^2}{12} = 1$ 위에

있고 제1사분면에 있는 점 P에 대하여 선분 F′P의 연장선

위에 점 Q를 $\overline{\text{F′Q}} = 10$이 되도록 잡는다. 삼각형 PFQ가

직각이등변삼각형일 때, 삼각형 QF′F의 넓이는?

(단, $a > 12$) [4점]

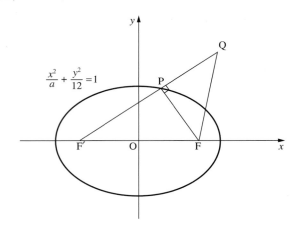

① 15   ② $\dfrac{35}{2}$ ③ 20

④ $\dfrac{45}{2}$ ⑤ 25

27 기존 17번

그림과 같이 서로 다른 두 평면 α, β의 교선 위에 점 A가

있다. 평면 α 위의 세 점 B, C, D의 평면 β 위로의 정사영

을 각각 B′, C′, D′이라 할 때, 사각형 AB′C′D′은 한 변의

길이가 $4\sqrt{2}$인 정사각형이고, $\overline{\text{BB′}} = \overline{\text{DD′}}$이다. 두 평면 α

와 β가 이루는 각의 크기를 θ라 할 때, $\tan\theta = \dfrac{3}{4}$이다. 선분

BC의 길이는?(단, 선분 BD와 평면 β는 만나지 않는다)

[4점]

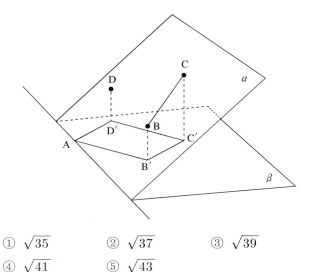

① $\sqrt{35}$ ② $\sqrt{37}$ ③ $\sqrt{39}$

④ $\sqrt{41}$ ⑤ $\sqrt{43}$

28 기존 20번

좌표평면에서 점 A$(0, 12)$와 양수 t에 대하여 점 P$(0, t)$

와 점 Q가 다음 조건을 만족시킨다.

(가) $\overrightarrow{\text{OA}} \cdot \overrightarrow{\text{PQ}} = 0$
(나) $\dfrac{t}{3} \le |\overrightarrow{\text{PQ}}| \le \dfrac{t}{2}$

$6 \le t \le 12$에서 $|\overrightarrow{\text{AQ}}|$의 최댓값을 M, 최솟값을 m이라 할

때, Mm의 값은? [4점]

① $12\sqrt{2}$ ② $14\sqrt{2}$ ③ $16\sqrt{2}$

④ $18\sqrt{2}$ ⑤ $20\sqrt{2}$

29 기존 27번

그림과 같이 $\overline{AB}=3$, $\overline{BC}=4$인 삼각형 ABC에서 선분 AC를 $1:2$로 내분하는 점을 D, 선분 AC를 $2:1$로 내분하는 점을 E라 하자. 선분 BC의 중점을 F라 하고, 두 선분 BE, DF의 교점을 G라 하자. $\overrightarrow{AG} \cdot \overrightarrow{BE}=0$일 때, $\cos(\angle ABC)=\dfrac{q}{p}$이다. $p+q$의 값을 구하시오(단, p와 q는 서로소인 자연수이다). [4점]

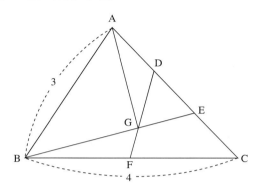

30 기존 29번

좌표공간에 평면 $\alpha : 2x+y+2z-9=0$과 구 $S:(x-4)^2+(y+3)^2+z^2=2$가 있다. $|\overrightarrow{OP}| \leq 3\sqrt{2}$인 평면 α 위의 점 P와 구 S 위의 점 Q에 대하여 $\overrightarrow{OP} \cdot \overrightarrow{OQ}$의 최댓값이 $a+b\sqrt{2}$일 때, $a+b$의 값을 구하시오(단, 점 O는 원점이고, a, b는 유리수이다). [4점]

01 기존 01번

함수 $f(x) = (x^2 + 2x)(2x + 1)$에 대하여 $f'(1)$의 값은?

[2점]

① 14   ② 15   ③ 16

④ 17   ⑤ 18

02 기존 04번

다항함수 $f(x)$가 $\lim\limits_{h \to 0} \dfrac{f(1 + 2h) - 3}{h} = 3$을 만족시킬 때,

$f(1) + f'(1)$의 값은? [3점]

① $\dfrac{5}{2}$ ② 3   ③ $\dfrac{7}{2}$

④ 4   ⑤ $\dfrac{9}{2}$

03 기존 05번

모든 항이 양수인 등비수열 $\{a_n\}$에 대하여 $a_2 a_4 = 2a_5$,

$a_5 = a_4 + 12a_3$일 때, $\log_2 a_{10}$의 값은? [3점]

① 15   ② 16   ③ 17

④ 18   ⑤ 19

04 기존 07번

수열 $\{a_n\}$이 모든 자연수 n에 대하여

$$a_{n+1} = \begin{cases} \dfrac{a_n + 2}{2} & (a_n \text{은 짝수}) \\ \dfrac{a_n - 1}{2} & (a_n \text{은 홀수}) \end{cases}$$

를 만족시킨다. $a_1 = 20$일 때, $\sum\limits_{k=1}^{10} a_k$의 값은? [3점]

① 38   ② 42   ③ 46

④ 50   ⑤ 54

05 기존 09번

등차수열 $\{a_n\}$에 대하여 첫째항부터 제n항까지의 합을 S_n
이라 하자. $S_5 = a_1$, $S_{10} = 40$일 때, a_{10}의 값은? [3점]

① 10   ② 13   ③ 16

④ 19   ⑤ 22

06 기존 11번

함수 $y = f(x)$의 그래프가 그림과 같다. 최고차항의 계수가 1인 이차함수 $g(x)$에 대하여

$$\lim_{x \to 0+} \frac{g(x)}{f(x)} = 1, \quad \lim_{x \to 1-} f(x-1)g(x) = 3$$

일 때, $g(2)$의 값은? [3점]

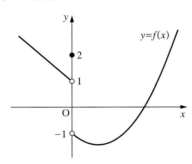

① 3 ② 5 ③ 7
④ 9 ⑤ 11

07 기존 14번

다항함수 $f(x)$가 모든 실수 x에 대하여

$$f(x) = \frac{3}{4}x^2 + \left(\int_0^1 f(x)dx \right)^2$$

을 만족시킬 때, $\int_0^2 f(x)dx$의 값은? [4점]

① $\frac{9}{4}$ ② $\frac{5}{2}$ ③ $\frac{11}{4}$

④ 3 ⑤ $\frac{13}{4}$

08 기존 16번

자연수 n에 대하여 삼차함수 $y = n(x^3 - 3x^2) + k$의 그래프가 x축과 만나는 점의 개수가 3이 되도록 하는 정수 k의 개수를 a_n이라 할 때, $\sum_{n=1}^{10} a_n$의 값은? [4점]

① 195 ② 200 ③ 205
④ 210 ⑤ 215

09 기존 21번

실수 k에 대하여 함수 $f(x)$가 $f(x) = x|x - k|$이다. 함수 $g(x) = x^2 - 3x - 4$에 대하여 합성함수 $y = (g \circ f)(x)$의 그래프가 x축과 만나는 점의 개수를 $h(k)$라 할 때, 〈보기〉에서 옳은 것만을 있는 대로 고른 것은? [4점]

┌─ 보 기 ├─
ㄱ. $h(2) = 2$

ㄴ. $h(k) = 4$를 만족시키는 자연수 k의 최솟값은 6이다.

ㄷ. $h(k) = 3$을 만족시키는 모든 실수 k의 값의 합은 2 이다.
└─────────

① ㄱ ② ㄱ, ㄴ ③ ㄱ, ㄷ
④ ㄴ, ㄷ ⑤ ㄱ, ㄴ, ㄷ

10 기존 22번

$\sqrt{3\sqrt[4]{27}} = 3^{\frac{q}{p}}$ 일 때, $p+q$의 값을 구하시오(단, p와 q는 서로소인 자연수이다). [3점]

11 기존 24번

수열 $\{a_n\}$에 대하여 $\displaystyle\sum_{k=1}^{10}(2k+1)^2 a_k = 100$,

$\displaystyle\sum_{k=1}^{10} k(k+1)a_k = 23$일 때, $\displaystyle\sum_{k=1}^{10} a_k$의 값을 구하시오. [3점]

12 기존 25번

함수

$$f(x) = \begin{cases} \dfrac{x^2-8x+a}{x-6} & (x \neq 6) \\ b & (x = 6) \end{cases}$$

이 실수 전체의 집합에서 연속일 때, $a+b$의 값을 구하시오 (단, a, b는 상수이다). [3점]

13 기존 30번

최고차항의 계수가 1이고 $f'(0)=0$인 사차함수 $f(x)$가 있다. 실수 전체의 집합에서 정의된 함수 $g(t)$가 다음 조건을 만족시킨다.

(가) 방정식 $f(x) = t$의 실근이 존재하지 않을 때, $g(t) = 0$이다.
(나) 방정식 $f(x) = t$의 실근이 존재할 때, $g(t)$는 $f(x) = t$의 실근의 최댓값이다.

함수 $g(t)$가 $t=k$, $t=30$에서 불연속이고
$$\lim_{t \to k+} g(t) = -2, \quad \lim_{t \to 30+} g(t) = 1$$
일 때, 실수 k의 값을 구하시오(단, $k < 30$). [4점]

1 확률과 통계

14 기존 03번

자연수 7을 3개의 자연수로 분할하는 방법의 수는? [2점]

① 2   ② 3   ③ 4

④ 5   ⑤ 6

15 기존 06번

두 사건 A, B에 대하여 $\mathrm{P}(A) = \dfrac{1}{2}$, $\mathrm{P}(B) = \dfrac{2}{5}$,

$\mathrm{P}(A \cup B) = \dfrac{4}{5}$ 일 때, $\mathrm{P}(B|A)$의 값은? [3점]

① $\dfrac{1}{10}$ ② $\dfrac{1}{5}$ ③ $\dfrac{3}{10}$

④ $\dfrac{2}{5}$ ⑤ $\dfrac{1}{2}$

16 기존 08번

연속확률변수 X가 갖는 값의 범위가 $0 \leq X \leq 4$이고, X의 확률밀도함수의 그래프가 그림과 같을 때, $\mathrm{P}\left(\dfrac{1}{2} \leq X \leq 3\right)$의 값은? [3점]

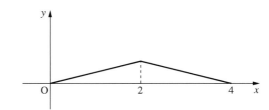

① $\dfrac{25}{32}$ ② $\dfrac{13}{16}$ ③ $\dfrac{27}{32}$

④ $\dfrac{7}{8}$ ⑤ $\dfrac{29}{32}$

17 기존 10번

모평균이 85, 모표준편차가 6인 정규분포를 따르는 모집단에서 크기가 16인 표본을 임의추출하여 구한 표본평균을 $\overline{X}$라 할 때, $\mathrm{P}(\overline{X} \geq k) = 0.0228$을 만족시키는 상수 k의 값을 다음 표준정규분포표를 이용하여 구한 것은? [3점]

z	$\mathrm{P}(0 \leq Z \leq z)$
0.5	0.1915
1.0	0.3413
1.5	0.4332
2.0	0.4772

① 86   ② 87   ③ 88

④ 89   ⑤ 90

18 기존 18번

흰색 탁구공 3개와 회색 탁구공 4개를 서로 다른 3개의 비어 있는 상자 A, B, C에 남김없이 넣으려고 할 때, 다음 조건을 만족시키도록 넣는 경우의 수는?(단, 탁구공을 하나도 넣지 않은 상자가 있을 수 있다) [4점]

> (가) 상자 A에는 흰색 탁구공을 1개 이상 넣는다.
> (나) 흰색 탁구공만 들어 있는 상자는 없도록 넣는다.

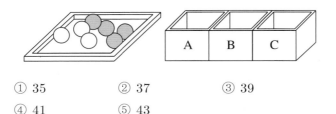

① 35   ② 37   ③ 39

④ 41   ⑤ 43

19 기존 20번

[그림 1]과 같이 5개의 스티커 A, B, C, D, E는 각각 흰색 또는 회색으로 칠해진 9개의 정사각형으로 이루어져 있다. 이 5개의 스티커를 모두 사용하여 [그림 2]의 45개의 정사각형으로 이루어진 ✚ 모양의 판에 빈틈없이 붙여 문양을 만들려고 한다. [그림 3]은 스티커 B를 ✚ 모양의 판의 중앙에 붙여 만든 문양의 한 예이다.

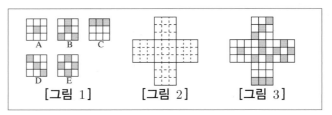

[그림 1]   [그림 2]   [그림 3]

다음은 5개의 스티커를 모두 사용하여 만들 수 있는 서로 다른 문양의 개수를 구하는 과정의 일부이다(단, ✚ 모양의 판을 회전하여 일치하는 것은 같은 것으로 본다).

> ✚ 모양의 판의 중앙에 붙이는 스티커에 따라 다음과 같이 3가지 경우로 나눌 수 있다.
>
> (ⅰ) A 또는 E를 붙이는 경우
> 나머지 4개의 스티커를 붙일 위치를 정하는 경우의 수는 3!
> 이 각각에 대하여 4개의 스티커를 붙이는 경우의 수는 $1 \times 2 \times 4 \times 4$
> 그러므로 이 경우의 수는 $2 \times 3! \times 32$
>
> (ⅱ) B 또는 C를 붙이는 경우
> 나머지 4개의 스티커를 붙일 위치를 정하는 경우의 수는 (가)
> 이 각각에 대하여 4개의 스티커를 붙이는 경우의 수는 $1 \times 1 \times 2 \times 4$
> 그러므로 이 경우의 수는 $2 \times$ (가) $\times 8$
>
> (ⅲ) D를 붙이는 경우
> 나머지 4개의 스티커를 붙일 위치를 정하는 경우의 수는 (나)
> 이 각각에 대하여 4개의 스티커를 붙이는 경우의 수는 (다)
> 그러므로 이 경우의 수는 (나) $\times$ (다)

위의 (가), (나), (다)에 알맞은 수를 각각 a, b, c라 할 때, $a + b + c$의 값은? [4점]

① 52   ② 54   ③ 56

④ 58   ⑤ 60

주관식

20 기존 23번

$\left(3x^2 + \dfrac{1}{x}\right)^6$ 의 전개식에서 상수항을 구하시오. [3점]

21 기존 26번

확률변수 X가 가지는 값이 0부터 25까지의 정수이고,
$0 < p < \dfrac{1}{2}$ 인 실수 p에 대하여 X의 확률질량함수는
$\mathrm{P}(X=x) = {}_{25}\mathrm{C}_x p^x (1-p)^{25-x} \ (x=0,\ 1,\ 2,\ \cdots,\ 25)$
이다. $\mathrm{V}(X)=4$일 때, $\mathrm{E}(X^2)$의 값을 구하시오. [4점]

22 기존 29번

그림과 같이 1열, 2열, 3열에 각각 2개씩 모두 6개의 좌석이 있는 놀이기구가 있다. 이 놀이기구의 6개의 좌석에 6명의 학생 A, B, C, D, E, F가 각각 한 명씩 임의로 앉을 때, 다음 조건을 만족시키도록 앉을 확률은 $\dfrac{q}{p}$이다. $p+q$의 값을 구하시오(단, p와 q는 서로소인 자연수이다). [4점]

(가) 두 학생 A, B는 같은 열에 앉는다.
(나) 두 학생 C, D는 서로 다른 열에 앉는다.
(다) 학생 E는 1열에 앉지 않는다.

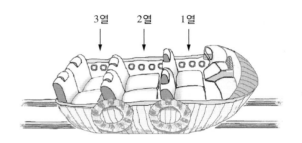

2 미적분

23 기존 02번

$\lim\limits_{n\to\infty} \dfrac{an^2+2}{3n(2n-1)-n^2} = 3$을 만족시키는 상수 a의 값은? [2점]

① 15 ② 16 ③ 17
④ 18 ⑤ 19

24 기존 19번

그림과 같이 한 변의 길이가 2인 정사각형 $A_1B_1C_1D_1$의 내부에 네 점 A_2, B_2, C_2, D_2를 네 삼각형 $A_2A_1B_1$, $B_2B_1C_1$, $C_2C_1D_1$, $D_2D_1A_1$이 모두 한 내각의 크기가 150°인 이등변삼각형이 되도록 잡는다. 네 삼각형 $A_1A_2D_2$, $B_1B_2A_2$, $C_1C_2B_2$, $D_1D_2C_2$의 내부를 색칠하여 얻은 그림을 R_1이라 하자. 그림 R_1에서 정사각형 $A_2B_2C_2D_2$의 내부에 네 점 A_3, B_3, C_3, D_3을 네 삼각형 $A_3A_2B_2$, $B_3B_2C_2$, $C_3C_2D_2$, $D_3D_2A_2$가 모두 한 내각의 크기가 150°인 이등변삼각형이 되도록 잡는다. 네 삼각형 $A_2A_3D_3$, $B_2B_3A_3$, $C_2C_3B_3$, $D_2D_3C_3$의 내부를 색칠하여 얻은 그림을 R_2라 하자.

이와 같은 과정을 계속하여 n번째 얻은 그림 R_n에 색칠되어 있는 부분의 넓이를 S_n이라 할 때, $\lim\limits_{n \to \infty} S_n$의 값은? [4점]

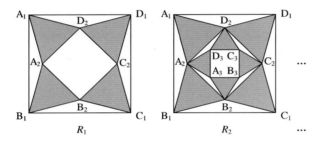

R_1 R_2

① $5 - \dfrac{3}{2}\sqrt{3}$ ② $6 - 2\sqrt{3}$ ③ $7 - \dfrac{5}{2}\sqrt{3}$

④ $8 - 3\sqrt{3}$ ⑤ $9 - \dfrac{7}{2}\sqrt{3}$

25 기존 27번

곡선 $y = x^3 + x - 3$과 이 곡선 위의 점 $(1, -1)$에서의 접선으로 둘러싸인 부분의 넓이가 $\dfrac{q}{p}$일 때, $p + q$의 값을 구하시오(단, p와 q는 서로소인 자연수이다). [4점]

26 기존 28번

삼차함수 $f(x)$가 다음 조건을 만족시킬 때, $f(3)$의 값을 구하시오. [4점]

(가) $\lim\limits_{x \to -2} \dfrac{1}{x+2} \displaystyle\int_{-2}^{x} f(t)\,dt = 12$

(나) $\lim\limits_{x \to \infty} x f\left(\dfrac{1}{x}\right) + \lim\limits_{x \to 0} \dfrac{f(x+1)}{x} = 1$

27 기존 12번

일차함수 $f(x)$에 대하여 함수 $y = \dfrac{f(x)+5}{2-f(x)}$ 의 그래프의 점근선은 두 직선 $x = 4$, $y = -1$이다. $f(1) = 5$일 때, $f(2)$의 값은?   [3점]

① 4   ② 6   ③ 8

④ 10   ⑤ 12

28 기존 13번

실수 x에 대한 두 조건

$$p : x^2 + ax - 8 > 0$$
$$q : |x-1| \le b$$

가 있다. $\sim p$가 q이기 위한 필요충분조건이 되도록 하는 두 상수 a, b에 대하여 $b - a$의 값은?   [3점]

① -1 ② 1   ③ 3

④ 5   ⑤ 7

29 기존 15번

전체집합 $U = \{1,\ 2,\ 3,\ 4,\ 5,\ 6,\ 7,\ 8\}$의 두 부분집합 $A = \{3,\ 4\}$, $B = \{4,\ 5,\ 6\}$에 대하여 U의 부분집합 X가 $A \cup X = X$, $(B - A) \cap X = \{6\}$을 만족시킨다. $n(X) = 5$일 때, 모든 X의 개수는?   [4점]

① 4   ② 5   ③ 6

④ 7   ⑤ 8

30 기존 17번

그림과 같이 두 양수 a, b에 대하여 함수
$$f(x) = a\sqrt{x+5} + b$$
의 그래프와 역함수 $f^{-1}(x)$의 그래프가 만나는 점을 A 라 하자. 곡선 $y = f(x)$ 위의 점 B$(-1,\ 7)$과 곡선 $y = f^{-1}(x)$ 위의 점 C에 대하여 삼각형 ABC는 $\overline{\mathrm{AB}} = \overline{\mathrm{AC}}$인 이등변삼각형이다. 삼각형 ABC의 넓이가 64일 때, ab의 값은?(단, 점 C의 x좌표는 점 A의 x좌표보다 작다)   [4점]

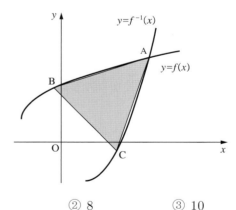

① 6   ② 8   ③ 10

④ 12   ⑤ 14

공통

01 기존 06번

함수 $f(x) = a \sin bx + c \,(a > 0, \ b > 0)$의 최댓값은 4, 최솟값은 -2이다. 모든 실수 x에 대하여 $f(x+p) = f(x)$를 만족시키는 양수 p의 최솟값이 π일 때, abc의 값은?(단, a, b, c는 상수이다) [3점]

① 6 ② 8 ③ 10

④ 12 ⑤ 14

02 기존 18번

좌표평면에서 자연수 n에 대하여 다음 조건을 만족시키는 정사각형의 개수를 a_n이라 하자.

> (가) 한 변의 길이가 n이고 네 꼭짓점의 x좌표와 y좌표가 모두 자연수이다.
> (나) 두 곡선 $y = \log_2 x$, $y = \log_{16} x$와 각각 서로 다른 두 점에서 만난다.

$a_3 + a_4$의 값은? [4점]

① 21 ② 23 ③ 25

④ 27 ⑤ 29

선택

1 확률과 통계

03 기존 02번

확률변수 X가 이항분포 $\mathrm{B}\left(50, \ \dfrac{1}{4}\right)$을 따를 때, $\mathrm{V}(4X)$의 값은? [2점]

① 50 ② 75 ③ 100

④ 125 ⑤ 150

04 기존 10번

상자 A에는 흰 공 2개, 검은 공 3개가 들어 있고, 상자 B에는 흰 공 3개, 검은 공 4개가 들어 있다. 한 개의 동전을 던져 앞면이 나오면 상자 A를, 뒷면이 나오면 상자 B를 택하고, 택한 상자에서 임의로 두 개의 공을 동시에 꺼내기로 한다. 이 시행을 한 번 하여 꺼낸 공의 색깔이 서로 같았을 때, 상자 A를 택하였을 확률은? [3점]

① $\dfrac{11}{29}$ ② $\dfrac{12}{29}$ ③ $\dfrac{13}{29}$

④ $\dfrac{14}{29}$ ⑤ $\dfrac{15}{29}$

05 기존 11번

다음 표는 어느 고등학교의 수학 점수에 대한 성취도의 기준을 나타낸 것이다.

성취도	A	B	C	D	E
수학 점수	89점 이상	79점 이상 ~ 89점 미만	67점 이상 ~ 79점 미만	54점 이상 ~ 67점 미만	54점 미만

예를 들어, 어떤 학생의 수학 점수가 89점 이상이면 성취도는 A 이고, 79점 이상이고 89점 미만이면 성취도는 B 이다. 이 학교 학생들의 수학 점수는 평균이 67점, 표준편차가 12점인 정규분포를 따른다고 할 때, 이 학교의 학생 중에서 수학 점수에 대한 성취도가 A 또는 B 인 학생의 비율을 다음 표준정규분포표를 이용하여 구한 것은? [3점]

z	$P(0 \le Z \le z)$
0.5	0.1915
1.0	0.3413
1.5	0.4332
2.0	0.4772

① 0.0228   ② 0.0668   ③ 0.1587

④ 0.1915   ⑤ 0.3085

06 기존 14번

집합 $S = \{a,\ b,\ c,\ d\}$의 공집합이 아닌 모든 부분집합 중에서 임의로 한 개씩 두 개의 부분집합을 차례로 택한다. 첫 번째로 택한 집합을 A, 두 번째로 택한 집합을 B 라 할 때, $n(A) \times n(B) = 2 \times n(A \cap B)$ 가 성립할 확률은?(단, 한 번 택한 집합은 다시 택하지 않는다) [4점]

① $\dfrac{2}{35}$ ② $\dfrac{3}{35}$ ③ $\dfrac{4}{35}$

④ $\dfrac{1}{7}$ ⑤ $\dfrac{6}{35}$

07 기존 16번

그림과 같이 10개의 공이 들어 있는 주머니와 일렬로 나열된 네 상자 A, B, C, D 가 있다. 이 주머니에서 2개의 공을 동시에 꺼내어 이웃한 두 상자에 각각 한 개씩 넣는 시행을 5회 반복할 때, 네 상자 A, B, C, D 에 들어 있는 공의 개수를 각각 a, b, c, d 라 하자. a, b, c, d 의 모든 순서쌍 $(a,\ b,\ c,\ d)$ 의 개수는?(단, 상자에 넣은 공은 다시 꺼내지 않는다) [4점]

 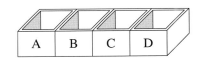

① 21   ② 22   ③ 23

④ 24   ⑤ 25

08 기존 17번

1부터 $(2n-1)$까지의 자연수가 하나씩 적혀 있는 $(2n-1)$장의 카드가 있다. 이 카드 중에서 임의로 서로 다른 3장의 카드를 택할 때, 택한 3장의 카드 중 짝수가 적힌 카드의 개수를 확률변수 X라 하자. 다음은 $E(X)$를 구하는 과정이다(단, n은 4 이상의 자연수이다).

정수 $k\,(0 \le k \le 3)$에 대하여 확률변수 X의 값이 k일 확률은 짝수가 적혀 있는 카드 중에서 k장의 카드를 택하고, 홀수가 적혀 있는 카드 중에서 $\boxed{(가)} - k$장의 카드를 택하는 경우의 수를 전체 경우의 수로 나눈 값이므로

$$P(X=0) = \frac{n(n-2)}{2(2n-1)(2n-3)}$$

$$P(X=1) = \frac{3n(n-1)}{2(2n-1)(2n-3)}$$

$$P(X=2) = \boxed{(나)}$$

$$P(X=3) = \frac{(n-2)(n-3)}{2(2n-1)(2n-3)}$$ 이다.

그러므로

$$E(X) = \sum_{k=0}^{3} \{k \times P(X=k)\}$$

$$= \frac{\boxed{(다)}}{2n-1}$$ 이다.

위의 (가)에 알맞은 수를 a라 하고, (나), (다)에 알맞은 식을 각각 $f(n)$, $g(n)$이라 할 때, $a \times f(5) \times g(8)$의 값은?

[4점]

① 22

② $\dfrac{45}{2}$

③ 23

④ $\dfrac{47}{2}$

⑤ 24

09 기존 21번

자연수 n에 대하여 한 개의 주사위를 반복하여 던져서 나오는 눈의 수에 따라 다음과 같은 규칙으로 a_n을 정한다.

(가) $a_1 = 0$이고, $a_n\,(n \ge 2)$는 세 수 -1, 0, 1 중 하나이다.

(나) 주사위를 n번째 던져서 나온 눈의 수가 짝수이면 a_{n+1}은 a_n이 아닌 두 수 중에서 작은 수이고, 홀수이면 a_{n+1}은 a_n이 아닌 두 수 중에서 큰 수이다.

〈보기〉에서 옳은 것만을 있는 대로 고른 것은?   [4점]

┤ 보 기 ├

ㄱ. $a_2 = 1$일 확률은 $\dfrac{1}{2}$이다.

ㄴ. $a_3 = 1$일 확률과 $a_4 = 0$일 확률은 서로 같다.

ㄷ. $a_9 = 0$일 확률이 p이면 $a_{11} = 0$일 확률은 $\dfrac{1-p}{4}$이다.

① ㄱ   ② ㄷ   ③ ㄱ, ㄴ

④ ㄴ, ㄷ   ⑤ ㄱ, ㄴ, ㄷ

주관식

10 기존 22번

$(2x+1)^5$의 전개식에서 x^3의 계수를 구하시오.   [3점]

11 기존 26번

한 변의 길이가 1인 정육각형의 6개의 꼭짓점 중에서 임의로 서로 다른 3개의 점을 택하여 이 3개의 점을 꼭짓점으로 하는 삼각형을 만들 때, 이 삼각형의 넓이를 확률변수 X 라 하자. $\mathrm{P}\left(X \geq \dfrac{\sqrt{3}}{2}\right) = \dfrac{q}{p}$ 일 때, $p+q$ 의 값을 구하시오(단, p 와 q 는 서로소인 자연수이다). [4점]

12 기존 27번

그림과 같이 7개의 좌석이 있는 차량에 앞줄에 2개, 가운데 줄에 3개, 뒷줄에 2개의 좌석이 배열되어 있다. 이 차량에 1학년 생도 2명, 2학년 생도 2명, 3학년 생도 2명이 탑승하려고 한다. 이 7개의 좌석 중 6개의 좌석에 각각 한 명씩 생도 6명이 앉는다고 할 때, 3학년 생도 2명 중 한 명은 운전석에 앉고 1학년 생도 2명은 같은 줄에 이웃하여 앉는 경우의 수를 구하시오. [4점]

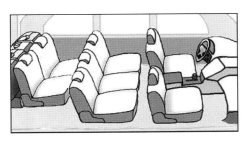

2 미적분

13 기존 03번

함수 $f(x) = x^2 e^{x-1}$ 에 대하여 $f'(1)$ 의 값은? [2점]

① 1 ② 2 ③ 3

④ 4 ⑤ 5

14 기존 04번

$\displaystyle\int_0^{\frac{\pi}{3}} \tan x \, dx$ 의 값은? [3점]

① $\dfrac{\ln 2}{2}$ ② $\dfrac{\ln 3}{2}$ ③ $\ln 2$

④ $\ln 3$ ⑤ $2\ln 2$

15 기존 07번

실수 전체의 집합에서 연속인 함수 $f(x)$ 가 모든 실수 x 에 대하여 $\displaystyle\int_1^x (x-t)f(t)\,dt = e^{x-1} + ax^2 - 3x + 1$ 을 만족시킬 때, $f(a)$ 의 값은?(단, a 는 상수이다) [3점]

① -3 ② -1 ③ 0

④ 1 ⑤ 3

16 기존 08번

그림과 같이 직선 $3x + 4y - 2 = 0$이 x축의 양의 방향과 이루는 각의 크기를 θ라 할 때, $\tan\left(\dfrac{\pi}{4} + \theta\right)$의 값은? [3점]

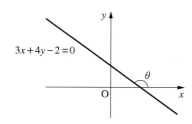

① $\dfrac{1}{14}$ ② $\dfrac{1}{7}$ ③ $\dfrac{3}{14}$

④ $\dfrac{2}{7}$ ⑤ $\dfrac{5}{14}$

17 기존 09번

함수 $f(x)$가 $\displaystyle\lim_{x \to \infty}\left\{ f(x)\ln\left(1 + \dfrac{1}{2x}\right)\right\} = 4$를 만족시킬 때, $\displaystyle\lim_{x \to \infty} \dfrac{f(x)}{x - 3}$의 값은? [3점]

① 6 ② 8 ③ 10

④ 12 ⑤ 14

18 기존 13번

그림과 같이 곡선 $y = \ln\dfrac{1}{x}$ $\left(\dfrac{1}{e} \le x \le 1\right)$과 직선 $x = \dfrac{1}{e}$, 직선 $x = 1$ 및 직선 $y = 2$로 둘러싸인 도형을 밑면으로 하는 입체도형이 있다. 이 입체도형을 x축 위의 $x = t$ $\left(\dfrac{1}{e} \le t \le 1\right)$인 점을 지나고 x축에 수직인 평면으로 자른 단면이 한 변의 길이가 t인 직사각형일 때, 이 입체도형의 부피는? [3점]

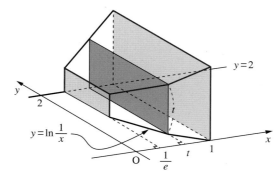

① $\dfrac{1}{2} - \dfrac{1}{3e^2}$ ② $\dfrac{1}{2} - \dfrac{1}{4e^2}$ ③ $\dfrac{3}{4} - \dfrac{1}{3e^2}$

④ $\dfrac{3}{4} - \dfrac{1}{4e^2}$ ⑤ $\dfrac{3}{4} - \dfrac{1}{5e^2}$

19 기존 19번

좌표평면 위를 움직이는 점 P의 시각 $t\,(t > 0)$에서의 위치 $(x,\ y)$가 $x = t^3 + 2t$, $y = \ln(t^2 + 1)$이다. 점 P에서 직선 $y = -x$에 내린 수선의 발을 Q라 하자. $t = 1$일 때, 점 Q의 속력은? [4점]

① $\dfrac{3\sqrt{2}}{2}$ ② $2\sqrt{2}$ ③ $\dfrac{5\sqrt{2}}{2}$

④ $3\sqrt{2}$ ⑤ $\dfrac{7\sqrt{2}}{2}$

20 기존 20번

그림과 같이 $\overline{AB}=2$, $\overline{BC}=2\sqrt{3}$, $\angle ABC=\dfrac{\pi}{2}$인 직각삼각형 ABC가 있다. 선분 CA 위의 점 P에 대하여 $\angle ABP=\theta$라 할 때, 선분 AB 위의 점 O를 중심으로 하고 두 선분 AP, BP에 동시에 접하는 원의 넓이를 $f(\theta)$라 하자. 이 원과 선분 PO가 만나는 점을 Q라 할 때, 선분 PQ를 지름으로 하는 원의 넓이를 $g(\theta)$라 하자.

$\lim\limits_{\theta\to 0+}\dfrac{f(\theta)+g(\theta)}{\theta^2}$ 의 값은?　　　　　[4점]

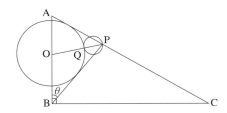

① $\dfrac{17-5\sqrt{3}}{3}\pi$　　　② $\dfrac{18-5\sqrt{3}}{3}\pi$

③ $\dfrac{19-5\sqrt{3}}{3}\pi$　　　④ $\dfrac{18-4\sqrt{3}}{3}\pi$

⑤ $\dfrac{19-4\sqrt{3}}{3}\pi$

21 기존 23번

직선 $y=-4x$가 곡선 $y=\dfrac{1}{x-2}-a$에 접하도록 하는 모든 실수 a의 값의 합을 구하시오.　　　　　[3점]

22 기존 25번

도함수가 실수 전체의 집합에서 연속인 함수 $f(x)$가 다음 조건을 만족시킨다.

(가) 모든 실수 x에 대하여 $f(-x)=-f(x)$이다.

(나) $f(\pi)=0$

(다) $\displaystyle\int_0^{\pi} x^2 f'(x)\,dx=-8\pi$

$\displaystyle\int_{-\pi}^{\pi}(x+\cos x)f(x)\,dx=k\pi$일 때, k의 값을 구하시오.

[3점]

23 기존 28번

함수 $f(x) = (x^3 - a)e^x$과 실수 t에 대하여 방정식 $f(x) = t$의 실근의 개수를 $g(t)$라 하자. 함수 $g(t)$가 불연속인 점의 개수가 2가 되도록 하는 10 이하의 모든 자연수 a의 값의 합을 구하시오(단, $\lim\limits_{x \to -\infty} f(x) = 0$). [4점]

24 기존 30번

함수 $f(x) = x^3 + ax^2 - ax - a$의 역함수가 존재할 때, $f(x)$의 역함수를 $g(x)$라 하자. 자연수 n에 대하여 $n \times g'(n) = 1$을 만족시키는 실수 a의 개수를 a_n이라 할 때, $\sum\limits_{n=1}^{27} a_n$의 값을 구하시오. [4점]

3 기하

25 기존 01번

두 벡터 $\vec{a} = (2, 1)$, $\vec{b} = (-1, k)$에 대하여 두 벡터 $\vec{a}$, $\vec{a} - \vec{b}$가 서로 수직일 때, k의 값은? [2점]

① 4   ② 5   ③ 6

④ 7   ⑤ 8

26 기존 05번

좌표공간의 두 점 $A(1, 2, -1)$, $B(3, 1, -2)$에 대하여 선분 AB를 2:1로 외분하는 점의 좌표는? [3점]

① $(5, 0, -3)$ ② $(5, 3, -4)$ ③ $(4, 0, -3)$

④ $(4, 3, -3)$ ⑤ $(3, 0, -4)$

27 기존 12번

좌표공간에서 점 $(0,\ a,\ b)$를 지나고 평면 $x+3y-z=0$ 에 수직인 직선이 구 $(x+1)^2+y^2+(z-2)^2=1$과 두 점 A, B에서 만난다. $\overline{AB}=2$일 때, $a+b$의 값은? [3점]

① -4 ② -2 ③ 0

④ 2 ⑤ 4

28 기존 15번

평면 α 위에 있는 서로 다른 두 점 A, B와 평면 α 위에 있지 않은 점 P에 대하여 삼각형 PAB는 $\overline{PB}=4$, $\angle PAB=\dfrac{\pi}{2}$인 직각이등변삼각형이고, 평면 PAB와 평면 α가 이루는 각의 크기는 $\dfrac{\pi}{6}$이다. 점 P에서 평면 α에 내린 수선의 발을 H라 할 때, 사면체 PHAB의 부피는? [4점]

① $\dfrac{\sqrt{6}}{6}$ ② $\dfrac{\sqrt{6}}{3}$ ③ $\dfrac{\sqrt{6}}{2}$

④ $\dfrac{2\sqrt{6}}{3}$ ⑤ $\dfrac{5\sqrt{6}}{6}$

29 기존 24번

좌표평면에서 타원 $\dfrac{x^2}{25}+\dfrac{y^2}{9}=1$의 두 초점을 F$(c,\ 0)$, F$'(-c,\ 0)(c>0)$이라 하자. 이 타원 위의 제1사분면에 있는 점 P에 대하여 점 F$'$을 중심으로 하고 점 P를 지나는 원과 직선 PF$'$이 만나는 점 중 P가 아닌 점을 Q라 하고, 점 F를 중심으로 하고 점 P를 지나는 원과 직선 PF가 만나는 점 중 P가 아닌 점을 R라 할 때, 삼각형 PQR의 둘레의 길이를 구하시오. [3점]

30 기존 29번

그림과 같이 한 변의 길이가 2인 정삼각형 ABC와 반지름의 길이가 1이고 선분 AB와 직선 BC에 동시에 접하는 원 O가 있다. 원 O 위의 점 P와 선분 BC 위의 점 Q에 대하여 $\overrightarrow{AP}\cdot\overrightarrow{AQ}$의 최댓값과 최솟값의 합은 $a+b\sqrt{3}$이다. a^2+b^2의 값을 구하시오(단, $a,\ b$는 유리수이고, 원 O의 중심은 삼각형 ABC의 외부에 있다). [4점]

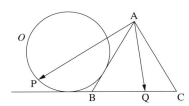

공 통

01 기존 03번

다항함수 $f(x)$에 대하여 $\lim\limits_{h \to 0} \dfrac{f(1+3h) - f(1)}{2h} = 6$일 때,

$f'(1)$의 값은? [2점]

① 2   ② 4   ③ 6

④ 8   ⑤ 10

02 기존 05번

곡선 $y = x^3 - 4x$ 위의 점 $(-2, \ 0)$에서의 접선의 기울기는?

[3점]

① 4   ② 5   ③ 6

④ 7   ⑤ 8

03 기존 07번

함수 $y = f(x)$의 그래프가 다음과 같다.

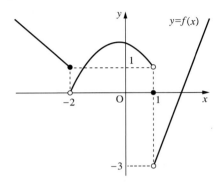

$\lim\limits_{x \to 1+} f(x) + \lim\limits_{x \to -2-} f(x)$의 값은? [3점]

① -3 ② -2 ③ -1

④ 0   ⑤ 1

04 기존 08번

$\log 6 = a$, $\log 15 = b$라 할 때, 다음 중 $\log 2$를 a, b로 나타낸 것은? [3점]

① $\dfrac{2a - 2b + 1}{3}$ ② $\dfrac{2a - b + 1}{3}$ ③ $\dfrac{a + b - 1}{3}$

④ $\dfrac{a - b + 1}{2}$ ⑤ $\dfrac{a + 2b - 1}{2}$

05 기존 10번

함수

$$f(x) = \begin{cases} \dfrac{\sqrt{x+7}-a}{x-2} & (x \neq 2) \\ b & (x = 2) \end{cases}$$

가 $x=2$ 에서 연속일 때, ab 의 값은?(단, a, b 는 상수이다)

[3점]

① $\dfrac{1}{2}$ ② $\dfrac{3}{4}$ ③ 1

④ $\dfrac{5}{4}$ ⑤ $\dfrac{3}{2}$

06 기존 14번

원점에서 동시에 출발하여 수직선 위를 움직이는 두 점 P, Q 의 시각 $t(t \geq 0)$ 에서의 속도를 각각 $f(t)$, $g(t)$ 라 하면 $f(t) = t^2 + t$, $g(t) = 5t$ 이다. 두 점 P, Q 가 출발 후 처음으로 만날 때까지 점 P 가 움직인 거리는?

[4점]

① 82 ② 84 ③ 86

④ 88 ⑤ 90

07 기존 15번

함수 $f(x) = 4x^2 + ax$ 에 대하여

$$\lim_{n \to \infty} \frac{1}{n^2} \sum_{k=1}^{n} kf\left(\frac{k}{2n}\right) = 2$$

가 성립하도록 하는 상수 a 의 값은?

[4점]

① $\dfrac{19}{2}$ ② $\dfrac{39}{4}$ ③ 10

④ $\dfrac{41}{4}$ ⑤ $\dfrac{21}{2}$

08 기존 20번

최고차항의 계수가 1 이고 다음 조건을 만족시키는 모든 삼차함수 $f(x)$ 에 대하여 $f(6)$ 의 최댓값과 최솟값의 합은?

[4점]

> (가) $f(2) = f'(2) = 0$
> (나) 모든 실수 x 에 대하여 $f'(x) \geq -3$ 이다.

① 128 ② 144 ③ 160

④ 176 ⑤ 192

09 기존 21번

자연수 n 에 대하여 함수 $f(x)$ 를 $f(x) = x^2 + \dfrac{1}{n}$ 이라 하고 함수 $g(x)$ 를

$$g(x) = \begin{cases} (x-1)f(x) & (x \geq 1) \\ (x-1)^2 f(x) & (x < 1) \end{cases}$$

이라 할 때, 〈보기〉에서 옳은 것만을 있는 대로 고른 것은?

[4점]

┤보 기├

ㄱ. $\displaystyle\lim_{x \to 1-} \dfrac{g(x)}{x-1} = 0$

ㄴ. $n=1$ 일 때, 함수 $g(x)$ 는 $x=1$ 에서 극솟값을 갖는다.

ㄷ. 함수 $g(x)$ 가 극대 또는 극소가 되는 x 의 개수가 1인 n 의 개수는 5이다.

① ㄱ   ② ㄱ, ㄴ   ③ ㄱ, ㄷ

④ ㄴ, ㄷ   ⑤ ㄱ, ㄴ, ㄷ

10 기존 23번

등차수열 $\{a_n\}$ 에 대하여 $a_2 = 14$, $a_4 + a_5 = 23$ 일 때, $a_7 + a_8 + a_9$ 의 값을 구하시오.

[3점]

11 기존 24번

곡선 $y = x^3$ 과 y 축 및 직선 $y = 8$ 로 둘러싸인 부분의 넓이를 구하시오.

[3점]

12 기존 28번

2 이상의 자연수 n 에 대하여 $n^{\frac{4}{k}}$ 의 값이 자연수가 되도록 하는 자연수 k 의 개수를 $f(n)$ 이라 하자. 예를 들어 $f(6)=3$ 이다. $f(n)=8$ 을 만족시키는 n 의 최솟값을 구하시오. [4점]

13 기존 29번

자연수 n 에 대하여 좌표평면 위에 두 점 $P_n(n,\ 2n)$, $Q_n(2n,\ 2n)$ 이 있다. 선분 P_nQ_n 과 곡선 $y=\dfrac{1}{k}x^2$ 이 만나도록 하는 자연수 k 의 개수를 a_n 이라 할 때, $\displaystyle\sum_{n=1}^{15} a_n$ 의 값을 구하시오. [4점]

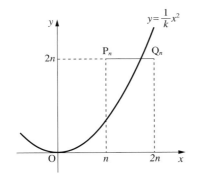

14 기존 30번

$a \leq 35$ 인 자연수 a 와 함수
$$f(x)=-3x^4+4x^3+12x^2+4$$
에 대하여 함수 $g(x)$ 를
$$g(x)=|f(x)-a|$$
라 할 때, $g(x)$ 가 다음 조건을 만족시킨다.

> (가) 함수 $y=g(x)$ 의 그래프와 직선 $y=b(b>0)$ 이 서로 다른 4 개의 점에서 만난다.
> (나) 함수 $|g(x)-b|$ 가 미분가능하지 않은 실수 x 의 개수는 4 이다.

두 상수 a, b 에 대하여 $a+b$ 의 값을 구하시오. [4점]

선 택

1 확률과 통계

15 기존 04번

서로 독립인 두 사건 A, B 에 대하여
$$P(A)=\frac{1}{3},\ P(A \cap B^C)=\frac{1}{5}$$
일 때, $P(B)$ 의 값은?(단, B^C 은 B 의 여사건이다) [3점]

① $\dfrac{4}{15}$ ② $\dfrac{1}{3}$ ③ $\dfrac{2}{5}$

④ $\dfrac{7}{15}$ ⑤ $\dfrac{8}{15}$

16 기존 09번

빨간 공 3개, 파란 공 2개, 노란 공 2개가 있다. 이 7개의 공을 모두 일렬로 나열할 때, 빨간 공끼리는 어느 것도 서로 이웃하지 않도록 나열하는 경우의 수는?(단, 같은 색의 공은 서로 구별하지 않는다) [3점]

① 45   ② 50   ③ 55

④ 60   ⑤ 65

17 기존 13번

다음 표는 어느 고등학교의 수학 점수에 대한 성취도의 기준을 나타낸 것이다.

성취도	A	B	C	D	E
수학 점수	89점 이상	79점 이상 ~ 89점 미만	67점 이상 ~ 79점 미만	54점 이상 ~ 67점 미만	54점 미만

예를 들어, 어떤 학생의 수학 점수가 89점 이상이면 성취도는 A이고, 79점 이상이고 89점 미만이면 성취도는 B이다. 이 학교 학생들의 수학 점수는 평균이 67점, 표준편차가 12점인 정규분포를 따른다고 할 때, 이 학교의 학생 중에서 수학 점수에 대한 성취도가 A 또는 B인 학생의 비율을 다음 표준 정규분포표를 이용하여 구한 것은? [3점]

z	$P(0 \le Z \le z)$
0.5	0.1915
1.0	0.3413
1.5	0.4332
2.0	0.4772

① 0.0228   ② 0.0668   ③ 0.1587

④ 0.1915   ⑤ 0.3085

18 기존 18번

그림과 같이 10개의 공이 들어 있는 주머니와 일렬로 나열된 네 상자 A, B, C, D가 있다. 이 주머니에서 2개의 공을 동시에 꺼내어 이웃한 두 상자에 각각 한 개씩 넣는 시행을 5회 반복할 때, 네 상자 A, B, C, D에 들어 있는 공의 개수를 각각 a, b, c, d라 하자. a, b, c, d의 모든 순서쌍 (a, b, c, d)의 개수는?(단, 상자에 넣은 공은 다시 꺼내지 않는다) [4점]

 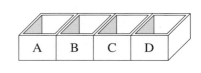

① 21   ② 22   ③ 23

④ 24   ⑤ 25

19 기존 19번

1부터 $(2n-1)$까지의 자연수가 하나씩 적혀 있는 $(2n-1)$장의 카드가 있다. 이 카드 중에서 임의로 서로 다른 3장의 카드를 택할 때, 택한 3장의 카드 중 짝수가 적힌 카드의 개수를 확률변수 X라 하자. 다음은 $\mathrm{E}(X)$를 구하는 과정이다(단, n은 4 이상의 자연수이다).

정수 $k\,(0 \le k \le 3)$에 대하여 확률변수 X의 값이 k일 확률은 짝수가 적혀 있는 카드 중에서 k장의 카드를 택하고, 홀수가 적혀 있는 카드 중에서 $\left(\boxed{\text{(가)}} - k\right)$장의 카드를 택하는 경우의 수를 전체 경우의 수로 나눈 값이므로

$$\mathrm{P}(X=0) = \frac{n(n-2)}{2(2n-1)(2n-3)}$$

$$\mathrm{P}(X=1) = \frac{3n(n-1)}{2(2n-1)(2n-3)}$$

$$\mathrm{P}(X=2) = \boxed{\text{(나)}}$$

$$\mathrm{P}(X=3) = \frac{(n-2)(n-3)}{2(2n-1)(2n-3)} \text{ 이다.}$$

그러므로

$$\mathrm{E}(X) = \sum_{k=0}^{3} \{k \times \mathrm{P}(X=k)\}$$

$$= \frac{\boxed{\text{(다)}}}{2n-1} \text{ 이다.}$$

위의 (가)에 알맞은 수를 a라 하고, (나), (다)에 알맞은 식을 각각 $f(n)$, $g(n)$이라 할 때, $a \times f(5) \times g(8)$의 값은?

[4점]

① 22
② $\dfrac{45}{2}$
③ 23
④ $\dfrac{47}{2}$
⑤ 24

20 기존 22번

확률변수 X가 이항분포 $\mathrm{B}\left(300, \dfrac{2}{5}\right)$를 따를 때, $\mathrm{V}(X)$의 값을 구하시오.

[3점]

21 기존 25번

$\left(x^n + \dfrac{1}{x}\right)^{10}$의 전개식에서 상수항이 45일 때, 자연수 n의 값을 구하시오.

[3점]

22 기존 27번

한 변의 길이가 1인 정육각형의 6개의 꼭짓점 중에서 임의로 서로 다른 3개의 점을 택하여 이 3개의 점을 꼭짓점으로 하는 삼각형을 만들 때, 이 삼각형의 넓이가 $\frac{\sqrt{3}}{2}$ 이상일 확률은 $\frac{q}{p}$ 이다. $p+q$의 값을 구하시오(단, p와 q는 서로소인 자연수이다). [4점]

2 미적분

23 기존 02번

$\lim_{n \to \infty} \dfrac{3 \times 4^n + 3^n}{4^{n+1} - 2 \times 3^n}$ 의 값은? [2점]

① $\dfrac{1}{2}$ ② $\dfrac{3}{4}$ ③ 1

④ $\dfrac{5}{4}$ ⑤ $\dfrac{3}{2}$

24 기존 17번

그림과 같이 길이가 4인 선분 AB를 지름으로 하는 반원이 있다. 이 반원의 호 AB를 이등분하는 점을 M이라 하고 선분 OM을 3 : 1로 외분하는 점을 C라 하자. 선분 OC를 대각선으로 하는 정사각형 CDOE를 그리고, 정사각형의 내부와 반원의 외부의 공통부분인 모양의 도형에 색칠하여 얻은 그림을 R_1이라 하자.

그림 R_1에 두 선분 CD, CE를 각각 지름으로 하는 두 반원을 정사각형 CDOE의 외부에 그리고, 각각의 두 반원에서 그림 R_1을 얻는 것과 같은 방법으로 만들어지는 모양의 두 도형에 색칠하여 얻은 그림을 R_2라 하자.

이와 같은 과정을 계속하여 n번째 얻은 그림 R_n에 색칠되어 있는 부분의 넓이를 S_n이라 할 때, $\lim\limits_{n \to \infty} S_n$의 값은? [4점]

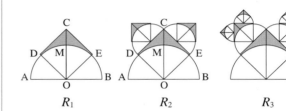

R_1 R_2 R_3

① $\dfrac{36 - 8\pi}{5}$ ② $\dfrac{58 - 12\pi}{7}$ ③ $\dfrac{72 - 16\pi}{7}$

④ $\dfrac{83 - 18\pi}{8}$ ⑤ $\dfrac{91 - 20\pi}{8}$

25 기존 01번

전체집합 $U = \{1, 2, 3, 4, 5, 6\}$의 두 부분집합
$A = \{2, 4, 6\}$, $B = \{3, 4, 5, 6\}$에 대하여 집합
$A^C \cap B$의 모든 원소의 합은?　　　　　　　　 [2점]

① 4　　　　　　② 5　　　　　　③ 6

④ 7　　　　　　⑤ 8

26 기존 06번

함수 $f(x) = \dfrac{bx+1}{x+a}$의 역함수 $y = f^{-1}(x)$의 그래프가

점 $(2, 1)$에 대하여 대칭일 때, $a+b$의 값은?(단, a, b는
$ab \neq 1$인 상수이다)　　　　　　　　　　　　 [3점]

① -3　　　　　② -1　　　　　③ 1

④ 3　　　　　　⑤ 5

27 기존 11번

집합 $X = \{2, 4, 6, 8\}$에서 X로의 일대일 대응 $f(x)$가
$f(6) - f(4) = f(2)$, $f(6) + f(4) = f(8)$을 모두 만족시
킬 때, $(f \circ f)(6) + f^{-1}(4)$의 값은?　　　　 [3점]

① 8　　　　　　② 10　　　　　③ 12

④ 14　　　　　⑤ 16

28 기존 12번

점 $(-2, 2)$를 지나는 함수 $y = \sqrt{ax}$의 그래프를 y축의
방향으로 b만큼 평행이동한 후 x축에 대하여 대칭이동한 그
래프가 점 $(-8, 5)$를 지날 때, ab의 값은?(단, a, b는 상
수이다)　　　　　　　　　　　　　　　　　　 [3점]

① 12　　　　　② 14　　　　　③ 16

④ 18　　　　　⑤ 20

전체집합 $U = \{x \mid x \text{ 는 } 7 \text{ 이하의 자연수}\}$ 의 두 부분집합 $A = \{1,\ 2,\ 3\}$, $B = \{2,\ 3,\ 5,\ 7\}$ 에 대하여 $A \cap X \neq \varnothing$, $B \cap X \neq \varnothing$ 을 모두 만족시키는 U 의 부분집합 X 의 개수는? [4점]

① 102   ② 104   ③ 106

④ 108   ⑤ 110

실수 x 에 대한 두 조건

$$p : -3 \leq x < 5, \quad q : k-2 < x \leq k+3$$

에 대하여 명제 '어떤 실수 x 에 대하여 p 이고 q 이다.'가 참이 되도록 하는 정수 k 의 개수를 구하시오. [4점]

공 통

01 기존 13번

그림과 같이 곡선 $y = |\log_a x|$가 직선 $y = 1$과 만나는 점을 각각 A, B라 하고 x축과 만나는 점을 C라 하자. 두 직선 AC, BC가 서로 수직이 되도록 하는 모든 양수 a의 값의 합은?(단, $a \neq 1$) [3점]

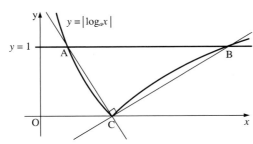

① 2
② $\dfrac{5}{2}$
③ 3

④ $\dfrac{7}{2}$
⑤ 4

선 택

1 확률과 통계

02 기존 02번

이항분포 $\mathrm{B}\left(n,\ \dfrac{1}{4}\right)$을 따르는 확률변수 X의 평균이 5일 때, 자연수 n의 값은? [2점]

① 12
② 14
③ 16

④ 18
⑤ 20

03 기존 04번

자연수 10의 분할 중에서 짝수로만 이루어진 것의 개수는? [3점]

① 7
② 8
③ 9

④ 10
⑤ 11

04 기존 05번

한 개의 주사위를 던질 때 짝수의 눈이 나오는 사건을 A, 소수의 눈이 나오는 사건을 B라 하자.
$\mathrm{P}(B|A) - \mathrm{P}(B|A^C)$의 값은?(단, A^C은 A의 여사건이다) [3점]

① $-\dfrac{1}{3}$
② $-\dfrac{1}{6}$
③ 0

④ $\dfrac{1}{6}$
⑤ $\dfrac{1}{3}$

05 기존 07번

확률변수 X의 확률분포를 표로 나타내면 다음과 같다.

X	0	1	2	합계
$P(X=x)$	a	b	c	1

$E(X)=1$, $V(X)=\dfrac{1}{4}$일 때, $P(X=0)$의 값은? [3점]

① $\dfrac{1}{32}$　　② $\dfrac{1}{16}$　　③ $\dfrac{1}{8}$

④ $\dfrac{1}{4}$　　⑤ $\dfrac{1}{2}$

06 기존 09번

두 학생 A, B를 포함한 8명의 학생을 임의로 3명, 3명, 2명 씩 3개의 조로 나눌 때, 두 학생 A, B가 같은 조에 속할 확률은? [3점]

① $\dfrac{1}{8}$　　② $\dfrac{1}{4}$　　③ $\dfrac{3}{8}$

④ $\dfrac{1}{2}$　　⑤ $\dfrac{5}{8}$

07 기존 11번

어느 공장에서 생산하는 군용 위장크림 1개의 무게는 평균이 m, 표준편차가 σ인 정규분포를 따른다고 한다. 이 공장에서 생산하는 군용 위장크림 중에서 임의로 택한 1개의 무게가 50 이상일 확률은 0.1587이다. 이 공장에서 생산하는 군용 위장크림이 임의추출한 4개의 무게의 평균이 50 이상일 확률을 다음 표준정규분포표를 이용하여 구한 것은?(단, 무게의 단위는 g이다) [3점]

z	$P(0 \le Z \le z)$
0.5	0.1915
1.0	0.3413
1.5	0.4332
2.0	0.4772

① 0.0228　　② 0.0668　　③ 0.1587

④ 0.3085　　⑤ 0.4332

08 기존 14번

같은 종류의 볼펜 6개, 같은 종류의 연필 6개, 같은 종류의 지우개 6개가 필통에 들어 있다. 이 필통에서 8개를 동시에 꺼내는 경우의 수는?(단, 같은 종류끼리는 서로 구별하지 않는다) [4점]

① 18　　② 24　　③ 30

④ 36　　⑤ 42

09 기존 23번

어느 부대가 그림과 같은 바둑판 모양의 도로망에서 장애물(어두운 부분)을 피해 A 지점에서 B 지점으로 도로를 따라 이동하려고 한다. A 지점에서 출발하여 B 지점까지 최단거리로 가는 경우의 수를 구하시오. [3점]

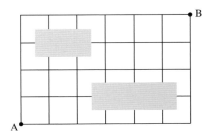

10 기존 27번

주머니에 $1, 2, 3, 4, 5, 6$의 숫자가 하나씩 적혀 있는 6개의 공이 들어 있다. 이 주머니에서 임의로 3개의 공을 차례로 꺼낸다. 꺼낸 3개의 공에 적힌 수의 곱이 짝수일 때, 첫 번째로 꺼낸 공에 적힌 수가 홀수이었을 확률은 $\dfrac{q}{p}$이다. $p+q$의 값을 구하시오(단, 꺼낸 공은 다시 넣지 않고, p와 q는 서로소인 자연수이다). [4점]

2 미적분

11 기존 01번

$\displaystyle\int_1^2 \dfrac{1}{x^2}\,dx$의 값은? [2점]

① $\dfrac{1}{10}$ ② $\dfrac{1}{8}$ ③ $\dfrac{1}{6}$

④ $\dfrac{1}{4}$ ⑤ $\dfrac{1}{2}$

12 기존 06번

$\displaystyle\lim_{x \to \frac{\pi}{2}} (1-\cos x)^{\sec x}$의 값은? [3점]

① $\dfrac{1}{e^2}$ ② $\dfrac{1}{e}$ ③ 1

④ e ⑤ e^2

13 기존 12번

곡선 $y = \tan\dfrac{x}{2}$와 직선 $x = \dfrac{\pi}{2}$ 및 x축으로 둘러싸인 부분의 넓이는? [3점]

① $\dfrac{1}{4}\ln 2$ ② $\dfrac{1}{2}\ln 2$ ③ $\ln 2$

④ $2\ln 2$ ⑤ $4\ln 2$

14 기존 16번

자연수 n에 대하여

$S_n = 1 - \dfrac{1}{3} + \dfrac{1}{5} - \dfrac{1}{7} + \cdots + (-1)^{n-1} \cdot \dfrac{1}{2n-1}$ 이라

할 때, 다음은 $\displaystyle\lim_{n \to \infty} S_n$의 값을 구하는 과정이다.

$1 - x^2 + x^4 - x^6 + \cdots + (-1)^{n-1} \cdot x^{2n-2}$

$= \boxed{(가)} - (-1)^n \cdot \dfrac{x^{2n}}{1+x^2}$ 이므로

$S_n = 1 - \dfrac{1}{3} + \dfrac{1}{5} - \dfrac{1}{7} + \cdots + (-1)^{n-1} \cdot \dfrac{1}{2n-1}$

$\quad = \displaystyle\int_0^1 \{1 - x^2 + x^4 - x^6 + \cdots + (-1)^{n-1} \cdot x^{2n-2}\} dx$

$\quad = \displaystyle\int_0^1 \boxed{(가)} dx - (-1)^n \int_0^1 \dfrac{x^{2n}}{1+x^2} dx$ 이다.

한편, $0 \le \dfrac{x^{2n}}{1+x^2} \le x^{2n}$ 이므로

$0 \le \displaystyle\int_0^1 \dfrac{x^{2n}}{1+x^2} dx \le \int_0^1 x^{2n} dx = \boxed{(나)}$ 이다.

따라서 $\displaystyle\lim_{n \to \infty} \int_0^1 \dfrac{x^{2n}}{1+x^2} dx = 0$ 이므로

$\displaystyle\lim_{n \to \infty} S_n = \int_0^1 \boxed{(가)} dx$ 이다.

$x = \tan\theta \left(-\dfrac{\pi}{2} < \theta < \dfrac{\pi}{2}\right)$ 로 놓으면

$\displaystyle\lim_{n \to \infty} S_n = \int_0^1 \boxed{(가)} dx$

$\qquad = \displaystyle\int_0^{\frac{\pi}{4}} \dfrac{\sec^2\theta}{1+\tan^2\theta} d\theta = \boxed{(다)}$ 이다.

위의 (가), (나)에 알맞은 식을 각각 $f(x)$, $g(n)$, (다)에 알맞은 수를 k라 할 때, $k \times f(2) \times g(2)$의 값은? [4점]

① $\dfrac{\pi}{40}$ ② $\dfrac{\pi}{60}$ ③ $\dfrac{\pi}{80}$

④ $\dfrac{\pi}{100}$ ⑤ $\dfrac{\pi}{120}$

15 기존 18번

함수 $f(x) = \displaystyle\int_1^x e^{t^3} dt$에 대하여 $\displaystyle\int_0^1 x f(x) dx$의 값은?

[4점]

① $\dfrac{1-e}{2}$ ② $\dfrac{1-e}{3}$ ③ $\dfrac{1-e}{4}$

④ $\dfrac{1-e}{5}$ ⑤ $\dfrac{1-e}{6}$

16 기존 20번

지수함수 $f(x) = a^x \, (0 < a < 1)$의 그래프가 직선 $y = x$와 만나는 점의 x좌표를 b라 하자. 함수

$$g(x) = \begin{cases} f(x) & (x \le b) \\ f^{-1}(x) & (x > b) \end{cases}$$

가 실수 전체의 집합에서 미분가능할 때, ab의 값은? [4점]

① e^{-e-1} ② $e^{-e-\frac{1}{e}}$ ③ $e^{-e+\frac{1}{e}}$

④ e^{e-1} ⑤ e^{e+1}

17 기존 21번

실수 전체의 집합에서 미분가능한 함수 $f(x)$가 다음 조건을 만족시킨다.

(가) $f(0) = 0$, $f'(0) = 1$

(나) 모든 실수 x, y에 대하여

$$f(x+y) = \frac{f(x)+f(y)}{1+f(x)f(y)} \text{ 이다.}$$

$f(-1) = k\,(-1 < k < 0)$일 때, $\displaystyle\int_0^1 \{f(x)\}^2 dx$의 값을 k로 나타낸 것은? [4점]

① $1-k^2$ ② $1-2k$ ③ $1-k$

④ $1+k$ ⑤ $1+k^2$

18 기존 22번

$\sin^2\theta = \dfrac{4}{5}\left(0 < \theta < \dfrac{\pi}{2}\right)$일 때, $\cos\left(\theta + \dfrac{\pi}{4}\right) = p$이다. $\dfrac{1}{p^2}$

의 값을 구하시오. [3점]

19 기존 25번

매개변수 $t\,(t > 0)$으로 나타내어진 함수

$$x = t^3, \quad y = 2t - \sqrt{2t}$$

의 그래프 위의 점 $(8,\ a)$에서의 접선의 기울기는 b이다. $100ab$의 값을 구하시오. [3점]

20 기존 26번

곡선 $y = \sin^2 x\,(0 \le x \le \pi)$의 두 변곡점을 각각 A, B라 할 때, 점 A에서의 접선과 점 B에서의 접선이 만나는 점의 y좌표는 $p + q\pi$이다. $40(p+q)$의 값을 구하시오(단, p, q는 유리수이다). [4점]

21 기존 29번

그림과 같이 반지름의 길이가 1이고 중심각의 크기가 $\dfrac{\pi}{3}$인 부채꼴 OAB가 있다. 호 AB 위의 점 P를 지나고 선분 OB와 평행한 직선이 선분 OA와 만나는 점을 Q라 하고 $\angle \text{AOP} = \theta$라 하자. 점 A를 지름의 한 끝점으로 하고 지름이 선분 AQ 위에 있으며 선분 PQ에 접하는 반원의 반지름의 길이를 $r(\theta)$라 할 때, $\displaystyle\lim_{\theta \to 0+} \dfrac{r(\theta)}{\theta} = a + b\sqrt{3}$이다. $a^2 + b^2$의 값을 구하시오(단, $0 < \theta < \dfrac{\pi}{3}$이고, a, b는 유리수이다). [4점]

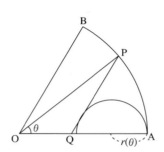

3 기하

22 기존 03번

좌표공간에서 세 점 $A(6, 0, 0)$, $B(0, 3, 0)$, $C(0, 0, -3)$을 꼭짓점으로 하는 삼각형 ABC의 무게중심을 G라 할 때, 선분 OG의 길이는?(단, O는 원점이다) [2점]

① $\sqrt{2}$　　② 2　　③ $\sqrt{6}$
④ $2\sqrt{2}$　　⑤ $\sqrt{10}$

23 기존 08번

그림과 같이 한 변의 길이가 2인 정삼각형 ABC를 밑면으로 하고 $\overline{OA} = 2$, $\overline{OA} \perp \overline{AB}$, $\overline{OA} \perp \overline{AC}$인 사면체 OABC가 있다. $|\overrightarrow{OA} + \overrightarrow{OB} - \overrightarrow{OC}|$의 값은? [3점]

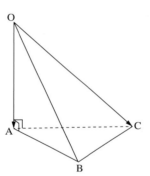

① 2　　② $2\sqrt{2}$　　③ $2\sqrt{3}$
④ 4　　⑤ $2\sqrt{5}$

24 기존 10번

그림과 같이 포물선 $y^2 = 4x$ 위의 한 점 P를 중심으로 하고 준선과 점 A에서 접하는 원이 x축과 만나는 두 점을 각각 B, C라 하자. 부채꼴 PBC의 넓이가 부채꼴 PAB의 넓이의 2배일 때, 원의 반지름의 길이는?(단, 점 P의 x좌표는 1보다 크고, 점 C의 x좌표는 점 B의 x좌표보다 크다)

[3점]

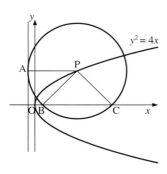

① $2 + 2\sqrt{3}$ ② $3 + 2\sqrt{2}$ ③ $3 + 2\sqrt{3}$

④ $4 + 2\sqrt{2}$ ⑤ $4 + 2\sqrt{3}$

25 기존 15번

그림과 같이 한 모서리의 길이가 12인 정사면체 ABCD에서 두 모서리 BD, CD의 중점을 각각 M, N이라 하자. 사각형 BCNM의 평면 AMN 위로의 정사영의 넓이는? [4점]

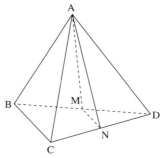

① $\dfrac{15\sqrt{11}}{11}$ ② $\dfrac{18\sqrt{11}}{11}$ ③ $\dfrac{21\sqrt{11}}{11}$

④ $\dfrac{24\sqrt{11}}{11}$ ⑤ $\dfrac{27\sqrt{11}}{11}$

26 기존 17번

좌표공간에 평행한 두 평면
$$\alpha : 2x - y + 2z = 0,$$
$$\beta : 2x - y + 2z = 6$$
위에 각각 점 A(0, 0, 0), B(2, 0, 1)이 있다. 평면 α 위의 점 P와 평면 β 위의 점 Q에 대하여 $\overline{AQ} + \overline{QP} + \overline{PB}$의 최솟값은? [4점]

① 6   ② $\sqrt{37}$ ③ $\sqrt{38}$

④ $\sqrt{39}$ ⑤ $2\sqrt{10}$

27 기존 19번

실수 t에 대하여 다음 조건을 만족시키는 점 P가 나타내는 도형의 둘레의 길이를 $f(t)$라 하자.

> (가) 점 P는 구 $x^2 + y^2 + z^2 = 25$ 위의 점이다.
> (나) 점 A$(t+5,\ 2t+4,\ 3t-2)$에 대하여
> $\overrightarrow{OP} \cdot \overrightarrow{AP} = 0$이다.

〈보기〉에서 옳은 것만을 있는 대로 고른 것은?(단, O는 원점이다) [4점]

> ┤ 보 기 ├
>
> ㄱ. $f(0) = \dfrac{20}{3}\pi$
>
> ㄴ. $\lim\limits_{t \to \infty} f(t) = 10\pi$
>
> ㄷ. $f(t)$는 $t = -1$에서 최솟값을 갖는다.

① ㄱ　　　　② ㄷ　　　　③ ㄱ, ㄴ
④ ㄴ, ㄷ　　　⑤ ㄱ, ㄴ, ㄷ

주관식

28 기존 24번

두 초점 F, F′을 공유하는 타원 $\dfrac{x^2}{a} + \dfrac{y^2}{16} = 1$과 쌍곡선 $\dfrac{x^2}{4} - \dfrac{y^2}{5} = 1$이 있다. 타원과 쌍곡선이 만나는 점 중 하나를 P라 할 때, $\left| \overline{PF}^2 - \overline{PF'}^2 \right|$의 값을 구하시오(단, a는 양수이다). [3점]

---

29 기존 28번

그림과 같이 반지름의 길이가 5인 원 C와 원 C 위의 점 A에서의 접선 l이 있다. 원 C 위의 점 P와 $\overline{AB} = 24$를 만족시키는 직선 l 위의 점 B에 대하여 $\overrightarrow{PA} \cdot \overrightarrow{PB}$의 최댓값을 구하시오. [4점]

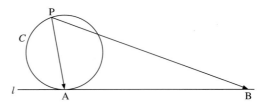

30 기존 30번

좌표공간에 평면 $z = 1$ 위의 세 점 A$(1,\ -1,\ 1)$, B$(1,\ 1,\ 1)$, C$(0,\ 0,\ 1)$이 있다. 점 P$(2,\ 3,\ 2)$를 지나고 벡터 $\vec{d} = (a,\ b,\ 1)$과 평행한 직선이 삼각형 ABC의 둘레 또는 내부를 지날 때, $\left| \vec{d} + 3\overrightarrow{OA} \right|^2$의 최솟값을 구하시오(단, O는 원점이고, a, b는 실수이다). [4점]

공통

01 기존 01번

$\left(2^{\frac{1}{3}} \times 2^{-\frac{4}{3}}\right)^{-2}$의 값은? [2점]

① $\dfrac{1}{4}$ ② $\dfrac{1}{2}$ ③ 1

④ 2   ⑤ 4

02 기존 05번

함수 $f(x)$의 그래프가 그림과 같다.

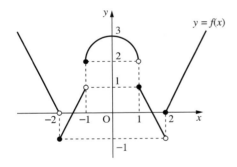

$\lim\limits_{x \to 1-} f(x) + \lim\limits_{x \to 0+} f(x-2)$의 값은? [3점]

① -2 ② -1 ③ 0

④ 1   ⑤ 2

03 기존 07번

1이 아닌 두 양수 a, b에 대하여 등식

$$\log_3 a = \frac{1}{\log_b 27}$$

이 성립할 때, $\log_a b^2 + \log_b a^2$의 값은? [3점]

① 6   ② $\dfrac{20}{3}$ ③ $\dfrac{22}{3}$

④ 8   ⑤ $\dfrac{26}{3}$

04 기존 08번

함수 $f(x) = x(x-3)(x-a)$의 그래프 위의 점 $(0, 0)$에서의 접선과 점 $(3, 0)$에서의 접선이 서로 수직이 되도록 하는 모든 실수 a의 값의 합은? [3점]

① $\dfrac{3}{2}$ ② 2   ③ $\dfrac{5}{2}$

④ 3   ⑤ $\dfrac{7}{2}$

모든 실수 x에 대하여 부등식 $x^4 - 4x^3 + 12x \geq 2x^2 + a$ 가 성립할 때, 실수 a의 최댓값은? [3점]

① -11 ② -10 ③ -9

④ -8 ⑤ -7

공비가 양수인 등비수열 $\{a_n\}$의 첫째항부터 제n항까지의 합을 S_n이라 하자. $S_6 - S_3 = 6$, $S_{12} - S_6 = 72$일 때, $a_{10} + a_{11} + a_{12}$의 값은? [4점]

① 48 ② 51 ③ 54

④ 57 ⑤ 60

이차함수 $f(x) = x^2 + mx - 8$이

$$\lim_{n \to \infty} \frac{1}{n} \sum_{k=1}^{n} f\left(\frac{k}{n}\right) = \lim_{n \to \infty} \frac{1}{n} \sum_{k=1}^{n} f\left(1 + \frac{k}{n}\right)$$

를 만족시킬 때, 함수 $g(x) = \int_0^x f(t)dt$는 $x = \alpha$에서 극소이다. α의 값은?(단, m은 상수이다) [4점]

① -4 ② -2 ③ 1

④ 2 ⑤ 4

그림과 같이 함수 $f(x) = (x-1)^2$의 그래프 위의 점 $A(3, 4)$에서 x축, y축에 내린 수선의 발을 각각 B, C라 하자. 직사각형 $OBAC$의 내부에서 연립부등식 $\begin{cases} y \leq f(x) \\ y \leq k \end{cases}$ 를 만족시키는 영역의 넓이를 S_1, 직사각형 $OBAC$의 내부에서 연립부등식 $\begin{cases} y \geq f(x) \\ y \geq k \end{cases}$ 를 만족시키는 영역의 넓이를 S_2라 하자. $S_1 = S_2$일 때, 상수 k의 값은?(단, $1 < k < 4$이다) [4점]

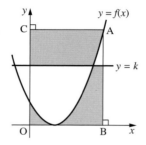

① $\dfrac{7}{3}$ ② $\dfrac{8}{3}$ ③ 3

④ $\dfrac{10}{3}$ ⑤ $\dfrac{11}{3}$

09 기존 20번

그림과 같이 직선 $y = x + k \, (3 < k < 9)$가

곡선 $y = -x^2 + 9$와 만나는 두 점을 각각 P, Q 라 하고, y축과 만나는 점을 R 라 하자. 〈보기〉에서 옳은 것만을 있는 대로 고른 것은?(단, O 는 원점이고, 점 P 의 x좌표는 점 Q 의 x좌표보다 크다)　　　　　　[4점]

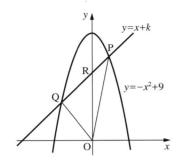

┌─┤ 보 기 ├────────────────────────┐

ㄱ. 선분 PQ 의 중점의 x좌표는 $-\dfrac{1}{2}$ 이다.

ㄴ. $k = 7$일 때, 삼각형 ORQ 의 넓이는 삼각형 OPR 의 넓이의 2배이다.

ㄷ. 삼각형 OPQ 의 넓이는 $k = 6$일 때 최대이다.

└──────────────────────────────────┘

① ㄱ　　　　　② ㄷ　　　　　③ ㄱ, ㄴ

④ ㄴ, ㄷ　　　　⑤ ㄱ, ㄴ, ㄷ

10 기존 21번

함수 $f(x) = x^3 + 3x^2 - 9x$가 있다. 실수 t에 대하여 함수

$$g(x) = \begin{cases} f(x) & (x < a) \\ t - f(x) & (x \geq a) \end{cases}$$

가 실수 전체의 집합에서 연속이 되도록 하는 실수 a의 개수를 $h(t)$라 하자. 예를 들어 $h(0) = 3$이다. $h(t) = 3$을 만족시키는 모든 정수 t의 개수는?　　　　[4점]

① 55　　　　　② 57　　　　　③ 59

④ 61　　　　　⑤ 63

11 기존 22번

등차수열 $\{a_n\}$에 대하여 $a_3 = 1$, $a_5 = 7$일 때, a_9의 값을 구하시오.　　　　　　[3점]

12 기존 24번

이차함수 $f(x)$가 다음 조건을 만족시킨다.

┌──────────────────────────────────┐

(가) $\displaystyle \lim_{x \to \infty} \frac{f(x)}{2x^2 - x - 1} = \frac{1}{2}$

(나) $\displaystyle \lim_{x \to 1} \frac{f(x)}{2x^2 - x - 1} = 4$

└──────────────────────────────────┘

$f(2)$의 값을 구하시오.　　　　　　[3점]

13 기존 29번

자연수 n에 대하여 원 $x^2 + y^2 = n^2$과 곡선 $y = \dfrac{k}{x}\,(k>0)$ 이 서로 다른 네 점에서 만날 때, 이 네 점을 꼭짓점으로 하는 직사각형을 만든다. 이 직사각형에서 긴 변의 길이가 짧은 변의 길이의 2배가 되도록 하는 k의 값을 $f(n)$이라 하자. $\displaystyle\sum_{n=1}^{12} f(n)$의 값을 구하시오. [4점]

14 기존 30번

실수 전체의 집합에서 정의된 함수 $f(x)$가 다음 조건을 만족시킨다.

(가) $x \geq 0$일 때, $f(x) = x^2 - 2x$이다.
(나) 모든 실수 x에 대하여 $f(-x) + f(x) = 0$이다.

실수 t에 대하여 닫힌구간 $[t,\ t+1]$에서 함수 $f(x)$의 최솟값을 $g(t)$라 하자.
좌표평면에서 두 곡선 $y = f(x)$와 $y = g(x)$로 둘러싸인 부분의 넓이는 $\dfrac{q}{p}$이다. $p+q$의 값을 구하시오(단, p와 q는 서로소인 자연수이다). [4점]

1 확률과 통계

15 기존 03번

이항분포 $\mathrm{B}\!\left(n,\ \dfrac{1}{4}\right)$을 따르는 확률변수 X의 평균이 5일 때, 자연수 n의 값은? [2점]

① 16 ② 20 ③ 24

④ 28 ⑤ 32

16 기존 09번

주머니 속에 흰 공이 5개, 검은 공이 3개 들어 있다. 이 주머니에서 임의로 4개의 공을 동시에 꺼낼 때, 나오는 검은 공의 개수를 확률변수 X라 하자. $\mathrm{E}(X)$의 값은? [3점]

① $\dfrac{3}{2}$ ② $\dfrac{7}{4}$ ③ 2

④ $\dfrac{9}{4}$ ⑤ $\dfrac{5}{2}$

17 기존 10번

집합 $A = \{1, \ 3, \ 5, \ 7, \ 9\}$ 에 대하여 집합 P를

$$P = \left\{ \frac{x_1}{10} + \frac{x_2}{10^2} + \frac{x_3}{10^3} \ \middle| \ x_1 \in A, \ x_2 \in A, \ x_3 \in A \right\}$$

라 하자. 집합 P의 원소 중 41번째로 큰 원소는

$\dfrac{a}{10} + \dfrac{b}{10^2} + \dfrac{c}{10^3}$ 이다. $a+b+c$의 값은?   [3점]

① 11   ② 13   ③ 15

④ 17   ⑤ 19

18 기존 11번

두 학생 A, B를 포함한 8명의 학생을 임의로 3명, 3명, 2명 씩 3개의 조로 나눌 때, 두 학생 A, B가 같은 조에 속할 확률은?   [3점]

① $\dfrac{1}{8}$ ② $\dfrac{1}{4}$ ③ $\dfrac{3}{8}$

④ $\dfrac{1}{2}$ ⑤ $\dfrac{5}{8}$

19 기존 12번

어느 공장에서 생산하는 군용 위장크림 1개의 무게는 평균이 m, 표준편차가 σ인 정규분포를 따른다고 한다. 이 공장에서 생산하는 군용 위장크림 중에서 임의로 택한 1개의 무게가 50 이상일 확률은 0.1587이다. 이 공장에서 생산하는 군용 위장크림 중에서 임의추출한 4개의 무게의 평균이 50 이상일 확률을 다음 표준정규분포표를 이용하여 구한 것은?(단, 무게의 단위는 g이다)   [3점]

z	$P(0 \leq Z \leq z)$
0.5	0.1915
1.0	0.3413
1.5	0.4332
2.0	0.4772

① 0.0228   ② 0.0668   ③ 0.1587

④ 0.3085   ⑤ 0.4332

20 기존 17번

주머니에 1, 2, 3, 4, 5의 숫자가 하나씩 적혀 있는 다섯 개의 구슬이 들어 있다. 주머니에서 임의로 한 개의 구슬을 꺼내어 구슬에 적혀 있는 숫자를 확인한 후 다시 넣는다. 이와 같은 시행을 4회 반복하여 얻은 4개의 수 중에서 3개의 수의 합의 최댓값을 N이라 하자. 다음은 $N \geq 14$일 확률을 구하는 과정이다.

(i) $N = 15$인 경우

5가 적힌 구슬이 4회 나올 확률은 $\dfrac{1}{625}$이고,

5가 적힌 구슬이 3회, 4 이하의 수가 적힌 구슬 중 한 개가 1회 나올 확률은 $\dfrac{\boxed{(가)}}{625}$이다.

(ii) $N = 14$인 경우

5가 적힌 구슬이 2회, 4가 적힌 구슬이 2회 나올 확률은 $\dfrac{6}{625}$이고,

5가 적힌 구슬이 2회, 4가 적힌 구슬이 1회, 3 이하의 수가 적힌 구슬 중 한 개가 1회 나올 확률은 $\dfrac{\boxed{(나)}}{625}$이다.

(i), (ii)에서 구하는 확률은 $\dfrac{\boxed{(다)}}{625}$이다.

위의 (가), (나), (다)에 알맞은 수를 각각 p, q, r라 할 때, $p + q + r$의 값은? [4점]

① 96 ② 101 ③ 106
④ 111 ⑤ 116

21 기존 25번

방정식 $(x + y + z)(s + t) = 49$를 만족시키는 자연수 x, y, z, s, t의 모든 순서쌍 $(x,\ y,\ z,\ s,\ t)$의 개수를 구하시오. [3점]

22 기존 27번

그림과 같이 5개의 영역으로 나누어진 도형을 서로 다른 4가지 색을 사용하여 모든 영역을 칠하려고 한다. 다음 조건을 만족시키도록 한 영역에 한 가지 색만을 칠할 때, 그 결과로 나타날 수 있는 모든 경우의 수를 구하시오(단, 경계가 일부라도 닿은 두 영역은 서로 이웃한 영역으로 본다). [4점]

(가) 4가지의 색의 전부 또는 일부를 사용한다.
(나) 서로 이웃한 영역은 서로 다른 색으로 칠한다.

❷ 미적분

23 기존 02번

$$\lim_{n \to \infty} \frac{3^n + 2^{n+1}}{3^{n+1} - 2^n}$$ 의 값은? [2점]

① $\frac{1}{3}$ ② $\frac{1}{2}$ ③ 1

④ 2 ⑤ 3

24 기존 06번

한 개의 주사위를 던질 때 짝수의 눈이 나오는 사건을 A, 소수의 눈이 나오는 사건을 B라 하자. $\mathrm{P}(B|A) - \mathrm{P}(B|A^C)$의 값은?(단, A^C은 A의 여사건이다) [3점]

① $-\frac{1}{3}$ ② $-\frac{1}{6}$ ③ 0

④ $\frac{1}{6}$ ⑤ $\frac{1}{3}$

25 기존 19번

그림과 같이 한 변의 길이가 6인 정사각형 ABCD가 있다. 두 선분 AB, CD의 중점을 각각 M, N이라 하자. 두 선분 BC, AD 위에 $\overline{ME} = \overline{MF} = \overline{AB}$가 되도록 각각 점 E, F를 잡고, 중심이 M인 부채꼴 MEF를 그린다. 두 선분 BC, AD 위에 $\overline{NG} = \overline{NH} = \overline{AB}$가 되도록 각각 점 G, H를 잡고, 중심이 N인 부채꼴 NHG를 그린다. 두 부채꼴 MEF, NHG의 내부에서 공통부분을 제외한 나머지 부분에 ◈와 같이 색칠하여 얻은 그림을 R_1이라 하자.

그림 R_1에서 두 부채꼴 MEF, NHG의 공통부분인 마름모의 각 변에 꼭짓점이 있고, 네 변이 정사각형 ABCD의 네 변과 각각 평행한 정사각형을 그린다. 새로 그려진 정사각형에 그림 R_1을 얻은 방법과 같은 방법으로 2개의 부채꼴을 각각 그린 다음 2개의 부채꼴의 내부에서 공통부분을 제외한 나머지 부분에 ◈와 같이 색칠하여 얻은 그림을 R_2라 하자.

이와 같은 과정을 계속하여 n번째 얻은 그림 R_n에서 색칠된 부분의 넓이를 S_n이라 할 때, $\lim_{n \to \infty} S_n$의 값은? [4점]

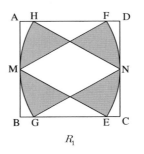
R_1

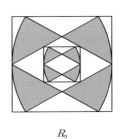
R_2

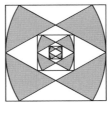
R_3

...

...

① $8\sqrt{3}(\pi - \sqrt{3})$ ② $9\sqrt{3}(\pi - \sqrt{3})$

③ $10\sqrt{3}(\pi - \sqrt{3})$ ④ $11\sqrt{3}(\pi - \sqrt{3})$

⑤ $12\sqrt{3}(\pi - \sqrt{3})$

26 기존 04번

실수 x에 대한 두 조건

$$p : x^2 - (2+a)x + 2a \le 0$$

$$q : x^2 - 2x - 15 \le 0$$

에 대하여 p가 q이기 위한 충분조건이 되도록 하는 정수 a의 개수는?　　　　　　　　　　　　　　　　[3점]

① 7　　　　　　② 8　　　　　　③ 9

④ 10　　　　　⑤ 11

27 기존 14번

두 집합 $A = \{1, 2, 3, 4\}$, $B = \{2, 3, 4, 5\}$에 대하여 두 함수 $f : A \to B$, $g : B \to A$가 다음 조건을 만족시킨다.

> (가) $f(3) = 5$, $g(2) = 3$
>
> (나) 어떤 $x \in B$에 대하여 $g(x) = x$이다.
>
> (다) 모든 $x \in A$에 대하여 $(f \circ g \circ f)(x) = x + 1$ 이다.

$f(1) + g(3)$의 값은?　　　　　　　　　　　　[4점]

① 5　　　　　　② 6　　　　　　③ 7

④ 8　　　　　　⑤ 9

28 기존 23번

두 함수 $f(x) = 4x + 5$, $g(x) = \sqrt{2x+1}$ 에 대하여 $(f \circ g^{-1})(3)$의 값을 구하시오.　　　　　　[3점]

29 기존 26번

사관학교에서는 사관생도들에게 세 국가 A, B, C에서 해외 파견 교육을 받을 수 있도록 하고 있다. 해외 파견 교육 대상 사관생도를 선발하기 위해 희망자를 조사하였더니 하나 이상의 국가를 신청한 사관생도의 수가 70명이었고, 그 결과는 다음과 같았다.

> (가) A 또는 B를 신청한 사관생도는 43명이다.
>
> (나) B 또는 C를 신청한 사관생도는 51명이다.
>
> (다) A와 C를 동시에 신청한 사관생도는 없다.

B를 신청한 사관생도의 수를 구하시오.　　　　[4점]

30 기존 28번

두 집합 $A = \{1, 2, 3, 4, 5\}$, $B = \{3, 4, 5, 6, 7, 8\}$에 대하여 $X \not\subset A$, $X \not\subset B$, $X \subset (A \cup B)$를 만족시키는 집합 X의 개수를 구하시오.　　　　　　　　[4점]

공통

01 기존 01번

$\log_4 72 - \log_2 6$ 의 값은?　　　[2점]

① $\dfrac{1}{4}$
② $\dfrac{\sqrt{2}}{4}$
③ $\dfrac{1}{2}$

④ $\dfrac{\sqrt{2}}{2}$
⑤ $\sqrt{2}$

02 기존 03번

함수 $f(x) = x^3 + 2x^2 + 13x + 10$ 에 대하여 $f'(1)$ 의 값은?　　　[2점]

① 16
② 17
③ 18

④ 19
⑤ 20

03 기존 04번

함수 $y = f(x)$ 의 그래프가 그림과 같다.

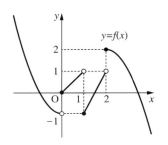

$\lim\limits_{x \to 1+0} f(x) - \lim\limits_{x \to 2-0} f(x)$ 의 값은?　　　[3점]

① -2
② -1
③ 0

④ 1
⑤ 2

04 기존 06번

첫째항이 1이고, 둘째항이 p인 수열 $\{a_n\}$ 이

$a_{n+2} = a_n + 2 \ (n \geq 1)$를 만족시킨다. $\sum\limits_{k=1}^{10} a_k = 70$일 때,

상수 p의 값은?　　　[3점]

① 5
② 6
③ 7

④ 8
⑤ 9

05 기존 08번

어느 액체의 끓는 온도 $T(℃)$와 증기압 $P\,(\text{mmHg})$ 사이에는 다음 관계식이 성립한다.

$$\log P = k - \frac{1000}{T+250} \quad (\text{단, } k\text{는 상수})$$

이 액체의 끓는 온도가 $0℃$일 때와 $50℃$일 때의 증기압을 각각 $P_1\,(\text{mmHg})$, $P_2\,(\text{mmHg})$라 할 때, $\dfrac{P_2}{P_1}$의 값은?

[3점]

① $10^{\frac{1}{4}}$ ② $10^{\frac{1}{3}}$ ③ $10^{\frac{1}{2}}$

④ $10^{\frac{2}{3}}$ ⑤ $10^{\frac{3}{4}}$

06 기존 10번

연립방정식

$$\begin{cases} \log_x y = \log_3 8 \\ (\log_2 x)(\log_3 y) = 3 \end{cases}$$

의 해를 $x = \alpha$, $y = \beta$라 할 때, $\alpha\beta$의 값은?(단, $\alpha > 1$이다)

[3점]

① 4 ② $2\sqrt{5}$ ③ $2\sqrt{6}$

④ $2\sqrt{7}$ ⑤ $4\sqrt{2}$

[07~08] 자연수 n에 대하여 두 함수 $f(x)$, $g(x)$를

$$f(x) = x^2 - 6x + 7$$
$$g(x) = x + n$$

이라 하자. 07번과 08번의 두 물음에 답하시오.

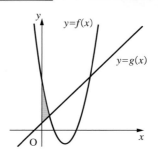

07 기존 11번

$n = 1$일 때, 곡선 $y = f(x)$와 y축 및 직선 $y = g(x)$로 둘러싸인 어두운 부분의 넓이는? [3점]

① $\dfrac{8}{3}$ ② $\dfrac{17}{6}$ ③ 3

④ $\dfrac{19}{6}$ ⑤ $\dfrac{10}{3}$

08 기존 12번

곡선 $y = f(x)$와 직선 $y = g(x)$가 만나는 두 점 사이의 거리를 a_n이라 할 때, $\displaystyle\sum_{n=1}^{10} a_n^2$의 값은? [3점]

① 780 ② 800 ③ 820

④ 840 ⑤ 860

09 기존 14번

실수 t에 대하여 x에 대한 방정식 $2x^3 + ax^2 + 6x - 3 = t$ 의 서로 다른 실근의 개수를 $g(t)$라 하자. 함수 $g(t)$가 실수 전체의 집합에서 연속이 되도록 하는 정수 a의 개수는?

[4점]

① 9   ② 10   ③ 11

④ 12   ⑤ 13

10 기존 17번

실수 전체의 집합에서 연속인 함수 $f(x)$가 다음 조건을 만족시킨다.

(가) $f(x) = ax^2\,(0 \le x < 2)$

(나) 모든 실수 x에 대하여 $f(x+2) = f(x) + 2$ 이다.

$\displaystyle\int_1^7 f(x)dx$ 의 값은?(단, a는 상수이다)   [4점]

① 20   ② 21   ③ 22

④ 23   ⑤ 24

11 기존 18번

그림과 같이 곡선 $y = 2^{x-1} + 1$ 위의 점 A와 곡선 $y = \log_2(x+1)$ 위의 두 점 B, C에 대하여 두 점 A와 B는 직선 $y = x$에 대하여 대칭이고, 직선 AC는 x축과 평행하다. 삼각형 ABC의 무게중심의 좌표가 $(p,\ q)$일 때, $p+q$의 값은?   [4점]

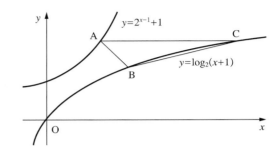

① $\dfrac{16}{3}$ ② $\dfrac{17}{3}$ ③ 6

④ $\dfrac{19}{3}$ ⑤ $\dfrac{20}{3}$

12 기존 19번

수열 $\{a_n\}$은 $a_1 = -\dfrac{5}{3}$이고,

$$a_{n+1} = -\frac{3a_n + 2}{a_n} \ (n \geq 1) \ \cdots\cdots \ (*)$$

를 만족시킨다. 다음은 일반항 a_n을 구하는 과정이다.

$(*)$에서

$$a_{n+1} + 2 = -\frac{a_n + \boxed{(가)}}{a_n} \ (n \geq 1) \text{이다.}$$

여기서 $b_n = \dfrac{1}{a_n + 2} \ (n \geq 1)$이라 하면

$$b_1 = 3 \text{이고} \ b_{n+1} = 2b_n - \boxed{(나)} \ (n \geq 1)\text{이다.}$$

수열 $\{b_n\}$의 일반항을 구하면

$$b_n = \boxed{(다)} \ (n \geq 1)\text{이므로}$$

$$a_n = \frac{1}{\boxed{(다)}} - 2 \ (n \geq 1)\text{이다.}$$

위의 (가)와 (나)에 알맞은 수를 각각 p, q라 하고, (다)에 알맞은 식을 $f(n)$이라 할 때, $p \times q \times f(5)$의 값은? [4점]

① 54   ② 58   ③ 62

④ 66   ⑤ 70

13 기존 21번

최고차항의 계수가 1인 삼차함수 $f(x)$에 대하여 곡선 $y = f(x)$가 y축과 만나는 점을 A라 하자. 곡선 $y = f(x)$ 위의 점 A에서의 접선을 l이라 할 때, 직선 l이 곡선 $y = f(x)$와 만나는 점 중에서 A가 아닌 점을 B라 하자. 또, 곡선 $y = f(x)$ 위의 점 B에서의 접선을 m이라 할 때, 직선 m이 곡선 $y = f(x)$와 만나는 점 중에서 B가 아닌 점을 C라 하자. 두 직선, l, m이 서로 수직이고 직선 m의 방정식이 $y = x$일 때, 곡선 $y = f(x)$ 위의 점 C에서의 접선의 기울기는?(단, $f(0) > 0$이다) [4점]

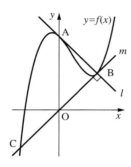

① 8   ② 9   ③ 10

④ 11   ⑤ 12

14 기존 22번

x에 대한 이차방정식 $x^2 - kx + 72 = 0$의 두 근 α, β에 대하여 α, β, $\alpha + \beta$가 이 순서대로 등차수열을 이룰 때, 양수 k의 값을 구하시오. [3점]

15 기존 24번

함수 $f(x) = 3x^2 + 4x$에 대하여 $\displaystyle\lim_{n \to \infty} \frac{1}{n} \sum_{k=1}^{n} f\left(1 + \frac{2k}{n}\right)$의 값을 구하시오. [3점]

16 기존 29번

좌표평면에서 자연수 n에 대하여 세 직선 $y = x + 1$, $y = -x + 2n + 1$, $y = \dfrac{x}{n+1}$로 둘러싸인 삼각형의 내부 (경계선 제외)에 있는 점 (x, y) 중에서 x, y가 모두 자연수인 점의 개수를 a_n이라 하자. $a_n = 133$인 n의 값을 구하시오. [4점]

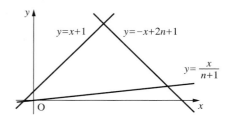

❶ 확률과 통계

17 기존 05번

두 사건 A, B가 서로 독립이고

$$\mathrm{P}(A \cup B) = \frac{5}{6}, \quad \mathrm{P}(A^C \cap B) = \frac{1}{3}$$

일 때, $\mathrm{P}(B)$의 값은? [3점]

① $\dfrac{5}{12}$ ② $\dfrac{7}{12}$ ③ $\dfrac{3}{5}$

④ $\dfrac{2}{3}$ ⑤ $\dfrac{3}{4}$

어느 과수원에서 생산되는 사과의 무게는 평균이 350g이고 표준편차가 30g인 정규분포를 따른다고 한다. 이 과수원에서 생산된 사과 중에서 임의로 선택한 9개의 무게의 평균이 345g 이상 365g 이하일 확률을 다음 표준정규분포표를 이용하여 구한 것은? [3점]

z	$P(0 \leq Z \leq z)$
0.5	0.1915
1.0	0.3413
1.5	0.4332
2.0	0.4772

① 0.5328 ② 0.6247 ③ 0.6687
④ 0.7745 ⑤ 0.8185

19 기존 20번

바닥에 놓여 있는 5개의 동전 중 임의로 2개의 동전을 선택하여 뒤집는 시행을 하기로 한다. 2개의 동전은 앞면이, 3개의 동전은 뒷면이 보이도록 바닥에 놓여있는 상태에서 이 시행을 3번 반복한 결과 2개의 동전은 앞면이, 3개의 동전은 뒷면이 보이도록 바닥에 놓여 있을 확률은?(단, 동전의 크기와 모양은 모두 같다) [4점]

① $\dfrac{77}{125}$ ② $\dfrac{31}{50}$ ③ $\dfrac{78}{125}$
④ $\dfrac{157}{250}$ ⑤ $\dfrac{79}{125}$

20 기존 23번

주머니에 크기와 모양이 같은 흰 공 2개와 검은 공 3개가 들어 있다. 이 주머니에서 임의로 1개의 공을 꺼내어 색을 확인한 후 다시 넣지 않는다. 이와 같은 시행을 두 번 반복하여 두 번째 꺼낸 공이 흰 공이었을 때, 첫 번째 꺼낸 공도 흰 공이었을 확률이 p이다. $40p$의 값을 구하시오. [3점]

21 기존 25번

구간 $[0, \ 4]$에서 정의된 연속확률변수 X의 확률밀도함수가
$$f(x) = \begin{cases} \dfrac{1}{2} & (0 \leq x \leq 1) \\ a(x-4) & (1 < x \leq 4) \end{cases}$$
일 때, $E(6X+5)$의 값을 구하시오(단, a는 상수이다). [3점]

22 기존 26번

수직선 위의 원점에 있는 두 점 A, B를 다음의 규칙에 따라 이동시킨다.

> (가) 주사위를 던져 5 이상의 눈이 나오면 A를 양의 방향으로 2만큼, B를 음의 방향으로 1만큼 이동시킨다.
>
> (나) 주사위를 던져 4 이하의 눈이 나오면 A를 음의 방향으로 2만큼, B를 양의 방향으로 1만큼 이동시킨다.

주사위를 5번 던지고 난 후 두 점 A, B 사이의 거리가 3 이하가 될 확률이 $\dfrac{q}{p}$ 일 때, $p+q$ 의 값을 구하시오(단, p와 q는 서로소인 자연수이다). [4점]

23 기존 28번

어느 공연장에 15개의 좌석이 일렬로 배치되어 있다. 이 좌석 중에서 서로 이웃하지 않도록 4개의 좌석을 선택하려고 한다. 예를 들면, 아래 그림의 색칠한 부분과 같이 좌석을 선택한다.

```
무대
```

이와 같이 좌석을 선택하는 경우의 수를 구하시오(단, 좌석을 선택하는 순서는 고려하지 않는다). [4점]

❷ 미적분

24 기존 09번

수열 $\{a_n\}$ 에 대하여 $\displaystyle\sum_{n=1}^{\infty}\left(\dfrac{a_n}{3^n}-4\right)=2$ 일 때,

$\displaystyle\lim_{n\to\infty}\dfrac{a_n+2^n}{3^{n-1}+4}$ 의 값은? [3점]

① 10   ② 12   ③ 14

④ 16   ⑤ 18

25 기존 16번

한 변의 길이가 2인 정사각형 $A_1B_1C_1D_1$이 있다. 그림과 같이 변 A_1D_1의 중점을 M_1이라 할 때, 두 삼각형 $A_1B_1M_1$과 $M_1C_1D_1$에 각각 내접하는 두 원을 그리고, 두 원에 색칠하여 얻은 그림을 R_1이라 하자.

그림 R_1에서 두 꼭짓점이 변 B_1C_1 위에 있고 삼각형 $M_1B_1C_1$에 내접하는 정사각형 $A_2B_2C_2D_2$를 그린 후 변 A_2D_2의 중점을 M_2라 할 때, 두 삼각형 $A_2B_2M_2$와 $M_2C_2D_2$에 각각 내접하는 두 원을 그리고, 두 원에 색칠하여 얻은 그림을 R_2라 하자.

그림 R_2에서 두 꼭짓점이 변 B_2C_2 위에 있고 삼각형 $M_2B_2C_2$에 내접하는 정사각형 $A_3B_3C_3D_3$을 그린 후 변 A_3D_3의 중점을 M_3이라 할 때, 두 삼각형 $A_3B_3M_3$과 $M_3C_3D_3$에 각각 내접하는 두 원을 그리고, 두 원에 색칠하여 얻은 그림을 R_3이라 하자.

이와 같은 과정을 계속하여 n번째 얻은 그림 R_n에 색칠되어 있는 부분의 넓이를 S_n이라 할 때, $\lim\limits_{n \to \infty} S_n$의 값은? [4점]

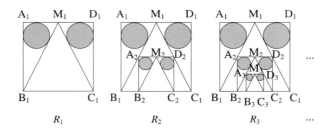

① $\dfrac{4(7-3\sqrt{5})}{3}\pi$ ② $\dfrac{4(8-3\sqrt{5})}{3}\pi$

③ $\dfrac{5(7-3\sqrt{5})}{3}\pi$ ④ $\dfrac{5(8-3\sqrt{5})}{3}\pi$

⑤ $\dfrac{5(9-4\sqrt{5})}{3}\pi$

3 기타(교육과정 개편으로 공통과 선택영역 이외의 문제를 모아둠)

26 기존 02번

두 행렬 $A = \begin{pmatrix} 2 & -1 \\ 0 & 1 \end{pmatrix}$, $B = \begin{pmatrix} 0 & 3 \\ 1 & -2 \end{pmatrix}$에 대하여 행렬 $AB+A$의 $(1,\ 2)$성분은? [2점]

① 4   ② 5   ③ 6

④ 7   ⑤ 8

27 기존 13번

5개의 꼭짓점으로 이루어진 그래프 G의 각 꼭짓점 사이의 연결 관계를 나타내는 행렬을 M이라 할 때, 행렬 M^2이 다음과 같다.

$$M^2 = \begin{pmatrix} 4 & 2 & 2 & 2 & 2 \\ 2 & 3 & 1 & 3 & 1 \\ 2 & 1 & 3 & 1 & 3 \\ 2 & 3 & 1 & 3 & 1 \\ 2 & 1 & 3 & 1 & 3 \end{pmatrix}$$

행렬 M의 성분 중 1의 개수를 a, 그래프 G의 꼭짓점 중 연결된 변의 개수가 짝수인 것의 개수를 b라 할 때, $a+b$의 값은?(단, 한 꼭짓점에서 자기 자신으로 가는 변이 없고, 두 꼭짓점 사이에 많아야 한 개의 변이 존재한다) [3점]

① 17   ② 18   ③ 19

④ 20   ⑤ 21

28 기존 15번

두 이차정사각행렬 A, B가

$$AB = A - B, \quad 2BA + 2B = A^2$$

을 만족시킬 때, 〈보기〉에서 옳은 것만을 있는 대로 고른 것은?(단, E는 단위행렬이다) [4점]

┤ 보 기 ├

ㄱ. $AB = BA$

ㄴ. $A - 3E$의 역행렬이 존재한다.

ㄷ. $(A + B)^2 = 16B^2$

① ㄱ   ② ㄷ   ③ ㄱ, ㄴ

④ ㄴ, ㄷ   ⑤ ㄱ, ㄴ, ㄷ

주관식

29 기존 27번

수열 $\{a_n\}$이

$$\begin{cases} a_{2n-1} = 2^{n+1} - 3 \ (n \geq 1) \\ a_{2n} = 4^{n-1} + 2^n \ (n \geq 1) \end{cases}$$

일 때, $\{a_n\}$의 계차수열을 $\{b_n\}$이라 하자. 수열 $\{b_n\}$의 첫째항부터 제 n항까지의 합을 T_n이라 할 때, $\displaystyle\lim_{n \to \infty} \frac{T_{4n}}{T_{2n-1}}$ 의 값을 구하시오. [4점]

30 기존 30번

양수 x에 대하여 $\log x$의 지표와 가수를 각각 $f(x)$, $g(x)$라 하자. $1 < x < 10^5$인 x에 대하여 다음 두 조건을 만족시키는 모든 실수 x의 값의 곱을 A라 할 때, $\log A$의 값을 구하시오(단, $\log 3 = 0.4771$로 계산한다). [4점]

(가) $\displaystyle\sum_{k=1}^{5} g(x^k) = g(x^{10}) + 2$

(나) $\displaystyle\sum_{k=1}^{3} f(kx) = 3f(x)$

공통

01 기존 08번

어느 액체의 끓는 온도 $T(\text{℃})$와 증기압 $P(\text{mmHg})$ 사이에는 다음 관계식이 성립한다.

$$\log P = k - \frac{1000}{T+250} \text{ (단, } k\text{는 상수)}$$

이 액체의 끓는 온도가 0℃ 일 때와 50℃ 일 때의 증기압을 각각 $P_1(\text{mmHg})$, $P_2(\text{mmHg})$라 할 때, $\dfrac{P_2}{P_1}$의 값은?

[3점]

① $10^{\frac{1}{4}}$ ② $10^{\frac{1}{3}}$ ③ $10^{\frac{1}{2}}$

④ $10^{\frac{2}{3}}$ ⑤ $10^{\frac{3}{4}}$

02 기존 17번

수열 $\{a_n\}$은 $a_1 = -\dfrac{5}{3}$이고

$$a_{n+1} = -\frac{3a_n + 2}{a_n} \ (n \geq 1) \ \cdots\cdots \ (*)$$

를 만족시킨다. 다음은 일반항 a_n을 구하는 과정이다.

$(*)$에서

$$a_{n+1} + 2 = -\frac{a_n + \boxed{(가)}}{a_n} \ (n \geq 1)\text{이다.}$$

여기서 $b_n = \dfrac{1}{a_n + 2} \ (n \geq 1)$이라 하면

$b_1 = 3$이고 $b_{n+1} = 2b_n - \boxed{(나)} \ (n \geq 1)$이다.

수열 $\{b_n\}$의 일반항을 구하면

$b_n = \boxed{(다)} \ (n \geq 1)$이므로

$$a_n = \frac{1}{\boxed{(다)}} - 2 \ (n \geq 1)\text{이다.}$$

위의 (가)와 (나)에 알맞은 수를 각각 p, q라 하고, (다)에 알맞은 식을 $f(n)$이라 할 때, $p \times q \times f(5)$의 값은? [4점]

① 54 ② 58 ③ 62

④ 66 ⑤ 70

주관식

03 기존 22번

수열 $\{a_n\}$이 $a_1 = 1$, $a_{n+1} = a_n + 3n \ (n \geq 1)$일 때, a_7의 값을 구하시오.

[3점]

❶ 확률과 통계

04 기존 01번

$_3H_1 + _3H_2 + _3H_3$의 값은? [2점]

① 11   ② 13   ③ 15

④ 17   ⑤ 19

05 기존 07번

어느 과수원에서 생산되는 사과의 무게는 평균이 350g이고 표준편차가 30g인 정규분포를 따르고, 배의 무게는 평균이 490g이고 표준편차가 40g인 정규분포를 따른다고 한다. 이 과수원에서 생산된 사과 중에서 임의로 선택한 9개의 무게의 총합을 $X(g)$이라 하고, 이 과수원에서 생산된 배 중에서 임의로 선택한 4개의 무게의 총합을 $Y(g)$이라 하자.
$X \geq 3240$이고 $Y \geq 2008$일 확률을 다음 표준정규분포표를 이용하여 구한 것은?(단, 사과의 무게와 배의 무게는 서로 독립이다) [3점]

z	$P(0 \leq Z \leq z)$
0.4	0.16
0.6	0.23
0.8	0.29
1.0	0.34

① 0.0432   ② 0.0482   ③ 0.0544

④ 0.0567   ⑤ 0.0614

06 기존 09번

주머니에 흰 공 1개, 파란 공 2개, 검은 공 3개가 들어 있다. 이 주머니에서 임의로 1개의 공을 꺼내어 색을 확인한 후 꺼낸 공과 같은 색의 공을 1개 추가하여 꺼낸 공과 함께 주머니에 넣는다. 이와 같은 시행을 두 번 반복하여 두 번째 꺼낸 공이 검은 공이었을 때, 첫 번째 꺼낸 공도 검은 공이었을 확률은?(단, 공의 크기와 모양은 모두 같다) [3점]

① $\frac{3}{7}$ ② $\frac{10}{21}$ ③ $\frac{11}{21}$

④ $\frac{4}{7}$ ⑤ $\frac{13}{21}$

07 기존 29번

바닥에 놓여 있는 5개의 동전 중 임의로 2개의 동전을 선택하여 뒤집는 시행을 하기로 한다. 2개의 동전은 앞면이, 3개의 동전은 뒷면이 보이도록 바닥에 놓여 있는 상태에서 이 시행을 3번 반복한 결과 2개의 동전은 앞면이, 3개의 동전은 뒷면이 보이도록 바닥에 놓여 있을 확률을 p라 할 때, $125p$의 값을 구하시오(단, 동전의 크기와 모양은 모두 같다). [4점]

❷ 미적분

08 기존 06번

연속함수 $f(x)$가 모든 실수 x에 대하여

$f(x) = e^x + \int_0^1 tf(t)dt$를 만족시킬 때, $\int_0^1 f(x)dx$의

값은?　　　　　　　　　　　　　　　　　　　　　　[3점]

① $e-1$　　　② $e+1$　　　③ $2e-1$

④ $2e$　　　⑤ $2e+1$

[09~10] 좌표평면에서 매개변수 θ로 나타내어진 곡선 $x = 2\cos\theta + \cos 2\theta$, $y = 2\sin\theta + \sin 2\theta$에 대하여 <u>09번 과 10번의 두 물음에 답하시오</u>(단, θ는 실수이다).

09 기존 11번

$\theta = \dfrac{\pi}{6}$에 대응하는 이 곡선 위의 점에서의 접선의 기울기는?

　　　　　　　　　　　　　　　　　　　　　　[3점]

① -2　　　② $-\sqrt{3}$　　　③ -1

④ $-\dfrac{\sqrt{3}}{2}$　　　⑤ $-\dfrac{1}{2}$

10 기존 12번

$0 \le \theta \le \pi$일 때, 이 곡선의 길이는?　　　　　[3점]

① 6　　　② 8　　　③ 10

④ 12　　　⑤ 14

11 기존 14번

$x \ge 0$에서 정의된 함수 $f(x) = \dfrac{4}{1+x^2}$의 역함수를 $g(x)$

라 할 때, $\displaystyle\lim_{n \to \infty} \frac{1}{n} \sum_{k=1}^{n} g\left(1 + \frac{3k}{n}\right)$의 값은?　　[4점]

① $\dfrac{\pi - \sqrt{3}}{3}$　　　② $\dfrac{\pi + \sqrt{3}}{3}$　　　③ $\dfrac{4\pi - 3\sqrt{3}}{9}$

④ $\dfrac{4\pi + 3\sqrt{3}}{9}$　　　⑤ $\dfrac{2\pi - \sqrt{3}}{3}$

12 기존 15번

그림과 같이 반지름의 길이가 2이고 중심각의 크기가 90°인 부채꼴 OAB가 있다. 선분 OB 위에 $\overline{OC} = \dfrac{1}{3}$인 점 C를 잡고, 점 C를 지나고 선분 OA와 평행한 직선을 l이라 하자. 호 AB 위를 움직이는 점 P에서 선분 OB와 직선 l에 내린 수선의 발을 각각 Q, R라 할 때, 삼각형 PQR의 넓이의 최댓값은? [4점]

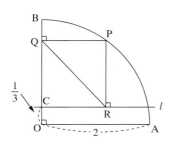

① $\dfrac{\sqrt{7}}{8}$ ② $\dfrac{\sqrt{7}}{6}$ ③ $\dfrac{5\sqrt{7}}{24}$

④ $\dfrac{\sqrt{7}}{4}$ ⑤ $\dfrac{7\sqrt{7}}{24}$

13 기존 16번

한 변의 길이가 2인 정사각형 $A_1B_1C_1D_1$이 있다. 그림과 같이 변 A_1D_1의 중점을 M_1이라 할 때, 두 삼각형 $A_1B_1M_1$과 $M_1C_1D_1$에 각각 내접하는 두 원을 그리고, 두 원에 색칠하여 얻은 그림을 R_1이라 하자.

그림 R_1에서 두 꼭짓점이 변 B_1C_1 위에 있고 삼각형 $M_1B_1C_1$에 내접하는 정사각형 $A_2B_2C_2D_2$를 그린 후 변 A_2D_2의 중점을 M_2라 할 때, 두 삼각형 $A_2B_2M_2$와 $M_2C_2D_2$에 각각 내접하는 두 원을 그리고, 두 원에 색칠하여 얻은 그림을 R_2라 하자.

그림 R_2에서 두 꼭짓점이 변 B_2C_2 위에 있고 삼각형 $M_2B_2C_2$에 내접하는 정사각형 $A_3B_3C_3D_3$을 그린 후 변 A_3D_3의 중점을 M_3이라 할 때, 두 삼각형 $A_3B_3M_3$과 $M_3C_3D_3$에 각각 내접하는 두 원을 그리고, 두 원에 색칠하여 얻은 그림을 R_3이라 하자.

이와 같은 과정을 계속하여 n번째 얻은 그림 R_n에 색칠되어 있는 부분의 넓이를 S_n이라 할 때, $\displaystyle\lim_{n \to \infty} S_n$의 값은? [4점]

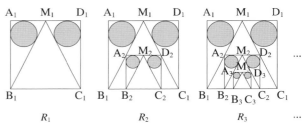

① $\dfrac{4(7-3\sqrt{5})}{3}\pi$ ② $\dfrac{4(8-3\sqrt{5})}{3}\pi$

③ $\dfrac{5(7-3\sqrt{5})}{3}\pi$ ④ $\dfrac{5(8-3\sqrt{5})}{3}\pi$

⑤ $\dfrac{5(9-4\sqrt{5})}{3}\pi$

14 기존 18번

함수

$$f(x) = \begin{cases} 1+\sin x & (x \le 0) \\ -1+\sin x & (x > 0) \end{cases}$$

에 대하여 〈보기〉에서 옳은 것만을 있는 대로 고른 것은?

[4점]

┤ 보 기 ├

ㄱ. $\lim_{x \to 0} f(x)f(-x) = -1$

ㄴ. 함수 $f(f(x))$는 $x = \dfrac{\pi}{2}$에서 연속이다.

ㄷ. 함수 $\{f(x)\}^2$은 $x = 0$에서 미분가능하다.

① ㄱ 　　② ㄱ, ㄴ 　　③ ㄱ, ㄷ

④ ㄴ, ㄷ 　　⑤ ㄱ, ㄴ, ㄷ

주관식

15 기존 26번

이차함수 $f(x)$가 $f(1) = 2$, $f'(1) = \lim\limits_{x \to 0} \dfrac{\ln f(x)}{x} + \dfrac{1}{2}$을 만족시킬 때, $f(8)$의 값을 구하시오. [4점]

---

16 기존 27번

좌표평면에서 곡선 $y = \cos 2x$가 두 직선 $x = t$, $x = -t$ $\left(0 < t < \dfrac{\pi}{4}\right)$와 만나는 점을 각각 P, Q라 하고, 곡선 $y = \cos 2x$가 y축과 만나는 점을 R라 하자. 세 점 P, Q, R를 지나는 원의 중심을 $C(0,\ f(t))$라 할 때, $\lim\limits_{t \to 0+} f(t) = \alpha$이다. 100α의 값을 구하시오. [4점]

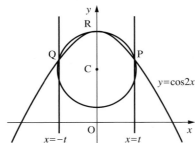

---

17 기존 28번

그림과 같이 밑면의 지름의 길이와 높이가 모두 4인 원기둥이 있다. 밑면의 지름 AB를 포함하는 평면으로 이 원기둥을 잘랐을 때 생기는 단면이 원기둥의 밑면과 이루는 각의 크기를 θ라 하면 $\tan\theta = 2$이다. 이 단면을 직선 AB를 회전축으로 하여 회전시켜 생기는 회전체의 부피를 V라 할 때, $\dfrac{3V}{\pi}$의 값을 구하시오. [4점]

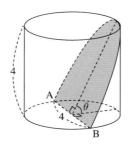

18 기존 03번

좌표공간에서 두 점 $A(2,\ 3,\ -1)$, $B(-1,\ 3,\ 2)$에 대하여 선분 AB를 $1:2$로 내분하는 점의 좌표를 $(a,\ b,\ c)$라 할 때, $a+b+c$의 값은? [2점]

① 2   ② 3   ③ 4

④ 5   ⑤ 6

19 기존 05번

쌍곡선 $7x^2 - ay^2 = 20$ 위의 점 $(2,\ b)$에서의 접선이 점 $(0,\ -5)$를 지날 때, $a+b$의 값은?(단, a, b는 상수이다) [3점]

① 4   ② 5   ③ 6

④ 7   ⑤ 8

20 기존 19번

좌표공간에서 구 $(x-2)^2 + (y-2)^2 + (z-1)^2 = 9$와 xy평면이 만나서 생기는 원 위의 한 점을 P라 하자. 점 P에서 이 구와 접하고 점 $A(3,\ 3,\ -4)$를 지나는 평면을 α라 할 때, 원점과 평면 α 사이의 거리는? [4점]

① $\dfrac{14}{3}$ ② 5   ③ $\dfrac{16}{3}$

④ $\dfrac{17}{3}$ ⑤ 6

21 기존 20번

한 변의 길이가 8인 정사각형을 밑면으로 하고 높이가 $4+4\sqrt{3}$인 직육면체 $ABCD-EFGH$가 있다. 그림과 같이 이 직육면체의 바닥에 $\angle EPF = 90°$인 삼각기둥 $EFP-HGQ$가 놓여있고 그 위에 구를 삼각기둥과 한 점에서 만나도록 올려놓았더니 이 구가 밑면 $ABCD$와 직육면체의 네 옆면에 모두 접하였다. 태양광선이 밑면과 수직인 방향으로 구를 비출 때, 삼각기둥의 두 옆면 $PFGQ$, $EPQH$에 생기는 구의 그림자의 넓이를 각각 S_1, $S_2\,(S_1 > S_2)$라 하자. $S_1 + \dfrac{1}{\sqrt{3}}S_2$의 값은? [4점]

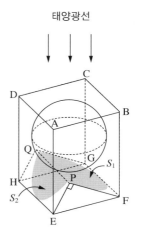

① $\dfrac{20\sqrt{3}}{3}\pi$ ② $8\sqrt{3}\,\pi$ ③ $\dfrac{28\sqrt{3}}{3}\pi$

④ $\dfrac{32\sqrt{3}}{3}\pi$ ⑤ $12\sqrt{3}\,\pi$

22 기존 24번

타원 $2x^2 + y^2 = 16$의 두 초점을 F, F$'$이라 하자. 이 타원 위의 점 P에 대하여 $\dfrac{\overline{\mathrm{PF}'}}{\overline{\mathrm{PF}}} = 3$일 때, $\overline{\mathrm{PF}} \times \overline{\mathrm{PF}'}$의 값을 구하시오.　　　　　　　　[3점]

23 기존 30번

그림과 같이 옆면은 모두 합동인 이등변삼각형이고 밑면은 한 변의 길이가 2인 정사각형인 사각뿔 $\mathrm{O-ABCD}$에서 $\angle \mathrm{AOB} = 30°$이다. 점 A에서 출발하여 사각뿔의 옆면을 따라 모서리 OB 위의 한 점과 모서리 OC 위의 한 점을 거쳐 점 D에 도착하는 최단경로를 l이라 하자. l 위를 움직이는 점 P에 대하여 $\overrightarrow{\mathrm{AB}} \cdot \overrightarrow{\mathrm{OP}}$의 최댓값을 $a\sqrt{3} + b$라 할 때, $a^2 + b^2$의 값을 구하시오(단, a, b는 유리수이다).　　　[4점]

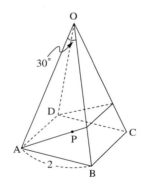

4 기타 (교육과정 개편으로 공통과 선택영역 이외의 문제를 모아둠)

24 기존 02번

두 이차정사각행렬 A, B에 대하여 $(A+B)\begin{pmatrix} 1 \\ 1 \end{pmatrix} = \begin{pmatrix} 3 \\ 6 \end{pmatrix}$이고 행렬 A의 모든 성분의 합이 2일 때, 행렬 B의 모든 성분의 합은?　　[2점]

① 3　　　　② 4　　　　③ 5
④ 6　　　　⑤ 7

25 기존 04번

두 행렬 $A = \begin{pmatrix} 2 & 1 \\ 1 & 1 \end{pmatrix}$, $B = \begin{pmatrix} a & b \\ c & d \end{pmatrix}$가 있다. 행렬 AB로 나타내어지는 일차변환에 의하여 두 점 $(1, 0)$, $(0, 1)$이 각각 두 점 $(0, 2)$, $(-2, 0)$으로 옮겨질 때, $a+b+c+d$의 값은?　　[3점]

① -4　　　　② -2　　　　③ 0
④ 2　　　　⑤ 4

26 기존 10번

$0 \le x \le \pi$에서 함수 $f(x) = 2\sin\left(x + \dfrac{\pi}{3}\right) + \sqrt{3}\cos x$ 는 $x = \theta$일 때 최댓값을 갖는다. $\tan\theta$의 값은? [3점]

① $\dfrac{\sqrt{3}}{12}$ ② $\dfrac{\sqrt{3}}{6}$ ③ $\dfrac{\sqrt{3}}{4}$

④ $\dfrac{\sqrt{3}}{3}$ ⑤ $\dfrac{\sqrt{3}}{2}$

27 기존 13번

이차함수 $f(x) = x^2 + 2kx + 2k^2 + k$가 있다. x에 대한 방정식 $\dfrac{1}{\sqrt{f(x)+3}} - \dfrac{1}{f(x)} = \dfrac{3}{f(x)\sqrt{f(x)+3}}$ 이 서로 다른 두 개의 실근을 갖도록 하는 모든 정수 k의 값의 합은? [3점]

① -2 ② -1 ③ 0

④ 1 ⑤ 2

28 기존 21번

양수 x에 대하여 $\log x$의 지표와 가수를 각각 $f(x)$, $g(x)$라 하자. $1 < x < 10^5$인 x에 대하여 다음 두 조건을 만족시키는 모든 실수 x의 값의 곱을 A라 할 때, $\log A$의 값은?(단, $\log 3 = 0.4771$로 계산한다) [4점]

(가) $\displaystyle\sum_{k=1}^{5} g(x^k) = g(x^{10}) + 2$

(나) $\displaystyle\sum_{k=1}^{3} f(kx) = 3f(x)$

① 19 ② 20 ③ 21

④ 22 ⑤ 23

29 기존 23번

일차변환 f를 나타내는 행렬이 $\begin{pmatrix} \dfrac{1}{3} & -\dfrac{1}{3} \\ \dfrac{1}{3} & \dfrac{1}{3} \end{pmatrix}$이다. 합성변환 $f \circ f$에 의하여 좌표평면 위의 네 점 $A(2, 0)$, $B(2, 2)$, $C(-3, 4)$, $D(-3, -3)$이 옮겨진 네 점을 꼭짓점으로 하는 사각형의 넓이를 S라 할 때, $81S$의 값을 구하시오. [3점]

30 기존 25번

이차정사각행렬 A가 다음 조건을 만족시킨다(단, E는 단위
행렬이다).

(가) $A - E$의 역행렬은 $A - 3E$이다.

(나) $A\begin{pmatrix} -1 \\ 2 \end{pmatrix} = \begin{pmatrix} 2 \\ 0 \end{pmatrix}$

$A\begin{pmatrix} 3 \\ 0 \end{pmatrix} = \begin{pmatrix} x \\ y \end{pmatrix}$를 만족시키는 실수 x, y에 대하여 $x + y$의 값
을 구하시오. [3점]

아이들이 답이 있는 질문을 하기 시작하면 그들이 성장하고 있음을 알 수 있다.

- 존 J. 플롬프 -

많이 보고 많이 겪고 많이 공부하는 것은 배움의 세 기둥이다.

– 벤자민 디즈라엘리 –

나는 이렇게 합격했다

자격명: 위험물산업기사
구분: 합격수기
작성자: 배*상

나는 할수있다

합격은 시대에듀

69년생 50중반 직장인 입니다. 요즘 자격증을 2개정도는 가지고 입사하는 젊은친구들에게 일을 시키고 지시하는 역할이지만 정작 제자신에게 부족한점 이 많다는것을 느꼈기 때문에 자격증을 따야겠다고 결심했습니다. 처음 시작할때는 과연 되겠 냐? 하는 의문과 걱정 이 한가득이었지만 시대에듀 인강 을 우연히 접하게 되었고 잘차려 진밥상과 같은커 리큘럼은 뒤늦게 시 작한 늦깍이 수험 생이었던저를 합격의 길 로인도해주었습니다. 직장생활을 하면서 취득했기에 더욱 기뻤습니다.

감사합니다!

♥

당신의 합격 스토리를 들려주세요.
추첨을 통해 선물을 드립니다.

QR코드 스캔하고 ▷ ▷ ▷ ▶

이벤트 참여해 푸짐한 경품받자!

베스트 리뷰	상/하반기 추천 리뷰	인터뷰 참여
갤럭시탭/ 버즈 2	상품권/ 스벅커피	백화점 상품권

합격의 공식
시대에듀

사관학교

10개년
기출문제 다잡기
수학영역

시대에듀

발행일 2025년 1월 10일 | **발행인** 박영일 | **책임편집** 이해욱
편저 시대특수대학연구소 | **발행처** (주)시대고시기획
등록번호 제10-1521호 | **대표전화** 1600-3600 | **팩스** (02)701-8823
주소 서울시 마포구 큰우물로 75 [도화동 538 성지B/D] 9F
학습문의 www.sdedu.co.kr

2026

사관학교

10개년
기출문제 다잡기

수학영역

편저 시대특수대학연구소

사관학교·경찰대학
기출문제집 부문
11년누적 **1**위

합격의 모든 것

모바일 OMR 제공

교육과정에 꼭 맞춘 문항 표기

암기 달달 핵심 노트&오답 다잡기표 제공

2023~2016학년도 기출문제 무료 해설강의 제공 (sdedu.co.kr/plus)

해설편

육사·해사·공사·국간사 수학 기출문제

시대에듀

시대에듀에서 만든 도서는 책, 그 이상의 감동입니다.

▶ 사관학교 2023~2016학년도 기출문제 무료 해설강의 경로 안내

① 유튜브에 '시대에듀'를 검색합니다.
② '사관학교'를 검색하고 공개된 기출문제 해설강의를 수강합니다.

※ 시대플러스(sdedu.co.kr/plus)에서도 수강이 가능합니다.
① 로그인 후 '무료강의 → 검정고시/독학사/학습 → 대입 → 사관학교'를 클릭합니다.
② 강의목록을 클릭하여 무료 해설강의를 수강합니다.

▶ 사관학교 입학처 홈페이지

- 육군사관학교: www.kma.ac.kr
- 해군사관학교: www.navy.ac.kr
- 공군사관학교: www.afa.ac.kr
- 국군간호사관학교: www.kafna.ac.kr

시대에듀

끝까지 책임진다! 시대에듀!
QR코드를 통해 도서 출간 이후 발견된 오류나 개정법령, 변경된 시험 정보, 최신기출문제, 도서 업데이트 자료 등이 있는지 확인해
보세요! 시대에듀 합격 스마트 앱을 통해서도 알려 드리고 있으니 구글 플레이나 앱 스토어에서 다운받아 사용하세요.
또한, 파본 도서인 경우에는 구입하신 곳에서 교환해 드립니다.

편집진행 박종옥·김희현 | **표지디자인** 김지수 | **본문디자인** 김기화·임창규

2026

사관학교

10개년
기출문제 다잡기

★ ★ ★ ★

수학영역

2025~2016학년도 사관학교 기출문제 다잡기

정답 및 해설

2025 학년도 정답 및 해설

제3교시 수학영역

문제 ▶ p. 2

<공통>

01 ④	02 ⑤	03 ③	04 ②	05 ⑤
06 ①	07 ②	08 ②	09 ③	10 ⑤
11 ④	12 ②	13 ③	14 ①	15 ③
16 10	17 25	18 36	19 64	20 118
21 19	22 156			

<확률과 통계>

23 ⑤	24 ②	25 ③	26 ④	27 ④
28 ②	29 165	30 13		

<미적분>

23 ①	24 ③	25 ③	26 ④	27 ④
28 ⑤	29 15	30 30		

<기하>

23 ⑤	24 ⑤	25 ①	26 ①	27 ③
28 ②	29 220	30 40		

공통

01 지수법칙 정답 ④

$$\left(3^{-1}+3^{-2}\right)^{\frac{1}{2}} = \left(\frac{1}{3}+\frac{1}{9}\right)^{\frac{1}{2}} = \left(\frac{4}{9}\right)^{\frac{1}{2}} = \frac{2}{3}$$

02 미분계수의 정의 정답 ⑤

미분계수의 정의를 이용하면 $\lim\limits_{h \to 0} \dfrac{f(1+h)-f(1)}{h} = f'(1)$ 이다.

$f'(x) = 6x-1$ 이므로 $f'(1) = 5$ 이다.

미분계수

함수 $y=f(x)$의 $x=a$에서의 순간변화율 또는 $x=a$에서의 미분계수는

$$f'(a) = \lim_{\Delta x \to 0} \frac{\Delta y}{\Delta x} = \lim_{\Delta x \to 0} \frac{f(a+\Delta x)-f(a)}{\Delta x}$$
$$= \lim_{x \to a} \frac{f(x)-f(a)}{x-a}$$

03 등비수열의 합 정답 ③

등비수열 $\{a_n\}$의 첫째항을 a, 공비를 r이라 하면 일반항은 $a_n = ar^{n-1}$이 된다.

$$\frac{S_7 - S_4}{S_3}$$
$$= \frac{(S_7+S_6+S_5+S_4+S_3+S_2+S_1)-(S_4+S_3+S_2+S_1)}{S_3+S_2+S_1}$$
$$= \frac{a_7+a_6+a_5}{a_3+a_2+a_1} = \frac{r^4(a_3+a_2+a_1)}{a_3+a_2+a_1} = r^4 = \frac{1}{9}$$
$$\therefore \frac{a_5}{a_7} = \frac{a_5}{a_5 r^2} = \frac{1}{r^2} = 3$$

04 곱의 미분법 정답 ②

$g(x) = (x^3+2x+2)f(x)$
$g'(x) = (3x^2+2)f(x)+(x^3+2x+2)f'(x)$
$g'(1) = 5f(1)+5f'(1) = 10$
$\therefore f(1)+f'(1) = 2$

05 삼각함수의 미정계수의 결정 정답 ⑤

함수 $y = a\sin ax + b$는 주기가 $\dfrac{2\pi}{|a|}$, 최솟값이 $-a+b$이다.

$$\frac{2\pi}{|a|} = \pi, \ a = 2 \ (\because \ a > 0)$$

$-a+b=5$, $-2+b=5$, $b=7$

$\therefore a+b=9$

06 함수의 극한과 미정계수의 결정   정답 ①

$\lim\limits_{x \to \infty} \dfrac{x^2}{f(x)} = 2$이므로 함수 $f(x)$는 최고차항의 계수가 $\dfrac{1}{2}$인 이차

식임을 알 수 있다.

$\lim\limits_{x \to 3} \dfrac{f(x-1)}{x-3} = 4$이므로 $x=3$을 대입하면 $f(2)=0$이다.

그러므로 $f(x) = \dfrac{1}{2}(x-2)(x-a)$로 표현할 수 있다.

식에 대입하여 계산하면,

$$\lim_{x \to 3} \frac{f(x-1)}{x-3} = \lim_{x \to 3} \frac{\frac{1}{2}(x-3)(x-a-1)}{x-3}$$
$$= \lim_{x \to 3} \frac{1}{2}(x-a-1) = \frac{1}{2}(2-a) = 4$$

$a=-6$이다.

즉, $f(x) = \dfrac{1}{2}(x-2)(x+6)$이므로 $f(4) = \dfrac{1}{2} \times 2 \times 10 = 10$이다.

07 수열의 합   정답 ②

$\sum\limits_{k=1}^{10} a_k = a$, $\sum\limits_{k=1}^{10} b_k = b$라 하자.

$\sum\limits_{k=1}^{10}(2a_k+b_k+k) = 2a+b+\sum\limits_{k=1}^{10} k = 2a+b+55 = 60$

$\therefore 2a+b=5$ …㉠

$\sum\limits_{k=1}^{10}(a_k-2b_k+1) = a-2b+10 = 10$

$\therefore a=2b$ …㉡

㉡을 ㉠에 대입하면 $5b=5$

즉, $a=2$, $b=1$이므로 $\sum\limits_{k=1}^{10}(a_k+b_k) = a+b = 3$이다.

08 부정적분과 함숫값   정답 ②

$f(x)$가 최고차항의 계수가 3인 이차함수이므로
$F(x)$는 최고차항의 계수가 1인 삼차함수가 된다.
주어진 식을 살펴보면,
$f(1) = F'(1) = 0$, $F(1)=0$이므로
$F(x) = (x-1)^2(x-a)$이다.
$x=2$를 대입하면 $F(2) = 2-a = 4$, $a=-2$이다.
즉, $F(x) = (x-1)^2(x+2)$이므로 $F(3) = 2^2 \times 5 = 20$이다.

09 위치함수와 삼차함수의 최대·최소   정답 ③

두 점 P, Q의 시각 t에서의 속도가 각각 $v_1(t)$, $v_2(t)$이므로 시각 t에서의 거리를 $x_1(t)$, $x_2(t)$라고 하자.

각각 점 A(9)와 점 B(1)에서 출발하므로 $v_1(t)$, $v_2(t)$를 적분하면
$x_1(t) = 2t^3 - 9t^2 + 7t + 9$, $x_2(t) = t^2 + t + 1$이다.

$f(t)$는 시각 t에서의 두 점 P, Q 사이의 거리이므로
$$f(t) = |x_1(t) - x_2(t)| = |(2t^3 - 9t^2 + 7t + 9) - (t^2 + t + 1)|$$
$$= |2t^3 - 10t^2 + 6t + 8|$$

닫힌구간 $[1, 3]$에서 함수 $f(t)$의 최댓값을 구하기 위해 $f(t)$를 미분한 함수를 $v(t)$라 하면
$$v(t) = 6t^2 - 20t + 6 = 2(3t-1)(t-3)$$

$v\left(\dfrac{1}{3}\right) = v(3) = 0$이므로 함수 $f(t)$의 절댓값을 제거한 함수 $f(x)$의 개형은 다음과 같다.

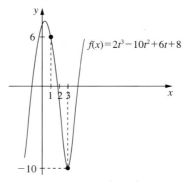

$f(t)$가 절댓값함수이므로 최댓값은 $|-10| = 10$이다.

10 로그함수의 그래프   정답 ⑤

직선 $x=t$가 두 곡선 $y = \log_2(x+1)$, $y = \log_{\frac{1}{2}}(-x)+1$과 만나는 점을 각각 A, B라 하였으므로
A(t, $\log_2(t+1)$), B(t, $\log_{\frac{1}{2}}(-t)+1$)이다.

선분 $\overline{\text{AB}}$의 길이를 구하면
$$\overline{\text{AB}} = (\log_{\frac{1}{2}}(-t)+1) - (\log_2(t+1))$$
$$= -\log_2(-t) + 1 - \log_2(t+1) = \log_2 9$$

$\log_2 9 + \log_2(-t) + \log_2(t+1) = 1$

$\log_2 9(-t)(t+1) = \log_2 2$

$-9t^2 - 9t = 2$, $(3t+2)(3t+1) = 0$

$t = -\dfrac{1}{3}$ $\left(\because -\dfrac{1}{2} < t < 0\right)$

값을 대입하면 B$\left(-\dfrac{1}{3}, \log_{\frac{1}{2}}\left(\dfrac{1}{3}\right)+1\right)$이고 점 B와 점 C는 y좌표가 같으므로

$\log_{\frac{1}{2}}\left(\dfrac{1}{3}\right) + 1 = \log_2 3 + 1 = \log_2 6$

즉, 점 C의 x좌표는 5이다.

그러므로 선분 BC의 길이는 $5 + \dfrac{1}{3} = \dfrac{16}{5}$이다.

11 사차함수의 함숫값 추론 정답 ④

조건 (가)에서 $f(3-x)=f(3+x)$이므로 함수 $f(x)$는 $x=3$에 대하여 대칭이다.

조건 (나)에서 $-1 \leq t \leq 1$인 모든 실수 t에 대하여 $g(t)=g(1)$이므로 $t=-1$일 때 $[-2, 0]$에서의 최댓값과 $t=1$일 때 $[0, 2]$에서의 최댓값은 같아야 한다. 즉, 최고차항의 계수가 -1인 사차함수 $f(x)$의 극댓값은 $f(0)$이어야 한다.

그러므로 함수 $f(x)$의 개형은 오른쪽 그림과 같다.

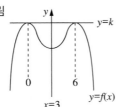

즉, $f(x)=-x^2(x-6)^2+k$이고, $f(2)=0$이므로 $x=2$를 대입하면
$f(2)=-4\times16+k=-64+k=0$
$k=64$이다.
$\therefore f(5)=-5^2(-1)^2+64=39$

12 거듭제곱근 정답 ②

x의 n제곱근 중 실수인 것의 개수는 n이 홀수일 때와 짝수일 때를 나누어 생각해 보면 다음과 같다.

(i) n이 홀수일 때

$n=3$일 때를 생각해 보면 그래프의 개형은 다음과 같다.

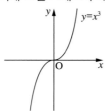

y가 어떤 값을 가지더라도 그래프의 부호와 관계없이 한 점에서는 무조건 만난다는 것을 알 수 있다.

(ii) n이 짝수일 때

$n=2$일 때를 생각해 보면 그래프의 개형은 다음과 같다.

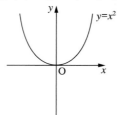

y가 0보다 크면 2개, 0이면 1개, 0보다 작으면 0개의 점에서 만나는 것을 알 수 있다.

즉, $f(3)+f(4)+f(5)+f(6)+f(7)=1+f(4)+1+f(6)+1=7$이므로 $f(4)$와 $f(6)$은 각각 2의 값을 가져야 하며, $n=4, 6$일 때의 함숫값이 0보다 커야 한다는 것을 알 수 있다.

따라서 $-(4-k)^2+8>0$, $-(6-k)^2+8>0$이므로
$4-2\sqrt{2}<k<4+2\sqrt{2}$, $6-2\sqrt{2}<k<6+2\sqrt{2}$ 이고
$6-2\sqrt{2}<k<4+2\sqrt{2}$ 를 만족시키는 k는 4, 5, 6이다.
$\therefore 4+5+6=15$

13 함수의 미분가능과 연속 정답 ③

방정식 $\{f(x)-t\}\{f(x-1)-t\}=0$에서 $f(x)=t$, $f(x-1)=t$이다.

$f(x-1)$의 그래프는 $f(x)$를 x축으로 1만큼 이동한 그래프이다. $0 \leq x \leq 3$이고 $-6<t<2$이므로 조건에 해당하는 부분의 그래프의 개형은 다음과 같다.

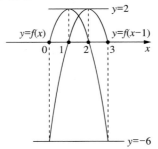

$g(t)$는 $0 \leq x \leq 3$에서 두 함수 $f(x)$와 $f(x-1)$의 실근의 최댓값과 최솟값의 차이다.

$t>0$일 때 $g(t)$는 $y=2$에서 $2-1=1$의 값을 가지다가 $y=0$에 가까워질수록 $3-0=3$의 값을 가지게 된다.

$t<0$일 때 $g(t)$는 $y=-6$에서 $3-0=3$의 값을 가지다가 $y=0$에 가까워질수록 $2-1=1$의 값을 가지게 된다.

즉, 함수 $g(t)$는 $t=0$에서 불연속이므로 $a=0$이다.
$\lim\limits_{t\to a-}g(t)=2-1=1$
$\lim\limits_{t\to a+}g(t)=3-0=3$
$\therefore \lim\limits_{t\to a-}g(t)+\lim\limits_{t\to a+}g(t)=1+3=4$

14 ∑의 성질을 이용한 수열의 추론 정답 ①

조건 (가)에서 $a_3a_4>0$이므로 a_3와 a_4는 부호가 같다는 것을 알 수 있다.

조건 (나)에서 주어진 식을 a_n이 양수일 때와 음수일 때로 나누어 정리하면 다음과 같다.

① $a_n \geq 0$: $\sum\limits_{k=1}^{n-1}a_k+a_n=2a_n$ $\therefore a_n=\sum\limits_{k=1}^{n-1}a_k$

② $a_n < 0$: $\sum\limits_{k=1}^{n-1}a_k+a_n=-2a_n$ $\therefore a_n=-\dfrac{1}{3}\sum\limits_{k=1}^{n-1}a_k$

$a_2=27$이므로 ①에 대입하면 $a_2=a_1=27$, $\sum\limits_{k=1}^{2}a_k=a_1+a_2=54$이다.

(i) $a_3 \geq 0$

$a_3=\sum\limits_{k=1}^{2}a_k=54>0$

$a_4=\sum\limits_{k=1}^{3}a_k=54+54=108$

$a_5 \geq 0$일 때, $a_5=\sum\limits_{k=1}^{4}a_k=108+108=216$

4 사관학교 합격은 시대에듀

$a_5 < 0$일 때, $a_5 = -\dfrac{1}{3}\displaystyle\sum_{k=1}^{4} a_k = -72$

(ii) $a_3 < 0$

$a_3 = -\dfrac{1}{3}\displaystyle\sum_{k=1}^{2} a_k = -18 < 0$

$a_4 = -\dfrac{1}{3}\displaystyle\sum_{k=1}^{3} a_k = -\dfrac{1}{3}(54-18) = -12$

$a_5 \geq 0$일 때, $a_5 = \displaystyle\sum_{k=1}^{4} a_k = 27+27-18-12 = 24$

$a_5 < 0$일 때, $a_5 = -\dfrac{1}{3}\displaystyle\sum_{k=1}^{4} a_k = \left(-\dfrac{1}{3}\right)24 = -8$

따라서 $M = |216| = 216$, $N = |-8| = 8$이다.

$\therefore\ M + N = 224$

15 함수의 미분가능   정답 ③

주어진 함수 $f(x)$는 최고차항의 계수가 양수이고
$f'(0) = f'(2) = 0$이므로 0에서 극댓값, 2에서 극솟값을 가지는 삼차함수이다.
또한, 함수 $g(x) = f(x-p) + 3p\,(f(x) < x)$는 함수 $f(x)$를 x축으로 p만큼, y축으로 $3p$만큼 평행이동한 함수이다.
함수 $g(x)$가 실수 전체의 집합에서 미분가능하므로 함수 $g(x)$는 직선 $y = x$와 한 점에서 만나고, 변곡점을 기준으로 대칭인 함수이여야 한다.
함수 $f(x) = x^2(x-3) + k$라 하자.

교점을 A라 하면 점 A의 x,y좌표는 $1 + \dfrac{p}{2}$이므로 다음 두 식을 만족한다.

$f\left(1 + \dfrac{p}{2}\right) - f(1) = \dfrac{3p}{2}$, $f\left(1 + \dfrac{p}{2}\right) = 1 + \dfrac{p}{2}$

식을 정리한 후 연립하여 계산하면

$f\left(1 + \dfrac{p}{2}\right) - f(1) = \left(1 + \dfrac{p}{2}\right)^2\left(\dfrac{p}{2} - 2\right) + k - (-2 + k) = \dfrac{3p}{2}$

$\therefore\ k = 3 - p\ \cdots\ \text{㉠}$

$f\left(1 + \dfrac{p}{2}\right) = \left(1 + \dfrac{p}{2}\right)^2\left(\dfrac{p}{2} - 2\right) + k = \left(1 + p + \dfrac{1}{4}p^2\right)\left(\dfrac{p}{2} - 2\right) + k$

$= 1 + \dfrac{p}{2}\ \cdots\ \text{㉡}$

㉡에 ㉠을 대입하여 계산하면

$\dfrac{p}{2} - 2 + \dfrac{p^2}{2} - 2p + \dfrac{p^3}{8} - \dfrac{p^2}{2} = 1 + \dfrac{p}{2}$

$\dfrac{p^3}{8} - 3p = 0$, $p = 2\sqrt{6}$

따라서 $k = 3 - 2\sqrt{6}$이다.

$\therefore\ f(0) = 3 - 2\sqrt{6}$

16 지수의 부등식에의 활용   정답 10

$(2^x)^2 - 18 \times 2^x + 32 \leq 0$

$(2^x - 2)(2^x - 16) \leq 0$

$2 \leq 2^x \leq 16$

식을 만족하는 x는 $1, 2, 3, 4$이므로 모든 정수 x값의 합은
$1 + 2 + 3 + 4 = 10$이다.

$\therefore\ 10$

17 등차수열   정답 25

등차수열 $\{a_n\}$은 공차가 0이 아니므로 $a_5 \neq a_{13}$이다.
즉, $a_5 = -a_{13}$이므로 $a_9 = 0$이다.
$a_{12} = 5$, $a_9 = 0$이므로 등차수열 $\{a_n\}$의 공차를 d라 하면 $3d = 5$이다.

$\therefore\ a_{24} = a_{12} + 12d = 5 + 20 = 25$

18 우함수의 정적분   정답 36

함수 $f(x)$는 조건 (가)에서 $f(-x) = -f(x)$라고 주어져있으므로, 최고차항의 계수가 1이고 홀수 차수의 항만 존재하는 원점 대칭인 삼차함수이다.
따라서 $f(x) = x^3 + ax$라 하자.

$\displaystyle\int_{-2}^{2} xf(x)\,dx = \int_{-2}^{2}(x^4 + ax^2)\,dx = 2\int_{0}^{2}(x^4 + ax^2)\,dx$

$\qquad = 2\left[\dfrac{1}{5}x^5 + \dfrac{a}{3}x^3\right]_0^2 = 2\left(\dfrac{32}{5} + \dfrac{8}{3}a\right) = \dfrac{144}{5}$

즉, $\dfrac{8}{3}a = 8$, $a = 3$이므로 $f(x) = x^3 + 3x$이다.

$\therefore\ f(3) = 27 + 9 = 36$

19 삼각함수를 활용한 선분 길이의 추론   정답 64

삼각형 ABC에서 $\overline{\text{AP}} = \overline{\text{CQ}} = x$라 하면 $\overline{\text{AQ}} = 10 - x$이다.
$\angle\text{PAQ} = \theta$라 하면

$\cos\theta = \dfrac{7^2 + 10^2 - 13^2}{2 \times 7 \times 10} = -\dfrac{1}{7}$, $\sin\theta = \sqrt{1 - \dfrac{1}{49}} = \dfrac{4\sqrt{3}}{7}$ 이다.

$\square\text{PBCQ} = \triangle\text{ABC} - \triangle\text{APQ}$

$14\sqrt{3} = \dfrac{1}{2} \times 7 \times 10 \times \dfrac{4\sqrt{3}}{7} - \dfrac{1}{2} \times x \times (10 - x) \times \dfrac{4\sqrt{3}}{7}$

$49 = 70 - x(10 - x)$

$x^2 - 10x + 21 = 0$

$(x - 3)(x - 7) = 0$

$$\therefore \ x = 3 \ (\because \ 0 < x < 7)$$
$$\therefore \ \overline{PQ}^2 = 3^2 + 7^2 - 2 \times 3 \times 7 \times \left(-\frac{1}{7}\right) = 64$$

20 절댓값함수 + 접선의 기울기

정답 118

함수 $y = f'(x)$의 그래프는 직선 $x = 2$에 대하여 대칭이고, 삼차함수 $f(x)$의 최고차항의 계수가 1이므로 $f'(x) = 3(x-2)^2 + k$ $= 3x^2 - 12x + (12+k)$로 정의한다. 또한, 함수 $f(x)$는 점 $(2, f(2))$에 대하여 대칭이라는 것을 알 수 있다.

함수 $g(x) = |f(x)|$이므로 $x = 5$에서 미분가능하고, 곡선 $y = g(x)$ 위의 점 $(5, g(5))$에서의 접선이 곡선 $y = g(x)$와 점 $(0, g(0))$에서 접하므로 그래프를 그리면 다음과 같다.

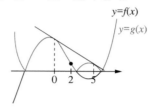

곡선 $y = g(x)$ 위의 점 $(5, g(5))$와 점 $(0, g(0))$이 같은 접선을 가지므로 두 점에서의 접선의 기울기는 같다. 함수 $g(x) = |f(x)|$이므로 함수 $f(x)$의 $x = 5$에서 접선의 기울기는 반대의 부호를 가져야 곡선 $y = g(x)$ 위의 점 $(5, g(5))$의 접선의 기울기와 같아진다.

즉, $-f'(5) = f'(0)$이다. 함수 $f'(x)$에서 $12 + k = a$로 두고 식에 대입하면

$$-(75 - 60 + a) = a, \ a = -\frac{15}{2} \text{이다.}$$

주어진 값을 대입하여 함수 $f'(x)$를 적분한 삼차함수 $f(x) = x^3 - 6x^2 - \frac{15}{2}x + b$라 하자.

$f'(0) = -\frac{15}{2}$에서 $f'(0) = \dfrac{-f(5) - f(0)}{5 - 0}$이므로 대입하면

$$\dfrac{-\left(125 - 150 - \frac{75}{2} + b\right) - b}{5} = \frac{-15}{2}, \ b = 50 \text{이다.}$$
$$\therefore \ g(8) = 8^3 - 6 \times 8^2 - 60 + 50 = 118$$

21 삼각함수의 그래프

정답 19

함수 $f(x)$에서 $2x - \frac{7}{12}\pi = t$라 하면

$f(x) = \cos^2\left(\frac{\pi}{2} - t\right) + \sqrt{3}\cos t - 1$이다. 식을 정리하면

$$f(x) = \sin^2 t + \sqrt{3}\cos t - 1 = 1 - \cos^2 t + \sqrt{3}\cos t - 1$$
$$= -\left(\cos t - \frac{\sqrt{3}}{2}\right)^2 + \frac{3}{4} \text{이다.}$$

함수 $f(x)$는 최고차항의 계수가 -1인 이차함수이며 주어진 조건

$0 \le x \le 2\pi$에 대하여, $-\frac{7}{12}\pi \le t \le \frac{41}{12}\pi$이고, $\cos t = \frac{\sqrt{3}}{2}$에서 최댓값, $\cos t = -1$에서 최솟값을 가진다.

따라서 주어진 t의 범위에서 함수 $f(x)$는 $t = -\frac{1}{6}\pi$, 3π에서 각각 최댓값, 최솟값을 가진다.

$t = -\frac{1}{6}\pi$이므로 $2x = \frac{5}{12}\pi$, $x = \frac{5}{24}\pi$이고

$t = 3\pi$이므로 $2x = \frac{43}{12}\pi$, $x = \frac{43}{24}\pi$이다.

$\frac{12}{\pi} \times (\beta - \alpha)$의 최댓값은 α가 최소, β가 최대일 경우이므로

$\alpha = \frac{5}{24}\pi$, $\beta = \frac{43}{24}\pi$이다.

$$\therefore \ \frac{12}{\pi} \times (\beta - \alpha) = \frac{12}{\pi} \times \left(\frac{43}{24}\pi - \frac{5}{24}\pi\right) = \frac{12}{\pi} \times \frac{38}{24}\pi = 19$$

개념 체크체크

삼각함수의 최대·최소와 주기

삼각함수	최댓값	최솟값	주기
$y = a\sin(bx+c)+d$	$|a|+d$	$-|a|+d$	$\frac{2\pi}{|b|}$
$y = a\cos(bx+c)+d$	$|a|+d$	$-|a|+d$	$\frac{2\pi}{|b|}$
$y = a\tan(bx+c)+d$	없다	없다	$\frac{\pi}{|b|}$

22 삼차함수의 그래프

정답 156

조건 (가)에서 모든 실수 x에 대하여 $\{h(x) - f(x)\}\{h(x) - g(x)\} = 0$이므로 $h(x) = f(x)$ 또는 $h(x) = g(x)$이다.

조건 (나)에서 $h(k)h(k+2) \le 0$을 만족시키는 서로 다른 실수 k의 개수는 3이라고 주어져있다.

어떤 실수 x에 대하여 $h(x) < 0$이면 $h(k)h(k+2) \le 0$를 만족하는 k가 무수히 많으므로 모든 실수 x에 대하여 $h(x) \ge 0$이어야 하고, 해당 조건은 $h(k)h(k+2) \ge 0$를 만족하므로 이를 종합하면 $h(k)h(k+2) = 0$을 만족하는 서로 다른 실수 k의 개수가 3이어야 한다.

만약 $h(k) = 0$인 k가 1개 있다고 가정하면, $h(k+2) = 0$을 만족하는 k도 1개이므로 조건을 만족하지 않는다.

$h(k) = 0$인 k가 2개 있다고 가정하면, $h(k+2) = 0$을 만족하는 k도 2개이므로 두 식을 함께 만족시키는 k가 1개 있다고 하면 서로 다른 실수 k의 개수는 3이다.

함수 $f(x)$는 $x = 0, 2$에서 함숫값 0을 가지므로 조건을 만족하는 함수 $h(x)$를 구하기 위해 그래프의 개형을 그려보자. 함수 $h(x)$는 실수 전체의 집합에서 연속이고 $h(k)h(k+2) = 0$을 만족하는 서로 다른 실수 k의 개수가 3이므로 다음과 같은 두 가지 개형을 생각할 수 있다.

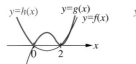 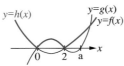

먼저 첫 번째 그림에서 함수 $g(x) = x(x-2)^2$이고, 함수 $h(x)$에 대하여 $\int_{-2}^{3} h(x)dx$를 구하면 다음과 같다.

$$\int_{-2}^{3} h(x)dx = \int_{-3}^{0} f(x)dx + \int_{0}^{2} g(x)dx$$
$$= \int_{-3}^{0} (x^2 - 2x)dx + \int_{0}^{2} (x^3 - 4x^2 + 4x)dx$$
$$= 18 + \int_{0}^{2} (x^3 - 4x^2 + 4x)dx$$

해당 식을 계산하면 $\int_{-2}^{3} h(x)dx = 26$을 만족하지 못하는 것을 알 수 있다.

이어서 두 번째 그림에서 함수 $g(x) = x(x-2)(x-a)$이고, 함수 $h(x)$에 대하여 $\int_{-2}^{3} h(x)dx$를 구하면 다음과 같다.

$$\int_{-2}^{3} h(x)dx = \int_{-3}^{0} f(x)dx + \int_{0}^{2} g(x)dx$$
$$= \int_{-3}^{0} (x^2 - 2x)dx + \int_{0}^{2} x(x-2)(x-a)dx$$
$$= 18 + \int_{0}^{2} (x^3 - (a+2)x^2 + 2ax)dx$$
$$= 18 + 4 - \frac{8}{3}(a+2) + 4a = 26$$

식을 정리하면

$$22 - \frac{8}{3}a - \frac{16}{3} + 4a = 26, \quad \frac{4a}{3} = 4 + \frac{16}{3} \quad \therefore \ a = 7$$

즉, 함수 $g(x) = x(x-2)(x-7)$이다.

$$\therefore \ h(1) + h(6) + h(9)$$
$$= g(1) + f(6) + g(9) = 6 + 24 + 126 = 156$$

선택

1 확률과 통계

23 이항분포의 분산   정답 ⑤

확률변수 X가 이항분포 $\mathrm{B}\left(49, \frac{3}{7}\right)$을 따르므로

X의 분산은 $V(X) = 49 \times \frac{3}{7} \times \frac{4}{7} = 12$이다.

$$\therefore \ \mathrm{V}(2X) = 4V(X) = 4 \times 12 = 48$$

> **개념 체크체크**
>
> 이항분포의 평균, 분산, 표준편차
> 확률변수 X가 이항분포 $\mathrm{B}(n,\ p)$를 따를 때
> (1) 이항분포의 평균 $\mathrm{E}(X) = np$
> (2) 이항분포의 분산 $\mathrm{V}(X) = npq$ (단, $q = 1-p$)
> (3) 이항분포의 표준편차 $\sigma(X) = \sqrt{npq}$ (단, $q = 1-p$)

24 독립사건   정답 ②

두 사건 A와 B가 서로 독립이므로 $\mathrm{P}(A|B) = \frac{1}{2} = \mathrm{P}(A)$이다.

$$P(A \cup B) = P(A) + P(B) - P(A \cap B)$$
$$= \frac{1}{2} + P(B) - \frac{1}{2}P(B) = \frac{1}{2} + \frac{1}{2}P(B) = \frac{7}{10}$$

$$\therefore \ P(B) = \frac{2}{5}$$

> **개념 체크체크**
>
> 독립사건
> 사건 A, B가 독립일 때, $\mathrm{P}(A \cap B) = \mathrm{P}(A)\mathrm{P}(B)$

25 이항정리의 활용   정답 ③

조합 공식을 이용한다. $(x^2 + y)^4$에서 x^2이 a번 나온다면 y는 $4-a$번 나온다.

같은 방식으로 $\left(\frac{2}{x} + \frac{1}{y^2}\right)^5$에서 $\frac{2}{x}$가 b번 나온다면 $\frac{1}{y^2}$은 $5-b$번 나온다.

이를 식으로 계산하면 다음과 같다.

$$_4C_a (x^2)^a y^{4-a} \cdot {}_5C_b \left(\frac{2}{x}\right)^b \left(\frac{1}{y^2}\right)^{5-b}$$
$$= {}_4C_a \cdot {}_5C_b \cdot (x^2)^a \cdot \left(\frac{2}{x}\right)^b \cdot y^{4-a} \cdot \left(\frac{1}{y^2}\right)^{5-b}$$
$$= {}_4C_a \cdot {}_5C_b \cdot 2^b \cdot x^{2a-b} \cdot y^{2b-a-6}$$

$\dfrac{x^4}{y^5}$의 계수를 구하려면 $2a - b = 4$, $2b - a - 6 = -5$이어야 한다.

두 식을 연립하여 풀면 $a = 3$, $b = 2$이다.

$$\therefore \ {}_4C_a \cdot {}_5C_b \cdot 2^b = {}_4C_3 \cdot {}_5C_2 \cdot 2^2 = 4 \times 10 \times 4 = 160$$

26 정규분포와 표준화

확률변수 X를 사관학교 생도의 일주일 수면 시간이라고 하자.
$X \sim N(45, 1^2)$이므로 사관학교 생도 중 임의추출한 36명의 일주일
수면 시간의 표본평균이 44시간 45분 이상이고 45시간 20분 이하일
확률을 구하면 다음과 같다.

$$P\left(\frac{44+\frac{3}{4}-45}{\frac{1}{6}} \leq Z \leq \frac{44+\frac{1}{3}-45}{\frac{1}{6}}\right)$$

$$= P(-1.5 \leq Z \leq 2)$$
$$= P(0 \leq Z \leq 1.5) + P(0 \leq Z \leq 2)$$
$$= 0.4332 + 0.4772 = 0.9104$$

◀ 개념 체크체크 ▶

정규분포의 표준화

$0 < a < b$에 대하여 확률변수 Z가 표준정규분포를 따를 때
(1) $P(a \leq Z \leq b) = P(0 \leq Z \leq b) - P(0 \leq Z \leq a)$
(2) $P(-a \leq Z \leq 0) = P(0 \leq Z \leq a)$
(3) $P(Z \geq b) = 0.5 - P(0 \leq Z \leq b)$

27 집합과 함수의 활용

조건 (나)에서 함수 f의 치역의 원소는 2개라 하였으므로, 집합 X에
서 원소 2개를 고르는 경우의 수는 $_5C_2 = 10$이다.
조건 (가)에서 $x = 1, 2, 3$일 때 $f(x) \leq f(x+1)$이라고 하였으므로
$f(1) \leq f(2) \leq f(3) \leq f(4)$를 만족하고, $f(5)$의 값은 자유이다.
(i) $f(1) = f(2) = f(3) = f(4)$인 경우
    $f(1), f(2), f(3), f(4)$는 모두 같은 값을 가지므로 $f(5)$는
    다른 값을 가져야 한다.
    즉, $f(1) \sim f(4)$가 치역의 원소 2개 중 하나의 값을 가질 경우
    의 수는 2가지이고 $f(5)$는 나머지 한 값을 자동적으로 가지게
    되므로 총 경우의 수는 2가지이다.
(ii) $f(1) \sim f(4)$가 2가지 값을 모두 가질 경우
    치역의 원소 2개 중 $f(1)$은 작은 값을, $f(4)$는 큰 값을 가지며
    $f(2)$와 $f(3)$은 두 값 중 한 값을 동시에 가지는 경우의 수 2가
    지와 각각 다른 값을 가지는 경우의 수 1가지가 존재한다. 이때,
    $f(5)$는 치역의 원소 두 가지를 가질 수 있으므로 경우의 수는
    2가지이다.
    즉, $f(1) \sim f(4)$ 값의 경우의 수 3가지, $f(5)$ 값의 경우의 수
    2가지로 총 경우의 수는 6가지이다.
$\therefore 10 \times (2+6) = 80$

28 경우의 수와 확률

$a+b+c+d+e+f$의 값이 짝수가 되도록 카드를 나열하는 경우의
수를 구하기 위해서 주어진 예를 활용해 풀이 방법을 생각해 보면 다
음과 같다.
먼저 편의를 위해 짝수에 마이너스 기호가 붙은 수도 짝수라고 가정
한다.
위의 예에서 $a+b+c+d+e+f$ 값을 구하면,
$(4-1)+(1-2)+(2-1)+(1-4)+(4-4)+(4-2) = 4-2$
이다.
즉, 가운데 수들은 모두 소거되고 가장 끝에 있는 수의 뺄셈만이 남
게 되는 것을 알 수 있다.
두 수의 뺄셈이 짝수가 되려면 두 수 모두 홀수이거나 모두 짝수이어
야 한다.
(i) a, f가 홀수인 경우
    $a = f = 1$이므로 나머지 5개의 수를 나열하는 경우의 수는
    $_5C_2 = 10$이다.
(ii) a, f가 짝수인 경우
    $a = f = 2$일 때, 나머지 5개의 수를 나열하는 경우의 수는
    $_5C_2 = 10$이다.
    $a = f = 4$일 때는 1, 1, 2, 2, 4가 남는다. 가운데 다섯 자리에
    4를 먼저 배정하고 나머지 수들을 배정하면 되므로 경우의 수는
    $5 \times _4C_2 = 30$이다.
    a, f가 2와 4를 각각 하나씩 가질 때는 1, 1, 2, 4, 4가 남는다.
    먼저 2와 4를 배정하는 경우 2가지가 있고, 가운데 다섯 자리에
    2를 먼저 배정하고 나머지 수들을 배정하면 되므로 경우의 수는
    $2 \times 5 \times _4C_2 = 60$이다.
$\therefore 10 + 10 + 30 + 60 = 110$

29 확률변수의 기댓값 공식과 조합

먼저 주머니에서 임의로 하나의 공을 꺼내어 색을 확인한 후 다시 넣
으므로 총 가능한 경우의 수는 $4^4 = 256$이다.
(i) $X = 1$
    네 번의 시행 모두 같은 색의 공이 나오는 경우는 총 4가지이다.
    즉, $\frac{4}{256}$이다.
(ii) $X = 2$
    네 가지의 색 중 두 가지 색이 나오는 경우는 먼저 $_4C_2$이다. 예
    를 들어 흰 공과 검은 공이 뽑혔다고 하자. 두 공을 네 번의 시행
    에 배열하는 경우는 2^4이고, 여기서 $X = 1$일 때와 같은 경우를
    제외해 주어야 하므로 흰 공만 네 번, 검은 공만 네 번 나오는
    두 가지의 경우는 제외한다.
    즉, $\frac{_4C_2(2^4-2)}{256}$이다.

(iii) $X=4$

　네 가지의 색 모두가 나오는 경우는 $4!$이다.

　즉, $\dfrac{4!}{256}$이다.

(vi) $X=3$

　전체 확률 1에서 $X=1,2,4$의 확률을 뺄셈하여 다음과 같이 구한다.

$$1-\dfrac{4}{256}-\dfrac{_4C_2(2^4-2)}{256}-\dfrac{4!}{256}=\dfrac{144}{256}$$

$$\therefore \mathrm{E}(X)=1\times\dfrac{4}{256}+2\times\dfrac{84}{256}+3\times\dfrac{144}{256}+4\times\dfrac{24}{256}=\dfrac{175}{64}$$

$$\therefore \mathrm{E}(64X-10)=64\times\dfrac{175}{64}-10=165$$

◀ 개념 체크체크 ▶

조합

서로 다른 n개에서 r개를 택하는 조합의 수는

$$_nC_r=\dfrac{_nP_r}{r!}=\dfrac{n(n-1)\cdots(n-r+1)}{r!}$$

$$=\dfrac{n!}{r!(n-r)!}\ \ (\text{단},\ 0\le r\le n)$$

* 순서를 생각하여 택하는 경우의 수는 순열, 순서를 생각하지 않고 택하는 경우의 수는 조합이므로 문제의 상황에서 순서를 생각하는지 하지 않는지 파악한 후 해결한다.

30　경우의 수와 확률의 계산　　정답 13

남아 있는 공의 색의 종류의 수가 처음으로 2가 되면 시행을 멈추는데, 시행을 멈출 때까지 꺼낸 공의 개수가 4가 되려면 검은 공을 모두 뽑는 것은 불가능하므로, 4번째에 뽑은 공이 흰 공 또는 노란 공일 경우를 나누어 경우의 수를 구한다.

(i) 4번째에 흰 공을 뽑는 경우

　검은 공과 노란 공 두 가지가 하나씩은 남아 있어야 주어진 조건을 만족할 수 있으므로 다음과 같은 두 가지 경우로 나누어질 수 있다.

(i -1) 검은 공 3개가 뽑히고 흰 공이 뽑히는 경우

　비복원추출이므로 경우의 수를 구하면 $6\times5\times4\times1=120$이다.

(i -2) 검은 공 2개, 노란 공 1개가 뽑히고 흰 공이 뽑히는 경우

　먼저 3개의 공을 뽑을 때, 검은 공 2개는 구별되지 않으므로 $\dfrac{3!}{2!}=3$이다.

　따라서 검은 공 2개와 노란 공 1개가 뽑히는 순서를 정하는 경우의 수는 $3\times6\times5\times2\times1=180$이다.

(ii) 4번째에 노란 공을 뽑는 경우

　1~3번째에 흰 공을 뽑게 되면 남아 있는 공의 색의 종류의 수가 처음으로 2가 되는 것이 4번째가 될 수 없으므로, 노란 공이 모두 뽑히도록 해주어야 한다. 그러므로 검은 공 2개, 노란공 1개가 뽑히고 흰 공이 뽑히는 경우의 수를 생각해야 한다.

먼저 3개의 공을 뽑을 때, 검은 공 2개는 구별되지 않으므로 $\dfrac{3!}{2!}=3$이다.

따라서 검은 공 2개와 노란 공 1개가 뽑히는 순서를 정하는 경우의 수는 $3\times6\times5\times2\times1=180$이다.

$$\therefore \dfrac{120+180}{120+180+180}=\dfrac{5}{8}$$

$$\therefore p+q=8+5=13$$

2　미적분

23　등비수열의 극한값　　정답 ①

$$\lim_{n\to\infty}n\left(\sqrt{4+\dfrac{1}{n}}-2\right)=\lim_{n\to\infty}\dfrac{n\left(\sqrt{4+\dfrac{1}{n}}-2\right)\left(\sqrt{4+\dfrac{1}{n}}+2\right)}{\left(\sqrt{4+\dfrac{1}{n}}+2\right)}$$

$$=\dfrac{1}{\sqrt{4}+2}=\dfrac{1}{4}$$

24　정적분과 급수　　정답 ③

$$\lim_{n\to\infty}\sum_{k=1}^{n}\dfrac{k}{n^2}f\left(\dfrac{k}{n}\right)=\lim_{n\to\infty}\sum_{k=1}^{n}\dfrac{1}{n}\dfrac{k}{n}f\left(\dfrac{k}{n}\right)$$

$$=\int_0^1 xf(x)dx=\int_0^1 xe^{x^2}dx$$

$$=\dfrac{1}{2}\int_0^1 2xe^{x^2}dx=\dfrac{1}{2}\left[e^{x^2}\right]_0^1=\dfrac{1}{2}e-\dfrac{1}{2}$$

25　역함수의 미분법　　정답 ③

함수 $h(x)=\{g(x)\}^2$의 양변을 미분하면 $h'(x)=2g(x)g'(x)$이다.

$h'(\ln4)$를 구하기 위하여 $g(\ln4)$와 $g'(\ln4)$를 각각 구한다.

$g(\ln4)=t$라 하면 함수 $f(x)=\ln(e^x+2)$의 역함수를 $g(x)$라고 정의하였으므로

$f(t)=\ln(e^t+2)=\ln4$, $t=\ln2$이다.

$g'(\ln4)=\dfrac{1}{f'(g(\ln4))}=\dfrac{1}{f'(\ln2)}$이고 $f'(x)=\dfrac{e^x}{e^x+2}$이므로

$g'(\ln4)=2$이다.

$\therefore h'(\ln4)=2g(\ln4)g'(\ln4)=2\times\ln2\times2=4\ln2$

26 삼각함수의 극한

점 $A(t,0)$에 따라 점 $B\left(t, \sin\dfrac{t}{2}\right)$, $C\left(t, \tan\dfrac{t}{2}\right)$로 정의할 수 있다.

$$f(t) = \frac{1}{2} \times t \times \sin\frac{t}{2} = \frac{t}{2}\sin\frac{t}{2}$$

$$g(t) = \triangle OAC - \triangle OAD$$

$$= \frac{1}{2} \times t \times \tan\frac{t}{2} - \frac{1}{2} \times t \times \sin\frac{t}{2} = \frac{t}{2}\tan\frac{t}{2} - \frac{t}{2}\sin\frac{t}{2}$$

$$\lim_{t \to 0+} \frac{g(t)}{\{f(t)\}^2} = \lim_{t \to 0+} \frac{\dfrac{t}{2}\tan\dfrac{t}{2} - \dfrac{t}{2}\sin\dfrac{t}{2}}{\left(\dfrac{t}{2}\sin\dfrac{t}{2}\right)^2}$$

$$= \lim_{t \to 0+} \frac{\dfrac{t}{2}\tan\dfrac{t}{2}\left(1 - \cos\dfrac{t}{2}\right)}{\left(\dfrac{t}{2}\sin\dfrac{t}{2}\right)^2}$$

$$= \lim_{t \to 0+} \frac{1}{\dfrac{t}{2}\sin\dfrac{t}{2}} \times \left(\frac{1}{\cos\dfrac{t}{2}} - 1\right)$$

$$= \lim_{t \to 0+} \frac{1}{\dfrac{t}{2}\sin\dfrac{t}{2}} \times \left(\frac{1 - \cos\dfrac{t}{2}}{\cos\dfrac{t}{2}}\right) \times \left(\frac{1 + \cos\dfrac{t}{2}}{1 + \cos\dfrac{t}{2}}\right)$$

$$= \lim_{t \to 0+} \frac{\sin\dfrac{t}{2}}{\dfrac{t}{2}} \times \left(\frac{1}{\cos\dfrac{t}{2}\left(1 + \cos\dfrac{t}{2}\right)}\right)$$

$$= 1 \times \frac{1}{1(1+1)}$$

$$= \frac{1}{2}$$

27 정적분과 부피

$$\int_1^3 \frac{\ln(x+1)}{x^2}dx = \left[-\frac{1}{x}\ln(x+1)\right]_1^3 + \int_1^3 \left(\frac{1}{x} \times \frac{1}{1+x}\right)dx$$

$$= \left[-\frac{1}{x}\ln(x+1)\right]_1^3 + \int_1^3 \left(\frac{1}{x} - \frac{1}{1+x}\right)dx$$

$$= \left[-\frac{1}{x}\ln(x+1)\right]_1^3 + \left[\ln\left|\frac{x}{x+1}\right|\right]_1^3$$

$$= \frac{1}{3}\ln 2 + \ln\frac{3}{4} - \ln\frac{1}{2} = \frac{1}{3}\ln 2 + \frac{1}{3}\ln\frac{27}{8}$$

$$= \frac{1}{3}\ln\frac{27}{4}$$

28 정적분의 넓이

먼저 주어진 식에 $x = 0$을 대입하면 다음과 같다.

$0 = 1 - 0 + a$ 이며 $a = -1$이다.

$$\therefore \int_0^x (x-t)f(t)dt = e^{2x} - 2x - 1$$

식의 양변을 x에 대해 미분하면 다음과 같다.

$$\int_0^x f(t)dt + xf(x) - xf(x) = 2e^{2x} - 2$$

$$\therefore f(x) = 4e^{2x}, \ f'(x) = 8e^{2x}$$

곡선 $y = f(x)$ 위의 점 $(-1, f(-1))$에서의 접선 l의 식을 구하면 다음과 같다.

$$l : y = f'(-1)(x+1) + \frac{4}{e^2} = \frac{8}{e^2}x + \frac{12}{e^2}$$

곡선 $y = f(x)$와 직선 l 및 y축으로 둘러싸인 부분의 넓이를 S라 정의하고 그래프의 개형을 그려 확인하면 다음과 같다.

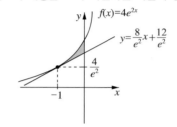

$$\therefore S = \int_{-1}^0 4e^{2x} - \left(\frac{8}{e^2}x + \frac{12}{e^2}\right)dx$$

$$= \left[2e^{2x} - \frac{4}{e^2}x^2 - \frac{12}{e^2}x\right]_{-1}^0 = 2 - \frac{10}{e^2}$$

29 합성함수와 극값

두 실수 a, b에 대하여 x에 대한 방정식 $x^2 + ax + b = 0$의 두 근을 α, β라 하였으므로 $(x-\alpha)(x-\beta) = 0$이라 하자.

함수 $y = (x-\alpha)(x-\beta)$는 최고차항의 계수가 1이고 $\dfrac{\alpha+\beta}{2}$에서 최솟값을 가진다. 식에 대입하여 계산하면

$$\frac{\beta-\alpha}{2} \times \frac{\alpha-\beta}{2} = -\frac{1}{4}(\alpha-\beta)^2 = -\frac{17}{6}\pi$$이므로 함수 식을 정리

하면 $y = x^2 - \dfrac{17}{6}\pi$이 된다.

함수 $f(x) = \sin(x^2 + ax + b)$를 열린구간 (α, β)에서 보면, y값은 0에서 $-\dfrac{17}{6}\pi$로, $-\dfrac{17}{6}\pi$에서 다시 0으로 변한다. 이를 그래프에서 확인하면 다음과 같다.

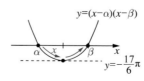

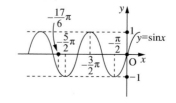

열린구간 (α, β)에서 x는 최대 $-\dfrac{17}{6}\pi$까지 움직일 수 있으므로,

$c_1 = -\dfrac{\pi}{2}$, $c_2 = -\dfrac{3\pi}{2}$, $c_3 = -\dfrac{5\pi}{2}$, $c_4 = -\dfrac{17\pi}{6}$, $c_5 = -\dfrac{5\pi}{2}$,

$c_6 = -\dfrac{3\pi}{2}$, $c_7 = -\dfrac{\pi}{2}$, 즉 $n = 7$이다.

$\therefore f(c_1) = f(c_3) = f(c_5) = f(c_7) = -1$, $f(c_2) = f(c_6) = 1$,

$\quad f(c_4) = -\dfrac{1}{2}$

$\therefore (1-n) \times \displaystyle\sum_{k=1}^{n} f(c_k) = (-6) \times \left(-1+1-1-\dfrac{1}{2}-1+1-1\right)$

$\qquad = 15$

30 함수의 연속과 추론 정답 30

먼저 주어진 함수 $g(x)$를 풀어보면 다음과 같다.

$g(x) = \displaystyle\lim_{n \to \infty} \dfrac{|x-2|^{2n+1} + f(x)}{|x-2|^{2n} + k}$

$\quad = \dfrac{0 + f(x)}{0 + k} = \dfrac{f(x)}{k}$ $\quad (|x-2| < 1)$

$g(x) = \displaystyle\lim_{n \to \infty} \dfrac{|x-2|^{2n+1} + f(x)}{|x-2|^{2n} + k}$

$\quad = \dfrac{|x-2| + 0}{1 + 0} = |x-2|$ $\quad (|x-2| > 1)$

$g(x) = \dfrac{|f(x+1)|}{k+1}$ $\quad (|x-2| = 1)$

함수 $g(x)$는 실수 전체의 집합에서 연속이고 $\dfrac{f(x)}{k}$와 $|x-2|$ 모두 연속함수이므로 $x = 1, 3$일 때에도 연속이어야 한다.

$\displaystyle\lim_{x \to 1-} g(x) = \lim_{x \to 1-} |x-2| = 1$

$\displaystyle\lim_{x \to 1+} g(x) = \lim_{x \to 1+} \dfrac{f(x)}{k} = \dfrac{f(1)}{k}$

$g(1) = \dfrac{|f(2)|}{k+1}$

$\therefore f(1) = k$, $|f(2)| = k+1$

$\displaystyle\lim_{x \to 3-} g(x) = \lim_{x \to 3-} \dfrac{f(x)}{k} = \dfrac{f(3)}{k}$

$\displaystyle\lim_{x \to 3+} g(x) = \lim_{x \to 3+} |x-2| = 1$

$g(1) = \dfrac{|f(4)|}{k+1}$

$\therefore f(3) = k$, $|f(4)| = k+1$

이차함수 $f(x) = a(x-1)(x-3) + k$라 하자. 최고차항의 계수가 주어져 있지 않으므로 나누어 구한다.

(i) 최고차항의 계수가 양수일 때

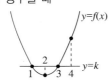

$f(2) = -k-1$, $f(4) = k+1$

값을 대입하면

$\qquad f(2) = -a+k$, $f(4) = 3a+k$

즉, $a = \dfrac{1}{3}$, $k = -\dfrac{1}{3}$이므로 최고차항의 계수는 양수가 아니다.

$(\because\ k > 0)$

(ii) 최고차항의 계수가 음수일 때

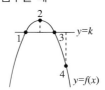

$f(2) = k+1$, $f(4) = -k-1$

값을 대입하면

$\qquad f(2) = -a+k$, $f(4) = 3a+k$

즉, $a = -1$, $k = 1$이다.

$\therefore f(x) = -(x-1)(x-3) + 1$

이차함수 $f(x)$가 연속이고 a, k값을 대입하여 함수 $g(x)$를 정리하면 함수 $f(g(x))$는 닫힌구간 $[1,3]$에서 연속이다.

닫힌구간 $[1,3]$에서 함수 $f(g(x))$의 최댓값과 최솟값을 구해야 하므로 함수 $g(x)$의 범위부터 살펴보자.

$1 \le x \le 3$에서 함수 $g(x)$는 $1 \le g(x) \le 2$이고 함수 $f(g(x))$는 $1 \le f(g(x)) \le 2$이다. 즉, 최댓값 $M = 2$, 최솟값 $m = 1$이다.

$\therefore 10(M+m) = 10 \times 3 = 30$

3 기하

23 좌표공간 정답 ⑤

좌표공간의 점 $A(1, -2, 3)$을 y축에 대하여 대칭이동하면 점 $P(-1, -2, -3)$가 되고, 점 $A(1, -2, 3)$을 zx평면에 대하여 대칭이동하면 $Q(1, 2, 3)$이 된다.

$\therefore \overline{PQ} = \sqrt{2^2 + 4^2 + 6^2} = \sqrt{56} = 2\sqrt{14}$

24 두 직선이 이루는 각의 크기 정답 ⑤

$\cos\theta = \dfrac{|\vec{u} \cdot \vec{u'}|}{|\vec{u}||\vec{u'}|} = \dfrac{|6+1|}{\sqrt{10}\,\sqrt{5}} = \dfrac{7\sqrt{2}}{10}$

25 정육면체에서의 선분의 내분점 정답 ①

정육면체 $ABCD-EFGH$의 한 모서리의 길이는 3이므로 $\overline{EP}=2$, $\overline{EQ}=1$, $\overline{PQ}=\sqrt{5}$ 이다.

점 A와 직선 PQ 사이의 거리를 구하기 위해 점 E에서 직선 PQ에 수직으로 선분을 내려 접점을 M이라 하면 $2:\sqrt{5}=\overline{EM}:1$, $\overline{EM}=\dfrac{2}{\sqrt{5}}$ 이다.

$$\therefore \overline{AM}=\sqrt{\left(3^2+\left(\dfrac{2}{\sqrt{5}}\right)^2\right)}=\sqrt{\dfrac{49}{5}}=\dfrac{7\sqrt{5}}{5}\ \text{이다.}$$

26 포물선의 접선의 방정식 정답 ①

포물선 $(y+2)^2=16(x-8)$는 포물선 $y^2=-16x$를 x축으로 8만큼, y축으로 -2만큼 평행이동한 포물선이다. 따라서 각각의 초점은 $(12,-2)$, $(4,0)$이며, 포물선 $y^2=-16x$의 그래프의 개형을 그리면 다음과 같다.

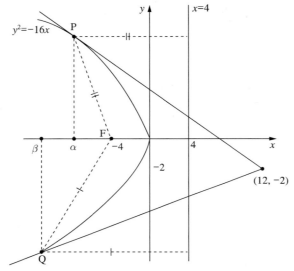

점 P의 x좌표를 α, 점 Q의 x좌표를 β라고 하면 선분 $\overline{PF}$의 길이는 점 P에서 $x=4$에 수직으로 내린 선분의 길이와 같다. 마찬가지로 선분 $\overline{QF}$의 길이는 점 Q에서 $x=4$에 수직으로 내린 선분의 길이와 같다. 즉, $\overline{PF}+\overline{QF}=4-\alpha+4-\beta=8-(\alpha+\beta)$ 이다.

점 $(12,-2)$에서 포물선 $y^2=-16x$에 그은 접선을, 기울기가 m인 접선의 방정식 공식을 이용하여 $y=mx-\dfrac{4}{m}$로 정의하자. $(12,-2)$를 대입하면

$$12m-\dfrac{4}{m}=-2$$

$$6m^2+m-2=0$$

$$\therefore m=\dfrac{1}{2}\ \text{또는}\ m=-\dfrac{2}{3}$$

직선 $y=mx-\dfrac{4}{m}$와 포물선 $y^2=-16x$의 교점을 구하기 위해 식을 대입하여 방정식을 만들어 구하면 다음과 같다.

$$\left(mx-\dfrac{4}{m}\right)^2=-16x$$

$$\left(mx+\dfrac{4}{m}\right)^2=0$$

$$\therefore x=-\dfrac{4}{m^2}$$

$$\therefore x=-16\ \text{또는}\ x=-9$$

따라서 $\alpha=-16$, $\beta=-9$, $\alpha+\beta=-25$이므로 구하고자 하는 값은 $8-(-25)=33$이다.

27 벡터의 내적을 활용한 계산 정답 ③

구하고자 하는 값은 $\overrightarrow{AR}\cdot(\overrightarrow{AB}+\overrightarrow{AC})$이고, $\overline{AB}=9$, $\overline{BC}=8$, $\overline{CA}=7$이므로 $\angle ABC=\theta$라고 정의하여 먼저 $\cos\theta$의 값을 구한다. 코사인 공식에 의하여

$$\cos\theta=\dfrac{81+49-64}{2\times9\times7}=\dfrac{11}{21}$$

각 θ는 $\triangle ABC$, $\triangle APC$, $\triangle ABQ$에 모두 존재하므로, $\cos\theta$의 값을 $\triangle APC$, $\triangle ABQ$에 적용하여 선분 AP, AQ의 길이 또한 구할 수 있다.

$$\overline{AP}=7\times\dfrac{11}{21}=\dfrac{11}{3}$$

$$\overline{AQ}=9\times\dfrac{11}{21}=\dfrac{33}{7}$$

$\angle PAR=\theta_1$, $\angle QAR=\theta_2$라고 하자.

$$\begin{aligned}\overrightarrow{AR}\cdot(\overrightarrow{AB}+\overrightarrow{AC})&=\overrightarrow{AR}\cdot\overrightarrow{AB}+\overrightarrow{AR}\cdot\overrightarrow{AC}\\&=|\overrightarrow{AR}||\overrightarrow{AB}|\cos\theta_1+|\overrightarrow{AR}||\overrightarrow{AC}|\cos\theta_2\\&=|\overrightarrow{AB}||\overrightarrow{AP}|+|\overrightarrow{AC}||\overrightarrow{AQ}|\\&=\overrightarrow{AB}\cdot\overrightarrow{AP}+\overrightarrow{AC}\cdot\overrightarrow{AQ}\\&=9\times\dfrac{11}{3}+7\times\dfrac{33}{7}=66\end{aligned}$$

$$\therefore \overrightarrow{AR}\cdot(\overrightarrow{AB}+\overrightarrow{AC})=66$$

28 타원과 쌍곡선의 방정식 정답 ②

먼저 쌍곡선의 성질을 이용하여 길이를 구한다.

$$\overline{PF'}-\overline{PF}=\overline{PF'}-\overline{PQ}=\overline{QF'}=2a$$

$$\overline{QF}-\overline{QF'}=\overline{QF}-2a=2a\quad\therefore \overline{QF}=4a$$

타원 $\dfrac{x^2}{81}+\dfrac{y^2}{75}=1$에서 $-75+81=6$이므로

$F(\sqrt{6},0)$, $F'(-\sqrt{6},0)$, $\overline{FF'}=2\sqrt{6}$,

장축의 길이는 $2\times9=18$이므로 $\overline{PF}=\overline{PF'}=2\overline{PF}+2a=18$

$$\therefore \overline{PF}=9-a$$

조건 (나)에 의하여

$$(9-a)+(9-a)+4a=20\quad\therefore a=1$$

점 P에서 x축에 수직인 선분을 내려 만나는 점을 K라 하고, $\angle \mathrm{PFK} = \theta$라 하면 $\angle \mathrm{PFF}' = \pi - \theta$이다.

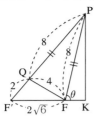

$$\cos(\pi - \theta) = -\cos\theta = \frac{8^2 + (2\sqrt{6})^2 - 10^2}{2 \times 8 \times 2\sqrt{6}}$$

$$= \frac{-12}{32\sqrt{6}} = -\frac{\sqrt{6}}{16}$$

$$\therefore \cos\theta = \frac{\sqrt{6}}{16}$$

점 P의 x좌표는 선분 OF와 FK의 길이를 더한 값이고 $\overline{\mathrm{FK}} = 8\cos\theta = \frac{\sqrt{6}}{2}$이다.

$$\therefore \sqrt{6} + \frac{\sqrt{6}}{2} = \frac{3\sqrt{6}}{2}$$

---

29 정사영   정답 220

주어진 그림을 살펴보자. 먼저 $\overline{\mathrm{AB}} = 2$, $\overline{\mathrm{BC}} = \sqrt{5}$인 직사각형 ABCD를 밑면으로 하고 $\overline{\mathrm{OA}} = \overline{\mathrm{OB}} = \overline{\mathrm{OC}} = \overline{\mathrm{OD}} = 2$인 사각뿔 O−ABCD이므로 직사각형 ABCD와 삼각형 OBD는 서로 수직인 평면이다. $\overline{\mathrm{OA}}$의 중점 M에서 평면 OBD에 수직으로 내린 점이 H이므로 점 A에서 선분 BD에 수직으로 내린 점을 A′, 점 C에서 선분 BD에 수직으로 내린 점을 C′이라고 하자.

점 M에서 삼각형 OBD에 수직으로 내린 점 H를 잇는 선분 MH는, 점 A에서 선분 BD에 수직으로 내린 점 A′을 잇는 선분 AA′과 평행하므로 점 H는 선분 OA′의 중점이 된다는 것을 알 수 있다. 직사각형 ABCD와 삼각형 OBD를 그려보면 다음과 같다.

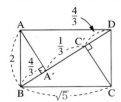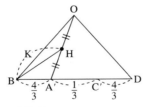

피타고라스의 정리에 의해 $\overline{\mathrm{BD}} = \sqrt{5+4} = 3$이다.

$\angle \mathrm{BCD} = \angle \mathrm{ABD} = \theta$라 하면, $\cos\theta = \frac{2}{3} = \frac{\overline{\mathrm{BA}'}}{2}$이므로

$\overline{\mathrm{BA}'} = \frac{4}{3}$이다. $\overline{\mathrm{BA}'} = \overline{\mathrm{C}'\mathrm{D}}$이므로 $\overline{\mathrm{A}'\mathrm{C}'} = 3 - 2 \times \frac{4}{3} = \frac{1}{3}$이다.

구하고자 하는 것은 선분 BH의 길이이므로 점 O에서 선분 BD에 수직으로 내린 점을 O′, 점 H에서 선분 BD에 수직으로 내린 점을 H′라 정의하고 삼각형 OBO′을 그리면 다음과 같다.

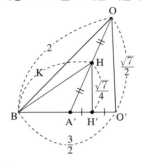

$\overline{\mathrm{BO}'} = \frac{4}{3} + \frac{1}{6} = \frac{3}{2}$이므로

$\overline{\mathrm{OO}'} = \frac{\sqrt{7}}{4}$, $\overline{\mathrm{HH}'} = \frac{1}{2}\overline{\mathrm{OO}'} = \frac{\sqrt{7}}{4}$ 이다.

$\overline{\mathrm{BH}'} = \frac{3}{2} - \frac{1}{12} = \frac{17}{12}$이므로 피타고라스의 정리에 의해

$$k^2 = \left(\frac{17}{12}\right)^2 + \left(\frac{\sqrt{7}}{4}\right)^2 = \frac{352}{144} = \frac{22}{9}$$이다.

$$\therefore 90k^2 = 90 \times \frac{22}{9} = 220$$

> **〈 개념 체크체크 〉**
>
> **정사영**
> 평면 α 위에 있지 않은 한 점 P에서 평면 α에 내린 수선의 발을 P′이라 할 때, 점 P′을 점 P의 평면 α 위로의 정사영이라 한다.

---

30 평면벡터의 내적의 활용   정답 40

먼저 조건에 따른 점 C의 위치를 확인해 보자. 한 변의 길이가 $4\sqrt{2}$인 정삼각형 OAB에 대하여 $|\overrightarrow{\mathrm{AC}}| = 4$라고 주어져 있다. $\overrightarrow{\mathrm{OA}} \cdot \overrightarrow{\mathrm{AC}} = 0$이므로 점 C는 선분 OA에 수직이고, $\overrightarrow{\mathrm{AB}} \cdot \overrightarrow{\mathrm{AC}} > 0$이므로 $\angle \mathrm{BAC}$는 예각이다. 점 C는 선분 AB와 멀어질수록 $\angle \mathrm{BAC}$가 둔각이 되므로 선분 AB의 아래쪽에 위치하게 된다.

$(\overrightarrow{\mathrm{OP}} - \overrightarrow{\mathrm{OC}}) \cdot (\overrightarrow{\mathrm{OP}} - \overrightarrow{\mathrm{OA}}) = \overrightarrow{\mathrm{CP}} \cdot \overrightarrow{\mathrm{AP}} = 0$이라고 주어져 있으므로 점 P는 선분 AC를 지름으로 하는 원 위를 움직인다는 것을 알 수 있다. 점 Q는 정삼각형 OAB의 변 위를 움직이므로 $|\overrightarrow{\mathrm{OP}} + \overrightarrow{\mathrm{OQ}}|$의 최댓값과 최솟값을 구하기 위해 다음과 같은 그림을 예상할 수 있다.

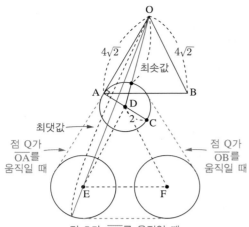

점 P가 움직이는 궤적인 원은 점 Q가 삼각형 OAB 위를 움직일 때 점 Q와 동일하게 삼각형 OAB의 한 변의 길이인 $4\sqrt{2}$ 만큼을 움직인다. 따라서 위 그림의 세 원의 중심을 이으면 삼각형 OAB와 동일한 삼각형이 생기는 것을 알 수 있다.

$|\overrightarrow{OP}+\overrightarrow{OQ}|$ 의 최솟값은 선분 OD에서 원의 반지름을 뺀 값이며, 최댓값은 점 O에서 수직으로 선분을 내렸다고 가정할 때 점 F보다 점 E가 더 먼 거리에 위치하므로 선분 OE에서 원의 반지름을 더한 값임을 알 수 있다.

점 O에서 선분 ED에 수직으로 내린 점을 G라 하자. 선분 AD와 OG는 평행이며 $\overline{AD}=\overline{OG}=2$ 이다. 최솟값과 최댓값을 구하기 위해 삼각형 OAD와 OEG를 따로 떼어서 그리면 다음과 같다.

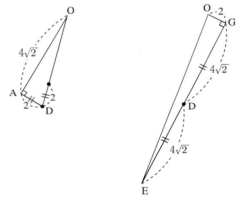

먼저 최솟값은 선분 OD에서 원의 반지름인 2만큼을 뺀 값이므로 피타고라스의 정리를 이용하여 구하면 $\sqrt{\left(4\sqrt{2}\right)^2+2^2}-2=4$ 이다. 삼각형 OEG에서 $\overline{OA}=\overline{DG}$ 이고, 점 P가 움직이는 궤적인 원은 삼각형 OAB의 한 변의 길이인 $4\sqrt{2}$ 만큼을 움직인다고 하였으므로 $\overline{ED}=4\sqrt{2}$ 이다.

즉, $\overline{OE}=\sqrt{\left(8\sqrt{2}\right)^2+2^2}=2\sqrt{33}$ 이고 최댓값은 $\overline{OE}$ 에서 원의 반지름인 2만큼을 더한 값이므로 $2\sqrt{33}+2$ 이다.

$\therefore\ 4+2\sqrt{33}+2=6+2\sqrt{33}$

$\therefore\ p^2+q^2=36+4=40$

2024 ^{학년도} 정답 및 해설

제3교시 수학영역

문제 ▶ p. 14

<공통>

01 ④	02 ②	03 ⑤	04 ③	05 ①
06 ⑤	07 ④	08 ③	09 ②	10 ①
11 ②	12 ④	13 ⑤	14 ①	15 ⑤
16 62	17 16	18 184	19 12	20 11
21 29	22 54			

<확률과 통계>

23 ③	24 ①	25 ②	26 ④	27 ⑤
28 ④	29 8	30 166		

<미적분>

23 ⑤	24 ②	25 ③	26 ①	27 ④
28 ③	29 20	30 13		

<기하>

23 ④	24 ⑤	25 ①	26 ②	27 ③
28 ⑤	29 23	30 17		

공통

01 로그의 성질　　　　정답 ④

$$\log_2 \frac{8}{9} + \frac{1}{2} \log_{\sqrt{2}} 18 = \log_2 \frac{8}{9} + \frac{1}{2} \log_{2^{\frac{1}{2}}} 18 = \log_2 \frac{8}{9} + \log_2 18$$

$$= \log_2 \left(\frac{8}{9} \times 18 \right)$$

$$= \log_2 2^4 = 4$$

02 함수의 극한　　　　정답 ②

$$\lim_{x \to \infty} \frac{3x+1}{f(x)+x} = \lim_{x \to \infty} \frac{3 + \frac{1}{x}}{\frac{f(x)}{x} + 1} = \frac{3+0}{2+1} = 1$$

03 등비수열의 합　　　　정답 ⑤

등비수열 $\{a_n\}$의 공비를 $r(r>0)$라 하자.

$S_6 = 21 S_2$에서

$$\frac{a_1(r^6 - 1)}{r-1} = 21 \times \frac{a_1(r^2-1)}{r-1},$$

$$\frac{a_1(r^2-1)(r^4+r^2+1)}{r-1} = 21 \times \frac{a_1(r^2-1)}{r-1}$$

$$r^4 + r^2 + 1 = 21, \ r^4 + r^2 - 20 = 0, \ (r^2+5)(r^2-4) = 0$$

$$r^2 = 4 \ (\because \ r^2 \geq 0) \quad \therefore \ r = 2 \ (\because \ r > 0)$$

$a_6 - a_2 = 15$에서

$$a_1 \times 2^5 - a_1 \times 2 = 15, \ 30 a_1 = 15 \quad \therefore \ a_1 = \frac{1}{2}$$

$$\therefore \ a_3 = a_1 r^2 = \frac{1}{2} \times 2^2 = 2$$

04 미분계수의 정의　　　　정답 ③

$$\lim_{h \to 0} \frac{f(1+h)}{h} = 5 \ \cdots\cdots \ \boxdot$$

㉠에서 h가 0일 때, (분모)가 0이고 극한값이 존재하므로 (분자)가 0이다.

$\lim\limits_{h \to 0} f(1+h) = 0$이므로 $f(1) = 0$

$f(1) = 0$을 ㉠에 대입하면

$$\lim_{h \to 0} \frac{f(1+h) - f(1)}{h} = f'(1) = 5$$

이때 $f(x) = x^3 + ax + b$이므로

$f(1) = 1 + a + b = 0 \quad \therefore \ a + b = -1$

$f'(x) = 3x^2 + a$이므로

$f'(1) = 3 + a = 5 \quad \therefore \ a = 2$

$a = 2$를 $a + b = -1$에 대입하여 정리하면 $b = -3$

$\therefore \ ab = 2 \times (-3) = -6$

05 삼각함수의 활용 정답 ①

$\sin\left(\theta-\dfrac{\pi}{2}\right)=-\sin\left(\dfrac{\pi}{2}-\theta\right)=-\dfrac{2}{5}$ 이므로

$\sin\left(\dfrac{\pi}{2}-\theta\right)=\dfrac{2}{5}$ $\quad\therefore\ \cos\theta=\dfrac{2}{5}$

즉, $\sin\theta=-\sqrt{1-\cos^2\theta}=-\sqrt{1-\left(\dfrac{2}{5}\right)^2}=-\dfrac{\sqrt{21}}{5}$

$(\because\ \sin\theta<0)$이므로

$\tan\theta=\dfrac{\sin\theta}{\cos\theta}=\dfrac{-\dfrac{\sqrt{21}}{5}}{\dfrac{2}{5}}=-\dfrac{\sqrt{21}}{2}$

◀ 개념 체크체크 ▶

1. 삼각함수 사이의 관계

   (1) $\tan x=\dfrac{\sin x}{\cos x}$

   (2) $\sin^2 x+\cos^2 x=1$

   (3) $1+\tan^2 x=\sec^2 x$

   (4) $1+\cot^2 x=\csc^2 x$

2. 삼각함수 2배각 공식

   (1) $\sin 2x=2\sin x\cos x$

   (2) $\cos 2x=\cos^2 x-\sin^2 x=2\cos^2 x-1=1-2\sin^2 x$

   (3) $\tan 2x=\dfrac{2\tan x}{1-\tan^2 x}$

---

06 부정적분 정답 ⑤

$f'(t)=-6t^2+2t$이므로

$f(t)=\displaystyle\int f'(t)dt=\int(-6t^2+2t)dt=-2t^3+t^2+C$

(단, C는 적분상수)

이때 $f(1)=1$이므로

$-2+1+C=1$ $\quad\therefore\ C=2$

따라서 $f(t)=-2t^3+t^2+2$이므로

$f(-1)=2+1+2=5$

---

07 수열의 일반항 정답 ④

두 조건 (가), (나)에 의하여

$r=\dfrac{9}{7},\ \dfrac{11}{7},\ \dfrac{13}{7},\ \cdots,\ \dfrac{61}{7}$

$r=\dfrac{21}{7}(=3),\ \dfrac{35}{7}(=5),\ \dfrac{49}{7}(=7)$은 기약분수가 아니므로 주어

진 조건을 만족시키는 모든 유리수 r의 값의 합은

$\dfrac{9+11+13+\cdots+61}{7}-(3+5+7)$

이때

$9+11+13+\cdots+61=\displaystyle\sum_{n=1}^{27}(2n+7)=2\times\dfrac{27\times28}{2}+7\times27=945$

이므로

$\dfrac{9+11+13+\cdots+61}{7}-(3+5+7)=\dfrac{945}{7}-15=120$

---

08 정적분의 활용 정답 ③

$x<1$일 때, 두 곡선 $y=f(x),\ y=g(x)$가 만나는 점의 x좌표는

$-5x-4=-x^2-2x$에서

$x^2-3x-4=0,\ (x+1)(x-4)=0$ $\quad\therefore\ x=-1\ (\because\ x<1)$

$x\geq1$일 때, 두 곡선 $y=f(x),\ y=g(x)$가 만나는 점의 x좌표는

$x^2-2x-8=-x^2-2x$에서

$2x^2-8=0,\ (x+2)(x-2)=0$ $\quad\therefore\ x=2\ (\because\ x\geq1)$

따라서 두 곡선 $y=f(x),\ y=g(x)$로 둘러싸인 부분의 넓이는

$\displaystyle\int_{-1}^{2}|f(x)-g(x)|dx$

$=\displaystyle\int_{-1}^{1}\{-x^2-2x-(-5x-4)\}dx+\int_{1}^{2}\{-x^2-2x-(x^2-2x-8)\}dx$

$=\displaystyle\int_{-1}^{1}(-x^2+3x+4)dx+\int_{1}^{2}(-2x^2+8)dx$

$=\left[-\dfrac{1}{3}x^3+\dfrac{3}{2}x^2+4x\right]_{-1}^{1}+\left[-\dfrac{2}{3}x^3+8x\right]_{1}^{2}$

$=\dfrac{22}{3}+\dfrac{10}{3}=\dfrac{32}{3}$

---

09 삼각함수의 활용 정답 ②

직각삼각형 GBA에서

$\overline{\mathrm{BG}}=\sqrt{\overline{\mathrm{AB}}^2+\overline{\mathrm{AG}}^2}=\sqrt{2^2+(\sqrt{5})^2}=3$

$\therefore\ \overline{\mathrm{BH}}=3,\ \cos\theta=\dfrac{\overline{\mathrm{AB}}}{\overline{\mathrm{BG}}}=\dfrac{2}{3}$

정삼각형 BGH에서 $\angle\mathrm{HBG}=\dfrac{\pi}{3}$, 정육각형 ABCDEF에서

$\angle\mathrm{ABC}=\dfrac{2}{3}\pi$이므로

$\angle\mathrm{GBA}=\theta$라 하면 $\angle\mathrm{HBC}=\pi-\theta$

$\overline{\mathrm{CH}}=x\ (x>0)$이라 하면 삼각형 HCB에서 코사인법칙에 의하여

$\overline{\mathrm{CH}}^2=\overline{\mathrm{BC}}^2+\overline{\mathrm{BH}}^2-2\overline{\mathrm{BC}}\,\overline{\mathrm{BH}}\cos(\pi-\theta)$

$x^2=2^2+3^2-2\times2\times3\times(-\cos\theta)$

$x^2=13+12\times\dfrac{2}{3}=21$ $\quad\therefore\ x=\sqrt{21}\ (\because\ x>0)$

10 정적분으로 정의된 함수   정답 ①

$f(x)=\displaystyle\int_{a}^{x}(3t^2+bt-5)dt$ 의 양변을 x에 대하여 미분하면

$f'(x)=3x^2+bx-5$

이때 $f'(-1)=0$이므로

$3-b-5=0$ $\therefore$ $b=-2$

$\therefore f(-1)=\displaystyle\int_{a}^{-1}(3t^2-2t-5)dt=\Big[t^3-t^2-5t\Big]_{a}^{-1}$

$\qquad\qquad =3-(a^3-a^2-5a)$

이때 $f(-1)=0$이므로

$3-(a^3-a^2-5a)=0,\ a^3-a^2-5a-3=0$

$(a+1)^2(a-3)=0$ $\therefore$ $a=3\ (\because\ a>0)$

$\therefore\ a+b=3+(-2)=1$

11 지수함수   정답 ②

함수 $f(x)=-2^{|x-a|}+a$의 그래프
는 함수 $y=-2^{|x|}$의 그래프를 x축
의 방향으로 a만큼, y축의 방향으로
a만큼 평행이동한 것이므로 함수
$y=f(x)$의 그래프의 개형은 오른쪽
그림과 같다.

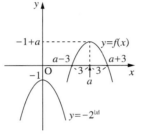

함수 $y=-2^{|x|}$의 그래프의 꼭짓점의
좌표는 $(0,\ -1)$이므로

함수 $y=f(x)$의 그래프의 꼭짓점의 좌표는 $(a,\ -1+a)$이다.

즉, 함수 $f(x)$는 $x=a$에서 최댓값 $-1+a$를 가지므로

$p=a,\ q=-1+a$

이때 $\overline{\mathrm{AB}}=6$이므로 함수 $y=f(x)$의 그래프가 x축과 만나는 점의
좌표는 각각

$(a-3,\ 0),(a+3,\ 0)$

$(a-3,\ 0)$을 $f(x)=-2^{|x-a|}+a$에 대입하면

$0=-2^{|a-3-a|}+a,\ 0=-8+a$ $\therefore$ $a=8$

따라서 $p=8,\ q=7$이므로

$p+q=8+7=15$

12 미분계수의 정의   정답 ④

조건 (가)에서 $\displaystyle\lim_{x\to0}\frac{g(x)-g(0)}{x}=-4$이므로

$\displaystyle\lim_{x\to0+}\frac{g(x)-g(0)}{x}=\lim_{x\to0-}\frac{g(x)-g(0)}{x}=-4$

즉,

$\displaystyle\lim_{x\to0+}\frac{g(x)-g(0)}{x}=\lim_{x\to0+}\frac{a-f(-x)-\{a-f(0)\}}{x}$

$\qquad\qquad =\displaystyle\lim_{x\to0+}\frac{f(-x)-f(0)}{-x-0}=f'(0)=-4$

$\displaystyle\lim_{x\to0-}\frac{g(x)-g(0)}{x}=\lim_{x\to0-}\frac{f(x)-\{a-f(0)\}}{x}=-4$ …… ㉠

㉠에서 x가 $0-$일 때, (분모)가 0이고 극한값이 존재하므로 (분자)가
0이다.

$\displaystyle\lim_{x\to0-}\{f(x)-a+f(0)\}=0$이므로 $2f(0)=a$ $\therefore$ $f(0)=\dfrac{a}{2}$

따라서 최고차항의 계수가 -1인 이차함수 $f(x)$를

$f(x)=-x^2-4x+\dfrac{a}{2}$ 라 할 수 있으므로

$f'(x)=-2x-4$

한편, $g'(x)=\begin{cases}f'(x) & (x<0)\\ f'(-x) & (x\geq0)\end{cases}$

$\qquad\qquad =\begin{cases}-2x-4 & (x<0)\\ 2x-4 & (x\geq0)\end{cases}$

이므로 함수 $y=g'(x)$의 그래프는 오른
쪽 그림과 같다.

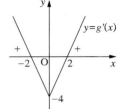

즉, 함수 $g(x)$는 $x=2$에서 극솟값을 가
지므로 조건 (나)에 의하여

$g(2)=0$

따라서 $a-f(-2)=0$이므로

$a=f(-2)=-4+8+\dfrac{a}{2}=4+\dfrac{a}{2}$

$\dfrac{a}{2}=4$ $\therefore$ $a=8$

$\therefore\ g(-a)=g(-8)=f(-8)=-64+32+4=-28$

13 수열의 합의 활용   정답 ⑤

$\displaystyle\sum_{k=1}^{n}a_k=a_{n-1}$ …… ㉠

㉠의 양변에 $n=3$을 대입하면

$\displaystyle\sum_{k=1}^{3}a_k=a_2,\ a_1+a_2+a_3=a_2,\ -3+a_3=0$ $\therefore$ $a_3=3$

㉠의 양변에 n 대신 $n+1$을 대입하면

$\displaystyle\sum_{k=1}^{n+1}a_k=a_n$ …… ㉡

㉡$-$㉠을 하면

$a_{n+1}=a_n-a_{n-1}$

$\therefore\ a_{n-1}+a_{n+1}=a_n\ (n\geq3)$ …… ㉢

㉢의 양변에 $n=3$을 대입하면

$a_2+a_4=a_3$

$a_2=k$라 하면 $a_4=3-k$

$\qquad\qquad\vdots$

이와 같은 방법으로 하면

$a_5=-k,\ a_6=-3,\ a_7=-3+k,\ a_8=k,\ a_9=3,\ \cdots$

즉, 수열 $\{a_n\}$은 $a_1=-3$이고, $n\geq2$일 때

$k,\ 3,\ 3-k,\ -k,\ -3,\ -3+k$ 가 이 순서대로 반복되는 수열이다.

이때 $a_{20}=k$이므로 $k=1$

$$\therefore \sum_{n=1}^{50} a_n = a_1 + 8 \times (a_2 + a_3 + a_4 + a_5 + a_6 + a_7) + a_{50}$$
$$= -3 + 8 \times \{1 + 3 + 2 + (-1) + (-3) + (-2)\} + 1$$
$$= -2$$

14 함수의 연속   정답 ①

ㄱ. $f(x) = x^3 - kx$
$\qquad = x(x + \sqrt{k})(x - \sqrt{k})$

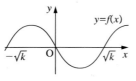

이므로 함수 $y = f(x)$의 그래프의
개형은 오른쪽 그림과 같다.
즉, 함수 $y = f(x)$의 그래프의 개형은 반드시 원점을 지나고,
함수 $y = g(x)$의 그래프는 함수 $y = f(x)$의 그래프를 그대로
따르거나 함수 $y = f(x)$의 그래프를 x축에 대하여 대칭이동한
것이므로 두 실수 k, a의 값에 관계없이 함수 $g(x)$는 $x = 0$에
서 연속이다. (참)

ㄴ. $k = 4$일 때, 함수 $g(x)$가 $x = p$에서 불연속인 실수 p의 개수가
1이 되도록 하는 경우는 다음 그림과 같다.

（ⅰ）$a = -3$일 때　（ⅱ）$a = -2$일 때　（ⅲ）$a = -1$일 때

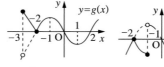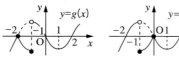

$\qquad \vdots$

이와 같은 방법으로 하면 조건을 만족시키는 모든 실수 a의 개수
는 -3, -2, -1, 0, 1, 2의 6이다. (거짓)

ㄷ. （ⅰ）$k = 1$일 때
함수 $y = f(x)$의 그래프는
오른쪽 그림과 같으므로 함수
$g(x)$가 실수 전체의 집합에
서 연속이 되려면
$a = -1$, 0

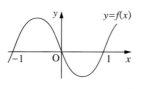

（ⅱ）$k = \dfrac{1}{4}$일 때
함수 $y = f(x)$의 그래프는
오른쪽 그림과 같으므로 함수
$g(x)$가 실수 전체의 집합에
서 연속이 되려면
$a = -\dfrac{1}{2}$

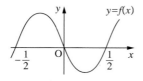

$\qquad \vdots$

이와 같은 방법으로 하면 조건을 만족시키는 모든 순서쌍
(k, a)의 개수는 3 이상이다. (거짓)
따라서 옳은 것은 ㄱ이다.

15 로그함수의 그래프   정답 ⑤

함수 $y = f(x)$의 그래프는 다음 그림과 같다.

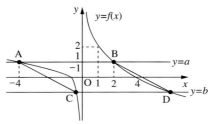

직선 $y = a$와 곡선 $y = f(x)$가 만나는 두 점 A, B의 x좌표를 각
각 x_1, x_2 $(x_1 < x_2)$라 할 때, $x_1 < 0$, $x_2 > 0$이므로
$\left| \dfrac{x_2}{x_1} \right| = \dfrac{1}{2}$에서 $\dfrac{x_2}{-x_1} = \dfrac{1}{2}$ $\qquad \therefore -x_1 = 2x_2$
즉, 위의 그림과 같이 $A(-4, 1)$, $B(2, 1)$이어야 하므로
$a = 1$
또한, 직선 $y = b$와 곡선 $y = f(x)$가 만나는 두 점 C, D의 x좌표
를 각각 x_3, x_4 $(x_3 < x_4)$라 할 때, 두 직선 AC와 BD가 서로 평
행하려면 $b < 0$이어야 한다.
$\log_4(-x) = b$에서 $-x = 4^b$, $x = -4^b$ $\qquad \therefore C(-4^b, b)$
$2 - \log_2 x = b$에서 $2 - b = \log_2 x$, $x = 2^{2-b}$ $\qquad \therefore D(2^{2-b}, b)$
두 직선 AC와 BD가 서로 평행하므로 직선 AC의 기울기와 직선 BD
의 기울기가 같아야 한다. 따라서 직선 AC의 기울기 $\dfrac{b-1}{-4^b - (-4)}$,

직선 BD의 기울기 $\dfrac{b-1}{2^{2-b} - 2}$에서

$\dfrac{b-1}{-4^b - (-4)} = \dfrac{b-1}{2^{2-b} - 2}$

$-4^b + 4 = 2^{2-b} - 2$, $4^b + \dfrac{4}{2^b} - 6 = 0$

$2^{3b} + 4 - 6 \times 2^b = 0$

$2^b = X$ $(X > 0)$이라 하면
$X^3 - 6X + 4 = 0$, $(X-2)(X^2 + 2X - 2) = 0$
$X = 2$ 또는 $X = -1 + \sqrt{1 - (-2)} = -1 + \sqrt{3}$ $(\because X > 0)$
따라서 $2^b = 2$ 또는 $2^b = -1 + \sqrt{3}$이므로
$2^b = \sqrt{3} - 1$ $(\because a \neq b$이므로 $b \neq 1)$

$\therefore \left| \dfrac{x_4}{x_3} \right| = \left| \dfrac{2^{2-b}}{-4^b} \right| = \dfrac{4 \times (2^b)^{-1}}{(2^b)^2} = \dfrac{4 \times \dfrac{1}{\sqrt{3}-1}}{(-1+\sqrt{3})^2}$

$\qquad = \dfrac{4 \times \dfrac{\sqrt{3}+1}{2}}{4 - 2\sqrt{3}} = \dfrac{\sqrt{3}+1}{2-\sqrt{3}}$

$\qquad = \dfrac{(\sqrt{3}+1)(2+\sqrt{3})}{(2-\sqrt{3})(2+\sqrt{3})} = 5 + 3\sqrt{3}$

16 지수법칙   정답 62

$a^4 - 8a^2 + 1 = 0$의 양변을 a^2으로 나누면 $a^2 - 8 + a^{-2} = 0$

$\therefore \ a^2 + a^{-2} = 8$

위의 등식의 양변을 제곱하면

$a^4 + a^{-4} + 2 = 64$

$\therefore \ a^4 + a^{-4} = 62$

17 접선의 방정식   정답 16

$g(x) = (x^3 - 2x)f(x)$에서

$g'(x) = (3x^2 - 2)f(x) + (x^3 - 2x)f'(x)$

곡선 $y = g(x)$ 위의 점 $(2, \ g(2))$, 즉 $(2, \ -12)$에서의 접선의 기울기는

$g'(2) = 10f(2) + 4f'(2) = 10 \times (-3) + 4 \times 4 = -14$이므로

접선의 방정식은 $y - (-12) = -14(x-2)$ $\therefore \ y = -14x + 16$

따라서 접선의 y절편은 16이다.

18 수열의 합   정답 184

$\displaystyle\sum_{k=1}^{7}(a_k + k) = 50$에서

$\displaystyle\sum_{k=1}^{7}a_k + \sum_{k=1}^{7}k = 50, \quad \sum_{k=1}^{7}a_k + \frac{7 \times 8}{2} = 50 \quad \therefore \ \sum_{k=1}^{7}a_k = 22$

$\displaystyle\sum_{k=1}^{7}(a_k + 2)^2 = 300$에서

$\displaystyle\sum_{k=1}^{7}({a_k}^2 + 4a_k + 4) = 300, \quad \sum_{k=1}^{7}{a_k}^2 + 4\sum_{k=1}^{7}a_k + \sum_{k=1}^{7}4 = 300$

$\displaystyle\sum_{k=1}^{7}{a_k}^2 + 4 \times 22 + 28 = 300$

$\therefore \ \displaystyle\sum_{k=1}^{7}{a_k}^2 = 184$

19 도함수의 활용   정답 12

$x^3 - \dfrac{3n}{2}x^2 + 7 = 0$에서 $x^2\left(x - \dfrac{3n}{2}\right) = -7$

$f(x) = x^2\left(x - \dfrac{3n}{2}\right)$이라 하면

$f'(x) = 3x^2 - 3nx = 3x(x - n)$

$f'(x) = 0$에서 $x = 0$ 또는 $x = n$

즉, 함수 $f(x)$는 $x = 0$에서 극댓값 0을 갖고, $x = n$에서 극솟값 $-\dfrac{1}{2}n^3$을 가지므로 $x > 1$에서 함수 $f(x)$는 최솟값 $-\dfrac{1}{2}n^3$을 갖는다.

함수 $y = f(x)$의 그래프의 개형은 오른쪽 그림과 같으므로 방정식 $f(x) = -7$의 1보다 큰 서로 다른 실근의 개수가 2가 되려면

$-\dfrac{1}{2}n^3 < -7 < f(1),$

$-\dfrac{1}{2}n^3 < -7 < 1 - \dfrac{3n}{2}$

$-\dfrac{1}{2}n^3 < -7$에서

$n^3 > 14 \ \cdots\cdots \ \text{㉠}$

$-7 < 1 - \dfrac{3n}{2}$에서

$\dfrac{3n}{2} < 8$

$\therefore \ 1 \leq n < \dfrac{16}{3} \ \cdots\cdots \ \text{㉡}$

㉠, ㉡의 공통부분을 만족시키는 자연수 n은 $3, \ 4, \ 5$이므로 그 합은 $3 + 4 + 5 = 12$

> **개념 체크체크**
>
> **함수의 극대·극소와 방정식의 실근의 개수**
>
> 함수의 그래프의 개형을 그릴 때에는 함수의 극대값과 극솟값을 알면 보다 쉽게 그릴 수 있다. 이때 위의 해설에서와 같이 함수의 증가와 감소를 표로 나타내는 것이 도움이 된다.
>
> 또한, 방정식 $f(x) = g(x)$의 서로 다른 실근의 개수는 두 함수 $y = f(x)$, $y = g(x)$의 그래프의 교점의 개수와 같다.

20 정적분의 활용   정답 11

수직선 위를 움직이는 점 P의 시각 t $(t > 0)$에서의 속도를 $v(t)$라 하면

$v(t) = \displaystyle\int a(t)\,dt = \int (3t^2 - 8t + 3)\,dt$

$\qquad = t^3 - 4t^2 + 3t + C$ (단, C는 적분상수) $\cdots\cdots \ \text{㉠}$

이때 점 P가 시각 $t = 1$과 시각 $t = \alpha$ $(\alpha > 1)$에서 운동 방향을 바꾸므로

$v(1) = 0, \ v(\alpha) = 0$

㉠에서

$v(1) = 1 - 4 + 3 + C = 0 \quad \therefore \ C = 0$

즉, $v(t) = t^3 - 4t^2 + 3t = t(t-1)(t-3)$이므로

$v(t) = 0$에서 $t = 1$ 또는 $t = 3$ ($\because \ t > 0$)

$\therefore \ \alpha = 3$

시각 $t = 1$에서 $t = 3$까지 점 P가 움직인 거리는

$\displaystyle\int_{1}^{3}|v(t)|\,dt = -\int_{1}^{3}(t^3 - 4t^2 + 3t)\,dt = -\left[\frac{1}{4}t^4 - \frac{4}{3}t^3 + \frac{3}{2}t^2\right]_{1}^{3}$

$\qquad\qquad\qquad = \dfrac{8}{3}$

따라서 $p = 3$, $q = 8$이므로

$p + q = 3 + 8 = 11$

21 삼각함수의 그래프

함수 $y = 3a \tan bx$ 의 주기는 $\dfrac{\pi}{b}$, 함수 $y = 2a \cos bx$ 의 주기는 $\dfrac{2\pi}{b}$ 이므로 두 함수 $y = 3a \tan bx$, $y = 2a \cos bx$ 의 그래프의 개형은 다음 그림과 같다.

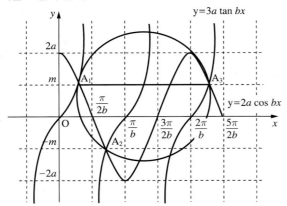

이때 선분 A_1A_3 을 지름으로 하는 원의 넓이가 π 이므로 이 원의 반지름의 길이는 1이다.

즉, 이 원의 지름은 $\overline{A_1A_3} = 2$ 이고, 위의 그림에서 삼각함수의 그래프의 주기성에 의하여

$$\frac{5\pi}{2b} - \frac{\pi}{2b} = 2,\ \frac{2\pi}{b} = 2 \qquad \therefore b = \pi$$

한편, 두 함수 $y = 3a \tan \pi x$, $y = 2a \cos \pi x$ 의 그래프의 교점의 x 좌표는

$3a \tan \pi x = 2a \cos \pi x$ 에서

$3 \times \dfrac{\sin \pi x}{\cos \pi x} = 2 \cos \pi x,\ 3 \sin \pi x = 2 \cos^2 \pi x$

$3 \sin \pi x = 2(1 - \sin^2 \pi x),\ 2 \sin^2 \pi x + 3 \sin \pi x - 2 = 0$

$(\sin \pi x + 2)(2 \sin \pi x - 1) = 0 \qquad \therefore \sin \pi x = \dfrac{1}{2}$

$$\therefore x = \frac{1}{6},\ \frac{5}{6},\ \frac{13}{6}$$

따라서 $A_1 \left(\dfrac{1}{6},\ m \right)\ (m > 0)$ 이라 하면 $A_2 \left(\dfrac{5}{6},\ -m \right)$, $A_3 \left(\dfrac{13}{6},\ m \right)$ 이고, 점 $A_1 \left(\dfrac{1}{6},\ m \right)$ 은 함수 $y = 3a \tan \pi x$ 위의 점이므로

$$m = 3a \tan \frac{\pi}{6} = 3a \times \frac{\sqrt{3}}{3} = \sqrt{3}\,a$$

또한, 두 점 $A_1 \left(\dfrac{1}{6},\ \sqrt{3}\,a \right)$, $A_3 \left(\dfrac{13}{6},\ \sqrt{3}\,a \right)$ 의 중점의 좌표는 $\left(\dfrac{7}{6},\ \sqrt{3}\,a \right)$ 이고, 이 점은 선분 A_1A_3 을 지름으로 하는 원의 중심이므로 이 원의 반지름의 길이 1은

두 점 $\left(\dfrac{7}{6},\ \sqrt{3}\,a \right)$, $A_2 \left(\dfrac{5}{6},\ -\sqrt{3}\,a \right)$ 사이의 거리와 같다.

두 점 $\left(\dfrac{7}{6},\ \sqrt{3}\,a \right)$, $A_2 \left(\dfrac{5}{6},\ -\sqrt{3}\,a \right)$ 사이의 거리는

$\sqrt{\left(\dfrac{5}{6} - \dfrac{7}{6} \right)^2 + (-\sqrt{3}\,a - \sqrt{3}\,a)^2} = \sqrt{\dfrac{1}{9} + 12a^2}$ 이므로

$\sqrt{\dfrac{1}{9} + 12a^2} = 1,\ 12a^2 = \dfrac{8}{9} \qquad \therefore a^2 = \dfrac{2}{27}$

$$\therefore \left(\frac{a}{b}\pi \right)^2 = \frac{a^2}{b^2}\pi^2 = \frac{2}{27} \times \frac{1}{\pi^2} \times \pi^2 = \frac{2}{27}$$

따라서 $p = 27$, $q = 2$ 이므로

$p + q = 27 + 2 = 29$

22 미분계수의 정의 + 삼차함수

조건 (가)에서

$$\lim_{h \to 0+} \left\{ \frac{g(t+h)}{h} \times \frac{g(t-h)}{h} \right\} = k\ (k\text{는 양의 실수}) \cdots\cdots \ ㉠$$

라 하자.

㉠에서 h 가 $0+$ 일 때, (분모)가 0이고 극한값이 존재하므로 (분자)가 0이다.

즉, $\displaystyle\lim_{h \to 0+} \{ g(t+h) \times g(t-h) \} = 0$ 이므로

$\{ g(t) \}^2 = 0 \qquad \therefore g(t) = 0$

$g(t) = 0$ 을 ㉠에 대입하면

$$\lim_{h \to 0+} \left\{ \frac{g(t+h) - g(t)}{h} \times \frac{g(t-h) - g(t)}{h} \right\}$$

$$= \lim_{h \to 0+} \frac{g(t+h) - g(t)}{h} \times \left\{ -\lim_{h \to 0+} \frac{g(t-h) - g(t)}{-h} \right\}$$

$= -(g(t)\text{의 우미분계수}) \times (g(t)\text{의 좌미분계수}) = k$

$\therefore (g(t)\text{의 우미분계수}) \times (g(t)\text{의 좌미분계수}) = -k$

따라서 $g(t)$ 의 우미분계수와 $g(t)$ 의 좌미분계수의 부호가 반대이므로 함수 $g(x)$ 는 $x = t$ 에서 미분가능하지 않아야 한다.

또한, 조건 (가)에서 이를 만족시키는 실수 t 의 개수가 1이려면 함수 $y = g(x)$ 의 그래프에서 미분가능하지 않은 점이 오직 하나 존재해야 한다.

이때 함수 $g(x) = x|f(x)|$ 에 대하여 $g(x) = 0$ 에서 $x = 0$ 또는 $f(x) = 0$ 이므로 최고차항의 계수가 1인 이차함수 $f(x)$ 는 서로 다른 두 실근 0, $\alpha\ (\alpha \ne 0)$ 을 가져야 한다.

(i) $\alpha < 0$ 일 때
함수 $y = xf(x)$ 의 그래프의 개형에 따른 함수 $g(x) = x|f(x)|$ 의 그래프의 개형은 오른쪽 그림과 같다.

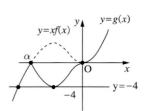

(ii) $\alpha > 0$ 일 때
함수 $y = xf(x)$ 의 그래프의 개형에 따른 함수 $g(x) = x|f(x)|$ 의 그래프의 개형은 오른쪽 그림과 같다.

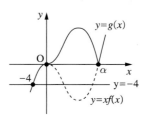

20 사관학교 합격은 시대에듀

한편, 조건 (나)의 $\{g(x)\}^2+4g(x)=0$에서

$g(x)\{g(x)+4\}=0$ $\therefore$ $g(x)=-4$ 또는 $g(x)=0$

즉, 두 방정식 $g(x)=-4$, $g(x)=0$을 만족시키는 서로 다른 실근의 개수가 4이려면 위의 그림에서 (i)의 경우만 가능하다.

(i)의 경우에서

$$g(x)=x|x(x-\alpha)|=\begin{cases} x^2(x-\alpha) & (x<\alpha \text{ 또는 } x>0) \\ -x^2(x-\alpha) & (\alpha \le x \le 0) \end{cases}$$

이므로

$$g'(x)=\begin{cases} 2x(x-\alpha)+x^2 & (x<\alpha \text{ 또는 } x>0) \\ -2x(x-\alpha)-x^2 & (\alpha \le x \le 0) \end{cases}$$

$\alpha \le x \le 0$일 때, $g'(x)=0$에서

$-2x(x-\alpha)-x^2=0$, $3x^2-2\alpha x=0$, $x(3x-2\alpha)=0$

$\therefore$ $x=0$ 또는 $x=\dfrac{2\alpha}{3}$

즉, 함수 $g(x)$는 $x=\dfrac{2\alpha}{3}$에서 극솟값 -4를 가지므로

$g\left(\dfrac{2\alpha}{3}\right)=-4$, $-\left(\dfrac{2\alpha}{3}\right)^2\left(\dfrac{2\alpha}{3}-\alpha\right)=-4$, $\dfrac{4}{9}\alpha^2 \times \left(-\dfrac{1}{3}\alpha\right)=4$

$-\dfrac{1}{27}\alpha^3=1$ $\therefore$ $\alpha=-3$

따라서 $g(x)=\begin{cases} x^2(x+3) & (x<-3 \text{ 또는 } x>0) \\ -x^2(x+3) & (-3 \le x \le 0) \end{cases}$

이므로

$g(3)=9 \times 6=54$

선택

1 확률과 통계

23 이산확률변수의 평균   정답 ③

확률의 총합은 1이므로

$a+a+b=1$ $\therefore$ $2a+b=1$ …… ㉠

$E(X)=5$이므로

$2a+4a+6b=5$ $\therefore$ $6a+6b=5$ …… ㉡

㉠, ㉡을 연립하여 풀면

$a=\dfrac{1}{6}$, $b=\dfrac{2}{3}$

$\therefore$ $b-a=\dfrac{2}{3}-\dfrac{1}{6}=\dfrac{1}{2}$

24 독립시행의 확률   정답 ①

(i) 주사위의 눈의 수가 5가 나오는 경우

주사위의 눈의 수가 5가 나올 확률은

$\dfrac{1}{6}$

동전을 5번 던져서 동전의 앞면이 나오는 횟수가 5일 확률은

$_5C_5\left(\dfrac{1}{2}\right)^5\left(\dfrac{1}{2}\right)^0=\dfrac{1}{32}$

즉, 이 경우의 확률은

$\dfrac{1}{6} \times \dfrac{1}{32}$

(ii) 주사위의 눈의 수가 6이 나오는 경우

주사위의 눈의 수가 6이 나올 확률은

$\dfrac{1}{6}$

동전을 6번 던져서 동전의 앞면이 나오는 횟수가 5일 확률은

$_6C_5\left(\dfrac{1}{2}\right)^5\left(\dfrac{1}{2}\right)^1=\dfrac{3}{32}$

즉, 이 경우의 확률은

$\dfrac{1}{6} \times \dfrac{3}{32}$

(i), (ii)에서 구하는 확률은

$\dfrac{1}{6} \times \dfrac{1}{32} + \dfrac{1}{6} \times \dfrac{3}{32}=\dfrac{1}{48}$

25 이항정리의 활용   정답 ②

다항식 $(ax+1)^7$의 전개식에서

x^5항은 $_7C_5(ax)^5 1^2 = _7C_2 a^5 x^5 = 21a^5 x^5$

x^3항은 $_7C_3(ax)^3 1^4 = 35a^3 x^3$

x^5의 계수와 x^3의 계수가 서로 같으므로

$21a^5=35a^3$, $3a^2=5$ $\therefore$ $a^2=\dfrac{5}{3}$

이때 x^2항은 $_7C_2(ax)^2 1^5 = 21a^2 x^2$이므로 x^2의 계수는

$21a^2=21 \times \dfrac{5}{3}=35$

> **개념 체크체크**
>
> **이항정리**
>
> 자연수 n에 대하여 다항식 $(a+b)^n$을 전개하면
>
> $$(a+b)^n=\sum_{r=0}^{n} {}_nC_r a^{n-r}b^n$$

26 순열과 조합 + 여사건의 확률   정답 ④

구하는 경우의 수는 8개의 모자를 모두 일렬로 나열하는 전체의 경우의 수에서 양 끝에 서로 같은 사관학교의 모자가 놓이도록 나열하는 경우의 수를 뺀 것과 같다.

육군사관학교 모자 3개, 해군사관학교 모자 2개, 공군사관학교 모자 3개를 각각 a, a, a, b, b, c, c, c라 하면 8개의 모자를 모두 일렬로 나열하는 전체의 경우의 수는

$\dfrac{8!}{3!2!3!}=560$

(i) 육군사관학교 모자 2개가 양 끝에 놓이도록 나열하는 경우

$a\square\square\square\square\square\square a$이고, 나머지 모자 6개를 나열하는 경우의 수는

$\dfrac{6!}{2!3!}=60$

(ii) 해군사관학교 모자 2개가 양 끝에 놓이도록 나열하는 경우
$b\square\square\square\square\square\square b$이고, 나머지 모자 6개를 나열하는 경우의 수는

$$\frac{6!}{3!3!}=20$$

(iii) 공군사관학교 모자 2개가 양 끝에 놓이도록 나열하는 경우
$c\square\square\square\square\square\square c$이고, 나머지 모자 6개를 나열하는 경우의 수는

$$\frac{6!}{3!2!}=60$$

(i), (ii), (iii)에서 양 끝에 서로 같은 사관학교의 모자가 놓이도록 나열하는 경우의 수는

$60+20+60=140$

따라서 구하는 경우의 수는

$560-140=420$

27 여사건의 확률
정답 ⑤

7개의 문자 a, b, c, d, e, f, g를 일렬로 나열하는 전체 경우의 수는
$7!$

조건 (가)에서 a와 b는 이웃하므로 다음과 같이 경우를 나누어 생각해 보자.

(i) ab의 순서로 나열하는 경우
조건 (가)에서 a와 c는 이웃하지 않아야 하고, 조건 (나)에서 c는 a보다 왼쪽에 있어야 하므로 가능한 c, ab의 자리는

$c\square ab\square\square\square$,
$c\square\square ab\square\square$, $\square c\square ab\square\square$,
$c\square\square\square ab\square$, $\square c\square\square ab\square$, $\square\square c\square ab\square$,
$c\square\square\square\square ab$, $\square c\square\square\square ab$, $\square\square c\square\square ab$, $\square\square\square c\square ab$

즉, 경우의 수는 10
나머지 자리에 나머지 4개의 문자 d, e, f, g를 나열하는 경우의 수는
$4!$
따라서 이 경우의 수는 $10\times 4!$

(ii) ba의 순서로 나열하는 경우
조건 (가)에서 a와 c는 이웃하지 않아야 하고, 조건 (나)에서 c는 a보다 왼쪽에 있어야 하므로 가능한 c, ab의 자리는

$cba\square\square\square\square$,
$c\square ba\square\square\square$, $\square cba\square\square\square$,
$c\square\square ba\square\square$, $\square c\square ba\square\square$, $\square\square cba\square\square$,
$\vdots$
$c\square\square\square\square ba$, $\square c\square\square\square ba$, $\square\square c\square\square ba$, $\square\square\square c\square ba$,
$\square\square\square\square cba$

즉, 경우의 수는 15
나머지 자리에 나머지 4개의 문자 d, e, f, g를 나열하는 경우의 수는
$4!$
따라서 이 경우의 수는 $15\times 4!$

(i), (ii)에서 구하는 확률은

$$\frac{10\times 4!+15\times 4!}{7!}=\frac{5}{42}$$

28 원순열 + 조건부 확률
정답 ④

(i) 마주 보는 위치에 있는 두 장의 카드에 적혀 있는 두 수의 차가 모두 1일 때
1과 2, 3과 4, 5와 6, 7과 8이 적혀 있는 카드가 각각 마주 보면 된다.

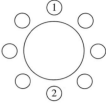

오른쪽 그림과 같이 1과 2가 적혀 있는 카드를 각각 배열하자.
3이 적혀 있는 카드를 배열할 수 있는 위치는 6개이고, 3이 적혀 있는 카드와 마주 보는 위치에 4가 적혀 있는 카드를 배열하면 된다.
이 각각의 경우에 대하여 5가 적혀 있는 카드를 배열할 수 있는 위치는 4개이고, 5가 적혀 있는 카드와 마주 보는 위치에 6이 적혀 있는 카드를 배열하면 된다.
이 각각의 경우에 대하여 7이 적혀 있는 카드를 배열할 수 있는 위치는 2개이고, 7이 적혀 있는 카드와 마주 보는 위치에 8이 적혀 있는 카드를 배열하면 된다.
즉, 이 경우의 수는
$6\times 4\times 2=48$

(ii) 마주 보는 위치에 있는 두 장의 카드에 적혀 있는 두 수의 차가 모두 2일 때
1과 3, 2와 4, 5와 7, 6과 8이 적혀 있는 카드가 각각 마주 보면 된다.
(i)과 같은 방법으로 하면 이 경우의 수는 48이다.

(iii) 마주 보는 위치에 있는 두 장의 카드에 적혀 있는 두 수의 차가 모두 4일 때
1과 5, 2와 6, 3과 7, 4와 8이 적혀 있는 카드가 각각 마주 보면 된다.
(i)과 같은 방법으로 하면 이 경우의 수는 48이다.

(i), (ii), (iii)에서 마주 보는 위치에 있는 두 장의 카드에 적혀 있는 두 수의 차가 모두 같은 경우의 수는

$48+48+48=144$

이때 숫자 1이 적혀 있는 카드와 숫자 2가 적혀 있는 카드가 서로 이웃하는 경우는 다음과 같다.

(ii) 마주 보는 위치에 있는 두 장의 카드에 적혀 있는 두 수의 차가 모두 2일 때

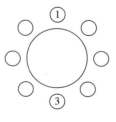

오른쪽 그림과 같이 1과 3이 적혀 있는 카드를 각각 배열하자.
2가 적혀 있는 카드를 배열할 수 있는 위치는 1이 적혀 있는 카드와 이웃한 곳 2개이고, 2가 적혀 있는 카드와 마주 보는 위치에 4가 적혀 있는 카드를 배열하면 된다.
이 각각의 경우에 대하여 5가 적혀 있는 카드를 배열할 수 있는 위치는 4개이고, 5가 적혀 있는 카드와 마주 보는 위치에 7이 적혀 있는 카드를 배열하면 된다.
이 각각의 경우에 대하여 6이 적혀 있는 카드를 배열할 수 있는 위치는 2개이고, 6이 적혀 있는 카드와 마주 보는 위치에 8이 적혀 있는 카드를 배열하면 된다.
즉, 이 경우의 수는
$2\times 4\times 2=16$

(iii) 마주 보는 위치에 있는 두 장의 카드에 적혀 있는 두 수의 차가 모두 4일 때

오른쪽 그림과 같이 1과 5가 적혀 있는 카드를 각각 배열하자.

(ii)와 같은 방법으로 하면 이 경우의 수는 16이다.

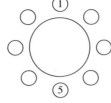

(ii), (iii)에서 숫자 1이 적혀 있는 카드와 숫자 2가 적혀 있는 카드가 서로 이웃하는 경우의 수는

$16 + 16 = 32$

따라서 구하는 확률은

$\dfrac{32}{144} = \dfrac{2}{9}$

29 표본평균　　　정답 8

이 공장에서 생산하는 과자 1개의 무게를 확률변수 X라 하면 X는 정규분포 $N(150, 9^2)$을 따르므로 표본평균 $\overline{X}$는 정규분포 $N\left(150, \left(\dfrac{9}{\sqrt{n}}\right)^2\right)$을 따른다.

세트 상품 1개에 속한 n개의 과자의 무게의 평균이 $145\,g$ 이하일 확률이 0.07 이하가 되려면

$$P(\overline{X} \leq 145) = P\left(Z \leq \dfrac{145 - 150}{\dfrac{9}{\sqrt{n}}}\right)$$

$$= P\left(Z \leq -\dfrac{5\sqrt{n}}{9}\right) \leq 0.07 \ \cdots\cdots \ \bigcirc$$

이때 $P(0 \leq Z \leq 1.5) = 0.43$에서 $P(Z \leq -1.5) = 0.07$이므로

$\bigcirc$을 만족시키려면

$-\dfrac{5\sqrt{n}}{9} \leq -1.5$, $\dfrac{5\sqrt{n}}{9} \leq 1.5$, $\sqrt{n} \geq 2.7$ $\quad \therefore \ n \geq 7.29$

따라서 자연수 n의 최솟값은 8이다.

30 중복조합　　　정답 166

조건 (가)에 의하여 학생 A가 받는 연필의 개수는 4 또는 5이다.

(i) 학생 A가 받는 연필의 개수가 4인 경우

학생 B, C, D 중에서 나머지 연필 1자루를 받는 학생을 택하는 경우의 수는 3

학생 A, B, C, D가 받는 공책의 개수를 각각 a, b, c, d라 하면

$a + b + c + d = 5 \ \cdots\cdots \ \bigcirc$

ⓐ 조건 (나)를 만족시키는 학생 1명이 A인 경우

학생 D는 1권 이상의 공책을 받아야 하므로

$1 \leq d \leq 5$

$d = d' + 1$이라 하면 $\bigcirc$에서

$a + b + c + d' = 4$ (a, b, c, d'은 음이 아닌 정수)

위의 방정식을 만족시키는 순서쌍 (a, b, c, d')의 개수는

$_4H_4 = {_7}C_4 = {_7}C_3 = 35$

이때 학생 A가 공책 4권을 모두 받는 경우의 수 1을 빼야 하므로

$35 - 1 = 34$

ⓑ 조건 (나)를 만족시키는 학생 1명이 D인 경우

학생 A는 4권 이상의 공책을 받아야 하므로

$4 \leq a \leq 5$

$a = a' + 4$라 하면 $\bigcirc$에서

$a' + b + c + d = 1$ (a', b, c, d 는 음이 아닌 정수)

위의 방정식을 만족시키는 순서쌍 (a', b, c, d')의 개수는 4

이때 학생 D가 공책 1권을 받는 경우의 수 1을 빼야 하므로

$4 - 1 = 3$

ⓐ, ⓑ에서 이 경우의 수는

$3 \times (34 + 3) = 111$

(ii) 학생 A가 받는 연필의 개수가 5인 경우

학생 A, B, C, D가 받는 공책의 개수를 각각 a, b, c, d라 하면

$a + b + c + d = 5$

위의 방정식을 만족시키는 순서쌍 (a, b, c, d)의 개수는

$_4H_5 = {_8}C_5 = {_8}C_3 = 56$

이때 학생 A가 공책 5권을 모두 받는 경우의 수 1을 빼야 하므로

$56 - 1 = 55$

(i), (ii)에서 구하는 경우의 수는

$111 + 55 = 166$

2 미적분

23 등비수열의 극한　　　정답 ⑤

$a_n = S_n - S_{n-1} = 4^{n+1} - 3n - \{4^n - 3(n-1)\}$

$= 4^n \times (4 - 1) - 3 = 3 \times 4^n - 3$

$\therefore \ \lim_{n \to \infty} \dfrac{a_n}{4^{n-1}} = \lim_{n \to \infty} \dfrac{3 \times 4^n - 3}{4^{n-1}} = \lim_{n \to \infty}\left(3 \times 4 - \dfrac{3}{4^{n-1}}\right) = 12$

24 정적분과 급수　　　정답 ②

$\lim_{n \to \infty} \dfrac{1}{n} \sum_{k=1}^{n} f\left(\dfrac{n+k}{n}\right) = \lim_{n \to \infty} \dfrac{1}{n} \sum_{k=1}^{n} f\left(1 + \dfrac{k}{n}\right) = \int_1^2 f(x)\,dx$

$= \int_1^2 \dfrac{x+1}{x^2}\,dx = \int_1^2 \left(\dfrac{1}{x} + \dfrac{1}{x^2}\right)dx$

$= \left[\ln x - \dfrac{1}{x}\right]_1^2 = \dfrac{1}{2} + \ln 2$

개념 체크체크

정적분과 급수의 관계

a, b, p가 상수이고 $f(x)$가 연속함수일 때

(1) $\displaystyle\lim_{n\to\infty}\sum_{k=1}^{n}f\left(\frac{k}{n}\right)\times\frac{1}{n}=\int_{0}^{1}f(x)dx$

(2) $\displaystyle\lim_{n\to\infty}\sum_{k=1}^{n}f\left(\frac{p}{n}k\right)\times\frac{p}{n}=\int_{0}^{p}f(x)dx$

(3) $\displaystyle\lim_{n\to\infty}\sum_{k=1}^{n}f\left(a+\frac{p}{n}k\right)\times\frac{p}{n}=\int_{a}^{a+p}f(x)dx$

(4) $\displaystyle\lim_{n\to\infty}\sum_{k=1}^{n}f\left(a+\frac{b-a}{n}k\right)\times\frac{b-a}{n}=\int_{a}^{b}f(x)dx$

---

25 음함수의 미분법   정답 ③

곡선 $\pi\cos y+y\sin x=3x$가 x축과 만나는 점의 x좌표는

$\pi\cos 0+0=3x$, $\pi=3x$ $\therefore\ x=\dfrac{\pi}{3}$

$\therefore\ \mathrm{A}\left(\dfrac{\pi}{3},\ 0\right)$

$\pi\cos y+y\sin x=3x$의 양변을 x에 대하여 미분하면

$-\pi\sin y\dfrac{dy}{dx}+\dfrac{dy}{dx}\sin x+y\cos x=3$

$(\sin x-\pi\sin y)\dfrac{dy}{dx}=3-y\cos x$

$\therefore\ \dfrac{dy}{dx}=\dfrac{3-y\cos x}{\sin x-\pi\sin y}\ (\sin x-\pi\sin y\ne 0)$

따라서 곡선 $\pi\cos y+y\sin x=3x$ 위의 점 $\mathrm{A}\left(\dfrac{\pi}{3},\ 0\right)$에서의 접선의 기울기는

$\dfrac{dy}{dx}=\dfrac{3-0}{\sin\dfrac{\pi}{3}-\pi\sin 0}=2\sqrt{3}$

---

26 등비급수의 활용   정답 ①

$\overline{\mathrm{OB_1}}=\overline{\mathrm{OA_1}}=1$이므로

직각이등변삼각형 $\mathrm{B_1OA_1}$에서

$\overline{\mathrm{A_1B_1}}=\sqrt{2}$

두 점 $\mathrm{C_1}$, $\mathrm{D_1}$에서 선분 $\mathrm{A_1B_1}$에 내린

수선의 발을 각각 $\mathrm{H_1}$, $\mathrm{I_1}$이라 하자.

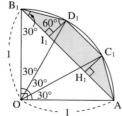

$\angle\mathrm{B_1OD_1}=\angle\mathrm{D_1OC_1}=\angle\mathrm{C_1OA_1}=30°$이므로

$\angle\mathrm{OB_1D_1}=\angle\mathrm{OD_1B_1}=\angle\mathrm{OD_1C_1}=75°$

즉, $\angle\mathrm{B_1D_1C_1}=150°$이므로

$\angle\mathrm{B_1D_1I_1}=60°$, $\angle\mathrm{D_1B_1I_1}=30°$

$\overline{\mathrm{D_1I_1}}=a\ (a>0)$이라 하면 직각삼각형 $\mathrm{B_1I_1D_1}$에서 $\overline{\mathrm{B_1D_1}}=2a$,

$\overline{\mathrm{B_1I_1}}=\sqrt{3}\,a$이고,

$\overline{\mathrm{H_1I_1}}=\overline{\mathrm{C_1D_1}}=\overline{\mathrm{B_1D_1}}=2a$, $\overline{\mathrm{A_1H_1}}=\overline{\mathrm{B_1I_1}}=\sqrt{3}\,a$

따라서

$\overline{\mathrm{A_1B_1}}=\overline{\mathrm{B_1I_1}}+\overline{\mathrm{H_1I_1}}+\overline{\mathrm{A_1H_1}}=\sqrt{3}\,a+2a+\sqrt{3}\,a=2a(\sqrt{3}+1)=\sqrt{2}$

이므로

$a=\dfrac{\sqrt{2}}{2(\sqrt{3}+1)}=\dfrac{\sqrt{2}(\sqrt{3}-1)}{2(\sqrt{3}+1)(\sqrt{3}-1)}=\dfrac{\sqrt{6}-\sqrt{2}}{4}$

$\therefore\ S_1=\dfrac{1}{2}\times(\overline{\mathrm{A_1B_1}}+\overline{\mathrm{C_1D_1}})\times\overline{\mathrm{D_1I_1}}$

$=\dfrac{1}{2}\times\left(\sqrt{2}+\dfrac{\sqrt{6}-\sqrt{2}}{2}\right)\times\dfrac{\sqrt{6}-\sqrt{2}}{4}=\dfrac{1}{4}$

한편, 부채꼴 $\mathrm{OA_2B_2}$의 반지름의 길이를 $r(r>0)$이라 하고, 점 O에서 선분 $\mathrm{A_1B_1}$에 내린 수선의 발을 H라 하면 직각이등변삼각형 $\mathrm{B_1OH}$에서

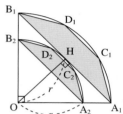

$\overline{\mathrm{OB_1}}=\sqrt{2}\,r=1$ $\therefore\ r=\dfrac{1}{\sqrt{2}}$

즉, 두 부채꼴 $\mathrm{OA_1B_1}$, $\mathrm{OA_2B_2}$의 길이의 비는 $1:\dfrac{1}{\sqrt{2}}$이므로 넓이의 비는 $1:\dfrac{1}{2}$이다.

$\therefore\ \displaystyle\lim_{n\to\infty}S_n=\dfrac{\dfrac{1}{4}}{1-\dfrac{1}{2}}=\dfrac{1}{2}$

---

27 정적분 + 입체도형의 부피   정답 ④

단면인 정사각형의 넓이를 $S(x)$라 하면

$S(x)=\{(1+\cos x)\sqrt{\sin x}\}^2=(1+\cos x)^2\sin x$

따라서 구하는 입체도형의 부피는

$\displaystyle\int_{\frac{\pi}{3}}^{\frac{\pi}{2}}S(x)dx=\int_{\frac{\pi}{3}}^{\frac{\pi}{2}}(1+\cos x)^2\sin x\,dx$

이때 $\cos x=t$라 하면 $-\sin x=\dfrac{dt}{dx}$이고, $x=\dfrac{\pi}{3}$일 때 $t=\dfrac{1}{2}$,

$x=\dfrac{\pi}{2}$일 때 $t=0$이므로

$\displaystyle\int_{\frac{\pi}{3}}^{\frac{\pi}{2}}(1+\cos x)^2\sin x\,dx=-\int_{\frac{1}{2}}^{0}(1+t)^2dt=\int_{0}^{\frac{1}{2}}(t^2+2t+1)dt$

$=\left[\dfrac{1}{3}t^3+t^2+t\right]_{0}^{\frac{1}{2}}=\dfrac{19}{24}$

28 지수함수   정답 ③

$y = (ax+b)e^{x-k}$에서

$y' = ae^{x-k} + (ax+b)e^{x-k} = (ax+b+a)e^{x-k}$

곡선 $y = (ax+b)e^{x-k}$ 위의 점 $(t,\ t^2)$에서의 접선의 방정식이

$y = tx$이므로 접선의 기울기는

$(at+b+a)e^{t-k} = t$ ······ ㉠

점 $(t,\ t^2)$은 곡선 $y = (ax+b)e^{x-k}$ 위의 점이므로

$(at+b)e^{t-k} = t^2$ ······ ㉡

㉠$-$㉡을 하면

$ae^{t-k} = t - t^2$ $\therefore\ f(t)e^{t-k} = t - t^2$ ······ ㉢

㉢에 $t=k$를 대입하면

$f(k)e^{k-k} = k - k^2$, $-6 = k - k^2$ ($\because f(k) = -6$)

$k^2 - k - 6 = 0$, $(k+2)(k-3) = 0$

$\therefore\ k = 3$ ($\because k > 0$)

즉, $f(t)e^{t-3} = t - t^2$이므로

$f(t) = \dfrac{t-t^2}{e^{t-3}}$

㉡에서 $\{f(t)t + g(t)\}e^{t-3} = t^2$이므로

$\left\{\dfrac{t-t^2}{e^{t-3}} \times t + g(t)\right\}e^{t-3} = t^2$, $t^2 - t^3 + g(t)e^{t-3} = t^2$

$g(t)e^{t-3} = t^3$ $\therefore\ g(t) = \dfrac{t^3}{e^{t-3}} = t^3 e^{3-t}$

따라서 $g'(t) = 3t^2 e^{3-t} - t^3 e^{3-t} = (3-t)t^2 e^{3-t}$이므로

$g'(k) = g'(3) = 0$

29 삼각함수의 극한의 활용   정답 20

곡선 $y = \sin 2x$는 원점에 대하여 대칭이므로 두 점 P, Q는 원점에 대하여 대칭이다.

즉, $S(t)$는 직각삼각형 PQR의 넓이와 같다.

오른쪽 그림과 같이 주어진 원의 반지름의 길이를 $r(r>0)$이라 하고, $\angle PQR = \theta$라 하면 중심각과 원주각의 관계에 의하여 $\angle POR = 2\theta$이다.

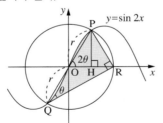

점 $P(t,\ \sin 2t)$에서 선분 OR에 내린 수선의 발을 H라 하면 직각삼각형 POH에서 $\overline{OH} = t$, $\overline{PH} = \sin 2t$이므로

$r = \overline{OP} = \sqrt{\overline{OH}^2 + \overline{PH}^2} = \sqrt{t^2 + (\sin 2t)^2}$

   $= \sqrt{t^2 + \sin^2 2t}$ ······ ㉠

또한, 직각삼각형 PQR에서 $\overline{QR} = \overline{PQ}\cos\theta = 2r\cos\theta$이므로 직각삼각형 PQR의 넓이 $S(t)$는

$S(t) = \dfrac{1}{2} \times \overline{PQ} \times \overline{QR} \times \sin\theta = \dfrac{1}{2} \times 2r \times 2r\cos\theta \times \sin\theta$

   $= r^2 \times 2\sin\theta\cos\theta = r^2 \sin 2\theta = r^2 \times \dfrac{\sin 2t}{r}$

   $= r\sin 2t = \sqrt{t^2 + \sin^2 2t}\ \sin 2t$ ($\because$ ㉠)

$\therefore\ \displaystyle\lim_{t \to 0+} \dfrac{S(t)}{t^2} = \lim_{t \to 0+} \dfrac{\sqrt{t^2 + \sin^2 2t}\ \sin 2t}{t^2}$

$= \displaystyle\lim_{t \to 0+}\left(\sqrt{\dfrac{t^2 + \sin^2 2t}{t^2}} \times \dfrac{\sin 2t}{t} \right)$

$= \displaystyle\lim_{t \to 0+}\left\{ \sqrt{1 + \left(\dfrac{\sin 2t}{t}\right)^2} \times \dfrac{\sin 2t}{t} \right\}$

$= \displaystyle\lim_{t \to 0+}\left\{ \sqrt{1 + 4 \times \left(\dfrac{\sin 2t}{2t}\right)^2} \times \dfrac{\sin 2t}{2t} \times 2 \right\}$

$= \sqrt{1 + 4 \times 1} \times 1 \times 2 = 2\sqrt{5}$

따라서 $k = 2\sqrt{5}$ 이므로

$k^2 = 20$

30 정적분의 활용   정답 13

조건 (가)에서 $f'(x) = \dfrac{\ln x + k}{x}$ $(x > 0)$이므로

$f(x) = \displaystyle\int f'(x)dx = \int \left(\dfrac{\ln x}{x} + \dfrac{k}{x}\right)dx = \dfrac{1}{2}(\ln x)^2 + k\ln x + C$

(단, C는 적분상수)

이때 조건 (나)에 의하여 $f(1) = 0$이므로

$C = 0$, $f\left(\dfrac{1}{e^2}\right) = 0$이므로

$\dfrac{1}{2} \times (-2)^2 + k \times (-2) = 0$, $2k = 2$ $\therefore\ k = 1$

$\therefore\ f(x) = \dfrac{1}{2}(\ln x)^2 + \ln x$

$\ln x = X$라 하면

$y = \dfrac{1}{2}X^2 + X = \dfrac{1}{2}X(X+2)$

즉, 직선 $y = t$가 함수 $y = \dfrac{1}{2}X(X+2)$의 그래프와 만나는 점의 X좌표는

$\dfrac{1}{2}X(X+2) = t$에서 $X^2 + 2X - 2t = 0$

$\therefore\ X = -1 \pm \sqrt{1 - (-2t)} = -1 \pm \sqrt{1+2t}$

직선 $y = t$가 함수 $y = \dfrac{1}{2}X(X+2)$의 그래프와 만나는 두 점의 X좌표 중 작은 값은 $X = -1 - \sqrt{1+2t}$ 이므로

$\ln x = -1 - \sqrt{1+2t}$ $\therefore\ x = e^{-1-\sqrt{1+2t}}$

$\therefore\ g(t) = e^{-1-\sqrt{1+2t}}$

따라서 곡선 $y = g(x)$와 x축, y축 및 직선 $x = \dfrac{3}{2}$으로 둘러싸인 부분의 넓이는 $\displaystyle\int_0^{\frac{3}{2}} e^{-1-\sqrt{1+2x}}dx$

$\sqrt{1+2x} = s$라 하면 $\dfrac{ds}{dx} = \dfrac{1}{\sqrt{1+2x}} = \dfrac{1}{s}$이고, $x = 0$일 때

$s=1$, $x=\dfrac{3}{2}$일 때 $s=2$이므로

$$\int_0^{\frac{3}{2}} e^{-1-\sqrt{1+2x}}dx = \int_1^2 e^{-1-s}s\,ds$$

$u(s)=s$, $v'(s)=e^{-1-s}$이라 하면 $u'(s)=1$, $v(s)=-e^{-1-s}$이므로

$$\int_1^2 e^{-1-s}s\,ds = [-se^{-1-s}]_1^2 - \int_1^2 (-e^{-1-s})ds$$

$$=-2e^{-3}+e^{-2}+\int_1^2 e^{-1-s}ds$$

$$=-2e^{-3}+e^{-2}+[-e^{-1-s}]_1^2$$

$$=-2e^{-3}+e^{-2}-e^{-3}+e^{-2}=-3e^{-3}+2e^{-2}$$

$$=\frac{-3+2e}{e^3}$$

즉, $a=2$, $b=-3$이므로

$a^2+b^2=4+9=13$

❸ 기하

23 공간 좌표   정답 ④

$\mathrm{P}(a,\,0,\,0)$라 하면 $\overline{\mathrm{AP}}=\overline{\mathrm{BP}}$이므로

$$\sqrt{(a-4)^2+(0-2)^2+(0-3)^2}$$
$$=\sqrt{\{(a-(-2)\}^2+(0-3)^2+(0-1)^2}$$
$$a^2-8a+29=a^2+4a+14$$
$$12a=15 \qquad \therefore\ a=\frac{5}{4}$$

24 이차곡선(쌍곡선)   정답 ⑤

$x^2-9y^2-2x-18y-9=0$에서 $(x-1)^2-9(y+1)^2=1$

$$\therefore\ (x-1)^2-\frac{(y+1)^2}{\frac{1}{9}}=1 \quad\cdots\cdots\ \text{㉠}$$

$x^2-9y^2-2x-18y-7=0$에서 $(x-1)^2-9(y+1)^2=-1$

$$\therefore\ (x-1)^2-\frac{(y+1)^2}{\frac{1}{9}}=-1 \quad\cdots\cdots\ \text{㉡}$$

두 쌍곡선 ㉠, ㉡은 모두 중심이 $(1,\,-1)$이고, 점근선의 기울기가 $\pm\dfrac{\frac{1}{3}}{1}$, 즉 $\pm\dfrac{1}{3}$이므로 다음 그림과 같다.

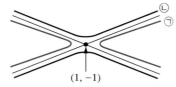

두 쌍곡선 ㉠, ㉡ 중 어느 것과도 만나지 않는 직선의 개수가 2이므

로 이 두 직선은 점근선이다.

즉, 두 점근선의 방정식은 각각

$$y-(-1)=-\frac{1}{3}(x-1),\ y-(-1)=\frac{1}{3}(x-1)$$

$$\therefore\ y=-\frac{1}{3}x-\frac{2}{3},\ y=\frac{1}{3}x-\frac{4}{3}$$

따라서 $ac=-\dfrac{1}{3}\times\dfrac{1}{3}=-\dfrac{1}{9}$, $bd=-\dfrac{2}{3}\times\left(-\dfrac{4}{3}\right)=\dfrac{8}{9}$이므로

$$ac+bd=-\frac{1}{9}+\frac{8}{9}=\frac{7}{9}$$

25 삼수선의 정리   정답 ①

오른쪽 그림과 같이 삼각형 AOB는 한 변의 길이가 $\overline{\mathrm{OA}}=2$인 정삼각형이므로 점 B에서 선분 OA에 내린 수선의 발을 H라 하면 $\overline{\mathrm{BH}}$는 삼각형 AOB의 높이이다.

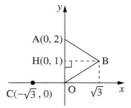

$$\therefore\ \overline{\mathrm{BH}}=\frac{\sqrt{3}}{2}\times2=\sqrt{3}$$

따라서 $\mathrm{B}(\sqrt{3},\,1)$이므로

$$\overrightarrow{\mathrm{BC}}=\overrightarrow{\mathrm{OC}}-\overrightarrow{\mathrm{OB}}=(-\sqrt{3},\,0)-(\sqrt{3},\,1)=(-2\sqrt{3},\,-1)$$

$$\therefore\ |\overrightarrow{\mathrm{OA}}+\overrightarrow{\mathrm{BC}}|=|(0,\,2)+(-2\sqrt{3},\,-1)|=|(-2\sqrt{3},\,1)|$$
$$=\sqrt{(-2\sqrt{3})^2+1^2}=\sqrt{13}$$

26 평면벡터의 성분과 내적   정답 ②

$$\overline{\mathrm{BD}}=\sqrt{\overline{\mathrm{AB}}^2+\overline{\mathrm{AD}}^2}=\sqrt{1^2+2^2}=\sqrt{5}$$

$$\overline{\mathrm{DI}}=\sqrt{\overline{\mathrm{CD}}^2+\overline{\mathrm{CI}}^2}=\sqrt{1^2+2^2}=\sqrt{5}\ (\because\ \overline{\mathrm{CI}}=2)$$

$$\overline{\mathrm{BI}}=\sqrt{\overline{\mathrm{BC}}^2+\overline{\mathrm{CI}}^2}=\sqrt{2^2+2^2}=2\sqrt{2}$$

즉, 삼각형 BID는 $\overline{\mathrm{BD}}=\overline{\mathrm{DI}}$인 이등변 삼각형이므로 오른쪽 그림과 같이 점 D에서 선분 BI에 내린 수선의 발을 J라 하면

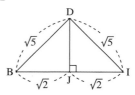

$$\overline{\mathrm{DJ}}=\sqrt{\overline{\mathrm{BD}}^2-\overline{\mathrm{BJ}}^2}$$
$$=\sqrt{(\sqrt{5})^2-(\sqrt{2})^2}=\sqrt{3}$$

삼각형 BID의 넓이는

$$\frac{1}{2}\times\overline{\mathrm{BI}}\times\overline{\mathrm{DJ}}=\frac{1}{2}\times2\sqrt{2}\times\sqrt{3}=\sqrt{6}$$

직각삼각형 FGH의 넓이는

$$\frac{1}{2}\times\overline{\mathrm{FG}}\times\overline{\mathrm{GH}}=\frac{1}{2}\times2\times1=1$$

이때 평면 BID의 평면 EFGH 위로의 정사영은 직각삼각형 FGH이고, 두 평면 BID, FGH가 이루는 각의 크기를 θ라 하면

$$\triangle\mathrm{BID}\times\cos\theta=\triangle\mathrm{FGH}$$

$$\therefore\ \cos\theta=\frac{\triangle\mathrm{FGH}}{\triangle\mathrm{BID}}=\frac{1}{\sqrt{6}}=\frac{\sqrt{6}}{6}$$

27 이차곡선+접선의 방정식

정답 ③

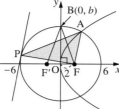

두 점 $F(2, 0)$, $F'(-2, 0)$을 초점으로 하고 장축의 길이가 12인 타원의 한 꼭짓점을 $B(0, b)$ $(b > 0)$이라 하면 타원의 정의에 의하여

$\overline{BF} + \overline{BF'} = 12$

$\therefore \overline{BF} = 6$ $(\because \overline{BF} = \overline{BF'})$

직각삼각형 BOF에서

$\overline{OB} = \sqrt{\overline{BF}^2 - \overline{OF}^2} = \sqrt{6^2 - 2^2} = 4\sqrt{2}$

즉, 타원의 방정식은

$\dfrac{x^2}{36} + \dfrac{y^2}{32} = 1$

한편, 직선 $x = -2$를 준선으로 하는 포물선의 방정식은 $y^2 = 8x$이므로 타원과 포물선이 제1사분면에서 만나는 점 A의 x좌표는

$\dfrac{x^2}{36} + \dfrac{8x}{32} = 1$에서 $\dfrac{x^2}{36} + \dfrac{x}{4} = 1$

$x^2 + 9x - 36 = 0$, $(x+12)(x-3) = 0$

$\therefore x = 3$ $(\because x > 0)$

즉, $A(3, 2\sqrt{6})$이므로

$\overline{AF} = \sqrt{(2-3)^2 + (0-2\sqrt{6})^2} = 5$

이때 타원 위의 점 P에 대하여 삼각형 APF의 넓이의 최댓값은 점 P가 직선 AF와 평행하면서 타원에 접하는 접점일 때이다.

직선 AF의 기울기는 $\dfrac{0-2\sqrt{6}}{2-3} = 2\sqrt{6}$이고, 타원 위의 점 P에서의 접선의 y절편이 양수일 때 삼각형 APF의 넓이가 최대이므로 접선의 방정식은

$y = 2\sqrt{6}x + \sqrt{36 \times (2\sqrt{6})^2 + 32} = 2\sqrt{6}x + 8\sqrt{14}$

삼각형 APF의 높이는 점 $F(2, 0)$과 직선 $y = 2\sqrt{6}x + 8\sqrt{14}$, 즉 $2\sqrt{6}x - y + 8\sqrt{14} = 0$ 사이의 거리와 같으므로

$\dfrac{|4\sqrt{6} - 0 + 8\sqrt{14}|}{\sqrt{(2\sqrt{6})^2 + (-1)^2}} = \dfrac{4\sqrt{6} + 8\sqrt{14}}{5}$

따라서 삼각형 APF의 넓이의 최댓값은

$\dfrac{1}{2} \times \overline{AF} \times \dfrac{4\sqrt{6} + 8\sqrt{14}}{5} = \dfrac{1}{2} \times 5 \times \dfrac{4\sqrt{6} + 8\sqrt{14}}{5}$
$\qquad\qquad\qquad\qquad = 2\sqrt{6} + 4\sqrt{14}$

개념 체크체크

타원의 접선의 방정식

타원 $\dfrac{x^2}{a^2} + \dfrac{y^2}{b^2} = 1$에 대하여

(1) 기울기 m을 알 때

$\quad y = mx \pm \sqrt{a^2m^2 - b^2}$

(2) 접점 (x_1, y_1)을 알 때

$\quad \dfrac{x_1 x}{a^2} - \dfrac{y_1 y}{b^2} = 1$

---

28 평면벡터의 내적

정답 ⑤

조건 (가)에서 $\overrightarrow{AB} \cdot \overrightarrow{AC} = \dfrac{1}{3}|\overrightarrow{AB}|^2$이므로 두 벡터 $\overrightarrow{AB}$, $\overrightarrow{AC}$가 이루는 각의 크기를 θ_1이라 하면

$\overrightarrow{AB} \cdot \overrightarrow{AC} = |\overrightarrow{AB}||\overrightarrow{AC}|\cos\theta_1 = |\overrightarrow{AB}| \times (|\overrightarrow{AC}|\cos\theta_1)$

$\qquad\qquad = \dfrac{1}{3}|\overrightarrow{AB}|^2$

$\qquad\qquad = |\overrightarrow{AB}| \times \left(\dfrac{1}{3}|\overrightarrow{AB}|\right)$

즉, $|\overrightarrow{AB}| \times (|\overrightarrow{AC}|\cos\theta_1) = |\overrightarrow{AB}| \times \left(\dfrac{1}{3}|\overrightarrow{AB}|\right)$이므로

$|\overrightarrow{AC}|\cos\theta_1 = \dfrac{1}{3}|\overrightarrow{AB}|$

이때 점 C에서 선분 AB에 내린 수선의 발을 H라 하면
$|\overrightarrow{AC}|\cos\theta_1 = |\overrightarrow{AH}|$이므로

$|\overrightarrow{AH}| = \dfrac{1}{3}|\overrightarrow{AB}|$

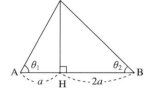

따라서 점 H는 선분 AB를 $1:2$로 내분하는 점이다.

조건 (나)에서 $\overrightarrow{AB} \cdot \overrightarrow{CB} = \dfrac{2}{5}|\overrightarrow{AC}|^2$이므로

$\overrightarrow{BA} \cdot \overrightarrow{BC} = \dfrac{2}{5}|\overrightarrow{AC}|^2$

두 벡터 $\overrightarrow{BA}$, $\overrightarrow{BC}$가 이루는 각의 크기를 θ_2라 하면
$\overrightarrow{BA} \cdot \overrightarrow{BC} = |\overrightarrow{BA}||\overrightarrow{BC}|\cos\theta_2 = |\overrightarrow{BA}| \times (|\overrightarrow{BC}|\cos\theta_2)$

$\qquad\qquad = |\overrightarrow{BA}||\overrightarrow{BH}| = \dfrac{2}{5}|\overrightarrow{AC}|^2$

이때 $|\overrightarrow{AB}| = 3a$ $(a > 0)$이라 하면 $|\overrightarrow{AH}| = a$, $|\overrightarrow{BH}| = 2a$이므로

$|\overrightarrow{BA}||\overrightarrow{BH}| = \dfrac{2}{5}|\overrightarrow{AC}|^2$에서

$3a \times 2a = \dfrac{2}{5}|\overrightarrow{AC}|^2$, $6a^2 = \dfrac{2}{5}|\overrightarrow{AC}|^2$

$\therefore |\overrightarrow{AC}| = \sqrt{15}a$

즉, $|\overrightarrow{CH}| = \sqrt{|\overrightarrow{AC}|^2 - |\overrightarrow{AH}|^2} = \sqrt{(\sqrt{15}a)^2 - a^2} = \sqrt{14}a$이므로

$|\overrightarrow{BC}| = \sqrt{|\overrightarrow{BH}|^2 + |\overrightarrow{CH}|^2} = \sqrt{(2a)^2 + (\sqrt{14}a)^2} = 3\sqrt{2}a$

한편, 점 B를 지나고 직선 AB에 수직인 직선과 직선 AC가 만나는 점 D에 대하여 두 삼각형 AHC, ABD는 닮음비가 $1:3$이므로

$|\overrightarrow{CH}| : |\overrightarrow{BD}| = 1:3$, $\sqrt{14}a : \sqrt{42} = 1:3$

$3\sqrt{14}a = \sqrt{42}$ $\quad \therefore a = \dfrac{\sqrt{3}}{3}$

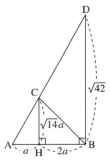

따라서 삼각형 ABC의 넓이는

$\dfrac{1}{2} \times |\overrightarrow{AB}| \times |\overrightarrow{CH}|$

$= \dfrac{1}{2} \times \sqrt{3} \times \dfrac{\sqrt{42}}{3} = \dfrac{\sqrt{14}}{2}$

두 점 A, B는 포물선 $y^2=4px$ 위의 점이므로 $A\left(\dfrac{a^2}{4p},\,a\right)$,

$B\left(\dfrac{b^2}{4p},\,b\right)$ $(a>0,\ b>0,\ a\neq b)$라 할 수 있다.

$C(-p,\,0)$이라 하면 직선 AB가 점 C를 지나므로 직선 AC의 기

울기 $\dfrac{a}{\dfrac{a^2}{4p}+p}$ 와 직선 BC의 기울기 $\dfrac{b}{\dfrac{b^2}{4p}+p}$ 가 같아야 한다.

$\dfrac{a}{\dfrac{a^2}{4p}+p}=\dfrac{b}{\dfrac{b^2}{4p}+p}$ 에서

$\dfrac{ab^2}{4p}+ap=\dfrac{a^2b}{4p}+bp,\ \dfrac{ab}{4p}(b-a)=p(b-a)$

$\dfrac{ab}{4p}=p\ (\because\ a\neq b)$ $\therefore\ ab=4p^2\ \cdots\cdots\ \bigcirc$

또한, 오른쪽 그림과 같이 두 점
A, B에서 포물선 $y^2=4px$ 의
준선 $x=-p$ 에 내린 수선의 발
을 각각 H_1, H_2라 하면 포물선
의 정의에 의하여

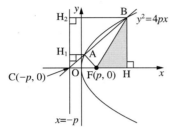

$\overline{FA}=\overline{AH_1},\ \overline{FB}=\overline{BH_2}$

이때 $\overline{FA}:\overline{FB}=1:3$이므로

$\overline{AH_1}:\overline{BH_2}=1:3$

$\left(\dfrac{a^2}{4p}+p\right):\left(\dfrac{b^2}{4p}+p\right)=1:3,\ \dfrac{b^2}{4p}+p=3\left(\dfrac{a^2}{4p}+p\right)$

$\dfrac{b^2-3a^2}{4p}=2p$ $\therefore\ b^2-3a^2=8p^2\ \cdots\cdots\ \bigcirc\!\!\!\bigcirc$

$\bigcirc$, $\bigcirc\!\!\!\bigcirc$을 연립하면

$2ab=b^2-3a^2,\ b^2-2ab-3a^2=0$

$(b+a)(b-3a)=0$ $\therefore\ b=3a\ (\because\ a>0,\ b>0)$

$b=3a$를 $\bigcirc$에 대입하면

$3a^2=4p^2\ \cdots\cdots\ \bigcirc\!\!\!\!\bigcirc$

$b=3a$, 즉 $a=\dfrac{b}{3}$ 를 $\bigcirc\!\!\!\!\bigcirc$에 대입하면

$\dfrac{b^2}{3}=4p^2$ $\therefore\ b=2\sqrt{3}\,p$

따라서 삼각형 BFH의 넓이가 $46\sqrt{3}$ 이므로

$\dfrac{1}{2}\times\overline{FH}\times\overline{BH}=\dfrac{1}{2}\times\left(\dfrac{b^2}{4p}-p\right)\times b$

$\qquad\qquad\qquad=\dfrac{1}{2}\times\left(\dfrac{12p^2}{4p}-p\right)\times2\sqrt{3}\,p=2\sqrt{3}\,p^2=46\sqrt{3}$

$\therefore\ p^2=23$

30 공간좌표   정답 17

구 $C_1:(x-3)^2+(y-4)^2+(z-1)^2=1$ 의 중심을 C_1이라 하면
$C_1(3,\,4,\,1)$이고, 반지름의 길이는 1이다.

구 $C_2:(x-3)^2+(y-8)^2+(z-5)^2=4$의 중심을 C_2라 하면
$C_2(3,\,8,\,5)$이고, 반지름의 길이는 2이다.

즉, 두 구 C_1, C_2는 모두 $x>0$, $y>0$, $z>0$인 공간에 존재한다.
yz평면 위의 점 S를 zx평면에 대하여 대칭이동한 점을 S'이라 하
고, 구 C_2와 점 Q를 zx평면에 대하여 대칭이동한 구를 ${C_2}'$, 점을
Q'이라 하면

$\overline{PR}+\overline{RS}+\overline{SQ}=\overline{PR}+\overline{RS'}+\overline{S'Q'}$

또한, 구 ${C_2}'$과 점 Q'을 yz평면에 대하여 대칭이동한 구를 ${C_2}''$,
점을 Q''이라 하면

$\overline{PR}+\overline{RS'}+\overline{S'Q'}=\overline{PR}+\overline{RS'}+\overline{S'Q''}$

따라서 $\overline{PR}+\overline{RS'}+\overline{S'Q''}$ 의 최솟값은 선분 PQ'' 의 길이이다.

이때 구 ${C_2}'$의 중심을 ${C_2}'$이라 하면 ${C_2}'(3,\,-8,\,5)$, 구 ${C_2}''$의
중심을 ${C_2}''$이라 하면 ${C_2}''(-3,\,-8,\,5)$이고, 선분 PQ''의 길이
는 두 구의 중심 C_1, ${C_2}''$ 사이의 거리에서 두 구의 반지름의 길이
를 모두 빼면 된다.

두 구의 중심 $C_1(3,\,4,\,1)$, ${C_2}''(-3,\,-8,\,5)$ 사이의 거리는

$\overline{C_1{C_2}''}=\sqrt{(-3-3)^2+(-8-4)^2+(5-1)^2}=14$

이므로 선분 PQ''의 길이는

$14-1-2=11$

선분 R_1S_1 위의 점 X에 대하여 $\overline{P_1R_1}+\overline{R_1X}=\overline{XS_1}+\overline{S_1Q_1}$이므로

$\overline{PR}+\overline{RX}=\overline{XS'}+\overline{S'Q''}=\dfrac{11}{2}$

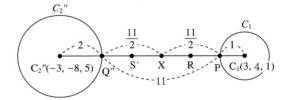

즉,

$\overline{C_1X}=\overline{PX}+(원\ C_1의\ 반지름의\ 길이)=\dfrac{11}{2}+1=\dfrac{13}{2}$,

$\overline{XC_2''}=\overline{XQ''}+(원\ {C_2}''의\ 반지름의\ 길이)=\dfrac{11}{2}+2=\dfrac{15}{2}$

이므로 점 X는 두 점 $C_1(3,\,4,\,1)$, ${C_2}''(-3,\,-8,\,5)$ 를 $13:15$
로 내분하는 점이다.

따라서 점 X의 x좌표는

$\dfrac{13\times(-3)+15\times3}{13+15}=\dfrac{3}{14}$이므로

$p=14,\ q=3$

$\therefore\ p+q=14+3=17$

◁ **개념 체크체크** ▷

구의 방정식

(1) 좌표공간에서 중심이 점 $C(a,\,b,\,c)$이고 반지름의 길이가
r인 구의 방정식
$$(x-a)^2+(y-b)^2+(z-c)^2=r^2$$

(2) 반지름의 길이가 r인 구의 방정식
$$x^2+y^2+z^2=r^2$$

제**3**교시 **수학영역**　　　문제 ▶ p. 26

<공통>

01 ③	02 ②	03 ④	04 ④	05 ①
06 ⑤	07 ③	08 ②	09 ④	10 ②
11 ⑤	12 ①	13 ④	14 ②	15 ⑤
16 8	17 6	18 10	19 64	20 14
21 35	22 11			

<확률과 통계>

23 ②	24 ③	25 ④	26 ③	27 ①
28 ④	29 25	30 27		

<미적분>

23 ②	24 ③	25 ①	26 ④	27 ⑤
28 ②	29 49	30 4		

<기하>

23 ①	24 ⑤	25 ④	26 ③	27 ②
28 ⑤	29 261	30 7		

공통

01 지수법칙　　　정답 ③

$$\frac{4}{3^{-2}+3^{-3}} = \frac{4 \times 3^3}{(3^{-2}+3^{-3}) \times 3^3} = \frac{4 \times 3^3}{3+1} = 27$$

◁ 개념 체크체크 ▷

지수법칙

$a>0$, $b>0$이고, x, y가 실수일 때,

(1) $a^x \times a^y = a^{x+y}$

(2) $a^x \div a^y = a^{x-y}$

(3) $(a^x)^y = a^{xy}$

(4) $(ab)^x = a^x b^x$

(5) $\left(\dfrac{1}{a}\right)^x = a^{-x}$

02 곱셈의 미분법　　　정답 ②

$f(x) = (x^3 - 2x^2 + 3)(ax+1)$에서

$f'(x) = (3x^2 - 4x)(ax+1) + a(x^3 - 2x^2 + 3)$

$f'(0) = 15$이므로

$f'(0) = 3a = 15$　　∴ $a = 5$

03 등비수열　　　정답 ④

등비수열 $\{a_n\}$의 공비를 $r(r>0)$라 하면

$a_2 = 4$에서 $a_1 r = 4$ …… ㉠

$\dfrac{(a_3)^2}{a_1 \times a_7} = 2$에서 $\dfrac{a_1^{\,2} \times r^4}{a_1^{\,2} \times r^6} = 2$, $\dfrac{1}{r^2} = 2$　　∴ $r = \dfrac{\sqrt{2}}{2}$

$r = \dfrac{\sqrt{2}}{2}$를 ㉠에 대입하여 정리하면 $a_1 = 4\sqrt{2}$

∴ $a_4 = a_1 r^3 = 4\sqrt{2} \times \dfrac{\sqrt{2}}{4} = 2$

04 함수의 그래프와 극한값의 계산　　　정답 ④

$$\lim_{x \to 1+} f(x) + \lim_{x \to 3-} f(x) = 2 + 2 = 4$$

05 삼각함수를 활용한 이차방정식의 근과 계수의 관계　　　정답 ①

이차방정식 $5x^2 - x + a = 0$의 두 근이 $\sin\theta$, $\cos\theta$이므로 이차방정식의 근과 계수의 관계에 의하여

$\sin\theta + \cos\theta = \dfrac{1}{5}$, $\sin\theta\cos\theta = \dfrac{a}{5}$

$\sin\theta + \cos\theta = \dfrac{1}{5}$의 양변을 제곱하면

$\sin^2\theta + \cos^2\theta + 2\sin\theta\cos\theta = \dfrac{1}{25}$　　∴ $\sin\theta\cos\theta = -\dfrac{12}{25}$

따라서 $\dfrac{a}{5} = -\dfrac{12}{25}$이므로 $a = -\dfrac{12}{5}$

06 함수의 극대·극소
정답 ⑤

함수 $f(x)$가 $x=a$에서 극소이므로 $f'(a)=0$

$f(x)=\dfrac{1}{2}x^4+ax^2+b$에서 $f'(x)=2x^3+2ax$이므로

$f'(a)=2a^3+2a^2=0$

$2a^2(a+1)=0$ $\quad\therefore a=-1$ 또는 $a=0$

그런데 $a=0$이면 $f(x)=\dfrac{1}{2}x^4+b$이므로 함수 $f(x)$는 극댓값을

가지지 않는다. (모순)

즉, $a=-1$이므로

$f(x)=\dfrac{1}{2}x^4-x^2+b$,

$f'(x)=2x^3-2x=2x(x+1)(x-1)$

$f'(x)=0$에서 $x=-1$ 또는 $x=0$ 또는 $x=1$

따라서 함수 $f(x)$는 $x=0$에서 극댓값 $a+8$, 즉 7을 가지므로

$f(0)=b=7$

$\therefore a+b=-1+7=6$

07 함수의 미분가능과 연속
정답 ③

직선 $y=mx+2$가 x축과 만나는 점이 B이므로

$0=mx+2$ $\quad\therefore x=-\dfrac{2}{m}$

$\therefore \mathrm{B}\left(-\dfrac{2}{m},\ 0\right)$

오른쪽 그림과 같이 점 A에서
x축에 내린 수선의 발을 H라
하면 두 직각삼각형 BOC,
BHA는 서로 닮음(AA 닮음)
이고 $\overline{\mathrm{AB}}:\overline{\mathrm{AC}}=2:1$이므
로 점 H의 x좌표는

$x=\dfrac{1}{3}\times\left(-\dfrac{2}{m}\right)=-\dfrac{2}{3m}$

직선 $y=mx+2$가 곡선

$y=\dfrac{1}{3}\left(\dfrac{1}{2}\right)^{x-1}$과 만나는 점이 A이므로

$m\times\left(-\dfrac{2}{3m}\right)+2=\dfrac{1}{3}\left(\dfrac{1}{2}\right)^{-\frac{2}{3m}-1}$에서

$\dfrac{4}{3}=\dfrac{1}{3}\left(\dfrac{1}{2}\right)^{-\frac{2}{3m}-1}$, $2=\left(\dfrac{1}{2}\right)^{-\frac{2}{3m}}$, $2=2^{\frac{2}{3m}}$

$1=\dfrac{2}{3m}$ $\quad\therefore m=\dfrac{2}{3}$

08 함수의 미분법
정답 ②

$f(x)=\begin{cases}x^2-2x & (x<a)\\2x+b & (x\ge a)\end{cases}$에서 $f'(x)=\begin{cases}2x-2 & (x<a)\\2 & (x>a)\end{cases}$

함수 $f(x)$가 실수 전체의 집합에서 미분가능하므로 $x=a$에서도
미분가능하다.

즉, $\lim\limits_{x\to a-}f'(x)=\lim\limits_{x\to a+}f'(x)$이어야 하므로

$2a-2=2$ $\quad\therefore a=2$

$\therefore f(x)=\begin{cases}x^2-2x & (x<2)\\2x+b & (x\ge 2)\end{cases}$

또한, 함수 $f(x)$가 실수 전체의 집합에서 연속이므로 $x=2$에서도
연속이다.

즉, $\lim\limits_{x\to 2-}f(x)=\lim\limits_{x\to 2+}f(x)=f(2)$이어야 하므로

$2^2-2\times 2=2\times 2+b$ $\quad\therefore b=-4$

$\therefore a+b=2+(-4)=-2$

09 지수함수와 로그함수의 그래프
정답 ④

곡선 $y=|\log_2(-x)|$를 y축에 대하여 대칭이동한 그래프의 식은
$y=|\log_2 x|$

곡선 $y=|\log_2 x|$를 x축의 방향으로 k만큼 평행이동한 그래프의 식은
$y=|\log_2(x-k)|$ $\quad\therefore f(x)=|\log_2(x-k)|$

이때 두 곡선 $y=f(x)$, $y=|\log_2(-x+8)|$의 점근선의 방정식은
각각 $x=k$, $x=8$이므로 곡선 $y=f(x)$와 곡선 $y=|\log_2(-x+8)|$
이 세 점에서 만나려면 그 그래프는 다음 그림과 같아야 한다.

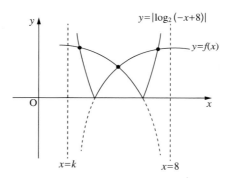

만나는 세 점의 x좌표를 작은 것부터 차례대로 x_1, x_2, x_3이라 하면
x_1, x_2, x_3은 이 순서대로 등차수열을 이루므로

$\dfrac{x_1+x_3}{2}=x_2$ $\quad\therefore x_1+x_3=2x_2$ ······ ㉠

또한, 세 교점의 x좌표의 합이 18이므로

$x_1+x_2+x_3=18$ ······ ㉡

㉠을 ㉡에 대입하면

$2x_2+x_2=18$ $\quad\therefore x_2=6$

$x_2=6$은 두 곡선 $y=f(x)$, $y=|\log_2(-x+8)|$이 만나는 점의 x
좌표이므로

$|\log_2(6-k)|=|\log_2(-6+8)|$에서

$6-k=2$ $\quad\therefore k=4$

10 사차함수의 적분법 정답 ②

조건 (나)의 부등식 $xf'(x) > 0$에서 $x > 0$일 때 $f'(x) > 0$, $x < 0$일 때 $f'(x) < 0$이다.

그런데 부등식 $xf'(x) > 0$을 만족시키는 모든 실수 x의 값의 범위는 $1 < x < 3$이므로 $x > 0$일 때는 $1 < x < 3$에서만 $f'(x) > 0$이다. 즉, $x > 0$일 때는 함수 $f(x)$가 $1 < x < 3$에서만 증가한다.

또한, $x < 0$일 때는 $xf'(x) > 0$을 만족시키지 않아야 하므로 $f'(x) > 0$이어야 한다. 즉, $x < 0$일 때는 함수 $f(x)$가 증가한다.

따라서 함수 $y = f(x)$의 그래프의 개형은 오른쪽 그림과 같으므로 사차함수 $f(x)$의 도함수 $f'(x)$에 대하여 $f'(x) = ax(x-1)(x-3)$ (a는 상수이고, $a \neq 0$)이라 할 수 있다.

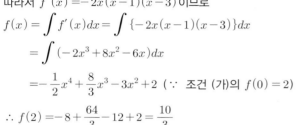

조건 (가)의 $f'(4) = -24$에서

$4a \times 3 \times 1 = -24 \qquad \therefore a = -2$

따라서 $f'(x) = -2x(x-1)(x-3)$이므로

$$f(x) = \int f'(x)\,dx = \int \{-2x(x-1)(x-3)\}\,dx$$

$$= \int (-2x^3 + 8x^2 - 6x)\,dx$$

$$= -\frac{1}{2}x^4 + \frac{8}{3}x^3 - 3x^2 + 2 \ (\because \ \text{조건 (가)의 } f(0) = 2)$$

$$\therefore f(2) = -8 + \frac{64}{3} - 12 + 2 = \frac{10}{3}$$

11 수열의 합 정답 ⑤

$P_n(n, \ n)$, $Q_n\left(n, \ \frac{1}{20}n\left(n + \frac{1}{3}\right)\right)$, $R_n(n, \ 0)$이므로

$\overline{P_nQ_n} = n - \frac{1}{20}n\left(n + \frac{1}{3}\right) = -\frac{1}{20}n^2 + \frac{59}{60}n$

$\overline{Q_nR_n} = \frac{1}{20}n\left(n + \frac{1}{3}\right)$

$\overline{P_nQ_n} = \overline{Q_nR_n}$인 n의 값을 $k(k > 0)$라 하면

$-\frac{1}{20}k^2 + \frac{59}{60}k = \frac{1}{20}k\left(k + \frac{1}{3}\right)$

$\frac{1}{10}k^2 - \frac{29}{30}k = 0$, $3k^2 - 29k = 0$

$k(3k - 29) = 0 \qquad \therefore k = \frac{29}{3} = 9.6\times\times\times \ (\because \ k > 0)$

즉, 두 선분 P_nQ_n, Q_nR_n의 길이 중 작은 값은

$n = 1, \ 2, \ 3, \ \cdots, \ 9$일 때, $a_n = \frac{1}{20}n\left(n + \frac{1}{3}\right)$

$n = 10$일 때, $a_n = -\frac{1}{20}n^2 + \frac{59}{60}n$

$$\therefore \sum_{n=1}^{10} a_n = \left\{\sum_{n=1}^{9} \frac{1}{20}n\left(n + \frac{1}{3}\right)\right\} + \left(-\frac{1}{20}\times 10^2 + \frac{59}{60}\times 10\right)$$

$$= \left\{\frac{1}{20}\sum_{n=1}^{9}\left(n^2 + \frac{1}{3}n\right)\right\} + \frac{29}{6}$$

$$= \frac{1}{20}\times\left(\frac{9\times 10\times 19}{6} + \frac{1}{3}\times\frac{9\times 10}{2}\right) + \frac{29}{6} = \frac{119}{6}$$

12 함수의 극한 정답 ①

(i) $x < 2$일 때

함수 $f(x) = x^2 + 1$의 그래프는 오른쪽 그림과 같고 연속이다. 즉, $x < 2$일 때 함수 $f(x) = x^2 + 1$의 그래프가 직선 $y = 2$와 만나는 점의 x의 좌표 α에서

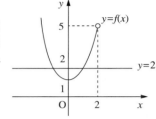

$f(\alpha) = 2$, $\lim\limits_{x \to \alpha+} f(x) = 2$이므로

$f(\alpha) + \lim\limits_{x \to \alpha+} f(x) = 4$를 만족시키는 실수 α가 존재한다.

따라서 $\alpha^2 + 1 = 2$에서

$\alpha^2 = 1 \qquad \therefore \alpha = -1$ 또는 $\alpha = 1$

(ii) $x > 2$일 때

직선 $f(x) = ax + b$는 오른쪽 그림과 같고 연속이다. (i)과 같은 방법으로 직선 $f(x) = ax + b$와 직선 $y = 2$와 만나는 점의 x좌표에서

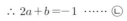

$f(\alpha) + \lim\limits_{x \to \alpha+} f(x) = 4$를 만족시키는 실수 α가 존재한다.

따라서 $a\alpha + b = 2$에서 $\alpha = \dfrac{2 - b}{a}$

(iii) $x = 2$일 때

$f(2) = 4 + 1 = 5$이므로 $\alpha = 2$일 때 $f(\alpha) + \lim\limits_{x \to \alpha+} f(x) = 4$를 만족시키려면 $\lim\limits_{x \to \alpha+} f(x) = -1$이어야 한다.

$f(\alpha) + \lim\limits_{x \to \alpha+} f(x) = 4$를 만족시키는 네 실수 α의 합이 8이므로

(i), (ii), (iii)에 의하여

$-1 + 1 + \dfrac{2 - b}{a} + 2 = 8$, $\dfrac{2 - b}{a} = 6$

$\therefore 6a + b = 2 \ \cdots\cdots \ \text{㉠}$

또한, 함수 $y = f(x)$의 그래프의 개형은 오른쪽 그림과 같으므로 직선 $f(x) = ax + b$가 점 $(2, \ -1)$을 지나야 한다.

$\therefore 2a + b = -1 \ \cdots\cdots \ \text{㉡}$

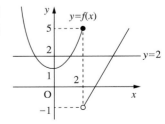

㉠, ㉡을 연립하여 풀면

$a = \dfrac{3}{4}$, $b = -\dfrac{5}{2}$

$\therefore a + b = \dfrac{3}{4} + \left(-\dfrac{5}{2}\right) = -\dfrac{7}{4}$

13 삼각함수를 활용한 계산   정답 ④

삼각형 ADB에서 사인법칙에 의하여

$\dfrac{\overline{BD}}{\sin A} = \boxed{2r}$ …… ㉠

이므로 $\overline{BD}$가 최대이려면 직선 AD가 원 C_2와 점 C에서 접해야 한다.

이때 직각삼각형 ACO_2에서 $\sin A = \dfrac{\overline{CO_2}}{\overline{AO_2}} = \dfrac{1}{\overline{AO_2}}$ 이므로 ㉠에 대입하면

$\overline{BD} = \dfrac{1}{\overline{AO_2}} \times \boxed{2r}$

이다.

그러므로 직선 AD가 원 C_2와 점 C에서 접하고 $\overline{AO_2}$가 최소일 때 $\overline{BD}$는 최대이다.

$\overline{AO_2}$는 세 점 A, O_2, O_1이 일직선상에 있을 때 최솟값을 갖고, 이 경우에 $\overline{O_1O_2} = 2$, $\overline{AO_1} = r$이므로 $\overline{AO_2}$의 최솟값은

$\overline{AO_2} = \overline{AO_1} - \overline{O_1O_2} = \boxed{r-2}$

한편, 오른쪽 그림과 같이 직각삼각형 ACO_2에서 $\angle O_2AC = \theta$라 하면

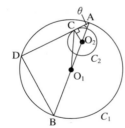

$\angle AO_2C = \dfrac{\pi}{2} - \theta$이므로

$\angle CO_2O_1 = \pi - \left(\dfrac{\pi}{2} - \theta\right) = \dfrac{\pi}{2} + \theta$

삼각형 CO_1O_2에서 코사인법칙에 의하여

$\overline{O_1C}^2 = \overline{O_1O_2}^2 + \overline{CO_2}^2 - 2 \times \overline{O_1O_2} \times \overline{CO_2} \times \cos\left(\dfrac{\pi}{2} + \theta\right)$

$= 2^2 + 1^2 - 2 \times 2 \times 1 \times (-\sin\theta)$

$= 5 + \dfrac{4}{r-2}$

즉, $\overline{BD}$가 최대일 때,

$\overline{O_1C}^2 = \boxed{5 + \dfrac{4}{r-2}}$

이다.

따라서 $f(r) = 2r$, $g(r) = r-2$, $h(r) = 5 + \dfrac{4}{r-2}$ 이므로

$f(4) \times g(5) \times h(6) = 8 \times 3 \times 6 = 144$

14 미분계수의 정의 + 이차함수   정답 ②

함수 $g(x) = \begin{cases} f(x) & (x < 1) \\ 2f(1) - f(x) & (x \geq 1) \end{cases}$에서

$\dfrac{f(x) + \{2f(1) - f(x)\}}{2} = f(1)$

이므로 $x \geq 1$일 때의 함수 $y = g(x)$의 그래프는 $x \geq 1$일 때의 함수 $y = f(x)$의 그래프를 직선 $y = f(1)$에 대하여 대칭이동한 것이다. 즉, 직선 $x = 1$의 위치에 따른 함수 $y = g(x)$의 그래프의 개형은 다음 그림과 같다.

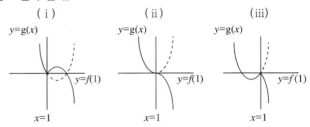

ㄱ. 위의 함수 $y = g(x)$의 그래프의 개형에 의하여 함수 $g(x)$는 실수 전체의 집합에서 연속이다. (참)

ㄴ. $\displaystyle\lim_{h \to 0+} \dfrac{g(-1+h) + g(-1-h) - 6}{h} = a$ …… ㉠

㉠에서 h가 $0+$일 때, (분모)가 0이고 극한값이 존재하므로 (분자)가 0이다.

$\displaystyle\lim_{h \to 0+} \{g(-1+h) + g(-1-h) - 6\} = 0$이므로

$g(-1) + g(-1) - 6 = 0$

$\therefore 6 = g(-1) + g(-1)$ …… ㉡

즉, ㉡을 ㉠에 대입하면

$\displaystyle\lim_{h \to 0+} \dfrac{g(-1+h) + g(-1-h) - \{g(-1) + g(-1)\}}{h}$

$= \displaystyle\lim_{h \to 0+} \dfrac{g(-1+h) - g(-1)}{h} - \lim_{h \to 0+} \dfrac{g(-1-h) - g(-1)}{-h}$

$= \displaystyle\lim_{h \to 0+} \dfrac{g(-1+h) - g(-1)}{h} - \lim_{h \to 0-} \dfrac{g(-1+h) - g(-1)}{h}$

이때 이 값은 함수 $g(x)$의 ($x = -1$에서의 우미분계수)$-$($x = -1$에서의 좌미분계수)이고, 함수 $g(x)$는 $x = -1$에서 미분가능하므로 이 값은 0이다.

$\therefore a = 0$

또한, ㉡에서 $2g(-1) = 6$, 즉 $g(-1) = 3$이므로

$f(-1) = 3$

$g(1) = 1$이므로

$2f(1) - f(1) = 1$ $\therefore f(1) = 1$

최고차항의 계수가 1인 이차함수 $f(x)$를 $f(x) = x^2 + px + q$ (p, q는 상수)라 하면

$f(-1) = 3$이므로 $1 - p + q = 3$

$\therefore p - q = -2$ …… ㉢

$f(1) = 1$이므로 $1 + p + q = 1$

$\therefore p + q = 0$ …… ㉣

㉢, ㉣을 연립하여 풀면 $p = -1$, $q = 1$

따라서 $f(x)=x^2-x+1$이므로
$$g(a)=g(0)=f(0)=1 \text{ (참)}$$

ㄷ. $\displaystyle\lim_{h\to 0+}\frac{g(b+h)+g(b-h)-6}{h}=4 \quad\cdots\cdots \text{㉤}$

㉤에서 h 가 $0+$일 때, (분모)가 0이고 극한값이 존재하므로 (분자)가 0이다.
$$\lim_{h\to 0+}\{g(b+h)+g(b-h)-6\}=0 \text{이므로}$$
$$g(b)+g(b)-6=0 \quad \therefore\ 6=g(b)+g(b) \quad\cdots\cdots \text{㉥}$$
즉, ㉥을 ㉤에 대입하면
$$\lim_{h\to 0+}\frac{g(b+h)+g(b-h)-\{g(b)+g(b)\}}{h}$$
$$=\lim_{h\to 0+}\frac{g(b+h)-g(b)}{h}-\lim_{h\to 0+}\frac{g(b-h)-g(b)}{-h}$$
$$=\lim_{h\to 0+}\frac{g(b+h)-g(b)}{h}-\lim_{h\to 0-}\frac{g(b+h)-g(b)}{h}$$
이때 이 값은 함수 $g(x)$의 ($x=b$에서의 우미분계수)$-$($x=b$에서의 좌미분계수)이고, 이 값이 4이므로 함수 $g(x)$는 $x=b$에서 미분가능하지 않다.
위의 함수 $y=g(x)$의 그래프의 개형에서 함수 $g(x)$는 $x=1$에서만 미분가능하지 않으므로 $b=1$
㉥에서 $2g(1)=6$, 즉 $g(1)=3$이므로
$$2f(1)-f(1)=3 \quad \therefore\ f(1)=3$$
또한, 함수 $g(x)$의 ($x=1$에서의 우미분계수)$-$($x=1$에서의 좌미분계수)$=4$이려면
($x=1$에서의 우미분계수)$=2$, ($x=1$에서의 좌미분계수)$=-2$이어야 하므로 알맞은 함수 $y=g(x)$의 그래프의 개형은 (ⅰ)이다.
$$\therefore\ f'(1)=-2$$
최고차항의 계수가 1인 이차함수 $f(x)$를 $f(x)=x^2+px+q$ (p, q는 상수)라 하면
$$f'(x)=2x+p$$
$f(1)=3$이므로 $1+p+q=3 \quad \therefore\ p+q=2 \quad\cdots\cdots \text{㉧}$
$f'(1)=-2$이므로 $2+p=-2 \quad \therefore\ p=-4 \quad\cdots\cdots \text{㉨}$
㉨을 ㉧에 대입하여 정리하면 $q=6$
따라서 $f(x)=x^2-4x+6$이므로
$$g(4)=2f(1)-f(4)$$
$$=2\times(1-4+6)-(16-16+6)=0\neq 1\text{(거짓)}$$
따라서 옳은 것은 ㄱ, ㄴ이다.

(ⅰ) $b=1$인 경우
$$f(x)=\left|2a\cos\frac{1}{2}x+(a-2)\right| \text{에서}$$
함수 $y=2a\cos\dfrac{1}{2}x+(a-2)$는 주기가 $\dfrac{2\pi}{\frac{1}{2}}=4\pi$이다.

함수 $y=2a\cos\dfrac{1}{2}x+(a-2)$의 그래프를 $y<0$인 부분을 x축에 대하여 대칭이동한 것인 함수 $y=f(x)$의 그래프에 대하여 함수 $f(x)$는 주기가 π가 될 수 없으므로 조건 (가)를 만족시키지 않는다.

(ⅱ) $b=2$인 경우
함수 $f(x)=|2a\cos x|$는 주기가 2π인 함수 $y=2a\cos x$의 그래프를 $y<0$인 부분을 x축에 대하여 대칭이동한 것이므로 주기가 π이다. 즉, 조건 (가)를 만족시킨다.

또한, 함수 $y=2a\cos x$의 최댓값은 $2a$, 최솟값은 $-2a$이므로 $0\le x\le 2\pi$에서 함수 $y=f(x)$의 그래프의 개형은 오른쪽 그림과 같다.

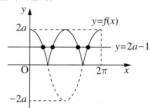

따라서 a의 값에 관계없이 $0\le x\le 2\pi$에서 함수 $y=f(x)$의 그래프와 직선 $y=2a-1$의 교점의 개수는 항상 4이므로 이 경우의 10 이하의 자연수 a, b의 모든 순서쌍 (a, b)의 개수는
$(1, 2), (2, 2), (3, 2), \cdots, (10, 2)$의 10이다.

(ⅲ) $b=3$인 경우
$$f(x)=\left|2a\cos\frac{3}{2}x-(a-2)\right| \text{에서}$$
함수 $y=2a\cos\dfrac{3}{2}x-(a-2)$의 주기는 $\dfrac{2\pi}{\frac{3}{2}}=\dfrac{4}{3}\pi$이다.

함수 $y=2a\cos\dfrac{3}{2}x-(a-2)$의 그래프를 $y<0$인 부분을 x축에 대하여 대칭이동한 것인 함수 $y=f(x)$의 그래프에 대하여 함수 $f(x)$는 주기가 π가 될 수 없으므로 조건 (가)를 만족시키지 않는다.

(ⅳ) $b=4$인 경우
$$f(x)=|2a\cos 2x-2(a-2)| \text{에서}$$
ⓐ $a=2$인 경우
함수 $f(x)=|4\cos 2x|$는 주기가 π인 함수 $y=4\cos 2x$의 그래프를 $y<0$인 부분을 x축에 대하여 대칭이동한 것이므로 주기가 $\dfrac{\pi}{2}$이다.
즉, 조건 (가)를 만족시키지 않는다.

ⓑ $a \neq 2$인 경우

함수 $f(x) = |2a\cos 2x - 2(a-2)|$는 주기가 π인 함수 $y = 2a\cos 2x - 2(a-2)$의 그래프를 $y < 0$인 부분을 x축에 대하여 대칭이동한 것이다.

또한, 함수 $y = 2a\cos 2x - 2(a-2)$의 최댓값은 $2a - 2(a-2) = 4$, 최솟값은 $-2a - 2(a-2) = -4a+4$이므로 $0 \leq x \leq 2\pi$에서 함수 $y = f(x)$의 그래프의 개형은 다음 그림과 같다.

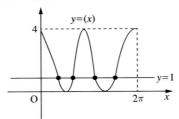

〈그림 1〉

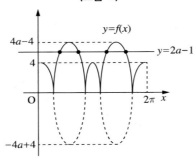

〈그림 2〉

〈그림 1〉의 경우는 $a = 1$일 때이고 주어진 조건을 만족시키므로 10 이하의 자연수 a, b의 모든 순서쌍 (a, b)의 개수는 $(1, 4)$의 1이다.

〈그림 2〉의 경우는 $4 < 2a-1 < 4a-4$이어야 한다.

$4 < 2a-1$에서 $5 < 2a$ $\quad \therefore a > \dfrac{5}{2}$

$2a-1 < 4a-4$에서 $3 < 2a$ $\quad \therefore a > \dfrac{3}{2}$

즉, $a > \dfrac{5}{2}$이어야 하므로 〈그림 2〉의 경우의 10 이하의 자연수 a, b의 모든 순서쌍 (a, b)의 개수는 $(3, 4)$, $(4, 4)$, $(5, 4)$, $\cdots$, $(10, 4)$의 8이다.

(ⅴ) $b = 5$, 6, 7, $\cdots$, 10인 경우

$f(x) = \left| 2a\cos \dfrac{b}{2}x - (a-2)(b-2) \right|$에서

함수 $y = 2a\cos \dfrac{b}{2}x - (a-2)(b-2)$의 주기는

$\dfrac{2\pi}{\dfrac{b}{2}} = \dfrac{4}{b}\pi$이다.

함수 $y = 2a\cos \dfrac{b}{2}x - (a-2)(b-2)$의 그래프를 $y < 0$인 부분을 x축에 대하여 대칭이동한 것인 함수 $y = f(x)$의 그래프에 대하여 함수 $f(x)$는 주기가 π가 될 수 없으므로 조건 (가)를 만족시키지 않는다.

(ⅰ)~(ⅴ)에서 모든 순서쌍 (a, b)의 개수는 $10 + 1 + 8 = 19$

16 로그의 성질   정답 8

$\log_3 a = A$, $\log_3 b = B$라 하자.

$\log_3 a \times \log_3 b = 2$에서

$AB = 2 \quad \cdots\cdots \bigcirc$

$\log_a 3 + \log_b 3 = 4$에서

$\dfrac{1}{\log_3 a} + \dfrac{1}{\log_3 b} = 4$, $\dfrac{1}{A} + \dfrac{1}{B} = 4$

$B + A = 4AB \quad \therefore B + A = 8$ ($\because$ $\bigcirc$)

$\therefore \log_3 ab = \log_3 a + \log_3 b = A + B = 8$

◁ 개념 체크체크 ▷

로그의 성질과 밑변환 공식

$a > 0$, $a \neq 1$, $x > 0$, $y > 0$이고, m, n이 실수일 때

(1) $\log_a 1 = 0$, $\log_a a = 1$

(2) $\log_a xy = \log_a x + \log_a y$

(3) $\log_a \dfrac{x}{y} = \log_a x - \log_a y$

(4) $\log_a x^n = n\log_a x$

(5) $\log_a x = \dfrac{1}{\log_x a}$ (단, $x \neq 1$)

(6) $\log_a x = \dfrac{\log_b x}{\log_b a}$ (단, $b > 0$, $b \neq 1$)

(7) $\log_{a^m} x^n = \dfrac{n}{m}\log_a x$

---

17 접선의 방정식   정답 6

$f(x) = 3x^3 - x + a$에서 $f'(x) = 9x^2 - 1$

곡선 $y = f(x)$ 위의 점 $(1, f(1))$, 즉 $(1, 2+a)$에서의 접선의 기울기는

$f'(1) = 9 - 1 = 8$

이므로 접선의 방정식은

$y - (2+a) = 8(x-1)$

이 직선이 원점을 지나므로

$-(2+a) = -8 \quad \therefore a = 6$

18 정적분의 넓이

곡선 $y=x^3+2x$와 직선 $y=3x+6$이 만나는 점의 x좌표는
$x^3+2x=3x+6$에서

$x^3-x-6=0$, $(x-2)(x^2+2x+3)=0$　　　$\therefore x=2$

따라서 구하는 부분의 넓이는

$$\int_0^2 |x^3+2x-(3x+6)|dx = \int_0^2 (-x^3+x+6)dx$$

$$= \left[-\frac{1}{4}x^4+\frac{1}{2}x^2+6x\right]_0^2 = 10$$

19 수열의 귀납적 정의

$a_1=1$

$a_2=2a_1=2$

$a_3=3a_1=3$

$a_4=2a_2=4$

$a_5=3a_2=6$

$a_6=2a_3=6$

$a_7=3a_3=9$

$a_8=2a_4=8$

$a_9=3a_4=12$

$\vdots$

이때 $a_7+a_k=73$에서 $9+a_k=73$이므로 $a_k=64$가 되는 자연수 k의 값을 찾아야 한다.

2의 거듭제곱 꼴의 항에 대하여 $a_1=1$, $a_2=2$, $a_4=4$, $a_8=8$, $\cdots$이므로

$a_{64}=64$　　　$\therefore k=64$

> ◀ 개념 체크체크 ▶
>
> **수열의 귀납적 정의**
>
> 수열 $\{a_n\}$에서 첫째항과 이웃하는 항들 사이의 관계식으로 수열 $\{a_n\}$을 정의하는 것을 수열의 귀납적 정의라 한다. 첫째항 a_1의 값과 이웃하는 몇 개의 항들 사이에 성립하는 관계식에서 n 대신에 1, 2, 3, $\cdots$을 차례로 대입하여 문제를 해결한다.

20 위치의 변화량과 움직인 거리

조건 (나)에서 $k\geq3$이면 $s(k)-x(k)=8$, 즉 $s(k)-x(k)=$(상수)이므로 $k\geq3$에서 점 P가 움직인 거리와 위치의 변화량의 차가 일정하다.

움직인 거리와 위치의 변화량의 차가 일정하려면 점 P의 속도가 양수이어야 하므로 오른쪽 그림과 같이 함수 $y=v(t)$의 그래프에서 $t=3$임을 알 수 있게 된다.

한편, 오른쪽 그림과 같이 세 부분의 넓이를 각각 A, B, C라 하면
$s(k)=A+B+C$,
$x(k)=A-B+C$
조건 (나)에서 $s(k)-x(k)=8$
이므로

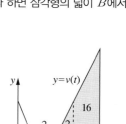

$A+B+C-(A-B+C)=8$

$2B=8$　　　$\therefore B=4$

또한, $t<3$에서 속도 $y=v(t)$의 그래프가 x축과 만나는 점의 x좌표를 α라 하면 삼각형의 넓이 B에서

$$B=\frac{1}{2}\times(3-\alpha)\times4=6-2\alpha$$

즉, $6-2\alpha=4$이므로

$2\alpha=2$　　　$\therefore \alpha=1$

따라서 $\dfrac{b}{a}=2$이므로 시각 $t=1$에서 $t=6$까지 점 P의 위치의 변화량은 오른쪽 그림과 같다.

$\therefore -2-2+2+16=14$

21 등차수열의 합

조건 (나)를 만족시키려면 $l=1$, 2, 3, $\cdots$, 6이어야 한다.

$l=6$일 때, $m=7$이면 조건 (가)를 만족시키지 않으므로 $l=6$일 때, $m=8$이어야 한다.

$\therefore a_1+a_{13}=1$, $a_2+a_{12}=1$, $a_3+a_{11}=1$, $a_4+a_{10}=1$,
　$a_5+a_9=1$, $a_6+a_8=1$

$a_6+a_8=1$과 조건 (가)의 $a_6+a_7=-\dfrac{1}{2}$을 연립하면

$$a_8-a_7=\frac{3}{2}$$

즉, 등차수열 $\{a_n\}$의 공차는 $\dfrac{3}{2}$이다.

한편, $a_6+a_8=1$에서 $\left(a_1+\dfrac{15}{2}\right)+\left(a_1+\dfrac{21}{2}\right)=1$이므로

$2a_1+18=1$, $2a_1=-17$　　　$\therefore a_1=-\dfrac{17}{2}$

따라서 등차수열 $\{a_n\}$의 첫째항부터 제14항까지의 합 S는

$$S = \dfrac{14 \times \left\{ 2 \times \left(-\dfrac{17}{2} \right) + 13 \times \dfrac{3}{2} \right\}}{2} = \dfrac{35}{2}$$

$$\therefore 2S = 2 \times \dfrac{35}{2} = 35$$

22 삼차함수의 그래프 정답 11

$$g(x) = f(x) + |f(x) - 1| = \begin{cases} 2f(x) - 1 & (f(x) \geq 1) \\ 1 & (f(x) < 1) \end{cases}$$

삼차함수 $f(x)$에 대하여 $f(1) = 1$, $f'(1) = 0$이므로 함수 $f(x)$는 $x = 1$에서 극값 1을 갖는다. 즉, 삼차함수 $y = f(x)$의 그래프의 개형은 다음 그림과 같이 4가지 경우가 가능하다.

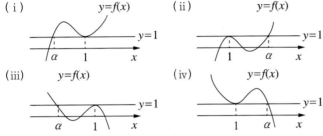

(i)   (ii)   (iii)   (iv)

이때 두 함수 $y = f(x)$, $y = g(x)$의 그래프의 교점의 x좌표는 $f(x) = g(x)$에서

$$f(x) = f(x) + |f(x) - 1|$$
$$|f(x) - 1| = 0 \qquad \therefore f(x) = 1$$

조건 (가)에서 두 함수 $y = f(x)$, $y = g(x)$의 그래프의 모든 교점의 x좌표의 합은 3이므로 함수 $y = f(x)$의 그래프와 직선 $y = 1$의 모든 교점의 x좌표의 합이 3이어야 한다.
위의 그림에서 $\alpha = 2$이어야 하므로 (ii), (iv)의 경우만 가능하다.
(ii), (iv)의 경우의 함수 $y = g(x)$의 그래프의 개형은 각각 다음 그림과 같다.

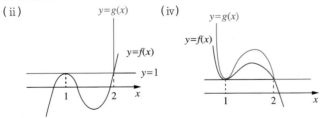

(ii)   (iv)

이때 (ii)의 경우는 $n = 2$일 때, $\displaystyle\int_0^2 g(x)dx = 2 \times 1 = 2$이므로 조건 (나)를 만족시키지 않는다.
(iv)의 경우만 조건 (나)를 만족시킨다.

조건 (나)의 $\displaystyle\int_0^n g(x)dx$에서

$$\int_0^n g(x)dx = \int_0^2 g(x)dx + \int_2^n g(x)dx$$ 이고,

(iv)의 경우에서 $\displaystyle\int_2^n g(x)dx = (n-2) \times 1 = n - 2$이므로

$$n < \int_0^2 g(x)dx + (n-2) < n + 16, \quad 2 < \int_0^2 g(x)dx < 18$$

$$2 < \int_0^2 \{2f(x) - 1\}dx < 18, \quad 2 < 2\int_0^2 f(x)dx - 2 < 18$$

$$\therefore 2 < \int_0^2 f(x)dx < 10 \quad \cdots\cdots \text{㉠}$$

한편, $f(x) - 1 = k(x-1)^2(x-2)$ (단, k는 음의 정수)라 할 수 있으므로

$$f(x) = k(x-1)^2(x-2) + 1 = kx^3 - 4kx^2 + 5kx - 2k + 1$$

$$\therefore \int_0^2 f(x)dx = \int_0^2 (kx^3 - 4kx^2 + 5kx - 2k + 1)dx$$

$$= \left[\dfrac{k}{4}x^4 - \dfrac{4k}{3}x^3 + \dfrac{5k}{2}x^2 - 2kx + x \right]_0^2$$

$$= 4k - \dfrac{32}{3}k + 10k - 4k + 2 = -\dfrac{2}{3}k + 2$$

㉠에서 $2 < -\dfrac{2}{3}k + 2 < 10$

$$0 < -\dfrac{2}{3}k < 8 \qquad \therefore -12 < k < 0$$

따라서 음의 정수 k의 개수는 -11, -10, -9, $\cdots$, -1의 11이므로 조건을 만족시키는 함수 $f(x)$의 개수는 11이다.

1 확률과 통계

23 이항정리의 활용 　　정답 ②

$(x+2)^6$의 전개식의 일반항은 ${}_6\mathrm{C}_r x^{6-r}2^r$

x^4항은 $6-r=4$일 때이므로 $r=2$

따라서 x^4의 계수는 ${}_6\mathrm{C}_2 \times 2^2 = 15 \times 4 = 60$

24 이산확률변수의 평균 　　정답 ③

확률의 총합은 1이므로

$a + \dfrac{a}{2} + \dfrac{a}{3} = 1$, $\dfrac{11}{6}a = 1$ 　　$\therefore a = \dfrac{6}{11}$

즉, 이산확률변수 X의 확률분포를 표로 완성하면 다음과 같다.

X	1	2	3	합계
$\mathrm{P}(X=x)$	$\dfrac{6}{11}$	$\dfrac{3}{11}$	$\dfrac{2}{11}$	1

따라서 $\mathrm{E}(X) = 1 \times \dfrac{6}{11} + 2 \times \dfrac{3}{11} + 3 \times \dfrac{2}{11} = \dfrac{18}{11}$ 이므로

$\mathrm{E}(11X+2) = 11\mathrm{E}(X) + 2 = 11 \times \dfrac{18}{11} + 2 = 20$

◁ 개념 체크체크 ▷

이산확률변수 $aX+b$ 의 평균, 분산, 표준편차

이산확률변수 X와 두 상수 $a(a \neq 0)$, b에 대하여

(1) $\mathrm{E}(aX+b) = a\mathrm{E}(X) + b$

(2) $\mathrm{V}(aX+b) = a^2\mathrm{V}(X)$

(3) $\sigma(aX+b) = |a|\sigma(X)$

---

25 표본평균의 분포 　　정답 ④

이 회사에서 근무하는 직원 중에서 임의추출한 4명의 일주일 근무 시간의 표본평균을 $\overline{X}$라 하면 $\overline{X}$는 정규분포 $\mathrm{N}\!\left(42,\ \dfrac{4^2}{4}\right)$,

즉 $\mathrm{N}(42,\ 2^2)$을 따른다.

이때 $Z = \dfrac{\overline{X} - 42}{2}$ 라 하면 확률변수 Z는 표준정규분포 $\mathrm{N}(0,\ 1)$을 따르므로

$$\begin{aligned}
\mathrm{P}(\overline{X} \geq 43) &= \mathrm{P}\!\left(Z \geq \dfrac{43-42}{2}\right) = \mathrm{P}(Z \geq 0.5) \\
&= 0.5 - \mathrm{P}(0 \leq Z \leq 0.5) \\
&= 0.5 - 0.1915 = 0.3085
\end{aligned}$$

26 순열과 조합 　　정답 ③

전체 경우의 수는 $(6-1)! = 5! = 120$

A와 C는 이웃하지 않고, B와 C도 이웃하지 않는 경우의 수는 전체 경우의 수에서 A와 C가 이웃하거나 B와 C가 이웃하는 경우의 수를 빼면 된다.

(ⅰ) A와 C가 이웃하는 경우

A와 C를 1명의 학생으로 생각하여 5명의 학생이 원 모양의 탁자에 둘러앉으면 되므로

$(5-1)! = 4! = 24$

이때 A와 C가 서로 자리를 바꾸는 경우의 수는 2

이 경우의 수는 $24 \times 2 = 48$

(ⅱ) B와 C가 이웃하는 경우

(ⅰ)과 같은 방법으로 이 경우의 수는 48

(ⅲ) A와 C가 이웃하고, B와 C가 이웃하는 경우

A, B, C를 1명의 학생으로 생각하여 4명의 학생이 원 모양의 탁자에 둘러앉으면 되므로

$(4-1)! = 3! = 6$

이때 A와 B가 서로 자리를 바꾸는 경우의 수는 2

이 경우의 수는 $6 \times 2 = 12$

(ⅰ), (ⅱ), (ⅲ)에서 구하는 경우의 수는

$120 - (48 + 48 + 12) = 120 - 84 = 36$

27 확률 　　정답 ①

전체 경우의 수는 $6 \times 6 = 36$

이차부등식 $ax^2 + 2bx + a - 3 \leq 0$의 해가 존재하려면 이차방정식 $ax^2 + 2bx + a - 3 = 0$의 판별식을 D라 할 때, $a > 0$이므로 $D \geq 0$이어야 한다.

$\dfrac{D}{4} = b^2 - a(a-3) \geq 0$ 　　$\therefore b^2 \geq a(a-3)$

$a = 1$일 때, $b^2 \geq -2$를 만족시키는 b의 개수는 1, 2, 3, 4, 5, 6의 6이다.

$a = 2$일 때, $b^2 \geq -2$를 만족시키는 b의 개수는 1, 2, 3, 4, 5, 6의 6이다.

$a = 3$일 때, $b^2 \geq 0$을 만족시키는 b의 개수는 1, 2, 3, 4, 5, 6의 6이다.

$a = 4$일 때, $b^2 \geq 4$를 만족시키는 b의 개수는 2, 3, 4, 5, 6의 5이다.

$a = 5$일 때, $b^2 \geq 10$을 만족시키는 b의 개수는 4, 5, 6의 3이다.

$a = 6$일 때, $b^2 \geq 18$을 만족시키는 b의 개수는 5, 6의 2이다.

즉, 조건을 만족시키는 경우의 수는

$6 + 6 + 6 + 5 + 3 + 2 = 28$

따라서 구하는 확률은

$\dfrac{28}{36} = \dfrac{7}{9}$

28 중복조합의 활용

공역 $Y=\{0,\ 1,\ 2,\ 3,\ 4,\ 5,\ 6\}$에 대하여
$f(1)+f(2)+f(3)+f(4)=8$을 만족시키는 함숫값 $f(1)$, $f(2)$, $f(3)$, $f(4)$는 서로 다른 4개에서 중복을 허용하여 8개를 택하는 중복조합의 수에서 $f(1)$, $f(2)$, $f(3)$, $f(4)$가 7 또는 8의 값을 갖는 경우의 수를 빼면 된다.

서로 다른 4개에서 중복을 허용하여 8개를 택하는 중복조합의 수는

$$_4\mathrm{H}_8 = {}_{4+8-1}\mathrm{C}_8 = {}_{11}\mathrm{C}_8 = {}_{11}\mathrm{C}_3 = \frac{11\times10\times9}{3\times2\times1} = 165$$

$f(1)$, $f(2)$, $f(3)$, $f(4)$가 7의 값을 갖는 경우의 수는 함숫값이 $(0,\ 0,\ 1,\ 7)$인 경우이므로 $\dfrac{4!}{2!}=12$

$f(1)$, $f(2)$, $f(3)$, $f(4)$가 8의 값을 갖는 경우의 수는 함숫값이 $(0,\ 0,\ 0,\ 8)$인 경우이므로 $\dfrac{4!}{3!}=4$

따라서 구하는 함수 f의 개수는
$165-12-4=149$

> ◀ 개념 체크체크 ▶
>
> **중복조합**
> 서로 다른 n개에서 중복을 허용하여 k개를 택하는 중복조합의 수는 $_n\mathrm{H}_k = {}_{n+k-1}\mathrm{C}_k$이다.

---

29 확률밀도함수

두 확률변수 X, Y의 평균이 각각 a, $2b-a$이므로 두 확률밀도함수 $y=f(x)$, $y=g(x)$의 그래프는 서로 직선 $x=b$에 대하여 대칭이다. 즉, 두 확률밀도함수 $y=f(x)$, $y=g(x)$의 그래프는 다음 그림과 같다.

(i)

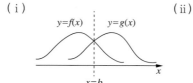

(ii)

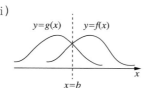

조건 (가)에서 $\mathrm{P}(X\le11)=\mathrm{P}(Y\ge11)$이므로
$b=11$

조건 (나)에서 $f(17)<g(10)<f(15)$이고, 두 확률밀도함수 $y=f(x)$, $y=g(x)$의 그래프는 서로 직선 $x=11$에 대하여 대칭이므로 $g(10)=f(12)$
$\therefore f(17)<f(12)<f(15)$ ······ ㉠

㉠을 만족시키려면 위의 그림에서 (ii)의 경우이어야 하고, 확률변수 X의 평균 a가 자연수이므로 $a=14$이어야 한다.
$\therefore a+b=14+11=25$

---

30 확률

각 시행이 일어날 확률을 표로 나타내면 다음과 같다.

	1번째 시행의 결과	2번째 시행의 결과	3번째 시행의 결과	4번째 시행의 결과
(1)	A: 흰1 B: 흰1, 검2 ➡ 확률은 $\frac{1}{4}$	A: 흰2 B: 검2 ➡ 확률은 $\frac{1}{3}$	A: 흰1 B: 흰1, 검2 ➡ 확률은 1	A: × B: 흰2, 검2 ➡ 확률은 $\frac{2}{3}$
(2)	A: 검1 B: 흰2, 검1 ➡ 확률은 $\frac{1}{4}$	A: 검2 B: 흰2 ➡ 확률은 $\frac{1}{3}$	A: 검1 B: 흰2, 검1 ➡ 확률은 1	A: × B: 흰2, 검2 ➡ 확률은 $\frac{2}{3}$
(3)	A: 흰1, 검2 B: 흰1 ➡ 확률은 $\frac{1}{4}$	A: 흰1, 검1 B: 흰1, 검1 ➡ 확률은 $\frac{2}{3}$	A: 흰1 B: 흰1, 검2 ➡ 확률은 $\frac{1}{4}$	A: × B: 흰2, 검2 ➡ 확률은 $\frac{2}{3}$
(4)			A: 검1 B: 흰2, 검1 ➡ 확률은 $\frac{1}{4}$	A: × B: 흰2, 검2 ➡ 확률은 $\frac{2}{3}$
(5)	A: 흰2, 검1 B: 검1 ➡ 확률은 $\frac{1}{4}$	A: 흰1, 검1 B: 흰1, 검1 ➡ 확률은 $\frac{2}{3}$	A: 흰1 B: 흰1, 검2 ➡ 확률은 $\frac{1}{4}$	A: × B: 흰2, 검2 ➡ 확률은 $\frac{2}{3}$
(6)			A: 검1 B: 흰2, 검1 ➡ 확률은 $\frac{1}{4}$	A: × B: 흰2, 검2 ➡ 확률은 $\frac{2}{3}$

(1)의 확률은 $\dfrac{1}{4}\times\dfrac{1}{3}\times1\times\dfrac{2}{3}=\dfrac{1}{18}$

(2)의 확률은 $\dfrac{1}{4}\times\dfrac{1}{3}\times1\times\dfrac{2}{3}=\dfrac{1}{18}$

(3)의 확률은 $\dfrac{1}{4}\times\dfrac{2}{3}\times\dfrac{1}{4}\times\dfrac{2}{3}=\dfrac{1}{36}$

(4)의 확률은 $\dfrac{1}{4}\times\dfrac{2}{3}\times\dfrac{1}{4}\times\dfrac{2}{3}=\dfrac{1}{36}$

(5)의 확률은 $\dfrac{1}{4}\times\dfrac{2}{3}\times\dfrac{1}{4}\times\dfrac{2}{3}=\dfrac{1}{36}$

(6)의 확률은 $\dfrac{1}{4}\times\dfrac{2}{3}\times\dfrac{1}{4}\times\dfrac{2}{3}=\dfrac{1}{36}$

따라서 조건을 만족시키는 확률 p는

$$p=\cfrac{\dfrac{1}{18}+\dfrac{1}{36}+\dfrac{1}{36}+\dfrac{1}{36}+\dfrac{1}{36}}{\dfrac{1}{18}+\dfrac{1}{18}+\dfrac{1}{36}+\dfrac{1}{36}+\dfrac{1}{36}+\dfrac{1}{36}}=\dfrac{3}{4}$$

$\therefore 36p=36\times\dfrac{3}{4}=27$

23 수열의 극한값의 계산 　　　　　정답 ②

$$\lim_{n \to \infty} \frac{1}{\sqrt{an^2+bn} - \sqrt{n^2-1}}$$

$$= \lim_{n \to \infty} \frac{\sqrt{an^2+bn} + \sqrt{n^2-1}}{(\sqrt{an^2+bn} - \sqrt{n^2-1})(\sqrt{an^2+bn} + \sqrt{n^2-1})}$$

$$= \lim_{n \to \infty} \frac{\sqrt{an^2+bn} + \sqrt{n^2-1}}{an^2+bn - (n^2-1)}$$

$$= \lim_{n \to \infty} \frac{\sqrt{an^2+bn} + \sqrt{n^2-1}}{(a-1)n^2+bn+1}$$

극한값이 존재하려면 $a-1=0$ 이어야 하므로
$a=1$

$$\therefore \lim_{n \to \infty} \frac{\sqrt{n^2+bn} + \sqrt{n^2-1}}{bn+1}$$

극한값이 4이려면

$$\frac{1+1}{b} = 4 \qquad \therefore b = \frac{1}{2}$$

$$\therefore ab = 1 \times \frac{1}{2} = \frac{1}{2}$$

24 역함수의 미분법 　　　　　정답 ③

$(h \circ g)'(5) = \{h(g(5))\}' = h'(g(5)) \times g'(5)$
$g(5)=k$ 라 하면 함수 $f(x)$ 의 역함수가 $g(x)$ 이므로 $f(k)=5$
$f(k)=k^3+3k+1=5$ 에서
$k^3+3k-4=0$, $(k-1)(k^2+k+4)=0 \qquad \therefore k=1$
이때 $f(x)=x^3+3x+1$ 에서 $f'(x)=3x^2+3$ 이므로
$f'(1)=3+3=6$

$$\therefore g'(5) = \frac{1}{f'(1)} = \frac{1}{6}$$

$h(x)=e^x$ 에서 $h'(x)=e^x$ 이므로
$h'(1)=e$
$\therefore (h \circ g)'(5) = h'(g(5)) \times g'(5) = h'(1) \times g'(5)$

$$= e \times \frac{1}{6} = \frac{e}{6}$$

> **개념 체크체크**
>
> **역함수의 미분법**
>
> 미분가능한 함수 $y=f(x)$ 의 역함수 $y=f^{-1}(x)$ 가 존재할 때,
>
> $$\frac{dy}{dx} = \frac{1}{\dfrac{dx}{dy}} \quad (단, \ \frac{dx}{dy} \neq 0)$$
>
> 즉, $(f^{-1})'(x) = \dfrac{1}{f'(y)}$ (단, $f'(y) \neq 0$)

25 정적분과 급수 　　　　　정답 ①

$$\lim_{n \to \infty} \sum_{k=1}^{n} \frac{2}{n+k} f\left(1 + \frac{k}{n}\right) = \lim_{n \to \infty} \sum_{k=1}^{n} \frac{\dfrac{2}{n}}{1 + \dfrac{k}{n}} f\left(1 + \frac{k}{n}\right)$$

$$= \lim_{n \to \infty} \sum_{k=1}^{n} \frac{2}{1 + \dfrac{k}{n}} f\left(1 + \frac{k}{n}\right) \frac{1}{n}$$

$1 + \dfrac{k}{n} = x$ 라 하면

$$\lim_{n \to \infty} \sum_{k=1}^{n} \frac{2}{n+k} f\left(1 + \frac{k}{n}\right) = \int_{1}^{2} \frac{2f(x)}{x} dx = 2\int_{1}^{2} \frac{f(x)}{x} dx$$

이때 $\dfrac{f(x)}{x} = \dfrac{x^2 e^{x^2-1}}{x} = xe^{x^2-1}$ 이므로

$$2\int_{1}^{2} \frac{f(x)}{x} dx = 2\int_{1}^{2} xe^{x^2-1} dx$$

$x^2-1=t$ 라 하면 $2x = \dfrac{dt}{dx}$ 이고,
$x=1$ 일 때 $t=0$, $x=2$ 일 때 $t=3$ 이므로

$$2\int_{1}^{2} xe^{x^2-1} dx = \int_{0}^{3} e^t dt = [e^t]_0^3 = e^3 - 1$$

26 부정적분 　　　　　정답 ④

모든 양수 t 에 대하여 곡선 $y=f(x)$ 위의 점 $(t, f(t))$ 에서의 접선의 기울기는 $\dfrac{\ln t}{t^2}$ 이므로 $f'(t) = \dfrac{\ln t}{t^2}$

$$\therefore f(t) = \int f'(t) dt = \int \frac{\ln t}{t^2} dt$$

$u(t)=\ln t$, $v'(t) = \dfrac{1}{t^2}$ 이라 하면 $u'(t) = \dfrac{1}{t}$, $v(t) = -\dfrac{1}{t}$ 이므로

$$\int \frac{\ln t}{t^2} dt = \ln t \times \left(-\frac{1}{t}\right) - \int \left(-\frac{1}{t^2}\right) dt = -\frac{\ln t}{t} + \int \frac{1}{t^2} dt$$

$$= -\frac{\ln t}{t} - \frac{1}{t} + C \ (단, \ C는 적분상수)$$

이때 $f(1)=0$ 이므로
$-1+C=0 \qquad \therefore C=1$

따라서 $f(t) = -\dfrac{\ln t}{t} - \dfrac{1}{t} + 1$ 이므로

$$f(e) = -\frac{\ln e}{e} - \frac{1}{e} + 1 = \frac{e-2}{e}$$

27 등비급수의 활용 정답 ⑤

오른쪽 그림과 같이 직사각형 $A_2B_2C_2D_2$ 에서 $\overline{B_2C_2}=3k(k>0)$이라 하면 $\overline{A_2B_2}=4k$ 정사각형 $G_1B_1C_1H_1$에서 삼각형 $H_1B_1C_1$은 $\overline{B_1C_1}=\overline{H_1C_1}$인 직각이등변삼각형이고, 두 삼각형 $H_1B_1C_1$, $A_2B_1B_2$는 서로 닮음이므로

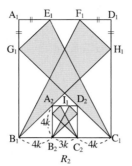

$$\overline{B_1B_2}=\overline{A_2B_2}=4k$$

또한, $\overline{C_2C_1}=\overline{B_1B_2}=4k$이므로

$\overline{B_1C_1}=\overline{B_1B_2}+\overline{B_2C_2}+\overline{C_2C_1}$ 에서

$$3=4k+3k+4k,\ 3=11k \qquad \therefore k=\frac{3}{11}$$

즉, $\overline{B_2C_2}=\dfrac{9}{11}$ 이므로

두 직사각형 $A_1B_1C_1D_1$과 $A_2B_2C_2D_2$의 길이의 비는

$$3:\frac{9}{11}=1:\frac{3}{11}$$

따라서 두 직사각형 $A_1B_1C_1D_1$과 $A_2B_2C_2D_2$의 넓이의 비는

$$1:\left(\frac{3}{11}\right)^2=1:\frac{9}{121}$$ 이다.

한편, 오른쪽 그림과 같이 R_1에서 $\overline{A_1G_1}=\overline{A_1E_1}=1$이므로 $\overline{E_1G_1}=\sqrt{2}$ $\overline{G_1B_1}=\overline{B_1C_1}=3$이므로 $\overline{G_1C_1}=3\sqrt{2}$

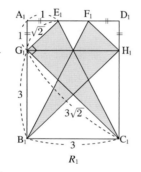

삼각형 $E_1G_1C_1$은 $\angle E_1G_1C_1=\dfrac{\pi}{2}$인 직각삼각형이므로

$$\triangle E_1G_1C_1=\frac{1}{2}\times\overline{G_1C_1}\times\overline{E_1G_1}$$
$$=\frac{1}{2}\times 3\sqrt{2}\times\sqrt{2}=3$$이고,

$$\triangle F_1H_1B_1=\triangle E_1G_1C_1=3$$

또한, 오른쪽 그림과 같이 세 점 J_1, K_1, L_1을 각각 잡으면 점 K_1은 직사각형 $E_1L_1J_1F_1$의 두 대각선 E_1J_1, F_1L_1의 교점이므로 삼각형 $K_1L_1J_1$의 높이는

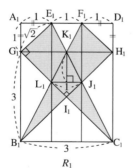

$\dfrac{1}{2}\times\overline{E_1L_1}=\dfrac{1}{2}\times 2=1$이다.

$\overline{L_1J_1}=\overline{E_1F_1}=1$이므로

$$\triangle K_1L_1J_1=\frac{1}{2}\times\overline{L_1J_1}\times(높이)$$
$$=\frac{1}{2}\times 1\times 1=\frac{1}{2}$$

삼각형 $L_1I_1J_1$은 $\overline{L_1I_1}=\overline{J_1I_1}$인 직각이등변삼각형이므로

$\overline{L_1J_1}=1$에서 $\overline{L_1I_1}=\overline{J_1I_1}=\dfrac{1}{\sqrt{2}}$

$$\therefore \triangle L_1I_1J_1=\frac{1}{2}\times\overline{L_1I_1}\times\overline{J_1I_1}=\frac{1}{2}\times\frac{1}{\sqrt{2}}\times\frac{1}{\sqrt{2}}=\frac{1}{4}$$

따라서 $\square I_1J_1K_1L_1=\triangle K_1L_1J_1+\triangle L_1I_1J_1=\dfrac{1}{2}+\dfrac{1}{4}=\dfrac{3}{4}$이므로

$$S_1=\triangle E_1G_1C_1+\triangle F_1H_1B_1-\square I_1J_1K_1L_1=3+3-\frac{3}{4}=\frac{21}{4}$$

$$\therefore \lim_{n\to\infty}S_n=\frac{\dfrac{21}{4}}{1-\dfrac{9}{121}}=\frac{363}{64}$$

28 정적분의 활용 정답 ②

두 함수 $y=\sin x$, $y=a\tan x$의 그래프의 교점의 x좌표는

$\sin x=a\tan x$에서 $\sin x=\dfrac{a\sin x}{\cos x}$

$\cos x=a$

$\cos x=a$를 만족시키는 x의 값을 k라 하면

$\cos k=a$ …… ㉠

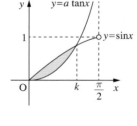

두 함수 $y=\sin x$, $y=a\tan x$의 그래프로 둘러싸인 부분의 넓이 $f(a)$는

$$f(a)=\int_0^k(\sin x-a\tan x)dx$$
$$=\big[-\cos x+a\ln\cos x\big]_0^k$$
$$=-\cos k+a\ln\cos k-(-1+a\ln 1)$$
$$=-a+a\ln a+1$$

이므로

$$f'(a)=-1+\ln a+a\times\frac{1}{a}=\ln a$$

$$\therefore f'\left(\frac{1}{e^2}\right)=\ln\frac{1}{e^2}=\ln e^{-2}=-2$$

29 삼각함수의 극한 　　　　　　　　정답 49

오른쪽 그림에서 $\overline{\text{OP}}=\overline{\text{OB}}=5$,
$\overline{\text{OC}}=2$, $\overline{\text{CB}}=3$이므로
삼각형 OCP의
넓이 $f(\theta)$는

$f(\theta)=\dfrac{1}{2}\times\overline{\text{OP}}\times\overline{\text{OC}}$
$\qquad\qquad\times\sin(\angle\text{POB})$

$=\dfrac{1}{2}\times5\times2\times\sin\theta=5\sin\theta$

한편, $\angle\text{POB}=\theta$이므로 $\overline{\text{OP}}=\overline{\text{OB}}$인 이등변삼각형 OBP에서

$\angle\text{OBP}=\dfrac{\pi-\theta}{2}$

직각삼각형 CBR에서

$\overline{\text{BR}}=\overline{\text{CB}}\cos(\angle\text{OBP})=3\cos\left(\dfrac{\pi}{2}-\dfrac{\theta}{2}\right)=3\sin\dfrac{\theta}{2}$

점 O에서 선분 BP에 내린 수선의 발을 H라 하면 $\overline{\text{BH}}=\overline{\text{HP}}$이고,

$\overline{\text{HP}}=\overline{\text{OP}}\sin(\angle\text{POH})=5\sin\dfrac{\theta}{2}$

즉, $\overline{\text{BP}}=2\overline{\text{HP}}=2\times5\sin\dfrac{\theta}{2}=10\sin\dfrac{\theta}{2}$이므로

$\overline{\text{PR}}=\overline{\text{BP}}-\overline{\text{BR}}=10\sin\dfrac{\theta}{2}-3\sin\dfrac{\theta}{2}=7\sin\dfrac{\theta}{2}$

또한, 직각삼각형 OQP에서 $\angle\text{OQP}=\dfrac{\pi}{2}-\theta$이고,

$\angle\text{PBQ}=\pi-\left(\dfrac{\pi}{2}-\dfrac{\theta}{2}\right)=\dfrac{\pi}{2}+\dfrac{\theta}{2}$

사각형 BQSR에서

$\angle\text{SRB}=2\pi-\dfrac{\pi}{2}-\left(\dfrac{\pi}{2}+\dfrac{\theta}{2}\right)-\left(\dfrac{\pi}{2}-\theta\right)=\dfrac{\pi}{2}+\dfrac{\theta}{2}$

$\therefore\ \angle\text{PRS}=\pi-\left(\dfrac{\pi}{2}+\dfrac{\theta}{2}\right)=\dfrac{\pi}{2}-\dfrac{\theta}{2}$

즉, $\overline{\text{RS}}=\overline{\text{PR}}\cos(\angle\text{PRS})$

$\qquad=7\sin\dfrac{\theta}{2}\cos\left(\dfrac{\pi}{2}-\dfrac{\theta}{2}\right)=7\sin\dfrac{\theta}{2}\sin\dfrac{\theta}{2}$이므로

삼각형 PRS의 넓이 $g(\theta)$는

$g(\theta)=\dfrac{1}{2}\times\overline{\text{PR}}\times\overline{\text{RS}}\times\sin(\angle\text{PRS})$

$=\dfrac{1}{2}\times7\sin\dfrac{\theta}{2}\times7\sin\dfrac{\theta}{2}\sin\dfrac{\theta}{2}\times\sin\left(\dfrac{\pi}{2}-\dfrac{\theta}{2}\right)$

$=\dfrac{49}{2}\sin^3\dfrac{\theta}{2}\cos\dfrac{\theta}{2}$

$\therefore\ 80\times\lim\limits_{\theta\to0+}\dfrac{g(\theta)}{\theta^2\times f(\theta)}=80\times\lim\limits_{\theta\to0+}\dfrac{\dfrac{49}{2}\sin^3\dfrac{\theta}{2}\cos\dfrac{\theta}{2}}{\theta^2\times5\sin\theta}$

$=392\times\lim\limits_{\theta\to0+}\dfrac{\sin^3\dfrac{\theta}{2}}{\theta^2\sin\theta}$

$=392\times\lim\limits_{\theta\to0+}\dfrac{\sin^3\dfrac{\theta}{2}}{\theta^2\sin\theta}$

$=392\times\lim\limits_{\theta\to0+}\dfrac{\sin^3\dfrac{\theta}{2}}{2^3\times\left(\dfrac{\theta}{2}\right)^3\times\dfrac{\sin\theta}{\theta}}$

$=49\times\lim\limits_{\theta\to0+}\dfrac{\sin^3\dfrac{\theta}{2}}{\left(\dfrac{\theta}{2}\right)^3}\times\lim\limits_{\theta\to0+}\dfrac{1}{\dfrac{\sin\theta}{\theta}}$

$=49\times1^3\times1=49$

30 여러 가지 함수의 미분 　　　　　　정답 4

조건 (가)의 $\lim\limits_{x\to0-}g(x)=2$에서

$\lim\limits_{x\to0-}g(x)=\lim\limits_{x\to0-}\dfrac{f(x+1)}{x}=2$ ……㉠

㉠에서 x가 $0-$일 때, (분모)는 0이고 극한값이 존재하므로
(분자)는 0이다.

$\lim\limits_{x\to0-}f(x+1)=0$이므로 $f(1)=0$

㉠에서

$\lim\limits_{x\to0-}\dfrac{f(x+1)}{x}=\lim\limits_{x\to0-}\dfrac{f(x+1)-f(1)}{x}=f'(1)=2$

즉, 최고차항의 계수가 -2인 이차함수 $f(x)$는

$f(x)=-2(x-1)(x-\alpha)$ (단, α는 상수)라 할 수 있으므로

$f'(x)=-2(x-\alpha)-2(x-1)=-2(2x-\alpha-1)$

이때 $f'(1)=2$이므로

$-2(2-\alpha-1)=2$　$\therefore\ \alpha=2$

따라서 $f(x)=-2(x-1)(x-2)$, $f'(x)=-4x+6$이고,

$f(x+1)=-2x(x-1)$이므로

$g(x)=\begin{cases}-2x+2 & (x<0)\\ f(x)e^{x-a}+b & (x\ge0)\end{cases}$,

$g'(x)=\begin{cases}-2 & (x<0)\\ e^{x-a}\{f(x)+f'(x)\} & (x>0)\end{cases}$

조건 (가)에서 양의 실수 a에 대하여 $g'(a)=-2$이므로

$e^{a-a}\{f(a)+f'(a)\}=-2$, $f(a)+f'(a)=-2$

$-2(a-1)(a-2)+(-4a+6)=-2$

$a^2-a-2=0$, $(a+1)(a-2)=0$　$\therefore\ a=2\ (\because\ a>0)$

즉, $g'(2)=-2$이다.

또한, 조건 (나)에서 $x<0$에서의
한 점 $(s,\ g(s))$와 $x\ge0$에서의
한 점 $(t,\ g(t))$를 이은 직선의 기
울기가 항상 -2보다 작거나 같아
야 하므로 실수 b는 $g'(2)=-2$일
때 최댓값을 갖는다.

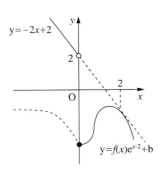

따라서 점 $(2,\ g(2))$는
직선 $g(x)=-2x+2\ (x<0)$
위의 점이어야 하므로

$g(2)=-4+2=-2$

함수 $y=g(x)$의 그래프가 점 $(2,\ -2)$를 지나므로

$$f(2) \times e^{2-2} + b = -2 \qquad \therefore b = -2$$
$$\therefore a - b \geq 2 - (-2) = 4$$

3 기하

23 공간에서의 점의 좌표   정답 ①

점 $P(2, 1, 3)$을 x축에 대하여 대칭이동한 점 Q는 $Q(2, -1, -3)$
이므로

$$\overline{PQ} = \sqrt{(2-2)^2 + (-1-1)^2 + (-3-3)^2} = 2\sqrt{10}$$

24 삼수선의 정리   정답 ⑤

오른쪽 그림과 같이 점 A에서 선분
BC에 내린 수선의 발을 H라 하면
삼수선의 정리에 의하여
$\overline{PH} \perp \overline{BC}$ 이다.

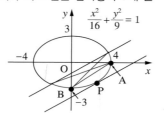

직각삼각형 ABC에서
$$\overline{BC} = \sqrt{\overline{AB}^2 + \overline{AC}^2}$$
$$= \sqrt{1^2 + (\sqrt{3})^2} = 2 \text{이므로}$$
$$\overline{AB} \times \overline{AC} = \overline{BC} \times \overline{AH} \text{에서}$$
$$1 \times \sqrt{3} = 2 \times \overline{AH} \qquad \therefore \overline{AH} = \frac{\sqrt{3}}{2}$$

따라서 점 P와 직선 BC 사이의 거리인 $\overline{PH}$의 길이는

$$\overline{PH} = \sqrt{\overline{AH}^2 + \overline{AP}^2} = \sqrt{\left(\frac{\sqrt{3}}{2}\right)^2 + 2^2} = \frac{\sqrt{19}}{2}$$

25 이차곡선(타원형)   정답 ④

삼각형 ABP의 넓이가 k가 되도록 하는 점 P의 개수가 3이려면
선분 AB의 길이는 일정하므로 높이가 서로 같은 삼각형이 3개 존
재해야 한다. 즉, 오른쪽 그림과 같
이 직선 AB와 평행한 접선의 접
점이 3개의 점 P 중 하나이어야
한다.

직선 AB의 기울기는 $\frac{3}{4}$ 이므로

타원 $\frac{x^2}{16} + \frac{y^2}{9} = 1$에 접하고

기울기가 $\frac{3}{4}$인 직선의 방정식은

$$y = \frac{3}{4}x \pm \sqrt{16 \times \left(\frac{3}{4}\right)^2 + 9} \qquad \therefore y = \frac{3}{4}x \pm 3\sqrt{2}$$

구하는 접선의 방정식은 y절편이 음수이므로

$$y = \frac{3}{4}x - 3\sqrt{2}$$

삼각형 ABP의 높이는 점 $A(4, 0)$과 직선 $y = \frac{3}{4}x - 3\sqrt{2}$,

즉 $3x - 4y - 12\sqrt{2} = 0$ 사이의 거리와 같으므로

$$\frac{|12 - 12\sqrt{2}|}{\sqrt{3^2 + (-4)^2}} = \frac{12\sqrt{2} - 12}{5}$$

따라서 삼각형 ABP의 넓이 k는

$$k = \frac{1}{2} \times \overline{AB} \times (\text{높이}) = \frac{1}{2} \times \sqrt{(-4)^2 + (-3)^2} \times \frac{12\sqrt{2} - 12}{5}$$
$$= 6\sqrt{2} - 6$$

26 벡터   정답 ③

오른쪽 그림과 같이 정삼각형 ABC의 외
접원의 중심을 O라 하고, 점 O에서 선분
AB에 내린 수선의 발을 H라 하자.
정삼각형 ABC의 반지름의 길이를
r라 하면 직각삼각형 BOH에서

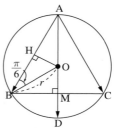

$$\overline{BH} = \overline{BO} \cos\frac{\pi}{6} = \frac{\sqrt{3}}{2}r$$

즉, $\overline{AB} = 2\overline{BH} = \sqrt{3}r$이므로 직각삼각형 ABM에서

$$\overline{AM} = \overline{AB}\sin\frac{\pi}{3} = \sqrt{3}r \times \frac{\sqrt{3}}{2} = \frac{3}{2}r$$

또한, 정삼각형 ABC의 외접원의 지름은 $\overline{AD} = 2r$이고,

$$\overrightarrow{AM} = \frac{1}{2}\overrightarrow{AB} + \frac{1}{2}\overrightarrow{AC} \text{이므로}$$

$$\overrightarrow{AD} = \frac{4}{3}\overrightarrow{AM} = \frac{4}{3}\left(\frac{1}{2}\overrightarrow{AB} + \frac{1}{2}\overrightarrow{AC}\right) = \frac{2}{3}\overrightarrow{AB} + \frac{2}{3}\overrightarrow{AC}$$

따라서 $m = \frac{2}{3}$, $n = \frac{2}{3}$ 이므로

$$m + n = \frac{2}{3} + \frac{2}{3} = \frac{4}{3}$$

27 이차곡선(쌍곡선)

$ax^2 - 4y^2 = a$에서 $x^2 - \dfrac{y^2}{\left(\dfrac{\sqrt{a}}{2}\right)^2} = 1$

오른쪽 그림에서 삼각형 PQF는 한 변의 길이가 $\sqrt{6}-1$인 정삼각형이므로 $\overline{PF} = \sqrt{6}-1$이고, 쌍곡선의 정의에 의하여 $\overline{PF'} - \overline{PF} = 2$이므로 $\overline{PF'} - (\sqrt{6}-1) = 2$ $\therefore \overline{PF'} = \sqrt{6}+1$

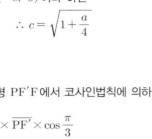

두 초점 F, F'을 F$(c, 0)$, F'$(-c, 0)$이라 하면 $1 = c^2 - \dfrac{a}{4}$이므로 $c^2 = 1 + \dfrac{a}{4}$ $\therefore c = \sqrt{1+\dfrac{a}{4}}$

$\therefore \overline{FF'} = 2\sqrt{1+\dfrac{a}{4}}$

이때 $\angle FPF' = \dfrac{\pi}{3}$이므로 삼각형 PF'F에서 코사인법칙에 의하여

$\overline{FF'}^2 = \overline{PF}^2 + \overline{PF'}^2 - 2 \times \overline{PF} \times \overline{PF'} \times \cos\dfrac{\pi}{3}$

$\left(2\sqrt{1+\dfrac{a}{4}}\right)^2 = (\sqrt{6}-1)^2 + (\sqrt{6}+1)^2 - 2 \times (\sqrt{6}-1)$
$\qquad\qquad\qquad\qquad \times (\sqrt{6}+1) \times \dfrac{1}{2}$

$4\left(1+\dfrac{a}{4}\right) = 7 - 2\sqrt{6} + 7 + 2\sqrt{6} - 5$

$\dfrac{a}{4} = \dfrac{5}{4}$ $\therefore a = 5$

28 이차곡선(포물선)

$\overline{AF} = a$, $\overline{BF} = b$라 하면 포물선의 정의에 의하여 $\overline{AH} = a$, $\overline{BI} = b$이고, $\overline{AB} = a+b$, $\overline{AJ} = a-b$ 직각삼각형 AJB에서

$\overline{BJ} = \sqrt{\overline{AB}^2 - \overline{AJ}^2}$
$\quad = \sqrt{(a+b)^2 - (a-b)^2}$
$\quad = 2\sqrt{ab}$

이때 $\dfrac{\overline{BJ}}{\overline{BI}} = \dfrac{2\sqrt{15}}{3}$이므로

$\dfrac{2\sqrt{ab}}{b} = \dfrac{2\sqrt{15}}{3}$, $\dfrac{4ab}{b^2} = \dfrac{60}{9}$

$\therefore a = \dfrac{5}{3}b$ ······ ㉠

즉, $\overline{AH} = 5k$, $\overline{BI} = 3k(k > 0)$이라 할 수 있다.

또한, $\overline{AB} = 8\sqrt{5}$에서 $a+b = 8\sqrt{5}$이므로 ㉠과 연립하면

$\dfrac{5}{3}b + b = 8\sqrt{5}$, $\dfrac{8}{3}b = 8\sqrt{5}$ $\therefore b = 3\sqrt{5}$

$b = 3\sqrt{5}$를 ㉠에 대입하여 정리하면 $a = 5\sqrt{5}$

$\therefore \overline{BJ} = 2\sqrt{ab} = 2 \times \sqrt{5\sqrt{5} \times 3\sqrt{5}} = 10\sqrt{3}$

두 직각삼각형 AHC, AJB는 서로 닮음 (AA 닮음)이고, 닮음비는 $5k : 2k$, 즉 $5 : 2$이므로

$\overline{HC} = \dfrac{5}{2}\overline{BJ} = \dfrac{5}{2} \times 10\sqrt{3} = 25\sqrt{3}$

29 공간도형

구 S를 xy평면에 수직이고 구의 중심 $(4, 3, 2)$를 지나는 평면으로 자른 단면은 다음 그림과 같다.

조건 (가)에서 평면 α와 xy평면이 이루는 각의 크기를 θ라 하면 $\angle POH = \theta$

구의 중심을 S, 점 S에서 xy평면에 내린 수선의 발을 H라 하면 직각삼각형 SOH에서

$\overline{OH} = \sqrt{\overline{SO}^2 - \overline{SH}^2} = \sqrt{(\sqrt{29})^2 - 2^2} = 5$

점 P$(a, b, 7)$는 구 $S : (x-4)^2 + (y-3)^2 + (z-2)^2 = 29$ 위의 점이므로

$(a-4)^2 + (b-3)^2 + (7-2)^2 = 29$ $\therefore (a-4)^2 + (b-3)^2 = 4$

즉, 점 P$(a, b, 7)$을 포함하고 xy평면과 평행한 평면으로 자른 단면은 반지름의 길이가 2인 원이므로 점 P에서 xy평면에 내린 수선의 발을 I라 하면

$\overline{OI} = \overline{OH} - \overline{IH} = 5 - 2 = 3$

또한, $\overline{PI} = 7$이므로 직각삼각형 POI에서

$\overline{OP} = \sqrt{\overline{PI}^2 + \overline{OI}^2} = \sqrt{7^2 + 3^2} = \sqrt{58}$

$\therefore \cos\theta = \dfrac{\overline{OI}}{\overline{OP}} = \dfrac{3}{\sqrt{58}}$

한편, 조건 (나)에서 선분 OP는 원 C의 지름이므로 원 C의 반지름의 길이는 $\dfrac{\sqrt{58}}{2}$

즉, 원 C의 넓이는 $\pi \times \left(\dfrac{\sqrt{58}}{2}\right)^2 = \dfrac{29}{2}\pi$이므로 원 C의 xy평면 위로의 정사영의 넓이는

$$\dfrac{29}{2}\pi \times \cos\theta = \dfrac{29}{2}\pi \times \dfrac{3}{\sqrt{58}} = \dfrac{3\sqrt{58}}{4}\pi$$

따라서 $k = \dfrac{3\sqrt{58}}{4}$이므로

$$8k^2 = 8 \times \left(\dfrac{3\sqrt{58}}{4}\right)^2 = 261$$

30 평면벡터 정답 7

점P의 좌표를 $(x,\ y)$라 하자.

조건 (가)의 $5\overrightarrow{\mathrm{BA}} \cdot \overrightarrow{\mathrm{OP}} - \overrightarrow{\mathrm{OB}} \cdot \overrightarrow{\mathrm{AP}} = \overrightarrow{\mathrm{OA}} \cdot \overrightarrow{\mathrm{OB}}$ 에서

$5(\overrightarrow{\mathrm{OA}} - \overrightarrow{\mathrm{OB}}) \cdot \overrightarrow{\mathrm{OP}} - \overrightarrow{\mathrm{OB}} \cdot (\overrightarrow{\mathrm{OP}} - \overrightarrow{\mathrm{OA}}) = \overrightarrow{\mathrm{OA}} \cdot \overrightarrow{\mathrm{OB}}$

$5\{(6,\ 0) - (2,\ 6)\} \cdot (x,\ y) - (2,\ 6) \cdot \{(x,\ y) - (6,\ 0)\}$

$= (6,\ 0) \times (2,\ 6)$

$5(4,\ -6) \cdot (x,\ y) - (2,\ 6) \cdot (x-6,\ y) = (6,\ 0) \cdot (2,\ 6)$

$5(4x - 6y) - \{2(x-6) + 6y\} = 12$

$18x - 36y = 0 \qquad \therefore y = \dfrac{1}{2}x$

즉, 점 P가 나타내는 도형은 직선 $y = \dfrac{1}{2}x$이므로 직선 $y = \dfrac{1}{2}x$와 삼각형 ABC를 좌표평면 위에 나타내면 다음 그림과 같다.

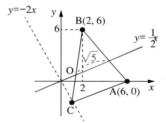

조건 (나)에 의하여 위의 그림에서 초록색 선분의 길이가 $\sqrt{5}$ 이어야 한다.

직선 AB의 방정식은

$$y = \dfrac{0-6}{6-2}(x-6) \qquad \therefore y = -\dfrac{3}{2}x + 9$$

두 직선 $y = -\dfrac{3}{2}x + 9$, $y = \dfrac{1}{2}x$가 만나는 점의 x좌표는

$-\dfrac{3}{2}x + 9 = \dfrac{1}{2}x$에서 $2x = 9 \qquad \therefore x = \dfrac{9}{2}$

따라서 교점의 좌표는 $\left(\dfrac{9}{2},\ \dfrac{9}{4}\right)$이고, 직선 $y = \dfrac{1}{2}x$의 기울기는

$\dfrac{1}{2}$이므로 직선 BC와 직선 $y = \dfrac{1}{2}x$가 만나는 점의 좌표는

$\left(\dfrac{9}{2} - 2,\ \dfrac{9}{4} - 1\right)$, 즉 $\left(\dfrac{5}{2},\ \dfrac{5}{4}\right)$이다.

두 점 $\mathrm{B}(2,\ 6)$, $\left(\dfrac{5}{2},\ \dfrac{5}{4}\right)$를 지나는 직선의 방정식은

$$y - 6 = \dfrac{\dfrac{5}{4} - 6}{\dfrac{5}{2} - 2}(x - 2) \qquad \therefore y = -\dfrac{19}{2}x + 25 \ \cdots\cdots \text{㉠}$$

점 C는 직선 ㉠ 위의 점이므로

$$-2k = -\dfrac{19}{2}k + 25 \qquad \therefore k = \dfrac{10}{3}$$

$$\therefore \mathrm{C}\left(\dfrac{10}{3},\ \dfrac{20}{3}\right)$$

한편,

$\overrightarrow{\mathrm{OA}} \cdot \overrightarrow{\mathrm{CP}} = \overrightarrow{\mathrm{OA}} \cdot (\overrightarrow{\mathrm{OP}} - \overrightarrow{\mathrm{OC}})$

$\quad = (6,\ 0) \cdot \left\{(x,\ y) - \left(\dfrac{10}{3},\ -\dfrac{20}{3}\right)\right\}$

$\quad = (6,\ 0) \cdot \left(x - \dfrac{10}{3},\ y + \dfrac{20}{3}\right)$

$\quad = 6x - 20$

$\overrightarrow{\mathrm{OA}} \cdot \overrightarrow{\mathrm{CP}}$는 x가 최대일 때, 즉 $x = \dfrac{9}{2}$일 때 최댓값을 가지므로

$$6 \times \dfrac{9}{2} - 20 = 7$$

제**3**교시 **수학영역**   문제 ▶ p. 38

<공통>

01 ①	02 ④	03 ④	04 ⑤	05 ⑤
06 ③	07 ④	08 ②	09 ③	10 ①
11 ②	12 ③	13 ②	14 ④	15 ①
16 18	17 12	18 9	19 16	20 290
21 27	22 56			

<확률과 통계>

23 ②	24 ①	25 ③	26 ④	27 ⑤
28 ②	29 80	30 41		

<미적분>

23 ⑤	24 ②	25 ④	26 ③	27 ①
28 ④	29 19	30 64		

<기하>

23 ③	24 ⑤	25 ①	26 ②	27 ④
28 ⑤	29 66	30 37		

공 통

01 극한값의 계산   정답 ①

$$\lim_{x \to 2} \frac{x^2 - x + a}{x - 2} = b \quad \cdots\cdots \; \text{㉠}$$

㉠에서 x가 2일 때, (분모)가 0이고 극한값이 존재하므로 (분자)가 0이다.

즉, $\lim_{x \to 2}(x^2 - x + a) = 0$에서

$4 - 2 + a = 0$ ∴ $a = -2$

$a = -2$를 ㉠에 대입하면 $\lim_{x \to 2} \dfrac{x^2 - x - 2}{x - 2} = b$이므로

$$\lim_{x \to 2} \frac{x^2 - x - 2}{x - 2} = \lim_{x \to 2} \frac{(x+1)(x-2)}{x - 2}$$
$$= \lim_{x \to 2}(x + 1) = 2 + 1 = 3 = b$$

∴ $a + b = -2 + 3 = 1$

02 등비수열   정답 ④

등비수열 $\{a_n\}$의 첫째항을 a, 공비를 r라 하자.

$a_3 = 1$에서 $ar^2 = 1$ $\cdots\cdots$ ㉠

$\dfrac{a_4 + a_5}{a_2 + a_3} = 4$에서 $\dfrac{ar^3 + ar^4}{ar + ar^2} = \dfrac{ar^3(1+r)}{ar(1+r)} = r^2 = 4$

$r^2 = 4$를 ㉠에 대입하면 $a = \dfrac{1}{4}$

∴ $a_9 = ar^8 = a(r^2)^4 = \dfrac{1}{4} \times 4^4 = 64$

03 합의 기호 Σ의 뜻과 성질   정답 ④

$$\sum_{k=1}^{9} k(2k+1) = \sum_{k=1}^{9}(2k^2 + k) = 2\sum_{k=1}^{9} k^2 + \sum_{k=1}^{9} k$$
$$= 2 \times \frac{9 \times 10 \times 19}{6} + \frac{9 \times 10}{2} = 570 + 45 = 615$$

04 미분계수의 정의   정답 ⑤

$$\lim_{h \to 0} \frac{f(2+h) - f(2)}{h \times f(h)} = \lim_{h \to 0} \frac{f(2+h) - f(2)}{h} \times \lim_{h \to 0} \frac{1}{f(h)}$$
$$= f'(2) \times \frac{1}{f(0)} = 1$$

이때 $f(0) = 6$이므로 $f'(2) = 6$

또한, $f(x) = x^3 - 4x^2 + ax + 6$에서

$f'(x) = 3x^2 - 8x + a$이므로

$f'(2) = 12 - 16 + a = -4 + a = 6$

∴ $a = 10$

> **개념 체크체크**
>
> 미분계수
> 함수 $y = f(x)$의 $x = a$에서의 순간변화율 또는 $x = a$에서의 미분계수는
> $$f'(a) = \lim_{\Delta x \to 0} \frac{\Delta y}{\Delta x} = \lim_{\Delta x \to 0} \frac{f(a + \Delta x) - f(a)}{\Delta x}$$
> $$= \lim_{x \to a} \frac{f(x) - f(a)}{x - a}$$

05 부정적분 　　　　　　　　　정답 ⑤

$f(x) = \int f'(x)dx = \int (4x^3 + ax)dx = x^4 + \dfrac{a}{2}x^2 + C$ (단, C 는 적분상수)

이때 $f(0) = -2$이므로 $C = -2$

$f(1) = 1$이므로 $1 + \dfrac{a}{2} - 2 = 1$　　$\therefore a = 4$

$f(x) = x^4 + 2x^2 - 2$

$\therefore f(2) = 16 + 8 - 2 = 22$

06 거듭제곱근 　　　　　　　　　정답 ③

$\sqrt[m]{64} \times \sqrt[n]{81} = \sqrt[m]{2^6} \times \sqrt[n]{3^4} = 2^{\frac{6}{m}} \times 3^{\frac{4}{n}}$ …… ㉠

㉠의 값이 자연수가 되려면 m은 6의 약수이고, n은 4의 약수이어야 하므로

$m = 1, 2, 3, 6, \ n = 1, 2, 4$

따라서 2 이상의 자연수 m, n의 모든 순서쌍 (m, n)의 개수는 $(2, 2), (2, 4), (3, 2), (3, 4), (6, 2), (6, 4)$이므로 총 6개이다.

07 삼각함수를 이용한 최댓값 　　　　정답 ④

$f(x) = \cos^2 x - 4\cos\left(x + \dfrac{\pi}{2}\right) + 3 = (1 - \sin^2 x) + 4\sin x + 3$

　　　$= -\sin^2 x + 4\sin x + 4$

이때 $\sin x = t$라 하면 $-1 \le t \le 1$이고,

$f(t) = -t^2 + 4t + 4 = -(t-2)^2 + 8$

따라서 $-1 \le t \le 1$에서 함수 $f(t)$는 $t = 1$일 때, 최댓값 7을 갖는다.

08 로그의 성질 　　　　　　　　　정답 ②

5개의 수 $\log_a 2, \log_a 2^2, \log_a 2^3, \log_a 2^5, \log_a 2^7$에서 $\log_a 2 = A$라 하면 5개의 수 $A, 2A, 3A, 5A, 7A$를 한 칸에 하나씩 적어야 한다. 이때 세 수의 합이 15로 서로 같으려면 오직 하나의 짝수 $2A$를 가로로 나열된 3개의 칸과 세로로 나열된 3개의 칸 중 공통 부분인 칸에 적어야 한다.

즉, 가로로 나열된 3개의 칸에는 세 수 $A, 2A, 7A$를 이와 같은 순서대로 적을 수 있고, 세로로 나열된 3개의 칸에는 세 수 $2A, 3A, 5A$를 이와 같은 순서대로 적을 수 있다.

$A + 2A + 7A = 2A + 3A + 5A = 10A = 15$이어야 하므로

$A = \dfrac{3}{2}$

따라서 $\log_a 2 = \dfrac{3}{2}$이므로

$\therefore a = 2^{\frac{2}{3}}$

09 등차수열 　　　　　　　　　　정답 ③

등차수열 $\{a_n\}$의 공차를 d라 하자.

$\dfrac{S_{10}}{T_{10}} = 6$에서 $\dfrac{a_1 + a_2 + a_3 + \cdots + a_{10}}{-a_1 + a_2 - a_3 + a_4 - \cdots - a_9 + a_{10}} = 6$

$\dfrac{a_1 + a_2 + a_3 + \cdots + a_{10}}{(-a_1 + a_2) + (-a_3 + a_4) - \cdots + (-a_9 + a_{10})} = 6$

$\dfrac{\dfrac{10(2 + 9d)}{2}}{5d} = 6, \ 2 + 9d = 6d$　　$\therefore d = -\dfrac{2}{3}$

$\therefore T_{37} = -a_1 + a_2 - a_3 + a_4 - \cdots - a_{35} + a_{36} - a_{37}$

　　　$= d + d + \cdots + d - a_{37}$

　　　$= 18d - (1 + 36d) = -18d - 1$

　　　$= -18 \times \left(-\dfrac{2}{3}\right) - 1 = 11$

10 함수의 극한과 연속 　　　　　　정답 ①

$-x = t$라 하면 x가 $a-$일 때 t는 $-a+$, x가 $a+$일 때 t는 $-a-$이므로

함수 $f(-x)f(x)$가 $x = a$에서 연속이 되려면

$\displaystyle\lim_{x \to a-} f(-x)f(x) = \lim_{x \to a-} f(-x) \times \lim_{x \to a-} f(x)$

　　　　　　　　$= \displaystyle\lim_{t \to -a+} f(t) \times \lim_{x \to a-} f(x)$

　　　　　　　　$= (a^2 - 5a)(a^2 - 5a)$,

$\displaystyle\lim_{x \to a+} f(-x)f(x) = \lim_{x \to a+} f(-x) \times \lim_{x \to a+} f(x)$

　　　　　　　　$= \displaystyle\lim_{t \to -a-} f(t) \times \lim_{x \to a+} f(x)$

　　　　　　　　$= (a^2 - 5a)(-2a + 4)$,

$f(-a)f(a) = (a^2 - 5a)(-2a + 4)$에서

$(a^2 - 5a)(a^2 - 5a) = (a^2 - 5a)(-2a + 4)$이어야 한다.

(i) $a^2 - 5a = 0$인 경우

　　$a(a - 5) = 0$　　$\therefore a = 5 \ (\because a > 0)$

(ii) $a^2 - 5a \ne 0$인 경우

　　$a^2 - 5a = -2a + 4, \ a^2 - 3a - 4 = 0$

　　$(a + 1)(a - 4) = 0$　　$\therefore a = 4 \ (\because a > 0)$

(i), (ii)에서 $a = 5$ 또는 $a = 4$이므로 모든 a의 값의 합은 $5 + 4 = 9$

11 속도와 거리

두 점 P, Q가 시각 $t=a$에서 만나므로 $\displaystyle\int_0^a v_1(t)dt = \int_0^a v_2(t)dt$

$\displaystyle\int_0^a v_1(t)dt = \int_0^a (3t^2-6t)dt = \Big[t^3-3t^2\Big]_0^a = a^3-3a^2$,

$\displaystyle\int_0^a v_2(t)dt = \int_0^a 2t\,dt = \Big[t^2\Big]_0^a = a^2$에서

$a^3-3a^2=a^2$이므로

$a^3-4a^2=0$, $a^2(a-4)=0$ $\quad \therefore a=4$ $(\because a>0)$

따라서 시각 $t=0$에서 $t=4$까지 점 P가 움직인 거리는

$\displaystyle\int_0^4 |v_1(t)|dt = \int_0^4 |3t^2-6t|dt$

$\displaystyle = \int_0^2 (-3t^2+6t)dt + \int_2^4 (3t^2-6t)dt$

$\displaystyle = \Big[-t^3+3t^2\Big]_0^2 + \Big[t^3-3t^2\Big]_2^4 = 4+20 = 24$

12 도함수의 활용과 그래프를 이용한 극한값의 계산

$-1\le x\le 1$일 때, $f(x)=x^3-6x^2+5$에서

$f'(x)=3x^2-12x=3x(x-4)$

$f'(x)=0$에서 $x=0$ $(\because -1\le x\le 1)$

$-1\le x\le 1$에서 함수 $f(x)$의 증가와 감소를 표로 나타내면 다음과 같다.

x	-1	$\cdots$	0	$\cdots$	1
$f'(x)$		$+$	0	$-$	
$f(x)$	-2	↗	5	↘	0

$1<x\le 3$일 때, $f(x)=x^2-4x+a$에서

$f(x)=(x-2)^2+a-4$

즉, 닫힌구간 $[-1,\ 3]$에서 함수 $y=f(x)$의 그래프의 개형은 다음 그림과 같다.

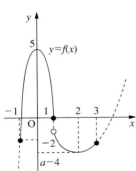

$-1\le x\le 1$일 때 함수 $f(x)=x^3-6x^2+5$는 $x=0$에서 최댓값 5를 갖고,

$1<x\le 3$일 때 함수 $f(x)=x^2-4x+a$는 $x=2$에서 최솟값 $a-4$를 가지므로

$5+(a-4)=0$이어야 한다. $\quad\therefore a=-1$

따라서 $f(x)=\begin{cases} x^3-6x^2+5 & (-1\le x\le 1) \\ x^2-4x-1 & (1<x\le 3) \end{cases}$ 이므로

$\displaystyle\lim_{x\to 1+} f(x) = \lim_{x\to 1+}(x^2-4x-1)=-4$

13 지수함수의 그래프

ㄱ. $y=|a^{-x-1}-1|$에 $x=-1$, $y=0$을 대입하면

$0=|a^{1-1}-1|$

즉, 등식이 성립하므로 곡선 $y=|a^{-x-1}-1|$은 점 $(-1,\ 0)$을 지난다. (참)

ㄴ. 곡선 $y=|a^{-x-1}-1|$, 즉 $y=|a^{-(x+1)}-1|$은 곡선 $y=a^{-x}$을 x축의 방향으로 -1만큼, y축의 방향으로 -1만큼 평행이동한 후 $y\ge 0$인 부분은 그대로 두고 $y<0$인 부분은 x축에 대하여 대칭이동한 것이다.

즉, 두 곡선 $y=a^x$, $y=|a^{-x-1}-1|$은 다음 그림과 같다.

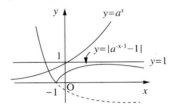

x의 값의 범위를 나누어 두 곡선 $y=a^x$, $y=|a^{-x-1}-1|$의 교점을 구해 보자.

(i) $x<-1$일 때

$y=|a^{-x-1}-1|=a^{-x-1}-1$이므로

$a^{-x-1}-1=a^x$에서 $a^{-1}-a^x=a^{2x}$,

$a^{2x}+a^x-\dfrac{1}{a}=0$

$a^x=t\,(t>0)$라 하면

$t^2+t-\dfrac{1}{a}=0$ $\quad\therefore t=\dfrac{-1+\sqrt{1+\dfrac{4}{a}}}{2}$ $(\because t>0)$

즉, $a^x=\dfrac{-1+\sqrt{1+\dfrac{4}{a}}}{2}$ 이므로 양변에 밑이 a인 로그를 취하면

$x=\log_a \dfrac{-1+\sqrt{1+\dfrac{4}{a}}}{2}$

(ii) $x>-1$일 때

$y=|a^{-x-1}-1|=-a^{-x-1}+1$이므로

$-a^{-x-1}+1=a^x$에서 $-a^{-1}+a^x=a^{2x}$,

$a^{2x}-a^x+\dfrac{1}{a}=0$

$a^x=t\ (t>0)$이므로

$t^2-t+\dfrac{1}{a}=0$ $\quad\therefore t=\dfrac{1\pm\sqrt{1-\dfrac{4}{a}}}{2}$

즉, $a^x = \dfrac{1 \pm \sqrt{1 - \dfrac{4}{a}}}{2}$ 이므로 양변에 밑이 a인 로그를 취하면

$$x = \log_a \dfrac{1 \pm \sqrt{1 - \dfrac{4}{a}}}{2}$$

(i), (ii)에서 $x = \log_a \dfrac{-1 + \sqrt{1 + \dfrac{4}{a}}}{2}$

또는 $x = \log_a \dfrac{1 \pm \sqrt{1 - \dfrac{4}{a}}}{2}$

이때 $a = 4$이면 $x = \log_4 \dfrac{-1 + \sqrt{2}}{2}$ 또는 $x = \log_a \dfrac{1}{2}$ 이므로 두 곡선의 교점의 개수는 2이다. (참)

ㄷ. $a > 4$이면 ㄴ에 의하여 두 곡선 $y = a^x$, $y = |a^{-x-1} - 1|$의 교점의 개수는

$x = \log_a \dfrac{-1 + \sqrt{1 + \dfrac{4}{a}}}{2}$ 또는 $x = \log_a \dfrac{1 \pm \sqrt{1 - \dfrac{4}{a}}}{2}$ 의 3이므로 그 개형은 다음 그림과 같다.

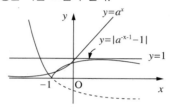

이때 그림에서 $\log_a \dfrac{-1 + \sqrt{1 + \dfrac{4}{a}}}{2} < -1$이고,

$\log_a \dfrac{1 - \sqrt{1 - \dfrac{4}{a}}}{2} + \log_a \dfrac{1 + \sqrt{1 - \dfrac{4}{a}}}{2}$

$= \log_a \left(\dfrac{1 - \sqrt{1 - \dfrac{4}{a}}}{2} \times \dfrac{1 + \sqrt{1 - \dfrac{4}{a}}}{2} \right)$

$= \log_a \dfrac{1 - \left(1 - \dfrac{4}{a}\right)}{4} = \log_a \dfrac{1}{a} = -1$

이므로 두 곡선의 3개의 교점의 x좌표의 합은

$\log_a \dfrac{-1 + \sqrt{1 + \dfrac{4}{a}}}{2} + (-1) < -2$

즉, -2보다 작다. (거짓)
따라서 옳은 것은 ㄱ, ㄴ이다.

14 미분가능성 정답 ④

$f(x) = x^3 - x = x(x+1)(x-1)$이므로 함수 $y = f(x)$의 그래프는 다음 그림과 같다.

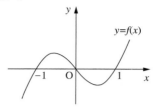

$-1 \leq x \leq a$일 때 함수 $h(x)$가 두 조건 (가), (나)를 만족시키려면 직선 $y = g(x)$는 함수 $y = f(x)$의 그래프의 $x = -1$에서의 접선과 일치해야 한다.

$f'(x) = 3x^2 - 1$에서 $f'(1) = 2$이므로 함수 $y = f(x)$의 그래프 위의 점 $(-1, 0)$에서의 접선의 방정식은

$y - 0 = 2\{x - (-1)\}$ $\therefore y = 2x + 2$

한편, 함수 $y = f(x - m) + n$의 그래프는 함수 $y = f(x)$의 그래프를 x축의 방향으로 m만큼, y축의 방향으로 n만큼 평행이동한 것이다.

$x > a$일 때 함수 $h(x)$가 두 조건 (가), (나)를 만족시키려면 함수 $y = f(x - m) + n$의 그래프의 $x = a$에서의 접선의 방정식이 $y = 2x + 2$이어야 한다.

또한, 함수 $y = f(x)$의 그래프는 원점에 대하여 대칭이므로 $x = 1$에서의 접선의 기울기가 2이다.

즉, 함수 $y = f(x)$의 그래프를 x축의 방향으로 m만큼, y축의 방향으로 n만큼 움직이는 평행이동은 점 $(1, 0)$을 점 $(a, f(a))$로 이동시키는 평행이동이어야 한다.

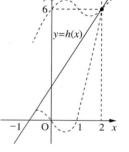

$x^3 - x = 2x + 2$에서

$x^3 - 3x - 2 = 0$, $(x+1)^2(x-2) = 0$

$\therefore x = -1$ 또는 $x = 2$

$\therefore a = 2$

따라서 $f(2) = 6$이므로 점 $(1, 0)$을 점 $(2, 6)$으로 이동시키는 평행이동에 대하여 $m = 1$, $n = 6$

$\therefore m + n = 1 + 6 = 7$

15 수열의 귀납적 정의 정답 ①

조건 (나)에서 $a_2 = a_3 \times m + 1$ $(\because a_1 = m)$이므로

$a_3 = 2m - (a_3 \times m + 1) = 2m - a_3 \times m - 1$

즉, $(m+1)a_3 = 2m - 1$이므로

$a_3 = \dfrac{2m-1}{m+1}$ $(m \neq -1)$

이때 조건 (가)에서 수열 $\{a_n\}$의 모든 항은 정수이므로

$a_3 = \dfrac{2m-1}{m+1}$ 도 정수이어야 한다.

$a_3 = \dfrac{2m-1}{m+1} = \dfrac{2(m+1)-3}{m+1} = 2 - \dfrac{3}{m+1}$ 에서

$\dfrac{3}{m+1}$ 이 정수이어야 하므로

$m+1 = -3,\ m+1 = -1,\ m+1 = 1$ 또는 $m+1 = 3$

$\therefore m = -4,\ m = -2,\ m = 0$ 또는 $m = 2$

따라서 $a_1 = -4,\ a_2 = -11,\ a_3 = 3$ 이므로

$a_9 = 2a_4 - a_2 = 2(a_3 \times a_2 + 1) - a_2$
$\quad = 2 \times \{3 \times (-11) + 1\} - (-11) = -53$

개념 체크체크

등차수열의 귀납적 정의

(1) 첫째항이 a, 공차가 d인 등차수열 $\{a_n\}$의 귀납적 정의는
$a_1 = a,\ a_{n+1} = a_n + d\ (n = 1,\ 2,\ 3,\ \cdots)$

(2) $a_{n+1} - a_n = a_{n+2} - a_{n+1}\ (n = 1,\ 2,\ 3,\ \cdots)$

(3) $2a_{n+1} = a_n + a_{n+2}\ (n = 1,\ 2,\ 3,\ \cdots)$

---

16 도함수의 개념 정의   정답 18

$f(x) = (x+3)(x^3+x)$ 에서

$f'(x) = (x^3+x) + (x+3)(3x^2+1)$

$\therefore f'(1) = 2 + 4 \times 4 = 18$

---

17 삼각함수를 포함한 방정식   정답 12

방정식 $\sin \dfrac{\pi x}{2} = \dfrac{3}{4}$ 의 해는 함수 $y = \sin \dfrac{\pi x}{2}$ 의 그래프와 직선

$y = \dfrac{3}{4}$ 의 교점의 x좌표와 같다.

이때 함수 $y = \sin \dfrac{\pi x}{2}$ 의 주기는 $\dfrac{2\pi}{\dfrac{\pi}{2}} = 4$ 이므로 $0 \le x < 8$ 에서 함수

$y = \sin \dfrac{\pi x}{2}$ 의 그래프는 다음 그림과 같다.

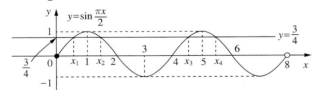

함수 $y = \sin \dfrac{\pi x}{2}$ 의 그래프는 직선 $x = 1,\ x = 5$ 에 대하여 대칭이

므로 방정식의 해를 작은 것부터 차례대로 $x_1,\ x_2,\ x_3,\ x_4$ 라 하면

$\dfrac{x_1 + x_2}{2} = 1,\ \dfrac{x_3 + x_4}{2} = 5$

$\therefore x_1 + x_2 = 2,\ x_3 + x_4 = 10$

따라서 주어진 방정식의 모든 해의 합은 $2 + 10 = 12$

---

18 도함수의 부등식에의 활용   정답 9

$f(x) = x^3 - 5x^2 + 3x + n$ 이라 하면

$f'(x) = 3x^2 - 10x + 3 = (3x-1)(x-3)$

$f'(x) = 0$ 에서 $x = \dfrac{1}{3}$ 또는 $x = 3$

$x > 0$ 에서 함수 $f(x)$의 증가와 감소를 표로 나타내면 다음과 같다.

x	0	$\cdots$	$\dfrac{1}{3}$	$\cdots$	3	$\cdots$
$f'(x)$		$+$	0	$-$	0	$+$
$f(x)$		$\nearrow$	$\dfrac{13}{27} + n$	$\searrow$	$-9 + n$	$\nearrow$

즉, $x > 0$일 때 함수 $f(x)$는 $x = 3$에서 최솟값 $-9+n$을 가지므로 모든 양의 실수 x에 대하여 부등식 $f(x) \ge 0$이 항상 성립하려면

$-9 + n \ge 0$ 이어야 한다.

$\therefore n \ge 9$

따라서 자연수 n의 최솟값은 9이다.

---

19 로그함수의 그래프   정답 16

함수 $f(x) = \log_2 kx$에 대하여 곡선 $y = f(x)$와 직선 $y = x$가 두 점 A, B에서 만나므로 두 곡선 $y = f(x)$, $y = g(x)$는 다음 그림과 같다.

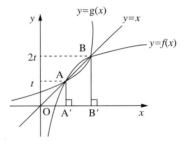

이때 $\overline{OA} = \overline{AB}$ 이므로 두 점 A, B에서 x축에 내린 수선의 발을 각각 A′, B′이라 하면

$\overline{OB'} = 2\overline{OA'}$

즉, A$(t,\ t)\ (t > 0)$라 하면 B$(2t,\ 2t)$이므로

$\log_2 kt = t,\ \log_2 kt = 2t$ …… ㉠

㉠의 $\log_2 kt = t$의 양변에 2를 곱하면 $2\log_2 kt = 2t$,

즉 $\log_2 k^2 t^2 = 2t$이므로 ㉠에 의하여

$\log_2 k^2 t^2 = \log_2 2kt$

$k^2 t^2 = 2kt$ $\therefore kt = 2$ …… ㉡

㉡을 ㉠에 대입하면

$\log_2 2 = 1 = t$

$t = 1$을 ㉡에 대입하면

$k = 2$

따라서 $f(x) = \log_2 2x$이고, $g(5) = a$라 하면 $f(a) = 5$이므로

$\log_2 2a = 5,\ 2a = 32,\ a = 16$ $\therefore g(5) = 16$

함수 $y = f(x)$의 그래프는 다음 그림과 같다.

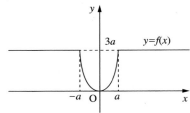

(i) $a > 3$인 경우

$$2\int_0^3 f(x)dx = 2\int_0^3 \frac{3}{a}x^2 dx = \frac{6}{a}\int_0^3 x^2 dx = \frac{6}{a}\left[\frac{1}{3}x^3\right]_0^3$$

$$= \frac{54}{a} = 8 \qquad \therefore a = \frac{27}{4}$$

(ii) $a = 3$인 경우

$$2\int_0^3 f(x)dx = 2\int_0^3 x^2 dx = 2\left[\frac{1}{3}x^3\right]_0^3 = 18 \neq 8$$

이 경우는 조건을 만족시키지 않는다.

(iii) $a < 3$인 경우

$$2\int_0^3 f(x)dx = 2\left(\int_0^a \frac{3}{a}x^2 dx + \int_a^3 3a\,dx\right)$$

$$= \frac{6}{a}\int_0^a x^2 dx + 6a\int_a^3 dx$$

$$= \frac{6}{a}\left[\frac{1}{3}x^3\right]_0^a + 6a\left[x\right]_a^3 = 2a^2 + 6a(3-a)$$

$$= -4a^2 + 18a = 8 \text{에서}$$

$$4a^2 - 18a + 8 = 0, \; (2a-1)(a-4) = 0$$

$$\therefore a = \frac{1}{2} \; (\because a < 3)$$

(i), (ii), (iii)에서 $a = \dfrac{27}{4}$ 또는 $a = \dfrac{1}{2}$ 이므로

$$S = \frac{27}{4} + \frac{1}{2} = \frac{29}{4}$$

$$\therefore 40S = 40 \times \frac{29}{4} = 290$$

◀개념 체크체크▶

정적분의 성질

(1) 두 함수 $f(x)$ $g(x)$가 닫힌구간 $[a, b]$에서 연속일 때

① $\displaystyle\int_a^b kf(x)dx = k\int_a^b f(x)dx$ (단, k는 상수)

② $\displaystyle\int_a^b \{f(x) \pm g(x)\}dx = \int_a^b f(x)dx \pm \int_a^b g(x)dx$

(2) 임의의 실수 a, b, c를 포함하는 구간에서 함수 $f(x)$가 연속일 때

$$\int_a^b f(x)dx = \int_a^c f(x)dx + \int_c^b f(x)dx$$

중심이 O인 원의 호 BC (점 A를 포함하지 않는 호)에 대하여 원주각 $\angle \mathrm{BAC} = \theta$이므로 원주각과 중심각 사이의 관계에 의하여 중심각 $2\pi - \angle \mathrm{BOC} = 2\theta$이다.

즉, $\angle \mathrm{BOC} = 2\pi - 2\theta$이고, 선분 $\mathrm{O'O}$는 $\angle \mathrm{BOC}$의 이등분선이므로

$$\angle \mathrm{BOO'} = \pi - \theta$$

이때 삼각형 $\mathrm{BOO'}$은 $\overline{\mathrm{BO'}} = \overline{\mathrm{OO'}}$인 이등변삼각형이므로

$$\angle \mathrm{O'BO} = \pi - \theta$$

삼각형 $\mathrm{BOO'}$의 꼭짓점 $\mathrm{O'}$에서 변 BO에 내린 수선의 발을 H라 하면 $\overline{\mathrm{BH}} = \dfrac{R}{2}$이므로

직각삼각형 $\mathrm{O'BH}$에서

$$r\cos(\pi - \theta) = \frac{R}{2} \qquad \therefore R = 2r\cos(\pi - \theta) = \boxed{-2\cos\theta} \times r$$

또한, 직각삼각형 $\mathrm{O'BM}$에서

$$\sin(\angle \mathrm{O'BM}) = \frac{\overline{\mathrm{O'M}}}{r} = \frac{r - |R\cos\theta|}{r} \quad \cdots\cdots \text{ㄱ}$$

이때 직각삼각형 BOM에서 $\overline{\mathrm{OM}} = R\cos(\pi - \theta) = -R\cos\theta$이므로 ㄱ에서

$$\sin(\angle \mathrm{O'BM}) = \frac{r + R\cos\theta}{r} = \frac{r + (-2r\cos\theta) \times \cos\theta}{r}$$

$$= \frac{r - 2r\cos^2\theta}{r} = \boxed{1 - 2\cos^2\theta}$$

따라서 삼각형 ABC에서 사인법칙에 의하여

$$\frac{\overline{\mathrm{BC}}}{\sin\theta} = \frac{\overline{\mathrm{AC}}}{\sin(\angle \mathrm{O'BM})}$$

$$\therefore \frac{\overline{\mathrm{BC}}}{\overline{\mathrm{AC}}} = \frac{\sin\theta}{\sin(\angle \mathrm{O'BM})} = \boxed{\frac{\sin\theta}{1 - 2\cos^2\theta}}$$

즉, $f(\theta) = -2\cos\theta$, $g(\theta) = 1 - 2\cos^2\theta$,

$h(\theta) = \dfrac{\sin\theta}{1 - 2\cos^2\theta}$이므로

$$f(\alpha) = -2\cos\alpha = -2 \times \left(-\frac{3}{5}\right) = \frac{6}{5} \; \left(\because \cos\alpha = -\frac{3}{5}\right)$$

$$g(\beta) = 1 - 2\cos^2\beta = 1 - 2 \times \left(-\frac{\sqrt{10}}{5}\right)^2 = 1 - \frac{4}{5} = \frac{1}{5}$$

$$\left(\because \cos\beta = -\frac{\sqrt{10}}{5}\right)$$

$$\left\{h\left(\frac{2}{3}\pi\right)\right\}^2 = \left(\frac{\sin\frac{2}{3}\pi}{1 - 2\cos^2\frac{2}{3}\pi}\right)^2 = \left\{\frac{\frac{\sqrt{3}}{2}}{1 - 2 \times \left(-\frac{1}{2}\right)^2}\right\}^2$$

$$= (\sqrt{3})^2 = 3$$

$$\therefore f(\alpha) + g(\beta) + \left\{h\left(\frac{2}{3}\pi\right)\right\}^2 = \frac{6}{5} + \frac{1}{5} + 3 = \frac{22}{5}$$

$p = 5$, $q = 22$이므로

$$\therefore p + q = 5 + 22 = 27$$

22 도함수의 방정식에의 활용

정답 56

$$g(x) = \int_0^x (x-2)f(s)ds = (x-2)\int_0^x f(s)ds \ \cdots\cdots\ \text{㉠}$$

㉠의 양변을 x에 대하여 미분하면

$$g'(x) = \int_0^x f(s)ds + (x-2)f(x)$$

㉠의 양변에 $x=0$, $x=2$를 각각 대입하면

$$g(0) = 0,\ g(2) = 0\ \cdots\cdots\ \text{㉡}$$

㉡에 의하여 $h(t)$는 $t=0$, $t=-2$에서 불연속이어야 하므로 곡선 $y=g(x)$가 두 직선 $y=0$, $y=-2x$와 만날 때 교점의 개수에 변화가 생겨야 한다.

일차함수 $f(x)$에 대하여 함수 $g(x) = \int_0^x (x-2)f(s)ds$는 삼차함수이므로 이를 만족시키는 곡선 $y=g(x)$의 개형은 다음 그림과 같다.

(i) 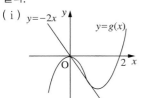   (ii)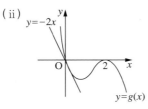

(i) $g(x) = \alpha x^2(x-2)\ (\alpha > 0)$인 경우

$g(x) = \alpha x^3 - 2\alpha x^2$이므로 $g'(x) = 3\alpha x^2 - 4\alpha x$

곡선 $y=g(x)$와 직선 $y=-2x$가 만나는 점 중 원점이 아닌 점을 $A(a, \alpha a^2(a-2))$라 하면 원점과 점 A를 지나는 직선의 기울기와 곡선 $y=g(x)$의 점 A에서의 접선의 기울기가 같아야 하므로

$$\frac{\alpha a^2(a-2)-0}{a-0} = 3\alpha a^2 - 4\alpha a,\ a-2 = 3a-4 \quad \therefore a=1$$

$$\therefore A(1, -2)$$

점 $A(1, -2)$는 곡선 $y=g(x)$ 위의 점이므로

$$-2 = \alpha \times 1^2 \times (1-2) \quad \therefore \alpha = 2$$

즉, $g(x) = 2x^2(x-2)$이므로

$$g(4) = 32 \times 2 = 64$$

(ii) $g(x) = \beta x(x-2)^2\ (\beta < 0)$인 경우

$g(x) = \beta x^3 - 4\beta x^2 + 4\beta x$이므로 $g'(x) = 3\beta x^2 - 8\beta x + 4\beta$

곡선 $y=g(x)$의 원점에서의 접선의 기울기가 -2이어야 하므로

$$4\beta = -2 \quad \therefore \beta = -\frac{1}{2}$$

즉, $g(x) = -\frac{1}{2}x(x-2)^2$이므로

$$g(4) = -\frac{1}{2} \times 4 \times (4-2)^2 = -8$$

(i), (ii)에서 $g(4) = 64$ 또는 $g(4) = -8$이므로 그 합은

$$64 + (-8) = 56$$

---

① 확률과 통계

23 이항정리의 활용

정답 ②

다항식 $(2x+1)^6$의 전개식의 일반항은

$${}_6C_r(2x)^{6-r}1^r = {}_6C_r 2^{6-r}x^{6-r}$$

x^2항은 $6-r=2$, 즉 $r=4$일 때이므로 x^2의 계수는

$${}_6C_4 \times 2^2 = {}_6C_2 \times 4 = \frac{6 \times 5}{2 \times 1} \times 4 = 60$$

> **개념 체크체크**
>
> 이항정리
>
> 자연수 n에 대하여 다항식 $(a+b)^n$을 전개하면
>
> $$(a+b)^n = \sum_{r=0}^n {}_nC_r a^{n-r}b^n$$

24 순열과 조합

정답 ①

숫자 3, 6이 적혀 있는 두 공이 서로 이웃해야 하므로 두 공을 이웃한 두 자리에 하나씩 배열한다.

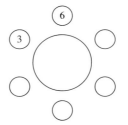   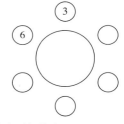

이때 위의 그림과 같이 두 가지 경우가 가능하다.

나머지 네 자리에 숫자 1, 2, 4, 5가 적혀 있는 4개의 공을 하나씩 배열하는 경우의 수는 $4! = 4 \times 3 \times 2 \times 1 = 24$

따라서 구하는 경우의 수는 $2 \times 24 = 48$

25 확률계산

정답 ③

주어진 조건의 학생 수를 표로 나타내면 다음과 같다.

(단위: 명)

구분	남학생	여학생	합계
데스크톱 컴퓨터	15	8	23
노트북 컴퓨터	6	10	16
합계	21	18	39

이 동아리 학생 중에서 임의로 선택한 1명이 데스크톱 컴퓨터를 사용하는 학생일 때, 이 학생이 남학생일 확률은 $\dfrac{15}{23}$

26 여사건의 확률

10장의 카드 중에서 서로 다른 3장의 카드를 선택하는 모든 경우의

수는 $_{10}C_3 = \dfrac{10 \times 9 \times 8}{3 \times 2 \times 1} = 120$

한편, 3장의 카드에 적혀 있는 세 수의 곱이 4의 배수이려면 세 수가
모두 홀수이면 안 된다.

(i) 홀수가 적혀 있는 카드를 2장, 짝수가 적혀 있는 카드를 1장 선
택하는 경우

홀수가 적혀 있는 5장의 카드 중에서 서로 다른 2장의 카드를

선택하는 경우의 수는 $_5C_2 = \dfrac{5 \times 4}{2 \times 1} = 10$

짝수가 적혀 있는 5장의 카드 중에서 4의 배수가 적혀 있는 카
드는 4, 8의 2장이므로 2장의 카드 중에서 1장의 카드를 선택
하는 경우의 수는 $_2C_1 = 2$

즉, 이 경우의 수는 $10 \times 2 = 20$

(ii) 홀수가 적혀 있는 카드를 1장, 짝수가 적혀 있는 카드를 2장 선
택하는 경우

홀수가 적혀 있는 5장의 카드 중에서 1장의 카드를 선택하는
경우의 수는 $_5C_1 = 5$

짝수가 적혀 있는 5장의 카드 중에서 어떤 2장의 카드를 선택
해도 세 수의 곱은 4의 배수가 되므로 5장의 카드 중에서 서로
다른 2장의 카드를 선택하는 경우의 수는 $_5C_2 = 10$

즉, 이 경우의 수는 $5 \times 10 = 50$

(iii) 짝수가 적혀 있는 카드를 3장 선택하는 경우

짝수가 적혀 있는 5장의 카드 중에서 어떤 3장의 카드를 선택
해도 세 수의 곱은 4의 배수가 되므로 5장의 카드 중에서 서로
다른 3장의 카드를 선택하는 경우의 수는 $_5C_3 = _5C_2 = 10$

(i), (ii), (iii)에서 조건을 만족시키는 경우의 수는

$20 + 50 + 10 = 80$

따라서 구하는 확률은 $\dfrac{80}{120} = \dfrac{2}{3}$

27 표본평균의 분포

주어진 모집단에서 크기가 25인 표본을 임의추출하여 구한 표본

평균 $\overline{X}$는 정규분포 $N\left(100, \left(\dfrac{\sigma}{5}\right)^2\right)$을 따르므로

$$P(98 \le \overline{X} \le 102) = P\left(\dfrac{98 - 100}{\dfrac{\sigma}{5}} \le Z \le \dfrac{102 - 100}{\dfrac{\sigma}{5}}\right)$$

$$= P\left(-\dfrac{10}{\sigma} \le Z \le \dfrac{10}{\sigma}\right)$$

$$= 2P\left(0 \le Z \le \dfrac{10}{\sigma}\right) = 0.9876$$

$$\therefore P\left(0 \le Z \le \dfrac{10}{\sigma}\right) = 0.4938$$

이때 주어진 표준정규분포표에서 $P(0 \le Z \le 2.5) = 0.4938$이므로

$\dfrac{10}{\sigma} = 2.5$ $\quad \therefore \sigma = 4$

> **개념 체크체크**
>
> **표본평균**
>
> 확률변수 X가 정규분포 $N(m, \sigma^2)$을 따르면 크기가 n인 표
> 본의 표본평균 $\overline{X}$는 정규분포 $N\left(m, \dfrac{\sigma^2}{n}\right)$을 따른다.

28 중복조합

두 조건 (가), (나)를 만족시키는 경우는 다음과 같이 2가지 경우뿐
이다.

(i) $f(1) = f(2) = f(3) = 1$인 경우
$f(4), f(5), \cdots, f(8)$의 값을 정하는
경우의 수는 집합 Y의 원소 1, 2, 3 중
에서 중복을 허락하여 5개를 선택하면
되므로

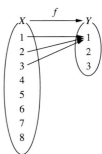

$_3H_5 = {}_{3+5-1}C_5 = {}_7C_5 = {}_7C_2$

$= \dfrac{7 \times 6}{2 \times 1} = 21$

(ii) $f(1) = f(2) = 1$, $f(3) = 2$인 경우
$f(4), f(5), \cdots, f(8)$의 값을 정하는
경우의 수는 집합 Y의 원소 2, 3 중에
서 중복을 허락하여 5개를 선택하면
되므로

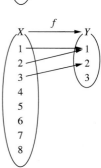

$_2H_5 = {}_{2+5-1}C_5 = {}_6C_5 = {}_6C_1 = 6$

(i), (ii)에서 모든 함수 $f: X \to Y$의 개수는

$21 + 6 = 27$

주사위를 한 번 던져 나오는 눈의 수가 3 이상인 경우를 A 라 하면 이 확률은 $\dfrac{4}{6} = \dfrac{2}{3}$, 눈의 수가 3보다 작은 경우를 B 라 하면 이 확률은 $\dfrac{2}{6} = \dfrac{1}{3}$ 이다.

주어진 시행을 4회 반복하였을 때, 가능한 경우를 A, B 로 나타내면
AAAA, AAAB, AABB, ABBB, BBBB

(i) AAAA인 경우

말이 도착한 칸에 적혀 있는 수는 4이고, 확률은

$${}_4C_4 \left(\dfrac{2}{3}\right)^4 \left(\dfrac{1}{3}\right)^0 = \dfrac{16}{81}$$

(ii) AAAB인 경우

말이 도착한 칸에 적혀 있는 수는 2이고, 확률은

$${}_4C_3 \left(\dfrac{2}{3}\right)^3 \left(\dfrac{1}{3}\right)^1 = 4 \times \dfrac{8}{27} \times \dfrac{1}{3} = \dfrac{32}{81}$$

(iii) AABB인 경우

말이 도착한 칸에 적혀 있는 수는 0이고, 확률은

$${}_4C_2 \left(\dfrac{2}{3}\right)^2 \left(\dfrac{1}{3}\right)^2 = \dfrac{4 \times 3}{2 \times 1} \times \dfrac{4}{9} \times \dfrac{1}{9} = \dfrac{8}{27}$$

(iv) ABBB인 경우

말이 도착한 칸에 적혀 있는 수는 6이고, 확률은

$${}_4C_1 \left(\dfrac{2}{3}\right)^1 \left(\dfrac{1}{3}\right)^3 = 4 \times \dfrac{2}{3} \times \dfrac{1}{27} = \dfrac{8}{81}$$

(v) BBBB인 경우

말이 도착한 칸에 적혀 있는 수는 4이고, 확률은

$${}_4C_0 \left(\dfrac{2}{3}\right)^0 \left(\dfrac{1}{3}\right)^4 = \dfrac{1}{81}$$

(i)~(v)에 의하여 확률변수 X의 확률분포를 표로 나타내면 다음과 같다.

X	0	2	4	6	합계
$P(X=x)$	$\dfrac{8}{27}$	$\dfrac{32}{81}$	$\dfrac{16}{81} + \dfrac{1}{81} = \dfrac{17}{81}$	$\dfrac{8}{81}$	1

따라서

$$E(X) = 0 \times \dfrac{8}{27} + 2 \times \dfrac{32}{81} + 4 \times \dfrac{17}{81} + 6 \times \dfrac{8}{81} = \dfrac{180}{81} = \dfrac{20}{9}$$

이므로

$$\therefore E(36X) = 36E(X) = 36 \times \dfrac{20}{9} = 80$$

주머니에서 검은 공을 꺼내는 경우를 A, 흰 공을 꺼내는 경우를 B 로 나타내자.

주어진 조건을 만족시키는 경우는 다음과 같이 3가지 경우뿐이다.

(i) 첫 번째 시행이 AAA, 두 번째 시행이 ABB인 경우

$$\dfrac{{}_4C_3}{{}_6C_3} \times 1 = \dfrac{4}{20} = \dfrac{1}{5}$$

(ii) 첫 번째 시행이 AAB, 두 번째 시행이 AAB인 경우

$$\dfrac{{}_4C_2 \times {}_2C_1}{{}_6C_3} \times \dfrac{{}_2C_2 \times {}_2C_1}{{}_4C_3} = \dfrac{6 \times 2}{20} \times \dfrac{1 \times 2}{4} = \dfrac{3}{10}$$

(iii) 첫 번째 시행이 ABB, 두 번째 시행이 AAA인 경우

$$\dfrac{{}_4C_1 \times {}_2C_2}{{}_6C_3} \times \dfrac{{}_3C_3}{{}_5C_3} = \dfrac{4 \times 1}{20} \times \dfrac{1}{10} = \dfrac{1}{50}$$

(i), (ii), (iii)에서 구하는 확률은

$$\dfrac{\dfrac{3}{10}}{\dfrac{1}{5} + \dfrac{3}{10} + \dfrac{1}{50}} = \dfrac{\dfrac{3}{10}}{\dfrac{13}{25}} = \dfrac{15}{26}$$

$p = 26$, $q = 15$ 이므로

$$\therefore p + q = 26 + 15 = 41$$

② 미적분

$$\lim_{n \to \infty} \left(\sqrt{an^2 + bn} - \sqrt{2n^2 + 1}\right)$$

$$= \lim_{n \to \infty} \dfrac{\left(\sqrt{an^2 + bn} - \sqrt{2n^2 + 1}\right)\left(\sqrt{an^2 + bn} + \sqrt{2n^2 + 1}\right)}{\sqrt{an^2 + bn} + \sqrt{2n^2 + 1}}$$

$$= \lim_{n \to \infty} \dfrac{(an^2 + bn) - (2n^2 + 1)}{\sqrt{an^2 + bn} + \sqrt{2n^2 + 1}}$$

$$= \lim_{n \to \infty} \dfrac{(a-2)n^2 + bn - 1}{\sqrt{an^2 + bn} + \sqrt{2n^2 + 1}} = 1$$

이므로

$$a - 2 = 0, \quad \dfrac{b}{\sqrt{a} + \sqrt{2}} = 1$$

$a - 2 = 0$에서 $a = 2$

$\dfrac{b}{\sqrt{2} + \sqrt{2}} = 1$에서 $b = 2\sqrt{2}$

$$\therefore ab = 2 \times 2\sqrt{2} = 4\sqrt{2}$$

24 정적분

$$\lim_{n\to\infty}\sum_{k=1}^{n}\frac{1}{n+3k}=\lim_{n\to\infty}\sum_{k=1}^{n}\frac{\frac{1}{n}}{1+\frac{3k}{n}}=\frac{1}{3}\int_{1}^{4}\frac{1}{x}\,dx=\frac{1}{3}\Big[\ln x\Big]_{1}^{4}$$

$$=\frac{1}{3}(\ln4-\ln1)=\frac{1}{3}\ln2^2=\frac{2}{3}\ln2$$

> ◀ **개념 체크체크** ▶
>
> ### 정적분의 정의
> 함수 $f(x)$가 닫힌구간 $[a,\,b]$에서 연속일 때
> $$\int_{a}^{b}f(x)dx=\lim_{n\to\infty}\sum_{k=1}^{n}f(x_k)\varDelta x$$
> (단, $\varDelta x=\frac{b-a}{n}$, $x_k=a+k\varDelta x$)
> 의 값을 함수 $f(x)$의 a에서 b까지의 정적분이라 한다.

25 매개변수로 나타낸 함수의 미분법

$x=e^t\cos(\sqrt{3}\,t)-1$, $y=e^t\sin(\sqrt{3}\,t)+1$에서

$$\frac{dx}{dt}=e^t\cos(\sqrt{3}\,t)+e^t\{-\sqrt{3}\sin(\sqrt{3}\,t)\}$$
$$=e^t\{\cos(\sqrt{3}\,t)-\sqrt{3}\sin(\sqrt{3}\,t)\}$$
$$\frac{dy}{dt}=e^t\sin(\sqrt{3}\,t)+\sqrt{3}\,e^t\cos(\sqrt{3}\,t)$$
$$=e^t\{\sin(\sqrt{3}\,t)+\sqrt{3}\cos(\sqrt{3}\,t)\}\text{이므로}$$

$$\left(\frac{dx}{dt}\right)^2+\left(\frac{dy}{dt}\right)^2$$
$$=e^{2t}\{\cos(\sqrt{3}\,t)-\sqrt{3}\sin(\sqrt{3}\,t)\}^2$$
$$\quad+e^{2t}\{\sin(\sqrt{3}\,t)+\sqrt{3}\cos(\sqrt{3}\,t)\}^2$$
$$=e^{2t}\{\cos^2(\sqrt{3}\,t)-2\sqrt{3}\cos(\sqrt{3}\,t)\sin(\sqrt{3}\,t)+3\sin^2(\sqrt{3}\,t)\}$$
$$\quad+e^{2t}\{\sin^2(\sqrt{3}\,t)+2\sqrt{3}\cos(\sqrt{3}\,t)\sin(\sqrt{3}\,t)+3\cos^2(\sqrt{3}\,t)\}$$
$$=e^{2t}\{4\cos^2(\sqrt{3}\,t)+4\sin^2(\sqrt{3}\,t)\}$$
$$=4e^{2t}$$
$$\therefore\sqrt{\left(\frac{dx}{dt}\right)^2+\left(\frac{dy}{dt}\right)^2}=\sqrt{4e^{2t}}=2e^t$$

따라서 $0\le t\le\ln7$에서 주어진 곡선의 길이는

$$\int_{0}^{\ln7}\sqrt{\left(\frac{dx}{dt}\right)^2+\left(\frac{dy}{dt}\right)^2}\,dt=\int_{0}^{\ln7}2e^t dt=2\int_{0}^{\ln7}e^t dt=2\big[e^t\big]_{0}^{\ln7}$$
$$=2(e^{\ln7}-e^0)=2\times(7-1)=12$$

26 등비급수의 활용

$\overline{AE_1}=\overline{AD_1}=\sqrt{5}$, $\overline{AB_1}=2$이므로 직각삼각형 AB_1E_1에서

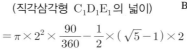

$$\overline{B_1E_1}=\sqrt{\overline{AE_1}-\overline{AB_1}}$$
$$=\sqrt{(\sqrt{5})^2-2^2}=1$$

즉, $\overline{C_1E_1}=\overline{B_1C_1}-\overline{B_1E_1}=\sqrt{5}-1$

이므로

$S_1=$(부채꼴 $C_1D_1F_1$의 넓이)$-$
(직각삼각형 $C_1D_1E_1$의 넓이)

$$=\pi\times2^2\times\frac{90}{360}-\frac{1}{2}\times(\sqrt{5}-1)\times2$$
$$=\pi-\sqrt{5}+1$$

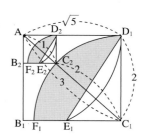

한편, $\overline{AD_1}=\sqrt{5}$, $\overline{C_1D_1}=2$이므로
직각삼각형 AC_1D_1에서

$$\overline{AC_1}=\sqrt{\overline{AD_1}+\overline{C_1D_1}}$$
$$=\sqrt{(\sqrt{5})^2+2^2}=3\text{이고},$$
$$\overline{C_1C_2}=\overline{C_1D_1}=2\text{이므로}$$
$$\overline{AC_2}=\overline{AC_1}-\overline{C_1C_2}=3-2=1$$

따라서 두 직사각형 $AB_1C_1D_1$, $AB_2C_2D_2$의 대각선의 길이의 비는
$3:1$이므로 넓이의 비는 $3^2:1^2$, 즉 $9:1$이다.

$$\therefore\lim_{n\to\infty}S_n=\frac{\pi-\sqrt{5}+1}{1-\frac{1}{9}}=\frac{9\pi+9-9\sqrt{5}}{8}$$

27 합성함수의 미분법

$g(x)=\ln(2x^2+2x+1)(x>0)$이라 할 때, 곡선 $y=g(x)$와 직선 $y=t$가 만나는 점의 x좌표가 $f(t)$이므로 $g(f(t))=t$이다.
즉, 두 함수 $g(x)$, $f(x)$는 역함수 관계이다.
$f(2\ln5)=a$라 하면 $g(a)=2\ln5$에서
$\ln(2a^2+2a+1)=2\ln5=\ln25$, $2a^2+2a+1=25$
$2a^2+2a-24=0$, $a^2+a-12=0$
$(a+4)(a-3)=0$ $\qquad\therefore a=3\ (\because a>0)$
$\therefore f(2\ln5)=3$
또한, $g'(x)=\dfrac{4x+2}{2x^2+2x+1}$이므로

$$g'(3)=\frac{14}{25}$$
$$\therefore f'(2\ln5)=\frac{1}{g'(3)}=\frac{25}{14}$$

28 삼각함수의 극한의 활용 정답 ④

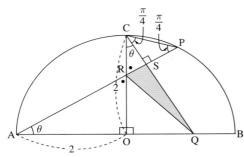

$\overline{AB}=4$이고, 선분 AB의 중점이 O이므로 위의 그림과 같이 호 AC를 그리면 지름이 $\overline{AB}$인 반원을 얻을 수 있다.

호 AC에 대하여 중심각 $\angle AOC=\dfrac{\pi}{2}$이므로 원주각과 중심각 사이의 관계에 의하여

$$\angle APC=\frac{\pi}{4}$$

$\angle PCQ=\angle APC=\dfrac{\pi}{4}$이므로 삼각형 CSP는 $\angle CSP=\dfrac{\pi}{2}$인 직각삼각형이다.

이때 두 직각삼각형 AOR, CSR는 닮음(AA 닮음)이므로

$$\angle RCS=\theta$$

한편, $\overline{AO}=2$이므로 직각삼각형 RAO에서 $\overline{RO}=2\tan\theta$

$\overline{CO}=2$이므로 $\overline{CR}=\overline{CO}-\overline{RO}=2-2\tan\theta$

직각삼각형 CRS에서 $\overline{RS}=(2-2\tan\theta)\sin\theta$

또한, $\overline{CS}=(2-2\tan\theta)\cos\theta$이고, 직각삼각형 COQ에서

$\overline{CQ}=\dfrac{2}{\cos\theta}$이므로

$$\overline{SQ}=\overline{CQ}-\overline{CS}=\frac{2}{\cos\theta}-(2-2\tan\theta)\cos\theta$$

$$\therefore S(\theta)=\frac{1}{2}\times\overline{SQ}\times\overline{RS}$$

$$=\frac{1}{2}\times\left\{\frac{2}{\cos\theta}-(2-2\tan\theta)\cos\theta\right\}\times(2-2\tan\theta)\sin\theta$$

$$=\left\{\frac{1}{\cos\theta}-(1-\tan\theta)\cos\theta\right\}(2-2\tan\theta)\sin\theta$$

$$\therefore \lim_{\theta\to0+}\frac{S(\theta)}{\theta^2}$$

$$=\lim_{\theta\to0+}\frac{\left\{\dfrac{1}{\cos\theta}-(1-\tan\theta)\cos\theta\right\}(2-2\tan\theta)\sin\theta}{\theta^2}$$

$$=\lim_{\theta\to0+}\left\{\frac{\dfrac{1}{\cos\theta}-(1-\tan\theta)\cos\theta}{\theta}\times(2-2\tan\theta)\times\frac{\sin\theta}{\theta}\right\}$$

$$=\lim_{\theta\to0+}\left\{\frac{1-(1-\tan\theta)\cos^2\theta}{\theta\cos\theta}\times(2-2\tan\theta)\times\frac{\sin\theta}{\theta}\right\}$$

$$=\lim_{\theta\to0+}\left\{\frac{1-\cos^2\theta+\cos\theta\sin\theta}{\theta\cos\theta}\times(2-2\tan\theta)\times\frac{\sin\theta}{\theta}\right\}$$

$$=\lim_{\theta\to0+}\left\{\frac{\sin^2\theta+\cos\theta\sin\theta}{\theta\cos\theta}\times(2-2\tan\theta)\times\frac{\sin\theta}{\theta}\right\}$$

$$=\lim_{\theta\to0+}\left\{\frac{\sin\theta(\sin\theta+\cos\theta)}{\theta\cos\theta}\times(2-2\tan\theta)\times\frac{\sin\theta}{\theta}\right\}$$

$$=\lim_{\theta\to0+}\left\{\frac{\sin\theta+\cos\theta}{\cos\theta}\times(2-2\tan\theta)\times\frac{\sin^2\theta}{\theta^2}\right\}$$

$$=\frac{0+1}{1}\times(2-2\times0)\times1^2=2$$

29 치환적분 정답 19

$$g(x)=\int_{-1}^{x}|f(t)\sin t|\,dt\ \cdots\cdots\ \text{㉠}$$

㉠의 양변에 $x=-1$을 대입하면 $g(-1)=0$

㉠의 양변을 x에 대하여 미분하면 $g'(x)=|f(x)\sin x|$

또한, 조건 (나)의 $\displaystyle\int_{-1}^{0}|f(x)\sin x|\,dx=2,\ \int_{0}^{1}|f(x)\sin x|\,dx=3$

에서 $\displaystyle\int_{-1}^{0}g'(x)\,dx=2,\ \int_{0}^{1}g'(x)\,dx=3$

$\displaystyle\int_{-1}^{0}g'(x)\,dx=2$에서 $g(0)-g(-1)=2$,

$g(0)-0=2(\because g(-1)=0)$ $\quad\therefore g(0)=2$

$\displaystyle\int_{0}^{1}g'(x)\,dx=3$에서 $g(1)-g(0)=3$,

$g(1)-2=3(\because g(0)=2)$ $\quad\therefore g(1)=5$

한편, 두 조건 (가), (나)에 의하여 $-1\le x\le1$에서 함수 $y=f(x)\sin x$의 그래프의 개형은 다음 그림과 같다.

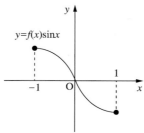

$y = f(x)\sin x$

$\displaystyle\int_{-1}^{1} f(-x)g(-x)\sin x\,dx$에서 $-x=t$라 하면

$x=-1$일 때 $t=1$, $x=1$일 때 $t=-1$이고, $-\dfrac{dx}{dt}=1$이므로

$\displaystyle\int_{-1}^{1} f(-x)g(-x)\sin x\,dx$

$=\displaystyle\int_{1}^{-1} f(t)g(t)\sin(-t)\times(-1)dt$

$=\displaystyle\int_{1}^{-1} f(t)g(t)(-\sin t)\times(-1)dt$

$=-\displaystyle\int_{-1}^{1} f(t)g(t)\sin t\,dt$

$=-\left\{\displaystyle\int_{-1}^{0} g(t)f(t)\sin t\,dt+\int_{0}^{1} g(t)f(t)\sin t\,dt\right\}$

$=-\left[\displaystyle\int_{-1}^{0} g(t)g'(t)dt+\int_{0}^{1} g(t)\times\{-g'(t)\}dt\right]$

$=-\dfrac{1}{2}\left[\{g(t)\}^2\right]_{-1}^{0}+\dfrac{1}{2}\left[\{g(t)\}^2\right]_{0}^{1}$

$=-\dfrac{1}{2}\left[\{g(0)\}^2-\{g(-1)\}^2\right]+\dfrac{1}{2}\left[\{g(1)\}^2-\{g(0)\}^2\right]$

$=-\dfrac{1}{2}\times(2^2-0)+\dfrac{1}{2}\times(5^2-2^2)$

$=-2+\dfrac{21}{2}=\dfrac{17}{2}$

$p=2$, $q=17$이므로

$\therefore\ p+q=2+17=19$

30 합성함수의 미분법 + 역함수의 미분법   정답 64

조건 (가)에서 함수 $g(x)$는 실수 전체의 집합에서 연속이므로 $x=0$, $x=2$에서 연속이어야 한다.

$x=0$에서 연속이려면 $f(0)=\dfrac{f(0)}{0-1}$, $f(0)=-f(0)$, $2f(0)=0$

$\therefore\ f(0)=0$

$x=2$에서 연속이려면 $f(2)=\dfrac{f(2)}{2-1}$, $f(2)=f(2)$ (항상 성립)

또한, 조건 (가)에서 $g(2)\neq 0$이므로 $f(2)\neq 0$ ······ ㉠
한편, 함수 $f(x)$는 삼차함수이므로 함수 $g(x)$는 $x\neq 0$, $x\neq 2$인 모든 실수 x에서 미분가능하다.

조건 (나)에서 함수 $g(x)$가 $x=a$에서 미분가능하지 않은 실수 a의 개수는 1이므로 $a=0$ 또는 $a=2$이다.

$g'(x)=\begin{cases} f'(x) & (0<x<2) \\ \dfrac{f'(x)(x-1)-f(x)}{(x-1)^2} & (x<0 \text{ 또는 } x>2) \end{cases}$

(i) $a=0$인 경우

함수 $g(x)$가 $x=2$에서 미분가능해야 하므로

$f'(2)=\dfrac{f'(2)(2-1)-f(2)}{(2-1)^2}$, $f'(2)=f'(2)-f(2)$

$\therefore\ f(2)=0$

그런데 ㉠에서 $f(2)\neq 0$이므로 이 경우는 모순이다.

(ii) $a=2$인 경우

함수 $g(x)$가 $x=0$에서 미분가능해야 하므로

$f'(0)=\dfrac{f'(0)(0-1)-f(0)}{(0-1)^2}$, $f'(0)=-f'(0)-f(0)$,

$2f'(0)=0\ (\because\ f(0)=0)$

$\therefore\ f'(0)=0$

(i), (ii)에서 함수 $g(x)$는 $x=0$에서 미분가능하고 $x=2$에서 미분가능하지 않고, $f'(0)=0$이다.

즉, 최고차항의 계수가 1인 삼차함수 $f(x)$가 $f(0)=0$, $f'(0)=0$을 만족시키므로

$f(x)=x^2(x-t)$로 놓을 수 있다.

이때 조건 (다)에서 $g(k)=0$이므로 $f(k)=0$ 또는 $\dfrac{f(k)}{k-1}=0$

$\therefore\ f(k)=0$

따라서 $f(x)=x^2(x-k)$이므로

$f'(x)=2x(x-k)+x^2$

또한, 조건 (다)에서 $g'(k)=\dfrac{16}{3}$이므로

(i) $g'(x)=f'(x)$ $(0<x<2)$인 경우

$f'(k)=\dfrac{16}{3}$에서 $k^2=\dfrac{16}{3}$　$\therefore\ k=\dfrac{4}{\sqrt{3}}>2$

즉, 이 경우는 $0<k<2$에 모순이다.

(ii) $g'(x)=\dfrac{f'(x)(x-1)-f(x)}{(x-1)^2}$ $(x<0$ 또는 $x>2)$인 경우

$\dfrac{f'(k)(k-1)-f(k)}{(k-1)^2}=\dfrac{16}{3}$에서 $\dfrac{k^2(k-1)-0}{(k-1)^2}=\dfrac{16}{3}$,

$\dfrac{k^2}{k-1}=\dfrac{16}{3}$

$3k^2=16k-16$, $3k^2-16k+16=0$, $(3k-4)(k-4)=0$

$\therefore\ k=4\ (\because\ k<0$ 또는 $k>2)$

(i), (ii)에서 $k=4$이므로 $f(x)=x^2(x-4)$이다.

즉, $g(x)=\begin{cases} x^2(x-4) & (0\leq x\leq 2) \\ \dfrac{x^2(x-4)}{x-1} & (x<0 \text{ 또는 } x>2) \end{cases}$이므로

함수 $y = g(x)$의 그래프의 개형은 다음 그림과 같다.

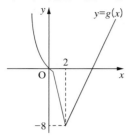

따라서 함수 $g(x)$의 극솟값은 $x = 2$일 때 $f(2) = -8$이므로
$p = -8$ $\therefore p^2 = (-8)^2 = 64$

개념 체크체크

1. **역함수의 미분법**

   미분가능한 함수 $y = f(x)$의 역함수 $y = f^{-1}(x)$가 존재

   할 때, $\dfrac{dy}{dx} = \dfrac{1}{\dfrac{dx}{dy}}$ (단, $\dfrac{dx}{dy} \neq 0$)

   즉 $(f^{-1})'(x) = \dfrac{1}{f'(y)}$ (단, $f'(y) \neq 0$)

2. **합성함수의 미분법**

   두 함수 $y = f(z)$, $z = g(x)$가 미분가능할 때, 합성함수

   $y = f(g(x))$의 도함수는 $\dfrac{dy}{dx} = \dfrac{dy}{dz} \times \dfrac{dz}{dx}$

   즉 $y' = f'(g(x))g'(x)$

---

③ 기하

23 벡터의 연산   정답 ③

$2\vec{a} = \vec{b} - \vec{c}$에서
$2(x, 3) = (1, y) - (-3, 5)$, $(2x, 6) = (4, y-5)$
즉, $2x = 4$, $6 = y - 5$이므로
$x = 2$, $y = 11$
$\therefore x + y = 2 + 11 = 13$

24 좌표 공간   정답 ⑤

두 점 $A(0, 2, -3)$, $B(6, -4, 15)$를 xy평면에 내린 수선의 발
은 각각 $A'(0, 2, 0)$, $B'(6, -4, 0)$이다.
이때 $2\overline{A'C'} = \overline{C'B'}$이므로 점 C'은 $\overline{A'B'}$을 $1:2$로 내분하는 점
이다.
$$\therefore C'\left(\frac{1 \times 6 + 2 \times 0}{1 + 2}, \frac{1 \times (-4) + 2 \times 2}{1 + 2}, 0 \right) = (2, 0, 0)$$
한편, 직선 AB의 방정식은
$$\frac{x - 0}{6 - 0} = \frac{y - 2}{-4 - 2} = \frac{z - (-3)}{15 - (-3)}$$

$$\therefore \frac{x}{6} = -\frac{y-2}{6} = \frac{z+3}{18} \quad \cdots\cdots \text{㉠}$$
$C(2, 0, k)$라 하면 $\overline{AB}$ 위에 점 C가 있으므로 ㉠에 대입하면
$$\frac{2}{6} = -\frac{0-2}{6} = \frac{k+3}{18}, \; \frac{1}{3} = \frac{1}{3} = \frac{k+3}{18}$$
$k + 3 = 6$ $\therefore k = 3$
따라서 점 C의 z좌표는 3이다.

25 이차곡선(쌍곡선)   정답 ①

쌍곡선 $x^2 - \dfrac{y^2}{3} = 1$에서 $a = 1$, $b = \sqrt{3}$ 이므로

$c = \sqrt{1^2 + (\sqrt{3})^2} = 2$

즉, 초점의 좌표는 $(2, 0)$, $(-2, 0)$이므로 $F(2, 0)$
한편, 점 P의 좌표를 (a, b) $(a > 0, b > 0)$라 하자.

점 $P(a, b)$가 쌍곡선 $x^2 - \dfrac{y^2}{3} = 1$ 위의 점이므로

$a^2 - \dfrac{b^2}{3} = 1 \quad \cdots\cdots \text{㉠}$

점 $P(a, b)$에서의 접선의 방정식은

$ax - \dfrac{by}{3} = 1 \quad \cdots\cdots \text{㉡}$

점 $P(a, b)$에서의 접선의 x절편이 $\dfrac{1}{3}$이므로 ㉡은 점 $\left(\dfrac{1}{3}, 0\right)$을

지난다.

즉, $\dfrac{1}{3}a = 1$이므로 $a = 3$

$a = 3$을 ㉠에 대입하면 $b^2 = 24$ $\therefore b = 2\sqrt{6}$
따라서 $P(3, 2\sqrt{6})$이므로 선분 PF의 길이는
$\overline{PF} = \sqrt{(2-3)^2 + (0 - 2\sqrt{6})^2} = 5$

26 구의 방정식   정답 ②

점 $A(a, -3, 4)$에 대하여 $\overline{OA} = 3\sqrt{3}$ 이므로
$\overline{OA} = \sqrt{a^2 + (-3)^2 + 4^2} = \sqrt{27}$ 에서
$a^2 + 25 = 27$, $a^2 = 2$ $\therefore a = \sqrt{2}$ $(\because a > 0)$
한편, 오른쪽 그림과 같이 점 A
에서 x축에 내린 수선의 발을 H_1
이라 하면 $\overline{AH_1} = \sqrt{(-3)^2 + 4^2}$
$= 5$이므로 구 S의 반지름의 길
이는 5이다.
또한, 점 A에서 z축에 내린 수선
의 발을 H_2라 하면
$\overline{AH_2} = \sqrt{(\sqrt{2})^2 + (-3)^2} = \sqrt{11}$

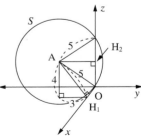

따라서 $\dfrac{1}{2}\times$(구 S가 z축과 만나는 두 점 사이의 거리)

$=\sqrt{5^2-(\sqrt{11})^2}=\sqrt{14}$ 이므로

$\therefore$ (구 S가 z축과 만나는 두 점 사이의 거리)$=2\sqrt{14}$

---

27 벡터의 합의 크기 정답 ④

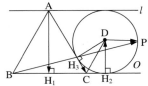

위의 그림과 같이 원 O의 중심을 D라 하고, 점 A에서 선분 BC에 내린 수선의 발을 $\mathrm{H_1}$, 점 D에서 직선 BC에 내린 수선의 발을 $\mathrm{H_2}$라 하면

$\overrightarrow{AC}+\overrightarrow{BP}=(\overrightarrow{AH_1}+\overrightarrow{H_1C})+(\overrightarrow{BH_2}+\overrightarrow{H_2D}+\overrightarrow{DP})$

$=(\overrightarrow{AH_1}+\overrightarrow{H_1C})+\left(\overrightarrow{BH_2}-\dfrac{1}{2}\overrightarrow{AH_1}+\overrightarrow{DP}\right)$

$=\dfrac{1}{2}\overrightarrow{AH_1}+(\overrightarrow{H_1C}+\overrightarrow{BH_2})+\overrightarrow{DP}$

한편, 정삼각형 ABC에서 $|\overrightarrow{AH_1}|=\dfrac{\sqrt{3}}{2}\times4=2\sqrt{3}$, $|\overrightarrow{H_1C}|=2$

이고, 점 D에서 선분 AC에 내린 수선의 발을 $\mathrm{H_3}$이라 하면

$|\overrightarrow{DH_3}|=|\overrightarrow{H_2D}|=\sqrt{3}$

두 직각삼각형 $\mathrm{DH_2C},\mathrm{DH_3C}$는 합동 (RHA 합동)이고,

$\angle ACB=60\,^\circ$ 이므로

$\angle DCH_2=\angle DCH_3=60\,^\circ$

즉, $|\overrightarrow{CH_2}|=\dfrac{\sqrt{3}}{\tan60\,^\circ}=1$이므로

$|\overrightarrow{BH_2}|=|\overrightarrow{BC}|+|\overrightarrow{CH_2}|=4+1=5$

따라서 $\left|\dfrac{1}{2}\overrightarrow{AH_1}+(\overrightarrow{H_1C}+\overrightarrow{BH_2})\right|$는

오른쪽 그림과 같이 두 변의 길이가 각각

$\sqrt{3}$, 7인 직각삼각형의 빗변의 길이와

같으므로

$\left|\dfrac{1}{2}\overrightarrow{AH_1}+(\overrightarrow{H_1C}+\overrightarrow{BH_2})\right|=\sqrt{(\sqrt{3})^2+7^2}=\sqrt{52}$

이때 $|\overrightarrow{DP}|=\sqrt{3}$ 이므로

$|\overrightarrow{AC}+\overrightarrow{BP}|$의

최댓값 $M=\sqrt{52}+\sqrt{3}$, 최솟값 $m=\sqrt{52}-\sqrt{3}$

$\therefore Mm=(\sqrt{52}+\sqrt{3})(\sqrt{52}-\sqrt{3})=52-3=49$

---

28 삼수선의 정리 정답 ⑤

오른쪽 그림과 같이 점 A에서 선분 BM에 내린 수선의 발을 $\mathrm{H_1}$, 점 P에서 평면 BCM에 내린 수선의 발을 $\mathrm{H_2}$라 하면

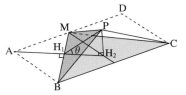

$\cos\theta=\dfrac{\overline{H_1H_2}}{\overline{PH_1}}$

한편, 오른쪽 그림과 같이 $\overline{AB}=3$, $\overline{AD}=2\sqrt{7}$ 이므로 직각삼각형 ABM에서

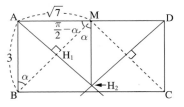

$\overline{BM}=\sqrt{\overline{AB}^2+\overline{AM}^2}$

$=\sqrt{3^2+(\sqrt{7})^2}=4$

즉, 직각삼각형 ABM에서

$\overline{AB}\times\overline{AM}=\overline{BM}\times\overline{AH_1}$, $3\times\sqrt{7}=4\times\overline{AH_1}$

$\therefore \overline{AH_1}=\dfrac{3\sqrt{7}}{4}$

또한, $\angle ABM=\alpha$라 하면 $\angle BMH_2=\alpha$이므로

$\angle AMB=\dfrac{\pi}{2}-\alpha$이고,

직각삼각형 ABM에서 $\tan\alpha=\dfrac{\sqrt{7}}{3}$, $\sin\alpha=\dfrac{\sqrt{7}}{4}$ 이므로 직각삼각형 $\mathrm{AH_1M}$에서

$\overline{MH_1}=\sqrt{7}\cos\left(\dfrac{\pi}{2}-\alpha\right)=\sqrt{7}\sin\alpha=\sqrt{7}\times\dfrac{\sqrt{7}}{4}=\dfrac{7}{4}$

$\therefore \overline{H_1H_2}=\overline{MH_1}\times\tan\alpha=\dfrac{7}{4}\times\dfrac{\sqrt{7}}{3}=\dfrac{7\sqrt{7}}{12}$

$\therefore \cos\theta=\dfrac{\overline{H_1H_2}}{\overline{PH_1}}=\dfrac{\overline{H_1H_2}}{\overline{AH_1}}=\dfrac{\dfrac{7\sqrt{7}}{12}}{\dfrac{3\sqrt{7}}{4}}=\dfrac{7}{9}$

> **개념 체크체크**
>
> 삼수선의 정리
>
> 좌표공간에서 평면 α 위에 있지 않은 한 점 P, 평면 α 위의 점 O, 점 O를 지나지 않는 평면 α위의 직선 l, 직선 l 위의 한 점 H에 대해 다음이 성립한다.
>
> (1) $\overline{PO}\perp\alpha$, $\overline{OH}\perp l$이면 $\overline{PH}\perp l$
>
> (2) $\overline{PO}\perp\alpha$, $\overline{PH}\perp l$이면 $\overline{OH}\perp l$
>
> (3) $\overline{PH}\perp l$, $\overline{OH}\perp l$, $\overline{PO}\perp\overline{OH}$이면 $\overline{PO}\perp\alpha$

$y^2 = 16x = 4 \times 4x$ 이므로 포물선 $y^2 = 16x$의 초점 F의 좌표는 $(4, 0)$, 준선의 방정식은 $x = -4$이다.

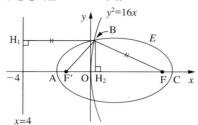

위의 그림과 같이 점 B에서 준선 $x = -4$에 내린 수선의 발을 H_1이라 하면 $\overline{BH_1} = \overline{BF} = \dfrac{21}{5}$이므로

점 B의 x좌표는 $\dfrac{21}{5} - 4 = \dfrac{1}{5}$이다.

$\therefore B\left(\dfrac{1}{5}, \dfrac{4\sqrt{5}}{5}\right)$

한편, 타원 E가 x축과 만나는 점 중 점 A가 아닌 점을 C라 하고, $\overline{CF} = \overline{AF'} = x$라 하면

타원의 정의에 의하여 $\overline{AC} = \overline{BF} + \overline{BF'}$

즉, $\overline{AO} + \overline{OF} + \overline{FC} = \overline{BF} + \overline{BF'}$이므로

$2 + 4 + x = \dfrac{21}{5} + \overline{BF'}$ $\therefore \overline{BF'} = \dfrac{9}{5} + x$

이때 점 B에서 x축에 내린 수선의 발을 H_2라 하면

$\overline{F'H_2} = \overline{F'O} + \overline{OH_2} = (2 - x) + \dfrac{1}{5} = \dfrac{11}{5} - x$이므로

직각삼각형 $BF'H_2$에서

$\overline{BF'}^2 = \overline{F'H_2}^2 + \overline{BH_2}^2$, $\left(\dfrac{9}{5} + x\right)^2 = \left(\dfrac{11}{5} - x\right)^2 + \left(\dfrac{4\sqrt{5}}{5}\right)^2$

$\dfrac{81}{25} + \dfrac{18}{5}x + x^2 = \dfrac{121}{25} - \dfrac{22}{5}x + x^2 + \dfrac{16}{5}$

$8x = \dfrac{24}{5}$ $\therefore x = \dfrac{3}{5}$

따라서 타원 E의 장축의 길이가 $k = 6 + \dfrac{3}{5} = \dfrac{33}{5}$이므로

$\therefore 10k = 10 \times \dfrac{33}{5} = 66$

두 점 A$(6, 0)$, B$(6, 5)$에 대하여 $\overrightarrow{OA} = \vec{a}$, $\overrightarrow{OB} = \vec{b}$라 하면

$\overrightarrow{OA} + \overrightarrow{OB} = \vec{a} + \vec{b} = (12, 5)$이므로

조건 (가)의 $\overrightarrow{OP} = k(\overrightarrow{OA} + \overrightarrow{OB})$에 의하여

점 P는 원점과 점 $(12, 5)$를 지나는 직선 위에 있다.

또한, 두 벡터 $\overrightarrow{OP}$, $\overrightarrow{OA}$가 이루는 각의 크기를 θ_1이라 하면

$\overrightarrow{OP} \cdot \overrightarrow{OA} = |\overrightarrow{OP}||\overrightarrow{OA}|\cos\theta_1 = 6 \times |\overrightarrow{OP}|\cos\theta_1$이고, 조건 (가)에서

$\overrightarrow{OP} \cdot \overrightarrow{OA} \leq 21$이므로

$6 \times |\overrightarrow{OP}|\cos\theta_1 \leq 21$ $\therefore |\overrightarrow{OP}|\cos\theta_1 \leq \dfrac{7}{2}$

즉, 선분 OP의 x축 위로의 정사영의 길이는 $\dfrac{7}{2}$보다 작거나 같아야 한다.

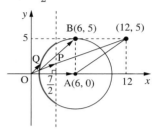

한편, 조건 (나)에서 $|\overrightarrow{AQ}| = |\overrightarrow{AB}| = 5$이므로 점 Q는 점 A를 중심으로 하고 반지름의 길이가 5인 원 위에 있다.

두 벡터 $\overrightarrow{OQ}$, $\overrightarrow{OA}$가 이루는 각의 크기를 θ_2라 하면

$\overrightarrow{OQ} \cdot \overrightarrow{OA} = |\overrightarrow{OQ}||\overrightarrow{OA}|\cos\theta_2 = 6 \times |\overrightarrow{OQ}|\cos\theta_2$이고, 조건 (나)에서

$\overrightarrow{OQ} \cdot \overrightarrow{OA} \leq 21$이므로

$6 \times |\overrightarrow{OQ}|\cos\theta_2 \leq 21$ $\therefore |\overrightarrow{OQ}|\cos\theta_2 \leq \dfrac{7}{2}$

즉, 점 Q는 오른쪽 그림의 초록색 선 위에 있다.

따라서 $\overrightarrow{OX} = \overrightarrow{OP} + \overrightarrow{OQ}$를 만족시키는 점 X가 나타내는 도형의 넓이는 오른쪽 그림에서 초록색으로 칠한 부분의 넓이이고, 이 넓이는 합동인 도형을 평행이동시켜서 만든 회색으로 빗금 친 직사각형 부분의 넓이와 같으므로

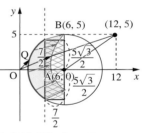

$\dfrac{7}{2} \times 5\sqrt{3} = \dfrac{35\sqrt{3}}{2}$

즉, $p = 2$, $q = 35$이므로

$\therefore p + q = 2 + 35 = 37$

제3교시 수학영역 가형

문제 ▶ p. 50

<공통>

01 ③	02 ⑤	03 ⑤	04 ①	05 ⑤
06 ⑤	07 ①	08 12	09 10	10 395

<확률과 통계>

11 ②	12 ④	13 ④	14 ①	15 ④
16 ②	17 19	18 151	19 259	

<미적분>

20 ②	21 ①	22 ③	23 ④	24 ④
25 ②	26 ③	27 ③	28 9	29 8
30 6				

공통

01 지수법칙
정답 ③

$$\left(\frac{9}{4}\right)^{-\frac{3}{2}}=\left\{\left(\frac{3}{2}\right)^2\right\}^{-\frac{3}{2}}=\left(\frac{2}{3}\right)^3=\frac{8}{27}$$

02 삼각함수의 계산
정답 ⑤

$\sin\theta=-\dfrac{1}{3}$ 이므로

$$\cos^2\theta=1-\sin^2\theta=1-\left(-\frac{1}{3}\right)^2=\frac{8}{9}$$

$$\therefore \frac{\cos\theta}{\tan\theta}=\frac{\cos\theta}{\dfrac{\sin\theta}{\cos\theta}}=\frac{\cos^2\theta}{\sin\theta}=\frac{\dfrac{8}{9}}{-\dfrac{1}{3}}=-\frac{8}{3}$$

03 지수함수의 그래프
정답 ⑤

함수 $y=4^x-1$의 그래프를 x축의 방향으로 a만큼, y축의 방향으로 b만큼 평행이동한 식은

$$y=4^{x-a}-1+b, \quad \therefore\ y=2^{2x-2a}-1+b \ \cdots\cdots\ \bigcirc$$

㉠이 $y=2^{2x-3}+3$과 일치하므로

$$2a=3,\ -1+b=3 \quad \therefore\ a=\frac{3}{2},\ b=4$$

$$\therefore\ ab=\frac{3}{2}\times4=6$$

04 지수와 로그 부등식
정답 ①

$$\left(\frac{1}{2}\right)^{1-x}\geq\left(\frac{1}{16}\right)^{x-1}\rightarrow 2^{x-1}\geq2^{-4x+4}$$

이때 밑이 2이므로

$$x-1\geq-4x+4,\ 5x\geq5$$

$$\therefore\ x\geq1 \ \cdots\cdots\ \bigcirc$$

$\log_2 4x<\log_2(x+k)$에서 밑이 2이므로

$$4x<x+k,\ 3x<k$$

$$\therefore\ x<\frac{k}{3} \ \cdots\cdots\ \bigcirc$$

주어진 연립부등식의 해가 존재하지 않으려면 ㉠, ㉡의 공통부분이 없어야 하므로

$$\frac{k}{3}\leq1 \quad \therefore\ k\leq3$$

따라서 양수 k의 최댓값은 3이다.

$$\overline{OH} = \sqrt{\overline{OA}^2 - \overline{AH}^2} = \sqrt{4^2 - (2\sqrt{3})^2} = 2$$

즉, 삼각형 OAC의 넓이는

$$\frac{1}{2} \times \overline{AC} \times \overline{OH} = \frac{1}{2} \times 4\sqrt{3} \times 2 = 4\sqrt{3}$$

한편, 삼각형 ABC에서 $\overline{AB} = a$, $\overline{BC} = b$라 하면 코사인법칙에 의하여

$$\overline{AC}^2 = a^2 + b^2 - 2ab \times \cos 120°$$

$$(4\sqrt{3})^2 = a^2 + b^2 - 2ab \times \left(-\frac{1}{2}\right)$$

$$\therefore a^2 + b^2 + ab = 48 \quad \cdots\cdots \text{㉠}$$

또한, $a + b = 2\sqrt{15}$이므로 양변을 제곱하면

$$a^2 + b^2 + 2ab = 60 \quad \cdots\cdots \text{㉡}$$

㉠을 ㉡에 대입하면

$$48 + ab = 60 \qquad \therefore ab = 12$$

즉, 삼각형 ABC의 넓이는

$$\frac{1}{2} \times a \times b \times \sin 120° = \frac{1}{2} \times 12 \times \frac{\sqrt{3}}{2} = 3\sqrt{3}$$

따라서 사각형 OABC의 넓이는

$$\therefore \triangle OAC + \triangle ABC = 4\sqrt{3} + 3\sqrt{3} = 7\sqrt{3}$$

---

05 삼각함수를 포함한 방정식   정답 ⑤

$\cos^2 3x - \sin 3x + 1 = 0$에서

$(1 - \sin^2 3x) - \sin 3x + 1 = 0$, $\sin^2 3x + \sin 3x - 2 = 0$

$\sin 3x = t\,(-1 \le t \le 1)$라 하면

$t^2 + t - 2 = 0$, $(t+2)(t-1) = 0$

$\therefore t = 1 \ (\because -1 \le t \le 1)$

즉, $\sin 3x = 1$이므로 $0 \le x < 2\pi$에서 함수 $y = \sin 3x$의 그래프와 직선 $y = 1$이 만나는 점의 x좌표를 구하면 된다.

함수 $y = \sin 3x$는 주기가 $\frac{2}{3}\pi$이므로 오른쪽 그림과 같이 함수 $y = \sin 3x$의 그래프와 직선 $y = 1$이 만나는 점의 x좌표는

$$x = \frac{\pi}{6} \ \text{또는} \ x = \frac{5}{6}\pi \ \text{또는} \ x = \frac{3}{2}\pi$$

따라서 주어진 방정식의 모든 실근의 합은

$$\therefore \frac{\pi}{6} + \frac{5}{6}\pi + \frac{3}{2}\pi = \frac{5}{2}\pi$$

개념 체크체크

삼각함수를 포함한 방정식

주어진 방정식을 $\sin x = a$(또는 $\cos x = a$ 또는 $\tan x = a$)의 꼴로 변형한 후 $y = \sin x$(또는 $y = \cos x$ 또는 $y = \tan x$)의 그래프와 직선 $y = a$를 그려 교점의 x좌표를 구한다.

---

06 삼각함수의 활용   정답 ⑤

주어진 원은 삼각형 ABC의 외접원이고, 외접원의 반지름의 길이가 4이므로 사인법칙에 의하여

$$\frac{\overline{AC}}{\sin 120°} = 2 \times 4, \quad \frac{\overline{AC}}{\frac{\sqrt{3}}{2}} = 8 \qquad \therefore \overline{AC} = 4\sqrt{3}$$

이때 점 O에서 현 AC에 내린 수선의 발을 H라 하면 $\overline{AH} = 2\sqrt{3}$이므로

---

07 여러 가지 수열   정답 ①

조건 (가)의 $a_{2n+1} = -a_n + 3a_{n+1}$과

조건 (나)의 $a_{2n+2} = a_n - a_{n+1}$의 양변을 각각 더하면

$$a_{2n+1} + a_{2n+2} = 2a_{n+1}$$

$$\therefore \sum_{n=1}^{16} a_n = a_1 + a_2 + a_3 + a_4 + \cdots + a_{15} + a_{16}$$

$$= a_1 + a_2 + \sum_{n=1}^{7} (a_{2n+1} + a_{2n+2})$$

$$= 1 + 2 + \sum_{n=1}^{7} 2a_{n+1}$$

$$= 3 + 2\sum_{n=1}^{7} a_{n+1}$$

$$= 3 + 2(a_2 + a_3 + a_4 + \cdots + a_7 + a_8)$$

$$= 3 + 2\left\{ a_2 + \sum_{n=1}^{3} (a_{2n+1} + a_{2n+2}) \right\}$$

$$= 3 + 2\left(2 + \sum_{n=1}^{3} 2a_{n+1} \right)$$

$$= 7 + 4\sum_{n=1}^{3} a_{n+1}$$

$$= 7 + 4(a_2 + a_3 + a_4)$$

$$= 7 + 4(2 + 2a_2)$$

$$= 15 + 8a_2$$

$$= 15 + 8 \times 2$$

$$= 15 + 16 = 31$$

개념 체크체크

1. 연립부등식의 해가 존재하지 않는 경우

   (1) $x \ge a$, $x \le b$ (단, $a > b$)

   (2) $x > a$, $x < b$ (단, $a \ge b$)

   (3) $x \ge a$, $x < b$ 또는 $x > a$, $x \le b$ (단, $a \ge b$)

2. 연립부등식의 해가 하나인 경우

   $x \ge a$, $x \le b$ (단, $a = b$)

08 삼각함수의 주기와 최댓값   정답 12

$f(x) = 5\sin\left(\dfrac{\pi}{2}x + 1\right) + 3$에서

함수 $f(x)$의 주기는 $\dfrac{2\pi}{\dfrac{\pi}{2}} = 4$ $\therefore p = 4$

최댓값은 $5 + 3 = 8$ $\therefore M = 8$

$\therefore p + M = 4 + 8 = 12$

09 로그와 등차수열의 활용   정답 10

조건 (가)에서 $(m+2)$개의 수의 합은

$a + \log_2 c_1 + \log_2 c_2 + \log_2 c_3 + \cdots + \log_2 c_m + b$

$= a + b + \log_2(c_1 c_2 c_3 \times \cdots \times c_m)$

이때 $a + b = 1$이고, 조건 (나)에서 수열 $\{c_n\}$의 첫째항부터 제m항까지의 항을 모두 곱한 값은 32이므로

$a + b + \log_2(c_1 c_2 c_3 \times \cdots \times c_m) = 1 + \log_2 32$

$\qquad\qquad\qquad\qquad\qquad = 1 + 5 = 6 \ \cdots\cdots \ \bigcirc$

또한, $(m+2)$개의 수가 이 순서대로 등차수열을 이루고, 첫째항이 a, 제$(m+2)$항이 b이므로 등차수열의 합은

$\dfrac{(m+2)(a+b)}{2} = \dfrac{m+2}{2} \ \cdots\cdots \ \bigcirc$

$\bigcirc = \bigcirc$이므로

$\dfrac{m+2}{2} = 6, \ m + 2 = 12 \qquad \therefore m = 10$

10 수열의 합   정답 395

점 $A_n(n^2, \ n)$에 대하여 $\overline{OA_n} = \overline{OB_n}$이므로

$B_n(n, \ -n^2)$

오른쪽 그림과 같이 점 A_n에서 x축에 내린 수선의 발을 H, 점 B_n에서 y축에 내린 수선의 발을 I라 하면 두 직각삼각형 A_nOH, B_nOI는 합동(RHS 합동)이므로

$\angle A_n OH = \angle B_n OI$

$\therefore \angle A_n OB_n = 90°$

$\therefore S_n = \dfrac{1}{2} \times \overline{OA_n} \times \overline{OB_n}$

$\qquad = \dfrac{1}{2} \times \overline{OA_n}^2 \ (\because \overline{OA_n} \times \overline{OB_n})$

$\qquad = \dfrac{1}{2} \times \left\{\sqrt{(n^2)^2 + n^2}\right\}^2 = \dfrac{n^2(n^2+1)}{2}$

$\therefore \displaystyle\sum_{n=1}^{10} \dfrac{2S_n}{n^2} = \sum_{n=1}^{10} \dfrac{2 \times \dfrac{n^2(n^2+1)}{2}}{n^2} = \sum_{n=1}^{10}(n^2+1)$

$\qquad\qquad = \dfrac{10 \times 11 \times 21}{6} + 1 \times 10 = 385 + 10 = 395$

선택

1 확률과 통계

11 이항정리의 활용   정답 ②

$\left(x^3 + \dfrac{1}{x}\right)^5$의 전개식의 일반항은

${}_5C_r(x^3)^{5-r}\left(\dfrac{1}{x}\right)^r = {}_5C_r x^{15-3r} x^{-r} = {}_5C_r x^{15-4r}$

x^3항은 $15 - 4r = 3$, 즉 $r = 3$일 때이므로 x^3의 계수는

$\therefore {}_5C_3 = {}_5C_2 = \dfrac{5 \times 4}{2 \times 1} = 10$

12 순열과 조합   정답 ④

7개의 의자 중에서 A 학생이 먼저 1개의 의자에 앉았다고 가정하자. 세 학생 A, B, C 중 어느 두 명도 서로 이웃하지 않아야 하므로 두 학생 B, C가 앉을 수 있는 자리는 다음 그림과 같이 3가지 경우이다.

이때 두 학생 B, C가 서로 자리를 바꾸는 경우의 수는 2이다.
따라서 B와 C가 앉을 수 있는 경우의 수는 $3 \times 2 = 6 \ \cdots\cdots \ \bigcirc$
세 학생 A, B, C를 제외한 4명의 학생이 4개의 의자에 앉는 경우는
$4! = 4 \times 3 \times 2 \times 1 = 24 \ \cdots\cdots \ \bigcirc$
따라서 A, B, C 세 명 중 어느 두 명도 서로 이웃하지 않도록 앉는 경우의 수는
$\therefore \bigcirc \times \bigcirc = 144$

13 중복조합의 활용 정답 ④

택한 세 수의 곱이 6 이상인 경우의 수는 전체 경우의 수에서 택한 세 수의 곱이 5 이하인 경우의 수를 빼면 된다.

다섯 개의 자연수 1, 2, 3, 4, 5 중에서 중복을 허락하여 3개의 수를 택하는 경우의 수는

$$_5H_3 = {}_{5+3-1}C_3 = {}_7C_3 = \frac{7 \times 6 \times 5}{3 \times 2 \times 1} = 35 \text{이다.}$$

이때, 택한 세 수를 순서쌍으로 나타내면

세 수의 곱이 1인 경우의 수는 (1, 1, 1)의 1

세 수의 곱이 2인 경우의 수는 (1, 1, 2)의 1

세 수의 곱이 3인 경우의 수는 (1, 1, 3)의 1

세 수의 곱이 4인 경우의 수는 (1, 1, 4), (1, 2, 2)의 2

세 수의 곱이 5인 경우의 수는 (1, 1, 5)의 1

즉, 세 수의 곱이 5 이하인 경우의 수는

$1 + 1 + 1 + 2 + 1 = 6$

따라서 구하는 경우의 수는

$$\therefore 35 - 6 = 29$$

┌─ 개념 체크체크 ─┐

중복조합

서로 다른 n개에서 중복을 허용하여 r개의 원소를 택하는 중복조합의 수는 $_nH_r = {}_{n+r-1}C_r$이다.

---

14 확률분포와 기댓값 정답 ①

확률변수 X가 가질 수 있는 값은 0, 1, 2이므로

(i) $X=0$인 사건

1이 적혀 있는 공을 2개 꺼내거나 2가 적혀 있는 공을 2개 꺼내는 경우이므로

$$P(X=0) = \frac{{}_3C_2 + {}_2C_2}{{}_6C_2} = \frac{3+1}{\frac{6 \times 5}{2 \times 1}} = \frac{4}{15}$$

(ii) $X=1$인 사건

1, 2가 적혀 있는 공을 각각 1개씩 꺼내거나 2, 3이 적혀 있는 공을 각각 1개씩 꺼내는 경우이므로

$$P(X=1) = \frac{{}_3C_1 \times {}_2C_1 + {}_2C_1 \times {}_1C_1}{{}_6C_2} = \frac{6+2}{\frac{6 \times 5}{2 \times 1}} = \frac{8}{15}$$

(iii) $X=2$인 사건

1, 3이 적혀 있는 공을 각각 1개씩 꺼내는 경우이므로

$$P(X=2) = \frac{{}_3C_1 \times {}_1C_1}{{}_6C_2} = \frac{3}{\frac{6 \times 5}{2 \times 1}} = \frac{3}{15}$$

(i), (ii), (iii)에서 이산확률변수 X의 확률분포를 표로 나타내면 다음과 같다.

X	0	1	2	합계
$P(X=x)$	$\frac{4}{15}$	$\frac{8}{15}$	$\frac{3}{15}$	1

$$\therefore E(X) = 0 \times \frac{4}{15} + 1 \times \frac{8}{15} + 2 \times \frac{3}{15} = \frac{14}{15}$$

---

15 정규분포와 표준화 정답 ④

조건 (가)에서 $f(x+10) = f(20-x)$, 즉 $f(x+15) = f(15-x)$이므로 함수 $y = f(x)$의 그래프는 직선 $x = 15$에 대하여 대칭이다.

$$\therefore m = 15$$

조건 (나)의 $P(X \geq 17) = P(Y \leq 17)$에서

$$P(X \geq 17) = P\left(Z \geq \frac{17-15}{4}\right) = P(Z \geq 0.5)$$

$$P(Y \leq 17) = P\left(Z \leq \frac{17-20}{\sigma}\right) = P\left(Z \leq -\frac{3}{\sigma}\right) \text{이므로}$$

$$P(Z \geq 0.5) = P\left(Z \leq -\frac{3}{\sigma}\right)$$

즉, $\frac{3}{\sigma} = 0.5$이므로 $\sigma = 6$

$$\therefore P(X \leq m + \sigma) = P(X \leq 21)$$
$$= P\left(Z \leq \frac{21-15}{4}\right)$$
$$= P(Z \leq 1.5)$$
$$= 0.5 + P(0 \leq Z \leq 1.5)$$
$$= 0.5 + 0.4332$$
$$= 0.9332$$

┌─ 개념 체크체크 ─┐

정규분포의 표준화

$0 < a < b$에 대하여 확률변수 Z가 표준정규분포를 따를 때

(1) $P(a \leq Z \leq b) = P(0 \leq Z \leq b) - P(0 \leq Z \leq a)$

(2) $P(-a \leq Z \leq 0) = P(0 \leq Z \leq a)$

(3) $P(Z \geq b) = 0.5 - P(0 \leq Z \leq b)$

16 순열 정답 ②

(i) $n=1$일 때,

(좌변)$=\dfrac{_2\mathrm{P}_1}{2^1}=1$ 이고, (우변)$=\dfrac{2!}{2}=\boxed{1}$이므로 (*)이 성립한다.

(ii) $n=m$일 때, (*)이 성립한다고 가정하면

$$\sum_{k=1}^{m}\dfrac{_{2k}\mathrm{P}_k}{2^k}\le\dfrac{(2m)!}{2^m}$$

이다. $n=m+1$일 때,

$$\sum_{k=1}^{m+1}\dfrac{_{2k}\mathrm{P}_k}{2^k}$$

$$=\sum_{k=1}^{m}\dfrac{_{2k}\mathrm{P}_k}{2^k}+\dfrac{_{2m+2}\mathrm{P}_{m+1}}{2^{m+1}}$$

$$=\sum_{k=1}^{m}\dfrac{_{2k}\mathrm{P}_k}{2^k}+\dfrac{\boxed{(2m+2)!}}{2^{m+1}\times(m+1)!}$$

$$\le\dfrac{(2m)!}{2^m}+\dfrac{\boxed{(2m+2)!}}{2^{m+1}\times(m+1)!}$$

$$=\dfrac{(2m+2)!}{2^{m+1}}\times\left\{\dfrac{2}{(2m+2)(2m+1)}+\dfrac{1}{(m+1)!}\right\}$$

$$=\dfrac{\boxed{(2m+2)!}}{2^{m+1}}\times\left\{\dfrac{1}{\boxed{(m+1)(2m+1)}}+\dfrac{1}{(m+1)!}\right\}$$

$$<\dfrac{(2m+2)!}{2^{m+1}}$$

이다. 따라서 $n=m+1$일 때도 (*)이 성립한다.

(i), (ii)에 의하여 모든 자연수 n에 대하여

$$\sum_{k=1}^{n}\dfrac{_{2k}\mathrm{P}_k}{2^k}\le\dfrac{(2n)!}{2^n}$$

이다.

즉, $p=1$, $f(m)=(2m+2)!$, $g(m)=(m+1)(2m+1)$이므로

$$\therefore p+\dfrac{f(2)}{g(4)}=1+\dfrac{(4+2)!}{(4+1)(8+1)}=1+16=17$$

<개념 체크체크>

순열공식

$$_n\mathrm{P}_r=\dfrac{n!}{(n-r)!}$$

17 표본평균 정답 19

모평균이 15이고 모표준편차가 8인 모집단에서 크기가 4인 표본을 임의추출하여 구한 표본평균이 $\overline{X}$ 이므로

$$\mathrm{E}(\overline{X})=15,\ \sigma(\overline{X})=\dfrac{8}{\sqrt{4}}=4$$

$$\therefore \mathrm{E}(\overline{X})+\sigma(\overline{X})=15+4=19$$

<개념 체크체크>

표본평균

모평균이 m, 모표준편차가 σ인 모집단에서 크기가 n인 표본을 임의추출할 때, 다음이 성립한다.

(1) 표본평균의 평균 $\mathrm{E}(\overline{X})=m$

(2) 표본평균의 분산 $\mathrm{V}(\overline{X})=\dfrac{\sigma^2}{n}$

(3) 표본평균의 표준편차 $\sigma(\overline{X})=\dfrac{\sigma}{\sqrt{n}}$

18 확률의 계산 정답 151

(i) 한 개의 주사위를 던져서 나오는 눈의 수가 3의 배수인 경우

한 개의 주사위를 던져서 나오는 눈의 수가 3의 배수일 확률은

$$\dfrac{1}{3}$$

3의 배수이면 상자에서 임의로 2개의 구슬을 동시에 꺼내고, 꺼낸 구슬 중 검은 구슬의 개수가 2일 확률은

$$\dfrac{_4\mathrm{C}_2}{_7\mathrm{C}_2}=\dfrac{\dfrac{4\times3}{2\times1}}{\dfrac{7\times6}{2\times1}}=\dfrac{2}{7}$$

즉, 이 경우의 확률은

$$\dfrac{1}{3}\times\dfrac{2}{7}=\dfrac{2}{21}$$

(ii) 한 개의 주사위를 던져서 나오는 눈의 수가 3의 배수가 아닌 경우

한 개의 주사위를 던져서 나오는 눈의 수가 3의 배수가 아닐 확률은 $\dfrac{2}{3}$

3의 배수가 아니면 상자에서 임의로 3개의 구슬을 동시에 꺼내고, 꺼낸 구슬 중 검은 구슬의 개수가 2일 확률은

$$\dfrac{_4\mathrm{C}_2\times_3\mathrm{C}_1}{_7\mathrm{C}_3}=\dfrac{\dfrac{4\times3}{2\times1}\times3}{\dfrac{7\times6\times5}{3\times2\times1}}=\dfrac{18}{35}$$

즉, 이 경우의 확률은

$$\dfrac{2}{3}\times\dfrac{18}{35}=\dfrac{12}{35}$$

(i), (ii)에서 구하는 확률은

$$\dfrac{2}{21}+\dfrac{12}{35}=\dfrac{46}{105}$$

따라서 $p=105$, $q=46$이므로

$$\therefore p+q=105+46=151$$

6장의 카드를 일렬로 나열하는 경우의 수는

$6! = 6 \times 5 \times 4 \times 3 \times 2 \times 1 = 720$

(i) 이웃한 두 장의 카드 중 적힌 수가 더 큰 카드에 6이 적혀 있는 경우

① 6이 적힌 카드가 가장 왼쪽에 놓이는 경우

　$\boxed{6}\boxed{1}\boxed{2}\boxed{3}\boxed{4}\boxed{5}$의 순서만 가능하므로 이 경우의 수는 $1 = {}_5C_0$

② 6이 적힌 카드가 왼쪽에서 두 번째에 놓이는 경우

　$\boxed{}\boxed{6}\boxed{}\boxed{}\boxed{}\boxed{}$ 에서 6보다 왼쪽의 한 자리에 놓을 카드를 고르는 경우의 수는 ${}_5C_1$

　6보다 오른쪽의 네 자리에는 나머지 4장의 카드를 $\boxed{} < \boxed{} < \boxed{} < \boxed{}$ 의 순서로 놓으면 된다.

③ 6이 적힌 카드가 왼쪽에서 세 번째에 놓이는 경우

　$\boxed{}\boxed{}\boxed{6}\boxed{}\boxed{}\boxed{}$ 에서 6보다 왼쪽의 두 자리에 놓을 카드를 고르는 경우의 수는 ${}_5C_2$이고, 이 2장의 카드는 $\boxed{} < \boxed{}$ 의 순서로 놓으면 된다.

　6보다 오른쪽의 세 자리에는 나머지 3장의 카드를 $\boxed{} < \boxed{} < \boxed{}$ 의 순서로 놓으면 된다.

④ 6이 적힌 카드가 왼쪽에서 네 번째에 놓이는 경우

　$\boxed{}\boxed{}\boxed{}\boxed{6}\boxed{}\boxed{}$ 에서 6보다 왼쪽의 세 자리에 놓을 카드를 고르는 경우의 수는 ${}_5C_3$이고, 이 3장의 카드는 $\boxed{} < \boxed{} < \boxed{}$의 순서로 놓으면 된다.

　6보다 오른쪽의 두 자리에는 나머지 2장의 카드를 $\boxed{} < \boxed{}$ 의 순서로 놓으면 된다.

⑤ 6이 적힌 카드가 왼쪽에서 다섯 번째에 놓이는 경우

　$\boxed{}\boxed{}\boxed{}\boxed{}\boxed{6}\boxed{}$ 에서 6보다 왼쪽의 네 자리에 놓을 카드를 고르는 경우의 수는 ${}_5C_4$이고, 이 4장의 카드는 $\boxed{} < \boxed{} < \boxed{} < \boxed{}$ 의 순서로 놓으면 된다.

즉, 이 경우의 수는 ${}_5C_0 + {}_5C_1 + {}_5C_2 + {}_5C_3 + {}_5C_4 = 2^5 - 1$

(ii) 이웃한 두 장의 카드 중 적힌 수가 더 큰 카드에 5가 적혀 있는 경우

① 5가 적힌 카드가 가장 왼쪽에 놓이는 경우

　$\boxed{5}\boxed{1}\boxed{2}\boxed{3}\boxed{4}\boxed{6}$의 순서만 가능하므로 이 경우의 수는 $1 = {}_4C_0$

② 5가 적힌 카드가 왼쪽에서 두 번째에 놓이는 경우

　$\boxed{}\boxed{5}\boxed{}\boxed{}\boxed{}\boxed{6}$에서 5보다 왼쪽의 한 자리에 놓을 카드를 고르는 경우의 수는 ${}_4C_1$

　5보다 오른쪽의 세 자리에는 나머지 3장의 카드를 $\boxed{} < \boxed{} < \boxed{}$ 의 순서로 놓으면 된다.

③ 5가 적힌 카드가 왼쪽에서 세 번째에 놓이는 경우

　$\boxed{}\boxed{}\boxed{5}\boxed{}\boxed{}\boxed{6}$에서 5보다 왼쪽의 두 자리에 놓을 카드를 고르는 경우의 수는 ${}_4C_2$이고, 이 2장의 카드는 $\boxed{} < \boxed{}$의 순서로 놓으면 된다.

5보다 오른쪽의 두 자리에는 나머지 2장의 카드를 $\boxed{} < \boxed{}$ 의 순서로 놓으면 된다.

④ 5가 적힌 카드가 왼쪽에서 네 번째에 놓이는 경우

　$\boxed{}\boxed{}\boxed{}\boxed{5}\boxed{}\boxed{6}$에서 5보다 왼쪽의 세 자리에 놓을 카드를 고르는 경우의 수는 ${}_4C_3$이고, 이 3장의 카드는 $\boxed{} < \boxed{} < \boxed{}$의 순서로 놓으면 된다.

즉, 이 경우의 수는 ${}_4C_0 + {}_4C_1 + {}_4C_2 + {}_4C_3 = 2^4 - 1$

$\vdots$

이와 같은 방법으로 하면 조건을 만족시키는 경우의 수는

$(2^5 - 1) + (2^4 - 1) + (2^3 - 1) + (2^2 - 1) + (2^1 - 1)$

$= (2^5 + 2^4 + 2^3 + 2^2 + 2^1) - 5$

$= \dfrac{2(2^5 - 1)}{2 - 1} - 5 = 57$

따라서 구하는 확률은 $\dfrac{57}{720} = \dfrac{19}{240}$이므로 $p = 240$, $q = 19$

$\therefore p + q = 240 + 19 = 259$

❷ 미적분

20 수열의 극한값의 계산　　　　　　　정답 ②

$$\lim_{n \to \infty} \frac{1}{\sqrt{n^2 + 5n} - n} = \lim_{n \to \infty} \frac{\sqrt{n^2 + 5n} + n}{(\sqrt{n^2 + 5n} - n)(\sqrt{n^2 + 5n} + n)}$$

$$= \lim_{n \to \infty} \frac{\sqrt{n^2 + 5n} + n}{5n}$$

$$= \frac{1 + 1}{5} = \frac{2}{5}$$

─〈 **개념 체크체크** 〉─

수열의 극한값의 계산

(1) $\dfrac{\infty}{\infty}$ 꼴의 극한: 분모의 최고차항으로 분모, 분자를 나눈다.

　① (분자의 차수)＝(분모의 차수): 극한값은 최고차항의 계수의 비이다.

　② (분자의 차수)＜(분모의 차수): 극한값은 0이다.

　③ (분자의 차수)＞(분모의 차수): 극한값은 없다.

(2) $\infty - \infty$ 꼴의 극한

　① $\sqrt{}$ 가 포함된 경우: $\sqrt{}$ 를 포함하는 분모 또는 분자를 유리화한다.

　② $\sqrt{}$ 가 없는 경우: 최고차항으로 묶는다.

21 음함수의 미분법   정답 ①

$x^2 - 2xy + 3y^3 = 5$ 의 양변을 x에 대하여 미분하면

$2x - 2\left(y + x\dfrac{dy}{dx}\right) + 9y^2\dfrac{dy}{dx} = 0,\ (9y^2 - 2x)\dfrac{dy}{dx} = 2y - 2x$

$\therefore \dfrac{dy}{dx} = \dfrac{2y - 2x}{9y^2 - 2x}$

따라서 주어진 곡선 위의 점 $(2,\ -1)$에서의 접선의 기울기는

$\dfrac{2 \times (-1) - 2 \times 2}{9 \times (-1)^2 - 2 \times 2} = -\dfrac{6}{5}$

---

22 여러 가지 미분법   정답 ③

$f(x) = \dfrac{e^x}{\sin x + \cos x}$ 에서

$f'(x) = \dfrac{e^x(\sin x + \cos x) - e^x(\cos x - \sin x)}{(\sin x + \cos x)^2}$

$\qquad = \dfrac{2e^x \sin x}{(\sin x + \cos x)^2}$

$\therefore f(x) - f'(x)$

$\quad = \dfrac{e^x}{\sin x + \cos x} - \dfrac{2e^x \sin x}{(\sin x + \cos x)^2}$

$\quad = \dfrac{e^x(\sin x + \cos x) - 2e^x \sin x}{(\sin x + \cos x)^2}$

$\quad = \dfrac{e^x(\cos x - \sin x)}{(\sin x + \cos x)^2}$

방정식 $f(x) - f'(x) = 0$,

즉, $\dfrac{e^x(\cos x - \sin x)}{(\sin x + \cos x)^2} = 0$에서

$\cos x - \sin x = 0\ (\because e^x > 0)$

$\cos x = \sin x \qquad \therefore \tan x = 1$

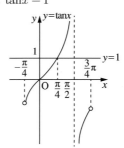

따라서 $-\dfrac{\pi}{4} < x < \dfrac{3}{4}\pi$에서 방정식 $\tan x = 1$의 실근은 위 그림과 같이 함수 $y = \tan x$의 그래프와 직선 $y = 1$의 교점의 x좌표와 같으므로 $x = \dfrac{\pi}{4}$이다.

---

23 치환적분법의 활용   정답 ④

오른쪽 그림과 같이 x축 위의 점 $\mathrm{P}(x,\ 0)$ $(1 \leq x \leq 2)$을 지나고 x축에 수직인 직선이 곡선 $y = \sqrt{x}\,e^x$과 만나는 점을 Q라 하면 점 Q의 좌표는

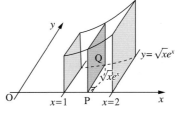

$(x,\ \sqrt{x}\,e^x)$이므로

$\overline{\mathrm{PQ}} = \sqrt{x}\,e^x$

주어진 입체도형을 점 P를 지나고 x축에 수직인 평면으로 자른 단면은 한 변의 길이가 $\overline{\mathrm{PQ}}$인 정사각형이므로 그 넓이를 $S(x)$라 하면

$S(x) = (\sqrt{x}\,e^x)^2 = xe^{2x}$

즉, 구하는 부피를 V라 하면

$V = \displaystyle\int_1^2 S(x)dx = \int_1^2 xe^{2x}dx$

이때 $f(x) = x,\ g'(x) = e^{2x}$이라 하면 $f'(x) = 1,\ g(x) = \dfrac{1}{2}e^{2x}$

이므로

$V = \displaystyle\int_1^2 xe^{2x}dx = \left[\dfrac{1}{2}xe^{2x}\right]_1^2 - \int_1^2 \dfrac{1}{2}e^{2x}dx$

$\qquad = \left(e^4 - \dfrac{1}{2}e^2\right) - \left[\dfrac{1}{4}e^{2x}\right]_1^2$

$\qquad = \left(e^4 - \dfrac{1}{2}e^2\right) - \left(\dfrac{1}{4}e^4 - \dfrac{1}{4}e^2\right)$

$\qquad = \dfrac{3e^4 - e^2}{4}$

24 정적분과 급수

$$\lim_{n\to\infty}\sum_{k=1}^{n}\frac{1}{n+k}f\!\left(1+\frac{k}{n}\right)=\lim_{n\to\infty}\sum_{k=1}^{n}\frac{\frac{1}{n}}{1+\frac{k}{n}}f\!\left(1+\frac{k}{n}\right)$$

$a=1$, $b=2$로 놓으면

$$\Delta x=\frac{b-a}{n}=\frac{1}{n},\quad x_k=a+k\Delta x=1+\frac{k}{n}$$

이므로 정적분과 급수의 합 사이의 관계에 의하여

$$\lim_{n\to\infty}\sum_{k=1}^{n}\frac{\frac{1}{n}}{1+\frac{k}{n}}f\!\left(1+\frac{k}{n}\right)=\int_{1}^{2}\frac{f(x)}{x}dx=\int_{1}^{2}\frac{\ln x}{x}dx$$

$\ln x=t$로 놓으면 $\dfrac{dt}{dx}=\dfrac{1}{x}$ 이고, $x=1$일 때 $t=0$, $x=2$일 때

$t=\ln 2$이므로

$$\therefore\int_{1}^{2}\frac{\ln x}{x}dx=\int_{0}^{\ln 2}t\,dt=\left[\frac{1}{2}t^2\right]_{0}^{\ln 2}=\frac{(\ln 2)^2}{2}$$

25 삼각함수의 극한의 활용

정사각형 $A_1B_1C_1D$의 한 변의 길이가 6이므로 $\overline{A_1E_1}=2$, $\overline{DE_1}=4$

$$\therefore \overline{B_1E_1}=\sqrt{\overline{A_1B_1}^2+\overline{A_1E_1}^2}=\sqrt{6^2+2^2}=2\sqrt{10},$$

$$\overline{C_1E_1}=\sqrt{\overline{C_1D}^2+\overline{DE_1}^2}=\sqrt{6^2+4^2}=2\sqrt{13}$$

이때 $\angle B_1E_1C_1=\theta$라 하면 삼각형 $B_1C_1E_1$의 넓이에서

$$\frac{1}{2}\times\overline{B_1E_1}\times\overline{C_1E_1}\times\sin\theta=\frac{1}{2}\times\overline{B_1C_1}\times\overline{A_1B_1}$$

$$\frac{1}{2}\times2\sqrt{10}\times2\sqrt{13}\times\sin\theta=\frac{1}{2}\times6\times6$$

$$\therefore \sin\theta=\frac{9}{\sqrt{130}}\quad\cdots\cdots\ \text{㉠}$$

또한, 호 B_1C_1에 대한 원주각의 크기 θ에 대하여 중심각의 크기는 2θ이므로

$$\angle B_1O_1C_1=2\theta$$

점 O_1에서 현 B_1C_1에 내린 수선의 발을 H라 하면, 삼각형 $B_1C_1O_1$의 넓이는

$$\frac{1}{2}\times\overline{B_1O_1}\times\overline{C_1O_1}\times\sin2\theta=\frac{1}{2}\times\overline{B_1C_1}\times\overline{O_1H}\quad\cdots\cdots\ \text{㉡}$$

이때 ㉠에 의하여

$$\cos\theta=\sqrt{1-\sin^2\theta}=\sqrt{1-\left(\frac{9}{\sqrt{130}}\right)^2}=\frac{7}{\sqrt{130}}\ \text{이므로}$$

$$\sin2\theta=2\sin\theta\cos\theta=2\times\frac{9}{\sqrt{130}}\times\frac{7}{\sqrt{130}}=\frac{63}{65}$$

$\angle B_1O_1H=\theta$이므로 ㉡에서

$$\frac{1}{2}\times\overline{B_1O_1}\times\overline{B_1O_1}\times\frac{63}{65}=\frac{1}{2}\times6\times\overline{B_1O_1}\cos\theta$$

$$\frac{1}{2}\times\overline{B_1O_1}^2\times\frac{63}{65}=\frac{1}{2}\times6\times\overline{B_1O_1}\times\frac{7}{\sqrt{130}}$$

$$\therefore \overline{B_1O_1}=\frac{\sqrt{130}}{3}$$

$$\therefore S_1=\triangle B_1C_1E_1-\triangle B_1C_1O_1$$

$$=18-\frac{1}{2}\times\left(\frac{\sqrt{130}}{3}\right)^2\times\frac{63}{65}=18-7=11$$

> ※ 여기에서, $S_1=18-\dfrac{1}{2}\times6\times\dfrac{\sqrt{130}}{3}\times\dfrac{7}{\sqrt{130}}$ 로 계산하면 암산하기에 더 좋다.

한편, 두 직각삼각형 E_1C_1D, $B_2C_1C_2$는 서로 닮음 (AA 닮음)이므로 정사각형 $A_2B_2C_2D$의 한 변의 길이를 x라 하면

$\overline{E_1D}:\overline{B_2C_2}=\overline{DC_1}:\overline{C_2C_1}$에서

$$4:x=6:6-x,\quad 6x=24-4x$$

$$10x=24\quad\therefore x=\frac{12}{5}$$

즉, 두 정사각형 $A_1B_1C_1D$, $A_2B_2C_2D$의 닮음비는 $6:\dfrac{12}{5}$,

즉 $1:\dfrac{2}{5}$ 이므로 넓이의 비는

$$1^2:\left(\frac{2}{5}\right)^2=1:\frac{4}{25}$$

$$\therefore \lim_{n\to\infty}S_n=\frac{11}{1-\frac{4}{25}}=\frac{275}{21}$$

> **개념 체크체크**
>
> **무한등비급수와 도형**
> (1) S_1을 구한다.
> (2) 도형의 닮음을 찾아 길이비를 구한다.
> (3) 길이의 비를 이용하여 넓이의 비(=길이^2)를 구한다.
> (4) 넓이의 공비(r)를 구한다.
> (5) 무한등비급수 공식에 대입한다.
> $$\lim_{n\to\infty}S_n=\sum_{n=1}^{\infty}a_n=\frac{S_1}{1-r}$$

$g(x) = -ax^2 + 6ex + b$라 하면

$g'(x) = -2ax + 6e$

$g'(x) = 0$에서 $x = \dfrac{3e}{a}$

함수 $g(x)$의 증가와 감소를 표로 나타내면 다음과 같다.

x	$\cdots$	$\dfrac{3e}{a}$	$\cdots$
$g'(x)$	$+$	0	$-$
$g(x)$	$\nearrow$	$\dfrac{9e^2}{a} + b$	$\searrow$

$h(x) = a(\ln x)^2 - 6\ln x$라 하면

$h'(x) = \dfrac{2a\ln x}{x} - \dfrac{6}{x} = \dfrac{2(a\ln x - 3)}{x}$

$h'(x) = 0$에서 $a\ln x = 3$ $\therefore x = e^{\frac{3}{a}}$

함수 $h(x)$의 증가와 감소를 표로 나타내면 다음과 같다.

x	$\cdots$	$e^{\frac{3}{a}}$	$\cdots$
$h'(x)$	$-$	0	$+$
$h(x)$	$\searrow$	$-\dfrac{9}{a}$	$\nearrow$

이때 조건 (나)에서 함수 $f(x)$의 역함수가 존재하므로 $f(x)$는 실수 전체의 집합에서 증가하거나 감소해야 한다.

$x < c$일 때 $f(x) = g(x)$, $x \geq c$일 때 $f(x) = h(x)$이므로 함수 $f(x)$는 실수 전체의 집합에서 증가해야 하고, $e^{\frac{3}{a}} \leq c \leq \dfrac{3e}{a}$ 이어야 한다.

$\dfrac{3}{a} = t$라 하면 $e^t \leq c \leq et$ $\cdots\cdots$ ㉠

즉, 두 함수 $y = e^t$, $y = et$의 그래프에 대하여 부등식 ㉠을 만족시키는 t의 값은 $t = 1$뿐이고, 이때의 c의 값은 $c = e$이다.

$\therefore a = 3$, $c = e$

또한, 조건 (가)에서 함수 $f(x)$가 실수 전체의 집합에서 연속이므로

$g(c) = h(c)$에서

$-3e^2 + 6e^2 + b = 3(\ln e)^2 - 6\ln e$

$3e^2 + b = 3 - 6$ $\therefore b = -3e^2 - 3$

따라서 $f(x) = \begin{cases} -3x^2 + 6ex - 3e^2 - 3 & (x < e) \\ 3(\ln x)^2 - 6\ln x & (x \geq e) \end{cases}$ 이므로

$\therefore f\left(\dfrac{1}{2e}\right) = -\dfrac{3}{4e^2} + 3 - 3e^2 - 3 = -3\left(e^2 + \dfrac{1}{4e^2}\right)$

$x\sin x = 0$에서 $x = n\pi$ (n은 정수) 이므로 함수 $y = x\sin x$의 그래프는 오른쪽 그림과 같다.

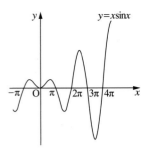

ㄱ. $f(2\pi) = \displaystyle\int_0^{2\pi} |t\sin t|\, dt - \left| \int_0^{2\pi} t\sin t\, dt \right|$

$\displaystyle\int_0^{\pi} t\sin t\, dt = S_1$, $\displaystyle\int_{\pi}^{2\pi} |t\sin t|\, dt = S_2$라 하면

$f(2\pi) = \displaystyle\int_0^{2\pi} |t\sin t|\, dt - \left| \int_0^{2\pi} t\sin t\, dt \right|$

$= S_1 + S_2 - |S_1 - S_2|$

$= S_1 + S_2 - \{-(S_1 - S_2)\}$

$= 2S_1 = 2\displaystyle\int_0^{\pi} t\sin t\, dt$

$u(t) = t$, $v'(t) = \sin t$라 하면

$u'(t) = 1$, $v(t) = -\cos t$이므로

$f(2\pi) = 2\displaystyle\int_0^{\pi} t\sin t\, dt = 2\left\{ \left[-t\cos t \right]_0^{\pi} - \int_0^{\pi} (-\cos t)\, dt \right\}$

$= 2\left(\pi + \left[\sin t \right]_0^{\pi} \right) = 2\pi$ (참)

ㄴ. $\pi < \alpha < 2\pi$인 α에 대하여 $\displaystyle\int_0^{\alpha} t\sin t\, dt = 0$이므로

$f(\alpha) = \displaystyle\int_0^{\alpha} |t\sin t|\, dt - \left| \int_0^{\alpha} t\sin t\, dt \right|$

$= (S_1 + S_1) - 0$

$= 2S_1 = 2\pi$ (∵ ㄱ) (거짓)

ㄷ. $2\pi < \beta < 3\pi$인 β에 대하여 $\displaystyle\int_0^{\beta} t\sin t\, dt = 0$이므로

$f(\beta) = \displaystyle\int_0^{\beta} |t\sin t|\, dt - \left| \int_0^{\beta} t\sin t\, dt \right|$

$= \{S_1 + S_2 + (S_2 - S_1)\} - 0$

$= 2S_2 = 2\displaystyle\int_{\pi}^{2\pi} |t\sin t|\, dt$

$= -2\left\{ \left[-t\cos t \right]_{\pi}^{2\pi} - \int_{\pi}^{2\pi} (-\cos t)\, dt \right\}$

$= -2\left(-3\pi + \left[\sin t \right]_{\pi}^{2\pi} \right) = 6\pi$

$\therefore \displaystyle\int_{\beta}^{3\pi} f(x)\, dx = \int_{\beta}^{3\pi} 6\pi\, dx = 6\pi \left[x \right]_{\beta}^{3\pi} = 6\pi(3\pi - \beta)$ (참)

따라서 옳은 것은 ㄱ, ㄷ이다.

28 등비수열의 수렴

정답 9

수열 $\{(x^2-6x+9)^n\}$, 즉 $\{(x-3)^{2n}\}$의 공비는 $(x-3)^2$이므로 이 수열이 수렴하려면

$-1<(x-3)^2\le 1$

$-1\le x-3\le 1\ (\because (x-3)^2\ge 0)$

$\therefore 2\le x\le 4$

따라서 정수 x는 2, 3, 4이므로 그 합은

$\therefore 2+3+4=9$

개념 체크체크

등비수열의 수렴 조건

(1) 등비수열 $\{r^n\}$이 수렴하기 위한 조건
   $-1<r\le 1$

(2) 등비수열 $\{ar^{n-1}\}$이 수렴하기 위한 조건
   $a=0$ 또는 $-1<r\le 1$

---

29 삼각함수의 극한

정답 8

점 A에서 선분 BC에 내린 수선의 발을 H라 하면 $\angle BAH=\dfrac{\theta}{2}$이므로 직각삼각형 ABH에서

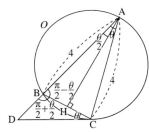

$\overline{BH}=4\sin\dfrac{\theta}{2}$

$\therefore \overline{BC}=8\sin\dfrac{\theta}{2}$

또한, $\angle ABC=\dfrac{\pi-\theta}{2}=\dfrac{\pi}{2}-\dfrac{\theta}{2}$이므로

$\angle CBD=\dfrac{\pi}{2}+\dfrac{\theta}{2}$

$\angle CAB=\theta$이므로 원과 접선의 성질에 의하여

$\angle BCD=\theta$

즉, $\angle BDC=\pi-(\angle CBD+\angle BCD)$

$\qquad =\pi-\left\{\left(\dfrac{\pi}{2}+\dfrac{\theta}{2}\right)+\theta\right\}=\dfrac{\pi}{2}-\dfrac{3}{2}\theta$이므로

삼각형 CBD에서 사인법칙에 의하여

$\dfrac{\overline{BC}}{\sin\left(\dfrac{\pi}{2}-\dfrac{3}{2}\theta\right)}=\dfrac{\overline{BD}}{\sin\theta}$, $\dfrac{8\sin\dfrac{\theta}{2}}{\cos\dfrac{3}{2}\theta}=\dfrac{\overline{BD}}{\sin\theta}$

$\therefore \overline{BD}=\dfrac{8\sin\dfrac{\theta}{2}\sin\theta}{\cos\dfrac{3}{2}\theta}$

$\therefore S(\theta)=\dfrac{1}{2}\times\overline{BC}\times\overline{BD}\times\sin\left(\dfrac{\pi}{2}+\dfrac{\theta}{2}\right)$

$=\dfrac{1}{2}\times 8\sin\dfrac{\theta}{2}\times\dfrac{8\sin\dfrac{\theta}{2}\sin\theta}{\cos\dfrac{3}{2}\theta}\times\cos\dfrac{\theta}{2}$

$=\dfrac{64\sin^2\dfrac{\theta}{2}\sin\theta\cos\dfrac{\theta}{2}}{2\cos\dfrac{3}{2}\theta}$

$\therefore \lim_{\theta\to 0+}\dfrac{S(\theta)}{\theta^3}=\lim_{\theta\to 0+}\dfrac{64\sin^2\dfrac{\theta}{2}\sin\theta\cos\dfrac{\theta}{2}}{2\theta^3\cos\dfrac{3}{2}\theta}$

$=\lim_{\theta\to 0+}\dfrac{64\times\dfrac{\sin^2\dfrac{\theta}{2}}{\dfrac{\theta^2}{4}}\times\dfrac{\sin\theta}{\theta}\times\cos\dfrac{\theta}{2}}{4\times 2\times\cos\dfrac{3}{2}\theta}$

$=\dfrac{64\times 1\times 1\times 1}{4\times 2\times 1}=8$

---

30 도함수의 그래프와 활용

정답 6

$g(x)=x^2e^{-\frac{x}{2}}$에서

$g'(x)=2xe^{-\frac{x}{2}}-\dfrac{1}{2}x^2e^{-\frac{x}{2}}=xe^{-\frac{x}{2}}\left(2-\dfrac{1}{2}x\right)$

$g'(x)=0$에서 $x=0$ 또는 $x=4$

함수 $g(x)$의 증가와 감소를 표로 나타내면 다음과 같다.

x	$\cdots$	0	$\cdots$	4	$\cdots$
$g'(x)$	$-$	0	$+$	0	$-$
$g(x)$	↘	0	↗	$\dfrac{16}{e^2}$	↘

이때 $\lim_{x\to\infty}g(x)=0$, $\lim_{x\to-\infty}g(x)=\infty$ 이므로 함수 $y=g(x)$의 그래프의 개형은 오른쪽 그림과 같다.

한편,

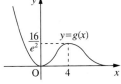

$f(x)=x^2-ax+b=\left(x-\dfrac{a}{2}\right)^2-\dfrac{a^2}{4}+b$이므로 함수 $y=f(x)$의 그래프는 직선 $x=\dfrac{a}{2}(a>0)$에 대하여 대칭이다.

또한, 조건 (가)에서 $h(0)<h(4)$이므로

$f(g(0))=f(0)=b$, $f(g(4))=f\left(\dfrac{16}{e^2}\right)$에서

$f\left(\dfrac{16}{e^2}\right)>b$이므로, 함수 $y=f(x)$의 그래프의 개형은 오른쪽 그림과 같다.

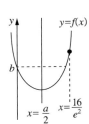

조건 (나)에서 방정식 $|h(x)|=k$의 서로 다른 실근의 개수는 7이고, 그중 가장 큰 실근 α에 대하여 함수 $h(x)$가 $x=\alpha$에서 극소이므로 두 함수 $y=|f(x)|$, $y=g(x)$의 그래프와 직선 $y=k$는 다음 그림과 같아야 한다.

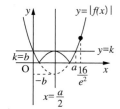 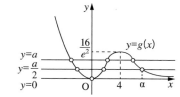

$f\left(\dfrac{a}{2}\right)=-b$이므로

$\dfrac{a^2}{4}-\dfrac{a^2}{2}+b=-b$ $\therefore b=\dfrac{a^2}{8}$ ...... ㉠

$f(1)=-\dfrac{7}{32}$이므로

$1-a+b=-\dfrac{7}{32}$ $\therefore a-b=\dfrac{39}{32}$ ...... ㉡

㉠을 ㉡에 대입하면

$a-\dfrac{a^2}{8}=\dfrac{39}{32}$, $4a^2-32a+39=0$

$(2a-3)(2a-13)=0$

$\therefore a=\dfrac{3}{2}$ 또는 $a=\dfrac{13}{2}$

그런데 $0<a<\dfrac{16}{e^2}=2.\times\times\times$이므로 $a=\dfrac{3}{2}$

$a=\dfrac{3}{2}$을 ㉡에 대입하여 풀면 $b=\dfrac{9}{32}$

$\therefore a+16b=\dfrac{3}{2}+16\times\dfrac{9}{32}=\dfrac{3}{2}+\dfrac{9}{2}=6$

<공통>

01 ④	02 ⑤	03 ②	04 ④	05 ⑤
06 ①	07 ③	08 ①	09 ②	10 ⑤
11 ③	12 ③	13 ④	14 ②	15 11
16 12	17 4	18 6	19 17	20 282
21 36				

<확률과 통계>

22 ②	23 ①	24 ③	25 ①	26 ④
27 ⑤	28 ②	29 5	30 50	

공통

01 지수법칙   정답 ④

$$\left(\frac{1}{4}\right)^{-\frac{3}{2}} = \left\{\left(\frac{1}{2}\right)^2\right\}^{-\frac{3}{2}} = \left(\frac{1}{2}\right)^{-3} = 8$$

◀개념 체크체크▶

지수법칙

$a > 0$, $b > 0$, m, n은 실수일 때

(1) $a^m \times a^n = a^{m+n}$

(2) $\dfrac{a^m}{a^n} = a^{m-n}$

(3) $(a^m)^n = a^{mn}$

(4) $(ab)^n = a^n b^n$

(5) $\left(\dfrac{1}{a}\right)^m = a^{-m}$

02 삼각함수의 활용   정답 ⑤

$\sin\theta = -\dfrac{1}{3}$ 이므로

$$\cos^2\theta = 1 - \sin^2\theta = 1 - \left(-\frac{1}{3}\right)^2 = \frac{8}{9}$$

$$\therefore \frac{\cos\theta}{\tan\theta} = \frac{\cos\theta}{\dfrac{\sin\theta}{\cos\theta}} = \frac{\cos^2\theta}{\sin\theta} = \frac{\dfrac{8}{9}}{-\dfrac{1}{3}} = -\frac{8}{3}$$

03 곱셈의 미분법   정답 ②

$f(x) = (x^3 - 2x + 3)(ax + 3)$에서

$f'(x) = (3x^2 - 2)(ax + 3) + a(x^3 - 2x + 3)$

이때 $f'(1) = 15$이므로

$(3 - 2)(a + 3) + a(1 - 2 + 3) = 15$

$3a = 12$ $\therefore a = 4$

◀개념 체크체크▶

곱셈의 미분법

$y = f(x)g(x)$일 때, $y' = f'(x)g(x) + f(x)g'(x)$

04 함수의 그래프와 극한값의 계산   정답 ④

$$\lim_{x \to 0^-} f(x) + \lim_{x \to 2^+} f(x) = 2 + 2 = 4$$

05 적분   정답 ⑤

주어진 등식의 양변을 x에 대하여 미분하면

$f(x) = 3x^2 + a$

주어진 등식의 양변에 $x = 1$을 대입하면

$0 = 1 + a - 3$ $\therefore a = 2$

따라서 $f(x) = 3x^2 + 2$이므로

$\therefore f(a) = f(2) = 3 \times 4 + 2 = 14$

06 도함수의 활용(접선)   정답 ①

$y = -x^3 + 3x^2 + 4$에서 $y' = -3x^2 + 6x$

$f(x) = -3x^2 + 6x$라 하면

$f'(x) = -6x + 6 = -6(x - 1)$

$f'(x) = 0$에서 $x = 1$

함수 $f(x)$의 증가와 감소를 표로 나타내면 다음과 같다.

x	$\cdots$	1	$\cdots$
$f'(x)$	$+$	0	$-$
$f(x)$	↗	3	↘

즉, 함수 $f(x)$는 $x = 1$일 때, 최댓값 3을 가지므로 곡선 $y = -x^3 + 3x^2 + 4$에 접하는 직선 중에서 기울기가 최대인 직선의 기울기는 3이다.

이때 $y=-x^3+3x^2+4$에 $x=1$을 대입하면 $y=-1+3+4=6$ 이므로 곡선 $y=-x^3+3x^2+4$는 점 $(1, 6)$ 을 지난다.

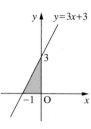

직선 l의 방정식은

$y-6=3(x-1)$ $\therefore y=3x+3$

따라서 직선 $y=3x+3$과 x축 및 y축으로 둘러싸인 부분의 넓이는

$\dfrac{1}{2} \times 1 \times 3 = \dfrac{3}{2}$

07 삼각함수를 포함한 방정식   정답 ③

$|\sin 2x| = \dfrac{1}{2}$에서 $2x=t$라 하면 $|\sin t| = \dfrac{1}{2}$이고, $0 \le x < 2\pi$에서 $0 \le t < 4\pi$이다.

즉, $0 \le t < 4\pi$에서 방정식 $|\sin t| = \dfrac{1}{2}$의 실근은 함수 $y=|\sin t|$의

그래프와 직선 $y=\dfrac{1}{2}$의 교점의 t좌표와 같으므로 아래 그림에서

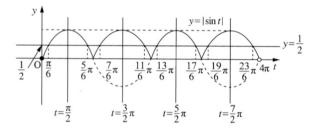

$t=\dfrac{\pi}{6}$ 또는 $t=\dfrac{5}{6}\pi$, $\dfrac{7}{6}\pi$, $\dfrac{11}{6}\pi$, $\dfrac{13}{6}\pi$, $\dfrac{17}{6}\pi$, $\dfrac{19}{6}\pi$ 또는

$t=\dfrac{23}{6}\pi$

이때 실근 t는 두 개씩 서로 직선 $t=\dfrac{\pi}{2}$, $t=\dfrac{3}{2}\pi$, $t=\dfrac{5}{2}\pi$, $t=\dfrac{7}{2}\pi$

에 대하여 대칭이므로 모든 실근 t의 합은

$\dfrac{\pi}{2} \times 2 + \dfrac{3}{2}\pi \times 2 + \dfrac{5}{2}\pi \times 2 + \dfrac{7}{2}\pi \times 2 = \pi + 3\pi + 5\pi + 7\pi = 16\pi$

따라서 모든 실근 x의 합은

$\dfrac{16\pi}{2} = 8\pi$

◁ 개념 체크체크 ▷

삼각함수를 포함한 방정식

주어진 방정식을 $\sin x = a$(또는 $\cos x = a$ 또는 $\tan x = a$)의 꼴로 변형한 후 $y=\sin x$(또는 $y=\cos x$ 또는 $y=\tan x$)의 그래프와 직선 $y=a$를 그려 교점의 x좌표를 구한다.

08 속도와 거리   정답 ①

점 P의 시각 t에서의 위치는

$\displaystyle \int_0^t v_1(t)dt = \int_0^t (2t+3)dt = \left[t^2+3t\right]_0^t = t^2+3t$

점 Q의 시각 t에서의 위치는

$\displaystyle \int_0^t v_2(t)dt = \int_0^t \{at(6-t)\}dt = \int_0^t (-at^2+6at)dt$

$= \left[-\dfrac{a}{3}t^3+3at^2\right]_0^t = -\dfrac{a}{3}t^3+3at^2$

시각 $t=3$에서 두 점 P, Q가 만나므로

$t^2+3t = -\dfrac{a}{3}t^3+3at^2$의 양변에 $t=3$을 대입하면

$9+9 = -9a+27a$

$18a = 18$ $\therefore a=1$

09 수열의 합의 활용   정답 ②

$a_{2n-1}+a_{2n}=2a_n$의 양변에

$n=1$을 대입하면 $a_1+a_2=2a_1$ …… ㉠

$n=2$를 대입하면 $a_3+a_4=2a_2$

$n=3$을 대입하면 $a_5+a_6=2a_3$

  $\vdots$

$n=8$을 대입하면 $a_{15}+a_{16}=2a_8$

위의 등식의 양변을 각각 더하면

$a_1+a_2+a_3+a_4+\cdots+a_{15}+a_{16}$

$=2(a_1+a_2+a_3+\cdots+a_8) = 2\{2(a_1+a_2+a_3+a_4)\}$

$(\because a_1+a_2+a_3+\cdots+a_8 = 2(a_1+a_2+a_3+a_4))$

$=2[2\{2(a_1+a_2)\}](\because a_1+a_2+a_3+a_4=2(a_1+a_2))$

$=8(a_1+a_2)$

이때 ㉠에서 $a_1=a_2$이므로

$a_1+a_2+a_3+a_4+\cdots+a_{15}+a_{16}$

$=8(a_1+a_2)=8 \times 2a_1 = 16 \times \dfrac{3}{2} = 24$

$\therefore \displaystyle \sum_{n=1}^{16} a_n = 24$

10 도함수의 활용

조건 (가)에 따르면 모든 실수 x에 대하여 $f(-x)=f(x)$, 즉 함수 $y=f(x)$의 그래프가 y축에 대하여 대칭이다.

따라서 최고차항의 계수가 1인 사차함수 $f(x)$는

$f(x)=x^4+ax^2+b$ (a, b는 상수)로 놓을 수 있다.

조건 (나)에 따르면 함수 $f(x)$는 극댓값 7을 가지므로 함수 $y=f(x)$의 그래프의 개형은 오른쪽 그림과 같다.

$f(0)=7$이므로 $b=7$

또한, $f(1)=2$이므로

$1+a+7=2$ ∴ $a=-6$

∴ $f(x)=x^4-6x^2+7$

$f'(x)=4x^3-12x=4x(x+\sqrt{3})(x-\sqrt{3})$

$f'(x)=0$에서 $x=-\sqrt{3}$ 또는 $x=0$ 또는 $x=\sqrt{3}$

따라서 함수 $f(x)$는 $x=-\sqrt{3}$ 또는 $x=\sqrt{3}$에서 극솟값을 가지므로

∴ $f(-\sqrt{3})=f(\sqrt{3})=9-18+7=-2$

11 로그와 등차수열의 활용

조건 (가)에서 $(m+2)$개의 수의 합은

$a+\log_2 c_1+\log_2 c_2+\log_2 c_3+\cdots+\log_2 c_m+b$

$=a+b+\log_2(c_1c_2c_3\times\cdots\times c_m)$

이때 $a+b=1$이고, 조건 (나)에서 수열 $\{c_n\}$의 첫째항부터 제m항까지의 항을 모두 곱한 값은 32이므로

$a+b+\log_2(c_1c_2c_3\times\cdots\times c_m)=1+\log_2 32$

$\qquad\qquad\qquad\qquad\qquad\quad=1+5=6$ …… ㉠

또한, $(m+2)$개의 수가 이 순서대로 등차수열을 이루고, 첫째항이 a, 제$(m+2)$항이 b이므로 등차수열의 합은

$\dfrac{(m+2)(a+b)}{2}=\dfrac{m+2}{2}$ …… ㉡

㉠=㉡이므로

$\dfrac{m+2}{2}=6$, $m+2=12$ ∴ $m=10$

12 삼각함수의 활용

선분 AC를 $5:3$으로 내분하는 점이 D이므로 $\overline{\mathrm{AD}}=5k$, $\overline{\mathrm{CD}}=3k$ ($k>0$)라 하자.

$2\sin(\angle\mathrm{ABD})=5\sin(\angle\mathrm{DBC})$에서

$\angle\mathrm{ABD}=\alpha$, $\angle\mathrm{DBC}=\beta$라 하면

$2\sin\alpha=5\sin\beta$ ∴ $\dfrac{\sin\alpha}{\sin\beta}=\dfrac{5}{2}$ …… ㉠

또한, 삼각형 ABD의 외접원의 반지름의 길이를 R_1이라 하면 사인법칙에 의하여

$\dfrac{\overline{\mathrm{AD}}}{\sin\alpha}=2R_1$, $\dfrac{5k}{\sin\alpha}=2R_1$ ∴ $\sin\alpha=\dfrac{5k}{2R_1}$ …… ㉡

삼각형 BCD의 외접원의 반지름의 길이를 R_2라 하면 사인법칙에 의하여

$\dfrac{\overline{\mathrm{CD}}}{\sin\beta}=2R_2$, $\dfrac{3k}{\sin\beta}=2R_2$ ∴ $\sin\beta=\dfrac{3k}{2R_2}$ …… ㉢

㉡÷㉢을 하면

$\dfrac{\sin\alpha}{\sin\beta}=\dfrac{\dfrac{5k}{2R_1}}{\dfrac{3k}{2R_2}}=\dfrac{5R_2}{3R_1}=\dfrac{5}{2}$ (∵ ㉠)

∴ $\dfrac{R_1}{R_2}=\dfrac{2}{3}$ …… ㉣

한편, 삼각형 ABD에서 사인법칙에 의하여

$\dfrac{\overline{\mathrm{BD}}}{\sin A}=2R_1$ …… ㉤

삼각형 BCD에서 사인법칙에 의하여

$\dfrac{\overline{\mathrm{BD}}}{\sin C}=2R_2$ …… ㉥

㉤÷㉥을 하면

$\dfrac{\dfrac{\overline{\mathrm{BD}}}{\sin A}}{\dfrac{\overline{\mathrm{BD}}}{\sin C}}=\dfrac{2R_1}{2R_2}$

∴ $\dfrac{\sin C}{\sin A}=\dfrac{R_1}{R_2}=\dfrac{2}{3}$ (∵ ㉣)

> **개념 체크체크**
>
> **사인법칙**
>
> 삼각형 ABC에서 $\angle A$, $\angle B$, $\angle C$의 대변의 길이를 각각 a, b, c라고 하면 다음이 성립한다.
>
> $$\dfrac{a}{\sin A}=\dfrac{b}{\sin B}=\dfrac{c}{\sin C}=2R$$
>
> (이때, R는 삼각형 ABC의 외접원의 반지름 길이이다.)

$f'(x) = 3(x-k)(x-2k)$이므로

$f'(x) = 0$에서 $x = k$ 또는 $x = 2k$

함수 $y = f(x)$의 그래프의 개형은 다음 그림과 같다.

(i) $k > 0$일 때   (ii) $k < 0$일 때

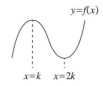   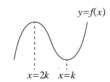

이때 함수

$$g(x) = \begin{cases} f(x) & (x \le 1 \ \text{또는} \ x \ge 4) \\ \dfrac{f(4)-f(1)}{3}(x-1)+f(1) & (1 < x < 4) \end{cases}$$

에 대하여

$$y = \frac{f(4)-f(1)}{3}(x-1)+f(1)$$

즉, $y - f(1) = \dfrac{f(4)-f(1)}{4-1}(x-1)$은 함수 $y = f(x)$의 그래프 위의 두 점 $(1, f(1))$, $(4, f(4))$를 지나는 직선의 방정식이므로 $g(x)$의 역함수가 존재하려면 실수 전체의 집합에서 증가해야 한다. 즉, $k \ge 1$, $2k \le 4$이고, $f(1) < f(4)$이어야 한다.

$k \ge 1$, $2k \le 4$에서

$1 \le k \le 2$ ······ ㉠

또한,

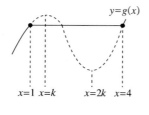

$$\int f'(x)dx$$

$$= \int 3(x-k)(x-2k)dx$$

$$= \int (3x^2 - 9kx + 6k^2)dx$$

$$= x^3 - \frac{9k}{2}x^2 + 6k^2x + C \ (\text{단, } C\text{는 적분상수})$$이므로

$f(1) < f(4)$에서

$$1 - \frac{9k}{2} + 6k^2 + C < 64 - 72k + 24k^2 + C$$

$$12k^2 - 9k + 2 < 48k^2 - 144k + 128$$

$$4k^2 - 15k + 14 > 0, \ (4k-7)(k-2) > 0$$

$$\therefore k < \frac{7}{4} \ \text{또는} \ k > 2 \ \text{······ ㉡}$$

㉠, ㉡의 공통부분을 구하면

$$1 \le k < \frac{7}{4}$$

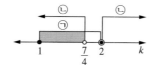

따라서 $\alpha = 1$, $\beta = \dfrac{7}{4}$이므로

$$\therefore \beta - \alpha = \frac{7}{4} - 1 = \frac{3}{4}$$

$2^x - 4 = 0$에서 $2^x = 2^2$

$\therefore x = 2$

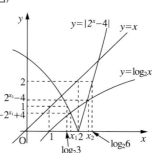

ㄱ. $x = \log_2 3$을 $y = |2^x - 4|$에 대입하면

$$y = |2^{\log_2 3} - 4| = |3-4| = 1$$

$x = \log_2 6$을 $y = |2^x - 4|$에 대입하면

$$y = |2^{\log_2 6} - 4| = |6-4| = 2$$

즉, 직선 $y = x$에 대하여 오른쪽 그림과 같으므로

$$\log_2 3 < x_1 < x_2 < \log_2 6 \quad (\text{참})$$

ㄴ. $\log_2 6 - \log_2 3$

$$= \log_2 \frac{6}{3} = \log_2 2 = 1$$

이므로 오른쪽 그림에서

$$0 < x_2 - x_1 < 1 \ \text{······ ㉠}$$

한편, $x = x_1$을

$y = |2^x - 4|$에 대입하면

$$y = |2^{x_1} - 4| = -2^{x_1} + 4$$

$x = x_2$를 $y = |2^x - 4|$에 대입하면

$$y = |2^{x_2} - 4| = 2^{x_2} - 4$$

즉, $0 < -2^{x_1} + 4 < 1 < 2^{x_2} - 4 < 2$이므로

$$(-2^{x_1} + 4) + (2^{x_2} - 4) = 2^{x_2} - 2^{x_1} < 3 \ \text{······ ㉡}$$

㉠, ㉡에서

$$(x_2 - x_1)(2^{x_2} - 2^{x_1}) < 3 \quad (\text{참})$$

ㄷ. $y = |2^{x_1} - 4| = -2^{x_1} + 4$, $y = |2^{x_2} - 4| = 2^{x_2} - 4$이므로

$$(2^{x_2} - 4) - (-2^{x_1} + 4) = 2^{x_1} + 2^{x_2} - 8 \ \text{······ ㉢}$$

$y = \log_2 x_1$, $y = \log_2 x_2$이므로

$$\log_2 x_2 - \log_2 x_1 = \log_2 \frac{x_2}{x_1} \ \text{······ ㉣}$$

㉢=㉣이므로

$$2^{x_1} + 2^{x_2} - 8 = \log_2 \frac{x_2}{x_1}$$

이때 $2^{x_1} + 2^{x_2} > 8 + \log_2(\log_3 6)$,

즉 $2^{x_1} + 2^{x_2} - 8 > \log_2(\log_3 6)$에서

$$\log_2 \frac{x_2}{x_1} > \log_2(\log_3 6)$$

$$\frac{x_2}{x_1} > \log_3 6, \ \frac{x_2}{x_1} > \frac{\log_2 6}{\log_2 3}$$

그런데 ㄱ에서 $\log_2 3 < x_1 < x_2 < \log_2 6$이므로

$$\frac{x_2}{x_1} < \frac{\log_2 6}{\log_2 3}$$

$$\therefore \ 2^{x_1} + 2^{x_2} < 8 + \log_2(\log_3 6) \ \ (\text{거짓})$$

따라서 옳은 것은 ㄱ, ㄴ이다.

15 함수의 극한   정답 11

$$\lim_{x \to \infty} (\sqrt{x^2 + 22x} - x)$$

$$= \lim_{x \to \infty} \frac{(\sqrt{x^2 + 22x} - x)(\sqrt{x^2 + 22x} + x)}{\sqrt{x^2 + 22x} + x}$$

$$= \lim_{x \to \infty} \frac{22x}{\sqrt{x^2 + 22x} + x}$$

$$= \frac{22}{\sqrt{1} + 1} = 11$$

16 삼각함수의 주기와 최댓값   정답 12

$f(x) = 5\sin\left(\dfrac{\pi}{2}x + 1\right) + 3$ 에서

함수 $f(x)$의 주기는 $\dfrac{2\pi}{\dfrac{\pi}{2}} = 4$ $\therefore \ p = 4$

최댓값은 $5 + 3 = 8$ $\therefore \ M = 8$

$\therefore \ p + M = 4 + 8 = 12$

17 로그부등식   정답 4

진수의 조건에 의하여

$2x - 5 > 0$ $\therefore \ x > \dfrac{5}{2}$ …… ㉠

$2 + \log_{\frac{1}{3}}(2x - 5) > 0$ 에서

$\log_{\frac{1}{3}}(2x - 5) > -2, \ 2x - 5 < \left(\dfrac{1}{3}\right)^{-2}$

$2x - 5 < 9, \ 2x < 14$ $\therefore \ x < 7$ …… ㉡

㉠, ㉡의 공통부분을 구하면

$$\frac{5}{2} < x < 7$$

따라서 주어진 부등식을 만족시키는 모든 정수 x의 개수는
3, 4, 5, 6으로 4개이다.

18 함수의 극한과 연속   정답 6

함수 $f(x) = \begin{cases} x^2 - 10 & (x \le a) \\ \dfrac{x^2 + ax + 4a}{x - a} & (x > a) \end{cases}$ 가 $x = a$에서 연속이므로

$$\lim_{x \to a+} f(x) = \lim_{x \to a-} f(x) = f(a)$$

$$\therefore \ \lim_{x \to a} \frac{x^2 + ax + 4a}{x - a} = a^2 - 10 \ \ \cdots\cdots ㉠$$

㉠에서 x가 a일 때, (분모)가 0이고 극한값이 존재하므로 (분자)가 0이다.

즉, $\lim_{x \to a}(x^2 + ax + 4a) = 0$이므로

$a^2 + a^2 + 4a = 0, \ a^2 + 2a = 0, \ a(a + 2) = 0$

$\therefore \ a = -2$ 또는 $a = 0$

(i) $a = -2$일 때

    $a = -2$를 ㉠에 대입하면

$$\lim_{x \to -2} \frac{x^2 - 2x - 8}{x + 2} = \lim_{x \to -2} \frac{(x + 2)(x - 4)}{x + 2}$$

$$= \lim_{x \to -2}(x - 4) = -6$$

$$f(-2) = (-2)^2 - 10 = -6$$

(ii) $a = 0$일 때

    $a = 0$을 ㉠에 대입하면

$$\lim_{x \to 0} \frac{x^2}{x} = \lim_{x \to 0} x = 0, \ f(0) = -10$$이므로 연속이 아니다.

(i), (ii)에서 $a = -2$이므로

$$f(x) = \begin{cases} x^2 - 10 & (x \le -2) \\ \dfrac{x^2 - 2x - 8}{x + 2} & (x > -2) \end{cases}$$

$$\therefore \ f(2a) = f(-4) = 16 - 10 = 6$$

19 정적분의 넓이   정답 17

조건 (가)에서

$f(x) = 2x^2 + ax = x(2x + a) \ (a > 0)$
이므로 $0 \le x < 1$일 때, 함수 $y = f(x)$
의 그래프는 〈그림 1〉과 같다.

조건 (나)에서 모든 실수 x에 대하여
$f(x + 1) = f(x) + a^2$이므로 실수 전체
의 집합에서 함수 $y = f(x)$의 그래프는
$0 \le x < 1$일 때의 함수 $y = f(x)$의 그

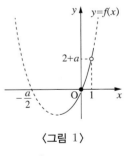

〈그림 1〉

래프를 x축의 방향으로 1만큼, y축의 방향으로 a^2만큼씩 평행이동
하고, x축의 방향으로 -1만큼, y축의 방향으로 $-a^2$만큼씩 평행이
동하면서 그 모양이 반복적으로 나타난다.

이때 함수 $f(x)$가 실수 전체의 집합에서 연속이므로 함수 $y = f(x)$
의 그래프는 〈그림 2〉와 같다.

즉, $f(1) = f(0) + a^2$이므로

$2+a=0+a^2,\ a^2-a-2=0$

$(a+1)(a-2)=0$

$\therefore\ a=2\ (\because\ a>0)$

따라서 곡선 $y=f(x)$와 x축 및 직선 $x=3$으로 둘러싸인 부분의 넓이는 곡선 $y=f(x)$와 x축 및 직선 $x=1$로 둘러싸인 부분의 넓이와 직사각형의 넓이의 합을 이용하여 구할 수 있으므로

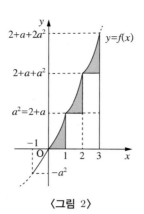

〈그림 2〉

$$\left\{\int_0^1 f(x)dx\right\}\times 3+(1\times 4)\times 3$$

$$=3\int_0^1 (2x^2+2x)dx+12$$

$$=3\left[\frac{2}{3}x^3+x^2\right]_0^1+12$$

$$=3\left(\frac{2}{3}+1\right)+12=17$$

20 여러 가지 수열   정답 282

$\displaystyle\sum_{k=1}^n a_k=n^2+cn$에서 $S_n=n^2+cn$이므로

$a_n=S_n-S_{n-1}$

$\quad=n^2+cn-\{(n-1)^2+c(n-1)\}$

$\quad=n^2+cn-n^2+2n-1-cn+c$

$\quad=2n+c-1$

즉, $a_1=c+1,\ a_2=c+3,\ a_3=c+5,\ \cdots$이므로

$a_n=c+(2n-1)$ (단, n은 자연수)

(i) a_1이 3의 배수일 때

　$a_4,\ a_7,\ a_{10},\ \cdots$도 3의 배수이므로

　$b_1=a_2,\ b_2=a_3,\ b_3=a_5,\ b_4=a_6,\ \cdots,\ b_{19}=a_{29},\ b_{20}=a_{30}$

　이때 $b_{20}=199$가 되려면

　$b_{20}=a_{30}=c+59=199$에서

　$c=140$

(ii) a_2가 3의 배수일 때

　$a_5,\ a_8,\ a_{11},\ \cdots$도 3의 배수이므로

　$b_1=a_1,\ b_2=a_3,\ b_3=a_4,\ b_4=a_6,\ \cdots,\ b_{19}=a_{28},\ b_{20}=a_{30}$

　이때 $b_{20}=199$가 되려면

　$b_{20}=a_{30}=c+59=199$에서

　$c=140$

(iii) a_3이 3의 배수일 때

　$a_6,\ a_9,\ a_{12},\ \cdots$도 3의 배수이므로

　$b_1=a_1,\ b_2=a_2,\ b_3=a_4,\ b_4=a_5,\ \cdots,\ b_{19}=a_{28},\ b_{20}=a_{29}$

　이때 $b_{20}=199$가 되려면

$b_{20}=a_{29}=c+57=199$에서

$c=142$

(i), (ii), (iii)에서 $c=140$ 또는 $c=142$이므로 모든 c의 값의 합은

$140+142=282$

┌─ 개념 체크체크 ─┐

등차수열의 합과 일반항과의 관계

수열 $\{a_n\}$에서 $a_1+a_2+\cdots+a_{n-1}+a_n=S_n$라고 하면

$\begin{cases} a_n=S_n-S_{n-1}\ (n\geq 2) \\ a_1=S_1 \end{cases}$

21 도함수의 활용과 그래프   정답 36

$f(x)=\begin{cases} x(x+a)^2\ (x<0) \\ x(x-a)^2\ (x\geq 0) \end{cases}=\begin{cases} x^3+2ax^2+a^2x\ (x<0) \\ x^3-2ax^2+a^2x\ (x\geq 0) \end{cases}$에서

$f'(x)=\begin{cases} 3x^2+4ax+a^2\ (x<0) \\ 3x^2-4ax+a^2\ (x\geq 0) \end{cases}$

$x<0$일 때, $f'(x)=0$에서

$3x^2+4ax+a^2=0,\ (x+a)(3x+a)=0$

$\therefore\ x=-a$ 또는 $x=-\dfrac{a}{3}$

$x\geq 0$일 때, $f'(x)=0$에서

$3x^2-4ax+a^2=0,\ (3x-a)(x-a)=0$

$\therefore\ x=\dfrac{a}{3}$ 또는 $x=a$

즉, 곡선 $y=f(x)$의 개형은 다음 그림과 같다.

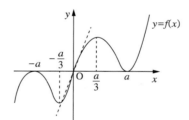

두 조건 (가), (나)를 만족시키려면 다음 그림과 같이 $x<0$일 때의 곡선 $y=f(x)$와 $x\geq 0$일 때의 곡선 $y=f(x)$의 공통인 접선이 모두 $y=4x+t$이어야 한다.

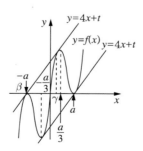

즉, $x<0$일 때의 곡선 $y=f(x)$와 직선 $y=4x+t$의 접점의 x좌 표를 β, $x\geq0$일 때의 곡선 $y=f(x)$와 직선 $y=4x+t$의 접점의 x좌표를 γ라 하면 $\dfrac{f(\gamma)-f(\beta)}{\gamma-\beta}=4$이어야 한다.

이때 $x<0$일 때의 곡선 $y=f(x)$와 $x\geq0$일 때의 곡선 $y=f(x)$ 는 평행이동하면 서로 겹쳐지므로 두 점 $(-a,\,0)$, $\left(\dfrac{a}{3},\,f\left(\dfrac{a}{3}\right)\right)$에

대해서도 $\dfrac{f\left(\dfrac{a}{3}\right)-f(-a)}{\dfrac{a}{3}-(-a)}=4$이어야 한다.

$f\left(\dfrac{a}{3}\right)=\dfrac{1}{27}a^3-\dfrac{2}{9}a^3+\dfrac{1}{3}a^3=\dfrac{4}{27}a^3$이므로

$\dfrac{f\left(\dfrac{a}{3}\right)-f(-a)}{\dfrac{a}{3}-(-a)}=4$에서 $\dfrac{\dfrac{4}{27}a^3-0}{\dfrac{4}{3}a}=4$

$\dfrac{1}{9}a^2=4$ $\quad\therefore a^2=36$

$\therefore f'(0)=a^2=36$

선택

1 확률과 통계

22 독립사건
정답 ②

두 사건 A, B가 서로 독립이므로

$\mathrm{P}(A\cap B)=\mathrm{P}(A)\mathrm{P}(B)$

$\dfrac{1}{4}=\dfrac{2}{3}P(B)$ $\quad\therefore \mathrm{P}(B)=\dfrac{3}{8}$

> **개념 체크체크**
>
> 독립사건
> 사건 A, B가 독립일 때, $\mathrm{P}(A\cap B)=\mathrm{P}(A)\mathrm{P}(B)$

23 이항정리의 활용
정답 ①

$\left(2x^2+\dfrac{1}{x}\right)^5$의 전개식의 일반항은

$_5\mathrm{C}_r(2x^2)^{5-r}\left(\dfrac{1}{x}\right)^r={}_5\mathrm{C}_r2^{5-r}x^{10-2r}x^{-r}={}_5\mathrm{C}_r2^{5-r}x^{10-3r}$

x^4항은 $10-3r=4$, 즉 $r=2$일 때이므로 x^4의 계수는

$\therefore {}_5\mathrm{C}_2\times2^3=\dfrac{5\times4}{2\times1}\times8=80$

---

24 순열과 조합
정답 ③

7개의 의자 중에서 A 학생이 먼저 1개의 의자에 앉았다고 가정하자. 세 학생 A, B, C 중 어느 두 명도 서로 이웃하지 않아야 하므로 두 학생 B, C가 앉을 수 있는 자리는 다음 그림과 같이 3가지 경우이다.

이때 두 학생 B, C가 서로 자리를 바꾸는 경우의 수는 2이다. 따라서 B와 C가 앉을 수 있는 경우의 수는

$3\times2=6$ …… ㉠

세 학생 A, B, C를 제외한 4명의 학생이 4개의 의자에 앉는 경우는

$4!=4\times3\times2\times1=24$ …… ㉡

따라서, A, B, C 세 명 중 어느 두 명도 서로 이웃하지 않도록 앉는 경우의 수는

$\therefore$ ㉠$\times$㉡$=144$

25 이항분포의 활용
정답 ①

이 사관생도가 1회의 사격을 하여 표적에 명중시킬 확률이 $\dfrac{4}{5}$이고, 20회의 사격을 하였으므로 표적에 명중시키는 횟수에 대한 확률변 수 X는 이항분포 $\mathrm{B}\left(20,\,\dfrac{4}{5}\right)$를 따른다.

이때 $\mathrm{V}(X)=20\times\dfrac{4}{5}\times\dfrac{1}{5}=\dfrac{16}{5}$이므로

$\mathrm{V}\left(\dfrac{1}{4}X+1\right)=\left(\dfrac{1}{4}\right)^2\mathrm{V}(X)=\dfrac{1}{16}\mathrm{V}(X)$

$\qquad\qquad\qquad=\dfrac{1}{16}\times\dfrac{16}{5}=\dfrac{1}{5}$

> **개념 체크체크**
>
> 이항분포의 평균, 분산, 표준편차
> 확률변수 X가 이항분포 $\mathrm{B}(n,\,p)$를 따를 때
> (1) 이항분포의 평균 $\mathrm{E}(X)=np$
> (2) 이항분포의 분산 $\mathrm{V}(X)=npq$ (단, $q=1-p$)
> (3) 이항분포의 표준편차 $\sigma(X)=\sqrt{npq}$ (단, $q=1-p$)

26 모평균의 추정과 신뢰구간 정답 ④

모집단이 정규분포 $\mathrm{N}(m, 50^2)$을 따르고 표본의 크기가 n이므로 표본평균 $\overline{X}$는 정규분포 $\mathrm{N}\left(m, \dfrac{50^2}{n}\right)$을 따른다.

$\overline{X}=1740$이므로 모평균 m에 대한 신뢰도 95%의 신뢰구간은

$$1740-1.96\frac{50}{\sqrt{n}} \leq m \leq 1740+1.96\frac{50}{\sqrt{n}}$$

이때 $1740-1.96\dfrac{50}{\sqrt{n}}=1720.4$이므로

$$1.96\frac{50}{\sqrt{n}}=19.6, \quad \sqrt{n}=5 \quad \therefore n=25$$

$$\therefore a=1740+1.96\frac{50}{\sqrt{25}}=1740+19.6=1759.6$$

$$\therefore n+a=25+1759.6=1784.6$$

> ◁ 개념 체크체크 ▷
>
> **모평균의 추정과 신뢰구간**
>
> 모집단이 $\mathrm{N}(m, \sigma^2)$을 따르고 그 크기가 n인 표본의 표본평균을 $\overline{X}$라 할 때, 모평균 m의 신뢰구간은
>
> $$\overline{X}-k\times\frac{\sigma}{\sqrt{n}} \leq m \leq \overline{X}+k\times\frac{\sigma}{\sqrt{n}} \;(k\colon 신뢰계수)$$
>
> (1) 신뢰도 95%의 신뢰구간: $k=1.96$
>
> $$\overline{X}-1.96\times\frac{\sigma}{\sqrt{n}} \leq m \leq \overline{X}+1.96\times\frac{\sigma}{\sqrt{n}}$$
>
> (2) 신뢰도 99%의 신뢰구간: $k=2.58$
>
> $$\overline{X}-2.58\times\frac{\sigma}{\sqrt{n}} \leq m \leq \overline{X}+2.58\times\frac{\sigma}{\sqrt{n}}$$

27 정규분포 정답 ⑤

두 확률변수 X, Y의 표준편차는 같고 평균은 다르므로 오른쪽 그림과 같이 두 곡선 $y=f(x)$, $y=g(x)$의

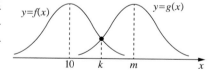

모양은 같고 대칭축의 위치는 다르다.
두 곡선 $y=f(x)$, $y=g(x)$가 만나는 점의 x좌표 k는 $x=10$과 $x=m$의 중점이므로

$$\frac{10+m}{2}=k \quad \therefore m=2k-10$$

$$\begin{aligned}\therefore \mathrm{P}(Y\leq 2k)&=\mathrm{P}\left(Z\leq\frac{2k-(2k-10)}{5}\right)\\&=\mathrm{P}(Z\leq 2)=0.5+\mathrm{P}(0\leq Z\leq 2)\\&=0.5+0.4772=0.9772\end{aligned}$$

28 순열 정답 ②

(i) $n=1$일 때,

(좌변)$=\dfrac{2_{\mathrm{P}_1}}{2^1}=1$이고, (우변)$=\dfrac{2!}{2}=\boxed{1}$이므로 (*)이 성립한다.

(ii) $n=m$일 때, (*)이 성립한다고 가정하면

$$\sum_{k=1}^{m}\frac{2k_{\mathrm{P}_k}}{2^k} \leq \frac{(2m)!}{2^m}$$

이다. $n=m+1$일 때,

$$\begin{aligned}\sum_{k=1}^{m+1}\frac{2k_{\mathrm{P}_k}}{2^k} &= \sum_{k=1}^{m}\frac{2k_{\mathrm{P}_k}}{2^k}+\frac{2m+2_{\mathrm{P}_{m+1}}}{2^{m+1}}\\&=\sum_{k=1}^{m}\frac{2k_{\mathrm{P}_k}}{2^k}+\frac{\boxed{(2m+2)!}}{2^{m+1}\times(m+1)!}\\&\leq \frac{(2m)!}{2^m}+\frac{\boxed{(2m+2)!}}{2^{m+1}\times(m+1)!}\\&=\frac{(2m+2)!}{2^{m+1}}\times\left\{\frac{2}{(2m+2)(2m+1)}+\frac{1}{(m+1)!}\right\}\\&=\frac{\boxed{(2m+2)!}}{2^{m+1}}\times\left\{\frac{1}{\boxed{(m+1)(2m+1)}}+\frac{1}{(m+1)!}\right\}\\&<\frac{(2m+2)!}{2^{m+1}}\end{aligned}$$

이다. 따라서 $n=m+1$일 때도 (*)이 성립한다.

(i), (ii)에 의하여 모든 자연수 n에 대하여

$$\sum_{k=1}^{n}\frac{2k_{\mathrm{P}_k}}{2^k} \leq \frac{(2n)!}{2^n}$$ 이다.

즉, $p=1$, $f(m)=(2m+2)!$, $g(m)=(m+1)(2m+1)$이므로

$$\therefore p+\frac{f(2)}{g(4)}=1+\frac{(4+2)!}{(4+1)(8+1)}=1+16=17$$

> ◁ 개념 체크체크 ▷
>
> **순열공식**
>
> $${}_n\mathrm{P}_r=\frac{n!}{(n-r)!}$$

29 확률의 계산 정답 5

ab가 6의 배수인 사건을 A, a 또는 b가 홀수인 사건을 B라 하면 구하는 확률은 $\mathrm{P}(B|A)$이다.
한 개의 주사위를 두 번 던지는 경우의 수는 $6\times 6=36$
ab가 6의 배수인 경우를 순서쌍 (a, b)로 나타내면
$(1, 6)$, $(2, 3)$, $(3, 2)$, $(6, 1)$,
$(2, 6)$, $(3, 4)$, $(4, 3)$, $(6, 2)$,
$(3, 6)$, $(6, 3)$,
$(4, 6)$, $(6, 4)$,

(5, 6), (6, 5),

(6, 6)이므로

$$P(A) = \frac{15}{36} = \frac{5}{12}$$

위의 순서쌍 (a, b) 중에서 a 또는 b가 홀수인 경우는

(1, 6), (2, 3), (3, 2), (6, 1),

(3, 4), (4, 3),

(3, 6), (6, 3),

(5, 6), (6, 5)이므로

$$P(A \cap B) = \frac{10}{36} = \frac{5}{18}$$

$$\therefore P(B|A) = \frac{P(A \cap B)}{P(A)} = \frac{\dfrac{5}{18}}{\dfrac{5}{12}} = \frac{2}{3}$$

따라서 $p = 3$, $q = 2$이므로

$$\therefore p + q = 3 + 2 = 5$$

30 경우의 수와 중복조합   정답 50

조건 (나)에서 ab는 홀수이므로 a, b는 모두 홀수이다.

이때 자연수 a, b, c, d, e에 대하여 조건 (가)의 방정식 $a+b+c+d+e = 10$에 가능한 a, b의 값을 순서쌍 (a, b)로 나타내면 (1, 1), (1, 3), (1, 5), (3, 1), (3, 3), (5, 1)이다.

(i) (1, 1)인 경우

    $c+d+e = 8$이므로 음이 아닌 정수 c', d', e'에 대하여

    $c = c'+1$, $d = d'+1$, $e = e'+1$이라 하면

    $c' + d' + e' = 5$

    위의 방정식을 만족시키는 c', d', e'의 순서쌍 (c', d', e')의 개수는

    $${}_3H_5 = {}_{3+5-1}C_5 = {}_7C_5 = {}_7C_2 = \frac{7 \times 6}{2 \times 1} = 21$$

(ii) (1, 3), (3, 1)인 경우

    $c+d+e = 6$이므로 $c' + d' + e' = 3$

    위의 방정식을 만족시키는 c', d', e'의 순서쌍 (c', d', e')의 개수는

    $${}_3H_3 = {}_{3+3-1}C_3 = {}_5C_3 = {}_5C_2 = \frac{5 \times 4}{2 \times 1} = 10$$

즉, 이 경우의 수는

$$10 \times 2 = 20$$

(iii) (1, 5), (5, 1)인 경우

    $c+d+e = 4$이므로 $c' + d' + e' = 1$

    위의 방정식을 만족시키는 c', d', e'의 순서쌍 (c', d', e')의 개수는

    $${}_3H_1 = {}_3C_1 = 3$$

    즉, 이 경우의 수는

    $$3 \times 2 = 6$$

(iv) (3, 3)인 경우

    $c+d+e = 4$이므로 $c' + d' + e' = 1$

    위의 방정식을 만족시키는 c', d', e'의 순서쌍 (c', d', e')의 개수는

    3

(i)~(iv)에서 조건을 만족시키는 모든 순서쌍 (a, b, c, d, e)의 개수는

$$21 + 20 + 6 + 3 = 50$$

제**3**교시 **수학영역 가형**   문제 ▶ p. 66

<공통>

| 01 ⑤ | 02 ⑤ | 03 ② | | |

<확률과 통계>

| 04 ③ | 05 ① | 06 ② | 07 ⑤ | 08 ② |
| 09 ③ | 10 149 | 11 20 | 12 14 | |

<미적분>

| 13 ④ | 14 ① | 15 ④ | 16 ④ | 17 ① |
| 18 ⑤ | 19 12 | 20 6 | 21 9 | 22 16 |

<기하>

| 23 ① | 24 ④ | 25 ⑤ | 26 ③ | 27 ② |
| 28 ③ | 29 450 | 30 7 | | |

공통

01 삼각함수 사이의 관계   정답 ⑤

$\sin^2\theta + \cos^2\theta = 1$이므로

$\sin^2\theta = 1 - \cos^2\theta = 1 - \left(-\dfrac{1}{2}\right)^2 = \dfrac{3}{4}$ $\left(\because \cos\theta = -\dfrac{1}{2}\right)$

$\therefore \sin\theta = -\dfrac{\sqrt{3}}{2}$ $\left(\because \pi < \theta < \dfrac{3}{2}\pi\right)$

$\therefore \tan\theta = \dfrac{\sin\theta}{\cos\theta} = \sqrt{3}$

02 삼각함수를 포함한 방정식   정답 ⑤

$\tan 2x \sin 2x = \dfrac{3}{2}$이므로

$\dfrac{\sin 2x}{\cos 2x} \times \sin 2x = \dfrac{\sin^2 2x}{\cos 2x} = \dfrac{1 - \cos^2 2x}{\cos 2x} = \dfrac{3}{2}$에서

$2(1 - \cos^2 2x) = 3\cos 2x$, $2\cos^2 2x + 3\cos 2x - 2 = 0$

$(\cos 2x + 2)(2\cos 2x - 1) = 0$

$\therefore \cos 2x = \dfrac{1}{2}$ $(\because -1 \le \cos 2x \le 1)$

이때 $0 \le x \le 2\pi$이므로 다음 그림에서

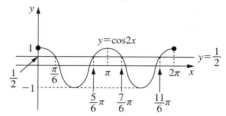

$x = \dfrac{\pi}{6}, \ \dfrac{5}{6}\pi, \ \dfrac{7}{6}\pi, \ \dfrac{11}{6}\pi$

따라서 모든 해의 합은

$\therefore \dfrac{\pi}{6} + \dfrac{5}{6}\pi + \dfrac{7}{6}\pi + \dfrac{11}{6}\pi = 4\pi$

03 로그함수의 그래프의 활용   정답 ②

두 점 $A(1, 0)$, $C(0, 1)$에 대하여 직선 AC의 기울기가 -1이므로 직선 BD의 기울기도 -1이다.

이때 $B(1, a)$이므로 직선 BD의 방정식은

$y - a = -(x - 1)$ $\therefore y = -x + a + 1$

직선 BD가 x축과 만나는 점을 E라 하면 $E(a+1, 0)$이므로

$\overline{AE} = \overline{OE} - \overline{OA} = a + 1 - 1 = a$

즉, 직각삼각형 AED에서 $(\because \overline{AC} \perp \overline{AD}$이므로 $\overline{AD} \perp \overline{DE})$

$\overline{AD} = \overline{AE}\cos\dfrac{\pi}{4} = a \times \dfrac{1}{\sqrt{2}} = \dfrac{a}{\sqrt{2}}$

또한, 직각삼각형 ADB에서 $\overline{BD} = \overline{AD} = \dfrac{a}{\sqrt{2}}$이므로 사다리꼴

ADBC의 넓이는

$\dfrac{1}{2} \times \left(\sqrt{2} + \dfrac{a}{\sqrt{2}}\right) \times \dfrac{a}{\sqrt{2}} = 6$, $a + \dfrac{a^2}{2} = 12$

$a^2 + 2a - 24 = 0$, $(a + 6)(a - 4) = 0$

$\therefore a = 4$ $(\because a > 1)$

즉, $\overline{AE} = 4$이므로 점 D의 x좌표는 $1 + 2 = 3$이고 y좌표는 2이다.

따라서 $\log_b 3 = 2$에서 $b = \sqrt{3}$ $(\because b > 0)$이므로

$\therefore a \times b = 4 \times \sqrt{3} = 4\sqrt{3}$

1 확률과 통계

04 확률의 덧셈정리 정답 ③

확률의 덧셈정리에 의하여

$\mathrm{P}(A^C \cup B)$

$= \mathrm{P}(A^C) + \mathrm{P}(B) - \mathrm{P}(A^C \cap B)$

$= 1 - \mathrm{P}(A) + \mathrm{P}(B) - \mathrm{P}(B - A)$

$= 1 - \mathrm{P}(A) + \mathrm{P}(B) - \{\mathrm{P}(B) - \mathrm{P}(A \cap B)\}$

$= 1 - \mathrm{P}(A) + \mathrm{P}(B) - \mathrm{P}(B) + \mathrm{P}(A \cap B)$

$= 1 - \mathrm{P}(A) + \mathrm{P}(A \cap B)$

$\dfrac{2}{3} = 1 - \mathrm{P}(A) + \dfrac{1}{6}$

$\therefore \mathrm{P}(A) = \dfrac{1}{2}$

> **개념 체크체크**
>
> **확률의 덧셈정리**
>
> 표본공간 S의 두 사건 A, B에 대하여
>
> (1) A 또는 B가 일어날 확률은
>
> $\quad \mathrm{P}(A \cup B) = \mathrm{P}(A) + \mathrm{P}(B) - \mathrm{P}(A \cap B)$
>
> (2) A와 B가 서로 배반사건이면($A \cap B = \varnothing$)
>
> $\quad \mathrm{P}(A \cup B) = \mathrm{P}(A) + \mathrm{P}(B)$

05 조합 정답 ①

서로 이웃하는 검은 바둑돌 2개를 하나의 바둑돌 a로 생각하자.
흰 바둑돌 5개를 일렬로 나열한 후 흰 바둑돌 5개의 사이사이와 양
끝의 6자리 중에서 a를 놓을 한 자리를 택하는 경우의 수는 6
나머지 검은 바둑돌 2개를 어느 검은 바둑돌과도 이웃하지 않도록
나열하려면 a가 놓인 한 자리를 제외한 5자리 중에서 두 자리를 택
해야 하므로 이 경우의 수는 $_5\mathrm{C}_2 = 10$
따라서 구하는 경우의 수는

$\therefore 6 \times 10 = 60$

06 이산확률변수의 평균 정답 ②

확률의 총합은 1이므로

$a + \dfrac{1}{2} + \dfrac{1}{4} + \dfrac{1}{6} = 1 \qquad \therefore a = \dfrac{1}{12}$

따라서

$\mathrm{E}(X) = 0 \times \dfrac{1}{12} + 2 \times \dfrac{1}{2} + 4 \times \dfrac{1}{4} + 6 \times \dfrac{1}{6} = 3$이므로

$\therefore \mathrm{E}(aX) = \mathrm{E}\left(\dfrac{1}{12}X\right) = \dfrac{1}{12}\mathrm{E}(X) = \dfrac{1}{12} \times 3 = \dfrac{1}{4}$

> **개념 체크체크**
>
> **이산확률변수 $aX + b$의 평균, 분산, 표준편차**
>
> 이산확률변수 X와 두 상수 $a(a \neq 0)$, b에 대하여
>
> (1) $\mathrm{E}(aX + b) = a\mathrm{E}(X) + b$
>
> (2) $\mathrm{V}(aX + b) = a^2\mathrm{V}(X)$
>
> (3) $\sigma(aX + b) = |a|\sigma(X)$

07 조건부확률 정답 ⑤

꺼낸 2장의 카드에 적힌 두 수의 합이 홀수인 사건을 X, 주머니 A
에서 꺼낸 카드에 적힌 수가 홀수인 사건을 Y라 하면 구하는 확률은
$\mathrm{P}(Y|X)$이다.
2장의 카드에 적힌 두 수의 합이 홀수이려면 홀수, 짝수가 각각 하나
씩 적힌 카드를 뽑아야 하므로

$\mathrm{P}(X) = \dfrac{3}{5} \times \dfrac{2}{3} + \dfrac{2}{5} \times \dfrac{1}{3} = \dfrac{8}{15}$, $\mathrm{P}(X \cap Y) = \dfrac{3}{5} \times \dfrac{2}{3} = \dfrac{2}{5}$

$\therefore \mathrm{P}(Y|X) = \dfrac{\mathrm{P}(X \cap Y)}{\mathrm{P}(X)} = \dfrac{3}{4}$

08 모평균의 추정 정답 ②

이 도시의 직장인들 중에서 36명을 임의추출하여 조사한 결과 36명
이 하루 동안 도보로 이동한 거리의 총합이 $216\,\mathrm{km}$이었으므로

$36\bar{x} = 216 \qquad \therefore \bar{x} = 6$

또한, 이 도시의 직장인들이 하루 동안 도보로 이동한 거리의 평균
m에 대한 신뢰도 95%의 신뢰구간은

$6 - 1.96 \times \dfrac{\sigma}{\sqrt{36}} \leq m \leq 6 + 1.96 \times \dfrac{\sigma}{\sqrt{36}} \quad \cdots\cdots \ \bigcirc$

이때 주어진 신뢰구간 $a \leq m \leq a + 0.98$에서
$a + (a + 0.98) = 2a + 0.98$이고, $\bigcirc$에서

$\left(6 - 1.96 \times \dfrac{\sigma}{\sqrt{36}}\right) + \left(6 + 1.96 \times \dfrac{\sigma}{\sqrt{36}}\right) = 12$이므로

$2a + 0.98 = 12$, $2a = 11.02 \qquad \therefore a = 5.51$

$(a + 0.98) - a = 0.98$이고, $\bigcirc$에서

$\left(6 + 1.96 \times \dfrac{\sigma}{\sqrt{36}}\right) - \left(6 - 1.96 \times \dfrac{\sigma}{\sqrt{36}}\right) = 2 \times 1.96 \times \dfrac{\sigma}{\sqrt{36}}$

이므로

$0.98 = 2 \times 1.96 \times \dfrac{\sigma}{\sqrt{36}} \qquad \therefore \sigma = 1.5$

$\therefore a + \sigma = 5.51 + 1.5 = 7.01$

방정식 $a+b+c=3n$ …… (*)

을 만족시키는 자연수 a, b, c의 모든 순서쌍 (a, b, c)의 개수는 $\boxed{{}_3H_{3n-3}}$이다.

방정식 (*)을 만족시키는 자연수 a, b, c의 순서쌍 (a, b, c)가 $a>b$ 또는 $a>c$를 만족시키는 사건을 A라 하면 사건 A의 여사건 A^C은 방정식 (*)을 만족시키는 자연수 a, b, c의 순서쌍 (a, b, c)가 $a \le b$와 $a \le c$를 만족시키는 사건이다.

이제 $n(A^C)$의 값을 구하자.

자연수 $k(1 \le k \le n)$에 대하여 $a=k$인 경우, $b \ge k$, $c \ge k$이고 방정식 (*)에 의하여

$k+b+c=3n$　　$\therefore b+c=3n-k$

즉, $b \ge k$, $c \ge k$인 두 자연수 b, c에 대하여 방정식 $b+c=3n-k$를 만족시키는 자연수 a, b, c의 순서쌍 (a, b, c)의 개수는

${}_2H_{(3n-k)-k-k} = \boxed{{}_2H_{3n-3k}}$이므로

$n(A^C) = \sum_{k=1}^{n} \boxed{{}_2H_{3n-3k}}$이다.

따라서 구하는 확률은

$$P(A) = 1 - P(A^C) = \boxed{1 - \frac{\sum\limits_{k=1}^{n} {}_2H_{3n-3k}}{{}_3H_{3n-3}}}$$이다.

따라서

$p = {}_3H_{3 \times 2 - 3} = {}_3H_3 = {}_5C_3 = {}_5C_2 = 10$,

$q = {}_2H_{3 \times 7 - 3 \times 2} = {}_2H_{15} = {}_{16}C_{15} = {}_{16}C_1 = 16$,

$$r = 1 - \frac{\sum\limits_{k=1}^{4} {}_2H_{3 \times 4 - 3k}}{{}_3H_{3 \times 4 - 3}} = 1 - \frac{\sum\limits_{k=1}^{4} {}_2H_{12-3k}}{{}_3H_9}$$

$$= 1 - \frac{{}_2H_{12-3} + {}_2H_{12-6} + {}_2H_{12-9} + {}_2H_{12-12}}{{}_3H_9}$$

$$= 1 - \frac{{}_2H_9 + {}_2H_6 + {}_2H_3 + {}_2H_0}{{}_3H_9}$$

$$= 1 - \frac{{}_{10}C_9 + {}_7C_6 + {}_4C_3 + {}_1C_0}{{}_{11}C_9}$$

$$= 1 - \frac{{}_{10}C_1 + {}_7C_1 + {}_4C_1 + {}_1C_1}{{}_{11}C_2}$$

$$= 1 - \frac{10 + 7 + 4 + 1}{55} = 1 - \frac{2}{5} = \frac{3}{5}$$

$\therefore p \times q \times r = 10 \times 16 \times \dfrac{3}{5} = 96$

조건 (가)에서 $P(X \ge 128) = P(X \le 140)$이므로

$m = \dfrac{128 + 140}{2} = 134$

조건 (나)의 $P(m \le X \le m+10) = P(-1 \le Z \le 0)$에서

$$P(m \le X \le m+10) = P\left(\frac{m-m}{\sigma} \le Z \le \frac{m+10-m}{\sigma} \right)$$

$$= P\left(0 \le Z \le \frac{10}{\sigma} \right)$$

$$= P\left(-\frac{10}{\sigma} \le Z \le 0 \right)$$

$$= P(-1 \le Z \le 0)$$

이므로 $-\dfrac{10}{\sigma} = -1$　　$\therefore \sigma = 10$

즉, 주어진 확률변수 X는 정규분포 $N(134, 10^2)$을 따르고

$Z = \dfrac{X - 134}{10}$라 하면 확률변수 Z는 표준정규분포 $N(0, 1)$을 따르므로

$P(X \ge k) = P\left(Z \ge \dfrac{k-134}{10} \right) = 0.0668$

한편, 주어진 표준정규분포표에서 $P(0 \le Z \le 1.5) = 0.4332$이므로

$P(Z \ge 1.5) = 0.5 - P(0 \le Z \le 1.5) = 0.5 - 0.4332 = 0.0668$

따라서 $\dfrac{k-134}{10} = 1.5$이므로

$k - 134 = 15$　　$\therefore k = 149$

◁ 개념 체크체크 ▷

정규분포의 표준화

$0 < a < b$에 대하여 확률변수 Z가 표준정규분포를 따를 때

(1) $P(a \le Z \le b) = P(0 \le Z \le b) - P(0 \le Z \le a)$

(2) $P(-a \le Z \le 0) = P(0 \le Z \le a)$

(3) $P(Z \ge b) = 0.5 - P(0 \le Z \le b)$

11 집합의 분할
정답 20

9개의 공을 세 상자에 3개씩 나누어 넣을 때, 세 상자 중 어떤 한 상자에 들어 있는 3개의 공에 적힌 수의 합이 나머지 두 상자에 들어 있는 6개의 공에 적힌 수의 합보다 크려면 어떤 한 상자에 들어 있는 공에 적힌 수가 7, 8, 9 또는 6, 8, 9이어야 한다.

(ⅰ) 어떤 한 상자에 들어 있는 공에 적힌 수가 7, 8, 9인 경우
서로 같은 종류의 나머지 두 상자에 6개의 공을 나누어 넣는 경우의 수는

$$_6C_3 \times {}_3C_3 \times \frac{1}{2!} = 20 \times 1 \times \frac{1}{2} = 10$$

(ⅱ) 어떤 한 상자에 들어 있는 공에 적힌 수가 6, 8, 9인 경우
서로 같은 종류의 나머지 두 상자에 6개의 공을 나누어 넣는 경우의 수는

$$_6C_3 \times {}_3C_3 \times \frac{1}{2!} = 20 \times 1 \times \frac{1}{2} = 10$$

(ⅰ), (ⅱ)에서 구하는 경우의 수는

$$\therefore 10 + 10 = 20$$

12 같은 것이 있는 순열
정답 14

점 P를 원점 $(0, 0)$에서 점 $C(9, 7)$로 이동시키려면 점 C의 y좌표가 7이므로 버튼은 총 7번 눌러야 하고, x좌표와 y좌표의 차가 2이므로 버튼 ㉠을 5번, 버튼 ㉡을 2번 눌러야 한다.
즉, 전체 경우의 수는

$$\frac{7!}{5!2!} = 21$$

한편, 점 P를 원점 $(0, 0)$에서 점 $A(5, 5)$를 지나서 점 $C(9, 7)$로 이동시키려면 점 $A(5, 5)$까지는 버튼 ㉠을 5번 누르고, 점 $A(5, 5)$에서 점 $C(9, 7)$까지는 버튼 ㉡을 2번 눌러야 하므로 이 경우의 수는 $1 \times 1 = 1$

또한, 점 P를 원점 $(0, 0)$에서 점 $B(6, 4)$를 지나서 점 $C(9, 7)$로 이동시키려면 점 $B(6, 4)$까지는 버튼 ㉠을 2번, 버튼 ㉡을 2번 누르고, 점 $B(6, 4)$에서 점 $C(9, 7)$까지는 버튼 ㉠을 3번 눌러야 하므로 이 경우의 수는 $\frac{4!}{2!2!} \times 1 = 6$

따라서 구하는 경우의 수는

$$\therefore 21 - 1 - 6 = 14$$

◁개념 체크체크▷

같은 것이 있는 순열

n개 중에서 서로 같은 것이 각각 p개, q개, $\cdots$, r개씩 있을 때, 이들 모두를 일렬로 나열하는 순열의 수는

$$\frac{n!}{p!q! \cdots r!} \quad (단, \ p+q+\cdots+r=n)$$

2 미적분

13 삼각함수의 극한
정답 ④

$$\lim_{x \to 0} \frac{2x \sin x}{1 - \cos x} = \lim_{x \to 0} \frac{2x \sin x (1 + \cos x)}{(1 - \cos x)(1 + \cos x)}$$

$$= \lim_{x \to 0} \frac{2x \sin x (1 + \cos x)}{\sin^2 x} (\because \sin^2 \theta + \cos^2 \theta = 1)$$

$$= \lim_{x \to 0} \frac{2x (1 + \cos x)}{\sin x}$$

$$= 2 \times \lim_{x \to 0} \frac{x}{\sin x} \times \lim_{x \to 0} (1 + \cos x)$$

$$= 2 \times 1 \times 2 = 4$$

◁개념 체크체크▷

삼각함수의 극한

(1) $\lim_{x \to 0} \frac{\sin x}{x} = 1$, $\lim_{x \to 0} \frac{\tan x}{x} = 1$

(2) $\lim_{x \to 0} \frac{\sin ax}{bx} = \frac{a}{b}$, $\lim_{x \to 0} \frac{\tan ax}{bx} = \frac{a}{b}$ (단, $a \neq 0$, $b \neq 0$)

14 역함수의 미분법
정답 ①

$g(3) = a$라 하면 함수 $f(x)$의 역함수가 $g(x)$이므로 $f(a) = 3$

이때 $f(x) = \frac{6x^3}{x^2 + 1}$이므로 $\frac{6a^3}{a^2 + 1} = 3$에서

$3(a^2 + 1) = 6a^3$, $6a^3 - 3a^2 - 3 = 0$

$(a - 1)(6a^2 + 3a + 3) = 0$

$\therefore a = 1 \ (\because 6a^2 + 3a + 3 > 0)$

또한,

$f'(x) = \frac{18x^2(x^2 + 1) - 6x^3 \times 2x}{(x^2 + 1)^2} = \frac{6x^2(x^2 + 3)}{(x^2 + 1)^2}$ 이므로

$f'(1) = 6$

$\therefore g'(3) = \frac{1}{f'(1)} = \frac{1}{6}$

15 두 곡선 사이의 넓이 + 치환적분법
정답 ④

$$\int_1^e \left(\frac{3}{x} - \sqrt{\ln x} \right)^2 dx$$

$$= \int_1^e \left(\frac{9}{x^2} - \frac{6\sqrt{\ln x}}{x} + \ln x \right) dx$$

$$= \int_1^e \frac{9}{x^2} dx - \int_1^e \frac{6\sqrt{\ln x}}{x} dx + \int_1^e \ln x \, dx$$

이때 $\ln x = t$라 하면 $\frac{1}{x} = \frac{dt}{dx}$이고 $x = 1$일 때 $t = 0$, $x = e$일 때

$t = 1$이므로

$$\int_1^e \frac{6\sqrt{\ln x}}{x}dx = \int_0^1 6\sqrt{t}\,dt = \left[4t^{\frac{3}{2}}\right]_0^1 = 4$$

$$\therefore \int_1^e \frac{9}{x^2}dx - \int_1^e \frac{6\sqrt{\ln x}}{x}dx + \int_1^e \ln x\,dx$$

$$= \left[-\frac{9}{x} + x\ln x - x\right]_1^e - 4$$

$$= -\frac{9}{e} - (-10) - 4 = 6 - \frac{9}{e}$$

◁ **개념 체크체크** ▷

치환적분법

미분가능한 함수 $t = g(x)$의 도함수 $g'(x)$가 구간 $[a,\ b]$에서 연속이고 $g(a) = \alpha$, $g(b) = \beta$에 대하여 함수 $f(t)$가 구간 $[\alpha,\ \beta]$에서 연속일 때

$$\int_a^b f(g(x))g'(x)dx = \int_\alpha^\beta f(t)dt$$이다.

이때 적분구간도 반드시 바꾸어 주는 것을 잊지 말고 기억해 두어야 한다.

---

16 함수의 극대·극소   정답 ④

$f(x) = xe^{2x} - (4x + a)e^x$에서

$$f'(x) = e^{2x} + 2xe^{2x} - 4e^x - (4x + a)e^x$$
$$= e^x(e^x + 2xe^x - 4 - 4x - a)$$

이때 함수 $f(x)$가 $x = -\frac{1}{2}$에서 극댓값을 가지므로 $f'\left(-\frac{1}{2}\right) = 0$

이다.

즉, $e^{-\frac{1}{2}}(e^{-\frac{1}{2}} - e^{-\frac{1}{2}} - 4 + 2 - a) = 0$에서

$-2 - a = 0$ $\therefore a = -2$

$\therefore f'(x) = e^x(e^x + 2xe^x - 4x - 2)$

$f'(x) = 0$에서 $e^x + 2xe^x - 4x - 2 = 0$

$(2x + 1)e^x - 2(2x + 1) = 0$, $(2x + 1)(e^x - 2) = 0$

$\therefore x = -\frac{1}{2}$ 또는 $x = \ln 2$

따라서 함수 $f(x)$는 $x = \ln 2$에서 극솟값을 가지므로

$$f(\ln 2) = \ln 2 \times e^{2\ln 2} - (4\ln 2 - 2) \times e^{\ln 2}$$
$$= 4\ln 2 - 2(4\ln 2 - 2) = 4 - 4\ln 2$$

◁ **개념 체크체크** ▷

지수함수의 도함수

(1) $y = e^x$이면 $y' = e^x$

(2) $y = a^x$이면 $y' = a^x \ln a$ (단, $a > 0$, $a \neq 1$)

※ $y' = \lim_{h \to 0} \frac{e^{x+h} - e^x}{h} = e^x \lim_{h \to 0} \frac{e^h - 1}{h} = e^x$

---

17 함수의 몫의 미분법 + 치환적분법   정답 ①

$f(x) = \frac{|x|}{x^2 + 1}$에서 $h(x) = \frac{x}{x^2 + 1}$라 하면

$$h'(x) = \frac{x^2 + 1 - x \times 2x}{(x^2 + 1)^2} = \frac{-x^2 + 1}{(x^2 + 1)^2}$$

$$h''(x) = \frac{-2x(x^2 + 1)^2 - (-x^2 + 1) \times 4x(x^2 + 1)}{(x^2 + 1)^4}$$

$$= \frac{-2x(x^2 + 1)^2 + 4x(x^2 - 1)(x^2 + 1)}{(x^2 + 1)^4}$$

$$= \frac{(x^2 + 1)\{-2x(x^2 + 1) + 4x(x^2 - 1)\}}{(x^2 + 1)^4}$$

$$= \frac{2x^3 - 6x}{(x^2 + 1)^3}$$

$h'(x) = 0$에서 $-x^2 + 1 = 0$, $x^2 = 1$

$\therefore x = -1$ 또는 $x = 1$

$h''(x) = 0$에서 $2x^3 - 6x = 0$, $2x(x + \sqrt{3})(x - \sqrt{3}) = 0$

$\therefore x = -\sqrt{3}$ 또는 $x = 0$ 또는 $x = \sqrt{3}$

즉, 함수 $y = h(x)$의 그래프와 함수 $y = h(|x|) = f(x)$의 그래프는 각각 다음 그림과 같다.

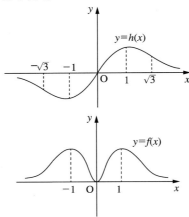

함수 $y = f(x)$의 그래프는 y축에 대하여 대칭이므로 함수

$g(x) = \begin{cases} f(x) & (x < a) \\ f(b - x) & (x \geq a) \end{cases}$에서 $f(b - x) = f(x - b)$,

즉 $g(x) = \begin{cases} f(x) & (x < a) \\ f(x - b) & (x \geq a) \end{cases}$라 할 수 있다.

함수 $y = f(x - b)$의 그래프는 함수 $y = f(x)$의 그래프를 x축의 방향으로 b만큼 평행이동한 것이므로 함수 $g(x)$가 실수 전체의 집합에서 미분가능하려면 $a = -1$, $b = -2$이어야 한다.

따라서 함수 $y = g(x)$의 그래프는 오른쪽 그림과 같으므로

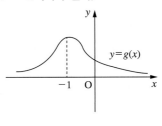

$$\int_a^{a-b} g(x)dx$$

$$= \int_{-1}^1 g(x)dx = \int_1^3 f(x)dx$$

$$= \int_1^3 \frac{|x|}{x^2 + 1}dx = \int_1^3 \frac{x}{x^2 + 1}dx$$

이때 $x^2 + 1 = t$라 하면 $2x = \dfrac{dt}{dx}$이고 $x = 1$일 때 $t = 2$, $x = 3$일

때 $t = 10$이므로

$$\therefore \int_1^3 \frac{x}{x^2+1}\,dx = \frac{1}{2}\int_2^{10}\frac{1}{t}\,dt = \frac{1}{2}\Big[\ln t\Big]_2^{10}$$

$$= \frac{1}{2}\times(\ln 10 - \ln 2) = \frac{1}{2}\ln 5$$

개념 체크체크

함수의 몫의 미분법

미분가능한 두 함수 $f(x)$, $g(x)(g(x)\neq 0)$에 대하여

(1) $y = \dfrac{f(x)}{g(x)}$이면 $y' = \dfrac{f'(x)g(x)-f(x)g'(x)}{\{g(x)\}^2}$

(2) $y = \dfrac{1}{g(x)}$이면 $y' = -\dfrac{g'(x)}{\{g(x)\}^2}$

18 도함수의 활용　　정답 ⑤

ㄱ. $k = 1$일 때, $g(x) = |2\cos x + 1|$이므로 함수 $y = g(x)$의 그래프는 다음 그림과 같다.

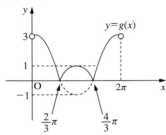

이때 $h(x) = (f \circ g)(x) = f(g(x))$에서

$h'(x) = f'(g(x))g'(x)$이고,

$\displaystyle\lim_{x\to\frac{2}{3}\pi-}g'(x) \neq \lim_{x\to\frac{2}{3}\pi+}g'(x)$이므로

$\displaystyle\lim_{x\to\frac{2}{3}\pi-}h'(x) \neq \lim_{x\to\frac{2}{3}\pi+}h'(x)$

즉, 함수 $h(x)$는 $x = \dfrac{2}{3}\pi$와 $\dfrac{4}{3}\pi$일 때 미분가능하지 않다. (참)

ㄴ. $k = 2$일 때, $g(x) = |2\cos 2x + 1|$이므로 함수 $y = g(x)$의 그래프는 다음 그림과 같다.

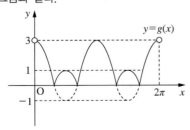

이때 $h(x) = f(g(x)) = 2$에서 $g(x) = t$라 하고 $f(t) = 2$를

만족시키는 t의 값을 구하면 $4\sin\dfrac{\pi}{6}t = 2$에서

$\sin\dfrac{\pi}{6}t = \dfrac{1}{2}$　　$\therefore t = 1$ ($\because 0 \le g(x) \le 3$)

즉, 방정식 $g(x) = 1$의 서로 다른 실근의 개수는 6이므로, 방정식 $h(x) = 2$의 서로 다른 실근의 개수는 6이다. (참)

ㄷ. $k = 1$일 때, 함수 $y = h(x)$의 그래프의 개형과 함수 $y = |h(x)-1|$의 그래프의 개형은 각각 다음 그림과 같으므로 $a_1 = 6$이다.

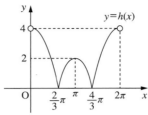 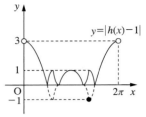

$k = 2$일 때, 함수 $y = h(x)$의 그래프의 개형과 함수 $y = |h(x)-2|$의 그래프의 개형은 각각 다음 그림과 같으므로 $a_2 = 8$이다.

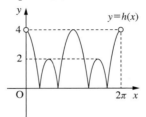 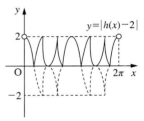

이와 같은 방법으로 $a_3 = 12$, $a_4 = 8$이므로

$$\sum_{k=1}^4 a_k = a_1 + a_2 + a_3 + a_4 = 6 + 8 + 12 + 8 = 34$$ (참)

따라서 옳은 것은 ㄱ, ㄴ, ㄷ이다.

19 지수함수의 도함수　　정답 12

$f(x) = (3x + e^x)^3$에서

$f'(x) = 3(3 + e^x)(3x + e^x)^2$

$\therefore f'(0) = 3 \times 4 \times 1 = 12$

20 매개변수로 나타낸 함수의 미분법　　정답 6

$x = 2\sqrt{2}\sin t + \sqrt{2}\cos t$에서 $\dfrac{dx}{dt} = 2\sqrt{2}\cos t - \sqrt{2}\sin t$,

$y = \sqrt{2}\sin t + 2\sqrt{2}\cos t$에서 $\dfrac{dy}{dt} = \sqrt{2}\cos t - 2\sqrt{2}\sin t$

$$\therefore \frac{dy}{dx} = \frac{\dfrac{dy}{dt}}{\dfrac{dx}{dt}} = \frac{\sqrt{2}\cos t - 2\sqrt{2}\sin t}{2\sqrt{2}\cos t - \sqrt{2}\sin t}$$

위의 식에 $t = \dfrac{\pi}{4}$ 를 대입하면

$$\dfrac{\sqrt{2} \times \dfrac{1}{\sqrt{2}} - 2\sqrt{2} \times \dfrac{1}{\sqrt{2}}}{2\sqrt{2} \times \dfrac{1}{\sqrt{2}} - \sqrt{2} \times \dfrac{1}{\sqrt{2}}} = \dfrac{1-2}{2-1} = -1$$

또한, $x = 2\sqrt{2}\sin t + \sqrt{2}\cos t$, $y = \sqrt{2}\sin t + 2\sqrt{2}\cos t$에

$t = \dfrac{\pi}{4}$ 를 대입하면

$$x = 2\sqrt{2} \times \dfrac{1}{\sqrt{2}} + \sqrt{2} \times \dfrac{1}{\sqrt{2}} = 2 + 1 = 3,$$

$$y = \sqrt{2} \times \dfrac{1}{\sqrt{2}} + 2\sqrt{2} \times \dfrac{1}{\sqrt{2}} = 1 + 2 = 3$$

즉, 주어진 곡선 위의 $t = \dfrac{\pi}{4}$ 에 대응하는 점에서의 접선의 방정식은

$y - 3 = -(x-3)$ $\therefore y = -x + 6$

따라서 접선의 y절편은 6이다.

개념 체크체크

매개변수로 나타낸 평면곡선의 접선의 방정식

평면곡선 $x = f(t)$, $y = g(t)$ 위의 점 P에서의 접선의 방정식은 다음과 같이 구할 수 있다.

(1) 매개변수로 나타낸 함수의 미분법을 이용하여 $\dfrac{dy}{dx}$ 를 구한다.

(2) (1)에서 구한 $\dfrac{dy}{dx}$ 에 점 P의 좌표를 대입하여 접선의 기울기를 구한다.

(3) 점 P의 좌표와 (2)에서 구한 접선의 기울기를 이용하여 접선의 방정식을 구한다.

---

21 삼각함수의 극한의 활용   정답 9

$\overline{AB} = 1$이므로 직각삼각형 ABC에서

$\cos\theta = \dfrac{\overline{AB}}{\overline{AC}} = \dfrac{1}{\overline{AC}}$ $\therefore \overline{AC} = \dfrac{1}{\cos\theta}$

이때 선분 AC를 $4 : 7$로 내분하는 점이 D이므로

$\overline{AD} = \dfrac{1}{\cos\theta} \times \dfrac{4}{11}$, $\overline{CD} = \dfrac{1}{\cos\theta} \times \dfrac{7}{11}$

점 D에서 선분 AB에 내린 수선의 발을 F라 하면

$\overline{AF} = \overline{AD} \times \cos\theta = \dfrac{1}{\cos\theta} \times \dfrac{4}{11} \times \cos\theta = \dfrac{4}{11}$

$\overline{BF} = 1 - \overline{AF} = 1 - \dfrac{4}{11} = \dfrac{7}{11}$

한편, $\angle BCE = \alpha$라 하면 $\angle DBF = \alpha$이므로 두 직각삼각형 DAF, DBF에서 공통변 DF에 대하여

$\overline{DF} = \overline{AF} \times \tan\theta = \overline{BF} \times \tan\alpha$

$\overline{DF} = \dfrac{4}{11} \times \tan\theta = \dfrac{7}{11} \times \tan\alpha$

$\therefore \tan\alpha = \dfrac{4\tan\theta}{7}$ ...... ㉠

또한, $\overline{BC} = \tan\theta$이므로

$\overline{BE} = \tan\theta\sin\alpha$, $\overline{CE} = \tan\theta\cos\alpha$

즉, 삼각형 CEB의 넓이 $S(\theta)$는

$$S(\theta) = \dfrac{1}{2} \times \overline{BE} \times \overline{CE}$$

$$= \dfrac{1}{2} \times \tan\theta\sin\alpha \times \tan\theta\cos\alpha$$

$$= \dfrac{1}{2} \times \tan^2\theta \times \sin\alpha \times \cos\alpha$$

이때 ㉠에서 $\tan\alpha = \dfrac{4\tan\theta}{7}$ 이므로 삼각형으로 나타내면 다음 그림과 같다.

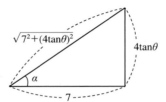

$\sin\alpha = \dfrac{4\tan\theta}{\sqrt{7^2 + (4\tan\theta)^2}} = \dfrac{4\tan\theta}{\sqrt{49 + 16\tan^2\theta}}$,

$\cos\alpha = \dfrac{7}{\sqrt{7^2 + (4\tan\theta)^2}} = \dfrac{7}{\sqrt{49 + 16\tan^2\theta}}$

이므로

$$S(\theta) = \dfrac{1}{2} \times \tan^2\theta \times \sin\alpha \times \cos\alpha$$

$$= \dfrac{1}{2} \times \tan^2\theta \times \dfrac{4\tan\theta}{\sqrt{49 + 16\tan^2\theta}} \times \dfrac{7}{\sqrt{49 + 16\tan^2\theta}}$$

$$= \dfrac{14\tan^3\theta}{49 + 16\tan^2\theta}$$

$$\therefore \lim_{\theta \to 0+} \dfrac{S(\theta)}{\theta^3} = \lim_{\theta \to 0+} \dfrac{\dfrac{14\tan^3\theta}{49 + 16\tan^2\theta}}{\theta^3}$$

$$= \lim_{\theta \to 0+} \left\{ \dfrac{14}{49 + 16\tan^2\theta} \times \left(\dfrac{\tan\theta}{\theta} \right)^3 \right\}$$

$$= \dfrac{14}{49 + 0} \times 1^3 = \dfrac{2}{7}$$

따라서 $p = 7$, $q = 2$이므로 $p + q = 7 + 2 = 9$

22 도함수의 활용 정답 16

$g(x) = \displaystyle\int_0^x \dfrac{f(t)}{|t|+1}dt$ ...... ㉠

㉠의 양변에 $x=0$을 대입하면

$g(0)=0$

이때 조건 (나)에서 모든 실수 x에 대하여 $g(x) \geq 0$이므로

$g'(0)=0$

㉠의 양변을 x에 대하여 미분하면

$g'(x) = \dfrac{f(x)}{|x|+1}$

$g'(0)=0$이므로

$g'(0) = \dfrac{f(0)}{0+1}=0$ $\therefore f(0)=0$

조건 (가)에서 $g'(2)=0$이므로

$g'(2) = \dfrac{f(2)}{|2|+1}=0$ $\therefore f(2)=0$

즉, $f(0)=0$, $f(2)=0$이므로 최고차항의 계수가 1인 삼차함수

$f(x) = x(x-2)(x-a)$ (a는 상수)이다.

$g'(-1) = \dfrac{f(-1)}{|-1|+1} = \dfrac{-(-1-2)(-1-a)}{2}$

$\qquad = \dfrac{-3(a+1)}{2}$ ...... ㉡

이므로 $g'(-1)$의 값이 최대가 되려면 a의 값이 최소가 되어야 한다.
또한, 모든 실수 x에 대하여 $g(x) \geq 0$이므로 함수 $y=f(t)$의 그래프와 t축 및 직선 $t=x$로 둘러싸인 부분의 넓이도 모든 실수 x에 대하여 0보다 크거나 같아야 한다.
즉, 함수 $y=f(t)$의 그래프의 개형은 오른쪽 그림과 같이 $0<a<2$이어야 하고 $g(2) \geq 0$이어야 하므로

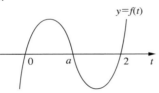

$g(2) = \displaystyle\int_0^2 \dfrac{t(t-2)(t-a)}{t+1}dt$

$\quad = \displaystyle\int_1^3 \dfrac{(t-1)(t-3)(t-1-a)}{t}dt$

$\quad = \displaystyle\int_1^3 \dfrac{(t^2-4t+3)(t-1-a)}{t}dt$

$\quad = \displaystyle\int_1^3 \dfrac{t^3-(5+a)t^2+(7+4a)t-3-3a}{t}dt$

$\quad = \displaystyle\int_1^3 \left\{ t^2-(5+a)t+(7+4a)-\dfrac{3+3a}{t} \right\}dt$

$\quad = \left[\dfrac{1}{3}t^3 - \dfrac{(5+a)}{2}t^2 + (7+4a)t - (3+3a)\ln t \right]_1^3$

$\quad = \dfrac{8}{3}+4a-3\ln3-3a\ln3 \geq 0$

에서 $a(4-3\ln3) \geq 3\ln3 - \dfrac{8}{3}$

$\therefore a \geq \dfrac{9\ln3-8}{3(4-3\ln3)}$

---

a의 최솟값은 $\dfrac{9\ln3-8}{3(4-3\ln3)}$ 이고, ㉡에서 $f(-1)=-3(a+1)$이므로 $a = \dfrac{9\ln3-8}{3(4-3\ln3)}$을 대입하면

$f(-1) = -3 \times \left\{ \dfrac{9\ln3-8}{3(4-3\ln3)}+1 \right\}$

$\qquad = \dfrac{-9\ln3+8}{4-3\ln3}-3 = \dfrac{-4}{4-3\ln3}$

따라서 $m=4$, $n=-4$이므로

$\therefore |m \times n| = |4 \times (-4)| = 16$

③ 기하

23 평면벡터의 내적 정답 ①

$\overrightarrow{OA} = (2, 4)$, $\overrightarrow{BC} = (4-1, 0-1) = (3, -1)$이므로

$\overrightarrow{OA} \cdot \overrightarrow{BC} = (2, 4) \cdot (3, -1)$

$\qquad\qquad = 6+(-4) = 2$

24 포물선의 방정식의 활용 정답 ④

점 $P(a, 6)$이 포물선 $y^2=4x$ 위의 점이므로

$36=4a$ $\therefore a=9$

포물선 $y^2=4x$의 초점 F의 좌표는 $(1, 0)$이고, 오른쪽 그림과 같이 점 P에서 x축에 내린 수선의 발을 H라 하면

$\overline{FH} = 9-1 = 8$

즉, 직각삼각형 PFH에서 피타고라스 정리에 의해

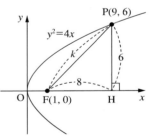

$\overline{PF} = \sqrt{\overline{FH}^2 + \overline{PH}^2}$

$\qquad = \sqrt{8^2+6^2} = \sqrt{100} = 10$

$\therefore k=10$

$\therefore a+k = 9+10 = 19$

다른 풀이

두 점 $P(9, 6)$, $F(1, 0)$ 사이의 거리는

$\overline{PF} = \sqrt{(9-1)^2+6^2} = \sqrt{64+36} = \sqrt{100} = 10$

$\therefore k=10$

1. 포물선의 정의

   평면 위의 한 점, 점 F와 점 F를 지나지 않는 한 점이 직선 l에 이르는 거리가 같은 점들의 집합을 포물선이라 한다.

2. 포물선의 방정식

   (1) 초점이 F$(p,\ 0)$, 준선이 $x=-p$인 포물선의 방정식은
   $$y^2=4px \quad (단,\ p\neq0)$$
   - 꼭짓점의 좌표: $(0,\ 0)$
   - 축의 방정식: $y=0$

   (2) 초점이 F$(0,\ p)$, 준선이 $y=-p$인 포물선의 방정식은
   $$x^2=4py \quad (단,\ p\neq0)$$
   - 꼭짓점의 좌표: $(0,\ 0)$
   - 축의 방정식: $x=0$

---

25 삼수선의 정리   정답 ⑤

오른쪽 그림과 같이 점 P에서 선분 AB에 내린 수선의 발을 C라 하면 삼수선의 정리에 의하여
$$\overline{AB}\perp\overline{CH}$$
또한, 선분 CP는 정삼각형 PAB의 높이이므로
$$\overline{CP}=\frac{\sqrt{3}}{2}\times6=3\sqrt{3}$$

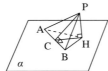

즉, 직각삼각형 PCH에서
$$\overline{CH}=\sqrt{\overline{CP}^2-\overline{PH}^2}=\sqrt{(3\sqrt{3})^2-4^2}=\sqrt{11}$$
따라서 삼각형 HAB의 넓이는
$$\frac{1}{2}\times\overline{AB}\times\overline{CH}=\frac{1}{2}\times6\times\sqrt{11}=3\sqrt{11}$$

---

26 좌표공간에서의 선분의 내분점과 외분점   정답 ③

두 점 A$(2,\ 2,\ 1)$, B$(a,\ b,\ c)$에 대하여 선분 AB를 $1:2$로 내분하는 점을 P라 하면 점 P의 좌표는
$$\left(\frac{1\times a+2\times2}{1+2},\ \frac{1\times b+2\times2}{1+2},\ \frac{1\times c+2\times1}{1+2}\right)$$
$$\therefore\left(\frac{a+4}{3},\ \frac{b+4}{3},\ \frac{c+2}{3}\right)$$
점 P가 y축 위에 있으므로
$$\frac{a+4}{3}=0,\ \frac{c+2}{3}=0 \qquad \therefore a=-4,\ c=-2$$

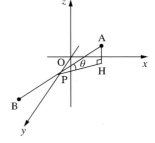

한편, 오른쪽 그림과 같이 점 A에서 xy평면에 내린 수선의 발을 H라 하면 H$(2,\ 2,\ 0)$이고 점 P의 y좌표를 p라 하면 P$(0,\ p,\ 0)$이므로
$$\overline{PH}=\sqrt{(2-0)^2+(2-p)^2+0}$$
$$=\sqrt{4+(2-p)^2}$$
이때 직선 AB와 xy평면이 이루는 각의 크기 θ에 대하여
$$\tan\theta=\frac{\sqrt{2}}{4}$$ 이므로
$$\tan\theta=\frac{\overline{AH}}{\overline{PH}}=\frac{1}{\sqrt{4+(2-p)^2}}=\frac{\sqrt{2}}{4}$$ 에서
$$\sqrt{2\{4+(2-p)^2\}}=4,\ 2\{4+(2-p)^2\}=16$$
$$4+(2-p)^2=8,\ 2-p=\pm2$$
$$\therefore p=0 \text{ 또는 } p=4$$
따라서 $\dfrac{b+4}{3}=0$ 또는 $\dfrac{b+4}{3}=4$이므로
$$b=-4 \text{ 또는 } b=8$$
$$\therefore b=8\ (\because b>0)$$

선분의 내분점과 외분점

좌표공간 위의 두 점 A$(x_1,\ y_1,\ z_1)$, B$(x_2,\ y_2,\ z_2)$에 대하여

(1) 선분 AB를 $m:n(m>0,\ n>0)$으로 내분하는 점 P의 좌표는
$$P\left(\frac{mx_2+nx_1}{m+n},\ \frac{my_2+ny_1}{m+n},\ \frac{mz_2+nz_1}{m+n}\right)$$

(2) 선분 AB를 $m:n(m>0,\ n>0,\ m\neq n)$으로 외분하는 점 Q의 좌표는
$$Q\left(\frac{mx_2-nx_1}{m-n},\ \frac{my_2-ny_1}{m-n},\ \frac{mz_2-nz_1}{m-n}\right)$$

27 쌍곡선의 점근선 정답 ②

쌍곡선 $\dfrac{x^2}{4} - y^2 = 1$의 꼭짓점 중 x좌표가 음수인 점의 좌표는 $(-2,\ 0)$이다.

점 $(3,\ 0)$을 지나고 원 C에 접하는 두 직선이 각각 쌍곡선 $\dfrac{x^2}{4} - y^2 = 1$과 한 점에서만 만나려면 두 직선의 기울기는 각각 쌍곡선의 점근선의 기울기와 같아야 한다.

쌍곡선 $\dfrac{x^2}{4} - y^2 = 1$의 점근선의 방정식은 $y = \pm \dfrac{1}{2}x$이고,

이때 두 직선이 점 $(3,\ 0)$을 지나므로 두 직선의 방정식은 각각

$y = \dfrac{1}{2}(x-3)$, $y = -\dfrac{1}{2}(x-3)$이다.

두 직선이 원 C에 접하므로 원 C의 반지름의 길이는 원 C의 중심 $(-2,\ 0)$과 직선 $y = \dfrac{1}{2}(x-3)$, 즉 $x - 2y - 3 = 0$ 사이의 거리와 같다.

$\therefore$ (원 C의 반지름의 길이) $= \dfrac{|-2 \times 1 + 0 - 3|}{\sqrt{1^2 + (-2)^2}} = \sqrt{5}$

> **개념 체크체크**
>
> **점과 직선 사이의 거리**
>
> 직선 $ax + by + c = 0$과 점 $(x_1,\ y_1)$ 사이의 거리는
>
> $$\dfrac{|ax_1 + by_1 + c|}{\sqrt{a^2 + b^2}}$$

28 점과 평면 사이의 거리 정답 ③

직선과 평면 사이의 거리가 일정하므로 직선과 평면은 평행하다.

즉, 직선 $\dfrac{x-a}{a} = 3 - y = \dfrac{z}{b}$의 방향벡터 $(a,\ -1,\ b)$와 평면 $2x - 2y + z = 0$의 법선벡터 $(2,\ -2,\ 1)$이 수직이므로

$(a,\ -1,\ b) \cdot (2,\ -2,\ 1) = 0$

$2a + 2 + b = 0 \qquad \therefore 2a + b = -2 \qquad \cdots\cdots\ \text{㉠}$

또한, $\dfrac{x-a}{a} = 3 - y = \dfrac{z}{b} = t(t\text{는 상수})$라 하면 직선

$\dfrac{x-a}{a} = 3 - y = \dfrac{z}{b}$ 위의 임의의 점의 좌표는

$(at+a,\ -t+3,\ bt)$

이때 직선 $\dfrac{x-a}{a} = 3 - y = \dfrac{z}{b}$와 평면 $2x - 2y + z = 0$ 사이의 거리가 4이므로 점 $(at+a,\ -t+3,\ bt)$와 평면 $2x - 2y + z = 0$ 사이의 거리도 4이다.

즉, $\dfrac{|2(at+a) - 2(-t+3) + bt|}{\sqrt{2^2 + (-2)^2 + 1^2}} = 4$에서

$|(2a+b+2)t + 2a - 6| = 12$, $|2a-6| = 12\ (\because \text{㉠})$

$2a - 6 = \pm 12 \qquad \therefore a = 9\ (\because a > 0)$

$a = 9$를 ㉠에 대입하면

$2 \times 9 + b = -2 \qquad \therefore b = -20$

$\therefore a - b = 9 - (-20) = 29$

> **개념 체크체크**
>
> **점과 평면 사이의 거리**
>
> 평면 $ax + by + cz + d = 0$과 점 $(x_1,\ y_1,\ z_1)$ 사이의 거리는
>
> $$\dfrac{|ax_1 + by_1 + cz_1 + d|}{\sqrt{a^2 + b^2 + c^2}}$$

29 삼각함수의 덧셈정리 + 정사영 정답 450

점 B에서 선분 MN에 내린 수선의 발을 P, 모서리 CD에 내린 수선의 발을 Q라 하자.

오른쪽 그림과 같이 직각삼각형 ABQ에서

$\overline{AQ} = \dfrac{\sqrt{3}}{2} \times 6 = 3\sqrt{3}$,

$\overline{BQ} = \sqrt{\overline{BC}^2 - \overline{CQ}^2}$

$\quad = \sqrt{(3\sqrt{10})^2 - 3^2} = \sqrt{81} = 9$이므로

$\overline{AB} = \sqrt{\overline{BQ}^2 - \overline{AQ}^2}$

$\quad = \sqrt{9^2 - (3\sqrt{3})^2} = \sqrt{54} = 3\sqrt{6}$

또한, 삼각형 BMN과 평면 BCD가 이루는 각의 크기를 θ라 하면 $\angle QBP = \theta$이고, $\angle PBA = \beta$, $\angle QBA = \alpha$라 하면 $\theta = \alpha - \beta$이다.

이때

$\tan\alpha = \dfrac{\overline{AQ}}{\overline{AB}} = \dfrac{3\sqrt{3}}{3\sqrt{6}} = \dfrac{1}{\sqrt{2}}$,

$\tan\beta = \dfrac{\overline{AP}}{\overline{AB}} = \dfrac{\dfrac{3\sqrt{3}}{2}}{3\sqrt{6}} = \dfrac{1}{2\sqrt{2}}$이므로

$\tan\theta = \tan(\alpha - \beta)$

$\quad = \dfrac{\tan\alpha - \tan\beta}{1 + \tan\alpha\tan\beta}$

$\quad = \dfrac{\dfrac{1}{\sqrt{2}} - \dfrac{1}{2\sqrt{2}}}{1 + \dfrac{1}{\sqrt{2}} \times \dfrac{1}{2\sqrt{2}}} = \dfrac{\sqrt{2}}{5}$

$\tan\theta = \dfrac{\sqrt{2}}{5}$ 일 때 삼각형으로 나타내면 다음 그림과 같으므로

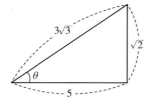

$\cos\theta = \dfrac{5}{3\sqrt{3}}$

한편, 정삼각형 ACD의 한 변의 길이가 6이고 두 모서리 AC, AD의 중점이 각각 M, N이므로

$\overline{MN} = 3$

직각삼각형 ABP에서

$\overline{BP} = \sqrt{\overline{AB}^2 + \overline{AP}^2}$

$= \sqrt{(3\sqrt{6})^2 + \left(\dfrac{3\sqrt{3}}{2}\right)^2}$

$= \sqrt{\dfrac{243}{4}} = \dfrac{9\sqrt{3}}{2}$

즉, 삼각형 BMN의 넓이는

$\dfrac{1}{2} \times \overline{MN} \times \overline{BP} = \dfrac{1}{2} \times 3 \times \dfrac{9\sqrt{3}}{2} = \dfrac{27\sqrt{3}}{4}$

따라서 정사영의 넓이 S는

$S = \dfrac{27\sqrt{3}}{4} \times \cos\theta = \dfrac{27\sqrt{3}}{4} \times \dfrac{5}{3\sqrt{3}} = \dfrac{45}{4}$

$\therefore 40 \times S = 40 \times \dfrac{45}{4} = 450$

◀개념 체크체크▶

정사영의 넓이

평면 α 위의 도형의 넓이를 S, 이 도형의 평면 β 위로의 정사영의 넓이를 S'이라 하고, 두 평면 α, β가 이루는 예각의 크기를 θ라 하면

$S' = S\cos\theta$

---

30 공간벡터의 내적의 활용   정답 7

구 $C : x^2 + y^2 + (z+2)^2 = 2$의 중심을 M이라 하면 $M(0, 0, -2)$이고, 점 $A(0, 3, 3)$에 대하여 $\overrightarrow{AQ} = 2$를 만족시키는 점 Q는 중심이 A이고 반지름의 길이가 2인 구 위의 점이므로 두 구를 yz평면 위에 나타내면 다음 그림과 같다.

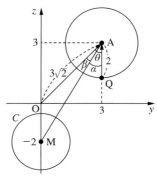

$\overrightarrow{OA} \cdot \overrightarrow{QA} = 3\sqrt{6}$ 에서 두 벡터 $\overrightarrow{OA}$, $\overrightarrow{QA}$ 가 이루는 각의 크기를 $\theta\left(0 < \theta < \dfrac{\pi}{2}\right)$라 하면

$|\overrightarrow{OA}| \times |\overrightarrow{QA}| \times \cos\theta = 3\sqrt{6}$, $3\sqrt{2} \times 2 \times \cos\theta = 3\sqrt{6}$

$\cos\theta = \dfrac{\sqrt{3}}{2}$ $\therefore \theta = \dfrac{\pi}{6}$

또한,

$\overrightarrow{AP} \cdot \overrightarrow{AQ} = (\overrightarrow{AM} + \overrightarrow{MP}) \cdot \overrightarrow{AQ}$

$= \overrightarrow{AM} \cdot \overrightarrow{AQ} + \overrightarrow{MP} \cdot \overrightarrow{AQ}$

에서 두 벡터 $\overrightarrow{AM}$, $\overrightarrow{AQ}$ 가 이루는 각의 크기를 $\alpha\left(0 < \alpha < \dfrac{\pi}{2}\right)$라 하면

$\overrightarrow{AP} \cdot \overrightarrow{AQ} = \overrightarrow{AM} \cdot \overrightarrow{AQ} + \overrightarrow{MP} \cdot \overrightarrow{AQ}$

$= |\overrightarrow{AM}| \times |\overrightarrow{AQ}| \times \cos\alpha + |\overrightarrow{MP}| \times |\overrightarrow{AQ}| \times \cos 0°$

$= |(0, -3, -5)| \times 2 \times \cos\alpha + \sqrt{2} \times 2 \times 1$

$= \sqrt{34} \times 2 \times \cos\alpha + \sqrt{2} \times 2 \times 1$

$= 2\sqrt{34}\cos\alpha + 2\sqrt{2}$ ...... ㉠

즉, $\cos\alpha$의 값이 최대일 때 $\overrightarrow{AP} \cdot \overrightarrow{AQ}$가 최댓값을 갖는다.

두 벡터 $\overrightarrow{OA}$, $\overrightarrow{MA}$가 이루는 각의 크기를 $\beta\left(0 < \beta < \dfrac{\pi}{2}\right)$라 하면

$\alpha = \dfrac{\pi}{6} - \beta$이므로

$\cos\alpha = \cos\left(\dfrac{\pi}{6} - \beta\right) = \cos\dfrac{\pi}{6}\cos\beta + \sin\dfrac{\pi}{6}\sin\beta$

$= \dfrac{\sqrt{3}}{2}\cos\beta + \dfrac{1}{2}\sin\beta$ ...... ㉡

이때 $\overrightarrow{OA} = (0, 3, 3)$, $\overrightarrow{MA} = (0, 3, 5)$이므로

$\overrightarrow{OA} \cdot \overrightarrow{MA} = (0, 3, 3) \cdot (0, 3, 5)$

$= 0 + 9 + 15 = 24$ ...... ㉢

$|\overrightarrow{OA}| = 3\sqrt{2}$, $\sqrt{|\overrightarrow{MA}|} = \sqrt{34}$ 이므로

$\overrightarrow{OA} \cdot \overrightarrow{MA} = |\overrightarrow{OA}| \times |\overrightarrow{MA}| \times \cos\beta = 3\sqrt{2} \times \sqrt{34} \times \cos\beta$

$= 6\sqrt{17}\cos\beta$ ...... ㉣

㉢=㉣에서

$24 = 6\sqrt{17}\cos\beta$이므로

$\cos\beta = \dfrac{4}{\sqrt{17}}$

$\cos\beta = \dfrac{4}{\sqrt{17}}$ 일 때 삼각형으로 나타내면 다음 그림과 같으므로

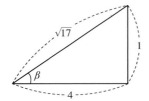

$\sin\beta = \dfrac{1}{\sqrt{17}}$

즉, ⓒ에서

$\cos\alpha = \dfrac{\sqrt{3}}{2}\cos\beta + \dfrac{1}{2}\sin\beta$

$\quad\quad = \dfrac{\sqrt{3}}{2} \times \dfrac{4}{\sqrt{17}} + \dfrac{1}{2} \times \dfrac{1}{\sqrt{17}}$

$\quad\quad = \dfrac{4\sqrt{3}+1}{2\sqrt{17}}$

㉠에서

$\overrightarrow{\text{AP}} \cdot \overrightarrow{\text{AQ}} = 2\sqrt{34}\cos\alpha + 2\sqrt{2}$

$\quad\quad\quad\quad\quad = 2\sqrt{34} \times \dfrac{4\sqrt{3}+1}{2\sqrt{17}} + 2\sqrt{2}$

$\quad\quad\quad\quad\quad = \sqrt{2}(4\sqrt{3}+1) + 2\sqrt{2}$

$\quad\quad\quad\quad\quad = 3\sqrt{2} + 4\sqrt{6}$

따라서 $p=3$, $q=4$이므로

$\therefore p+q = 3+4 = 7$

《 개념 체크체크 》

공간벡터의 내적의 성질

서로 같은 세 공간벡터 $\vec{a}$, $\vec{b}$, $\vec{c}$에 대하여

(1) $\vec{a} \cdot \vec{b} = \vec{b} \cdot \vec{a}$

(2) $(k\vec{a}) \cdot \vec{b} = \vec{a} \cdot (k\vec{b}) = k(\vec{a} \cdot \vec{b})$ (단, k는 실수)

(3) $\vec{a} \cdot (\vec{b}+\vec{c}) = \vec{a} \cdot \vec{b} + \vec{a} \cdot \vec{c}$

제3교시 수학영역 나형

문제 ▸ p. 75

<공통>

01 ①	02 ①	03 ③	04 ⑤	05 ②
06 ⑤	07 ③	08 ④	09 ②	10 ⑤
11 375	12 30	13 50	14 17	15 21

<확률과 통계>

16 ③	17 ②	18 ④	19 ②	20 ⑤
21 ③	22 25	23 81		

<미적분>

24 ①	25 23			

<기타>

26 ④	27 ④	28 ①	29 ⑤	30 7

공통

01 지수법칙 　　정답 ①

$$\sqrt[3]{36}\times\left(\sqrt[3]{\dfrac{2}{3}}\right)^2=(2\times3)^{\frac{2}{3}}\times\left(\dfrac{2}{3}\right)^{\frac{2}{3}}$$
$$=2^{\frac{2}{3}+\frac{2}{3}}\times3^{\frac{2}{3}-\frac{2}{3}}=2^{\frac{4}{3}}\text{이므로}$$
$$\therefore a=\dfrac{4}{3}$$

02 함수의 그래프와 극한값의 계산 　　정답 ①

$$\lim_{x\to-1+}f(x)+\lim_{x\to0-}f(x)=1+0=1$$

03 등비수열 　　정답 ③

6, a, 15, b가 이 순서대로 등비수열을 이루므로 이 등비수열의 공비를 r라고 하면
$a=6r$
$15=6r^2$
$b=6r^3$
$$\therefore \dfrac{b}{a}=\dfrac{6r^3}{6r}=r^2=\dfrac{15}{6}=\dfrac{5}{2}$$

다른 풀이

6, a, 15, b가 이 순서대로 등비수열을 이루므로
$a^2=6\times15=90$
$15^2=a\times b$에서 $ab=225$
$$\therefore \dfrac{b}{a}=\dfrac{ab}{a^2}=\dfrac{225}{90}=\dfrac{5}{2}$$

개념 체크체크

1. 등비수열의 일반항
   첫째항이 a이고 공비가 r인 등비수열의 일반항은
   $a_n=ar^{n-1}$
2. 등비중항
   0이 아닌 세 수 a, b, c가 이 순서대로 등비수열을 이룰 때, b를 a와 c의 등비중항이라 한다.
   이때 $b^2=ac$, 즉 $b=\pm\sqrt{ac}$ 이다.

04 미분계수의 정의 + 곱의 미분법 　　정답 ⑤

$\lim\limits_{h\to0}\dfrac{f(1+h)-3}{h}=2$에서 $h\to0$일 때 극한값이 존재하고
(분모)가 0이므로 (분자)가 0이어야 한다.
즉, $\lim\limits_{h\to0}\{f(1+h)-3\}=f(1)-3=0$에서 $f(1)=3$
$\lim\limits_{h\to0}\dfrac{f(1+h)-3}{h}=\lim\limits_{h\to0}\dfrac{f(1+h)-f(1)}{h}=f'(1)$이므로
$f'(1)=2$
따라서 $g(x)=(x+2)f(x)$에서
$g'(x)=f(x)+(x+2)f'(x)$이므로
$$\therefore g'(1)=f(1)+(1+2)f'(1)$$
$$=3+3\times2=3+6=9$$

05 두 곡선 사이의 넓이 　　정답 ②

두 곡선 $y=x^2$, $y=(x-4)^2$의 교점의 x좌표는 방정식 $x^2=(x-4)^2$의 해이다.
$x^2=x^2-8x+16$에서 $8x=16$
$\therefore x=2$
$$S_1=\int_0^2\{(x-4)^2-x^2\}dx$$
$$=\int_0^2(-8x+16)dx$$
$$=\left[-4x^2+16x\right]_0^2$$
$$=-16+32=16$$

$$S_2 = \int_2^4 \{x^2 - (x-4)^2\}dx$$
$$= \int_2^4 (8x-16)dx$$
$$= \left[4x^2 - 16x\right]_2^4$$
$$= (64-64)-(16-32) = 16$$
$$\therefore S_1 + S_2 = 16 + 16 = 32$$

06 새로운 형태로 정의된 함수의 연속   정답 ⑤

함수 $(x-a)f(x) = \begin{cases} a(x-a) & (x<1) \\ (x-a)(x+3) & (x \geq 1) \end{cases}$ 이 모든 실수에서 연

속이려면 $x=1$에서 연속이어야 하므로

$$\lim_{x \to 1^-}(x-a)f(x) = \lim_{x \to 1^+}(x-a)f(x)$$
$$\lim_{x \to 1^-}a(x-a) = \lim_{x \to 1^+}(x-a)(x+3)$$
$$a(1-a) = 4(1-a), \quad a-a^2 = 4-4a$$
$$a^2 - 5a + 4 = 0, \quad (a-1)(a-4) = 0$$
$$\therefore a=1 \text{ 또는 } a=4$$

따라서 모든 실수 a의 값의 합은

$$\therefore 1+4 = 5$$

07 수열의 귀납적 정의   정답 ③

$$a_1 = 4$$
$$a_2 = \frac{4}{2-4} = -2 \ (a_1 = 4 > 2)$$
$$a_3 = -2 + 2 = 0 \ (a_2 = -2 \leq 2)$$
$$a_4 = 0 + 2 = 2 \ (a_3 = 0 \leq 2)$$
$$a_5 = 2 + 2 = 4 \ (a_4 = 2 \leq 2)$$
$$\vdots$$
$$\therefore a_n = \begin{cases} 4 & (n=4k-3) \\ -2 & (n=4k-2) \\ 0 & (n=4k-1) \\ 2 & (n=4k) \end{cases} \quad (k\text{는 자연수})$$

$a_1 + a_2 + a_3 + a_4 = 4$이므로

$$(a_1 + a_2 + a_3 + a_4) + (a_5 + a_6 + a_7 + a_8) + a_9 = 12$$

따라서 $\sum\limits_{k=1}^{m} a_k = 12$를 만족시키는 자연수 m의 최솟값은 9이다.

08 로그의 여러 가지 성질   정답 ④

$9^a = 2^{\frac{1}{b}}$에서 $9^{ab} = 2$이므로

$$ab = \log_9 2 = \frac{1}{2}\log_3 2$$
$$(a+b)^2 = \log_3 64 = 6\log_3 2$$
$$(a-b)^2 = (a+b)^2 - 4ab$$
$$= 6\log_3 2 - 2\log_3 2 = 4\log_3 2$$

따라서

$$\left(\frac{a-b}{a+b}\right)^2 = \frac{(a-b)^2}{(a+b)^2} = \frac{4\log_3 2}{6\log_3 2} = \frac{2}{3}\text{이므로}$$

$$\therefore \frac{a-b}{a+b} = \sqrt{\frac{2}{3}} = \frac{\sqrt{2}}{\sqrt{3}} = \frac{\sqrt{6}}{3}$$

09 도함수의 최대 · 최소의 활용   정답 ②

두 조건 (가), (나)를 모두 만족시키려면 두 직선 $y=a$, $y=2a$에 대하여 최고차항의 계수가 1인 사차함수 $y=f(x)$의 그래프의 개형과 함수 $y=g(x)$의 그래프의 개형은 다음 그림과 같아야 한다.

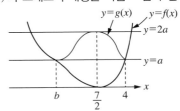

$f(x) = (x-b)^3(x-4) + a$ (b는 상수)라 할 수 있으므로

$$f'(x)=3(x-b)^2(x-4)+(x-b)^3=(x-b)^2(4x-12-b)$$

$f'(x)=0$에서 $x=b$ 또는 $x=\dfrac{12+b}{4}$

이때 조건 (나)에 의하여 $\dfrac{12+b}{4}=\dfrac{7}{2}$이어야 하므로

$b=2$

$\therefore f(x)=(x-2)^3(x-4)+a$

또한, $f(x)<a$일 때

$g(x)-f(x)=\{2a-f(x)\}-f(x)=2a-2f(x)$이고,

$x=\dfrac{7}{2}$에서 최댓값 $2a$를 가지므로 $2a-2f\left(\dfrac{7}{2}\right)=2a$,

즉, $a-f\left(\dfrac{7}{2}\right)=a$에서

$f\left(\dfrac{7}{2}\right)=0$

$\left(\dfrac{7}{2}-2\right)^3\left(\dfrac{7}{2}-4\right)+a=0 \qquad \therefore a=\dfrac{27}{16}$

따라서 $f(x)=(x-2)^3(x-4)+\dfrac{27}{16}$이므로

$\therefore f\left(\dfrac{5}{2}\right)=\left(\dfrac{5}{2}-2\right)^3\left(\dfrac{5}{2}-4\right)+\dfrac{27}{16}=\dfrac{3}{2}$

◁ 개념 체크체크 ▷

도함수의 활용 – 함수의 그래프
함수 $f(x)$의 도함수 $f'(x)$의 부호를 조사하여 함수 $f(x)$의 증가와 감소를 파악하고, 이를 통해 극대·극소 또는 최대·최소를 찾아 함수 $y=f(x)$의 그래프의 개형을 그려 문제를 해결한다.

---

10 함수의 미분가능과 연속 　　　　정답 ⑤

ㄱ. $a=1$일 때, 함수 $g(x)$가 실수 전체의 집합에서 연속이므로
$$\lim_{x\to-1-}g(x)=\lim_{x\to-1+}g(x),\ \lim_{x\to1-}g(x)=\lim_{x\to1+}g(x)$$
이어야 한다.
$$\lim_{x\to-1-}g(x)=\lim_{x\to-1+}g(x)$$에서 $-m+n=-27$ …… ㉠
$$\lim_{x\to1-}g(x)=\lim_{x\to1+}g(x)$$에서 $m+n=-1$ …… ㉡
㉠, ㉡을 연립하여 풀면
$m=13$ (참)

ㄴ. 함수 $g(x)$가 실수 전체의 집합에서 연속이므로
$$\lim_{x\to-a-}g(x)=\lim_{x\to-a+}g(x),\ \lim_{x\to a-}g(x)=\lim_{x\to a+}g(x)$$
이어야 하고, $x=a$에서 미분가능하므로
$$\lim_{x\to a-}g'(x)=\lim_{x\to a+}g'(x)$$이어야 한다.
$$\lim_{x\to-a-}g(x)=\lim_{x\to-a+}g(x)$$에서 $-am+n=(-a-2)^3$ … ㉢
$$\lim_{x\to a-}g(x)=\lim_{x\to a+}g(x)$$에서 $am+n=(a-2)^3$ …… ㉣
$$\lim_{x\to a-}g'(x)=\lim_{x\to a+}g'(x)$$에서 $m=3(a-2)^2$ …… ㉤

㉤을 ㉢, ㉣에 각각 대입하면
$$-a\{3(a-2)^2\}+n=(-a-2)^3,\ a\{3(a-2)^2\}+n=(a-2)^3$$
위의 두 식을 연립하여 풀면
$a=6$, $n=-224$
$\therefore m=3(6-2)^2=48$ (참)

ㄷ. $f(x)=(x-2)^3$에서 $f(a)=(a-2)^3$이고,
ㄴ의 ㉣에서 $am+n=(a-2)^3$이므로
$f(a)=(a-2)^3=am+n$
$f(a)-2af'(a)>n-ma$에 대입하면
$am+n-2af'(a)>n-ma$ $\quad\therefore m>f'(a)$
이때 ㄴ에서 $x=6$일 때 $m=48$, 즉 $48=f'(6)$이고
$x=5$일 때 $m=\dfrac{27-(-343)}{5-(-5)}=37$,
$f'(5)=27$이므로 $m>f'(a)$이다.
이와 같은 방법으로 하면 $m>f'(a)$를 만족시키는 자연수 a의 개수는 1, 2, 3, 4, 5의 5이다. (참)
따라서 옳은 것은 ㄱ, ㄴ, ㄷ이다.

◁ 개념 체크체크 ▷

함수의 미분가능과 연속
(1) 함수 $f(x)$가 $x=a$에서 미분가능하면 함수 $f(x)$는 $x=a$에서 연속이다.
(2) 함수 $f(x)=\begin{cases}g(x) & (x<a)\\ h(x) & (x\geq a)\end{cases}$가 $x=a$에서 미분가능하면 함수 $f(x)$는 다음이 성립한다.
① $x=a$에서 연속이다.
② $x=a$에서 미분계수가 존재한다.

---

11 자연수의 거듭제곱의 합 　　　　정답 375

곡선 $y=x^2$에 대하여 두 점 A_n, B_n은 각각 오른쪽 그림과 같으므로

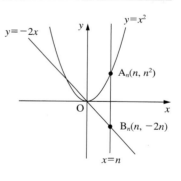

$$\sum_{n=1}^{9}\overline{A_nB_n}$$
$$=\sum_{n=1}^{9}\{n^2-(-2n)\}$$
$$=\sum_{n=1}^{9}(n^2+2n)$$
$$=\dfrac{9\times10\times19}{6}+2\times\dfrac{9\times10}{2}$$
$$=285+90=375$$

자연수의 거듭제곱의 합

(1) $\displaystyle\sum_{k=1}^{n}k=1+2+3+\cdots+n=\dfrac{n(n+1)}{2}$

(2) $\displaystyle\sum_{k=1}^{n}k^2=1^2+2^2+3^2+\cdots+n^2=\dfrac{n(n+1)(2n+1)}{6}$

(3) $\displaystyle\sum_{k=1}^{n}k^3=1^3+2^3+3^3+\cdots+n^3=\left\{\dfrac{n(n+1)}{2}\right\}^2$

1. 함수의 극한과 미정계수의 결정

두 함수 $f(x)$, $g(x)$에서 $\displaystyle\lim_{x\to a}\dfrac{f(x)}{g(x)}$의 값이 존재할 때

$\displaystyle\lim_{x\to a}g(x)=0$이면 $\displaystyle\lim_{x\to a}f(x)=0$임을 이용하여 미정계수를 구한다.

2. 미분계수의 정의

함수 $y=f(x)$의 $x=a$에서의 미분계수는

$f'(a)=\displaystyle\lim_{h\to 0}\dfrac{f(a+h)-f(a)}{h}=\lim_{x\to a}\dfrac{f(x)-f(a)}{x-a}$

12 함수의 극한과 미정계수의 결정 + 미분계수의 정의 　정답 30

$\displaystyle\lim_{x\to 0}\dfrac{f(x)}{x}$에서 x가 0일 때, 극한값이 존재하고 (분모)가 0이므로 (분자)가 0이어야 한다.

$\therefore f(0)=0$

또한, $\displaystyle\lim_{x\to 0}\dfrac{f(x)}{x}=f'(0)$ ······ ㉠

$\displaystyle\lim_{x\to 1}\dfrac{f(x)-x}{x-1}$에서 x가 1일 때, 극한값이 존재하고 (분모)가 0이므로 (분자)가 0이어야 한다.

$\therefore f(1)=1$

또한,

$\displaystyle\lim_{x\to 1}\dfrac{f(x)-x}{x-1}=\lim_{x\to 1}\dfrac{f(x)-f(1)+f(1)-x}{x-1}$

$\displaystyle\qquad=\lim_{x\to 1}\left\{\dfrac{f(x)-f(1)}{x-1}-\dfrac{x-f(1)}{x-1}\right\}$

$\displaystyle\qquad=\lim_{x\to 1}\left\{\dfrac{f(x)-f(1)}{x-1}-\dfrac{x-1}{x-1}\right\}\ (\because f(1)=1)$

$\displaystyle\qquad=f'(1)-1$ ······ ㉡

㉠＝㉡이므로

$f'(0)=f'(1)-1$

한편, 이차함수 $f(x)$가 $f(0)=0$이므로 $f(x)=ax^2+bx$라 하면 $f(1)=1$에서

$a+b=1$

$f'(x)=2ax+b$이므로 $f'(0)=f'(1)-1$에서

$b=(2a+b)-1$ 　　$\therefore a=\dfrac{1}{2}$

$a=\dfrac{1}{2}$을 $a+b=1$에 대입하면

$b=\dfrac{1}{2}$

따라서 $f'(x)=x+\dfrac{1}{2}$이므로

$f'(0)=\dfrac{1}{2}$

$\therefore 60\times f'(0)=60\times\dfrac{1}{2}=30$

13 정적분으로 정의된 함수 　정답 50

$\displaystyle\int_1^x (2x-1)f(t)\,dt=x^3+ax+b$ ······ ㉠

㉠의 양변에 $x=1$을 대입하면

$0=1+a+b$ 　　$\therefore a+b=-1$

㉠에서 $\displaystyle(2x-1)\int_1^x f(t)\,dt=x^3+ax+b$이므로 양변을 x에 대하여 미분하면

$\displaystyle 2\int_1^x f(t)\,dt+(2x-1)f(x)=3x^2+a$ ······ ㉡

㉡의 양변에 $x=1$을 대입하면

$f(1)=3+a$

㉡의 양변을 x에 대하여 미분하면

$2f(x)+2f(x)+(2x-1)f'(x)=6x$

$\therefore 4f(x)+(2x-1)f'(x)=6x$ ······ ㉢

한편, $\displaystyle(2x-1)\int_1^x f(t)\,dt=x^3+ax+b$에서 좌변도 삼차식이어야

하므로 $\displaystyle\int_1^x f(t)\,dt$는 이차식, 즉 $f(t)$는 일차식이어야 한다.

$f(x)=mx+n$ (m, n은 상수)이라 하면 $f'(x)=m$이므로 ㉢에서

$4(mx+n)+m(2x-1)=6x$

$6mx-m+4n=6x$

이때 항등식의 성질에 의하여

$m=1,\ n=\dfrac{1}{4}$

따라서 $f(x)=x+\dfrac{1}{4}$이므로

$f(1)=1+\dfrac{1}{4}=\dfrac{5}{4}$

$\therefore 40\times f(1)=40\times\dfrac{5}{4}=50$

14 수열의 귀납적 정의 정답 17

$a_n < 0$인 자연수 n의 최솟값이 m이므로

$a_2 = a_1 - d,\ a_3 = a_1 - 2d,\ a_4 = a_1 - 3d,\ \cdots$

$a_{m-2} = a_1 - (m-3)d,\ a_{m-1} = a_1 - (m-2)d,$

$a_m = a_1 - (m-1)d,\ a_{m+1} = a_1 - (m-2)d,\ \cdots$

조건 (가)에서 $a_{m-2} + a_{m-1} + a_m = 3$이므로

$\{a_1 - (m-3)d\} + \{a_1 - (m-2)d\} + \{a_1 - (m-1)d\} = 3$

$3a_1 - (3m-6)d = 3 \qquad \therefore a_1 - (m-2)d = 1 \ \cdots\cdots$ ㉠

조건 (나)에서 $a_1 + a_{m-1} = -9(a_m + a_{m+1})$이므로

$a_1 + \{a_1 - (m-2)d\} = -9[\{a_1 - (m-1)d\} + \{a_1 - (m-2)d\}]$

$a_1 + a_1 - (m-2)d = -9\{2a_1 - (2m-3)d\}$

㉠을 대입하면

$a_1 + 1 = -9(2-d) \qquad \therefore a_1 + 1 = -18 + 9d \ \cdots\cdots$ ㉡

조건 (다)에서 $\sum_{k=1}^{m-1} a_k = 45$이므로

$$\frac{(m-1)(a_1 + a_{m-1})}{2} = \frac{(m-1)(a_1+1)}{2} \quad (\because ㉠)$$

$$= \frac{(m-1)(-18+9d)}{2} \quad (\because ㉡)$$

$$= 45$$

에서 $(m-1)(-18+9d) = 90$

$(m-1)(d-2) = 10 \ \cdots\cdots$ ㉢

이때 $m \ge 3$이므로 ㉢을 만족시키는 m, d의 값을 순서쌍 $(m,\ d)$로 나타내면

$(3,\ 7),\ (6,\ 4),\ (11,\ 3)$

이를 ㉠, ㉡에 각각 대입할 때 ㉠, ㉡을 모두 만족시키는 a_1의 값은 17이다.

15 미분가능 + 정적분의 성질 정답 21

조건 (가)에서 모든 실수 x에 대하여 $h(x) = h(x-4) + k$이므로

$$h(x-4)+k = \begin{cases} x-4+k & (4 \le x < 6) \\ f(x-4)+k & (6 \le x < 7) \\ g(x-4)+k & (7 \le x < 8) \end{cases}$$

조건 (나)에서 함수 $h(x)$는 실수 전체의 집합에서 미분가능하므로

$\lim_{x\to 2-} h'(x) = \lim_{x\to 2+} h'(x),\ \lim_{x\to 3-} h'(x) = \lim_{x\to 3+} h'(x),$

$\lim_{x\to 4-} h'(x) = \lim_{x\to 4+} h'(x)$이어야 한다.

$\lim_{x\to 2-} h'(x) = \lim_{x\to 2+} h'(x)$에서 $1 = f'(2)$

$\lim_{x\to 3-} h'(x) = \lim_{x\to 3+} h'(x)$에서 $f'(3) = g'(3)$

$\lim_{x\to 4-} h'(x) = \lim_{x\to 4+} h'(x)$에서 $g'(4) = 1$

미분가능하면 연속이므로

$\lim_{x\to 2-} h(x) = \lim_{x\to 2+} h(x),\ \lim_{x\to 3-} h(x) = \lim_{x\to 3+} h(x),$

$\lim_{x\to 4-} h(x) = \lim_{x\to 4+} h(x)$이어야 한다.

$\lim_{x\to 2-} h(x) = \lim_{x\to 2+} h(x)$에서 $2 = f(2)$

$\lim_{x\to 3-} h(x) = \lim_{x\to 3+} h(x)$에서 $f(3) = g(3)$

$\lim_{x\to 4-} h(x) = \lim_{x\to 4+} h(x)$에서 $g(4) = k$

이때 $0 \le x < 2$에서 $h(x) = x$이고, $2 = f(2)$이므로 $h(2) = 2$이다.

또한, $f'(3) = g'(3)$, $f(3) = g(3)$이므로 함수 $y = h(x)$의 그래프는 점 $(3,\ \alpha)$에 대하여 대칭이다.

조건 (다)에서 $\int_0^4 h(x)dx = 6$이므로

$$\int_2^4 h(x)dx = \int_0^4 h(x)dx - \frac{1}{2} \times 2 \times 2 = 6 - 2 = 4$$

즉, 함수 $y = h(x)$의 그래프의 개형은 오른쪽 그림과 같이 점 $(3,\ 2)$에 대하여 대칭이어야 하므로

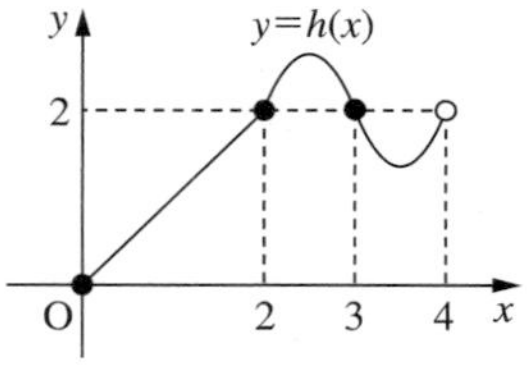

$h(3) = 2$

$\therefore f(3) = g(3) = 2$

한편, 이차함수 $f(x)$를

$f(x) = ax^2 + bx + c$ (a, b, c는 상수)라 하면

$f(2) = 2$에서 $4a + 2b + c = 2 \ \cdots\cdots$ ㉠

$f(3) = 2$에서 $9a + 3b + c = 2 \ \cdots\cdots$ ㉡

$f'(x) = 2ax + b$이므로

$f'(2) = 1$에서 $4a + b = 1 \ \cdots\cdots$ ㉢

㉠, ㉡을 연립하여 풀면

$5a + b = 0 \ \cdots\cdots$ ㉣

㉢, ㉣을 연립하여 풀면

$a = -1,\ b = 5,\ c = -4$

$\therefore f(x) = -x^2 + 5x - 4$

즉, $h\left(\frac{13}{2}\right) = h\left(\frac{13}{2} - 4\right) + k = h\left(\frac{5}{2}\right) + k = f\left(\frac{5}{2}\right) + k$이고,

$k = g(4) = h(4) = 2$이므로

$$h\left(\frac{13}{2}\right) = f\left(\frac{5}{2}\right) + k = -\left(\frac{5}{2}\right)^2 + 5 \times \frac{5}{2} - 4 + 2 = \frac{17}{4}$$

따라서 $p = 4$, $q = 17$이므로

$\therefore p + q = 4 + 17 = 21$

1 확률과 통계

16 확률의 덧셈정리
정답 ③

확률의 덧셈정리에 의하여
$$\mathrm{P}(A^C \cup B)$$
$$= \mathrm{P}(A^C) + \mathrm{P}(B) - \mathrm{P}(A^C \cap B)$$
$$= 1 - \mathrm{P}(A) + \mathrm{P}(B) - \mathrm{P}(B-A)$$
$$= 1 - \mathrm{P}(A) + \mathrm{P}(B) - \{\mathrm{P}(B) - \mathrm{P}(A \cap B)\}$$
$$= 1 - \mathrm{P}(A) + \mathrm{P}(B) - \mathrm{P}(B) + \mathrm{P}(A \cap B)$$
$$= 1 - \mathrm{P}(A) + \mathrm{P}(A \cap B)$$

$\dfrac{2}{3} = 1 - \mathrm{P}(A) + \dfrac{1}{6}$ 이므로

$$\therefore \mathrm{P}(A) = \frac{1}{2}$$

17 연속확률변수와 확률밀도함수
정답 ②

확률밀도함수의 그래프와 x축으로 둘러싸인 부분의 넓이가 1이어야 하므로

$\dfrac{1}{2}(a+2) \times \dfrac{3}{4a} = 1$ 에서 $\dfrac{3}{8} + \dfrac{3}{4a} = 1$

$$\therefore a = \frac{6}{5}$$

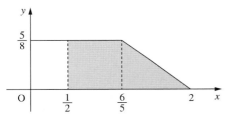

$\mathrm{P}\left(\dfrac{1}{2} \le X \le 2\right)$는 위 그림의 색칠한 부분의 넓이와 같으므로

$$\mathrm{P}\left(\frac{1}{2} \le X \le 2\right) = \frac{1}{2}\left\{\left(\frac{6}{5} - \frac{1}{2}\right) + \left(2 - \frac{1}{2}\right)\right\} \times \frac{5}{8}$$
$$= \frac{1}{2} \times \frac{22}{10} \times \frac{5}{8} = \frac{11}{16}$$

◁ 개념 체크체크 ▷

연속확률밀도함수에서의 확률
닫힌구간 $[\alpha, \beta]$에 속하는 모든 실수 값을 가지는 연속확률변수 X에 대하여
(1) 확률밀도함수 $y = f(x)$의 그래프와 x축 및 두 직선 $x = \alpha$, $x = \beta$로 둘러싸인 부분의 넓이는 1이다.
(2) $\mathrm{P}(a \le x \le b)$는 확률밀도함수 $y = f(x)$의 그래프와 x축 및 두 직선 $x = a$, $x = b$로 둘러싸인 부분의 넓이이다.

18 이항분포의 평균
정답 ④

$$\mathrm{P}(X=3) = {}_5\mathrm{C}_3\, p^3(1-p)^2 = 10p^3(1-p)^2$$
$$\mathrm{P}(X=4) = {}_5\mathrm{C}_4\, p^4(1-p) = 5p^4(1-p)$$
$\mathrm{P}(X=3) = \mathrm{P}(X=4)$에서
$$10p^3(1-p)^2 = 5p^4(1-p)$$
$$2(1-p) = p, \; 2 - 2p = p, \; 3p = 2 \qquad \therefore p = \frac{2}{3}$$

즉, $\mathrm{B}\left(5, \dfrac{2}{3}\right)$이므로 $\mathrm{E}(X) = 5 \times \dfrac{2}{3} = \dfrac{10}{3}$

$$\therefore \mathrm{E}(6X) = 6 \times \frac{10}{3} = 20$$

◁ 개념 체크체크 ▷

1. **이항분포**
한 번의 시행에서 사건 A가 일어날 확률이 p로 일정할 때, n회의 독립시행에서 사건 A가 일어나는 횟수를 X라 하면 X의 확률질량함수는
$$\mathrm{P}(X=x) = {}_n\mathrm{C}_r\, p^r(1-p)^{n-r}$$

2. **이항분포의 평균, 분산**
확률변수 X가 이항분포 $\mathrm{B}(n, p)$를 따를 때
(1) 평균: $\mathrm{E}(X) = np$
(2) 분산: $\mathrm{V}(X) = npq$ (단, $q = 1-p$)
(3) 이항분포의 표준편차 $\sigma(X) = \sqrt{npq}$ (단, $q = 1-p$)

19 모평균의 추정
정답 ②

모평균 m, 모표준편차 $\sigma = 1.5$, 표본의 크기 $n = 36$이므로 모평균 m에 대한 신뢰도 95%의 신뢰구간은
$$\overline{x} - 1.96 \times \frac{1.5}{\sqrt{36}} \le m \le \overline{x} + 1.96 \times \frac{1.5}{\sqrt{36}}$$
$$\overline{x} - 1.96 \times \frac{1}{4} \le m \le \overline{x} + 1.96 \times \frac{1}{4}$$
$$\overline{x} - 0.49 \le m \le \overline{x} + 0.49$$
이때 평균 m에 대한 신뢰도 95%의 신뢰구간이 $a \le m \le 6.49$이므로 $\overline{x} = 6$
$$\therefore a = 6 - 0.49 = 5.51$$

◁ 개념 체크체크 ▷

모평균의 추정과 신뢰구간
모집단이 $\mathrm{N}(m, \sigma^2)$을 따르고 그 크기가 n인 표본의 표본평균을 $\overline{X}$라 할 때, 모평균 m의 신뢰구간은
$$\overline{X} - k \times \frac{\sigma}{\sqrt{n}} \le m \le \overline{X} + k \times \frac{\sigma}{\sqrt{n}} \;\; (k: \text{신뢰계수})$$

20 순열 　　정답 ⑤

이웃하는 두 카드에 적힌 수를 곱하여 짝수가 되려면 이웃하는 두 수 중 적어도 하나는 짝수이어야 한다.

(i) 짝수가 먼저 있을 경우

(짝)(홀)(짝)(홀)(짝)(홀)의 순서로 나열되어야 하므로

$3! \times 3! = 6 \times 6 = 36$

(ii) 홀수가 먼저 있을 경우

(홀)(짝) ✔ (짝) ✔ (짝) ✔

남은 두 홀수는 ✔의 위치에 오면 되므로

$3 \times 3! \times {}_3P_2 = 3 \times 6 \times 6 = 108$

(i), (ii)에서 구하는 경우의 수는

$\therefore 36 + 108 = 144$

21 중복조합을 이용한 확률 　　정답 ③

방정식 $a + b + c = 3n \cdots\cdots(*)$

을 만족시키는 자연수 a, b, c의 모든 순서쌍 $(a,\ b,\ c)$의 개수는

$\boxed{{}_3H_{3n-3}}$이다.

방정식 $(*)$을 만족시키는 자연수 a, b, c의 순서쌍 $(a,\ b,\ c)$가 $a > b$ 또는 $a > c$를 만족시키는 사건을 A라 하면 사건 A의 여사건 A^C은 방정식 $(*)$을 만족시키는 자연수 a, b, c의 순서쌍 $(a,\ b,\ c)$가 $a \leq b$와 $a \leq c$를 만족시키는 사건이다.

이제 $n(A^C)$의 값을 구하자.

자연수 $k(1 \leq k \leq n)$에 대하여 $a = k$인 경우, $b \geq k$, $c \geq k$이고 방정식 $(*)$에 의하여

$k + b + c = 3n \qquad \therefore b + c = 3n - k$

즉, $b \geq k$, $c \geq k$인 두 자연수 b, c에 대하여 방정식 $b + c = 3n - k$를 만족시키는 자연수 a, b, c의 순서쌍 $(a,\ b,\ c)$의 개수는

${}_2H_{(3n-k)-k-k} = \boxed{{}_2H_{3n-3k}}$이므로

$n(A^C) = \sum_{k=1}^{n} \boxed{{}_2H_{3n-3k}}$이다.

따라서 구하는 확률은

$$P(A) = 1 - P(A^C) = \boxed{1 - \frac{\sum_{k=1}^{n} {}_2H_{3n-3k}}{{}_3H_{3n-3}}}$이다.$$

따라서 $p = {}_3H_{3 \times 2 - 3} = {}_3H_3 = {}_5C_3 = {}_5C_2 = 10$,

$q = {}_2H_{3 \times 7 - 3 \times 2} = {}_2H_{15} = {}_{16}C_{15} = {}_{16}C_1 = 16$,

$$r = 1 - \frac{\sum_{k=1}^{4} {}_2H_{3 \times 4 - 3k}}{{}_3H_{3 \times 4 - 3}} = 1 - \frac{\sum_{k=1}^{4} {}_2H_{12-3k}}{{}_3H_9}$$

$$= 1 - \frac{{}_2H_{12-3} + {}_2H_{12-6} + {}_2H_{12-9} + {}_2H_{12-12}}{{}_3H_9}$$

$$= 1 - \frac{{}_2H_9 + {}_2H_6 + {}_2H_3 + {}_2H_0}{{}_3H_9}$$

$$= 1 - \frac{{}_{10}C_9 + {}_7C_6 + {}_4C_3 + {}_1C_0}{{}_{11}C_9}$$

$$= 1 - \frac{{}_{10}C_1 + {}_7C_1 + {}_4C_1 + {}_1C_1}{{}_{11}C_2}$$

$$= 1 - \frac{10 + 7 + 4 + 1}{55} = 1 - \frac{2}{5} = \frac{3}{5}$이므로$$

$\therefore p \times q \times r = 10 \times 16 \times \dfrac{3}{5} = 96$

22 조건부확률 　　정답 25

두 개의 주사위를 동시에 던져서 나온 두 눈의 수를 각각 a, b라 하자. 나온 두 눈의 수의 최대공약수가 1인 경우를 순서쌍 $(a,\ b)$로 나타 내면

$(1,\ 1),\ (1,\ 2),\ (1,\ 3),\ (1,\ 4),\ (1,\ 5),\ (1,\ 6),$

$(2,\ 1),\ (2,\ 3),\ (2,\ 5),$

$(3,\ 1),\ (3,\ 2),\ (3,\ 4),\ (3,\ 5),\ (4,\ 1),\ (4,\ 3),\ (4,\ 5),$

$(5,\ 1),\ (5,\ 2),\ (5,\ 3),\ (5,\ 4),\ (5,\ 6),\ (6,\ 1),\ (6,\ 5)$

즉, 전체 경우의 수는 23이다.

이때 나온 두 눈의 수의 합이 8인 경우는

$(3,\ 5),\ (5,\ 3)$

즉, 이 경우의 수는 2이므로 구하는 확률은 $\dfrac{2}{23}$

따라서 $p = 23$, $q = 2$이므로

$\therefore p + q = 23 + 2 = 25$

　　◁ 개념 체크체크 ▷

조건부확률

'~인 사건이 일어났을 때, ~인 사건이 일어날 확률'은 조건부확률을 구하는 문제이다.

두 사건 A, B에 대하여 사건 A가 일어났을 때 사건 B의 조건부확률은

$$P(B|A) = \frac{P(A \cap B)}{P(A)} \quad (단,\ P(A) > 0)$$

23 조합

검은 공이 각각 1개, 2개, 3개가 들어 있는 상자를 각각 A, B, C라 하자.

(i) 흰 공을 A에 2개, B에 1개, C에 3개 넣는 경우

$$_6C_2 \times _4C_1 \times _3C_3 = 15 \times 4 \times 1 = 60$$

(ii) 흰 공을 A에 2개, B에 4개 넣는 경우

$$_6C_2 \times _4C_4 = 15 \times 1 = 15$$

(iii) 흰 공을 A에 5개, B에 1개 넣는 경우

$$_6C_5 \times _1C_1 = 6 \times 1 = 6$$

(i), (ii), (iii)에서 구하는 경우의 수는

$$\therefore 60 + 15 + 6 = 81$$

> **개념 체크체크**
>
> **조합**
>
> 서로 다른 n개에서 r개를 택하는 조합의 수는
>
> $$_nC_r = \frac{_nP_r}{r!} = \frac{n(n-1)\cdots(n-r+1)}{r!}$$
>
> $$= \frac{n!}{r!(n-r)!} \ \text{(단, } 0 \le r \le n)$$
>
> * 순서를 생각하여 택하는 경우의 수는 순열, 순서를 생각하지 않고 택하는 경우의 수는 조합이므로 문제의 상황에서 순서를 생각하는지 하지 않는지 파악한 후 해결한다.

② 미적분

24 등비급수의 활용

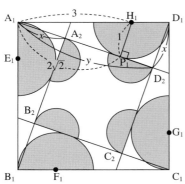

$$S_1 = \left(\frac{1}{2} \times \pi \times 1\right) \times 4 = 2\pi$$

삼각형 $A_1H_1P_1$에서

$$\overline{A_1P_1} = \sqrt{3^2 - 1} = \sqrt{8} = 2\sqrt{2}$$

$$\triangle A_1H_1P_1 \backsim \triangle A_1D_1D_2$$이므로

$$3 : 1 = 4 : x \text{에서 } x = \frac{4}{3}$$

$$2\sqrt{2} : 3 = y : 4 \text{에서 } y = \frac{8\sqrt{2}}{3}$$

$$\therefore \overline{A_2D_2} = \frac{8\sqrt{2}}{3} - \frac{4}{3} = \frac{4(2\sqrt{2}-1)}{3}$$

길이의 비가 $4 : \dfrac{4(2\sqrt{2}-1)}{3} = 1 : \dfrac{2\sqrt{2}-1}{3}$ 이므로

넓이의 비는 $1 : \dfrac{9-4\sqrt{2}}{9}$

따라서 공비는 $\dfrac{9-4\sqrt{2}}{9}$ 이고 첫째항은 2π 이므로

$$\lim_{n \to \infty} S_n = \frac{2\pi}{1 - \dfrac{9-4\sqrt{2}}{9}} = \frac{9\sqrt{2}\pi}{4}$$

> **개념 체크체크**
>
> **등비급수**
>
> 일정한 규칙과 비율에 의하여 무한히 그려지는 도형에서 주어진 도형이 갖고 있는 성질을 이용하여 a_1을 구하고 a_n과 a_{n+1} 사이에 성립하는 관계식으로부터 등비수열의 공비를 구하여 등비급수의 합을 구한다.
>
> 첫째항이 a이고 공비가 r인 등비급수의 합은
>
> $$\lim_{n \to \infty} S_n = \lim_{n \to \infty} \sum_{k=1}^{n} a_k = \lim_{n \to \infty}\left(a \times \frac{1-r^n}{1-r}\right) = \frac{a}{1-r}$$
>
> (단, $|r| < 1$)

25 수열의 극한값의 계산

$$\lim_{n \to \infty} \frac{a \times 3^{n+2} - 2^n}{3^n - 3 \times 2^n} = \lim_{n \to \infty} \frac{a \times 3^2 - \left(\dfrac{2}{3}\right)^n}{1 - 3 \times \left(\dfrac{2}{3}\right)^n} = 9a = 207$$ 이므로

$$\therefore a = 23$$

> **개념 체크체크**
>
> **수열의 극한**
>
> (1) 일반항이 n에 대한 분수 꼴의 식으로 주어진 수열의 극한은 분모의 최고차항으로 분모와 분자를 각각 나누어서 극한값을 구한다.
>
> (2) 일반항이 n에 대한 무리식 꼴로 주어진 수열의 극한은 무리식을 유리화한 후 극한값을 구한다.

3 기타

26 집합의 연산   정답 ④

$A^C = \{2,\ 4,\ 5\}$, $B^C = \{1,\ 2,\ 4\}$이므로
$A^C \cap B^C = \{2,\ 4\}$
따라서 $A^C \cap B^C$의 모든 원소의 합은
$\therefore 2+4=6$

다른 풀이

$A^C \cap B^C = (A \cup B)^C$
이때 $A \cup B = \{1,\ 3,\ 5\}$이므로
$A^C \cap B^C = (A \cup B)^C = \{2,\ 4\}$
따라서 $A^C \cap B^C$의 모든 원소의 합은
$\therefore 2+4=6$

27 여러 가지 함수 + 합성함수의 함숫값   정답 ④

$g(f(1)) = g(4) = 1$
$g(f(3)) = g(6) = 3$
$g(f(5)) = g(2) = 5$
$\therefore g(6) + (f \circ g)(4) = 3 + f(g(4))$
$\qquad\qquad\qquad\qquad = 3 + f(1)$
$\qquad\qquad\qquad\qquad = 3 + 4 = 7$

28 필요조건과 충분조건   정답 ①

두 조건 p, q의 진리집합을 각각 P, Q라 할 때, p가 q이기 위한 충분조건이 되려면 $P \subset Q$이어야 한다.
$(x-a+7)(x+2a-18)=0$에서
$x=a-7$ 또는 $x=-2a+18$
$\therefore P = \{a-7,\ -2a+18\}$
$x(x-a) \le 0$에서
(i) $a > 0$일 때
     $0 \le x \le a$이므로 $Q = \{x \mid 0 \le x \le a\}$
     $P \subset Q$이려면 $0 \le a-7 \le a$, $0 \le -2a+18 \le a$이어야 하므로
     $7 \le a \le 9$
(ii) $a < 0$일 때
     $a \le x \le 0$이므로 $Q = \{x \mid a \le x \le 0\}$
     $P \subset Q$이려면 $a \le a-7$, $-2a+18 \le 0$이어야 한다.
     이때 조건을 만족하는 정수 a는 존재하지 않는다.
(i), (ii)에서 구하는 모든 정수 a의 값의 합은
$\therefore 7+8+9=24$

29 유리함수의 그래프   정답 ⑤

함수 $y=f(x)$의 그래프는 다음 그림과 같은 꼴이 되어야 함수 $f(x)$가 일대일 대응이 된다.

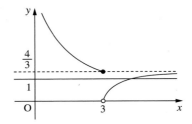

$x > 3$일 때, 함수 $y=f(x)$의 그래프의 점근선의 방정식은 $x=a$, $y=b$이므로 $b = \dfrac{4}{3}$

또한, $\lim\limits_{x \to 3+} f(x) = 0$이므로 $-\dfrac{1}{3-a}+b=0$에서

$-\dfrac{1}{3-a}+\dfrac{4}{3}=0$ $\therefore a=\dfrac{9}{4}$

$\therefore a+b = \dfrac{9}{4}+\dfrac{4}{3} = \dfrac{43}{12}$

두 곡선 $y = f(x)$, $y = f^{-1}(x)$가 점 $(2,\ 3)$에서 만나므로 역함수의 성질에 의하여 곡선 $y = f(x)$는 점 $(3,\ 2)$도 지난다.

즉, $f(2) = 3$에서 $\sqrt{2a+b} = 3$

$\therefore 2a + b = 9$ ····· ㉠

$f(3) = 2$에서 $\sqrt{3a+b} = 2$

$\therefore 3a + b = 4$ ····· ㉡

㉠, ㉡을 연립하여 풀면

$a = -5$, $b = 19$

따라서 $f(x) = \sqrt{-5x + 19}$ 이므로

$\therefore f(-6) = \sqrt{(-5) \times (-6) + 19} = \sqrt{49} = 7$

◁ **개념** 체크체크 ▷

역함수의 성질

함수 $f : X \to Y$가 일대일 대응이고 $x \in X$, $y \in Y$일 때

(1) 역함수 $f^{-1} : Y \to X$가 존재한다.

(2) $y = f(x) \Leftrightarrow x = f^{-1}(y)$

(3) $(f^{-1} \circ f)(x) = x$, $(f \circ f^{-1})(y) = y$

(4) $(f^{-1})^{-1} = f$

(5) 함수 $y = f(x)$의 그래프와 그 역함수 $y = f^{-1}(x)$의 그래프는 직선 $y = x$에 대하여 대칭이다.

* 성질 (2)에 의해 함수 $y = f(x)$, $y = f^{-1}(x)$가 점 $(2,\ 3)$에서 만나면 $f(2) = 3$, $f(3) = 2$가 성립한다.

제3교시 수학영역 가형
문제 ▶ p. 83

<공통>

| 01 | ⑤ | 02 | ⑤ |

<확률과 통계>

| 03 | ② | 04 | ④ | 05 | ① | 06 | ③ | 07 | ④ |
| 08 | ① | 09 | 135 | 10 | 88 | 11 | 68 |

<미적분>

12	①	13	③	14	⑤	15	③	16	②
17	②	18	⑤	19	②	20	19	21	11
22	9	23	18

<기하>

| 24 | ③ | 25 | ② | 26 | ③ | 27 | ④ | 28 | ④ |
| 29 | 37 | 30 | 21 |

공통

01 지수를 포함한 방정식
정답 ⑤

$2^x = t$라 하자.

$t + \dfrac{16}{t} = 10$에서 $t^2 - 10t + 16 = 0$

$(t-2)(t-8) = 0$

$\therefore t = 2$ 또는 $t = 8$

즉, $2^x = 2$ 또는 $2^x = 8$이므로 $x = 1$ 또는 $x = 3$

따라서 모든 실근의 합은

$\therefore 1 + 3 = 4$

◀ 개념 체크체크 ▶

지수를 포함한 방정식

(1) 밑을 같게 할 수 있으면 주어진 방정식을 $a^{f(x)} = a^{g(x)}$의 꼴로 변형한 후 $a^{f(x)} = a^{g(x)}$이면 $f(x) = g(x)$ (단, $a > 0$, $a \neq 1$)임을 이용하여 방정식 $f(x) = g(x)$를 푼다.

(2) 지수가 같으면 밑이 같거나 지수가 0임을 이용하여 푼다. 즉, $a^{f(x)} = b^{g(x)}$이면 $a = b$ 또는 $f(x) = 0$ (단, $a > 0$, $b > 0$)이다.

02 로그함수의 그래프
정답 ⑤

점 A는 곡선 $y = \log_3 9x$ 위의 점이므로 $b = \log_3 9a$

한편, $B(9a,\ \log_3 9a)$, $C(9a,\ \log_3 81a)$ 이므로

$\overline{AB} = 8a$, $\overline{BC} = \log_3 81a - \log_3 9a = \log_3 \dfrac{81a}{9a} = 2$

이때 $\overline{AB} = \overline{BC}$ 이므로

$a = \dfrac{1}{4}$, $b = \log_3 \dfrac{9}{4}$

$\therefore a + 3^b = \dfrac{1}{4} + \dfrac{9}{4} = \dfrac{5}{2}$

선 택

1 확률과 통계

03 조건부확률
정답 ②

$P(A \cap B) = P(A) + P(B) - P(A \cup B)$

$\qquad = \dfrac{1}{2} + \dfrac{2}{5} - \dfrac{4}{5} = \dfrac{1}{10}$

$\therefore P(B|A) = \dfrac{P(A \cap B)}{P(A)} = \dfrac{\frac{1}{10}}{\frac{1}{2}} = \dfrac{1}{5}$

04 이산확률변수의 평균
정답 ④

확률의 총합은 1이므로

$a + \dfrac{1}{3} + \dfrac{1}{4} + b = 1$

$\therefore a + b = \dfrac{5}{12}$ ······ ㉠

$E(X) = 0 \cdot a + 1 \cdot \dfrac{1}{3} + 2 \cdot \dfrac{1}{4} + 3 \cdot b = \dfrac{11}{6}$ 이므로

$b = \dfrac{1}{3}$

$b = \dfrac{1}{3}$을 ㉠에 대입하면 $a = \dfrac{1}{12}$

$\therefore \dfrac{b}{a} = \dfrac{\frac{1}{3}}{\frac{1}{12}} = \dfrac{12}{3} = 4$

이산확률변수의 평균

이산확률변수 X 가 $x_i(i=1, 2, \cdots, n)$ 의 값을 가질 확률이 $p_i(p_1+p_2+p_3+\cdots+p_n=1)$ 일 때 X 의 평균 $\mathrm{E}(X)$ 는

$$\mathrm{E}(X)=\sum_{i=1}^{n} x_i p_i = x_1 p_1 + x_2 p_2 + \cdots + x_n p_n \text{이다.}$$

05 독립시행의 확률 정답 ①

흰 공이 나올 확률은 $\dfrac{4}{6}=\dfrac{2}{3}$, 검은 공이 나올 확률은 $\dfrac{2}{6}=\dfrac{1}{3}$ 이다.

5번 시행에서 점수의 합이 7이 되려면 흰 공 3번, 검은 공 2번이 나와야 한다. 따라서 구하는 확률은

$$\therefore {}_5\mathrm{C}_3 \left(\frac{2}{3}\right)^3 \left(\frac{1}{3}\right)^2 = \frac{80}{243}$$

독립시행의 확률

매회 사건 A 가 일어날 확률이 $p(0<p<1)$ 로 일정할 때, n 회의 독립시행에서 사건 A 가 r 번 일어날 확률은

$$\mathrm{P}(X=r)={}_n\mathrm{C}_r p^r (1-p)^{n-r} \ (r=0, 1, 2, \cdots, n)$$

06 연속확률변수의 확률 정답 ③

확률변수 X 의 확률밀도함수는

$$f(x)=\begin{cases} \dfrac{1}{4}x & (0 \le x \le 2) \\ -\dfrac{1}{4}x+1 & (2 \le x \le 4) \end{cases}$$

$$\mathrm{P}(k \le X \le 2k)=\int_k^2 \frac{1}{4}x\,dx + \int_2^{2k}\left(-\frac{1}{4}x+1\right)dx$$

$$=\left[\frac{1}{8}x^2\right]_k^2 + \left[-\frac{1}{8}x^2+x\right]_2^{2k}$$

$$=-\frac{5}{8}k^2+2k-1=-\frac{5}{8}\left(k-\frac{8}{5}\right)^2+\frac{3}{5}$$

이므로 $k=\dfrac{8}{5}$ 일 때 최댓값 $\dfrac{3}{5}$ 을 갖는다.

07 조합 정답 ④

세 명의 어린이 A, B, C에게 주는 사탕의 수를 각각 x, y, z 라 하고 순서쌍 (x, y, z) 로 각각의 경우를 나타내어 보자.

(i) $(2, 1, 3)$ 인 경우: ${}_6\mathrm{C}_2 \times {}_4\mathrm{C}_1 \times {}_3\mathrm{C}_3 = 60$

(ii) $(3, 1, 2)$ 인 경우: ${}_6\mathrm{C}_3 \times {}_3\mathrm{C}_1 \times {}_2\mathrm{C}_2 = 60$

(iii) $(4, 1, 1)$ 인 경우: ${}_6\mathrm{C}_4 \times {}_2\mathrm{C}_1 \times {}_1\mathrm{C}_1 = 30$

(iv) $(3, 2, 1)$ 인 경우: ${}_6\mathrm{C}_3 \times {}_3\mathrm{C}_2 \times {}_1\mathrm{C}_1 = 60$

따라서 모든 경우의 수는

$$\therefore 60+60+30+60=210$$

08 순열의 활용 정답 ①

모양의 판의 중앙에 붙이는 스티커에 따라 다음과 같이 3가지 경우로 나눌 수 있다.

(i) A 또는 E를 붙이는 경우

A 또는 E는 4번 회전해도 같은 모양이므로 나머지 4개의 스티커를 붙일 위치를 정하는 경우의 수는 $\dfrac{4!}{4}=3!$

A	B	C	D
1	4	4	2

이 각각에 대하여 4개의 스티커를 붙이는 경우의 수는

$1 \times 4 \times 4 \times 2 = 32$

A 또는 E를 붙이는 경우의 수는 2

그러므로 이 경우의 수는 $2 \times 3! \times 32$ 이다.

(ii) B 또는 C를 붙이는 경우

B 또는 C 회전했을 때 4가지 모두 다르므로 나머지 4개의 스티커를 붙일 위치를 정하는 경우의 수는 4!

A	B	D	E
1	4	2	1

이 각각에 대하여 4개의 스티커를 붙이는 경우의 수는

$1 \times 4 \times 2 \times 1 = 8$

B 또는 C를 붙이는 경우의 수는 2

그러므로 이 경우의 수는 $2 \times 4! \times 8$

(iii) D를 붙이는 경우

D는 회전했을 때 2번 같은 모양이므로 나머지 4개의 스티커를 붙일 위치를 정하는 경우의 수는 $\dfrac{4!}{2}$

A	B	C	E
1	4	4	1

이 각각에 대하여 4개의 스티커를 붙이는 경우의 수는

$1 \times 4 \times 4 \times 1 = 16$

그러므로 이 경우의 수는 $\dfrac{4!}{2} \times 1 \times 1 \times 4 \times 4$

따라서 (가) $a = 4! = 24$, (나) $b = \dfrac{4!}{2} = 12$,

(다) $c = 1 \times 1 \times 4 \times 4 = 16$이므로

$\therefore a + b + c = 24 + 12 + 16 = 52$

09 이항정리와 이항계수
정답 135

$\left(3x^2 + \dfrac{1}{x}\right)^6$의 전개식의 일반항은

$_6\mathrm{C}_r \times (3x^2)^r \times \left(\dfrac{1}{x}\right)^{6-r} = {}_6\mathrm{C}_r \times 3^r \times x^{3r-6}$

$3r - 6 = 0$에서 $r = 2$

따라서 상수항은

$\therefore {}_6\mathrm{C}_2 \times 3^2 = \dfrac{6 \times 5}{2 \times 1} \times 9 = 135$

10 표본평균의 분포
정답 88

모집단이 정규분포 $\mathrm{N}(85, 6^2)$을 따르고 표본의 크기가 16이므로 표본평균 $\overline{X}$는 정규분포 $\mathrm{N}\left(85, \dfrac{6^2}{16}\right)$, 즉 $\mathrm{N}\left(85, \left(\dfrac{3}{2}\right)^2\right)$을 따른다.

$Z = \dfrac{85 - \overline{X}}{\dfrac{3}{2}}$로 놓으면 확률변수 Z는 표준정규분포 $\mathrm{N}(0, 1)$을 따르므로 $\mathrm{P}(\overline{X} \geq k) = 0.0228$에서 $\mathrm{P}\left(Z \geq \dfrac{k - 85}{\dfrac{3}{2}}\right) = 0.0228$

$\mathrm{P}\left(Z \geq \dfrac{k - 85}{\dfrac{3}{2}}\right) = 0.5 - \mathrm{P}\left(0 \leq Z \leq \dfrac{k - 85}{\dfrac{3}{2}}\right) = 0.0228$

$\mathrm{P}\left(0 \leq Z \leq \dfrac{k - 85}{\dfrac{3}{2}}\right) = 0.4772$

$\dfrac{k - 85}{\dfrac{3}{2}} = 2 \qquad \therefore k = 88$

11 수학적 확률
정답 68

일어날 수 있는 모든 경우의 수는

$_{11}\mathrm{C}_2 = \dfrac{11 \times 10}{2 \times 1} = 55$

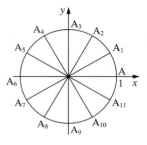

11장의 카드 중에서 임의로 두 장의 카드를 동시에 택할 때 카드에 적혀 있는 숫자를 각각 m, n $(m < n)$이라 하면 점 B와 점 C는 오른쪽 그림과 같이 반지름의 길이가 1인 원을 12등분한 점 A_1, A_2, A_3, $\cdots$, A_{11} 중 두 점이 된다.

삼각형 ABC가 이등변삼각형이 되도록 하는 세 꼭짓점 A, B, C를 순서쌍 (A, B, C)로 나타내면

$(\mathrm{A}, \mathrm{A}_1, \mathrm{A}_2)$, $(\mathrm{A}, \mathrm{A}_1, \mathrm{A}_{11})$, $(\mathrm{A}, \mathrm{A}_2, \mathrm{A}_4)$, $(\mathrm{A}, \mathrm{A}_2, \mathrm{A}_7)$, $(\mathrm{A}, \mathrm{A}_2, \mathrm{A}_{10})$, $(\mathrm{A}, \mathrm{A}_3, \mathrm{A}_6)$, $(\mathrm{A}, \mathrm{A}_3, \mathrm{A}_9)$, $(\mathrm{A}, \mathrm{A}_4, \mathrm{A}_8)$, $(\mathrm{A}, \mathrm{A}_5, \mathrm{A}_7)$, $(\mathrm{A}, \mathrm{A}_5, \mathrm{A}_{10})$, $(\mathrm{A}, \mathrm{A}_6, \mathrm{A}_9)$, $(\mathrm{A}, \mathrm{A}_8, \mathrm{A}_{10})$, $(\mathrm{A}, \mathrm{A}_{10}, \mathrm{A}_{11})$의 13가지이다.

따라서 삼각형 ABC가 이등변삼각형일 확률은 $\dfrac{13}{55}$이므로

$p = 55$, $q = 13$

$\therefore p + q = 68$

개념 체크체크

삼각형 ABC의 풀이

$\left(\cos\dfrac{m\pi}{6}\right)^2 + \left(\sin\dfrac{m\pi}{6}\right)^2 = 1$,

$\left(\cos\dfrac{n\pi}{6}\right)^2 + \left(\sin\dfrac{n\pi}{6}\right)^2 = 1$이므로 두 점 B, C는 모두 반지름의 길이가 1인 원 위의 점이다.

예를 들어 카드에 적혀 있는 숫자가 1, 2인 카드 두 장을 뽑았으면 점 B $= \mathrm{A}_1$, 점 C $= \mathrm{A}_2$ 이고 $\overline{\mathrm{AA}_1} = \overline{\mathrm{A}_1\mathrm{A}_2}$이므로 삼각형 ABC는 이등변삼각형이 된다.

2 미적분

12 로그함수의 도함수   정답 ①

$f(x) = \ln(2x+3)$ 에서

$f'(x) = \dfrac{2}{2x+3}$

$\therefore \lim\limits_{h \to 0} \dfrac{f(2+h) - f(2)}{h} = f'(2)$

$\qquad\qquad\qquad\qquad\qquad = \dfrac{2}{2 \times 2 + 3} = \dfrac{2}{7}$

13 평면운동에서의 속도와 가속도   정답 ③

점 P의 위치는 $(\cos t + 2,\ 3\sin t + 1)$ 이고

$\dfrac{dx}{dt} = -\sin t,\ \dfrac{dy}{dt} = 3\cos t$ 이므로 점 P의 시각 $t = \dfrac{\pi}{6}$ 에서의 속력은

$\sqrt{\left(\dfrac{dx}{dt}\right)^2 + \left(\dfrac{dy}{dt}\right)^2} = \sqrt{\left(-\sin\dfrac{\pi}{6}\right)^2 + \left(3\cos\dfrac{\pi}{6}\right)^2}$

$\qquad\qquad\qquad\qquad\qquad = \sqrt{\dfrac{1}{4} + \dfrac{27}{4}}$

$\qquad\qquad\qquad\qquad\qquad = \sqrt{7}$

> **개념 체크체크**
>
> **평면운동에서의 속도와 가속도**
>
> 점의 위치를 알 때 적분을 이용하여 속도와 가속도를 구할 수 있다.
>
> 좌표평면 위를 움직이는 점 P의 시각 t에서의 위치 $(x,\ y)$가 $x = f(t),\ y = g(t)$일 때 시각 t에서 점 P의 속도와 가속도는
>
> (1) 속도: $\left(\dfrac{dx}{dt},\ \dfrac{dy}{dt}\right) = (f'(t),\ g'(t))$
>
> (2) 가속도: $\left(\dfrac{d^2x}{dt^2},\ \dfrac{d^2y}{dt^2}\right) = (f''(t),\ g''(t))$
>
> (3) 속력(= 속도의 크기): $\sqrt{(f'(t))^2 + (g'(t))^2}$

14 치환적분법   정답 ⑤

$1 + 2\ln x = t$ 라 하면 $\dfrac{1}{x}dx = \dfrac{1}{2}dt$

$x = 1$일 때 $t = 1$, $x = e^2$일 때 $t = 5$이므로

$\displaystyle\int_1^{e^2} \dfrac{f(1 + 2\ln x)}{x}dx = \int_1^5 \dfrac{1}{2}f(t)dt = \dfrac{1}{2}\int_1^5 f(t)dt = 5$

$\therefore \displaystyle\int_1^5 f(t)dt = 10$

> **개념 체크체크**
>
> **치환적분법**
>
> 미분가능한 함수 $t = g(x)$의 도함수 $g'(x)$가 구간 $[a,\ b]$에서 연속이고 $g(a) = \alpha$, $g(b) = \beta$에 대하여 함수 $f(t)$가 구간 $[\alpha,\ \beta]$에서 연속일 때
>
> $\displaystyle\int_a^b f(g(x))g'(x)dx = \int_\alpha^\beta f(t)dt$이다.
>
> 이때 적분구간도 반드시 바꾸어 주는 것을 잊지 말고 기억해 두어야 한다.

15 곡선과 직선 사이의 넓이   정답 ③

$f(x) = e^{\frac{x}{3}}$ 라 하면 $f'(x) = \dfrac{1}{3}e^{\frac{x}{3}}$

이 곡선 위의 점 $(3,\ e)$에서의 접선의 방정식은

$y = f'(3)(x - 3) + e = \dfrac{1}{3}ex$

따라서 오른쪽 그림에서 구하는 도형의 넓이는

$\displaystyle\int_0^3 \left(e^{\frac{x}{3}} - \dfrac{1}{3}ex\right)dx$

$= \left[3e^{\frac{x}{3}} - \dfrac{1}{6}ex^2\right]_0^3$

$= \left(3e - \dfrac{3}{2}e\right) - 3$

$= \dfrac{3}{2}e - 3$

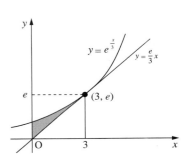

16 정적분으로 정의된 함수   정답 ②

$xf(x) = x^2e^{-x} + \displaystyle\int_1^x f(t)dt$ ······ ㉠

㉠의 양변을 x에 대하여 미분하면

$f(x) + xf'(x) = 2xe^{-x} - x^2e^{-x} + f(x)$

$f'(x) = 2e^{-x} - xe^{-x} = (2 - x)e^{-x}$

$f(x) = \displaystyle\int f'(x)dx = \int (2 - x)e^{-x}dx$

$\qquad\quad = (x - 1)e^{-x} + C\ (C는 적분상수)$ ······ ㉡

$f(1) = e^{-1}$이므로 $x = 1$을 ㉡에 대입하여 풀면

$f(1) = C = e^{-1}$

따라서 $f(x) = (x - 1)e^{-x} + e^{-1}$이므로

$\therefore f(2) = e^{-2} + e^{-1} = \dfrac{e + 1}{e^2}$

정적분으로 정의된 함수의 미분

a는 상수이고 $f(x)$가 연속함수일 때

(1) $\dfrac{d}{dx}\displaystyle\int_a^x f(t)dt = f(x)$

(2) $\dfrac{d}{dx}\displaystyle\int_x^{x+a} f(t)dt = f(x+a) - f(x)$

적분 구간에 변수 x가 있는 정적분으로 정의된 함수에서 함수 $f(x)$를 구할 때에는 양변을 x에 대하여 미분하여 구한다.

---

17 삼각함수의 극한 　　　정답 ②

조건 (가)에 의해 $\displaystyle\lim_{x\to\infty}\dfrac{f(x)\sin x}{x^2}=0$이므로

$f(x)=ax+b$이다.

조건 (나)에 의해

$$\lim_{x\to 0}\frac{g'(x)}{x}=\lim_{x\to 0}\frac{f'(x)\sin x + f(x)\cos x}{x}$$

$$=\lim_{x\to 0}\frac{f'(x)\sin x}{x}+\lim_{x\to 0}\frac{f(x)\cos x}{x}$$

$$=\lim_{x\to 0}f'(x)+\lim_{x\to 0}\frac{f(x)}{x}=6$$

$\displaystyle\lim_{x\to 0}\dfrac{f(x)}{x}$의 값이 존재하고 x가 0일 때 (분모)가 0이므로

(분자)가 0이어야 한다.

즉, $\displaystyle\lim_{x\to 0}f(x)=0$이어야 하므로 $f(0)=0$　∴ $b=0$

즉, $f(x)=ax$이므로

$$\lim_{x\to 0}f'(x)+\lim_{x\to 0}\frac{f(x)}{x}=\lim_{x\to 0}a+\lim_{x\to 0}a=2a=6$$

∴ $a=3$, $f(x)=3x$

∴ $f(4)=12$

---

18 삼각함수의 극한의 활용 　　　정답 ⑤

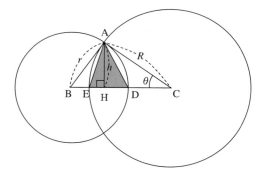

점 B가 중심인 원의 반지름의 길이를 r, 점 C가 중심인 원의 반지름의 길이를 R라 하자.

점 A에서 $\overline{BC}$에 내린 수선의 발을 H, $\overline{AH}=h$, $\overline{ED}=a$라 하면

$\angle BAH = \angle ACH = \theta$, $r=8\cos\left(\dfrac{\pi}{2}-\theta\right)=8\cos\theta$, $R=8\cos\theta$

$h=r\cos\theta=8\sin\theta\cos\theta$, $a=r+R-8=8(\sin\theta+\cos\theta-1)$

$$\therefore S(\theta)=\frac{1}{2}ha=\frac{1}{2}\times 8^2\times\sin\theta\cos\theta\times(\sin\theta+\cos\theta-1)$$

$$=32\sin\theta\cos\theta(\sin\theta+\cos\theta-1)$$

$$\therefore \lim_{\theta\to 0+}\frac{S(\theta)}{\theta^2}=\lim_{\theta\to 0+}\frac{32\sin\theta\cos\theta(\sin\theta+\cos\theta-1)}{\theta^2}$$

$$=32\lim_{\theta\to 0+}\cos\theta\lim_{\theta\to 0+}\frac{\sin\theta}{\theta}\lim_{\theta\to 0+}\left(\frac{\sin\theta}{\theta}+\frac{\cos\theta-1}{\theta}\right)$$

$$=32\times 1\times 1\times 1=32$$

---

19 도함수의 활용 　　　정답 ②

$f(x)=\begin{cases}(x^2-x)e^{4-x} & (x<0,\ x>1)\\ -(x^2-x)e^{4-x} & (0\le x\le 1)\end{cases}$ 에서

$f'(x)=\begin{cases}(-x^2+3x-1)e^{4-x} & (x<0,\ x>1)\\ (x^2-3x+1)e^{4-x} & (0\le x\le 1)\end{cases}$

$f'(x)=0$에서 $e^{4-x}>0$이므로 $x^2-3x+1=0$

∴ $x=\dfrac{3-\sqrt{5}}{2}$ 또는 $x=\dfrac{3+\sqrt{5}}{2}$

함수 $f(x)$의 증가와 감소를 표로 나타내면 다음과 같다.

x	$\cdots$	0	$\cdots$	$\dfrac{3-\sqrt{5}}{2}$	$\cdots$	1	$\cdots$	$\dfrac{3+\sqrt{5}}{2}$	$\cdots$
$f'(x)$	$-$		$+$	0	$-$		$+$	0	$-$
$f(x)$	$\searrow$	0	$\nearrow$	극대	$\searrow$	0	$\nearrow$	극대	$\searrow$

이때 $\displaystyle\lim_{x\to-\infty}f(x)=\infty$, $\displaystyle\lim_{x\to\infty}f(x)=\lim_{x\to\infty}(x^2-x)e^{4-x}=0$이므로

함수 $y=f(x)$의 그래프는 다음 그림과 같다.

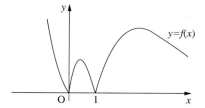

ㄱ. $k=2$일 때 $g(x)=\begin{cases}f(x) & (f(x)\le 2x)\\ 2x & (f(x)>2x)\end{cases}$

　$f(2)=2e^2>4$, 즉 $f(x)>2x$이므로

　$g(2)=2\times 2=4$　(참)

ㄴ. $g(x)$가 미분가능하지 않은 x 값의 개수는 k의 구간에 따라 4, 2, 1, 2이므로 $h(k)$의 최댓값은 4이다. (참)

　$0<k<e^2 \to h(k)=4$

　$e^2\le k<e^4 \to h(k)=2$

　$k=e^4 \to h(k)=1$

　$k>e^4 \to h(k)=2$

ㄷ. 원점 $(0, 0)$을 지나며 $y=f(x)$에 접하는 직선의 접점을 $(t, f(t))$라 하자.

접선의 방정식은 $y-f(t)=f'(t)(x-t)$에서

$y=e^{4-t}(-t^2+3t-1)(x-t)+(t^2-t)e^{4-t}$

$(0, 0)$을 대입하면 $0=t^2(t-2)e^{4-t}$

$\therefore t=0$ 또는 $t=2$

따라서 접점은 $(0, 0)$, $(2, 2e^2)$이다.

(i) 접점 $(0, 0)$일 때

접선의 기울기는 $f'(0)=\lim\limits_{x\to 0+}\dfrac{f(x)-f(0)}{x}=e^4$

$k<e^4$이거나 $k>e^4$일 때 미분불가능한 점이 2개이다.

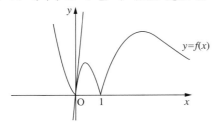

(ii) 접점 $(2, 2e^2)$일 때

접선의 기울기는 $f'(2)=e^2$

$k \geq e^2$일 때 미분불가능한 점이 2개이다.

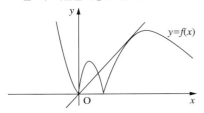

(i), (ii)에 의해 $e^2 \leq k \leq e^4$ 또는 $k>e^4$일 때 미분불가능한 점이 2개이다. (거짓)

따라서 옳은 것은 ㄱ, ㄴ이다.

◁개념 체크체크▷

함수의 그래프

함수의 그래프의 개형을 그릴 때에는 함수의 극대값과 극솟값을 알면 보다 쉽게 그릴 수 있다. 이때 해설과 같이 함수의 증가와 감소를 표로 나타내는 것이 도움이 된다.

20 로그함수의 극한   정답 19

$f(x)$는 실수 전체의 집합에서 연속이므로 $x=1$에서도 연속이다.

즉, $\lim\limits_{x\to 1+}f(x)=\lim\limits_{x\to 1-}f(x)=f(1)$이어야 한다.

$\lim\limits_{x\to 1+}\dfrac{5\ln x}{x-1}=5\lim\limits_{x\to 1+}\dfrac{\ln x}{x-1}=5$, $f(1)=-14+a$이므로

$-14+a=5$

$\therefore a=19$

21 음함수의 미분법   정답 11

$x^2+y^3-2xy+9x=19$의 양변을 x에 대하여 미분하면

$2x+3y^2\dfrac{dy}{dx}-2y-2x\dfrac{dy}{dx}+9=0$

$(3y^2-2x)\dfrac{dy}{dx}=-2x+2y-9$

$\therefore \dfrac{dy}{dx}=\dfrac{-2x+2y-9}{-2x+3y^2}$

위의 식에 $x=2$, $y=1$을 각각 대입하면

$\therefore \dfrac{dy}{dx}=\dfrac{-4+2-9}{-4+3}=11$

◁개념 체크체크▷

음함수의 미분

음함수 $f(x, y)$의 접선의 기울기를 구할 때에는 음함수의 미분법을 이용하여 구할 수 있다.

$\dfrac{d}{dx}f(x, y)=\dfrac{\partial}{\partial x}f(x, y)+\dfrac{\partial}{\partial y}f(x, y)\dfrac{dy}{dx}=0$에서

$\dfrac{dy}{dx}=-\dfrac{\dfrac{\partial}{\partial x}f(x, y)}{\dfrac{\partial}{\partial y}f(x, y)}$

22 삼각함수의 덧셈정리   정답 9

$f(x)=\dfrac{2x}{x+1}=2-\dfrac{2}{x+1}$에서 $f'(x)=\dfrac{2}{(x+1)^2}$

접선 l의 기울기는 $f'(0)=2$이고,

접선 m의 기울기는 $f'(1)=\dfrac{1}{2}$이다.

직선 l이 x축과 이루는 예각의 크기를 α, 직선 m이 x축과 이루는 예각의 크기를 β라 하면

$\tan\alpha=2$, $\tan\beta=\dfrac{1}{2}$

따라서

$\tan\theta=\tan(\alpha-\beta)=\dfrac{\tan\alpha-\tan\beta}{1+\tan\alpha\tan\beta}=\dfrac{2-\dfrac{1}{2}}{1+2\times\dfrac{1}{2}}=\dfrac{3}{4}$이므로

$\therefore 12\tan\theta=12\times\dfrac{3}{4}=9$

◁개념 체크체크▷

삼각함수의 덧셈정리

(1) $\sin(\alpha\pm\beta)=\sin\alpha\cos\beta\pm\cos\alpha\sin\beta$ (복부호동순)

(2) $\cos(\alpha\pm\beta)=\cos\alpha\cos\beta\mp\sin\alpha\sin\beta$ (복부호동순)

(3) $\tan(\alpha\pm\beta)=\dfrac{\tan\alpha\pm\tan\beta}{1\mp\tan\alpha\tan\beta}$ (복부호동순)

$g(t)$는 $\left[\dfrac{12}{e^{12}},\ \infty\right)$에 속하는 t가 변함에 따라 $[0,\ 12]$까지

$f(x)-t$의 넓이의 변화에 관한 함수이다.

$g(t)$가 $t=k$에서 갖는 극솟값은 $f(x)-t$의 넓이가 감소에서 증가로 바뀌는 순간 넓이의 변화율이 0이 되는 값이다.

따라서 $y=f(x)$와 $y=t$가 만나는 두 점의 x 좌표를 각각 a, b $(a<b)$라고 하면 $b-a=6$을 만족하므로 $b=a+6$이다.

$f(a)=t$, $f(a+6)=t$이며 이때 a는 $f(x)=k$의 실근의 최솟값이다.

이제 $f(a)=f(a+6)$인 a의 값을 구해 보자.

$\dfrac{a}{e^a}=\dfrac{a+6}{e^{a+6}}$, $\dfrac{a}{e^a}=\dfrac{a+6}{e^{a+6}}$, $\dfrac{a}{e^a}=\dfrac{a+6}{e^a\cdot e^6}$, $a=\dfrac{a+6}{e^6}$,

$e^6=\dfrac{a+6}{a}=1+\dfrac{6}{a}$

양변에 $\ln$을 붙이면, $\ln\left(\dfrac{6}{a}+1\right)=\ln e^6=6$

$t>\dfrac{1}{e}$인 경우

$g(t)=\displaystyle\int_0^{12}\left(t-\dfrac{x}{e^x}\right)dx=12t-\int_0^{12}\dfrac{x}{e^x}dx$

$g'(t)=12\left(\because\displaystyle\int_0^{12}\dfrac{x}{e^x}dx\text{는 상수}\right)$이고, $1>\dfrac{1}{e}$이므로

$g'(1)=12$이다.

$\therefore g'(1)+\ln\left(\dfrac{6}{a}+1\right)=12+6=18$

◁ **개념 체크체크** ▷

함수의 극대, 극소의 판정

함수 $y=f(x)$의 극대, 극소를 판별할 때에는 도함수 $f'(x)$에 대하여 $f'(x)=0$이 되는 x의 값의 좌우의 부호를 살펴보면 된다. 음에서 양으로 바뀌면 극솟값, 양에서 음으로 바뀌면 극댓값이 된다. 단, x의 값의 좌우에서 부호가 바뀌지 않으면 극값이 아니다.

3 기하

24 공간벡터의 연산   정답 ③

$\vec{a}-\vec{b}=(6,\ 2,\ 4)-(1,\ 3,\ 2)=(5,\ -1,\ 2)$

따라서 모든 성분의 합은 $5-1+2=6$

◁ **개념 체크체크** ▷

벡터의 덧셈과 내적

두 벡터 $\vec{a}=(a_1,\ b_1)$, $\vec{b}=(a_2,\ b_2)$에 대해 $\vec{a}+\vec{b}=(a_1+a_2,\ b_1+b_2)$이고 $\vec{a}\cdot\vec{b}=a_1 a_2+b_1 b_2$이다.

25 좌표공간에서의 선분의 외분점   정답 ②

선분 AB를 $3:2$로 외분하는 점의 좌표는

$\left(\dfrac{3\times 6-2\times 5}{3-2},\ \dfrac{3\times 4-2a}{3-2},\ \dfrac{3b-2\times(-3)}{3-2}\right)$

즉, $(8,\ 12-2a,\ 3b+6)$

이 점이 x축 위에 있으므로 $12-2a=0$, $3b+6=0$이어야 한다.

따라서 $a=6$, $b=-2$이므로

$\therefore a+b=6-2=4$

26 타원의 방정식   정답 ③

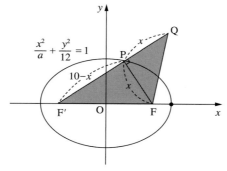

$\overline{PF}=x$ 라 하면 삼각형 PFQ가 직각이등변삼각형이므로 $\overline{PQ}=x$

$\overline{PF}+\overline{PF'}=\overline{PQ}+\overline{PF'}=10$ 이므로

$2\sqrt{|a|}=10$에서 $a=25$

$F(\sqrt{13},\ 0)$, $F(-\sqrt{13},\ 0)$

삼각형 PFF'는 직각삼각형이므로 피타고라스 정리에 의해

$x^2+(10-x)^2=52$, $x^2-10x+24=0$

$(x-4)(x-6)=0$ $\quad\therefore x=4$ 또는 $x=6$

이때 $\overline{PF}<5$이므로 $x=4$

따라서 삼각형 $QF'F$의 넓이는

$\therefore \dfrac{1}{2}\times 10\times 4=20$

27 정사영

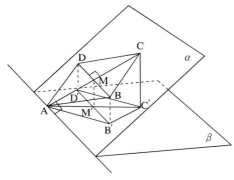

$\overline{BB'} = \overline{DD'}$에서 선분 BD와 선분 B'D'은 평행하므로 사각형 DD'B'B는 평행사변형이다.

$\therefore \overline{BD} = \overline{B'D'} = 8$

선분 AC와 선분 BD의 교점을 M이라 하면 점 M은 선분 AC와 선분 BD의 중점이다.

한편, $\tan\theta = \dfrac{3}{4}$이므로 $\tan\theta = \dfrac{\overline{CC'}}{\overline{AC'}} = \dfrac{\overline{CC'}}{8}$에서 $\dfrac{\overline{CC'}}{8} = \dfrac{3}{4}$

$\therefore \overline{CC'} = 6$

삼각형 CAC'은 $\angle CC'A = 90°$인 직각삼각형이므로 피타고라스 정리에 의하여

$\overline{AC} = \sqrt{\overline{AC'}^2 + \overline{CC'}^2} = \sqrt{8^2 + 6^2} = 10$

$\therefore \overline{MC} = 5, \ \overline{MB} = 4$

따라서 삼각형 CMB에서

$\therefore \overline{BC} = \sqrt{\overline{MC}^2 + \overline{MB}^2} = \sqrt{5^2 + 4^2} = \sqrt{41}$

┌─ 개념 체크체크 ─┐

정사영

평면 α 위에 있지 않은 한 점 P에서 평면 α에 내린 수선의 발을 P'이라 할 때, 점 P'을 점 P의 평면 α위로의 정사영이라 한다.

28 평면벡터의 내적의 활용

조건 (가)에 의해 $\overrightarrow{OA}$, $\overrightarrow{PQ}$는 서로 수직이다.

$6 \le t \le 12$에서 조건 (가), (나)를 동시에 만족하는 점 Q의 자취는 오른쪽 그림의 어두운 부분이다.

(ⅰ) $|\overrightarrow{AQ}|$의 최댓값은 선분 AD의 길이이므로

$M = \sqrt{(3-0)^2 + (6-12)^2} = \sqrt{45}$
$= 3\sqrt{5}$

(ⅱ) $|\overrightarrow{AQ}|$의 최솟값은 점 A와 선분 BE 사이의 거리이다. 두 점 B, E를 지나는 직선의 방정식은 $y - 12 = \dfrac{12-6}{4-2}(x-4)$

즉, $3x - y = 0$이므로

$m = \dfrac{|3 \times 0 - 12|}{\sqrt{3^2 + (-1)^2}} = \dfrac{|-12|}{\sqrt{9+1}} = \dfrac{12}{\sqrt{10}} = \dfrac{6\sqrt{10}}{5}$

$\therefore Mm = 3\sqrt{5} \times \dfrac{6\sqrt{10}}{5} = 18\sqrt{2}$

┌─ 개념 체크체크 ─┐

벡터가 수직일 조건

영벡터가 아닌 두 벡터가 수직이려면 두 벡터를 내적한 값이 0이어야 한다.

29 두 평면벡터가 이루는 각의 크기

$\overrightarrow{BA} = \vec{a}, \ \overrightarrow{BC} = \vec{b}$라 하면 $|\vec{a}| = 3, \ |\vec{b}| = 4$이다.

점 E는 선분 CD의 중점이므로 점 G는 삼각형 BDC의 무게중심이다.

$\overrightarrow{BE} = \dfrac{\vec{a} + 2\vec{b}}{3}, \ \overrightarrow{BG} = \dfrac{2}{3}\overrightarrow{BE} = \dfrac{2\vec{a} + 4\vec{b}}{9},$

$\overrightarrow{AG} = \overrightarrow{AB} + \overrightarrow{BG} = \dfrac{-7\vec{a} + 4\vec{b}}{9}$

$\overrightarrow{AG} \cdot \overrightarrow{BE} = 0$이므로 $\left(\dfrac{-7\vec{a} + 4\vec{b}}{9}\right) \cdot \left(\dfrac{\vec{a} + 2\vec{b}}{3}\right) = 0$

$-\dfrac{7}{27}|\vec{a}|^2 - \dfrac{10}{27}\vec{a} \cdot \vec{b} + \dfrac{8}{27}|\vec{b}|^2 = 0$

$\dfrac{10}{27}\vec{a} \cdot \vec{b} = -\dfrac{7}{27} \times 9 + \dfrac{8}{27} \times 16 = \dfrac{65}{27}$

$\therefore \vec{a} \cdot \vec{b} = \dfrac{13}{2}$

이때 $\overrightarrow{BA} \cdot \overrightarrow{BC} = |\overrightarrow{BA}||\overrightarrow{BC}|\cos(\angle ABC)$이므로

$\vec{a} \cdot \vec{b} = |\vec{a}||\vec{b}|\cos(\angle ABC)$

$\cos(\angle ABC) = \dfrac{\vec{a} \cdot \vec{b}}{|\vec{a}||\vec{b}|} = \dfrac{13}{24}$

따라서 $p = 24, \ q = 13$이므로

$\therefore p + q = 37$

2019학년도 기출문제 다잡기

1. 선분의 내분점

   점 D는 선분 AC를 $1:2$로 내분하고 점 E는 선분 AC를 $2:1$로 내분하므로 점 D, E는 선분 AC를 삼등분하는 점으로 $\overline{AD}=\overline{DE}=\overline{EC}$ 이다.

2. 삼각형의 무게중심

   삼각형의 세 꼭짓점과 그 대변의 중점을 이은 3개의 선분(중선)이 만나는 점을 삼각형의 무게중심이라고 한다. 무게중심은 각 중선의 길이를 꼭짓점으로부터 $2:1$로 나눈다.

30 공간벡터의 내적   정답 21

평면 $\alpha : 2x+y+2z-9=0$의 법선벡터를 $\vec{n}=(2,\ 1,\ 2)$,
구 $S:(x-4)^2+(y+3)^2+z^2=2$의 중심의 좌표를 $T(4,\ -3,\ 0)$ 이라 하자.

직선 $\dfrac{x-0}{2}=\dfrac{y-0}{1}=\dfrac{z-0}{2}=k$

$x=2k,\ y=k,\ z=2k$

평면 방정식에 대입하면 $k=1$이므로 점 O에서 평면에 수직으로 내린 수선의 교점 좌표는 $(2,\ 1,\ 2)$이다.

$|\overrightarrow{OP}|\le 3\sqrt{2}$ 이므로 평면 α 위의 점 P의 자취는 중심이 점 $C(2,\ 1,\ 2)$이고 반지름의 길이가 $|\overrightarrow{CP}|$인 원과 그 내부이다.

$|\overrightarrow{OC}|=\sqrt{2^2+1^2+2^2}=\sqrt{4+1+4}=3$이므로 원의 반지름의 길이는 $|\overrightarrow{CP}|=\sqrt{(3\sqrt{2})^2-|\overrightarrow{OC}|^2}=3$

삼각형 OCP는 직각이등변삼각형이므로 $\angle OPC=\angle COP=\dfrac{\pi}{4}$

$\overrightarrow{OC}$와 $\overrightarrow{OT}$가 이루는 각을 크기를 θ_C라 하면

$\cos\theta_C=\dfrac{\overrightarrow{OC}\cdot\overrightarrow{OT}}{|\overrightarrow{OC}||\overrightarrow{OT}|}=\dfrac{|4\times 2-3\times 1|}{3\times\sqrt{4^2+(-3)^2}}=\dfrac{5}{3\times 5}=\dfrac{1}{3}$

$\overrightarrow{OP}$와 $\overrightarrow{OT}$가 이루는 각의 크기를 θ_P라 할 때 두 벡터의 내적이 최대가 되려면 θ_P가 최소일 때이므로

$\cos\theta_P\le\cos\left(\theta_C-\dfrac{\pi}{4}\right)(\bigstar)$

$\cos\theta_P\le\dfrac{\sqrt{2}+4}{6}$ ······ ㉠

$\overrightarrow{OP}$와 $\overrightarrow{TQ}$가 이루는 각의 크기를 θ_S라 할 때 두 벡터의 내적이 최대가 되려면 $\theta_P=0$이다.

$\overrightarrow{OP}\cdot\overrightarrow{TQ}\le|\overrightarrow{OP}||\overrightarrow{TQ}|(=3\sqrt{2}\times\sqrt{2}=6)$ ······ ㉡

㉠, ㉡에서

$\overrightarrow{OP}\cdot\overrightarrow{OQ}=\overrightarrow{OP}\cdot(\overrightarrow{OT}+\overrightarrow{TQ})$

$\qquad\qquad\ =\overrightarrow{OP}\cdot\overrightarrow{OT}+\overrightarrow{OP}\cdot\overrightarrow{TQ}$

$\qquad\qquad\ \le 3\sqrt{2}\times 5\times\dfrac{\sqrt{2}+4}{6}+6$

$\qquad\qquad\ =11+10\sqrt{2}$

따라서 $a=11$, $b=10$이므로

$\therefore a+b=11+10=21$

※ ★의 풀이

삼각함수의 덧셈정리를 이용하여 $\cos\left(\theta_C-\dfrac{\pi}{4}\right)$를 구할 수 있다.

$\cos\left(\theta_C-\dfrac{\pi}{4}\right)=\cos\theta_C\cos\dfrac{\pi}{4}+\sin\theta_C\sin\dfrac{\pi}{4}$

$\qquad\qquad\qquad\ =\dfrac{1}{3}\times\dfrac{\sqrt{2}}{2}+\sqrt{1-\dfrac{1}{9}}\times\dfrac{\sqrt{2}}{2}$

$\qquad\qquad\qquad\ =\dfrac{1}{3}\times\dfrac{\sqrt{2}}{2}+\dfrac{2\sqrt{2}}{3}\times\dfrac{\sqrt{2}}{2}$

$\qquad\qquad\qquad\ =\dfrac{\sqrt{2}+4}{6}$

문제 ▸ p. 92

공통

01 ⑤	02 ⑤	03 ⑤	04 ④	05 ②
06 ④	07 ②	08 ④	09 ③	10 15
11 8	12 16	13 21		

<확률과 통계>

14 ③	15 ②	16 ③	17 ③	18 ②
19 ①	20 135	21 29	22 49	

<미적분>

23 ①	24 ②	25 31	26 42

<기타>

27 ①	28 ④	29 ③	30 ①

공통

01 곱의 미분법　　　　　　　　　　정답 ⑤

$f(x) = (x^2 + 2x)(2x + 1)$이므로
$f'(x) = (2x + 2)(2x + 1) + 2(x^2 + 2x) = 6x^2 + 10x + 2$
$\therefore f'(1) = 6 + 10 + 2 = 18$

◁ 개념 체크체크 ▷

곱의 미분법
세 함수 $f(x)$, $g(x)$, $h(x)$가 미분가능할 때
(1) $h(x) = f(x)g(x)$이면
  $h'(x) = f'(x)g(x) + f(x)g'(x)$
(2) $y = f(x)^n$ (n은 양의 정수)이면
  $y' = n(f(x))^{n-1} \cdot f'(x)$

02 미분계수　　　　　　　　　　정답 ⑤

$\lim\limits_{h \to 0} \dfrac{f(1 + 2h) - 3}{h} = 3$에서 극한값이 존재하고 h가 0일 때
(분모)가 이므로 (분자)가 0이어야 한다.
즉, $\lim\limits_{h \to 0}\{f(1 + 2h) - 3\} = 0$에서 $f(1) = 3$이다.
$\lim\limits_{h \to 0} \dfrac{f(1 + 2h) - f(1)}{2h} \times 2 = 2f'(1) = 3$이므로 $f'(1) = \dfrac{3}{2}$
$\therefore f(1) + f'(1) = \dfrac{9}{2}$

03 등비수열 + 로그의 성질　　　　　정답 ⑤

모든 항이 양수인 등비수열 $\{a_n\}$의 첫째항을 $a_1 (a_1 > 0)$, 공비를 $r (r > 0)$라고 하자.
$a_2 = ar$, $a_3 = ar^2$, $a_4 = ar^3$, $a_5 = ar^4$이므로
$a_2 a_4 = 2a_5$에서 $a^2 r^4 = 2ar^4$
$\therefore a = 2$
$a_5 = a_4 + 12a_3$에서 $2r^4 = 2r^3 + 24r^2$
$2r^2(r^2 - r - 12) = 0$, $2r^2(r + 3)(r - 4) = 0$
$\therefore r = 4$ ($\because r > 0$)
따라서 $a_n = 2 \times 4^{n-1}$이므로
$a_{10} = 2 \times 4^9 = 2^{19}$
$\therefore \log_2 a_{10} = \log_2 2^{19} = 19$

04 일반항과 수열의 합　　　　　　정답 ④

a_1은 짝수이므로 $a_2 = \dfrac{20 + 2}{2} = 11$,
a_2는 홀수이므로 $a_3 = \dfrac{11 - 1}{2} = 5$,
a_3은 홀수이므로 $a_4 = \dfrac{5 - 1}{2} = 2$,
a_4는 짝수이므로 $a_5 = \dfrac{2 + 2}{2} = 2$
  ⋮
즉, $n \geq 4$인 자연수 n에 대하여 $a_n = 2$
$\therefore \sum\limits_{k=1}^{10} a_k = a_1 + a_2 + a_3 + a_4 + \cdots + a_{10}$
  $= 20 + 11 + 5 + 2 \times 7 = 50$

◁ 개념 체크체크 ▷

수열
등차수열 또는 등비수열과 같은 수열이 아닌 수열의 일반항이 주어진 경우 조건을 이용하여 수열을 직접 구해 규칙성을 찾는다.

05 등차수열의 합　　　　　　　　정답 ②

등차수열 $\{a_n\}$의 첫째항을 a_1, 공차를 d라 하면
$S_n = \dfrac{n\{2a_1 + (n-1)d\}}{2}$
$S_5 = a_1$이므로 $5a_1 + 10d = a_1$에서
$4a_1 + 10d = 0$ …… ㉠

$S_{10} = 10a_1 + 45d$이고 $S_{10} = 40$이므로 $10a_1 + 45d = 40$에서

$2a_1 + 9d = 8$ ····· ㉡

㉠, ㉡을 연립하여 풀면 $a_1 = -5$, $d = 2$

따라서 $a_n = -5 + 2(n-1) = 2n - 7$이므로

$\therefore a_{10} = 20 - 7 = 13$

06 함수의 극한에 대한 성질   정답 ④

최고차항의 계수가 1인 이차함수를 $g(x) = x^2 + ax + b$라 하자.

$\displaystyle \lim_{x \to 0+} \frac{g(x)}{f(x)} = \frac{\displaystyle \lim_{x \to 0+} g(x)}{\displaystyle \lim_{x \to 0+} f(x)} = \frac{b}{-1} = 1$이므로 $b = -1$ ····· ㉠

$\displaystyle \lim_{x \to 1-} f(x-1)g(x) = \lim_{x \to 1-} f(x-1) \lim_{x \to 1-} g(x)$

$\displaystyle \qquad = \lim_{x \to 0-} f(x) \lim_{x \to 1-} g(x)$

$\displaystyle \qquad = 1 \times (1 + a - 1) = a \ (\because ㉠)$이므로

$\therefore a = 3$

$\therefore g(x) = x^2 + 3x - 1 \qquad \therefore g(2) = 9$

07 정적분의 계산   정답 ②

$\displaystyle \int_0^1 f(x)dx = A$라 하면 $f(x) = \dfrac{3}{4}x^2 + A^2$이므로

$\displaystyle \int_0^1 f(x)dx = \int_0^1 \left(\frac{3}{4}x^2 + A^2 \right) dx = \left[\frac{1}{4}x^3 + A^2 x \right]_0^1 = \frac{1}{4} + A^2$

즉, $\dfrac{1}{4} + A^2 = A$에서 $(2A-1)^2 = 0$이므로 $A = \dfrac{1}{2}$

따라서 $f(x) = \dfrac{3}{4}x^2 + \dfrac{1}{4}$이므로

$\displaystyle \therefore \int_0^2 f(x)dx = \int_0^2 \left(\frac{3}{4}x^2 + \frac{1}{4} \right) dx = \left[\frac{1}{4}x^3 + \frac{1}{4}x \right]_0^2 = \frac{5}{2}$

08 도함수의 방정식에의 활용   정답 ④

자연수 n에 대하여 방정식 $n(x^3 - 3x^2) + k = 0$의 해의 개수가 3이 되도록 하는 k의 개수가 a_n이므로 $n(x^3 - 3x^2) = -k$에서 곡선 $y = n(x^3 - 3x^2)$과 직선 $y = -k$가 만나는 점의 개수가 3이 되도록 하는 k의 개수를 a_n이라 할 수 있다.

$f(x) = n(x^3 - 3x^2)$이라 하면

$f'(x) = n(3x^2 - 6x) = 3nx(x-2)$

$f'(x) = 0$에서 $x = 0$ 또는 $x = 2$

$n > 0$이므로 함수 $f(x)$의 증가와 감소를 표로 나타내면 다음과 같다.

x		0		2	
$f'(x)$	$+$	0	$-$	0	$+$
$f(x)$	↗	극대	↘	극소	↗

함수 $f(x)$는 $x = 0$에서 극댓값 $f(0) = 0$,

$x = 2$에서 극솟값 $f(2) = -4n$을 갖는다.

따라서 다음 그림과 같이 $-4n < -k < 0$, 즉 $0 < k < 4n$일 때 직선 $y = -k$가 곡선 $y = n(x^3 - 3x^2)$과 만나는 점의 개수가 3이다.

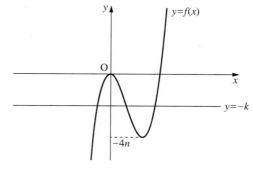

따라서 $0 < k < 4n$을 만족시키는 정수 k의 개수는 $4n-1$이므로
$a_n = 4n - 1$

$$\therefore \sum_{n=1}^{10} a_n = \sum_{n=1}^{10}(4n-1) = 4 \times \frac{10 \times 11}{2} - 10 = 220 - 10 = 210$$

09 도함수의 방정식에의 활용   정답 ③

합성함수 $y = (g \circ f)(x)$의 그래프가 x축과 만나는 점의 개수는 방정식 $g(f(x)) = 0$의 해의 개수와 같다.
$g(x) = x^2 - 3x - 4 = (x+1)(x-4)$에서
$g(-1) = 0$ 또는 $g(4) = 0$
즉, $f(x) = -1$ 또는 $f(x) = 4$일 때의 해의 개수를 확인하자.

ㄱ. $k = 2$일 때, $f(x) = \begin{cases} x(x-2) & (x \geq 2) \\ -x(x-2) & (x < 2) \end{cases}$

다음 그림에서 함수 $y = f(x)$의 그래프가 두 직선
$y = -1$, $y = 4$와 두 점에서 만나므로
$f(x) = -1$ 또는 $f(x) = 4$일 때의 해의 개수는 2이다.
$\therefore h(2) = 2$ (참)

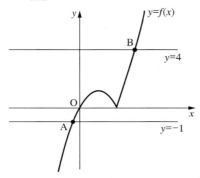

ㄴ. 자연수 k에 대하여 $f(x) = x|x-k|$에서 함수 $f(x)$는 $y = -1$과 한 점에서 만나므로 한 개의 해를 갖는다.
$h(k) = 4$를 만족시키려면 함수 $f(x)$는 $y = 4$에서 서로 다른 세 점에서 만나야 한다. 즉, 함수 $f(x)$는 $x = \dfrac{k}{2}$에서 극댓값을 갖고 $f\left(\dfrac{k}{2}\right) > 4$가 되어야 한다.

$f\left(\dfrac{k}{2}\right) = \dfrac{k^2}{4} > 4$에서 $k^2 > 16$이므로 $k > 4 \; (\because k > 0)$

따라서 $h(k) = 4$를 만족시키는 자연수 k의 최솟값은 5이다.
(거짓)

ㄷ. $h(k) = 3$을 만족시키려면 $y = -1$ 또는 $y = 4$가 극값과 만나야 한다.

(ⅰ) $k \geq 0$일 때, $f(x)$는 $y = -1$과 한 점에서 만나 한 개의 해를 가지므로 $f(x)$는 $y = 4$와 두 점에서 만나야 한다.

즉, $f\left(\dfrac{k}{2}\right) = 4$일 때 서로 다른 두 점에서 만나야 하므로

$$f\left(\frac{k}{2}\right) = \frac{k^2}{4} = 4 \qquad \therefore k = 4 \; (\because k > 0)$$

(ⅱ) $k < 0$일 때, $f(x)$는 $y = 4$와 한 점에서 만나 한 개의 해를 가지므로 $f(x)$는 $y = -1$과 두 점에서 만나야 한다. 즉, $f\left(\dfrac{k}{2}\right) = -1$일 때 서로 다른 두 점에서 만나야 하므로

$$f\left(\frac{k}{2}\right) = -\frac{k^2}{4} = -1 \qquad \therefore k = -2 \; (\because k < 0)$$

(ⅰ), (ⅱ)에 의해 $h(k) = 3$을 만족시키는 모든 실수 값의 합은
$4 + (-2) = 2$ (참)
따라서 옳은 것은 ㄱ, ㄷ이다.

10 지수법칙   정답 15

$\sqrt{3\sqrt[4]{27}} = \sqrt{3 \times 3^{\frac{3}{4}}} = \sqrt{3^{\frac{7}{4}}} = 3^{\frac{7}{8}}$ 이므로 $p = 8$, $q = 7$
$\therefore p + q = 8 + 7 = 15$

11 합의 기호 $\sum$의 뜻과 성질   정답 8

$$\sum_{k=1}^{10} k(k+1)a_k = \sum_{k=1}^{10}(k^2+k)a_k = 23$$

$$\sum_{k=1}^{10}(2k+1)^2 a_k = \sum_{k=1}^{10}(4k^2+4k+1)a_k$$

$$= \sum_{k=1}^{10}(4k^2+4k)a_k + \sum_{k=1}^{10} a_k$$

$$= 4\sum_{k=1}^{10}(k^2+k)a_k + \sum_{k=1}^{10} a_k = 100$$

$$\therefore \sum_{k=1}^{10} a_k = \sum_{k=1}^{10}(2k+1)^2 a_k - 4 \times \sum_{k=1}^{10} k(k+1)a_k$$

$$= 100 - 4 \times 23 = 8$$

《개념 체크체크》

합의 기호 $\sum$의 뜻과 성질

(1) 수열 $\{a_n\}$의 첫째항부터 제 n항까지의 합 $a_1 + a_2 + a_3 + \cdots + a_n$을 합의 기호 $\sum$를 사용하여 나타내면 다음과 같다.

$$a_1 + a_2 + a_3 + \cdots + a_n = \sum_{k=1}^{n} a_k$$

(2) $\sum$의 성질

① $\displaystyle\sum_{k=1}^{n}(a_k+b_k)=\sum_{k=1}^{n}a_k+\sum_{k=1}^{n}b_k$

② $\displaystyle\sum_{k=1}^{n}(a_k-b_k)=\sum_{k=1}^{n}a_k-\sum_{k=1}^{n}b_k$

③ $\displaystyle\sum_{k=1}^{n}ca_k=c\sum_{k=1}^{n}a_k$ (단, c는 상수)

④ $\displaystyle\sum_{k=1}^{n}c=cn$ (단, c는 상수)

12 함수의 연속 정답 16

함수 $f(x)$가 실수 전체의 집합에서 연속이므로 $x=6$에서 연속이다.

$\displaystyle\lim_{x\to 6}\frac{x^2-8x+a}{x-6}=b$에서 x가 6일 때 극한값이 존재하고 (분모)가

0이므로 (분자)가 0이어야 한다.

즉, $\displaystyle\lim_{x\to 6}(x^2-8x+a)=0$이어야 하므로

$6^2-8\times 6+a=0$

$\therefore a=12$

$\displaystyle\lim_{x\to 6}\frac{x^2-8x+12}{x-6}=\lim_{x\to 6}\frac{(x-6)(x-2)}{x-6}=\lim_{x\to 6}(x-2)=4$

에서 $b=4$

$\therefore a+b=16$

⟨ **개념 체크체크** ⟩

함수의 연속

함수 $f(x)$가 실수 a에 대하여 다음 세 조건을 만족시킬 때, 함수 $f(x)$는 $x=a$에서 연속이라고 한다.

(1) 함수 $f(x)$는 $x=a$에서 정의되어 있다. 즉 $f(a)$의 값이 존재한다.

(2) $\displaystyle\lim_{x\to a}f(x)$의 값이 존재한다.

(3) $\displaystyle\lim_{x\to a}f(x)=f(a)$

13 도함수의 활용 정답 21

$f(x)$는 최고차항의 계수가 1이고 $f'(0)=0$인 사차함수이므로 $f'(x)$는 최고차항의 계수가 4인 삼차함수이다.

함수 $g(t)$는 $t=k$, $t=30$에서 불연속이므로 $f(x)=k$, $f(x)=30$의 실근이 존재한다.

$\displaystyle\lim_{t\to k+}g(t)=-2$, $\displaystyle\lim_{t\to 30+}g(t)=1$이므로 불연속점 $t=k$, $t=30$에서 실근의 최댓값은 $x=-2$, $x=1$이다.

즉, $f(x)$는 $x=-2$, $x=1$에서 극솟값을 갖고

$f(-2)=k\,(k<30)$, $f(1)=30$이다.

따라서 $f'(x)$의 근은 $x=-2$, $x=0$, $x=1$이므로

$f'(x)=4x(x-1)(x+2)=4x^3+4x^2-8x$

이때 $f(x)=x^4+\dfrac{4}{3}x^3-4x^2+C$ (C는 적분상수) 이고

$f(1)=30$이므로

$f(1)=1+\dfrac{4}{3}-4+C=30$ $\therefore C=\dfrac{95}{3}$

따라서 $f(x)=x^4+\dfrac{4}{3}x^3-4x^2+\dfrac{95}{3}$ 이므로

$\therefore k=f(-2)=(-2)^4+\dfrac{4}{3}\times(-2)^3-4\times(-2)^2+\dfrac{95}{3}=21$

⟨ **개념 체크체크** ⟩

x^n의 미분법과 부정적분

(1) x^n의 미분법

$y=x^n$ (n은 양의 정수)일 때 $y'=nx^{n-1}$

(2) x^n의 부정적분

n이 음이 아닌 정수일 때

$$\int x^n dx=\frac{1}{n+1}x^{n+1}+C \text{ (단, } C \text{는 적분상수)}$$

1 확률과 통계

14 분할   정답 ③

$7=1+1+5=1+2+4=1+3+3=2+2+3$

따라서 구하는 분할의 수는 4이다.

◁ 개념 체크체크 ▷

자연수의 분할

자연수를 분할할 때에는 다음과 같은 방법을 사용할 수도 있다.
각각의 수를 공으로 생각하고 x, y, z를 상자라고 하면,
$x+y+z=7$을 만족하는 경우의 수를 구할 때 x, y, z에는
각각 1개 이상의 수가 들어가야 하므로 3을 양변에서 빼면
$(x-1)+(y-1)+(z-1)=4$이고, 각 상자에는 0에서 4까
지의 수가 들어갈 수 있다.
그렇다면 공 4개와 상자를 나누는 칸막이 2개를 일렬로 배열하
는 경우의 수와 같다.

예 $(x-1,\ y-1,\ z-1)=(1,\ 2,\ 1)$

	칸막이			칸막이	

따라서 중복을 고려하여 나누면 $\dfrac{6!}{4!2!}=15$이다.

마찬가지로 일반화하면
$x_1+x_2+\cdots+x_m=n$이고 n, m이 자연수일 때

$$\frac{\{n-m+(m-1)\}!}{(n-m)!(m-1)!}=\frac{(n-1)!}{(n-m)!(m-1)!}$$

로 나타낼 수 있다.

15 조건부확률   정답 ②

$$\mathrm{P}(A\cap B)=\mathrm{P}(A)+\mathrm{P}(B)-\mathrm{P}(A\cup B)=\frac{1}{2}+\frac{2}{5}-\frac{4}{5}=\frac{1}{10}$$

$$\therefore\ \mathrm{P}(B|A)=\frac{\mathrm{P}(A\cap B)}{\mathrm{P}(A)}=\frac{\dfrac{1}{10}}{\dfrac{1}{2}}=\frac{1}{5}$$

◁ 개념 체크체크 ▷

조건부확률

조건부확률이란 확률이 0이 아닌 두 사건 A와 B에 대하여, A가
발생했을 때 B가 발생할 확률을 의미하며, 이를 $\mathrm{P}(B|A)$로
나타낸다. $\mathrm{P}(B|A)=\dfrac{\mathrm{P}(A\cap B)}{\mathrm{P}(A)}$ (단, $(\mathrm{P}(A)>0)$

16 연속확률변수의 확률   정답 ③

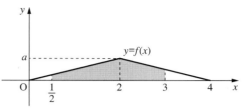

X의 확률밀도함수를 $y=f(x)$라 하면 함수 $y=f(x)$의 그래프와
x축 및 두 직선 $x=0$, $x=4$로 둘러싸인 도형의 넓이가 1이므로

$$\frac{1}{2}\times 4\times a=1$$

$$\therefore\ a=\frac{1}{2}$$

$$\therefore\ f(x)=\begin{cases}\dfrac{1}{4}x & (0\le x\le 2)\\[2mm] 1-\dfrac{1}{4}x & (2\le x\le 4)\end{cases}$$

따라서 $\mathrm{P}\!\left(\dfrac{1}{2}\le X\le 3\right)$는 위의 그림의 어두운 부분의 넓이와 같으
므로

$$\therefore\ 1-\left(\frac{1}{2}\times\frac{1}{2}\times\frac{1}{8}+\frac{1}{2}\times 1\times\frac{1}{4}\right)=1-\frac{5}{32}=\frac{27}{32}$$

17 표본평균의 분포   정답 ③

모집단이 정규분포 $\mathrm{N}(85,\ 6^2)$을 따르고 표본의 크기가 16이므로
표본평균 $\overline{X}$는 정규분포 $\mathrm{N}\!\left(85,\ \dfrac{6^2}{16}\right)$, 즉 $\mathrm{N}\!\left(85,\ \left(\dfrac{3}{2}\right)^2\right)$을 따른다.

$Z=\dfrac{\overline{X}-85}{\dfrac{3}{2}}$로 놓으면 확률변수 Z는 표준정규분포 $\mathrm{N}(0,1)$을 따

르므로 $\mathrm{P}(\overline{X}\ge k)=0.0228$에서 $\mathrm{P}\!\left(Z\ge\dfrac{k-85}{\dfrac{3}{2}}\right)=0.0228$

$$\mathrm{P}\!\left(Z\ge\frac{k-85}{\dfrac{3}{2}}\right)=0.5-\mathrm{P}\!\left(0\le Z\le\frac{k-85}{\dfrac{3}{2}}\right)=0.0228$$

$$\mathrm{P}\!\left(0\le Z\le\frac{k-85}{\dfrac{3}{2}}\right)=0.4772$$

$$\therefore\ \frac{k-85}{\dfrac{3}{2}}=2\quad\therefore\ k=88$$

◁ 개념 체크체크 ▷

표본평균

확률변수 X가 정규분포 $\mathrm{N}(m,\ \sigma^2)$을 따르면 크기가 n인 표
본의 표본평균 $\overline{X}$는 정규분포 $\mathrm{N}\!\left(m,\ \dfrac{\sigma^2}{n}\right)$을 따른다.

18 조합
정답 ②

조건 (가), (나)에 의해 상자 A에는 적어도 흰색 탁구공 1개와 회색 탁구공 1개를 포함한다.

상자 A, B, C에 넣는 탁구공의 수를 순서쌍으로 나타낼 때 일어날 수 있는 경우를 표로 나타내면 다음과 같다.

흰색 탁구공	회색 탁구공	남은 회색 탁구공을 넣는 경우의 수
$(1, 1, 1)$	$(1, 1, 1)$	$_3C_1 = 3$
$(1, 2, 0)$	$(1, 1, 0)$	$_3C_1 + _3C_2 = 6$
$(1, 0, 2)$	$(1, 0, 1)$	$_3C_1 + _3C_2 = 6$
$(2, 1, 0)$	$(1, 1, 0)$	$_3C_1 + _3C_2 = 6$
$(2, 0, 1)$	$(1, 0, 1)$	$_3C_1 + _3C_2 = 6$
$(3, 0, 0)$	$(1, 0, 0)$	$_3C_1 + 2 \times _3C_2 + _3C_3 = 10$

따라서 구하는 경우의 수는

$$\therefore 3 + 6 + 6 + 6 + 6 + 10 = 37$$

> **《개념 체크체크》**
>
> **조합**
>
> 서로 다른 n개에서 r개를 택하는 조합의 수는
>
> $$_nC_r = \frac{_nP_r}{r!} = \frac{n(n-1)\cdots(n-r+1)}{r!}$$
> $$= \frac{n!}{r!(n-r)!} \quad (\text{단, } 0 \le r \le n)$$

19 순열의 활용
정답 ①

⊞ 모양의 판의 중앙에 붙이는 스티커에 따라 다음과 같이 3가지 경우로 나눌 수 있다.

(i) A 또는 E를 붙이는 경우

A 또는 E는 4번 회전해도 같은 모양이므로 나머지 4개의 스티커를 붙일 위치를 정하는 경우의 수는 $\dfrac{4!}{4} = 3!$

A	B	C	D
1	4	4	2

이 각각에 대하여 4개의 스티커를 붙이는 경우의 수는

$1 \times 4 \times 4 \times 2$

A 또는 E를 붙이는 경우의 수는 2

그러므로 이 경우의 수는 $2 \times 3! \times 32$이다.

(ii) B 또는 C를 붙이는 경우

B 또는 C 회전했을 때 4가지 모두 다르므로 나머지 4개의 스티커를 붙일 위치를 정하는 경우의 수는 4!

A	B	D	E
1	4	2	1

이 각각에 대하여 4개의 스티커를 붙이는 경우의 수는

$1 \times 4 \times 2 \times 1$

B 또는 C를 붙이는 경우의 수는 2

그러므로 이 경우의 수는 $2 \times 4! \times 8$

(iii) D를 붙이는 경우

D는 회전했을 때 2번 같은 모양이므로 나머지 4개의 스티커를 붙일 위치를 정하는 경우의 수는 $\dfrac{4!}{2} = 12$

A	B	C	E
1	4	4	1

이 각각에 대하여 4개의 스티커를 붙이는 경우의 수는

$1 \times 4 \times 4 \times 1 = 16$

그러므로 이 경우의 수는 12×16

(가) $4! = 24$, (나) 12, (다) 16이므로

$a = 24$, $b = 12$, $c = 16$

$$\therefore a + b + c = 24 + 12 + 16 = 52$$

> **《개념 체크체크》**
>
> **순열**
>
> 서로 다른 n개에서 r개를 택하여 일렬로 나열하는 순열의 수는
>
> $$_nP_r = n(n-1)(n-2)\cdots(n-r+1)$$

20 이항정리와 이항계수
정답 135

$\left(3x^2 + \dfrac{1}{x}\right)^6$의 전개식의 일반항은

$$_6C_r \times (3x^2)^r \times \left(\frac{1}{x}\right)^{6-r} = _6C_r \times 3^r \times x^{3r-6}$$

$3r - 6 = 0$에서 $r = 2$

따라서 상수항은

$$\therefore {}_6C_2 \times 3^2 = \frac{6 \times 5}{2 \times 1} \times 3^2 = 135$$

21 이항분포
정답 29

X의 확률질량함수는 $\mathrm{P}(X=x) = {}_{25}\mathrm{C}_x\,p^x(1-p)^{25-x}$ 이므로 확률변수 X는 이항분포 $\mathrm{B}(25,\,p)$를 따른다.

$\mathrm{V}(X)=4$에서 $25p(1-p)=4$

$25p^2-25p+4=0$, $(5p-4)(5p-1)=0$

$\therefore p=\dfrac{1}{5}$ $\left(\because 0<p<\dfrac{1}{2}\right)$

따라서 $\mathrm{E}(X)=25\times\dfrac{1}{5}=5$이므로

$\mathrm{E}(X^2)=\mathrm{V}(X)+\{\mathrm{E}(X)\}^2=4+5^2=29$

22 순열을 이용한 확률
정답 49

일어날 수 있는 모든 방법의 수는

$6!=6\times5\times4\times3\times2\times1=720$

(ⅰ) E가 2열에 앉는 경우

　　E가 2열에 앉는 방법의 수는 2

　　조건 (가)에서 A, B는 1열 또는 3열에 앉을 수 있으므로 그 방법의 수는 $2\times2=4$

　　조건 (나)에서 C, D는 서로 다른 열에 앉아야 하므로

　　C가 E 옆에 앉을 때 D, F가 앉는 방법의 수는 2

　　D가 E 옆에 앉을 때 C, F가 앉는 방법의 수는 2

　　따라서 모든 방법의 수는 $2\times4\times(2+2)=32$

(ⅱ) E가 3열에 앉는 경우

　　마찬가지 방법으로 앉을 수 있는 모든 방법의 수는

　　$2\times4\times(2+2)=32$

(ⅰ), (ⅱ)에 의해 구하는 확률은 $\dfrac{64}{720}=\dfrac{4}{45}$

따라서 $p=45$, $q=4$이므로

$\therefore p+q=45+4=49$

② 미적분

23 수열의 극한값의 계산
정답 ①

$$\lim_{n\to\infty}\frac{an^2+2}{3n(2n-1)-n^2}=\lim_{n\to\infty}\frac{an^2+2}{5n^2-3n}$$

$$=\lim_{n\to\infty}\frac{a+\dfrac{2}{n^2}}{5-\dfrac{3}{n}}=\frac{a}{5}$$

$\dfrac{a}{5}=3$이므로 $\therefore a=15$

24 등비급수의 활용
정답 ②

그림 R_1에서 네 삼각형 $\mathrm{A_2A_1B_1}$, $\mathrm{B_2B_1C_1}$, $\mathrm{C_2C_1D_1}$, $\mathrm{D_2D_1A_1}$이 모두 한 내각의 크기가 $150\,^\circ$인 이등변삼각형이므로

$\angle\mathrm{A_1A_2B_1}=\angle\mathrm{B_1B_2C_1}=\angle\mathrm{C_1C_2D_1}=\angle\mathrm{D_1D_2A_1}=150\,^\circ$에서

$\angle\mathrm{A_1B_1A_2}=\angle\mathrm{B_1A_1A_2}=\cdots=\angle\mathrm{D_1A_1D_2}=15\,^\circ$

$\therefore \overline{\mathrm{A_2A_1}}=\overline{\mathrm{A_2B_1}}=\overline{\mathrm{B_2B_1}}=\overline{\mathrm{B_2C_1}}=\cdots=\overline{\mathrm{D_2A_1}}$

즉, 삼각형 $\mathrm{A_1A_2D_2}$, $\mathrm{B_1B_2A_2}$, $\mathrm{C_1C_2B_2}$, $\mathrm{D_1D_2C_2}$는 모두 정삼각형이다.

오른쪽 그림과 같이 정삼각형 $\mathrm{A_1A_2D_2}$의 한 변의 길이를 $2a$, 점 $\mathrm{A_1}$에서 선분 $\mathrm{A_2D_2}$에 내린 수선의 발을 M이라 하자.

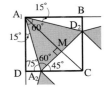

$\overline{\mathrm{A_1B}}=\overline{\mathrm{A_1D}}=1$이고 삼각형 $\mathrm{A_1A_2M}$에서

$\overline{\mathrm{A_1A_2}}=2a$, $\overline{\mathrm{A_2M}}=a$, $\overline{\mathrm{A_1M}}=\sqrt{3}\,a$

삼각형 $\mathrm{A_2MC}$는 직각이등변각형이므로

$\overline{\mathrm{A_2M}}=\overline{\mathrm{CM}}=a$

$\overline{\mathrm{A_1C}}=\sqrt{2}$이므로 $\sqrt{2}=a+\sqrt{3}\,a$에서 $a=\dfrac{\sqrt{6}-\sqrt{2}}{2}$

즉, 정삼각형 $\mathrm{A_1A_2D_2}$의 한 변의 길이는 $\sqrt{6}-\sqrt{2}$이므로

$S_1=\left(\dfrac{1}{2}\times2a\times\sqrt{3}\,a\right)\times4=4\sqrt{3}\,a^2=8\sqrt{3}-12$

한편, 길이의 비가 $2:\sqrt{6}-\sqrt{2}=1:\dfrac{\sqrt{6}-\sqrt{2}}{2}$이므로

넓이의 비는 $1^2:\left(\dfrac{\sqrt{6}-\sqrt{2}}{2}\right)^2=1:2-\sqrt{3}$이다.

$\therefore S_n=\sum_{k=1}^{n}(8\sqrt{3}-12)(2-\sqrt{3})^{k-1}$

따라서 수열 $\{S_n\}$은 첫째항이 $8\sqrt{3}-12$이고 공비가 $2-\sqrt{3}$인 등비수열이므로

$\therefore \lim_{n\to\infty}S_n=\lim_{n\to\infty}\sum_{k=1}^{n}(8\sqrt{3}-12)(2-\sqrt{3})^{k-1}$

$=\dfrac{8\sqrt{3}-12}{1-(2-\sqrt{3})}=6-2\sqrt{3}$

25 곡선과 직선 사이의 넓이 정답 31

$f(x)=x^3+x-3$이라 하면 $f'(x)=3x^2+1$

$f'(1)=4$이므로 점 $(1,\ -1)$에서의 접선의 방정식은

$y-(-1)=4(x-1)$

$\therefore\ y=4x-5$

곡선 $y=x^3+x-3$과 직선 $y=4x-5$의 교점의 x좌표는

$x^3+x-3=4x-5$에서

$x^3-3x+2=0,\ (x-1)^2(x+2)=0$

$\therefore\ x=-2$ 또는 $x=1$

따라서 오른쪽 그림과 같이 구간 $[-2,\ 1]$에서 $x^3+x-3\geq 4x-5$이므로 곡선과 접선으로 둘러싸인 부분의 넓이는

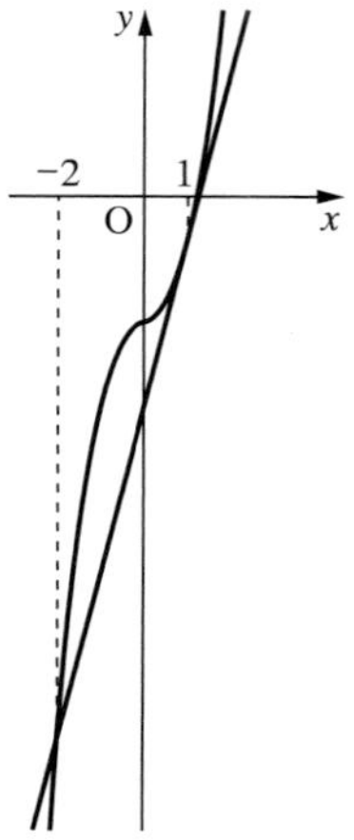

$\int_{-2}^{1}|f(x)-g(x)|dx$

$=\int_{-2}^{1}(x^3-3x+2)dx$

$=\left[\frac{1}{4}x^4-\frac{3}{2}x^2+2x\right]_{-2}^{1}=\frac{27}{4}$

따라서 $p=4,\ q=27$이므로

$\therefore\ p+q=31$

26 함수의 극한과 미정계수의 결정 정답 42

조건 (가)에서

$f(-2)=12$ …… ㉠

조건 (나)에서 $\lim_{x\to\infty}xf\left(\frac{1}{x}\right)+\lim_{x\to 0}\frac{f(x+1)}{x}=1$이므로

$\lim_{x\to\infty}xf\left(\frac{1}{x}\right),\ \lim_{x\to 0}\frac{f(x+1)}{x}$의 값이 각각 존재한다.

$x=\frac{1}{a}$이라 하면 x가 ∞일 때 a가 0이다.

즉, a가 0일 때 $\lim_{a\to 0}\frac{f(a)}{a}$의 값이 존재하고 (분모)가 0이므로 (분자)가 0이어야 한다.

$\therefore\ f(0)=0$ …… ㉡

또한 x가 0일 때 $\lim_{x\to 0}\frac{f(x+1)}{x}$의 값이 존재하고 (분모)가 0이므로 (분자)가 0이어야 한다.

$\therefore\ f(1)=0$ …… ㉢

$\lim_{x\to\infty}xf\left(\frac{1}{x}\right)+\lim_{x\to 0}\frac{f(x+1)}{x}=1$에서

$\lim_{x\to 0}\frac{f(x)}{x}+\lim_{x\to 0}\frac{f(x+1)}{x}$

$=\lim_{x\to 0}\frac{f(x)-f(0)}{x}+\lim_{x\to 0}\frac{f(x+1)-f(1)}{x}$

$=f'(0)+f'(1)=1$ …… ㉣

$f(x)=ax^3+bx^2+cx+d$라 하면

㉡에서 $d=0$

즉, $f(x)=ax^3+bx^2+cx$이고

㉠에서 $f(-2)=-8a+4b-2c=12$ …… ㉤

㉢에서 $f(1)=a+b+c=0$ …… ㉥

한편 $f'(x)=3ax^2+2bx+c$이므로

㉣에서

$f'(0)+f'(1)=c+(3a+2b+c)$

$=3a+2b+2c=1$ …… ㉦

㉤, ㉥, ㉦을 연립하여 풀면

$a=1,\ b=3,\ c=-4$

따라서 $f(x)=x^3+3x^2-4x$이므로

$\therefore\ f(3)=3^3+3\times 3^2-4\times 3=42$

개념 체크체크

함수의 극한과 미정계수의 결정

두 함수 $f(x),\ g(x)$에서 $\lim_{x\to a}\frac{f(x)}{g(x)}$의 값이 존재할 때

$\lim_{x\to a}g(x)=0$이면 $\lim_{x\to a}f(x)=0$임을 이용하여 미정계수를 구한다.

또한 $\lim_{x\to a}\frac{f(x)}{g(x)}$의 0이 아닌 값이 존재할 때

$\lim_{x\to a}f(x)=0$이면 $\lim_{x\to a}g(x)=0$이 성립한다.

❸ 기타

27 유리함수의 그래프 정답 ①

$$y = \dfrac{-(2-f(x))+7}{2-f(x)} = -1 + \dfrac{7}{2-f(x)}$$

이 함수의 그래프의 점근선이 $x=4$이므로 $x-4=2-f(x)$

$\therefore f(x) = -x+6$ $\therefore f(2) = 4$

> **〈개념 체크체크〉**
>
> 유리함수의 그래프
>
> 유리함수 $y = \dfrac{k}{x-p} + q \ (k \neq 0)$의 그래프의 점근선은 두 직선
>
> $x=p, \ y=q$이다.

28 필요조건과 충분조건 정답 ④

조건 p의 진리집합을 P, 조건 q의 진리집합을 Q라 하자.

$\sim p$가 q이기 위한 필요충분조건이 되려면 $P^C = Q$이어야 한다.

$P^C = \{x | x^2 + ax - 8 \leq 0\}$,

$Q = \{x | |x-1| \leq b\} = \{x | 1-b \leq x \leq 1+b\}$

방정식 $x^2 + ax - 8 = 0$의 근을 $\alpha, \ \beta (\alpha < \beta)$라 하면

$x^2 + ax - 8 \leq 0$의 근은 $\alpha \leq x \leq \beta$이고,

$P^C = Q$이므로 $\alpha = 1-b, \ \beta = 1+b$

이차방정식의 근과 계수의 관계에 의하여 $\alpha\beta = -8$이므로

$(1-b)(1+b) = -8, \ 1-b^2 = -8, \ b^2 = 9$

$\therefore b = 3 \ (\because b > 0)$

$\alpha + \beta = -a$이므로 $(1-b) + (1+b) = -a$에서

$a = -2$

$\therefore b - a = 3 - (-2) = 5$

29 집합의 연산의 성질 정답 ③

$A \cup X = X$에서 $A \subset X$이므로 X는 반드시 3, 4를 원소로 포함한다.

$B - A = \{5, 6\}$이고 $(B-A) \cap X = \{6\}$이므로 X는 5를 원소로 갖지 않고, 6을 반드시 원소로 갖는다.

따라서 $n(X) = 5$이므로 모든 X의 개수는

$\{1, 2, 3, 4, 6\}, \ \{1, 3, 4, 6, 7\}, \ \{1, 3, 4, 6, 8\},$

$\{2, 3, 4, 6, 7\}, \ \{2, 3, 4, 6, 8\}, \ \{3, 4, 6, 7, 8\}$

따라서 6개다.

> **〈개념 체크체크〉**
>
> 집합의 연산의 성질
>
> 전체집합 U의 두 부분집합 A, B에 대하여
>
> (1) $A \cup A = A, \ A \cap A = A$
>
> (2) $A \cup \varnothing = A, \ A \cap \varnothing = \varnothing$
>
> (3) $A \cup U = U, \ A \cap U = A$
>
> (4) $A - B = A \cap B^C$

30 역함수의 그래프의 성질 정답 ①

두 함수 $y = f(x), \ y = f^{-1}(x)$의 그래프는 $y=x$에 대하여 대칭이다. 두 함수의 그래프의 교점 A는 $y=x$ 위에 있는 점이므로 $A(k, \ k) \ (k > 0)$라 하자.

한편, $\overline{AB} = \overline{AC}$에서 점 C는 점 $B(-1, \ 7)$의 $y=x$에 대하여 대칭이므로 $C(7, \ -1)$이다.

점 A에서 선분 BC에 내린 수선의 발을 D라고 하면 이등변삼각형의 성질에 의하여 선분 AD는 선분 BC를 수직이등분하므로 점 D는 선분 BC의 중점이다.

$\therefore D\left(\dfrac{-1+7}{2}, \ \dfrac{7+(-1)}{2}\right) = (3, \ 3)$

$\overline{BC} = \sqrt{\{7-(-1)\}^2 + (-1-7)^2} = \sqrt{64+64} = 8\sqrt{2}$,

$\overline{AD} = \sqrt{(3-k)^2 + (3-k)^2} = |3-k| \times \sqrt{2}$

이고 삼각형 ABC의 넓이가 64이므로

$\dfrac{1}{2} \times 8\sqrt{2} \times |3-k| \times \sqrt{2} = 64$

$|3-k| = 8$

$\therefore k = 11 \ (k > 0)$

두 점 $A(11, \ 11)$과 $B(-1, \ 7)$은 함수 $f(x) = a\sqrt{x+5} + b$의 그래프 위의 점이므로

$f(11) = 4a + b = 11 \ \cdots\cdots \ \textcircled{\small ㄱ}$

$f(-1) = 2a + b = 7 \ \cdots\cdots \ \textcircled{\small ㄴ}$

$\textcircled{\small ㄱ}, \textcircled{\small ㄴ}$을 연립하여 풀면 $a=2, \ b=3$

$\therefore ab = 6$

> **〈개념 체크체크〉**
>
> 역함수의 그래프
>
> 함수 $f : X \rightarrow Y$가 일대일 대응이고 X의 임의의 원소 x에 대하여 $f(x) = y, \ g(y) = x$인 새로운 함수 $g : Y \rightarrow X$를 f의 역함수라 하고, g를 f^{-1}로 나타낸다. 이때 f와 g의 그래프는 직선 $y=x$에 대하여 서로 대칭이다.

제3교시 수학영역 가형 _{문제 ▶ p. 100}

〈공통〉

01 ①   02 ①

〈확률과 통계〉

03 ⑤	04 ④	05 ③	06 ③	07 ①
08 ②	09 ③	10 80	11 17	12 288

〈미적분〉

13 ③	14 ③	15 ⑤	16 ②	17 ②
18 ④	19 ②	20 ⑤	21 16	22 8
23 49	24 30			

〈기하〉

25 ④	26 ①	27 ⑤	28 ④	29 36
30 40				

공통

01 삼각함수의 그래프 정답 ①

$-a+c \leq f(x) = a\sin(bx)+c \leq a+c$ 이므로

$a+c = 4$, $-a+c = -2$

위 두 식을 연립하여 풀면

$a = 3$, $c = 1$

모든 실수 x에 대하여 $f(x) = f(x+p)$를 만족하는 p의 최솟값이 π이므로 주어진 함수 $f(x)$의 주기가 π임을 알 수 있다.

함수 $y = \sin bx$의 주기는 $\dfrac{2\pi}{|b|}$ 이므로

$\dfrac{2\pi}{|b|} = \pi$, $|b| = 2$ $\quad \therefore b = 2$ ($\because b > 0$)

$\therefore abc = 6$

---

02 로그함수의 그래프 정답 ①

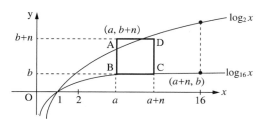

정사각형이 두 곡선과 각각 서로 다른 두 점에서 만나야 하므로 점 A가 $\log_2 x$보다 y좌표가 커야 하고, 점 C가 $\log_{16} x$보다 y좌표가 작아야 한다.

$b+n > \log_2 a$ 에서 $a < 2^{b+n}$

$b < \log_{16}(a+n)$ 에서 $a+n > 16^b$, $a > 16^b - n$

$16^b - n < a < 2^{b+n}$

(ⅰ) $n = 3$인 경우

$16^b - 3 < a < 2^{b+3}$

$b = 1$일 때는 $13 < a < 16$이므로 $a = 14$, 15(2개)

$b = 2$일 때는 $2^8 - 3 < a < 2^5$이므로 성립하지 않는다.

$\therefore a_3 = 2$

(ⅱ) $n = 4$인 경우

$16^b - 4 < a < 2^{b+4}$

$b = 1$일 때는 $12 < a < 32$이므로 $a = 13 \sim 31$(19개)

$b = 2$일 때는 $2^8 - 4 < a < 2^6$이므로 성립하지 않는다.

$\therefore a_4 = 19$

(ⅰ), (ⅱ)에서 $a_3 + a_4 = 2 + 19 = 21$

1 확률과 통계

03 이항분포의 평균, 분산   정답 ⑤

확률변수 X의 이항분포를 $\mathrm{B}(n,\ p)$라 하면,
$\mathrm{E}(X)=np$, $\mathrm{V}(X)=np(1-p)$이다.

확률분포 X가 이항분포 $\mathrm{B}\left(50,\ \dfrac{1}{4}\right)$을 따르므로

$$\mathrm{V}(X)=50\times\frac{1}{4}\times\frac{3}{4}=\frac{75}{8}$$

$$\therefore \mathrm{V}(4X)=4^2\mathrm{V}(X)=16\times\frac{75}{8}=150$$

04 조건부확률   정답 ④

우선 상자 A를 택할 확률과 상자 B를 택할 확률은 각각 $\dfrac{1}{2}$이다.

상자 A를 택하여 같은 색의 공이 나올 확률은

$$\frac{1}{2}\times\frac{{}_2\mathrm{C}_2+{}_3\mathrm{C}_2}{{}_5\mathrm{C}_2}=\frac{1}{5}$$

상자 B를 택하여 같은 색의 공이 나올 확률은

$$\frac{1}{2}\times\frac{{}_3\mathrm{C}_2+{}_4\mathrm{C}_2}{{}_7\mathrm{C}_2}=\frac{3}{14}$$

따라서 구하는 확률은

$$\therefore \frac{\dfrac{1}{5}}{\dfrac{1}{5}+\dfrac{3}{14}}=\frac{14}{29}$$

05 이항분포와 정규분포의 관계   정답 ③

수학 점수를 확률변수 X라 하면 X는 정규분포 $\mathrm{N}(67,\ 12^2)$을 따르므로 $Z=\dfrac{X-67}{12}$로 놓으면 Z는 표준정규분포 $\mathrm{N}(0,\ 1)$을 따른다.
이때 수학 점수에 대한 성취도가 A 또는 B인 경우는 수학 점수가 79점 이상인 경우이므로

$$\begin{aligned}\mathrm{P}(X\geq 79)&=\mathrm{P}\left(Z\geq\frac{79-67}{12}\right)=\mathrm{P}(Z\geq 1)=0.5-0.3413\\&=0.1587\end{aligned}$$

> **개념 체크체크**
>
> **표준정규분포표 활용**
> 표준정규분포표에서는 $\mathrm{P}(0\leq z\leq k)$ (단, $k>0$)에 대한 확률만 알 수 있으므로 $\mathrm{P}(z\geq 0)=0.5$임을 이용하여 $\mathrm{P}(z\geq a)$를 구할 수 있다.
> 즉, $\mathrm{P}(z\geq a)=0.5-\mathrm{P}(0\leq z\leq a)$이다.

06 수학적 확률   정답 ③

집합 S의 공집합이 아닌 부분집합의 개수는 $2^4-1=15$이다.
$n(A)\times n(B)=2\times n(A\cap B)$를 만족하기 위해서는
$n(A)=1$, $n(B)=2$ 또는 $n(A)=2$, $n(B)=1$이어야 한다.
(i) $n(A)=2$, $n(B)=1$인 경우

원소가 2개인 집합 A를 뽑을 확률은 $\dfrac{6}{15}=\dfrac{2}{5}$

집합 A의 원소 2개 중 1개를 원소로 하는 집합 B를 뽑을 확률은 $\dfrac{2}{14}=\dfrac{1}{7}$

따라서 $n(A)=2$, $n(B)=1$를 만족할 확률은 $\dfrac{2}{5}\times\dfrac{1}{7}=\dfrac{2}{35}$

(ii) $n(A)=1$, $n(B)=2$인 경우

원소가 1개인 집합 A를 뽑을 확률은 $\dfrac{4}{15}$

원소가 2개이면서 집합 A의 원소를 포함하는 집합 B를 뽑을 확률은 $\dfrac{3}{14}$

따라서 $n(A)=1$, $n(B)=2$를 만족할 확률은

$$\frac{4}{15}\times\frac{3}{14}=\frac{2}{35}$$

(i), (ii)에서 구하는 확률은 $\dfrac{2}{35}+\dfrac{2}{35}=\dfrac{4}{35}$

> **다른 풀이**
>
> $(A\cap B)\subset A$, $(A\cap B)\subset B$이므로 $n(A\cap B)\leq n(A)$, $n(A\cap B)\leq n(B)$이다.
> 따라서 $n(A)\times n(B)=2\times n(A\cap B)$를 만족하는 경우는 다음의 두 가지 경우가 있다.
> 그리고 집합 S의 공집합이 아닌 부분집합은 15개이므로 일어날 수 있는 모든 경우의 수는 $15\times 14=210$
> (i) $n(A)=2$, $n(B)=1$, $n(A\cap B)=1$인 경우
> $B\subset A$이므로 ${}_4\mathrm{C}_2\times 2=12$
> (ii) $n(A)=1$, $n(B)=2$, $n(A\cap B)=1$인 경우
> $A\subset B$이므로 $4\times{}_3\mathrm{C}_1=12$
> (i), (ii)에서 구하는 확률은
>
> $$\therefore \frac{12+12}{210}=\frac{4}{35}$$

07 중복조합
정답 ①

상자 A와 B에 공을 넣은 횟수를 p회, 상자 B와 C에 공을 넣은 횟수를 q회, 상자 C와 D에 공을 넣은 횟수를 r회라 하면
$$p+q+r=5$$
또한 $a=p$, $b=p+q=5-r$, $c=q+r=5-p$, $d=r$로 나타낼 수 있다.
따라서 순서쌍 (a, b, c, d)의 개수는 $p+q+r=5$의 음이 아닌 정수해의 개수와 같으므로

$$\therefore {}_3\mathrm{H}_5 = {}_{3+5-1}\mathrm{C}_5 = {}_7\mathrm{C}_5 = {}_7\mathrm{C}_2 = \frac{7\cdot 6}{2\cdot 1} = 21$$

08 이산확률변수의 평균
정답 ②

(가) 홀수와 짝수를 모두 포함해서 3장의 카드를 뽑으므로,
$k+((가)-k)=3$이어야 한다.
따라서 (가)$=3$이다.
(나) 짝수인 카드 2장, 홀수인 카드 1장을 고르는 확률이다.
짝수인 카드 중 2장을 뽑는 경우의 수는
${}_{n-1}\mathrm{C}_2 = \dfrac{(n-1)(n-2)}{2}$이고, 홀수인 카드 중 1장을 뽑는 경우의 수는 ${}_n\mathrm{C}_1 = n$이다.
한편 임의로 3장의 카드를 뽑는 경우의 수는
${}_{2n-1}\mathrm{C}_3 = \dfrac{(2n-1)(2n-2)(2n-3)}{6}$이다.
$$\therefore \mathrm{P}(X=2) = \frac{6n(n-1)(n-2)}{2(2n-1)(2n-2)(2n-3)}$$
$$= \frac{3n(n-2)}{2(2n-1)(2n-3)} = f(n)$$

(다) $E(X) = \displaystyle\sum_{k=0}^{3} k\mathrm{P}(X=k)$
$= \mathrm{P}(X=1) + 2\mathrm{P}(X=2) + 3\mathrm{P}(X=3)$
$= \dfrac{3n(n-1)}{2(2n-1)(2n-3)} + \dfrac{6n(n-2)}{2(2n-1)(2n-3)}$
$\quad + \dfrac{3(n-2)(n-3)}{2(2n-1)(2n-3)}$
$= \dfrac{6(n-1)(2n-3)}{2(2n-1)(2n-3)} = \dfrac{3(n-1)}{2n-1}$
$\therefore g(n) = 3(n-1)$

따라서 $a=3$, $f(n) = \dfrac{3n(n-2)}{2(2n-1)(2n-3)}$, $g(x) = 3(n-1)$이므로

$$\therefore a \times f(5) \times g(8) = 3 \times \frac{5}{14} \times 21 = \frac{45}{2}$$

09 확률의 곱셈정리
정답 ③

ㄱ. $a_1 = 0$이고 a_2는 -1 또는 1이다.
이때 주사위의 눈이 홀수이면 $a_2 = 1$, 짝수이면 $a_2 = -1$이다.
따라서 주사위의 눈이 홀수일 확률은 $\frac{1}{2}$이므로 $a_2 = 1$일 확률은 $\frac{1}{2}$이다. (참)

ㄴ. $a_3 = 1$이 되기 위해서는 $a_2 = 1$이면 안 되므로 $a_2 = -1$이어야 하고, 이 확률은 $\frac{1}{2}$이다. 또한 $a_2 = -1$일 때 $a_3 = 1$이 될 확률 역시 $\frac{1}{2}$이므로 $a_3 = 1$일 확률은 $\frac{1}{2} \times \frac{1}{2} = \frac{1}{4}$이다.
$a_4 = 0$이 되기 위해서는 a_3은 1 또는 -1이어야 한다. 이때 $a_3 = 1$이 될 확률은 위에서 $\frac{1}{4}$이고, $a_3 = -1$이 되기 위해서는 $a_2 = 1$이어야 한다. $a_2 = 1$일 확률은 $\frac{1}{2}$이므로 $a_3 = -1$일 확률은 $\frac{1}{4}$이다. 또한 $a_3 = 1$인 경우와 $a_3 = -1$인 경우 모두 $a_4 = 0$일 확률은 $\frac{1}{2}$이다.
따라서 $a_3 = 1$, $a_4 = 0$일 확률은 $\frac{1}{8}$, $a_3 = -1$, $a_4 = 0$일 확률 역시 $\frac{1}{8}$이다.
그러므로 $a_4 = 0$이 될 확률은 $\frac{1}{8} + \frac{1}{8} = \frac{1}{4}$이다. (참)

ㄷ. $n \geq 2$에 대해서 $a_n = i\,(i = -1, 0, 1)$일 확률을 $\mathrm{P}(a_n = i)$라 하자.
이때 $\mathrm{P}(a_2 = -1) = \mathrm{P}(a_2 = 1) = \frac{1}{2}$이고,
$$\mathrm{P}(a_n = 1) = \frac{\mathrm{P}(a_{n-1} = -1) + \mathrm{P}(a_{n-1} = 0)}{2},$$
$$\mathrm{P}(a_n = -1) = \frac{\mathrm{P}(a_{n-1} = 0) + \mathrm{P}(a_{n-1} = 1)}{2}$$이므로
$\mathrm{P}(a_n = 1) = \mathrm{P}(a_n = -1)$임을 알 수 있다.
이때 $\mathrm{P}(a_9 = 0) = p$라 했으므로
$$\mathrm{P}(a_9 = -1) = \mathrm{P}(a_9 = 1) = \frac{1-p}{2}$$이다.
따라서 $\mathrm{P}(a_{10} = 0) = \frac{1-p}{2}$,
$$\mathrm{P}(a_{10} = -1) = \mathrm{P}(a_{10} = 1) = \frac{1+p}{4}$$이므로
$$\mathrm{P}(a_{11} = 0) = \frac{1+p}{4}$$이다. (거짓)

다른 풀이

$$a_9 = \begin{pmatrix} -1 \\ 0 \\ 1 \end{pmatrix} \cdots \begin{matrix} \frac{1-P}{2} \\ P \\ \frac{1-P}{2} \end{matrix} \quad a_{10} = \begin{pmatrix} -1 \\ 0 \\ 1 \end{pmatrix} \quad a_{11} = \begin{pmatrix} -1 \\ 0 \\ 1 \end{pmatrix}$$

$a_9 = 0$일 확률이 p이므로 $a_9 = 1$ 또는 $a_9 = -1$일 확률은 $\dfrac{1-p}{2}$이다.

$\therefore a_{11} = 0$일 확률은

$$2 \times \frac{1-p}{2} \times \frac{1}{2} \times \frac{1}{2} + 2 \times p \times \frac{1}{2} \times \frac{1}{2}$$

$$= \frac{1-p}{4} + \frac{p}{2} = \frac{1+p}{4} \text{ (거짓)}$$

따라서 옳은 것은 ㄱ, ㄴ이다.

개념 체크체크

1. **확률의 덧셈정리**

    표본공간 S의 부분집합인 두 사건 A, B에 대하여 두 사건 A, B가 동시에 일어나지 않을 때
    $$P(A \cup B) = P(A) + P(B) - P(A \cap B)$$

2. **확률의 곱셈정리**

    표본공간 S의 부분집합인 두 사건 A, B에 대하여 두 사건 A, B가 동시에 일어날 때
    $$P(A \cap B) = P(A)P(B|A) = P(B)P(A|B)$$

10 이항정리와 이항계수
정답 80

$(2x+1)^5$의 전개식의 일반항은

$$_5C_r \times (2x)^r \times 1^{5-r} = {}_5C_r \times 2^r \times x^r$$

따라서 x^3의 계수는

$$\therefore {}_5C_3 \times 2^3 = \frac{5 \times 4 \times 3}{3 \times 2 \times 1} \times 8 = 80$$

11 수학적 확률
정답 17

왼쪽 위의 꼭짓점부터 시계 방향으로 번호를 1, 2, 3, 4, 5, 6이라 하자. 이때 1, 2, 3번과 같이 이웃한 세 개의 꼭짓점을 고르는 경우 삼각형의 넓이는 $\dfrac{\sqrt{3}}{4}$이다. 1, 2, 4번과 같이 대각선 두 개로 이루어진 경우 삼각형의 넓이는 $\dfrac{\sqrt{3}}{2}$이며, 1, 3, 5번과 같이 대각선 세 개로 이루어진 경우 삼각형의 넓이는 $\dfrac{3\sqrt{3}}{4}$이다.

한편 $P\left(X \geq \dfrac{\sqrt{3}}{2}\right) = 1 - P\left(X < \dfrac{\sqrt{3}}{2}\right)$이고 $X < \dfrac{\sqrt{3}}{2}$인 경우는 서로 이웃한 세 개의 점으로 이루어진 삼각형일 때이다.

따라서 이웃한 세 개의 점을 선택하는 경우의 수는 6이고, 일어날 수 있는 모든 경우의 수는

$$_6C_3 = \frac{6 \times 5 \times 4}{3 \times 2 \times 1} = 20 \text{이므로}$$

$$P\left(X \geq \frac{\sqrt{3}}{2}\right) = 1 - \frac{6}{20} = \frac{14}{20} = \frac{7}{10}$$

따라서 $p = 10$, $q = 7$이므로

$$\therefore p + q = 17$$

개념 체크체크

여사건의 확률

사건 A에 대하여 사건 A가 일어나지 않을 사건을 여사건이라 하고 이를 A^C으로 나타낸다.

한편 $P(A) + P(A^C) = 1$을 만족하므로 이를 이용하면 구하고자 하는 확률을 쉽게 구할 수 있다.

12 순열
정답 288

3학년 생도 2명 중 1명이 운전석에 앉는 경우의 수는 $_2C_1 = 2$

1학년 생도 2명이 이웃하여 앉으려면 가운데 줄 또는 뒷줄에 앉아야 한다. 1학년 생도 2명이 이웃하여 앉는 경우의 수는 $2 \times 3 = 6$

나머지 3명이 남은 4자리에 앉는 경우의 수는 $_4P_3 = 4 \times 3 \times 2 = 24$

따라서 구하는 경우의 수는

$$\therefore 2 \times 6 \times 24 = 288$$

개념 체크체크

순열

서로 다른 n개에서 r개를 택하여 일렬로 나열하는 순열의 수는
$$_nP_r = n(n-1)(n-2) \cdots (n-r+1)$$

13 지수함수의 도함수   정답 ③

$f(x) = x^2 e^{x-1}$에서
$f'(x) = 2xe^{x-1} + x^2 e^{x-1}$
$\therefore f'(1) = 2 + 1 = 3$

> ◁ 개념 체크체크 ▷
>
> **지수함수의 도함수**
> (1) $y = e^x$이면 $y' = e^x$
> (2) $y = a^x$이면 $y' = a^x \ln a$ (단, $a > 0$, $a \neq 1$)
> ※ $y' = \lim_{h \to 0} \dfrac{e^{x+h} - e^x}{h} = e^x \lim_{h \to 0} \dfrac{e^h - 1}{h} = e^x$

14 치환적분법   정답 ③

$$\int_0^{\frac{\pi}{3}} \tan x \, dx = \int_0^{\frac{\pi}{3}} \frac{\sin x}{\cos x} dx$$
$$= \left[-\ln|\cos x| \right]_0^{\frac{\pi}{3}}$$
$$= \ln 2$$

> ◁ 개념 체크체크 ▷
>
> $\tan x$의 적분
> 함수 $\tan x$는 곧바로 적분을 시도하면 적분하기 까다롭지만
> $\tan x = \dfrac{\sin x}{\cos x}$로 놓고 치환적분법과 로그함수의 미분을 이용
> 하면 쉽게 적분할 수 있다.

15 정적분으로 정의된 함수   정답 ⑤

$$\int_1^x (x-t) f(t) dt = e^{x-1} + ax^2 - 3x + 1 \quad \cdots\cdots \; ㉠$$

$x = 1$을 ㉠의 양변에 대입하면
$0 = e^0 + a - 3 + 1$에서 $a - 1 = 0$ $\therefore a = 1$
㉠의 양변을 x에 대하여 미분하면
$$\int_1^x f(t) dt + xf(x) - xf(x) = e^{x-1} + 2x - 3$$
$$\int_1^x f(t) dt = e^{x-1} + 2x - 3 \quad \cdots\cdots \; ㉡$$
㉡의 양변을 x에 대하여 미분하면
$f(x) = e^{x-1} + 2$
$\therefore f(1) = 3$

> ◁ 개념 체크체크 ▷
>
> **정적분으로 정의된 함수**
> 함수 $f(x)$가 닫힌구간 $[a, b]$에서 연속이면 함수
> $g(x) = \displaystyle\int_a^x f(t) dt$는 닫힌구간 $[a, b]$에서 연속이고
> 열린구간 (a, b)에서 미분가능하다.
> $\therefore \dfrac{d}{dx} g(x) = \dfrac{d}{dx} \displaystyle\int_a^x f(t) dt = f(x)$ (단, a는 실수)

16 삼각함수의 덧셈정리   정답 ②

주어진 직선의 기울기가 $-\dfrac{3}{4}$이므로 $\tan\theta = -\dfrac{3}{4}$이다.

$$\therefore \tan\left(\frac{\pi}{4} + \theta\right) = \frac{\tan\frac{\pi}{4} + \tan\theta}{1 - \tan\frac{\pi}{4} \cdot \tan\theta} = \frac{1 - \frac{3}{4}}{1 - 1 \cdot \left(-\frac{3}{4}\right)} = \frac{1}{7}$$

> ◁ 개념 체크체크 ▷
>
> 1. **직선의 기울기와 삼각함수**
>   직선 $ax + by + c = 0$이 x축의 양의 방향과 이루는 각의 크
>   기를 θ라 하면 $\tan\theta = -\dfrac{a}{b}$이다.
> 2. **탄젠트함수의 덧셈정리**
>   (1) $\tan(\alpha + \beta) = \dfrac{\tan\alpha + \tan\beta}{1 - \tan\alpha\tan\beta}$
>   (2) $\tan(\alpha - \beta) = \dfrac{\tan\alpha - \tan\beta}{1 + \tan\alpha\tan\beta}$

17 로그함수의 극한   정답 ②

$x = \dfrac{1}{t}$이라 하면 x가 ∞일 때 t가 $0+$이므로
$$\lim_{t \to 0+} \left\{ f\left(\frac{1}{t}\right) \ln\left(1 + \frac{t}{2}\right) \right\} = 4$$
한편, $\displaystyle\lim_{t \to 0+} \ln\left(1 + \frac{t}{2}\right) = \frac{t}{2}$이므로
$$\lim_{t \to 0+} \left\{ f\left(\frac{1}{t}\right) \frac{t}{2} \right\} = 4$$
이때 $\dfrac{1}{t} = s$라 하면 $t \to 0+$일 때 $s \to \infty$이므로
$$\lim_{s \to \infty} \left\{ \frac{f(s)}{2s} \right\} = 4, \; \lim_{s \to \infty} \left\{ \frac{f(s)}{s} \right\} = \lim_{s \to \infty} \left\{ \frac{f(s)}{s-3} \cdot \frac{s-3}{s} \right\} = 8$$
$$\therefore \lim_{s \to \infty} \frac{f(s)}{s-3} = 8, \; 즉 \lim_{x \to \infty} \frac{f(x)}{x-3} = 8$$

로그함수의 극한

일반적으로 로그함수에 대해 다음 극한이 성립한다.

$$\lim_{x\to\infty}\ln\left(1+\frac{1}{x}\right)^x = \lim_{x\to 0}\ln(1+x)^{\frac{1}{x}}$$
$$= \lim_{x\to 0}\frac{\ln(1+x)}{x} = 1$$

한 점에서 직선에 내린 수선의 발

점 $(p,\ q)$ 에서 직선 $x+y=0$ 에 내린 수선의 발은

$\left(\dfrac{p-q}{2},\ \dfrac{q-p}{2}\right)$ 이다.

18 입체도형의 부피   정답 ④

$x=t$ 를 지나고 x 축에 수직인 평면으로 자른 단면의 넓이를 $S(x)$ 라 하면

$$S(x)=t\left(2-\ln\frac{1}{t}\right)=t(2+\ln t)$$

따라서 구하는 입체도형의 부피는

$$\int_{e^{-1}}^{1}t(2+\ln t)dt=\left[t^2+\frac{1}{2}t^2\ln t-\frac{1}{4}t^2\right]_{e^{-1}}^{1}$$
$$=\frac{3}{4}-\frac{1}{4e^2}$$

입체도형의 부피

구간 $[a,\ b]$ 에서 임의의 점 x 를 지나 x 축과 수직인 평면으로 자른 단면의 넓이가 $S(x)$ 인 입체도형의 부피를 V 라 하면

$V=\displaystyle\int_a^b S(x)dx$ (단, $S(x)$ 는 구간 $[a,\ b]$ 에서 연속)

19 평면운동에서의 속도와 가속도   정답 ②

점 $P(t^3+2t,\ \ln(t^2+1))$ 에서 직선 $x+y=0$ 에 내린 수선의 발은 $Q\left(\dfrac{t^3+2t-\ln(t^2+1)}{2},\ \dfrac{\ln(t^2+1)-t^3-2t}{2}\right)$ 이다.

$x=\dfrac{t^3+2t-\ln(t^2+1)}{2}$, $y=\dfrac{\ln(t^2+1)-t^3-2t}{2}$ 라 하면

$$\frac{dx}{dt}=\frac{3}{2}t^2+1-\frac{t}{t^2+1},\ \ \frac{dy}{dt}=\frac{t}{t^2+1}-\frac{3}{2}t^2-1$$

점 Q가 이동하는 속력은 $\sqrt{\left(\dfrac{dx}{dt}\right)^2+\left(\dfrac{dy}{dt}\right)^2}$ 이므로

$$\sqrt{\left(\frac{dx}{dt}\right)^2+\left(\frac{dy}{dt}\right)^2}=\sqrt{2}\left(\frac{dx}{dt}\right)=\sqrt{2}\cdot\left(\frac{3t^2}{2}-\frac{t}{t^2+1}+1\right)$$

따라서 $t=1$ 을 대입하면 $2\sqrt{2}$ 이므로 $t=1$ 일 때 점 Q의 속력은 $2\sqrt{2}$ 이다.

20 삼각함수의 극한의 활용   정답 ⑤

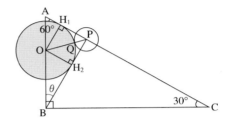

점 O에서 $\overline{AC}$, $\overline{BP}$ 에 내린 수선의 발을 각각 H_1, H_2 라 하자.

$\overline{OH_1}$ 의 길이를 t 라 하면 $\overline{AO}=\dfrac{2t}{\sqrt{3}}$, $\overline{OB}=\dfrac{t}{\sin\theta}$

$\overline{AO}+\overline{OB}=2$ 이므로 t 에 대한 식으로 나타내면

$$t=\frac{2\sqrt{3}\sin\theta}{2\sin\theta+\sqrt{3}}$$

$\angle AOH_1=\dfrac{\pi}{6}$ 이고 $\angle BOH_2=\dfrac{\pi}{2}-\theta$ 이므로

$$\angle H_1OH_2=\frac{\pi}{3}+\theta$$

또한 $\angle H_1OP=\angle POH_2$ 이므로 $\angle H_1OP=\dfrac{\pi}{6}+\dfrac{\theta}{2}$

$$\therefore\ \overline{OP}=\frac{t}{\cos\left(\dfrac{\pi}{6}+\dfrac{\theta}{2}\right)},\ \ \overline{QP}=t\left(\frac{1}{\cos\left(\dfrac{\pi}{6}+\dfrac{\theta}{2}\right)}-1\right)$$

따라서 $f(\theta)=t^2\pi$, $g(\theta)=\dfrac{t^2}{4}\left(\dfrac{1}{\cos\left(\dfrac{\pi}{6}+\dfrac{\theta}{2}\right)}-1\right)^2\pi$ 이므로

$$\therefore\ \lim_{\theta\to 0+}\frac{f(\theta)+g(\theta)}{\theta^2}=\lim_{\theta\to 0+}\frac{t^2}{\theta^2}\left[1+\frac{1}{4}\left\{\frac{1}{\cos\left(\dfrac{\pi}{6}+\dfrac{\theta}{2}\right)}-1\right\}^2\right]\pi$$
$$=\frac{19-4\sqrt{3}}{3}\pi$$

21 접선의 방정식

$f(x) = \dfrac{1}{x-2} - a$ 라 하면

$f'(x) = -\dfrac{1}{(x-2)^2}$

$f'(x) = -4$에서 $(x-2)^2 = \dfrac{1}{4}$

$\therefore x = \dfrac{3}{2}$ 또는 $x = \dfrac{5}{2}$

따라서 접점의 좌표는 $\left(\dfrac{3}{2}, -6\right)$ 또는 $\left(\dfrac{5}{2}, -10\right)$이고 그때의 a의 값은 4 또는 12이다.

$\therefore 4 + 12 = 16$

다른 풀이

직선 $y = -4x$와 곡선 $y = \dfrac{1}{x-2} - a$가 접하므로

$-4x = \dfrac{1}{x-2} - a$에서 $4x^2 - (8+a)x + (2a+1) = 0$ …… ㉠

방정식 ㉠의 판별식을 D라 하면 $D = 0$이어야 하므로

$(8+a)^2 - 16(2a+1) = 0$, 즉 $a^2 - 16a + 48 = 0$

따라서 모든 실수 a의 값의 합은 이차방정식의 근과 계수의 관계에 의하여 16이다.

22 부분적분법

조건 (가)에서 $f(x)$는 기함수이고 $\cos x$는 우함수이므로 $\cos x f(x)$는 기함수이다.

$\therefore \displaystyle\int_{-\pi}^{\pi} \cos x f(x)\,dx = 0$

조건 (다)에서 $\displaystyle\int_{0}^{\pi} x^2 f'(x)\,dx = -8\pi$이고 x^2과 $f'(x)$는 모두 우함수이므로

$\displaystyle\int_{0}^{\pi} x^2 f'(x)\,dx = \int_{-\pi}^{0} x^2 f'(x)\,dx = -8\pi$

$\therefore \displaystyle\int_{-\pi}^{\pi} x^2 f'(x)\,dx = -16\pi$

따라서

$\displaystyle\int_{-\pi}^{\pi} \{x^2 f'(x) + 2x f(x)\}\,dx = \Big[x^2 f(x) \Big]_{-\pi}^{\pi}$

$= \pi^2 f(\pi) - \pi^2 f(-\pi)$

$= 2\pi^2 f(\pi) = 0$

이므로 $\displaystyle\int_{-\pi}^{\pi} 2x f(x)\,dx = 16\pi$

$\therefore \displaystyle\int_{-\pi}^{\pi} x f(x)\,dx = 8\pi$

$\therefore \displaystyle\int_{-\pi}^{\pi} (x + \cos x) f(x)\,dx = \int_{-\pi}^{\pi} x f(x)\,dx = 8\pi$

$\therefore k = 8$

다른 풀이

$\displaystyle\int_{-\pi}^{\pi} (x + \cos x) f(x)\,dx = 2 \int_{0}^{\pi} x f(x)\,dx = k\pi$의 형태로 풀어도 된다.

> **개념 체크체크**
>
> **우함수와 기함수의 성질**
> (기함수)×(기함수)=(우함수), (기함수)×(우함수)=(기함수),
> (우함수)×(우함수)=(우함수)이고, 우함수의 도함수는 기함수,
> 기함수의 도함수는 우함수이다.
> $f(x)$를 우함수, $g(x)$를 기함수라 하면
> $\displaystyle\int_{-a}^{a} f(x)\,dx = 2 \int_{0}^{a} f(x)\,dx$, $\displaystyle\int_{-a}^{a} g(x)\,dx = 0$이다.

23 도함수의 방정식에의 활용

$f(x) = (x^3 - a)e^x$에서

$f'(x) = (x^3 + 3x^2 - a)e^x$

(ⅰ) $x^3 + 3x^2 - a = 0$의 실근이 1개일 때
   그 근을 α라 하면 $g(t)$는 $t = f(\alpha)$인 점에서 첫 불연속점이 생기고, $t = 0$에서 다른 불연속점이 생기므로 총 2개의 불연속점이 생긴다.

(ⅱ) $x^3 + 3x^2 - a = 0$이 중근과 다른 하나의 실근을 가질 때
   (ⅰ)과 마찬가지로 $g(t)$는 총 2개의 불연속점이 생긴다.

(ⅲ) $x^3 + 3x^2 - a = 0$의 서로 다른 실근이 3개일 때
   작은 근부터 순서대로 α, β, γ라 하면 $g(t)$는 $t = f(\alpha)$, $t = f(\beta)$, $t = f(\gamma)$, $t = 0$에서 불연속점이 생긴다.
   따라서 $g(t)$의 불연속점은 4개가 된다.

$a = 1$일 때 $h(x) = x^3 + 3x^2 - 1$을 생각해 보자.
$h(-4) = -17$, $h(-2) = 3$, $h(0) = -1$, $h(1) = 3$이므로 -4와 -2 사이에 1개, -2와 0 사이에 1개, 그리고 0과 1 사이에 1개의 실근을 가지므로 $h(x) = 0$은 총 3개의 실근을 가진다.

$a = 2$일 때 $h(x) = x^3 + 3x^2 - 2$를 생각해 보자.
$h(-4) = -18$, $h(-2) = 2$, $h(0) = -2$, $h(1) = 2$이므로 $h(x) = 0$은 3개의 실근을 가진다.

$a = 3$일 때 $h(x) = x^3 + 3x^2 - 3$을 생각해 보자.
$h(-4) = -19$, $h(-2) = 1$, $h(0) = -3$, $h(1) = 1$이므로 $h(x) = 0$은 3개의 실근을 가진다.

$a = 4$일 때 $h(x) = x^3 + 3x^2 - 4 = (x-1)(x+2)^2$이므로 $h(x) = 0$은 중근을 가진다.

$a \geq 5$일 때 $h(x) = 0$은 오직 한 개의 실근만을 가진다.

따라서 주어진 조건을 만족하는 모든 자연수 a의 값의 합은

$\therefore 4 + 5 + 6 + \cdots + 10 = 49$

개념 체크체크

중간값의 정리

함수 $f(x)$가 닫힌구간 $[a, b]$에서 연속일 때 $f(a) < f(b)$라 하면 $f(a) < p < f(b)$인 임의의 값 p에 대하여 $f(c) = p$가 되는 c가 열린구간 (a, b)에 적어도 하나 존재한다.

중간값의 정리를 이용하면 $f(a) < 0 < f(b)$일 때 $f(c) = 0$을 만족하는 c가 존재한다. 즉, $f(x) = 0$의 근이 존재한다.

개념 체크체크

1. 벡터의 덧셈과 뺄셈, 내적

   두 벡터 $\vec{a} = (a_1, b_1)$, $\vec{b} = (a_2, b_2)$에 대해

   (1) $\vec{a} \pm \vec{b} = (a_1 \pm a_2, b_1 \pm b_2)$

   (2) $\vec{a} \cdot \vec{b} = a_1 a_2 + b_1 b_2$

2. 벡터의 평행과 수직

   영벡터가 아닌 두 벡터 $\vec{a} = (a_1, b_1)$, $\vec{b} = (a_2, b_2)$에 대하여

   (1) 평행: $\vec{a} /\!/ \vec{b} \Leftrightarrow \vec{a} \cdot \vec{b} = \pm |\vec{a}||\vec{b}|$

   (2) 수직: $\vec{a} \perp \vec{b} \Leftrightarrow \vec{a} \cdot \vec{b} = 0$

24 역함수의 미분법 　　　정답 30

함수 $f(x)$가 실수 전체에서 미분가능한 함수이므로 $f(x)$가 역함수가 존재하기 위해서는 모든 x에 대해 $f'(x) \geq 0$이거나 $f'(x) \leq 0$이어야 한다.

$f'(x) = 3x^2 + 2ax - a$에서 방정식 $f'(x) = 0$의 판별식을 D라 할 때 $D \leq 0$이어야 한다.

$\dfrac{D}{4} = a^2 + 3a \leq 0$에서 $-3 \leq a \leq 0$

$n = f(m)$이라 하면 $ng'(n) = 1$

$\dfrac{f(m)}{f'(m)} = 1$　　$\therefore f(m) = f'(m)$

$f(m) = m^3 + am^2 - am - a$이면

$f'(m) = 3m^2 + 2am - a$이므로

$m^3 + am^2 - am - a = 3m^2 + 2am - a$에서

$m(m-3)(m+a) = 0$

$\therefore m = 0$ 또는 $m = 3$ 또는 $m = -a$

$f(m) = n$이므로

(i) $m = 0$이면 $f(0) = -a = n$

(ii) $m = 3$이면 $f(3) = 27 + 5a = n$

(iii) $m = -a$이면 $f(-a) = a^2 - a = n$

(i)의 경우 $n = 1, 2, 3$일 때 조건을 만족하는 a가 존재한다.

(ii)의 경우 $n = 12, \cdots, 27$일 때 조건을 만족하는 a가 존재한다.

(iii)의 경우 $n = 1, \cdots, 12$일 때 조건을 만족하는 a가 존재한다.

$n = 1, 2, 3$의 경우 (i)과 (iii)에서의 a의 값이 서로 다르고, $n = 12$의 경우 (ii)와 (iii)에서의 a의 값이 서로 같다.

$\therefore \sum\limits_{n=1}^{27} a_n = 3 \times 2 + 24 \times 1 = 30$

3 기하

25 평면벡터의 연산 　　　정답 ④

$\vec{a} - \vec{b} = (2, 1) - (-1, k) = (3, 1-k)$

$\vec{a}$와 $\vec{a} - \vec{b}$가 수직이므로

$\vec{a} \cdot (\vec{a} - \vec{b}) = 2 \times 3 + 1 \times (1-k) = 0$

$\therefore k = 7$

26 좌표공간에서의 선분의 외분점 　　　정답 ①

두 점 $A(1, 2, -1)$, $B(3, 1, -2)$에 대하여 선분 AB를 $2:1$로 외분하는 점의 좌표는

$\left(\dfrac{2 \times 3 - 1}{2 - 1}, \dfrac{2 \times 1 - 2}{2 - 1}, \dfrac{2 \times (-2) - (-1)}{2 - 1} \right)$,

즉 $(5, 0, -3)$

다른 풀이

두 점 A와 B를 외분하는 점을 C라 하면 A, B, C는 한 직선상에 있으며 $\overline{AC} = 2\overline{BC}$이다.

$\overrightarrow{OC} - \overrightarrow{OA} = 2(\overrightarrow{OC} - \overrightarrow{OB})$에서

$\overrightarrow{OC} = 2\overrightarrow{OB} - \overrightarrow{OA}$

$\quad\quad = (5, 0, -3)$

개념 체크체크

선분의 내분점과 외분점

좌표공간 위의 두 점 $A(x_1, y_1, z_1)$, $B(x_2, y_2, z_2)$에 대하여

(1) 선분 AB를 $m:n (m>0, n>0)$으로 내분하는 점 P의 좌표는 $P\left(\dfrac{mx_2 + nx_1}{m+n}, \dfrac{my_2 + ny_1}{m+n}, \dfrac{mz_2 + nz_1}{m+n} \right)$

(2) 선분 AB를 $m:n (m>0, n>0)$으로 외분하는 점 Q의 좌표는 $Q\left(\dfrac{mx_2 - nx_1}{m-n}, \dfrac{my_2 - ny_1}{m-n}, \dfrac{mz_2 - nz_1}{m-n} \right)$

27 구의 방정식 　　　정답 ⑤

$\overline{AB} = 2$이고 주어진 구의 반지름의 길이는 1이므로 $\overline{AB}$는 구의 지름이다. 따라서 $\overline{AB}$는 구의 중심, 즉 $(-1, 0, 2)$를 지난다.

한편, 점 $(0, a, b)$를 지나고 평면 $x + 3y - z = 0$에 수직인 직선을 매개변수 t로 나타내면 $(t, a+3t, b-t)$이다.

이 직선이 구의 중심을 지나므로 $t = -1$, $a + 3t = 0$, $b - t = 2$에서

$t = -1$, $a = 3$, $b = 1$

$\therefore a + b = 4$

28 정사영의 길이와 넓이
정답 ④

삼각형 PAB가 $\overline{PB}=4$, $\angle A=90°$ 인 직각이등변삼각형이므로 $\overline{PA}=\overline{AB}=2\sqrt{2}$ 이다.

또한 삼각형 PHA는 $\angle PAH=\dfrac{\pi}{6}$, $\angle PHA=\dfrac{\pi}{2}$ 인 직각삼각형이므로 $\overline{PA}=2\sqrt{2}$ 에서 $\overline{PH}=\sqrt{2}$, $\overline{HA}=\sqrt{6}$ 이다.

한편 삼수선의 정리에 의해 $\angle PAB$ 와 $\angle PHA$ 가 모두 수직이므로 $\angle HAB$ 역시 수직이다.

따라서 사면체 PHAB의 부피는

$$\therefore \frac{1}{3}\times\left(\frac{1}{2}\times 2\sqrt{2}\times\sqrt{6}\right)\times\sqrt{2}=\frac{2\sqrt{6}}{3}$$

29 타원의 방정식
정답 36

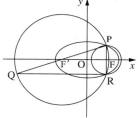

타원 $\dfrac{x^2}{25}+\dfrac{y^2}{9}=1$ 의 초점의 좌표는 $(\sqrt{25-9}, 0)$ 과 $(-\sqrt{25-9}, 0)$, 즉 $(4, 0)$ 과 $(-4, 0)$ 이다.

$$\therefore c=4$$

이제 점 P의 좌표를 (p, q) 라 하자. 위의 그림과 같이 점 Q는 점 P를 점 F′에 대하여 점대칭이동한 점이고, 점 R은 점 P를 점 F에 대하여 점대칭이동한 점이다.

따라서 △PF′F와 △PQR은 서로 닮음이고, 닮음비가 $1:2$ 인 삼각형이다.

즉, △PQR의 둘레의 길이는 △PF′F의 둘레의 길이의 2배이다.

타원의 성질에 의해 $\overline{PF'}+\overline{PF}$ 의 길이는 타원의 장축의 길이인 10과 같고, $\overline{FF'}$ 의 길이는 8이다.

따라서 △PF′F의 둘레의 길이는 18이므로 △PQR의 둘레의 길이는 36이다.

30 평면벡터의 내적의 활용
정답 40

원 O 의 중심을 O_1 이라 하자.

$\overrightarrow{AP}=\overrightarrow{AO_1}+\overrightarrow{O_1P}$ 이므로

$$\overrightarrow{AP}\cdot\overrightarrow{AQ}=\left(\overrightarrow{AO_1}+\overrightarrow{O_1P}\right)\cdot\overrightarrow{AQ}$$
$$=\overrightarrow{AO_1}\cdot\overrightarrow{AQ}+\overrightarrow{O_1P}\cdot\overrightarrow{AQ}$$

점 O_1 에서 선분 $\overline{AB}$ 에 내린 수선의 발을 H라 하면 $\angle O_1BH=60°$ 이고 $\overline{O_1H}=1$ 이므로 $\overline{BH}=\dfrac{1}{\sqrt{3}}$ 이다.

또한 점 A에서 $\overline{BC}$ 에 내린 수선의 발을 M_1, 점 O_1 에서 $\overline{AM_1}$ 에 내린 수선의 발을 M_2 라 하면 $\overline{AM_2}=\sqrt{3}-1$ 이고 $\overline{O_1M_2}=1+\dfrac{1}{\sqrt{3}}$ 이다.

따라서 $\overrightarrow{AO_1}=\left(-1-\dfrac{1}{\sqrt{3}}, 1-\sqrt{3}\right)$, $\overrightarrow{AB}=(-1, -\sqrt{3})$, $\overrightarrow{AC}=(1, -\sqrt{3})$ 이므로

$$\overrightarrow{AO_1}\cdot\overrightarrow{AC}=2-\frac{4}{3}\sqrt{3}, \ \overrightarrow{AO_1}\cdot\overrightarrow{AB}=4-\frac{2}{3}\sqrt{3}$$

또한 $\overrightarrow{O_1P}$ 와 $\overrightarrow{AQ}$ 가 이루는 각을 θ 라 하면 $\overrightarrow{O_1P}\cdot\overrightarrow{AQ}=|\overrightarrow{AQ}|\cos\theta$ 이고, 이때 $|\overrightarrow{AQ}|$ 의 최댓값이 2, $-1\leq\cos\theta\leq 1$ 이므로 $-2\leq|\overrightarrow{AQ}|\cos\theta\leq 2$ 이다.

따라서 $\overrightarrow{AP}\cdot\overrightarrow{AQ}$ 의 최댓값은 $6-\dfrac{2}{3}\sqrt{3}$, 최솟값은 $-\dfrac{4}{3}\sqrt{3}$ 이므로 최댓값과 최솟값의 합은 $6-2\sqrt{3}$ 이다.

따라서 $a=6$, $b=-2$ 이다.

$$\therefore a^2+b^2=40$$

<공통>					
01 ②	**02** ⑤	**03** ②	**04** ④	**05** ①	
06 ⑤	**07** ⑤	**08** ①	**09** ②	**10** 24	
11 12	**12** 64	**13** 191	**14** 36		
<확률과 통계>					
15 ③	**16** ④	**17** ③	**18** ①	**19** ②	
20 72	**21** 4	**22** 17			
<미적분>					
23 ②	**24** ③				
<기타>					
25 ⑤	**26** ③	**27** ①	**28** ④	**29** ④	
30 13					

공통

01 미분계수   정답 ②

$$\lim_{h \to 0} \frac{f(1+3h)-f(1)}{2h} = \lim_{h \to 0} \frac{f(1+3h)-f(1)}{3h} \times \frac{3}{2}$$
$$= f'(1) \times \frac{3}{2} = 6$$

따라서 $f'(1) = 4$이다.

◁ **개념 체크체크** ▷

미분의 정의

$$\lim_{h \to +0} \frac{f(a+h)-f(a)}{h} = \lim_{h \to -0} \frac{f(a+h)-f(a)}{h}$$ 이고

그 값이 존재할 때 $\lim_{h \to 0} \frac{f(a+h)-f(a)}{h} = f'(a)$ 라 하며

'a에서 미분 가능하다.'라고 정의한다.

02 접선의 방정식   정답 ⑤

접선의 기울기는 접점에서의 미분계수와 같다.
$f'(x) = 3x^2 - 4$이므로 $f'(-2) = 8$이다.

03 함수의 그래프와 극한값의 계산   정답 ②

$$\lim_{x \to 1+} f(x) = -3, \quad \lim_{x \to -2-} f(x) = 1$$이므로

$$\therefore \lim_{x \to 1+} f(x) + \lim_{x \to -2-} f(x) = (-3) + 1 = -2$$

04 로그의 성질   정답 ④

$2 = \dfrac{60}{30} = \dfrac{6 \times 10}{15 \times 2}$ 이므로 양변에 $\log$를 취하고 풀면

$2\log 2 = \log 6 + 1 - \log 15$ 이다.

$$\therefore \log 2 = \frac{a-b+1}{2}$$

05 함수의 연속   정답 ①

주어진 함수가 $x = 2$에서 연속이므로 $f(2) = \lim_{x \to 2} \dfrac{\sqrt{x+7}-a}{x-2}$ 이다.

이때 x가 2일 때 (분모)가 0이므로 (분자)가 0이어야 한다.

즉, $\sqrt{2+7}-a = 0$에서 $a = 3$

한편, $b = f(2)$이므로

$$b = \lim_{x \to 2} \frac{(\sqrt{x+7}-3)(\sqrt{x+7}+3)}{(x-2)(\sqrt{x+7}+3)}$$
$$= \lim_{x \to 2} \frac{1}{\sqrt{x+7}+3} = \frac{1}{6}$$

$$\therefore ab = 3 \times \frac{1}{6} = \frac{1}{2}$$

06 속도와 거리   정답 ⑤

t초 후 점 P의 위치는 $\displaystyle\int_0^t (s^2+s)ds = \dfrac{1}{3}t^3 + \dfrac{1}{2}t^2$,

점 Q의 위치는 $\displaystyle\int_0^t 5s\,ds = \dfrac{5}{2}t^2$이다.

두 점이 만나면 그 위치가 서로 같아야 하므로

$\dfrac{1}{3}t^3 + \dfrac{1}{2}t^2 = \dfrac{5}{2}t^2$에서 $\dfrac{1}{3}t^3 = 2t^2$

$\therefore t = 0$ 또는 $t = 6$

$t > 0$일 때 점 P의 속력은 양수이므로, $t = 6$에서의 P의 위치가 곧 이동한 거리가 된다.

따라서 점 P의 위치는

$$\therefore \frac{1}{3} \times 6^3 + \frac{1}{2} \times 6^2 = 90$$

07 정적분과 급수   정답 ⑤

$$\lim_{n \to \infty} \frac{1}{n^2} \sum_{k=1}^{n} k f\left(\frac{k}{2n}\right) = \lim_{n \to \infty} \frac{1}{n} \sum_{k=1}^{n} \frac{k}{n} f\left(\frac{k}{2n}\right)$$

$$= \int_0^1 x f\left(\frac{x}{2}\right) dx$$

$$= \int_0^1 x\left(x^2 + \frac{a}{2}x\right) dx$$

$$= \int_0^1 \left(x^3 + \frac{a}{2}x^2\right) dx$$

$$= \left[\frac{1}{4}x^4 + \frac{a}{6}x^3\right]_0^1 = \frac{1}{4} + \frac{a}{6} = 2$$

$$\therefore a = \frac{21}{2}$$

08 함수의 최대·최소   정답 ①

조건 (가)에서 $f(x)$는 $(x-2)^2$을 인수로 가진다는 것을 알 수 있다. 따라서

$f(x) = (x-2)^2(x-c) = x^3 - (c+4)x^2 + (4c+4)x - 4c$

$f'(x) = 3x^2 - 2(c+4)x + (4c+4)$

조건 (나)에 의해

$f'(x) = 3x^2 - 2(c+4)x + (4c+4) \geq -3$에서

$3x^2 - 2(c+4)x + (4c+7) \geq 0$

이차방정식 $f(x) = 0$의 판별식을 D라 하면 $D \leq 0$이어야 하므로

$$\frac{D}{4} = (c+4)^2 - 3 \cdot (4c+7) = c^2 - 4c - 5 \leq 0$$

$$\therefore -1 \leq c \leq 5$$

한편 $f(6) = 16(6-c)$이므로 $f(6)$의 최댓값은 $c=-1$일 때 112, 최솟값은 $c=5$일 때 16이다.

따라서 최댓값과 최솟값의 합은 128이다.

09 함수의 극대·극소   정답 ②

ㄱ. $\lim_{x \to 1-} \dfrac{g(x)}{x-1} = \lim_{x \to 1-} (x-1)\left(x^2 + \dfrac{1}{n}\right) = 0$ (참)

ㄴ. $n=1$이면 $f(x) = x^2 + 1$이므로

$$g(x) = \begin{cases} (x-1)(x^2+1) & (x \geq 1) \\ (x-1)^2(x^2+1) & (x < 1) \end{cases}$$

따라서 $g(x) \geq 0$인데, $g(1) = 0$이므로 $g(x)$는 $x=1$에서 극솟값을 갖는다. (참)

ㄷ. $x \geq 1$일 때, $g(x) = (x-1)\left(x^2 + \dfrac{1}{n}\right)$은 증가함수이므로 더 이상의 극점이 존재하지 않는다.

$x < 1$일 때, $g(x) = (x-1)^2\left(x^2 + \dfrac{1}{n}\right)$이므로

$$g'(x) = 2(x-1)\left(x^2 + \frac{1}{n}\right) + 2x(x-1)^2$$

$$= 2(x-1)\left(2x^2 - x + \frac{1}{n}\right)$$

이때 $(x-1)$에서 극점이 1개 존재하므로 $2x^2 - x + \dfrac{1}{n}$의 판별식 $D \leq 0$이면 ≥ 0이면 더 이상의 극점이 존재하지 않는다.

$1 - \dfrac{8}{n} \leq 0$, $1 \leq \dfrac{8}{n}$, $n \geq 8$이므로 부등식을 만족하는 n의 값은 1, 2, $\cdots$, 8로 8개이다. (거짓)

따라서 옳은 것은 ㄱ, ㄴ이다.

10 등차수열   정답 24

첫째항을 a, 공차를 d라 하면

$a_2 = a + d = 14$, $a_4 + a_5 = 2a + 7d = 23$

위 두 식을 연립하여 풀면 $a = 15$, $d = -1$

$\therefore a_7 + a_8 + a_9 = 3a + 21d = 24$

11 곡선과 좌표축 사이의 넓이   정답 12

$y = x^3$을 x에 대한 식으로 나타내면 $x = y^{\frac{1}{3}}$이다.

따라서 구하는 도형의 넓이는

$$\int_0^8 y^{\frac{1}{3}} dy = \left[\frac{3}{4}y^{\frac{4}{3}}\right]_0^8 = 12$$

> **〈 개념 체크체크 〉**
>
> 1. **곡선과 좌표축 사이의 넓이**
>   함수 $f(x)$가 닫힌구간 $[a, b]$에서 연속일 때, 곡선 $y = f(x)$와 x축 및 두 직선 $x = a$, $x = b$로 둘러싸인 도형의 넓이 S는
>
>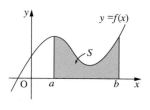
>
> $$S = \int_a^b |f(x)| dx$$
>
> 2. **두 곡선 사이의 넓이**
>   두 함수 $f(x)$, $g(x)$가 닫힌 구간 $[a, b]$에서 연속일 때, 두 곡선 $y = f(x)$와 $y = g(x)$ 및 두 직선 $x = a$, $x = b$로 둘러싸인 도형의 넓이 S는
>
>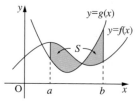
>
> $$S = \int_a^b |f(x) - g(x)| dx$$

12 지수법칙

$6^{\frac{4}{k}}$ 가 자연수가 되기 위한 k값은 1, 2, 4로 3개이며, 이것은 4의 약수의 개수이다. 따라서 약수의 개수가 8개인 자연수 n의 최솟값을 구하면 된다.

약수의 개수가 8개가 되는 것은 2^7, $2^3 \times 3^1$, $2^1 \times 3^3$이 있으며, 이 중 가장 작은 수는 $2^3 \times 3^1 = 24$이다. 따라서 가장 작은 자연수가 되어야 하므로 $2^{\frac{24}{k}} = (2^6)^{\frac{4}{k}}$가 되어 자연수 n의 최솟값은 $2^6 = 64$이다.

13 여러 가지 수열의 합

주어진 곡선이 $\overline{P_nQ_n}$과 만나기 위해서는 $f(n) \le 2n \le f(2n)$이어야 한다.

n과 k가 자연수이므로

$\dfrac{n^2}{k} \le 2n \le \dfrac{4n^2}{k}$에서 $n \le 2k \le 4n$, $\dfrac{n}{2} \le k \le 2n$

n이 짝수인 경우$(n=2m)$, $m \le k \le 4m$이므로 $a_m = 3m+1$

n이 홀수인 경우$(n=2m-1)$, $m - \dfrac{1}{2} \le k \le 4m-2$이므로

$a_m = 3m-1$

$$\therefore \sum_{n=1}^{15} a_n = \sum_{m=1}^{8}(3m-1) + \sum_{m=1}^{7}(3m+1)$$
$$= 3 \cdot \frac{8 \times 9}{2} - 8 + 3 \cdot \frac{7 \times 8}{2} + 7 = 191$$

《개념 체크체크》

수열의 합

(1) $\displaystyle\sum_{k=1}^{n}(a_k+b_k) = \sum_{k=1}^{n}a_k + \sum_{k=1}^{n}b_k$

(2) $\displaystyle\sum_{k=1}^{n}ca_k = c\sum_{k=1}^{n}a_k$ (단, c는 상수)

(3) $\displaystyle\sum_{k=1}^{n}c = cn$ (단, c는 상수)

(4) $\displaystyle\sum_{k=1}^{n}k = 1 + 2 + \cdots + n = \frac{n(n+1)}{2}$

---

14 도함수의 활용

$f(x) = -3x^4 + 4x^3 + 12x^2 + 4$이므로

$f'(x) = -12x^3 + 12x^2 + 24x$
$\quad\;\; = -12x(x+1)(x-2)$

함수 $f(x)$의 그래프의 개형은 오른쪽 그림과 같다.

$f(-1) = 9, f(0) = 4, f(2) = 36$

이제 $g(x) = |f(x) - a|$는 $y = f(x)$의 그래프를 $y=a$에서 접어 올린 다음 $y=a$를 x축으로 보는 그래프와 같다.

이때 $y=a$와 $y=f(x)$의 교점이 극점이 아닌 경우 $g(x)$는 그 교점에서 미분가능하지 않다.

마찬가지로, $y=g(x)$를 $y=b$에서 접어올린 다음 $y=b$를 x축으로 본 그래프가 바로 $y=|g(x)-b|$이다. 그런데 절댓값의 성질에 의해, 이는 $y=f(x)$를 $y=a-b$, $y=a$, $y=a+b$에서 접은 것과 같다.

따라서 (가)에 의해 $y=a+b$, $y=a-b$와 $y=f(x)$의 교점은 4개여야 하고, (나)에 의해 $y=a$, $y=a+b$, $y=a-b$의 교점 중 네 곳은 미분가능하지 않은 점이고, 나머지는 모두 미분가능한 점이어야 한다.

따라서 모든 조건을 만족시키는 방법은 아래의 두 가지이고 두 경우 모두 $a+b = 36$이다.

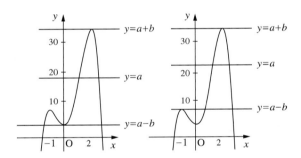

※ $a - b = 9$ 또는 4이다.

① 확률과 통계

15 독립사건의 확률
정답 ③

두 사건 A와 B가 독립이므로 $P(A \cap B) = P(A) \cdot P(B)$이다.

$P(A \cap B^C) = P(A) - P(A \cap B) = \dfrac{1}{5}$에서

$P(A) - P(A) \times P(B) = \dfrac{1}{5}$

$\dfrac{1}{3} P(B) = \dfrac{2}{15}$

$\therefore P(B) = \dfrac{2}{5}$

개념 체크체크

독립사건

두 개의 사건 A와 B가 있을 때, 각각의 사건이 일어날 확률이 다른 사건이 일어날 확률에 영향을 미치지 않을 때, 이 두 사건을 독립사건이라 한다.

두 사건 A와 B가 서로 독립이기 위한 필요충분조건은
$P(A \cap B) = P(A)P(B)$ $(P(A) > 0, \ P(B) > 0)$이다.

16 같은 것이 있는 순열
정답 ④

우선 두 개의 파란 공과 두 개의 노란 공을 일렬로 나열하는 경우의 수는 $\dfrac{4!}{2! \times 2!} = 6$이다.

네 개의 공 사이에 빨간 공을 하나씩 집어넣는 경우의 수는 서로 다른 5개에서 3개를 선택하는 경우의 수와 같으므로

$_5C_3 = \dfrac{5 \times 4 \times 3}{3 \times 2 \times 1} = 10$이다.

따라서 구하는 경우의 수는
$\therefore 6 \times 10 = 60$

17 이항분포와 정규분포의 관계
정답 ③

수학 점수에 대한 성취도가 A 또는 B인 경우는 수학 점수가 79점 이상인 경우를 말한다. 여기서 평균이 67점이고 표준편차가 12이므로, 79점 이상이라는 것은 곧 $z \geq 1$임을 의미한다.

$P(X \geq 79) = P\left(Z \geq \dfrac{79 - 67}{12}\right) = P(Z \geq 1)$

따라서 성취도가 A 또는 B인 학생의 비율은
$\therefore 0.5 - 0.3413 = 0.1587$이다.

개념 체크체크

정규분포

정규분포표의 $P(0 \leq z \leq a)$는 말 그대로 $0 \leq z \leq a$일 확률을 의미한다.

한편, $P(z \geq 0) = 0.5$이므로, $P(z \geq a)$를 구하기 위해서 다음 식을 이용할 수 있다.
$P(z \geq a) = 0.5 - P(0 \leq z \leq a)$

18 중복조합
정답 ①

상자 A와 B에 공을 넣은 횟수를 p회, 상자 B와 C에 공을 넣은 횟수를 q회, 상자 C와 D에 공을 넣은 횟수를 r회라 하면 $p + q + r = 5$의 관계식을 만족한다.

또한 $a = p$, $b = p + q = 5 - r$, $c = q + r = 5 - p$, $d = r$로 나타낼 수 있으므로 순서쌍 (a, b, c, d)의 개수를 구하는 것은 $p + q + r = 5$의 음이 아닌 정수해의 개수를 구하는 것과 같다.

$\therefore {}_3H_5 = {}_{3+5-1}C_5 = {}_7C_5 = {}_7C_2 = \dfrac{7 \times 6}{2 \times 1} = 21$

19 이산확률변수의 평균
정답 ②

(가) 홀수와 짝수를 모두 포함해서 3장의 카드를 뽑으므로,
$k + ((가) - k) = 3$이어야 한다.
따라서 (가) = 3이다.

(나) 짝수인 카드 2개, 홀수인 카드 1개를 고르는 확률이다.
짝수인 카드 중 2개를 뽑는 경우의 수는
$_{n-1}C_2 = \dfrac{(n-1)(n-2)}{2}$이고, 홀수인 카드 중 1개를 뽑는 경우의 수는 $_nC_1 = n$이다.
한편 임의로 3개의 카드를 뽑는 경우의 수는
$_{2n-1}C_3 = \dfrac{(2n-1)(2n-2)(2n-3)}{6}$이다.

$\therefore P(X = 2) = \dfrac{6n(n-1)(n-2)}{2(2n-1)(2n-2)(2n-3)}$
$= \dfrac{3n(n-2)}{2(2n-1)(2n-3)} = f(n)$

※ 확률의 총합은 1이므로 (나)를 구할 때,
$P(X=0) + P(X=1) + P(X=2) + P(X=3) = 1$
을 이용하면 $P(X=2)$를 쉽게 구할 수 있다.

(다) $E(X) = \displaystyle\sum_{k=0}^{3} kP(X=k)$

$\qquad = P(X=1) + 2P(X=2) + 3P(X=3)$

$\qquad = \dfrac{3n(n-1)}{2(2n-1)(2n-3)} + \dfrac{6n(n-2)}{2(2n-1)(2n-3)}$

$\qquad \quad + \dfrac{3(n-2)(n-3)}{2(2n-1)(2n-3)}$

$\qquad = \dfrac{6(n-1)(2n-3)}{2(2n-1)(2n-3)} = \dfrac{3(n-1)}{2n-1}$

$\qquad$ 즉, $g(n) = 3(n-1)$

$\therefore a \times f(5) \times g(8) = 3 \times \dfrac{5}{14} \times 21 = \dfrac{45}{2}$

---

20 이항분포의 분산   정답 72

주어진 분포가 이항분포이므로 $V(X) = npq$이다.

$\therefore V(X) = 300 \times \dfrac{2}{5} \times \dfrac{3}{5} = 72$

---

21 이항정리와 이항계수   정답 4

$\left(x^n + \dfrac{1}{x}\right)^{10}$ 의 전개식의 일반항은 $_{10}C_r (x^n)^r \left(\dfrac{1}{x}\right)^{10-r}$ 이다.

$_{10}C_r (x^n)^r \left(\dfrac{1}{x}\right)^{10-r} = {}_{10}C_r x^{nr+r-10}$ 이고, 상수항이 45이므로

$_{10}C_r = 45$를 만족해야 한다.

$\therefore r = 2$ 또는 $r = 8$

(i) $r = 8$일 경우

$\qquad x^{nr+r-10} = x^0$을 만족하는 n의 값은 $\dfrac{1}{4}$ 이다.

$\qquad n$의 값이 자연수가 아니므로 만족하지 않는다.

(ii) $r = 2$일 경우

$\qquad x^{nr+r-10} = x^0$을 만족하는 n의 값은 4이다.

(i), (ii)에서 $n = 4$

---

22 수학적 확률   정답 17

왼쪽 위의 꼭짓점부터 시계 방향으로 번호를 1, 2, 3, 4, 5, 6이라 하자. 이때 1, 2, 3번과 같이 이웃한 세 개의 꼭짓점을 고르는 경우 삼각형의 넓이는 $\dfrac{\sqrt{3}}{4}$ 이다. 1, 2, 4번과 같이 대각선을 두 개 걸치는 경우 삼각형의 넓이는 $\dfrac{\sqrt{3}}{2}$ 이며, 1, 2, 5번과 같이 대각선을 세 개 걸치는 경우 삼각형의 넓이는 $\dfrac{3\sqrt{3}}{4}$ 이다. 삼각형의 넓이가

$\dfrac{\sqrt{3}}{2}$ 이상일 확률은 전체 확률에서 삼각형의 넓이가 $\dfrac{\sqrt{3}}{2}$ 미만일 확률을 제외한 것과 같다.

여기서 이웃한 세 개의 점을 선택하는 경우의 수는 6가지이고, 임의로 세 개의 점을 선택하는 모든 경우의 수는

$_6C_3 = \dfrac{6 \times 5 \times 4}{3 \times 2 \times 1} = 20$이다.

따라서 $P\left(X \geq \dfrac{\sqrt{3}}{2}\right) = 1 - \dfrac{6}{20} = \dfrac{14}{20} = \dfrac{7}{10}$ 이므로

$p = 10$, $q = 7$

$\therefore p + q = 17$

> **개념 체크체크**
>
> **확률분포와 여사건**
>
> 사건 A에 대하여 사건 A가 일어나지 않을 사건을 여사건이라 한다. 이를 A^C이라 나타내면 $P(A) + P(A^C) = 1$을 만족한다. 이를 이용하면 구하고자 하는 확률을 쉽게 구할 수 있다.

---

② 미적분

23 등비수열의 극한값   정답 ②

분모와 분자를 각각 4^n으로 나누면

$\displaystyle\lim_{n \to \infty} \dfrac{3 \cdot 4^n + 3^n}{4^{n+1} - 2 \times 3^n} = \lim_{n \to \infty} \dfrac{3 + \left(\dfrac{3}{4}\right)^n}{4 - 2 \times \left(\dfrac{3}{4}\right)^n} = \dfrac{3}{4}$

---

24 등비급수의 활용   정답 ③

점 C는 $\overline{OM}$을 $3:1$로 외분하는 점이고,

$\overline{OM} = 2$이므로 $\overline{OC} = 3$이다.

따라서 정사각형 CDOE의 한 변의 길이는 $\dfrac{3}{\sqrt{2}}$ 이고,

정사각형의 넓이는 $\dfrac{9}{2}$ 이다.

한편, 부채꼴 ODE의 넓이는 $4\pi \times \dfrac{1}{4} = \pi$이므로

$S_1 = \dfrac{9}{2} - \pi$이다.

이제 R_1과 R_2에서의 도형의 닮음비를 생각해 보자.

반원의 지름은 R_1의 4에서 R_2의 $\dfrac{3}{\sqrt{2}}$으로 줄어들었으므로 도형의

닮음비는 $1 : \dfrac{3}{4\sqrt{2}}$이고, 도형의 넓이의 비는 $1 : \dfrac{9}{32}$이다. 이때 똑

같은 도형이 R_2에서 2개 생기므로 R_2에서 새로 생기는 도형의 넓이

는 첫 번째 도형의 넓이의 $\dfrac{9}{16}$이다.

$$\therefore \lim_{n \to \infty} S_n = \left(\dfrac{9}{2} - \pi\right) \times \dfrac{1}{1 - \dfrac{9}{16}} = \left(\dfrac{9}{2} - \pi\right) \times \dfrac{16}{7} = \dfrac{72 - 16\pi}{7}$$

3 기타

25 집합의 연산   정답 ⑤

$A^C = \{1, 3, 5\}$이므로 $A^C \cap B = \{3, 5\}$이다.
따라서 원소들의 합은 8이다.

26 유리함수의 그래프   정답 ③

유리함수 $y = f(x)$의 그래프의 점근선은 $y = b$와 $x = -a$이다.
따라서 $y = f(x)$는 점 $(-a, b)$에 대해 대칭이다.
한편, 역함수 $y = f^{-1}(x)$의 그래프는 점 $(b, -a)$에 대해 대칭이므로 $a = -1$, $b = 2$이다.
$\therefore a + b = 1$

27 합성함수와 역함수의 함숫값   정답 ①

$f(6) - f(4) = f(2)$ ...... ㉠
$f(6) + f(4) = f(8)$ ...... ㉡
㉠+㉡을 하면
$2f(6) = f(2) + f(8)$ ...... ㉢
$f(6)$, $f(4)$ 두 수의 차가 $f(2)$, 두 수의 합이 $f(8)$이고,
㉢에 의해
$f(2)$, $f(6)$, $f(8)$ 순으로 등차수열을 이룬다.
(i) $f(2) = 2$, $f(6) = 4$, $f(8) = 6$일 때
    $f(4) = 8$이고, ㉠과 ㉡을 만족하지 않는다.
(ii) $f(2) = 4$, $f(6) = 6$, $f(8) = 8$일 때
    $f(4) = 2$이고, ㉠과 ㉡을 모두 만족한다.
즉, $(f \circ f)(6) = f(6) = 6$이고, $f(2) = 4$이므로 $f^{-1}(4) = 2$이다.
$\therefore (f \circ f)(6) + f^{-1}(4) = 6 + 2 = 8$

28 무리함수의 그래프   정답 ④

우선 주어진 함수의 그래프가 점 $(-2, 2)$를 지나므로 $2 = \sqrt{-2a}$
이다.
$\therefore a = -2$
따라서 이 그래프를 y축 방향으로 b만큼 평행이동하면
$y = \sqrt{-2x} + b$이고, 이를 x축에 대하여 대칭이동한 그래프는
$y = -\sqrt{-2x} - b$이다.
이 그래프가 점 $(-8, 5)$를 지나므로 $5 = -\sqrt{16} - b$이다.
$\therefore b = -9$
$\therefore ab = 18$

29 부분집합의 개수   정답 ④

U의 부분집합 X는 다음의 네 가지 중 하나를 만족한다.
(i) $X \cap A = \varnothing$, $X \cap B = \varnothing$
(ii) $X \cap A = \varnothing$, $X \cap B \neq \varnothing$
(iii) $X \cap A \neq \varnothing$, $X \cap B = \varnothing$
(iv) $X \cap A \neq \varnothing$, $X \cap B \neq \varnothing$
$n\{(A \cap X \neq \varnothing) \cap (B \cap X \neq \varnothing)\}$
$= n\{U\} - n\{(A \cap X \neq \varnothing) \cap (B \cap X \neq \varnothing)\}^c$
$= n\{U\} - n\{(A \cap X = \varnothing) \cup (B \cap X = \varnothing)\}$
$= 2^7 - (2^4 + 2^3 - 2^2)$
$= 128 - 16 - 8 + 4 = 108$

30 명제의 참·거짓   정답 13

'어떤 실수 x에 대하여 p이고 q이다'라는 것은, p와 q를 모두 만족하는 실수 x가 존재한다는 것이다.
따라서 두 집합 $A = \{x | -3 \leq x < 5\}$,
$B = \{x | k - 2 < x \leq k + 3\}$의 교집합이 공집합이 아니어야 한다.
즉, $k + 3 \geq -3$, $k - 2 < 5$에서 $-6 \leq k < 7$
따라서 이를 만족하는 정수 k의 개수는 13이다.

제3교시 **수학영역 가형** 문제 ▶ p. 117

<공통>

01 ③

<확률과 통계>

02 ⑤	03 ①	04 ①	05 ③	06 ②
07 ①	08 ④	09 62	10 28	

<미적분>

11 ⑤	12 ②	13 ③	14 ④	15 ⑤
16 ①	17 ④	18 10	19 25	20 30
21 5				

<기하>

22 ③	23 ②	24 ④	25 ⑤	26 ②
27 ③	28 40	29 180	30 32	

공통

01 로그함수의 그래프
정답 ③

두 점 A와 B는 곡선 $y=|\log_a x|$와 직선 $y=1$과의 교점이므로

$|\log_a x|=1$에서 점 A와 B는 $(a,\,1)$ 또는 $\left(\dfrac{1}{a},\,1\right)$이고 점 C는 x축과

의 교점이므로 $(1,\,0)$이다.

두 직선 AC, BC가 서로 수직이 되면 △ABC가 직각삼각형이 되므로

$\left(a-\dfrac{1}{a}\right)^2=\left\{1^2+(1-a)^2\right\}+\left\{1^2+\left(1-\dfrac{1}{a}\right)^2\right\}$에서

$a+\dfrac{1}{a}=3,\ a^2-3a+1=0$

따라서 이차방정식의 근과 계수의 관계에 의하여 두 근의 합은 3이다.

다른 풀이

두 직선 AC, BC가 서로 수직이면

$\dfrac{1}{\dfrac{1}{a}-1}\times\dfrac{1}{a-1}=-1$

$\dfrac{a}{1-a}\times\dfrac{1}{1-a}=1$

$(1-a)^2=a,\ a^2-3a+1=0$

∴ 두 근(a값)의 합$=3$

〈 개념 체크체크 〉

함수의 그래프의 교점

두 함수 $f(x)$, $g(x)$의 그래프의 교점의 x좌표는 방정식 $f(x)=g(x)$의 근이다. 이를 이용하여 두 함수의 그래프의 교점의 좌표를 구할 수 있다.

선택

▌ 확률과 통계

02 이항분포의 평균
정답 ⑤

$\mathrm{E}(X)=n\times\dfrac{1}{4}=5$이므로

∴ $n=20$

03 분할
정답 ①

자연수 10의 분할 중 짝수로만 이루어지려면 2, 4, 6, 8, 10 다섯 가지의 수로 분할을 하는 경우만 생각하면 된다.

$10=8+2$

$\quad=6+4=6+2+2$

$\quad=4+4+2=4+2+2+2$

$\quad=2+2+2+2+2$

∴ 7개이다.

다른 풀이

이것은 자연수 5를 분할하는 것과 같으므로 그 개수는

$5=4+1=3+1+1=2+1+1+1$

$\quad=1+1+1+1+1$

$\quad=3+2=2+2+1$

따라서 7개이다.

〈 개념 체크체크 〉

자연수의 분할

자연수 n을 자신보다 크지 않은 k개의 자연수 n_1, n_2, n_3, $\cdots$, n_k의 합으로 $n=n_1+n_2+n_3+\cdots+n_k$

$(n_1 \geq n_2 \geq n_3 \geq \cdots \geq n_k)$와 같이 나타내는 것을 자연수 n의 분할이라고 하고, 자연수 n을 k개의 자연수로 분할하는 방법의 수를 기호로 $P(n,\,k)$와 같이 나타낸다.

04 조건부확률

A는 한 개의 주사위를 던질 때 짝수의 눈이 나오는 사건이므로
$A=\{2,\ 4,\ 6\}$이고, B는 한 개의 주사위를 던질 때 소수의 눈이 나오는 사건이므로 $B=\{2,\ 3,\ 5\}$이다.

$\therefore A^C=\{1,\ 3,\ 5\},\ A\cap B=\{2\},\ A^C\cap B=\{3,\ 5\}$

$$\therefore \mathrm{P}(B|A)-\mathrm{P}(B|A^C)=\frac{\mathrm{P}(A\cap B)}{\mathrm{P}(A)}-\frac{\mathrm{P}(A^C\cap B)}{\mathrm{P}(A^C)}$$

$$=\frac{\frac{1}{6}}{\frac{1}{2}}-\frac{\frac{1}{3}}{\frac{1}{2}}$$

$$=-\frac{1}{3}$$

05 이산확률변수의 평균, 분산

확률의 총합은 1이므로
$a+b+c=1$ ······ ㉠
$\mathrm{E}(X)=1\times b+2\times c=b+2c=1$ ······ ㉡
$\mathrm{V}(X)=1^2\times b+2^2\times c-1^2=b+4c-1=\dfrac{1}{4}$ ······ ㉢

㉠, ㉡, ㉢을 연립하여 풀면

$a=\dfrac{1}{8},\ b=\dfrac{3}{4},\ c=\dfrac{1}{8}$ $\therefore \mathrm{P}(X=0)=a=\dfrac{1}{8}$

> **개념 체크체크**
>
> **확률질량함수의 성질**
> 이산확률변수 X의 확률질량함수가
> $\mathrm{P}(X=x_i)=p_i(i=1,\ 2,\ 3,\ \cdots,\ n)$일 때
> (1) $0\le p_i\le 1$
> (2) $\displaystyle\sum_{i=1}^{n}\mathrm{P}(X=x_i)=\sum_{i=1}^{n}p_i=p_1+p_2+p_3+\cdots+p_n$
> (3) 기댓값(평균)
> $$\mathrm{E}(X)=x_1p_1+x_2p_2+\cdots+x_np_n=\sum_{i=1}^{n}x_ip_i$$
> (4) 분산
> $$\mathrm{V}(X)=\mathrm{E}((x-m)^2)=\sum_{i=1}^{n}(x_i-m)^2p_i$$
> $$=\mathrm{E}(X^2)-\{\mathrm{E}(X)\}^2$$
> (5) 표준편차
> $$\sigma(X)=\sqrt{\mathrm{V}(x)}$$

06 조합을 이용한 확률

8명의 학생을 임의로 3명, 3명, 2명씩 3개의 조로 나눌 경우의 수는 다음과 같다.
8명 중 3명을 고르는 경우의 수는 $_8\mathrm{C}_3$,
5명 중 3명을 고르는 경우의 수는 $_5\mathrm{C}_3$,
2명 중 2명을 고르는 경우의 수는 $_2\mathrm{C}_2$,
3명의 조 2개의 순서는 상관없으므로 2로 나누어야 한다.

따라서 모든 경우의 수는 $\dfrac{_8\mathrm{C}_3\times_5\mathrm{C}_3\times_2\mathrm{C}_2}{2}=280$

두 학생 A, B가 같은 조에 속할 경우의 수는 다음과 같다.

(i) A, B가 2명인 조에 속한 경우
2명을 제외한 6명 중에서 3명을 고르고 다시 남은 3명 중 3명을 고르는 경우와 같고 두 조의 순서는 상관없으므로
$$\frac{_6\mathrm{C}_3\times_3\mathrm{C}_3}{2}=10$$

(ii) A, B가 3명인 조에 속한 경우
2명을 제외한 6명 중에서 3명을 고르고 다시 남은 3명 중 2명을 고른 뒤 남은 한 명을 A, B의 조에 추가하는 경우이므로
$$_6\mathrm{C}_3\times_3\mathrm{C}_2\times_1\mathrm{C}_1=60$$

(i), (ii)에서 두 학생 A, B가 같은 조에 속할 확률은 $\dfrac{70}{280}=\dfrac{1}{4}$

> **다른 풀이**

(i) 두 학생 A, B가 2명인 조에 속할 확률
$$\frac{2}{8}\times\frac{1}{7}=\frac{1}{28}$$

(ii) 두 학생 A, B가 3명인 조에 속할 확률
$$\frac{6}{8}\times\frac{2}{7}=\frac{6}{28}$$

$\therefore$ (i), (ii)에서 두 학생 A, B가 같은 조에 속할 확률은
$$\frac{1}{28}+\frac{6}{28}=\frac{1}{4}$$

> **개념 체크체크**
>
> 1. 순열
>   (1) n명을 일렬로 배열하는 경우의 수는
> $n!=n\times(n-1)\times\cdots\times2\times1$
>   (2) n명 중에서 m명을 일렬로 배열하는 경우의 수는
> $$_n\mathrm{P}_m=\frac{n!}{(n-m)!}$$
> 2. 조합
> n명 중에서 m명을 순서에 상관없이 선택하는 경우의 수는
> $$_n\mathrm{C}_m=\frac{n!}{m!(n-m)!}$$

07 표본평균의 분포

정답 ①

표본평균의 확률분포에 대하여 정규분포 $N(m, \sigma^2)$을 따르는 모집단에서 크기가 n인 표본을 임의로 추출하면 표본평균 $\overline{X}$는 정규분포 $N\left(m, \dfrac{\sigma^2}{n}\right)$을 따르므로 표준화를 통해 $Z = \dfrac{X-m}{\sigma}$이라 하자.

$P(50 \leq X) = 0.1587$이므로

$P\left(\dfrac{50-m}{\sigma} \leq Z\right) = 0.5 - P\left(0 \leq Z \leq \dfrac{50-m}{\sigma}\right) = 0.1587$에서

$P\left(0 \leq Z \leq \dfrac{50-m}{\sigma}\right) = 0.3413$이다.

따라서 표준정규분포표에 의하여 $\dfrac{50-m}{\sigma} = 1.0$이고 4개를 임의추출하였으므로 확률변수 $\overline{X}$는 정규분포 $N\left(m, \dfrac{\sigma^2}{4}\right)$을 따른다.

마찬가지로 표준화를 통해 확률을 구하면

$P(50 \leq \overline{X}) = P\left(\dfrac{50-m}{\dfrac{\sigma}{2}} \leq Z\right)$이고,

$\dfrac{50-m}{\sigma} = 1.0$을 이용하여

$P(50 \leq \overline{X}) = P(2.0 \leq Z) = 0.5 - P(0 \leq Z \leq 2.0)$
$\qquad\qquad\quad = 0.5 - 0.4772 = 0.0228$

───개념 체크체크───

1. 표본평균의 평균, 분산, 표준편차

모평균이 m, 모표준편차가 σ인 모집단에서 크기가 n인 표본을 임의추출할 때, 표본평균 $\overline{X}$에 대하여

$E(\overline{X}) = m$, $V(\overline{X}) = \dfrac{\sigma^2}{n}$, $\sigma(\overline{X}) = \dfrac{\sigma}{\sqrt{n}}$

2. 정규분포의 표준화

확률변수 X가 정규분포 $N(m, \sigma^2)$을 따를 때 확률변수 $Z = \dfrac{X-m}{\sigma}$은 표준정규분포 $N(0, 1)$을 따른다.

08 중복조합

정답 ④

볼펜이 0개일 경우부터 6개일 경우까지 차례대로 일어날 수 있는 경우의 수를 구해 보자.
볼펜의 수, 연필의 수, 지우개의 수를 순서쌍으로 나타내면
(i) 볼펜이 0개인 경우
$\quad$ $(0, 2, 6)$, $(0, 3, 5)$, $(0, 4, 4)$, $(0, 5, 3)$, $(0, 6, 2)$의 5
(ii) 볼펜이 1개인 경우
$\quad$ $(1, 1, 6)$, $(1, 2, 5)$, $(1, 3, 4)$, $(1, 4, 3)$, $(1, 5, 2)$,
$\quad$ $(1, 6, 1)$의 6
(iii) 볼펜이 n개인 경우($2 \leq n \leq 6$)
$\quad$ 연필이 0에서 $(8-n)$까지의 경우가 생기므로 모두 $(9-n)$가지의 경우가 나온다.
(i), (ii), (iii)에서 구하는 모든 경우의 수는

$5 + 6 + 7 + 6 + 5 + 4 + 3 = 36$

다른 풀이

$a + b + c = 8$이므로 전체 경우의 수에서 a, b, c가 각각 8개, 7개인 경우를 제외하면

$_3H_8 - 3 - 3! = {}_{10}C_2 - 3 - 6 = 45 - 9 = 36$

다른 풀이

(i) 2가지 종류만 꺼내는 경우의 수는 $_3C_2 \times 5 = 15$
(ii) 3가지 종류를 꺼내는 경우의 수는 $_3H_5 = {}_7C_2 = 21$
(i), (ii)에서 구하는 모든 경우의 수는
$\therefore 15 + 21 = 36$

09 같은 것이 있는 순열

정답 62

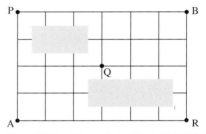

최단거리로 가는 경우를 다음과 같이 나누어 구해 보자.
(i) 점 P를 통해서 가는 경우: 1가지
(ii) 점 Q를 통해서 가는 경우:
$\quad \dfrac{4!}{2!2!} \times \dfrac{5!}{3!2!} = 6 \times 10 = 60$(가지)
(iii) 점 R를 통해서 가는 경우: 1가지
(i), (ii), (iii)에서 구하는 경우의 수는
$\therefore 1 + 60 + 1 = 62$

다른 풀이

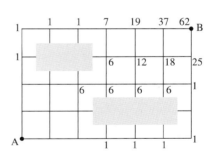

───개념 체크체크───

최단거리의 경우의 수
가로로 m번, 세로로 n번 이동하여 목적지에 도달하는 격자 모양의 도로망이 있을 때, 최단거리로 이동하는 경우의 수는
$\dfrac{(m+n)!}{m!n!}$

10 확률의 곱셈정리

먼저 꺼낸 3개의 공에 적힌 수의 곱이 짝수일 경우의 수를 구해 보자.
일어날 수 있는 경우의 수는 $_6P_3 = 6 \cdot 5 \cdot 4 = 120$

세 수의 곱이 홀수이기 위해서는 세 수 모두 홀수이어야 한다.

즉 1, 3, 5 세 숫자가 적힌 공의 순서를 정하는 경우의 수이므로
$3! = 3 \cdot 2 \cdot 1 = 6$

따라서 세 수의 곱이 짝수인 경우의 수는 $120 - 6 = 114$

한편, 첫 번째 꺼낸 공에 적힌 수가 홀수일 경우의 수는 전체 경우의 수의 반이므로 60가지이고 이 중에서 세 수 모두 홀수인 경우를 제외하여야 하므로 $60 - 6 = 54$

따라서 구하는 확률은 $\dfrac{54}{114} = \dfrac{9}{19}$ 이므로

$p = 19$, $q = 9$

$\therefore p + q = 28$

다른 풀이

(i) 세 수의 곱이 짝수일 확률은

$$1 - \frac{3}{6} \times \frac{2}{5} \times \frac{1}{4} = \frac{19}{20}$$

(ii) 홀수, 홀수, 짝수일 확률은

$$\frac{3}{6} \times \frac{2}{5} \times \frac{3}{4} = \frac{3}{20}$$

(iii) 홀수, 짝수, 홀수일 확률은

$$\frac{3}{20}$$

(iv) 홀수, 짝수, 짝수일 확률은

$$\frac{3}{20}$$

(v) 첫 번째 꺼낸 공에 적힌 수가 홀수일 확률은

$$\frac{3}{20} + \frac{3}{20} + \frac{3}{20} = \frac{9}{20}$$

따라서 구하는 확률은 $\dfrac{\dfrac{9}{20}}{\dfrac{19}{20}} = \dfrac{9}{19}$ 이므로

$p = 19$, $q = 9$

$\therefore p + q = 28$

개념 체크체크

수학적 확률

경우의 수의 연장선이다. 곱의 법칙, 순열, 조합 등을 이용하여 조건을 만족시키는 경우의 수를 구한 후 분수로 나타내는 것일 뿐이므로 확률을 구할 때에는 경우의 수에 대한 학습이 먼저 이루어져야 한다.

2 미적분

11 여러 가지 함수의 정적분

$$\int_1^2 \frac{1}{x^2}\,dx = \int_1^2 x^{-2}\,dx = \left[-x^{-1}\right]_1^2$$
$$= -\frac{1}{2} + 1 = \frac{1}{2}$$

개념 체크체크

함수 $y = x^n$ (n은 실수)의 부정적분

(1) $n \neq -1$일 때

$$\int x^n\,dx = \frac{1}{n+1}x^{n+1} + C \ (C는 \ 적분상수)$$

(2) $n = -1$일 때

$$\int x^{-1}\,dx = \int \frac{1}{x}\,dx = \ln|x| + C \ (C는 \ 적분상수)$$

12 무리수 e를 이용한 함수의 극한

$\sec x = -n$으로 놓으면

$-\cos x = \dfrac{1}{n}$ 이고 x이 $\dfrac{\pi}{2}$일 때 n가 ∞이므로

$$\lim_{x \to \frac{\pi}{2}} (1 - \cos x)^{\sec x} = \lim_{n \to \infty}\left(1 + \frac{1}{n}\right)^{-n} = \lim_{n \to \infty}\frac{1}{\left(1 + \frac{1}{n}\right)^n} = \frac{1}{e}$$

개념 체크체크

무리수 e를 이용한 함수의 극한

$$\lim_{n \to \infty}\left(1 + \frac{1}{n}\right)^n = \lim_{n \to 0}(1 + n)^{\frac{1}{n}} = e$$

13 곡선과 좌표축 사이의 넓이   정답 ③

$\dfrac{x}{2}=t$ 로 놓으면 $\dfrac{1}{2}dx=dt$,

$\cos t=u$ 로 놓으면 $-\sin t\,dt=du$ 이므로

$$\int_0^{\frac{\pi}{2}}\tan\frac{x}{2}dx=2\int_0^{\frac{\pi}{4}}\tan t\,dt=2\int_0^{\frac{\pi}{4}}\frac{\sin t}{\cos t}dt$$

$$=-2\int_1^{\frac{\sqrt{2}}{2}}\frac{1}{u}du=-2\Big[\ln u\Big]_1^{\frac{\sqrt{2}}{2}}$$

$$=\ln 2$$

다른 풀이

$$\int_0^{\frac{\pi}{2}}\tan\frac{x}{2}dx=\int_0^{\frac{\pi}{2}}\frac{\sin\frac{x}{2}}{\cos\frac{x}{2}}dx$$

$$=-2\left[\ln\left|\cos\frac{\pi}{2}\right|\right]_0^{\frac{\pi}{2}}=-2\ln\left(\cos\frac{\pi}{4}\right)$$

$$=-2\ln\frac{1}{\sqrt{2}}=2\ln\sqrt{2}=\ln 2$$

> **개념 체크체크**
>
> 삼각함수의 부정적분
>
> (1) $\displaystyle\int\tan x\,dx=-\ln|\cos x|+C$
>
> (2) $\displaystyle\int\sec^2 x\,dx=\tan x+C$
>
> (3) $\displaystyle\int\sec x\tan x\,dx=\sec x+C$
>
> ※ 일반적으로 부정적분에서 적분상수는 C로 나타낸다.

14 치환적분법   정답 ④

먼저 (가), (나), (다)를 각각 구한다.

$$1-x^2+x^4-x^6+\cdots+(-1)^{n-1}\times x^{2n-2}$$

$$=\boxed{(가)}-(-1)^n\times\frac{x^{2n}}{1+x^2}$$ 이므로

$\boxed{(가)}=\{1-x^2+x^4-x^6+\cdots+(-1)^{n-1}\cdot x^{2n-2}\}dx$

$\qquad\qquad +(-1)^n\times\dfrac{x^{2n}}{1+x^2}$

$\qquad = \dfrac{1-(-1)^n x^{2n}}{1-(-x^2)}+(-1)^n\cdot\dfrac{x^{2n}}{1+x^2}=\dfrac{1}{1+x^2}$

$\boxed{(나)}=\displaystyle\int_0^1 x^{2n}dx=\left[\dfrac{1}{2n+1}x^{2n+1}\right]_0^1=\dfrac{1}{2n+1}$

$\boxed{(다)}=\displaystyle\int_0^{\frac{\pi}{4}}\frac{\sec^2\theta}{1+\tan^2\theta}d\theta$

$\qquad=\displaystyle\int_0^{\frac{\pi}{4}}\frac{1}{\cos^2\theta(1+\tan^2\theta)}d\theta$

$\qquad=\displaystyle\int_0^{\frac{\pi}{4}}\frac{1}{\sin^2\theta+\cos^2\theta}d\theta$

$\qquad=\displaystyle\int_0^{\frac{\pi}{4}}1\,d\theta=\frac{\pi}{4}$

따라서 $f(x)=\dfrac{1}{1+x^2}$, $g(n)=\dfrac{1}{2n+1}$, $k=\dfrac{\pi}{4}$ 이므로

$\therefore k\times f(2)\times g(2)=\dfrac{\pi}{4}\times\dfrac{1}{1+2^2}\times\dfrac{1}{2\cdot 2+1}=\dfrac{\pi}{100}$

15 부분적분법   정답 ⑤

$f(x)=\displaystyle\int_1^x e^{t^3}dt$의 양변을 x에 대하여 미분하면

$f'(x)=e^{x^3}$

한편 $u'(x)=x$, $v(x)=f(x)$ 라 놓으면

$\displaystyle\int_0^1 xf(x)dx=\left[\frac{1}{2}x^2\times\int_1^x e^{t^3}dt\right]_0^1-\int_0^1\frac{1}{2}x^2 e^{x^3}dx$ 에서

$\left[\dfrac{1}{2}x^2\times\displaystyle\int_1^x e^{t^3}dt\right]_0^1=\dfrac{1}{2}\displaystyle\int_1^1 e^{t^3}dt-0\times\int_1^0 e^{t^3}dt=0$

$x^3=s$ 로 놓으면 $3x^2 dx=ds$ 이므로

$\displaystyle\int_0^1\frac{1}{2}x^2 e^{x^3}dx=\int_0^1\frac{1}{6}e^s ds=\left[\frac{1}{6}e^s\right]_0^1=\frac{e-1}{6}$

$\therefore\displaystyle\int_0^1 xf(x)dx=0-\frac{e-1}{6}=\frac{1-e}{6}$

> **개념 체크체크**
>
> 부분적분법
>
> 두 함수 $f(x)$, $g(x)$ 가 미분가능하고 $f'(x)$, $g'(x)$ 가 연속일 때
>
> $$\int_a^b f(x)g'(x)dx=[f(x)g(x)]_a^b-\int_a^b f'(x)g(x)dx$$
>
> 이때 두 함수 중 적분하기 어려운 함수 또는 미분하면 간단해지는 함수를 $f(x)$로 택하고, 적분하기 쉬운 함수를 $g'(x)$로 택하여 풀이한다.

16 지수함수와 로그함수의 미분 정답 ①

지수함수 $f(x)=a^x\,(0<a<1)$의 역함수는

$f^{-1}(x)=\log_a x$

$g(x)=\begin{cases}f(x) & (x\le b) \\ f^{-1}(x) & (x>b)\end{cases}=\begin{cases}a^x & (x\le b) \\ \log_a x & (x>b)\end{cases}$ 이므로

실수 전체의 집합에서 미분가능할 때

$g'(x)=\begin{cases}a^x\ln a & (x\le b) \\ \dfrac{1}{x\ln a} & (x>b)\end{cases}$

이때 $x=b$에서 미분가능하기 위해서는 도함수의 좌극한값과 우극한값이 같아야 한다.

즉 $\displaystyle\lim_{x\to b+}g'(x)=\lim_{x\to b-}g'(x)$이므로 $a^b\ln a=\dfrac{1}{b\ln a}$

지수함수 $f(x)=a^x$의 그래프가 직선 $y=x$와 만나는 점의 x좌표를 b라고 하였으므로 $a^b=b$이고 이를 이용하여 식을 정리하면

$a^b\ln a=\dfrac{1}{b\ln a}$에서

$b\ln a=\dfrac{1}{b\ln a}$, $\ln a^b=\dfrac{1}{\ln a^b}$, $\ln b=\dfrac{1}{\ln b}$

$(\ln b)^2=1$, $\ln b=\pm 1$ $\therefore b=e$ 또는 $b=e^{-1}$

또한 $a^b=b$에서 $a=b^{\frac{1}{b}}$이므로

$a=e^{\frac{1}{e}}$ 또는 $a=e^{-e}$임을 알 수 있다.

따라서 주어진 a의 값 중 $0<a<1$을 만족하는 것은 e^{-e}뿐이므로

$a=e^{-e}$, $b=e^{-1}$

$\therefore ab=e^{-e-1}$

◀ 개념 체크체크 ▶

지수함수를 미분

지수함수를 미분할 때에는 주어진 조건을 반드시 확인해 보는 습관을 가지도록 노력해야 한다.
문제에서 $0<a<1$라는 조건이 없다면 답은 두 개가 나온다.
$a=e^{\frac{1}{e}}$일 때 $\ln a=\dfrac{1}{e}$, $a=e^{-e}$일 때 $\ln a=-e$이고 이 값이 $-\infty<\ln a<0$을 만족하는지 확인해 본다.

---

17 도함수의 활용 정답 ④

도함수의 정의에 의하여 $f(x)$를 미분하면

$f'(x)=\displaystyle\lim_{h\to 0}\dfrac{f(x+h)-f(x)}{h}$

$=\displaystyle\lim_{h\to 0}\dfrac{\dfrac{f(x)+f(h)}{1+f(x)f(h)}-f(x)}{h}$ ($\because$ 조건 (나))

$=\displaystyle\lim_{h\to 0}\dfrac{(1-f^2(x))f(h)}{(1+f(x)f(h))h}$

조건 (가)에서 $f(0)=\displaystyle\lim_{h\to 0}f(h)=0$, $f'(0)=\displaystyle\lim_{h\to 0}\dfrac{f(h)}{h}=1$이므

로 조건 (나)와 로피탈의 정리를 이용하면

$f'(x)=\displaystyle\lim_{h\to 0}\left\{\dfrac{1-f^2(x)}{1+f(x)f(h)}\times\dfrac{f(h)}{h}\right\}=1-f^2(x)$

$0=f(0)=f(x+(-x))=\dfrac{f(x)+f(-x)}{1+f(x)f(-x)}$ 이므로

$f(x)=-f(-x)$ 이다.

따라서 $-x=t$로 놓으면 $-dx=dt$이므로

$\therefore \displaystyle\int_0^1\{f(x)\}^2dx=\int_0^1\{1-f'(x)\}dx$

$=\left[x-f(x)\right]_0^1$

$=1-f(1)-0+f(0)$

$=1-f(1)$

$=1+f(-1)$

$=1+k$

◀ 개념 체크체크 ▶

로피탈의 정리

두 함수 $f(x)$, $g(x)$가 다음 조건을 만족시킨다고 하자.
(1) c를 포함하는 열린구간 I에서 연속이고 미분가능하다.
(2) $\displaystyle\lim_{x\to c}f(x)=\lim_{x\to c}g(x)=0$ 또는
   $\displaystyle\lim_{x\to c}|f(x)|=\lim_{x\to c}|g(x)|=\infty$
(3) $\displaystyle\lim_{x\to c}\dfrac{f'(x)}{g'(x)}=L$
(4) c를 제외한 열린구간 I의 모든 점 x에서 $g'(x)\neq 0$
그러면 다음이 성립한다.
$\displaystyle\lim_{x\to c}\dfrac{f(x)}{g(x)}=\lim_{x\to c}\dfrac{f'(x)}{g'(x)}$

---

18 삼각함수의 덧셈정리 정답 10

$\sin^2\theta=\dfrac{4}{5}\left(0<\theta<\dfrac{\pi}{2}\right)$이므로

$\sin\theta=\dfrac{2}{\sqrt{5}}$, $\cos\theta=\dfrac{1}{\sqrt{5}}$

따라서

$\cos\left(\theta+\dfrac{\pi}{4}\right)=\cos\theta\cos\dfrac{\pi}{4}-\sin\theta\sin\dfrac{\pi}{4}$

$=\dfrac{1}{\sqrt{5}}\dfrac{1}{\sqrt{2}}-\dfrac{2}{\sqrt{5}}\dfrac{1}{\sqrt{2}}$

$=-\dfrac{1}{\sqrt{10}}$ 이므로

$p=-\dfrac{1}{\sqrt{10}}$ $\therefore \dfrac{1}{p^2}=10$

19 매개변수로 나타낸 함수의 미분 정답 25

매개변수 $t(t>0)$로 나타내어진 함수 $x=t^3$, $y=2t-\sqrt{2t}$ 의 그래프가 점 $(8,\,a)$를 지나므로 $8=t^3$에서 $t=2$

$a=2t-\sqrt{2t}$ 에 $t=2$를 대입하면 $a=4-\sqrt{4}=2$

한편, $\dfrac{dy}{dx}=\dfrac{\dfrac{dy}{dt}}{\dfrac{dx}{dt}}=\dfrac{2-\dfrac{1}{\sqrt{2t}}}{3t^2}$ 이므로

위 식에 $t=2$를 대입하면 $\dfrac{dy}{dx}=\dfrac{1}{8}$ $\therefore b=\dfrac{1}{8}$

$\therefore 100ab=100\times 2\times\dfrac{1}{8}=25$

> **개념 체크체크**
>
> **매개변수로 나타낸 평면곡선의 접선의 방정식**
>
> 평면곡선 $x=f(t)$, $y=g(t)$ 위의 점 P에서의 접선의 방정식은 다음과 같이 구할 수 있다.
>
> (1) 매개변수로 나타낸 함수의 미분법을 이용하여 $\dfrac{dy}{dx}$ 를 구한다.
>
> (2) (1)에서 구한 $\dfrac{dy}{dx}$ 에 점 P의 좌표를 대입하여 접선의 기울기를 구한다.
>
> (3) 점 P의 좌표와 (2)에서 구한 접선의 기울기를 이용하여 접선의 방정식을 구한다.

20 곡선의 변곡점 정답 30

곡선 $y=\sin^2 x\,(0\le x\le \pi)$의 두 변곡점을 먼저 구해 보자.

$y=\sin^2 x$에서 $y'=2\sin x\cos x=\sin 2x$

$\therefore y''=2\cos 2x$

$y''=0$에서 $2\cos 2x=0$

$\therefore x=\dfrac{\pi}{4}$ 또는 $x=\dfrac{3\pi}{4}\,(\because 0\le x\le\pi)$

$x=\dfrac{\pi}{4}$, $x=\dfrac{3\pi}{4}$ 를 $y=\sin^2 x$에 각각 대입하면

$A\left(\dfrac{\pi}{4},\,\dfrac{1}{2}\right)$, $B\left(\dfrac{3\pi}{4},\,\dfrac{1}{2}\right)$

점 A에서의 접선의 방정식은

$l_A(x)=y'\left(\dfrac{\pi}{4}\right)\left(x-\dfrac{\pi}{4}\right)+y\left(\dfrac{\pi}{4}\right)$

$\quad\quad=1\cdot\left(x-\dfrac{\pi}{4}\right)+\dfrac{1}{2}=x+\dfrac{1}{2}-\dfrac{\pi}{4}$

점 B에서의 접선의 방정식은

$l_B(x)=y'\left(\dfrac{3\pi}{4}\right)\left(x-\dfrac{3\pi}{4}\right)+y\left(\dfrac{3\pi}{4}\right)$

$\quad\quad=-1\cdot\left(x-\dfrac{3\pi}{4}\right)+\dfrac{1}{2}=-x+\dfrac{1}{2}+\dfrac{3\pi}{4}$

$\quad\quad=-x+\dfrac{1}{2}+\dfrac{3\pi}{4}$

$l_A(x)=l_B(x)$에서

$x+\dfrac{1}{2}-\dfrac{\pi}{4}=-x+\dfrac{1}{2}+\dfrac{3\pi}{4}$ $\therefore x=\dfrac{\pi}{2}$

즉, 접선의 교점의 x좌표는 $x=\dfrac{\pi}{2}$ 이므로

접선의 교점의 y좌표는 $l_A\left(\dfrac{\pi}{2}\right)=\dfrac{1}{2}+\dfrac{\pi}{4}$

따라서 $p=\dfrac{1}{2}$, $q=\dfrac{1}{4}$ 이므로

$\therefore 40(p+q)=40\left(\dfrac{1}{2}+\dfrac{1}{4}\right)=30$

> **개념 체크체크**
>
> **변곡점**
>
> (1) 변곡점: 곡선 $y=f(x)$ 위의 한 점 $P(a,\,f(a))$의 좌우에서 곡선의 모양이 위로 볼록에서 아래로 볼록 또는 아래로 볼록에서 위로 볼록으로 바뀔 때, 점 P를 곡선 $y=f(x)$의 변곡점이라 한다.
>
> (2) 변곡점의 판정: 함수 $f(x)$에서 $f''(a)=0$이고 $x=a$의 좌우에서 $f''(x)$의 부호가 바뀌면 점 $(a,\,f(a))$는 곡선 $y=f(x)$의 변곡점이다.

21 삼각함수의 극한의 활용 정답 5

점 O가 원점이면 $\overline{OB}$ 를 포함하는 직선의 방정식은

$y=\tan\dfrac{\pi}{3}\times x=\sqrt{3}\,x$ 이다.

원의 반지름의 길이가 1이므로 점 P의 좌표는 $P(\cos\theta,\,\sin\theta)$ 이다. $\overline{PQ}$ 를 포함하는 직선은 $\overline{OB}$ 를 포함하는 직선과 평행하므로 기울기가 같다.

즉, $y=\sqrt{3}\,x+k$이고 점 $P(\cos\theta,\,\sin\theta)$를 지나므로

$\sin\theta=\sqrt{3}\cos\theta+k$에서

$k=\sin\theta-\sqrt{3}\cos\theta$

점 Q는 직선 $y=\sqrt{3}\,x+\sin\theta-\sqrt{3}\cos\theta$와 $y=0$의 교점이므로

$0=\sqrt{3}\,x+\sin\theta-\sqrt{3}\cos\theta$에서

$x=\cos\theta-\dfrac{1}{\sqrt{3}}\sin\theta$

따라서 점 $Q\left(\cos\theta-\dfrac{1}{\sqrt{3}}\sin\theta,\,0\right)$이므로

$\overline{OQ}=\cos\theta-\dfrac{1}{\sqrt{3}}\sin\theta$

$\overline{PQ}$와 접하는 반원의 중심의 좌표를 R, 반원과 직선의 접점의 좌표를 S라 두면 $\angle PQA=\dfrac{\pi}{3}$이고 $\overline{RS}=r(\theta)$이므로

$\overline{QR}=\csc\dfrac{\pi}{3}\times\overline{RS}$

$\therefore \overline{QR}=\dfrac{r(\theta)}{\sin\dfrac{\pi}{3}}=\dfrac{2}{\sqrt{3}}r(\theta)$

$\overline{OA}=\overline{OQ}+\overline{QR}+\overline{RS}=1$에 위의 값을 대입하면

$\cos\theta-\dfrac{1}{\sqrt{3}}\sin\theta+\dfrac{2}{\sqrt{3}}r(\theta)+r(\theta)=1$이므로

$r(\theta)=\dfrac{\sqrt{3}(1-\cos\theta)+\sin\theta}{2+\sqrt{3}}$

$\therefore \lim\limits_{\theta\to 0+}\dfrac{r(\theta)}{\theta}=\dfrac{\sqrt{3}}{2+\sqrt{3}}\lim\limits_{\theta\to 0+}\dfrac{1-\cos\theta}{\theta}+\dfrac{1}{2+\sqrt{3}}\lim\limits_{\theta\to 0+}\dfrac{\sin\theta}{\theta}$

$\qquad\qquad =\dfrac{1}{2+\sqrt{3}}=2-\sqrt{3}$

따라서 $a=2$, $b=-1$이므로

$\therefore a^2+b^2=5$

다른 풀이

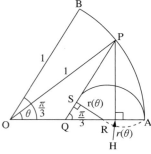

점 P에서 수선을 내린 지점을 H라 하면

$\overline{OH}=\cos\theta$, $\overline{PH}=\sin\theta$가 되며, $\angle PQA=\dfrac{\pi}{3}$이므로

$\overline{QH}=\dfrac{1}{\sqrt{3}}\sin\theta$가 되고 $\overline{OQ}=\cos\theta-\dfrac{1}{\sqrt{3}}\sin\theta$가 된다.

반원의 중점 R에서 접선 $\overline{PQ}$에 수선을 내린 지점을 S라 하면

$\triangle RQS$에서 $\sin\dfrac{\pi}{3}=\dfrac{r(\theta)}{\overline{QR}}$, $\overline{QR}=\dfrac{2}{\sqrt{3}}r(\theta)$이다.

$\overline{OA}=\overline{OQ}+\overline{QR}+\overline{RA}=1$이므로

$\cos\theta-\dfrac{1}{\sqrt{3}}\sin\theta+\dfrac{2}{\sqrt{3}}r(\theta)+r(\theta)=1$

$r(\theta)=\dfrac{\sqrt{3}(1-\cos\theta)+\sin\theta}{2+\sqrt{3}}$

$\therefore \lim\limits_{\theta\to 0+}\dfrac{r(\theta)}{\theta}=\dfrac{1}{2+\sqrt{3}}=2-\sqrt{3}$

$\therefore a^2+b^2=2^2+(-1)^2=5$

3 기하

22 좌표공간에서의 무게중심
정답 ③

좌표공간에서 세 점 $A(6, 0, 0)$, $B(0, 3, 0)$, $C(0, 0, -3)$의 무게중심 G는

$G\left(\dfrac{6}{3}, \dfrac{3}{3}, \dfrac{-3}{3}\right)$, 즉 $G(2, 1, -1)$

$\therefore \overline{OG}=\sqrt{2^2+1^2+(-1)^2}=\sqrt{6}$

> **개념 체크체크**
>
> 1. **좌표공간에서의 무게중심**
>   좌표공간에서 세 점 $A(x_1, y_1, z_1)$, $B(x_2, y_2, z_2)$, $C(x_3, y_3, z_3)$을 꼭짓점으로 하는 삼각형 ABC의 무게중심의 좌표는 $\left(\dfrac{x_1+x_2+x_3}{3}, \dfrac{y_1+y_2+y_3}{3}, \dfrac{z_1+z_2+z_3}{3}\right)$이다.
> 2. **무게중심의 성질**
>   (1) 삼각형의 한 꼭짓점과 무게중심을 지나는 직선은 삼각형의 넓이를 이등분한다.
>   (2) 삼각형의 한 꼭짓점과 무게중심을 지나는 선분은 무게중심을 기준으로 $2:1$로 나누어진다.

23 공간벡터의 크기
정답 ②

$\overrightarrow{OA}+\overrightarrow{OB}-\overrightarrow{OC}=\overrightarrow{OA}+\overrightarrow{CB}$ 이고 $\overrightarrow{CB}$는 $\overrightarrow{OA}$와 수직인 평면 위에 있으므로

$|\overrightarrow{OA}+\overrightarrow{OB}-\overrightarrow{OC}|=|\overrightarrow{OA}+\overrightarrow{CB}|=\sqrt{\overline{OA}^2+\overline{CB}^2}$

$\qquad\qquad =\sqrt{2^2+2^2}=\sqrt{8}=2\sqrt{2}$

> **개념 체크체크**
>
> **공간벡터의 크기**
> 두 공간벡터 $\overrightarrow{OA}$와 $\overrightarrow{OB}$에 대하여
> $|\overrightarrow{OA}+\overrightarrow{OB}|^2=\overline{OA}^2+\overline{OB}^2+2\overline{OA}\cdot\overline{OB}\cos\theta$
> 이때 $\theta(0\le\theta\le\pi)$는 두 벡터가 이루는 각의 크기이다.

24 포물선의 방정식
정답 ④

포물선 $y^2=4x$에서 $\overline{PA}=\overline{PB}$이므로 점 B는 초점이고 좌표는 $(1, 0)$이다.

점 A는 준선 $x=-1$ 위에 있는 점이므로 $(-1, h)$라 하자.

부채꼴 PBC의 넓이가 부채꼴 PAB의 넓이의 2배이므로 $\angle BPC=2\angle APB$이다.

한편 점 B에서 선분 $\overline{AP}$에 내린 수선의 발을 D, 점 P에서 선분 $\overline{BC}$에 내린 수선의 발을 E라 하면

$\triangle \text{PDB} \equiv \triangle \text{PEB} \equiv \triangle \text{PEC}$ (RHS 합동)

점 A의 좌표는 $(-1, h)$이므로

점 P의 x좌표는

$1 + h$ (단, $h > 0$)이고 $y^2 = 4x$ 위의 점에서 점 P의 y좌표가 $2\sqrt{1 + h}$임을 구할 수 있다.

$\overline{\text{AP}}$가 준선과 수직이므로 점 P의 y좌표가 h임을 알 수 있다.

따라서 $2\sqrt{1 + h} = h$에서 $h = 2(1 + \sqrt{2})$이므로 원의 반지름의 길이는 $2 + h = 4 + 2\sqrt{2}$이다.

◁ 개념 체크체크 ▷

포물선의 정의와 성질

(1) 정의: 평면 위의 한 점 F와 점 F를 지나지 않는 한 직선 l에 이르는 거리가 같은 점들의 집합을 포물선이라 한다.

(2) 성질

① 준선에서 그은 두 접선은 수직이다.

② 준선에서 그은 두 접선에 접점을 연결한 직선은 초점을 지난다.

---

25 정사영의 길이와 넓이   정답 ⑤

선분 $\overline{\text{MN}}$의 중점을 E, 선분 $\overline{\text{BC}}$의 중점을 F, 점 A에서 선분 $\overline{\text{EF}}$에 내린 수선의 발을 G라 하자.

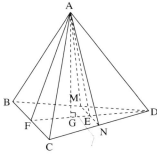

(i) $\triangle \text{DBC} \backsim \triangle \text{DMN}$이고 닮음비는 $2:1$이므로

$$\overline{\text{MN}} = \frac{1}{2}\overline{\text{BC}} = 6$$

(ii) 한 변의 길이가 12인 정삼각형의 높이이므로

$$\overline{\text{AN}} = \overline{\text{AM}} = \overline{\text{AF}} = \overline{\text{DF}} = 12\cos 30° = 6\sqrt{3}$$

(iii) 한 변의 길이가 12인 정삼각형의 높이의 $\frac{1}{2}$이므로

$$\overline{\text{EF}} = \overline{\text{DE}} = 3\sqrt{3}$$

(iv) $\triangle \text{AEN}$에서 피타고라스 정리에 의해

$$\overline{\text{AE}} = \sqrt{\overline{\text{AN}}^2 - \overline{\text{EN}}^2} = \sqrt{108 - 9} = 3\sqrt{11}$$

(v) 한 변의 길이가 12인 정사면체의 높이이므로

$$\overline{\text{AG}} = \frac{\sqrt{6}}{3} \times 12 = 4\sqrt{6}$$

(vi) $\triangle \text{AGE}$에서 피타고라스 정리에 의해

$$\overline{\text{GE}} = \sqrt{\overline{\text{AE}}^2 - \overline{\text{AG}}^2} = \sqrt{99 - 96} = \sqrt{3}$$

(vii) 이 사각형의 넓이는 밑변의 큰 삼각형에서 작은 삼각형의 차와 같다.

$$\therefore \square \text{BCNM} = \triangle \text{BCD} - \triangle \text{MND}$$

$$= \frac{1}{2} \times \overline{\text{BC}} \times \overline{\text{DF}} - \frac{1}{2} \times \overline{\text{MN}} \times \overline{\text{DE}}$$

$$= \frac{1}{2} \times 12 \times 6\sqrt{3} - \frac{1}{2} \times 6 \times 3\sqrt{3}$$

$$= 27\sqrt{3}$$

따라서 구하는 정사영의 넓이는

$$\therefore \square \text{BCNM} \times \cos(\angle \text{FEA}) = \square \text{BCNM} \times \frac{\overline{\text{GE}}}{\overline{\text{AE}}}$$

$$= 27\sqrt{3} \times \frac{\sqrt{3}}{3\sqrt{11}}$$

$$= \frac{27\sqrt{11}}{11}$$

다른 풀이

정사영의 넓이 $S' = S \cdot \cos \theta$

(i) $\square \text{BCNM}$의 넓이는 $\triangle \text{BCD}$의 $\frac{3}{4}$이므로

$$\square \text{BCNM} = \frac{\sqrt{3}}{4} \times 12^2 \times \frac{3}{4} = 27\sqrt{3}$$

(ii) 삼수선의 정리에 의해 $\overline{\text{AG}} \perp \overline{\text{DF}}$이고, $\overline{\text{DF}} \perp \overline{\text{MN}}$이므로 $\overline{\text{MN}} \perp \overline{\text{AE}}$이다.

따라서 $\angle \text{AEF}$가 예각이 되므로 $\cos \theta = \dfrac{\overline{\text{EG}}}{\overline{\text{AE}}}$

(iii) $\overline{\text{AG}}$는 정사면체의 높이이므로 $\overline{\text{AG}} = \dfrac{\sqrt{6}}{3} \times 12 = 4\sqrt{6}$

(iv) $\overline{\text{DF}}$는 $6\sqrt{3}$이고 점 G가 $2:1$로 나누는 중점이므로

$$\overline{\text{EG}} = 6\sqrt{3} \times \frac{1}{6} = \sqrt{3}$$

(v) 피타고라스의 정리에 의해

$$\overline{\text{AE}} = \sqrt{\overline{\text{AG}}^2 + \overline{\text{EG}}^2} = \sqrt{96 + 3} = 3\sqrt{11}$$

$\therefore$ 정사영의 넓이 $= 27\sqrt{3} \times \dfrac{\sqrt{3}}{3\sqrt{11}} = \dfrac{27}{\sqrt{11}} = \dfrac{27\sqrt{11}}{11}$

---

26 좌표공간에서의 두 점 사이의 거리   정답 ②

서로 다른 두 평면 α, β는 서로 평행하므로 법선벡터가 같다.

$\alpha : 2x - y + 2z = 0$, $\beta : 2x - y + 2z = 6$이므로

법선벡터는 $(2, -1, 2)$이다.

이 벡터를 정규화하면

$$\sqrt{2^2 + (-1)^2 + 2^2} = \sqrt{9} = 3$$이므로 $\left(\dfrac{2}{3}, -\dfrac{1}{3}, \dfrac{2}{3} \right)$이다.

따라서 두 평면은 $\alpha : \dfrac{2}{3}x - \dfrac{1}{3}y + \dfrac{2}{3}z = 0$, $\beta : \dfrac{2}{3}x - \dfrac{1}{3}y + \dfrac{2}{3}z = 2$로 나타낼 수 있다.

두 평면과 평행한 법선벡터 방향으로 각각 2배, 3배만큼 평행이동한 보조평면을 $\gamma : \frac{2}{3}x - \frac{1}{3}y + \frac{2}{3}z = 4$, $\delta : \frac{2}{3}x - \frac{1}{3}y + \frac{2}{3}z = 6$이라 하면 점 P를 면 β를 축으로 면대칭이동한 점을 P′, 점 B를 면 γ를 축으로 면대칭이동한 점을 B′이라 두었을 때 점 P′은 면 γ 위에 있고 점 B′은 면 δ 위에 있다.

대칭이동한 점과의 거리는 서로 같으므로

$$\overline{AQ} + \overline{QP} + \overline{PB} = \overline{AQ} + \overline{QP'} + \overline{P'B'}$$

그리고 점과 점 사이의 거리가 최소가 되기 위해서는 두 점을 직선으로 이어야 하므로 결국 이 값의 최솟값은 $\overline{AB'}$ 이다.

점 B′은 면 δ 위의 점이고 점 B에서 법선벡터 방향으로 $\left(\frac{2}{3} \times 4, -\frac{1}{3} \times 4, \frac{2}{3} \times 4 \right)$만큼 이동한 점이 되므로 점 B′의 좌표는

$B' \left(2 + \frac{2}{3} \times 4, \ 0 - \frac{1}{3} \times 4, \ 1 + \frac{2}{3} \times 4 \right)$, 즉 $B' \left(\frac{14}{3}, -\frac{4}{3}, \frac{11}{3} \right)$

$\therefore \overline{AB'} = \sqrt{ \left(\frac{14}{3} \right)^2 + \left(-\frac{4}{3} \right)^2 + \left(\frac{11}{3} \right)^2 } = \sqrt{ \frac{333}{9} } = \sqrt{37}$

다른 풀이

A점을 β평면에 대해 대칭이동한 점을 A′, B점을 α평면에 대해 대칭이동한 점을 B′라 하면

$$\overline{AQ} + \overline{QP} + \overline{PB} = \overline{A'Q} + \overline{QP} + \overline{PB'}$$

이 값이 최소가 되는 것은 점 A′와 점 B′를 직선으로 이은 길이이다.

(i) 점 A′의 좌표

점 A에서 β평면에 수선을 내린 점을 H라 할 때 점 A와 H를 지나는 직선의 방정식은

$\frac{x}{2} = \frac{y}{-1} = \frac{z}{2} = t_1$

H($x = 2t_1, \ y = -t_1, \ z = 2t_1$)가 평면 β 위에 있으므로 이를 β 방정식에 대입하면 $t_1 = \frac{2}{3}$

점 H의 좌표는 $\left(\frac{4}{3}, -\frac{2}{3}, \frac{4}{3} \right)$이고 점 H는 점 A와 점 A′ 사이의 중점이므로 $A' \left(\frac{8}{3}, -\frac{4}{3}, \frac{8}{3} \right)$이다.

(ii) 점 B′의 좌표

점 B에서 α평면에 수선을 내린 점을 H라 할 때 점 B와 H를 지나는 직선의 방정식은 $\frac{x-2}{2} = \frac{y}{-1} = \frac{z-1}{2} = t_2$

H($x = 2t_2 + 2, \ y = -t_2, \ z = 2t_2 + 1$)가 평면 α 위에 있으므로 이를 α 방정식에 대입하면 $t_2 = -\frac{2}{3}$

점 H의 좌표는 $\left(\frac{2}{3}, \frac{2}{3}, -\frac{1}{3} \right)$이고 점 H는 점 B와 점 B′ 사이의 중점이므로 $B' \left(-\frac{2}{3}, \frac{4}{3}, -\frac{5}{3} \right)$이다.

$\therefore \overline{A'B'} = \sqrt{ \frac{100}{9} + \frac{64}{9} + \frac{169}{9} } = \sqrt{ \frac{333}{9} } = \sqrt{37}$

점 A와 점 B를 각각 평면 β, α에 대하여 대칭이동하면 구하고자 하는 최소 길이가 $\overline{A'B'}$임을 알 수 있다.

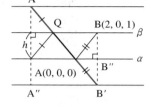

그림에서 α, β평면 사이의 거리가 $h = \frac{|6|}{\sqrt{4+1+4}} = \frac{6}{3} = 2$

대칭이동하였으므로 $\overline{A'A''} = 6$

$\overline{AB} = \sqrt{2^2 + 1^2} = \sqrt{5}$

피타고라스 정리에 의해 $\overline{AB''} = \sqrt{5-4} = 1$

$\overline{A''B'} = 1$이므로 피타고라스 정리에 의해

$\overline{A'B'} = \sqrt{6^2 + 1^2} = \sqrt{37}$

〈개념 체크체크〉

> **좌표공간에서의 두 점 사이의 거리**
> 좌표공간에서 두 점 $A(x_1, y_1, z_1)$, $B(x_2, y_2, z_2)$ 사이의 거리는 $\overline{AB} = \sqrt{(x_2 - x_1)^2 + (y_2 - y_1)^2 + (z_2 - z_1)^2}$

27 구와 평면의 위치 관계   정답 ③

조건 (가)에서 구 $x^2 + y^2 + z^2 = 25$의 위에 있는 점 P를 (x, y, z)라 두면 $\overrightarrow{OP} = (x-0, y-0, z-0)$이고,

점 A의 좌표는 $(t+5, 2t+4, 3t-2)$이므로

$\overrightarrow{AP} = (x-(t+5), y-(2t+4), z-(3t-2))$이다.

조건 (나)에서 $\overrightarrow{OP} \cdot \overrightarrow{AP} = 0$이므로

$x\{x-(t+5)\} + y\{y-(2t+4)\} + z\{z-(3t-2)\} = 0$

$x(t+5) + y(2t+4) + z(3t-2) = x^2 + y^2 + z^2$

점 P는 구 $x^2 + y^2 + z^2 = 25$ 위의 점이므로

$x(t+5) + y(2t+4) + z(3t-2) = 25$이다.

$x(t+5) + y(2t+4) + z(3t-2) = 25$는 좌표공간 위에 있는 평면의 방정식이다.

평면 $ax + by + cz + d = 0$과 점 $P_1(x_1, y_1, z_1)$에 대하여

점 P_1과 평면 사이의 거리 D는

$D = \frac{|ax_1 + by_1 + cz_1 + d|}{\sqrt{a^2 + b^2 + c^2}}$

즉 평면 $x(t+5) + y(2t+4) + z(3t-2) = 25$와

원점 O(0, 0, 0) 사이의 거리는

$D(t) = \frac{|-25|}{\sqrt{(t+5)^2 + (2t+4)^2 + (3t-2)^2}}$

$= \frac{25}{\sqrt{14t^2 + 14t + 45}}$

점 P가 나타내는 도형은 위에서 구한 평면과 반지름의 길이가 5인 구의 교선인 원이 되고, 평면은 원점과 $D(t)$만큼 떨어져 있으므로 그 원의 반지름의 길이는 피타고라스 정리에 의해 $\sqrt{25 - D(t)^2}$가 된다.

따라서 원의 둘레의 공식에 의해 $f(t) = 2\pi \sqrt{25 - D(t)^2}$ 이다.

ㄱ. $f(0) = 2\pi \sqrt{25 - D(0)^2} = 2\pi \sqrt{25 - \left(\dfrac{25}{\sqrt{45}}\right)^2}$

$\qquad = 2\pi \sqrt{\dfrac{100}{9}} = \dfrac{20}{3}\pi$ (참)

ㄴ. $\displaystyle\lim_{t \to \infty} D(t) = \lim_{t \to \infty} \dfrac{25}{\sqrt{14t^2 + 14t + 45}} = 0$ 이므로

$\qquad \displaystyle\lim_{t \to \infty} f(t) = 2\pi \lim_{t \to \infty} \sqrt{25 - D(t)^2} = 2\pi\sqrt{25} = 10\pi$ (참)

ㄷ. $D(t)$ 가 최댓값을 가질 때, $f(t)$ 는 최솟값을 가진다.

$\qquad 14t^2 + 14t + 45 = 14\left(t + \dfrac{1}{2}\right)^2 + \dfrac{83}{2}$ 이므로 $t = -\dfrac{1}{2}$ 일 때

$\qquad D(t)$ 가 최댓값을 가진다.

따라서 $f(t)$ 는 $t = -1$ 에서 최솟값을 갖지 않는다. (거짓)

따라서 옳은 것은 ㄱ, ㄴ이다.

---

28 타원의 방정식 + 쌍곡선의 방정식   정답 **40**

쌍곡선 $\dfrac{x^2}{4} - \dfrac{y^2}{5} = 1$ 에서 초점의 좌표는 $(3, 0)$, $(-3, 0)$ 이고

타원 $\dfrac{x^2}{a} + \dfrac{y^2}{16} = 1$ 이 이 두 초점을 공유한다고 하였으므로

$\sqrt{a - 16} = 3$ 에서 $a = 25$

$|\overline{PF}^2 - \overline{PF'}^2| = |\overline{PF} - \overline{PF'}||\overline{PF} + \overline{PF'}|$ 이므로 이 값은 타원 위의 한 점과 초점 사이의 거리의 합, 쌍곡선 위의 한 점과 초점 사이의 거리의 차, 이 두 값의 곱으로 나타낼 수 있다.

따라서 $|\overline{PF} - \overline{PF'}| = 2 \times 2 = 4$, $|\overline{PF} + \overline{PF'}| = 2 \times 5 = 10$ 이므로

$\therefore |\overline{PF}^2 - \overline{PF'}^2| = |\overline{PF} - \overline{PF'}||\overline{PF} + \overline{PF'}| = 4 \times 10 = 40$

┌─ **개념 체크체크** ───────────────┐

쌍곡선과 타원의 그래프의 초점

쌍곡선 $\dfrac{x^2}{a^2} - \dfrac{y^2}{b^2} = 1$ 의 초점의 좌표는

$(\sqrt{a^2 + b^2}, 0)$, $(-\sqrt{a^2 + b^2}, 0)$

타원 $\dfrac{x^2}{a^2} + \dfrac{y^2}{b^2} = 1$ 의 초점의 좌표는

$a > b$ 일 때, $(\sqrt{a^2 - b^2}, 0)$, $(-\sqrt{a^2 - b^2}, 0)$

$b > a$ 일 때, $(0, \sqrt{b^2 - a^2})$, $(0, -\sqrt{b^2 - a^2})$

└────────────────────────────┘

---

29 평면벡터의 내적의 활용   정답 **180**

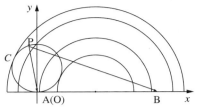

좌표평면 위에 나타내면 위의 그림과 같다.

$C : x^2 + (y - 5)^2 = 5^2$, $l : y = 0$,

A : $(0, 0)$, B : $(24, 0)$

점 $P(x, y)$ 라 두면

$\overrightarrow{PA} = (-x, -y)$, $\overrightarrow{PB} = (24 - x, -y)$

$\therefore \overrightarrow{PA} \cdot \overrightarrow{PB} = -x(24 - x) + y^2$

$\qquad\qquad\quad = x^2 - 24x + y^2$

$\qquad\qquad\quad = (x - 12)^2 + y^2 - 144$

$f(x, y) = (x - 12)^2 + y^2 = r^2$ 이라 두면 점 $(12, 0)$ 을 원의 중심으로 하고 반지름의 길이가 r 인 원의 방정식이 된다.

점 $P(x, y)$ 가 원 C 위의 점이므로 $f(x, y) = r^2$ 의 원의 방정식과 $C : x^2 + (y - 5)^2 = 5^2$ 사이에 교점이 존재해야만 한다.

그러므로 r 의 최솟값은 위 그림에서 가장 작은 반원의 반지름의 길이이며, 최댓값은 가장 큰 반원의 반지름의 길이이다.

두 원의 중심 사이의 거리는 두 점 $(0, 5)$ 와 $(12, 0)$ 사이의 거리이므로

$\sqrt{(0 - 5)^2 + (12 - 0)^2} = \sqrt{25 + 144} = \sqrt{169} = 13$

r 이 가능한 범위는 $13 - 5 \le r \le 13 + 5$ 이므로 r 의 최댓값은 18 이고 $f(x, y) = r^2$ 이므로 $f(x, y)$ 의 최댓값은 $18^2 = 324$ 이다.

따라서 $\overrightarrow{PA} \cdot \overrightarrow{PB} = (x - 12)^2 + y^2 - 144$ 의 최댓값은

$\therefore 324 - 144 = 180$

다른 풀이

$\overline{AB}$ 의 중점을 M이라 하면

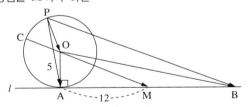

$\overrightarrow{PA} \cdot \overrightarrow{PB} = (\overrightarrow{PO} + \overrightarrow{OA}) \cdot (\overrightarrow{PO} + \overrightarrow{OB})$

$\qquad\qquad\quad = |\overrightarrow{PO}|^2 + \overrightarrow{PO}(\overrightarrow{OA} + \overrightarrow{OB}) + \overrightarrow{OA} \cdot \overrightarrow{OB}$

$\qquad\qquad\quad = 5^2 + 5 \times 2\overrightarrow{OM} + 5^2$

$\qquad\qquad\quad = 50 + 5 \times 2 \times 13$

$\qquad\qquad\quad = 180$

빠른 풀이

$\overrightarrow{PA} \cdot \overrightarrow{PB} = |\overrightarrow{PM}|^2 - |\overrightarrow{AM}|^2$

$\overrightarrow{PA} \cdot \overrightarrow{PB}$ 가 최댓값이 되려면 $\overrightarrow{PM}$ 이 원의 중점 O를 지날 때이므로

$\therefore \overrightarrow{PA} \cdot \overrightarrow{PB} = 18^2 - 12^2$

$\qquad\qquad\quad = 324 - 144 = 180$

2017학년도 기출문제 다잡기

평면 $z=1$ 위의 세 점 A$(1, -1, 1)$, B$(1, 1, 1)$, C$(0, 0, 1)$
이 이루는 삼각형에 대하여 xy 평면과 평행한 평면 위에 있는 삼각형이므로 x, y에 대해서만 생각한다.

즉 삼각형의 내부는 $-x \le y \le x$, $0 \le x \le 1$로 나타낼 수 있다.

점 P$(2, 3, 2)$를 지나고 벡터 $\vec{d}=(a, b, 1)$과 평행한 직선은

$$\frac{x-2}{a} = \frac{y-3}{b} = \frac{z-2}{1} = t \text{ 또는 } \vec{I}=(at+2, \ bt+3, \ t+2)$$

이 직선과 평면 $z=1$의 교점은 서로의 z좌표가 같아야 하므로
$t+2=1$, 즉 $t=-1$일 때 교점을 가진다.

따라서 교점의 좌표는 $(2-a, 3-b, 1)$이다.

이 교점의 좌표가 삼각형의 내부에 있기 위해서는 $-x \le y \le x$,
$0 \le x \le 1$을 만족해야 하므로

$0 \le x \le 1$에 $x=2-a$를 대입하면 $0 \le 2-a \le 1$

$\therefore 1 \le a \le 2$

또한, $-x \le y \le x$에 $x=2-a$, $y=3-b$를 대입하면

$-(2-a) \le 3-b \le 2-a$

$$\begin{aligned}|\vec{d}+3\overrightarrow{OA}|^2 &= |(a, b, 1)+3(1, -1, 1)|^2 \\ &= |(a+3, \ b-3, \ 4)|^2 \\ &= (a+3)^2 + (b-3)^2 + 4^2\end{aligned}$$

이므로 $1 \le a \le 2$에서 $4^2 \le (a+3)^2 \le 5^2$을,
$-(2-a) \le 3-b \le 2-a$에서 $0 \le (b-3)^2 \le (a-2)^2$이라는
부등식을 얻을 수 있다.

따라서
$|\vec{d}+3\overrightarrow{OA}|^2 = (a+3)^2 + (b-3)^2 + 4^2 \ge 4^2 + 0 + 4^2 = 32$이므로
최솟값은 32이다.

빠른 풀이

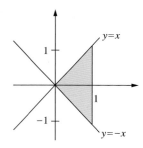

$\begin{cases} y \le x & \to 3-b \le 2-a \to a+1 \le b \\ y \ge -x & \to 3-b \ge a-2 \to 5-a \ge b \\ x \le 1 & \to 2-a \le 1 \quad\quad \to a \ge 1 \end{cases}$

이를 다시 그래프로 그려보면

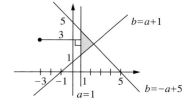

$|\vec{d}+3\overrightarrow{OA}|^2 = (a+3)^2 + (b-3)^2 + 16$에서

$(a+3)^2 + (b-3)^2$은 $(-3, 3)$에서 (a, b) 사이의 거리^{2}으로 볼
수 있으므로 $(-3, 3)$에서 거리가 최소가 되려면 수직으로 내린 선
의 길이가 된다.

$\therefore$ 최솟값 $|\vec{d}+3\overrightarrow{OA}|^2 = 4^2 + 16 = 32$

다른 풀이

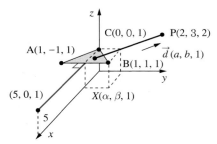

$\overrightarrow{XP}$와 $\triangle ABC$가 만나는 점을 X$(\alpha, \beta, 1)$이라 하면
$\overrightarrow{XP}=k \cdot \vec{d}$이므로 $(2-\alpha, 3-\beta, 1) = k(a, b, 1)$,
$(2-\alpha, 3-\beta, 1) = (a, b, 1)$이다.

$$\begin{aligned}|\vec{d}+3\overrightarrow{OA}|^2 &= |(a+3, b-3, 4)|^2 = |(5-\alpha, -\beta, 4)|^2 \\ &= (5-\alpha)^2 + (-\beta)^2 + 16 \\ &= \underbrace{(\alpha-5)^2 + \beta^2}_{\textcircled{\scriptsize{ㄱ}}} + 16\end{aligned}$$

여기에서 ㉠은 X$(\alpha, \beta, 1)$과 $(5, 0, 1)$ 사이의 거리^{2}이므로 이
값이 최소가 되기 위해서는 수직으로 내려 그은 선의 길이가 된다.

$\therefore$ 최솟값 $|\vec{d}+3\overrightarrow{OA}|^2 = 4^2 + 16 = 32$

개념 체크체크

벡터의 크기

두 공간벡터 $\vec{a}=(a_1, a_2, a_3)$, $\vec{b}=(b_1, b_2, b_3)$에 대하여
$$|\vec{a} \pm \vec{b}| = \sqrt{(a_1 \pm b_1)^2 + (a_2 \pm b_2)^2 + (a_3 \pm b_3)^2}$$

<공통>

01 ⑤	**02** ④	**03** ②	**04** ④	**05** ③
06 ③	**07** ⑤	**08** ③	**09** ③	**10** ⑤
11 19	**12** 13	**13** 195	**14** 35	

<확률과 통계>

15 ②	**16** ①	**17** ⑤	**18** ②	**19** ①
20 ④	**21** 90	**22** 72		

<미적분>

23 ①	**24** ①	**25** ①

<기타>

26 ③	**27** ②	**28** 21	**29** 24	**30** 168

공통

01 지수법칙 정답 ⑤

$$\left(2^{\frac{1}{3}}\times2^{-\frac{4}{3}}\right)^{-2}=\left(2^{\frac{1}{3}-\frac{4}{3}}\right)^{-2}=\left(2^{-1}\right)^{-2}=2^2=4$$

02 함수의 그래프와 극한값의 계산 정답 ④

$$\lim_{x\to1-}f(x)+\lim_{x\to0+}f(x-2)=\lim_{x\to1-}f(x)+\lim_{x\to-2+}f(x)$$
$$=2+(-1)=1$$

〈 **개념** 체크체크 〉

함수의 극한

좌극한의 값을 구할 때는 오른쪽 그래프가 없다고 생각하고, 우극한의 값을 구할 때는 왼쪽 그래프가 없다고 생각하면 극한값을 쉽게 구할 수 있다.

03 로그의 밑의 변환 정답 ②

$\log_3 a=\dfrac{1}{\log_b27}$ 에서

$\dfrac{\ln a}{\ln3}=\dfrac{\ln b}{\ln27}$, $\dfrac{\ln27}{\ln3}=\dfrac{\ln b}{\ln a}$

$\therefore\ 3=\log_a b$

$\therefore\ \log_a b^2+\log_b a^2=2\log_a b+2\log_b a$

$$=2\times3+2\frac{1}{\log_a b}$$
$$=6+2\times\frac{1}{3}=\frac{20}{3}$$

04 접선의 방정식 정답 ④

점 $(0,\ 0)$에서의 접선을 $L_0(x)$, 점 $(3,\ 0)$에서의 접선을 $L_3(x)$라고 하면, 함수 f의 점 a에서의 접선의 방정식은
$L(x)=f'(a)(x-a)+f(a)$이다.
$f(x)=x(x-3)(x-a)$에서
$f'(x)=(x-3)(x-a)+x(x-a)+x(x-3)$이므로
$L_0(x)=f'(0)(x-0)+f(0)=3ax$,
$L_3(x)=f'(3)(x-3)+f(3)=3(3-a)(x-3)$
따라서 $3a\times3(3-a)=-1$이어야 하므로
$9a^2-27a-1=0$
$9a^2-27a-1=0$의 판별식을 D라 하면
$D=27^2-4\times9\times(-1)>0$이므로 두 실근을 가진다.
따라서 근과 계수의 관계에 의하여 두 실근의 합은 $-\dfrac{-27}{9}=3$이다.

〈 **개념** 체크체크 〉

이차방정식의 근과 계수의 관계

이차방정식 $ax^2+bx+c=0$의 두 근을 α, β라 하면

$\alpha+\beta=-\dfrac{b}{a}$, $\alpha\beta=\dfrac{c}{a}$

05 도함수의 부등식에의 활용 정답 ③

모든 실수 x에 대하여 부등식 $x^4-4x^3+12x\geq2x^2+a$가 성립하기 위해서는 함수 $f(x)=x^4-4x^3-2x^2+12x-a$의 최솟값이 0 이상이어야 한다.
$f'(x)=4x^3-12x^2-4x+12=0$이므로
$(x+1)(x-1)(x-3)=0$
$f'(x)=0$에서 $x=-1$ 또는 $x=1$ 또는 $x=3$
이때 $f(-1)=-9-a$, $f(1)=7-a$, $f(3)=-9-a$이므로
$f(x)\geq-9-a\geq0$을 만족시켜야 한다.
따라서 $a\leq-9$이므로 a의 최댓값은 -9이다.

사차함수의 부등식

최고차항이 양수이고 최고차항의 계수가 짝수인 경우 최솟값은 극솟값 중 하나이다. 즉, 최솟값은 극솟값보다 작거나 같다.

06 등비수열의 합

정답 ③

첫째항을 a, 공비를 r라 하면

$S_6 - S_3 = a_6 + a_5 + a_4$

$\qquad\quad = ar^5 + ar^4 + ar^3$

$\qquad\quad = ar^3(r^2 + r + 1) = 6$

$S_{12} - S_6 = a_{12} + a_{11} + a_{10} + a_9 + a_8 + a_7$

$\qquad\quad = ar^{11} + ar^{10} + ar^9 + ar^8 + ar^7 + ar^6$

$\qquad\quad = (r^6 + r^3)\{ar^3(r^2 + r + 1)\} = 72$

$\dfrac{S_{12} - S_6}{S_6 - S_3} = r^6 + r^3 = 12$ 이므로 $(r^3)^2 + r^3 - 12 = 0$

$(r^3 + 4)(r^3 - 3) = 0$

$\therefore r^3 = -4$ 또는 $r^3 = 3$

이때 $r > 0$ 이므로 $r^3 = 3$ 이다.

$\therefore a_{10} + a_{11} + a_{12} = ar^9 + ar^{10} + ar^{11} = r^6(ar^3 + ar^4 + ar^5)$

$\qquad\qquad\qquad\quad = r^6(S_6 - S_3) = 9 \cdot 6 = 54$

빠른 풀이

$S_6 - S_3 = a_6 + a_5 + a_4 = 6$

$S_{12} - S_6 = a_{12} + a_{11} + a_{10} + a_9 + a_8 + a_7 = 72$ 에서

$a_9 + a_8 + a_7 = 6r^3$, $a_{12} + a_{11} + a_{10} = 6r^6$ 이므로

$6r^6 + 6r^3 = 72$, $r^6 + r^3 = 12$

$(r^3)^2 + r^3 - 12 = 0$, $r^3 = 3$

$\therefore a_{10} + a_{11} + a_{12} = 6r^6 = 6 \times (r^3)^2 = 6 \times 3^2 = 54$

07 정적분과 급수

정답 ⑤

정적분의 정의에 따라 다음을 알 수 있다.

$\displaystyle\int_0^1 f(x)dx = \lim_{n \to \infty} \frac{1}{n}\sum_{k=1}^{n} f\left(\frac{k}{n}\right),$

$\displaystyle\int_1^2 f(x)dx = \lim_{n \to \infty} \frac{1}{n}\sum_{k=1}^{n} f\left(1 + \frac{k}{n}\right)$

이차함수 $f(x) = x^2 + mx - 8$ 이

$\displaystyle\lim_{n \to \infty} \frac{1}{n}\sum_{k=1}^{n} f\left(\frac{k}{n}\right) = \lim_{n \to \infty} \frac{1}{n}\sum_{k=1}^{n} f\left(1 + \frac{k}{n}\right)$ 를 만족시킨다고 하였으므로 $\displaystyle\int_0^1 f(x)dx = \int_1^2 f(x)dx$ 임을 알 수 있다.

$\displaystyle\int_0^1 f(x)dx = \int_0^1 (x^2 + mx - 8)dx$

$\qquad\qquad = \left[\frac{1}{3}x^3 + \frac{1}{2}mx^2 - 8x\right]_0^1$

$\qquad\qquad = \frac{1}{3} + \frac{m}{2} - 8$

$\displaystyle\int_1^2 f(x)dx = \int_1^2 (x^2 + mx - 8)dx$

$\qquad\qquad = \left[\frac{1}{3}x^3 + \frac{1}{2}mx^2 - 8x\right]_1^2$

$\qquad\qquad = \frac{7}{3} + \frac{3m}{2} - 8$

$\displaystyle\int_0^1 f(x)dx = \int_1^2 f(x)dx$ 이므로

$\dfrac{1}{3} + \dfrac{m}{2} - 8 = \dfrac{7}{3} + \dfrac{3m}{2} - 8$ 에서 $m = -2$

한편 $g'(x) = f(x)$ 이므로

$g'(x) = f(x) = 0$ 에서 $x^2 - 2x - 8 = 0$, $(x + 2)(x - 4) = 0$

따라서 $x = -2$ 또는 $x = 4$ 에서 극값을 가진다.

$g(-2) = \displaystyle\int_0^{-2} f(x)dx$

$\qquad\quad = \displaystyle\int_0^{-2} (x^2 - 2x - 8)dx$

$\qquad\quad = \left[\dfrac{1}{3}x^3 - x^2 - 8x\right]_0^{-2}$

$\qquad\quad = \dfrac{-8}{3} - 4 + 16 = \dfrac{28}{3}$

$g(4) = \displaystyle\int_0^4 f(x)dx$

$\qquad\quad = \displaystyle\int_0^4 (x^2 - 2x - 8)dx$

$\qquad\quad = \left[\dfrac{1}{3}x^3 - x^2 - 8x\right]_0^4$

$\qquad\quad = \dfrac{64}{3} - 16 - 32 = -\dfrac{80}{3}$

따라서 $x = 4$ 일 때 극소이다.

빠른 풀이

주어진 무한급수를 정적분으로 정리하면

$$\int_0^1 f(x)dx = \int_1^2 f(x)dx$$ 이다. 즉, 이차함수의 구간별 정적분

이 같다는 것은 대칭축이 $x=1$임을 의미하므로 $m=-2$가 된다.

$f(x) = (x-1)^2 - 9$

한편 $g'(x) = f(x) = 0$에서 $x^2 - 2x - 8 = 0$,

$x = -2$ 또는 $x = 4$

$\therefore$ 극솟값을 갖는 것은 $x = 4$이다.

---

08 곡선과 직선 사이의 넓이 　　　　정답 ③

먼저 $y = f(x)$와 $y = k$의 교점을 구하면 $(x-1)^2 = k$에서

$x = 1 \pm \sqrt{k}$이고 $1 < k < 4$이므로 직사각형 내부의 점인

$x = 1 + \sqrt{k}$이다.

$$S_1 = \int_0^{1+\sqrt{k}} f(x)dx + k \times \{3 - (1+\sqrt{k})\}$$

$$= \int_0^{1+\sqrt{k}} (x-1)^2 dx + k \times (2-\sqrt{k})$$

$$S_2 = (4-k) \times 3 - \int_{1+\sqrt{k}}^3 f(x)dx + k \times \{3 - (1+\sqrt{k})\}$$

$$= (4-k) \times 3 - \int_{1+\sqrt{k}}^3 (x-1)^2 dx + k \times (2-\sqrt{k})$$

$S_1 = S_2$이므로

$$\int_0^{1+\sqrt{k}} (x-1)^2 dx + k \times (2-\sqrt{k})$$

$$= (4-k) \times 3 - \int_{1+\sqrt{k}}^3 (x-1)^2 dx + k \times (2-\sqrt{k}) \text{에서}$$

$$\int_0^3 (x-1)^2 dx - (4-k) \times 3 = 0,$$

$$\left[\frac{1}{3}(x-1)^3\right]_0^3 + 3(k-4) = 0$$

$$3 + 3(k-4) = 0 \quad \therefore k = 3$$

빠른 풀이

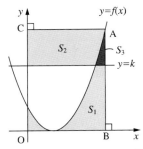

그림에서 $S_1 = S_2$이므로 $S_1 + S_3 = S_2 + S_3$도 성립한다.

$$3(4-k) = \int_0^3 (x-1)^2 dx$$

$$= \left[\frac{1}{3}(x-1)^3\right]_0^3$$

$$= \frac{8}{3} - \left(-\frac{1}{3}\right) = 3$$

$$4 - k = 1, \quad \therefore k = 3$$

◁ 개념 체크체크 ▷

정적분의 활용

풀이 과정에서 정적분을 해야 할 경우 범위가 복잡하다면,
S_1과 S_2의 값에서 꼭 구하지 않아도 되는 부분이 없는지 확인
한다.

---

09 함수의 최대 · 최소 　　　　정답 ③

ㄱ. $y = -x^2 + 9$와 $y = x + k$의 교점인 P와 Q의 x좌표는 방정식
 $-x^2 + 9 = x + k$, 즉 $x^2 + x + k - 9 = 0$의 해와 같다. 근과 계
 수의 관계에 의하여 두 근의 합은 -1이다.
 따라서 두 점 P와 Q의 x좌표의 합은 -1이므로
 $(\overline{PQ}$의 중점의 x좌표$) = \frac{1}{2}(P$와 Q의 x좌표의 합$) = -\frac{1}{2}$ (참)

ㄴ. $k = 7$일 때, $x^2 + x + k - 9 = 0$은
 $x^2 + x - 2 = (x-1)(x+2) = 0$이므로 점 P의 x좌표는 1, 점
 Q의 x좌표는 -2이다.
 또한 $\overline{OR}$를 밑변으로 하는 삼각형의 높이는 x좌표의 절댓값과
 같다.
 $\triangle \text{OPR} = \frac{1}{2}\overline{OR} \times |$점 P의 x좌표$| = \frac{1}{2}\overline{OR}$,

 $\triangle \text{ORQ} = \frac{1}{2}\overline{OR} \times |$점 Q의 x좌표$| = \overline{OR}$

 따라서 삼각형 ORQ의 넓이는 삼각형 OPR의 넓이의 2배이다.
 (참)

ㄷ. 삼각형 ORQ의 넓이는 삼각형 OPR의 넓이와 삼각형 ORQ의
 넓이의 합이다.
 |점 P의 x좌표| + |점 Q의 x좌표|는 이차방정식
 $x^2 + x + k - 9 = 0$의 두근의 차와 같다.
 두 근을 각각 α, β라 하면
 $(\alpha - \beta)^2 = (\alpha + \beta)^2 - 4\alpha\beta$이고 근과 계수의 관계에 의해서

$\alpha+\beta=-1$, $\alpha\beta=k-9$이다.

$(\alpha-\beta)^2=(\alpha+\beta)^2-4\alpha\beta=(-1)^2-4(k-9)$

$\qquad\qquad =37-4k$

이므로 $|\alpha-\beta|=\sqrt{37-4k}$

$\triangle OPQ=\dfrac{1}{2}\overline{OR}\times(|$점 P의 x좌표$|+|$점 Q의 x좌표$|)$

이므로 $\triangle OPQ=\dfrac{1}{2}k\sqrt{37-4k}$

$\left(\dfrac{1}{2}k\sqrt{37-4k}\right)'=\dfrac{37-6k}{\sqrt{37-4k}}=0$에서 $37-6k=0$일 때 극 값을 가진다.

따라서 $k=\dfrac{37}{6}$일 때 $\triangle OPQ$의 넓이는 최대가 된다. (거짓)

따라서 옳은 것은 ㄱ, ㄴ이다.

다른 풀이

ㄷ. $\triangle OPQ=\dfrac{1}{2}k\sqrt{37-4k}$

$\qquad\qquad =\dfrac{1}{2}\sqrt{k^2(37-4k)}$

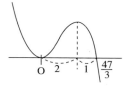

루트 안의 3차 함수의 그래프를 그려 보면

k값이 0에서 $\dfrac{47}{3}$ 사이의 최댓값을 갖는 지점에 대한 길이의 비율이

$2:1$이므로 최댓값을 가질 때의 k값은 $\dfrac{37}{4}\times\dfrac{2}{3}=\dfrac{37}{6}$이다. (거짓)

개념 체크체크

삼각형의 넓이
밑변의 길이가 같은 삼각형의 넓이는 높이에 비례한다.

---

10 도함수의 방정식에의 활용 · · · · · · · · · · · 정답 ⑤

어떤 함수 $f(x)$와 실수 t에 대하여

함수 $g(x)=\begin{cases} f(x) & (x<a) \\ t-f(x) & (x\geq a) \end{cases}$가 실수 전체의 집합에서 연속이

되도록 하는 실수 a의 개수가 3이 되기 위해서는 방정식

$f(a)=t-f(a)$의 근의 개수가 3이어야 한다.

즉 $f(a)=t-f(a)$에서 $2f(a)-t=0$

$2(x^3+3x^2-9x)-t=0$의 근이 3개이어야 하므로 이 방정식의 극 값의 부호가 서로 달라야 한다.

$T(x)=2(x^3+3x^2-9x)-t$라 두면

$T'(x)=6x^2+12x-18$

$T'(x)=0$에서 $x^2+2x-3=0$, $(x+3)(x-1)=0$

즉 $x=-3$ 또는 $x=1$일 때 극값을 갖는다.

$T(1)\times T(-3)=(-10-t)(54-t)$

$\qquad\qquad\qquad =(t+10)(t-54)<0$에서

$-10<t<54$

따라서 $h(t)=3$을 만족시키는 모든 정수 t의 개수는

$\therefore 54-(-10)-1=63$

다른 풀이

$f(x)$와 $f(x)=\dfrac{t}{2}$의 그래프를 그려 보면

$f'(x)=3x^2+6x-9=3(x-1)(x+3)$

$f(1)=-5$, $f(-3)=27$

근(실수 a)의 개수가 3이 되는 t의 범위는 다음과 같다.

$-5<\dfrac{t}{2}<27$

$-10<t<54$

$\therefore t$의 개수는

$54-(-10)-1=63$

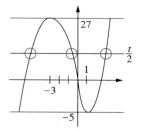

개념 체크체크

함수의 연속

함수 $f(x)$가 실수 a에 대하여 다음 세 조건을 만족시킬 때, 함수 $f(x)$는 $x=a$에서 연속이라 한다.

(1) 함수 $f(x)$는 $x=a$에서 정의되어 있다.

(2) 극한값 $\lim\limits_{x\to a}f(x)$가 존재한다.

(3) $\lim\limits_{x\to a}f(x)=f(a)$

문제에서 $g(x)$가 실수 전체의 집합에서 연속이면 어떤 점 a에 서 $f(x)=t-f(x)$를 만족해야 한다. 이때 그 점이 3개가 되 기 위해서는 방정식 $f(a)=t-f(a)$의 해의 개수가 3이 되 어야 한다는 것과 같은 의미이다.

---

11 등차수열 · 정답 19

첫째항이 a이고 공차가 d인 등차수열의 일반항은

$a_n=a+d(n-1)$이다.

$a_3=a+2d=1$, $a_5=a+4d=7$이므로

$2d=(a+4d)-(a+2d)=7-1=6$이다.

따라서 $d=3$, $a=-5$이므로

$a_n=-5+3(n-1)=3n-8$

$\therefore a_9=3\times 9-8=19$

다른 풀이

등차중항을 이용하면, $a_3+a_7=2a_5$이므로,

$1+a_7=2\times 7$, $a_7=13$

$a_5+a_9=2a_7$, $7+a_9=2\times 13$, $\therefore a_9=19$

다른 풀이

$2d=7-1=6$, $d=3$

a_9는 a_5와 $4d$ 차이가 나므로

$\therefore a_9=a_5+4d=7+4\times 3=19$

함수 $f(x)$가 이차함수이므로

$f(x) = ax^2 + bx + c$라 하자 (단, $a \neq 0$).

조건 (가)에서

$$\lim_{x \to \infty} \frac{f(x)}{2x^2 - x - 1} = \lim_{x \to \infty} \frac{ax^2 + bx + c}{2x^2 - x - 1}$$

$$= \lim_{x \to \infty} \frac{a + \dfrac{b}{x} + \dfrac{c}{x^2}}{2 - \dfrac{1}{x} - \dfrac{1}{x^2}}$$

$$= \frac{a}{2} = \frac{1}{2} \text{이므로}$$

$a = 1$이다.

조건 (나)에서 만약 $f(x)$가 $x = 1$에서 해를 가지지 않는다면

$\lim\limits_{x \to 1} \dfrac{f(x)}{2x^2 - x - 1}$가 발산하게 되므로 다른 한 근을 k라 두면

$f(x) = (x-k)(x-1)$이라 할 수 있다.

$$\lim_{x \to 1} \frac{f(x)}{2x^2 - x - 1} = \lim_{x \to 1} \frac{(x-k)(x-1)}{(2x+1)(x-1)}$$

$$= \lim_{x \to 1} \frac{x-k}{2x+1} = \frac{1-k}{3} = 4 \text{이므로}$$

$k = -11$이다.

따라서 $f(x) = (x+11)(x-1)$이므로

$\therefore f(2) = 13$이다.

다른 풀이

(가)에 의해 이차함수 $f(x)$의 최고차항의 계수는 1이 되며, (나)에 의해 $f(1) = 0$이 된다.

$$f(x) = (x-1)(x-k)$$

$$\lim_{x \to 1} \frac{f(x)}{2x^2 - x - 1} = \lim_{x \to 1} \frac{(x-1)(x-k)}{(x-1)(2x+1)}$$

$$= \lim_{x \to 1} \frac{x-k}{2x+1} = \frac{1-k}{3} = 4$$

$k = -11$

$f(x) = (x-1)(x+11)$이므로, $\quad \therefore f(2) = 13$

개념 체크체크

함수의 극한

(1) $\dfrac{0}{0}$ 꼴의 극한

    ① 분모, 분자가 모두 다항식이면 각각 인수분해한 후 약분한다.

    ② 분모, 분자 중에 무리식이 있으면 근호가 있는 쪽을 유리화 한다.

(2) $\dfrac{\infty}{\infty}$ 꼴의 극한

    ① (분모의 차수)>(분자의 차수)이면 극한값은 0이다.

    ② (분모의 차수)=(분자의 차수)이면 극한값은 분모, 분자의 최고차항의 계수의 비이다.

    ③ (분모의 차수)<(분자의 차수)이면 극한값은 없다.

함수 $y = \dfrac{k}{x}$와 $x^2 + y^2 = n^2$의 그래프를 좌표평면 위에 나타내면 다음 그림과 같다.

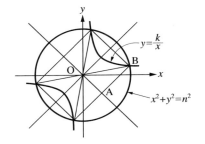

(i) 원점을 O라 한다.

(ii) $y = \dfrac{k}{x}$와 $x^2 + y^2 = n^2$의 교점 중에서 1사분면에 있는 점 중 y좌표의 크기가 작은 쪽을 B라 한다.

(iii) 점 B와 $y = \dfrac{k}{x}$와 $x^2 + y^2 = n^2$의 교점 중에서 3사분면에 있는 점 중 y좌표의 크기가 작은 쪽을 이은 직선과 $y = -x$가 만나는 교점의 좌표를 A라 한다.

(iv) $\angle \text{AOB} > \dfrac{\pi}{4}$이므로 $\overline{\text{OA}} < \overline{\text{OB}}$ 이다.

직사각형의 긴 변의 길이가 짧은 쪽의 길이의 2배이므로

$\dfrac{\overline{\text{AB}}}{\overline{\text{OA}}} = 2$이다.

그러므로 $\angle \text{AOB} = \theta$라 하면 $\tan\theta = 2$이고,

$\overline{\text{OB}}$를 포함하는 직선의 방정식은 $y = \tan\left(\theta - \dfrac{\pi}{4}\right)x$이다.

$$\tan\left(\theta - \frac{\pi}{4}\right) = \frac{\tan\theta - \tan\dfrac{\pi}{4}}{1 + \tan\theta \tan\dfrac{\pi}{4}} = \frac{2-1}{1+2\times1} = \frac{1}{3}$$

이므로 $y = \dfrac{1}{3}x$로 정리할 수 있다.

$y = \dfrac{1}{3}x$와 $y = \dfrac{k}{x}$의 교점은 $\dfrac{1}{3}x = \dfrac{k}{x}$이므로

$x = \pm\sqrt{3k}$, $y = \pm\sqrt{\dfrac{k}{3}}$를 각각 구하여 교점의 좌표인

$\left(\pm\sqrt{3k},\ \pm\sqrt{\dfrac{k}{3}}\right)$를 얻을 수 있다.

위에서 구한 교점을 원의 방정식 $x^2 + y^2 = n^2$에 대입하면

$3k + \dfrac{k}{3} = n^2$이고 정리하면 $k = \dfrac{3}{10}n^2$이므로 $f(n) = \dfrac{3}{10}n^2$이다.

$$\therefore \sum_{n=1}^{12} f(n) = \frac{3}{10} \sum_{n=1}^{12} n^2 = \frac{3}{10} \times \frac{12 \times 13 \times 25}{6} = 195$$

자연수의 거듭제곱의 합

(1) $\displaystyle\sum_{k=1}^{n} k = 1+2+3+\cdots+n = \dfrac{n(n+1)}{2}$

(2) $\displaystyle\sum_{k=1}^{n} k^2 = 1^2+2^2+3^2+\cdots+n^2 = \dfrac{n(n+1)(2n+1)}{6}$

(3) $\displaystyle\sum_{k=1}^{n} k^3 = 1^3+2^3+3^3+\cdots+n^3 = \left\{\dfrac{n(n+1)}{2}\right\}^2$

---

14 두 곡선 사이의 넓이 정답 35

조건 (가)에서 $x \geq 0$일 때, $f(x) = x^2 - 2x$이고
조건 (나)에서 $f(x) = -f(-x)$이므로

$f(x) = \begin{cases} f(x) & (x \geq 0) \\ -f(-x) & (x < 0) \end{cases} = \begin{cases} x^2 - 2x & (x \geq 0) \\ -x^2 - 2x & (x < 0) \end{cases}$

$\qquad = \begin{cases} (x-1)^2 - 1 & (x \geq 0) \\ -(x+1)^2 + 1 & (x < 0) \end{cases}$

먼저 실수 t를 다음과 같이 네 부분으로 나누어 생각하자.

$I_1 = \left(-\infty, -\dfrac{3}{2}\right], \ I_2 = \left(-\dfrac{3}{2}, 0\right], \ I_3 = (0, 1], \ I_4 = (1, \infty)$

$x < 0$에서
$f(x) = -(x+1)^2 + 1$이므로 $x = -1$을 기준으로 대칭인
이차함수가 된다.

즉 $f\left(-\dfrac{3}{2}\right) = f\left(-\dfrac{1}{2}\right)$가 되어 다음이 성립한다.

$t \in I_1 = \left(-\infty, -\dfrac{3}{2}\right]$에서 $f(t) \leq f(x)$, $x \in [t, t+1]$

$t \in I_2 = \left(-\dfrac{3}{2}, 0\right]$에서 $f(t+1) \leq f(x)$, $x \in [t, t+1]$

$t \in I_3 = (0, 1]$에서 $f(1) \leq f(x)$, $x \in [t, t+1]$

$t \in I_4 = (1, \infty)$에서 $f(t) \leq f(x)$, $x \in [t, t+1]$

$t \in I_1$, $t \in I_4$인 경우
$f(x) = g(x)$이므로 $t \in I_2$, $t \in I_3$인 경우만 고려하면 된다.
$g(x) = f(x+1)(x \in I_2)$, $g(x) = f(1)(x \in I_3)$이므로

$g(x) = \begin{cases} -(x+2)^2 + 1 & \left(x \in \left(-\dfrac{3}{2}, -1\right]\right) \\ x^2 - 1 & (x \in (-1, 0]) \\ -1 & (x \in (0, 1]) \end{cases}$

$t \in I_1$, $t \in I_4$인 경우 $f(x) = g(x)$이므로

둘러싸인 부분은 $x \in \left(-\dfrac{3}{2}, 1\right]$일 때이다.

$\displaystyle\int_{-\frac{3}{2}}^{1} |f(x) - g(x)| dx$

$\displaystyle = \int_{-\frac{3}{2}}^{-1} |f(x) - g(x)| dx + \int_{-1}^{0} |f(x) - g(x)| dx$

$\displaystyle \qquad + \int_{0}^{1} |f(x) - g(x)| dx$

$\displaystyle = \int_{-\frac{3}{2}}^{-1} |(x+2)^2 - (x+1)^2| dx$

$\displaystyle \qquad + \int_{-1}^{0} |(-x^2 - 2x) - (x^2 - 1)| dx$

$\displaystyle \qquad + \int_{0}^{1} |(x^2 - 2x) - (-1)| dx$

$\displaystyle = \left[\dfrac{(x+2)^3 - (x+1)^3}{3}\right]_{-\frac{3}{2}}^{-1} + \left[-\dfrac{2}{3}x^3 - x^2 + x\right]_{-1}^{0}$

$\displaystyle \qquad + \left[\dfrac{(x-1)^3}{3}\right]_{0}^{1}$

$= \dfrac{23}{12}$

$p = 12$, $q = 23$이므로

$\therefore p + q = 12 + 23 = 35$

다른 풀이

$-\dfrac{3}{2} < t \leq 0$ 구간의 $g(t)$ 그래
프는 $f(x)$ 그래프를 x축으로
-1만큼 평행이동한 것이므로
$0 < t \leq 1$과 $-\dfrac{3}{2} < t \leq -1$ 구
간의 넓이를 평행이동하면 직사
각형의 넓이와 같아진다.

$f\left(-\dfrac{3}{2}\right) = f\left(-\dfrac{1}{2}\right) = \dfrac{3}{4}$이므로

$f(x)$와 $g(x)$로 둘러싸인 부분의 넓이는

$\displaystyle \left(1 + \dfrac{3}{4}\right) \times 1 + 2\int_{-1}^{-\frac{1}{2}} \left(-x^2 - 2x - \dfrac{3}{4}\right) dx$

$\displaystyle = \dfrac{7}{4} + 2\left[-\dfrac{1}{3}x^3 - x^2 - \dfrac{3}{4}x\right]_{-1}^{-\frac{1}{2}}$

$= \dfrac{7}{4} + \dfrac{1}{6} = \dfrac{23}{12}$

① 확률과 통계

15 이항분포의 평균 정답 ②

확률변수 X의 확률분포가 이항분포 $\mathrm{B}(n,\ p)$를 따를 때, 평균 $\mathrm{E}(X)=np$이다.

따라서 $\mathrm{E}(X)=n\times\dfrac{1}{4}=5$이므로 $n=20$이다.

개념 체크체크

이항분포의 평균과 분산

확률변수 X의 확률분포가 이항분포 $\mathrm{B}(n,\ p)$를 따를 때

$\mathrm{E}(X)=np,\ \mathrm{V}(X)=npq=np(1-p)$

※ $\mathrm{E}(X)=np$임을 증명해 보자.

확률변수 X의 확률분포가 이항분포 $\mathrm{B}(n,\ p)$를 따를 때,

$\mathrm{P}(X=r)={}_n\mathrm{C}_r p^r q^{n-r}$

(단, $p+q=1,\ r=0,\ 1,\ 2,\ \cdots,\ n$)

$$\begin{aligned}\mathrm{E}(X)&=\sum_{r=1}^{n}r\,{}_n\mathrm{C}_r p^r q^{n-r}\\&=\sum_{r=1}^{n}r\frac{n}{r}\,{}_{n-1}\mathrm{C}_{r-1}p^r q^{n-r}\\&=\sum_{r=1}^{n}n\,{}_{n-1}\mathrm{C}_{r-1}p^r q^{n-r}\\&=np\sum_{r=1}^{n}{}_{n-1}\mathrm{C}_{r-1}p^{r-1}q^{n-r}\\&=np(p+q)^{n-1}=np\end{aligned}$$

---

16 이산확률변수의 평균 정답 ①

(ⅰ) 검은 공이 x(단, $0\le x\le3$)개일 경우

검은 공 3개 중에서 x개, 흰 공 5개 중에서 $(4-x)$개를 뽑는 경우의 수는 ${}_5\mathrm{C}_{4-x}\times{}_3\mathrm{C}_x$

(ⅱ) 검은 공이 4개일 경우

검은 공이 모두 3개이므로 일어나지 않는다.

이때 ${}_5\mathrm{C}_4\times{}_3\mathrm{C}_0=5,\ {}_5\mathrm{C}_3\times{}_3\mathrm{C}_1=30,\ {}_5\mathrm{C}_2\times{}_3\mathrm{C}_2=30,$ ${}_5\mathrm{C}_1\times{}_3\mathrm{C}_3=5$이므로 확률변수 X의 확률분포를 표로 나타내면 다음과 같다.

x	0	1	2	3	4	합계
$\mathrm{P}(X=x)$	$\dfrac{1}{14}$	$\dfrac{3}{7}$	$\dfrac{3}{7}$	$\dfrac{1}{14}$	0	1

$\therefore \mathrm{E}(X)=1\times\dfrac{3}{7}+2\times\dfrac{3}{7}+3\times\dfrac{1}{14}=\dfrac{3}{2}$

빠른 풀이

$0,\ 1,\ 2,\ 3$의 확률 값이 좌우대칭이므로 $0,\ 1,\ 2,\ 3$의 가운데 값 $\left(\dfrac{3}{2}\right)$이 평균$\{\mathrm{E}(X)\}$이 된다.

17 중복순열 정답 ⑤

집합 A의 원소가 5개일 때, 집합 P의 원소는 각각의 자리에 올 수 있는 경우의 수가 독립적이므로 $5^3=125$(가지)이다.

집합 P의 원소를 순서쌍 $(x_1,\ x_2,\ x_3)$으로 나타내면 $(9,\ 9,\ 9)$가 첫 번째로 큰 원소이다.

$(9,\ x_1,\ x_2)=5^2=25$(가지) 경우를 포함하므로 $(7,\ 9,\ 9)$가 26번째로 큰 원소이다.

마찬가지로 $(7,\ 7,\ 9)$는 31번째, $(7,\ 5,\ 9)$는 36번째, $(7,\ 3,\ 9)$가 41번째로 큰 수이다.

따라서 $a=7,\ b=3,\ c=9$이므로

$\therefore a+b+c=7+3+9=19$

18 조합을 이용한 확률 정답 ②

8명의 학생을 임의로 3명, 3명, 2명씩 3개의 조로 나눌 경우의 수는 다음과 같다.

8명 중 3명을 고르는 경우의 수는 ${}_8\mathrm{C}_3$

5명 중 3명을 고르는 경우의 수는 ${}_5\mathrm{C}_3$

2명 중 2명을 고르는 경우의 수는 ${}_2\mathrm{C}_2$

3명의 조 2개의 순서는 상관없으므로 2로 나눈다.

따라서 모든 경우의 수는 $\dfrac{{}_8\mathrm{C}_3\times{}_5\mathrm{C}_3\times{}_2\mathrm{C}_2}{2}=280$이다.

두 학생 A, B가 같은 조에 속할 경우의 수는 다음과 같다.

(ⅰ) A, B가 2명인 조에 속한 경우

2명을 제외한 6명 중에서 3명을 고르고 다시 남은 3명 중 3명을 고르는 경우와 같고 두 조의 순서는 상관없으므로

$\dfrac{{}_6\mathrm{C}_3\times{}_3\mathrm{C}_3}{2}=10$

(ⅱ) A, B가 3명인 조에 속한 경우

2명을 제외한 6명 중에서 3명을 고르고 다시 남은 3명 중 2명을 고른 뒤 남은 한 명을 A, B의 조에 추가하는 경우이므로

${}_6\mathrm{C}_3\times{}_3\mathrm{C}_2\times{}_1\mathrm{C}_1=60$

(ⅰ), (ⅱ)에서 두 학생 A, B가 같은 조에 속할 확률은 $\dfrac{70}{280}=\dfrac{1}{4}$

다른 풀이

(ⅰ) 두 학생 A, B가 2명인 조에 속할 확률

$\dfrac{2}{8}\times\dfrac{1}{7}=\dfrac{1}{28}$

(ⅱ) 두 학생 A, B가 3명인 조에 속할 확률

$\dfrac{6}{8}\times\dfrac{2}{7}=\dfrac{6}{28}$

$\therefore$ (ⅰ), (ⅱ)에서 두 학생 A, B가 같은 조에 속할 확률은

$\dfrac{1}{28}+\dfrac{6}{28}=\dfrac{1}{4}$

19 표본평균의 분포

정답 ①

표본평균의 확률분포에 대하여 정규분포 $N(m, \sigma^2)$을 따르는 모집단에서 크기가 n인 표본을 임의로 추출하면 표본평균 $\overline{X}$는

$N\left(m, \dfrac{\sigma^2}{n}\right)$을 따른다.

확률변수 X의 정규분포 $N(m, \sigma^2)$는 표준화를 통해 $Z=\dfrac{X-m}{\sigma}$로 만든다.

$P(50 \leq X)=0.1587$이므로

$P\left(\dfrac{50-m}{\sigma} \leq Z\right)=0.5-P\left(0 \leq Z \leq \dfrac{50-m}{\sigma}\right)=0.1587$이고

$P\left(0 \leq Z \leq \dfrac{50-m}{\sigma}\right)=0.3413$이다.

따라서 표준정규분포표에 의하여 $\dfrac{50-m}{\sigma}=1.0$이다.

4개를 임의추출하였으므로 $\overline{X}$는 $N\left(m, \dfrac{\sigma^2}{4}\right)$을 따른다.

마찬가지로 표준화를 통해 확률을 구하면

$P(50 \leq \overline{X})=P\left(\dfrac{50-m}{\dfrac{\sigma}{2}} \leq \dfrac{\overline{X}-m}{\dfrac{\sigma}{2}}=Z\right)$이고,

$\dfrac{50-m}{\sigma}=1.0$을 이용하여

$P(50 \leq \overline{X})=P(2.0 \leq Z)=0.5-P(0 \leq Z \leq 2.0)=0.0228$임을 알 수 있다.

> **개념 체크체크**
>
> 1. **표본평균의 평균, 분산, 표준편차**
>   모평균이 m, 모표준편차가 σ인 모집단에서 크기가 n인 표본을 임의추출할 때, 표본평균 $\overline{X}$에 대하여
> $$E(\overline{X})=m, \quad V(\overline{X})=\dfrac{\sigma^2}{n}, \quad \sigma(\overline{X})=\dfrac{\sigma}{\sqrt{n}}$$
> 2. **정규분포의 표준화**
>   확률변수 X가 정규분포 $N(m, \sigma^2)$을 따를 때 확률변수 $Z=\dfrac{X-m}{\sigma}$은 표준정규분포 $N(0, 1)$을 따른다.

20 순열을 이용한 확률

정답 ④

(i)에서 5가 적힌 구슬이 3회, 4 이하의 수 중 하나인 n이 적힌 구슬 중 한 개가 1회 나올 경우의 수는 4개의 구슬을 순서대로 세운 뒤 5가 적힌 구슬 3개를 중복으로 생각하면 되므로 $\dfrac{4!}{3!}=4$(가지)이고, n이 되는 경우의 수가 4가지이므로 모두 16가지이다.

∴ (가)$=p=16$

(ii)에서 5가 적힌 구슬이 2회, 4가 적힌 구슬이 1회, 3 이하의 수 중 하나인 n이 적힌 구슬 중 한 개가 1회 나올 경우의 수는 4개의 구슬을 순서대로 세운 뒤 5가 적힌 구슬 2개를 중복으로 생각하면 되므로 $\dfrac{4!}{2!}=12$가지이고, n이 되는 경우의 수가 3가지이므로 모두 36가지이다. ∴ (나)$=q=36$

(i), (ii)에서 구하는 확률은 $\dfrac{17}{625}+\dfrac{42}{625}=\dfrac{59}{625}$이므로

(다)$=r=59$

∴ $p+q+r=16+36+59=111$

21 방정식의 해의 개수

정답 90

$49=7 \cdot 7$이므로 $x+y+z=7$, $s+t=7$을 만족하는 순서쌍을 찾아야 한다.

$x=1$일 때, $y+z=6$인 순서쌍의 개수는

$(y, z)=(1, 5), (2, 4), (3, 3), (4, 2), (5, 1)$의 5이다.

마찬가지로 $x=2, 3, 4, 5$일 때는 각각 4, 3, 2, 1이다.

따라서 $x+y+z=7$인 순서쌍의 개수는 15이다.

$s+t=7$인 순서쌍의 개수는

$(s, t)=(1, 6), (2, 5), (3, 4), (4, 3), (5, 2), (6, 1)$의 6이다.

따라서 모든 순서쌍 (x, y, z, s, t)의 개수는

∴ $15 \cdot 6=90$

> **다른 풀이**

자연수의 순서쌍이므로 $49=7 \times 7$에 의해

$x+y+z=7$, $s+t=7$이 되어야 하므로

${}_3H_4 \times {}_2H_5={}_6C_4 \times {}_6C_5={}_6C_2 \times {}_6C_1=15 \times 6=90$

> **개념 체크체크**
>
> **자연수의 분할**
> 자연수를 분할할 때에는 다음과 같은 방법을 사용할 수도 있다.
> 각각의 수를 공으로 생각하고 x, y, z를 상자라고 하면,
> $x+y+z=7$을 만족하는 경우의 수를 구할 때
> x, y, z에는 각각 1개 이상의 수가 들어가야 하므로 3을 양변에서 빼면
> $(x-1)+(y-1)+(z-1)=4$이고, 각 상자에는 0~4까지의 수가 들어갈 수 있다.

그렇다면 공 4개와 상자를 나누는 칸막이 2개를 일렬로 배열하는 경우의 수와 같다.

예 $(x-1,\ y-1,\ z-1)=(1,\ 2,\ 1)$

	칸막이		칸막이	

따라서 중복을 고려하여 나누면 $\dfrac{6!}{4!2!}=15$이다.

마찬가지로 일반화하면

$x_1+x_2+\cdots+x_m=n$이고

n, m이 자연수일 때

$\dfrac{(n-m+(m-1))!}{(n-m)!(m-1)!}=\dfrac{(n-1)!}{(n-m)!(m-1)!}$ 로 표현 가능하다.

---

22 순열 + 조합 정답 72

그림에 다음과 같이 번호를 붙여 보자.

2가지 색 이하를 이용할 경우 반드시 이웃한 사각형에 같은 색을 칠해야 한다. 따라서 3가지 색 또는 4가지 색을 이용해서 칠할 수 있다.

(i) 3가지 색만 이용하는 경우

    1을 칠할 수 있는 경우의 수는 3, 2는 1을 칠하고 남은 2가지 색으로 칠해야 하므로 경우의 수는 2, 3은 1과 같은 색으로, 4는 2와 같은 색으로 칠해야 한다.

    $\therefore {}_4C_3\times3\times2\times1\times1=24$

(ii) 4가지 색만 이용하는 경우

    1을 칠할 수 있는 경우의 수는 4, 2는 1을 칠하고 남은 3가지 색으로 칠해야 하므로 경우의 수는 3이다.

    4에 2와 같은 색을 사용할 경우 3은 나머지 하나의 색을 칠해야 하고, 4에 2와 다른 색을 사용할 경우 3은 1과 같은 색을 칠해야 한다.

    $\therefore 4\times3\times2\times(1\times1+1\times1)=48$

따라서 구하는 경우의 수는

$\therefore 24+48=72$

---

2 미적분

23 등비수열의 극한 값 정답 ①

$$\lim_{n\to\infty}\frac{3^n+2^{n+1}}{3^{n+1}-2^n}=\lim_{n\to\infty}\left(\frac{3^n}{3^{n+1}-2^n}+\frac{2^{n+1}}{3^{n+1}-2^n}\right)$$

$$=\lim_{n\to\infty}\left\{\frac{1}{3-\left(\dfrac{2}{3}\right)^n}+\frac{1}{\left(\dfrac{3}{2}\right)^{n+1}-\dfrac{1}{2}}\right\}$$

$$=\frac{1}{3}\left(\because\lim_{n\to\infty}\left(\frac{2}{3}\right)^n=0,\ \lim_{n\to\infty}\left(\frac{3}{2}\right)^n=\infty\right)$$

> **개념 체크체크**
>
> 수열의 극한
>
> (1) $|a|<1$일 때, $\displaystyle\lim_{n\to\infty}a^n=0$ (수렴)
>
> (2) $a>1$일 때, $\displaystyle\lim_{n\to\infty}a^n=\infty$ (발산)
>
> (3) $a=1$일 때, $\displaystyle\lim_{n\to\infty}a^n=1$ (수렴)
>
> (4) $a\le-1$일 때, $\displaystyle\lim_{n\to\infty}a^n$은 진동한다. (발산)

24 조건부확률 정답 ①

$A=\{2,\ 4,\ 6\}$이고, $B=\{2,\ 3,\ 5\}$이므로

$A\cap B=\{2\}$, $A^C=\{1,\ 3,\ 5\}$, $A^C\cap B=\{3,\ 5\}$

$\therefore P(B\,|\,A)-P(B\,|\,A^C)=\dfrac{P(A\cap B)}{P(A)}-\dfrac{P(A^C\cap B)}{P(A^C)}$

$$=\frac{\dfrac{1}{6}}{\dfrac{1}{2}}-\frac{\dfrac{1}{3}}{\dfrac{1}{2}}=-\frac{1}{3}$$

25 등비급수의 활용 정답 ①

먼저 그림 R_1에서 $\overline{MN}$ 위에 내린 점 H의 수선의 발을 H$'$이라 두고 $\overline{HN}$과 $\overline{MF}$의 교점을 I, 점 I에서 $\overline{MN}$ 위에 내린 수선의 발을 I$'$이라 하자.

$\overline{HH'}=\overline{AM}=\dfrac{1}{2}\overline{AB}=3$, $\overline{HN}=\overline{NM}=6$이므로

$$\sin\angle HNM=\frac{\overline{HH'}}{\overline{HN}}=\frac{1}{2}$$

따라서 $\angle HNM=30°$이고 $\overline{II'}=\overline{NI'}\tan30°=\sqrt{3}$ 을 이용하면 좌상변의 색칠된 부분의 넓이는

$\pi\times6^2\times\dfrac{30°}{360°}-\dfrac{1}{2}\times6\times\sqrt{3}=3\pi-3\sqrt{3}$ 이다.

즉, $S_1=4(3\pi-3\sqrt{3})=12(\pi-\sqrt{3})$ 이다.

그림 R_2에서 안쪽의 정사각형의 넓이를 구하기 위해 변의 길이를 r
이라 하고 정사각형과 마름모의 교점을 우상변에 있는 점($\overline{\mathrm{HN}}$의 위
에 있는 점)부터 시계 방향 순서대로 J_1, J_2, J_3, J_4라 하자.

$\angle \mathrm{HNG} = 60°$이므로 $\triangle J_1 N J_2$는 정삼각형이고,

$\triangle \mathrm{IJ_1 J_4}$에서 $\overline{\mathrm{IJ_1}} \cos 30° = \dfrac{1}{2} r$이다.

$2\sqrt{3} = \overline{\mathrm{IN}} = \overline{\mathrm{IJ_1}} + \overline{\mathrm{J_1 N}} = \dfrac{r}{2\cos 30°} + r = \left(\dfrac{1}{\sqrt{3}} + 1\right) r$에서

$r = \dfrac{6}{\sqrt{3}+1}$이므로 안쪽 정사각형 안의 색칠된 부분의 넓이는

$S_1 \times \left(\dfrac{r}{6}\right)^2 = 12(\pi - \sqrt{3}) \times \left(\dfrac{1}{\sqrt{3}+1}\right)^2$

$X = \left(\dfrac{1}{\sqrt{3}+1}\right)^2 = \dfrac{2-\sqrt{3}}{2}$이라 하면

$S_n = \displaystyle\sum_{k=1}^{n} S_1 X^{k-1} = \sum_{k=1}^{n} 12(\pi - \sqrt{3}) X^{k-1}$

$\therefore \displaystyle\lim_{n\to\infty} S_n = \lim_{n\to\infty} 12(\pi - \sqrt{3}) \sum_{k=1}^{n} X^{k-1}$

$\qquad\qquad = 12(\pi - \sqrt{3}) \displaystyle\sum_{k=1}^{\infty} X^{k-1}$

$\qquad\qquad = \dfrac{12(\pi - \sqrt{3})}{1-X} = \dfrac{12(\pi - \sqrt{3})}{1 - \dfrac{2-\sqrt{3}}{2}}$

$\qquad\qquad = 8\sqrt{3}(\pi - \sqrt{3})$

3 기타

26 필요조건과 충분조건   정답 ③

실수 x에 대한 두 조건
$p: x^2 - (2+a)x + 2a \leq 0$, $q: x^2 - 2x - 15 \leq 0$이 있다.
p가 q에 대해 충분조건을 만족하려면 p가 참인 실수 범위가 q일 때
도 참이어야 한다.
p가 참인 실수 범위는 $x^2 - (2+a)x + 2a \leq 0$에서
$(x-2)(x-a) \leq 0$이므로 $a \leq x \leq 2$ 또는 $2 \leq x \leq a$
q가 참인 실수 범위는 $x^2 - 2x - 15 \leq 0$에서
$(x+3)(x-5) \leq 0$이므로 $-3 \leq x \leq 5$
따라서 충분조건이 되도록 하는 정수 a는
$-3 \leq x \leq 2$일 때 -3, -2, -1, 0, 1, 2로 6개,
$2 \leq x \leq 5$일 때 2, 3, 4, 5로 4개이며, 2는 중복되므로 총 9개이다.

> **◀ 개념 체크체크 ▶**
>
> **이차부등식의 해**
> 이차방정식 $f(x) = 0$의 두 근이 α, $\beta \, (\alpha \leq \beta)$라 할 때
> (1) $f(x) \leq 0$의 해는 $\alpha \leq x \leq \beta$
> (2) $f(x) \geq 0$의 해는 $x \leq \alpha$ 또는 $x \geq \beta$이다.

27 합성함수   정답 ②

조건 (다)에서 모든 $x \in A$에 대하여 $(f \circ g \circ f)(x) = x + 1$이므
로 다음이 성립한다.
$\therefore (f \circ g \circ f)(1) = 2$, $(f \circ g \circ f)(2) = 3$,
$\quad (f \circ g \circ f)(3) = 4$, $(f \circ g \circ f)(4) = 5$
조건 (나)에서 어떤 $x \in B$에 대하여 $g(x) = x$에서 $g(2) = 3$,
$5 \not\in A$이므로 $g(3) = 3$ 또는 $g(4) = 4$임을 알 수 있다.
그러나 $g(3) = 3$이면 $f(g(f(x)))$의 $g(2) = g(3)$이므로 (다)에서
모순이다.
조건 (가)에서 $f(3) = 5$, $g(2) = 3$을 대입하면 다음과 같다.
$(f \circ g \circ f)(3) = 4$에서
$f(g(f(3))) = 4$, $f(g(5)) = 4$
$(f \circ g \circ f)(4) = 5$에서 $f(g(f(4))) = 5$
$g(f(4)) = 3$, $f(4) = 2$
$(f \circ g \circ f)(1) = 2$에서 $f(g(f(1))) = 2$
$g(f(1)) = 4$, $f(1) = 4$
$f(g(5)) = 4$에서 $g(5) = 1$
$\therefore g(2) = 3$, $g(3) = 2$, $g(4) = 4$, $g(5) = 1$
$\therefore f(1) + g(3) = 4 + 2 = 6$

> **빠른 풀이**

대응관계가 성립하므로 벤다이어그램을 그려본다.

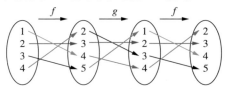

$\therefore f(1) + g(3) = 4 + 2 = 6$

28 여러 가지 함수의 함숫값   정답 21

$(g \circ g^{-1})(x) = x$이므로
$g(g^{-1}(x)) = \sqrt{2g^{-1}(x) + 1} = x$에서
$g^{-1}(x) = \dfrac{x^2 - 1}{2}$
$\therefore (f \circ g^{-1})(3) = f(g^{-1}(3)) = f(4) = 21$

> **다른 풀이**

$g^{-1}(3) = a$라 하면 $g(a) = 3$이므로
$\sqrt{2a+1} = 3$ $\therefore a = 4$
$\therefore (f \circ g^{-1})(3) = f(g^{-1}(3)) = f(4) = 21$

> **◀ 개념 체크체크 ▶**
>
> **역함수**
> 역함수를 구할 때에는 x와 y의 자리를 바꿔서 생각하면 편리
> 하다.
> [예] $y = (x-1)^2$일 때 역함수는 $x = (y-1)^2$에서
> $\quad y = \sqrt{x} + 1$이다.

29 유한집합의 원소의 개수　　　　정답 24

A를 신청한 사관생도의 집합을 X,
B를 신청한 사관생도의 집합을 Y,
C를 신청한 사관생도의 집합을 Z라 하자.
(가)에서 $n(X \cup Y) = n(X) + n(Y) - n(X \cap Y) = 43$
(나)에서 $n(Y \cup Z) = n(Y) + n(Z) - n(Y \cap Z) = 51$
(다)에서 $n(Z \cap X) = 0$
하나 이상의 국가를 신청한 사관생도의 수가 70명이라고 하였으므로
$n(X \cup Y \cup Z) = 70$에서
$n(X \cup Y \cup Z)$
$= n(X) + n(Y) + n(Z) - n(X \cap Y) - n(Y \cap Z)$
$= \{n(X) + n(Y) - n(X \cap Y)\}$
　　$+ \{n(Y) + n(Z) - n(Y \cap Z)\} - n(Y)$
$= n(X \cup Y) + n(Y \cup Z) - n(Y)$
$= 43 + 51 - n(Y) = 70$
$\therefore n(Y) = 24$
따라서 B를 신청한 사관생도의 수는 24이다.

> **개념 체크체크**
>
> 유한집합의 원소의 개수
> 유한집합의 원소의 개수는 벤다이어그램을 그려 보면 쉽게 유추할 수 있다.

30 부분집합의 개수　　　　정답 168

두 집합
$A = \{1,\ 2,\ 3,\ 4,\ 5\}$, $B = \{3,\ 4,\ 5,\ 6,\ 7,\ 8\}$에 대하여
$X \not\subset A$, $X \not\subset B$, $X \subset (A \cup B)$를 만족시키는 집합 X가 있다.
$X \not\subset A$이므로 $B - A$의 원소 중 하나 이상을 반드시 포함해야 한다.
$X \not\subset B$이므로 $A - B$의 원소 중 하나 이상을 반드시 포함해야 한다.
$A \cup B = (A - B) \cup (A \cap B) \cup (B - A)$라 하면
(ⅰ) X가 $B - A$의 원소 중 하나 이상을 포함하는 경우의 수는
　　$B - A$의 부분집합 중 공집합을 제외한 것의 개수가 된다.
　　$B - A = \{6,\ 7,\ 8\}$이므로 $2^3 - 1 = 7$이다.
(ⅱ) X가 $A - B$의 원소 중 하나 이상을 포함하는 경우의 수는
　　$A - B$의 부분집합 중 공집합을 제외한 것의 개수가 된다.
　　$A - B = \{1,\ 2\}$이므로 $2^2 - 1 = 3$이다.
(ⅲ) $A \cap B$에 속한 원소는 문제의 조건에 영향을 주지 않으므로
　　$A \cap B$의 부분집합 개수만큼의 원소를 포함하는 경우의 수가
　　나오게 된다. $A \cap B = \{3,\ 4,\ 5\}$이므로 $2^3 = 8$이다.
따라서 구하는 집합 X의 개수는
$\therefore 7 \times 3 \times 8 = 168$

> **다른 풀이**
>
> 여집합을 이용하여 문제의 조건을 바꾸면 $X \subset A$ 또는 $X \subset B$ 그리고 $X \subset (A \cup B)$이 되므로 전체 합집합 조건에서 여집합의 조건을 빼면 된다.

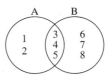

$\therefore 2^8 - (2^5 + 2^6 - 2^3) = 256 - (32 + 64 - 8) = 168$

> **개념 체크체크**
>
> 부분집합의 개수
> 집합 $A = \{a_1,\ a_2,\ a_3,\ \cdots,\ a_n\}$에 대하여
> (1) 집합 A의 부분집합의 개수는 2^n
> (2) 집합 A의 진부분집합의 개수는 $2^n - 1$
> (3) 집합 A의 부분집합 중 공집합을 제외한 부분집합의 개수는
> 　　$2^n - 1$

제3교시 수학영역 A형

문제 ▸ p. 133

<공통>

01 ③	02 ⑤	03 ①	04 ①	05 ④
06 ③	07 ②	08 ⑤	09 ⑤	10 ③
11 ⑤	12 ④	13 ②	14 18	15 21
16 12				

<확률과 통계>

17 ④	18 ②	19 ③	20 10	21 15
22 121	23 495			

<미적분>

24 ②	25 ①

<기타>

26 ④	27 ①	28 ⑤	29 16	30 23

공통

01 로그의 성질

정답 ③

$\log_4 72 - \log_2 6 = \log_4 72 - \log_4 36$

$\qquad = \log_4 \dfrac{72}{36} = \log_4 2 = \dfrac{1}{2}$

◁ 개념 체크체크 ▷

로그의 성질과 밑변환 공식

$a > 0$, $a \neq 1$, $x > 0$, $y > 0$이고, m, n이 실수일 때

(1) $\log_a 1 = 0$, $\log_a a = 1$

(2) $\log_a xy = \log_a x + \log_a y$

(3) $\log_a \dfrac{x}{y} = \log_a x - \log_a y$

(4) $\log_a x^n = n \log_a x$

(5) $\log_a x = \dfrac{1}{\log_x a}$ (단, $x \neq 1$)

(6) $\log_a x = \dfrac{\log_b x}{\log_b a}$ (단, $b > 0$, $b \neq 1$)

(7) $\log_{a^m} x^n = \dfrac{n}{m} \log_a x$

02 미분계수

정답 ⑤

$f(x) = x^3 + 2x^2 + 13x + 10$에서

$f'(x) = 3x^2 + 4x + 13$

$\therefore f'(1) = 3 + 4 + 13 = 20$

◁ 개념 체크체크 ▷

함수 $y = f(x)$의 도함수

$f(x) = x^n$의 도함수는 다음과 같이 정의할 수 있다.

$f'(x)$

$= \lim_{h \to 0} \dfrac{f(x+h) - f(x)}{h} = \lim_{h \to 0} \dfrac{(x+h)^n - x^n}{h}$

$= \lim_{h \to 0} \dfrac{nhx^{n-1} + \dfrac{n(n-1)}{2}h^2 x^{n-2} + \cdots + h^n}{h}$

$= \lim_{h \to 0} \left\{ nx^{n-1} + \dfrac{n(n-1)}{2}hx^{n-2} + \cdots + nh^{n-2}x + h^{n-1} \right\}$

$= nx^{n-1}$

따라서 모든 다항함수는 위의 정의에 의해 도함수를 구할 수 있다.

03 함수의 그래프와 극한값의 계산

정답 ①

$\lim_{x \to 1+0} f(x) - \lim_{x \to 2-0} f(x) = (-1) - 1 = -2$

04 등차수열의 귀납적 정의

정답 ①

$\displaystyle\sum_{k=1}^{10} a_k = 1 + p + 3 + (p+2) + 5 + \cdots + 9 + (p+8)$

$\qquad = \displaystyle\sum_{k=1}^{9} k + 5p = \dfrac{9 \times 10}{2} + 5p = 45 + 5p = 70$

$\therefore p = 5$

◁ 개념 체크체크 ▷

수열의 합의 적용

수열 $\{a_n\}$이 $a_{n+2} = a_n + 2(n \geq 1)$를 만족할 때, 먼저 짝수와 홀수로 나누어서 생각한다. 각각은 등차수열의 식을 따르므로 공식을 이용하여 문제를 풀 수 있다.

05 로그의 실생활에의 활용   정답 ④

$\log P_1 = k - \dfrac{1000}{250}$, $\log P_2 = k - \dfrac{1000}{300}$ 이므로

$$\log \dfrac{P_2}{P_1} = \log P_2 - \log P_1$$

$$= \left(k - \dfrac{1000}{300} \right) - \left(k - \dfrac{1000}{250} \right)$$

$$= \dfrac{1000}{250} - \dfrac{1000}{300} = 4 - \dfrac{10}{3} = \dfrac{2}{3}$$

$$\therefore \dfrac{P_2}{P_1} = 10^{\frac{2}{3}}$$

┌─ 〈 개념 체크체크 〉 ─────────────────────┐

상용로그의 실생활의 활용

상용로그의 실생활의 활용 문제는 문제의 발문이 비교적 길고 주어진 용어와 관계식이 생소하여 어렵게 느껴질 수 있지만 발문을 정확히 이해하고 주어진 관계식이 알맞은 값만 대입하면 쉽게 해결할 수 있다.

└──────────────────────────────────┘

06 로그를 포함한 방정식   정답 ③

$\log x = a$, $\log y = b$라 하고 주어진 식을 정리하면

$\dfrac{b}{a} = \dfrac{\log 8}{\log 3} = \dfrac{3 \log 2}{\log 3}$, $ab = \dfrac{3}{4} \times \log 2 \times \log 3$

두 식을 곱하면 $b^2 = \dfrac{9}{4} \times (\log 2)^2$

$b = \dfrac{3}{2} \log 2$ $(\because b = \log y > 0)$이므로

$\beta = y = 10^{\frac{3}{2} \log 2} = 10^{\log 2^{\frac{3}{2}}} = 2\sqrt{2}$

$a = \dfrac{1}{2} \log 3$이므로 $\alpha = x = 10^{\frac{1}{2} \log 3} = 10^{\log 3^{\frac{1}{2}}} = \sqrt{3}$

$\therefore \alpha\beta = 2\sqrt{6}$

┌─ 〈 개념 체크체크 〉 ─────────────────────┐

로그의 밑변환 공식

$a \neq 1$, $c \neq 1$, $a > 0$, $b > 0$, $c > 0$에 대하여

$$\log_a b = \dfrac{\log_c b}{\log_c a}$$

└──────────────────────────────────┘

07 곡선과 직선 사이의 넓이   정답 ②

$n = 1$일 때, $g(x) = x + 1$

$x + 1 = x^2 - 6x + 7$에서

$(x - 1)(x - 6) = 0$

따라서 두 함수의 그래프는 $x = 1$, $x = 6$에서 만나고 구하는 교점의 x좌표는 $x = 1$이다.

$$\therefore \int_0^1 \{ f(x) - g(x) \} dx = \int_0^1 (x^2 - 7x + 6) dx$$

$$= \left[\dfrac{1}{3} x^3 - \dfrac{7}{2} x^2 + 6x \right]_0^1$$

$$= \dfrac{1}{3} - \dfrac{7}{2} + 6 = \dfrac{17}{6}$$

┌─ 〈 개념 체크체크 〉 ─────────────────────┐

곡선과 직선 사이의 넓이

어두운 부분의 넓이를 구하기 위해서는 두 함수의 그래프의 교점을 구해야 한다.

두 함수의 그래프의 교점의 x좌표는 방정식 $f(x) = g(x)$의 해를 이용하여 구할 수 있다.

└──────────────────────────────────┘

08 일반항과 수열의 합   정답 ⑤

두 교점의 x좌표를 각각 α, β라고 하면

α, β는 방정식 $x^2 - 6x + 7 = x + n$, 즉 $x^2 - 7x + 7 - n = 0$의 해이므로 이차방정식의 근과 계수의 관계에 의하여 $\alpha + \beta = 7$, $\alpha\beta = 7 - n$이다. 이때 두 교점의 x좌표 사이의 거리는

$$|\alpha - \beta| = \sqrt{(\alpha - \beta)^2} = \sqrt{(\alpha + \beta)^2 - 4\alpha\beta} = \sqrt{21 + 4n}$$

또, $g(x)$의 기울기가 1이므로 두 교점의 y좌표 사이의 거리는 x좌표 사이의 거리와 같다.

$$\therefore a_n = \sqrt{(\alpha - \beta)^2 + (\alpha - \beta)^2} = \sqrt{2(21 + 4n)}$$

$$\therefore \sum_{n=1}^{10} a_n^2 = 2 \sum_{n=1}^{10} (21 + 4n) = 860$$

09 도함수의 방정식에의 활용   정답 ⑤

삼차함수 $f(x) = 2x^3 + ax^2 + 6x - t - 3$이 0이 되는 서로 다른 해의 개수는 1~3개이므로 $g(t)$의 값은 1 또는 2 또는 3이다.

따라서 $g(t)$가 실수 전체의 집합에서 연속이기 위해서는 실수 전체에서 $g(t) = 1$이거나 $g(t) = 2$ 또는 $g(t) = 3$이어야 한다.

만약 삼차함수 $f(x)$가 극값을 가질 경우, y절편 $-t - 3$에 따라 근의 개수가 변해 $g(t)$가 불연속이 되는 점이 생기므로 삼차함수 $f(x)$의 극값이 존재하지 않을 때 실수 전체에서 $g(t) = 1$인 연속함수가 된다.

$f'(x) = 6x^2 + 2ax + 6$이므로 $f(x)$의 극값이 존재하지 않으려면

$f'(x)=0$이 중근 또는 허근을 가져야 한다. 방정식 $f'(x)=0$의 판별식을 D라 하면 $\frac{D}{4}=a^2-36\leq 0$, $(a+6)(a-6)\leq 0$ 따라서 $-6\leq a\leq 6$이므로 조건을 만족하는 정수 a의 개수는 13이다.

10 정적분의 계산   정답 ③

$f(x+2)=f(x)+2$이므로
$f(2)=f(0+2)=f(0)+2=2$ ($\because f(0)=0$)
$4a=2$에서 $a=\frac{1}{2}$

$$\therefore \int_1^7 f(x)dx=\int_1^2 f(x)dx+\int_0^2 \{f(x)+2\}dx$$
$$+\int_0^2 \{f(x)+4\}dx+\int_0^1 \{f(x)+6\}dx$$
$$=3\int_0^2 f(x)dx+4+8+6$$
$$=3\times\left[\frac{1}{6}x^3\right]_0^2+18$$
$$=3\times\frac{2^3}{6}+18=22$$

다른 풀이

(나)의 식에 x 대신 $x-2$를 대입하면
$f(x)=f(x-2)+2$가 되어 $f(x)$ 그래프를 x축으로 $+2$, y축으로 $+2$만큼 평행이동한 형태가 된다.
$a<0$일 때는 연속하지 않으므로 $a>0$일 경우를 살펴본다.
$f(0)=0$이므로
$f(2)=f(0)+2=2$
$4a=2$, $a=\frac{1}{2}$

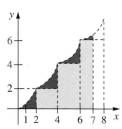

$$\int_1^7 f(x)\,dx$$
$$=3\int_0^2 f(x)dx+4+8+6$$
$$=3\int_0^2 \frac{1}{2}x^2dx+18$$
$$=3\left[\frac{1}{6}x^3\right]_0^2+18$$
$$=4+18=22$$

11 지수함수와 로그함수의 그래프   정답 ⑤

점 A의 좌표를 (a, b)라고 하면, 점 B의 좌표는 (b, a)이고,
점 C의 좌표는 $(2^b-1, b)$이다.
점 A의 좌표에 의해 $2^{a-1}+1=b$이고,
점 B의 좌표에 의해 $\log_2(b+1)=a$이므로 $b=2^a-1$
이때 $2^{a-1}+1=2^a-1$이므로
$\frac{1}{2}\times 2^a=2$ $\therefore a=2$, $b=3$
따라서 A$(2, 3)$, B$(3, 2)$, C$(7, 3)$이므로
$(p, q)=\left(\frac{2+3+7}{3}, \frac{3+2+3}{3}\right)=\left(4, \frac{8}{3}\right)$
$\therefore p+q=\frac{20}{3}$

12 수열의 귀납적 정의   정답 ④

$a_{n+1}=-\frac{3a_n+2}{a_n}$의 양변에 2를 더하면

$a_{n+1}+2=-\frac{3a_n+2}{a_n}+2=-\frac{a_n+2}{a_n}$이므로 (가) $=2$이다.

$b_n=\frac{1}{a_n+2}$이라 하면 $b_{n+1}=\frac{1}{a_{n+1}+2}$이고,

$a_{n+1}+2=-\frac{a_n+2}{a_n}$이므로

$b_{n+1}=\frac{1}{a_{n+1}+2}=-\frac{a_n}{a_n+2}=-\frac{a_n+2-2}{a_n+2}$

$=\frac{2}{a_n+2}-1=2b_n-1$

(나) $=1$이고, b_n의 일반항은 (다) $=2^n+1$이다.

따라서 $p=2$, $q=1$, $f(n)=2^n+1$이므로

$\therefore p \times q \times f(5) = 2 \times 1 \times 33 = 66$

13 접선의 방정식
정답 ②

$f(x)=x^3+ax^2+bx+c$라고 하면 $f'(x)=3x^2+2ax+b$이고, $f(0)=c$, $f'(0)=b$이므로 직선 l은 $l=bx+c$이다.

직선 m의 기울기가 1이고, 직선 l이 직선 m에 수직이므로 $b=-1$

$\therefore l=-x+c$

점 B는 $y=x$ 위의 점이므로 점 B의 x좌표를 k라고 하면

$k=-k+c$ $\quad \therefore c=2k$

$f(k)=k^3+ak^2-k+2k=k$이므로 $k^2(k+a)=0$

$\therefore k=-a$ ($\because k \neq 0$)

$f'(k)=3k^2+2ak-1=3k^2-2k^2-1=k^2-1=1$이므로

$k=\sqrt{2}$ ($\because k>0$)

$\therefore a=-\sqrt{2}$, $c=2k=2\sqrt{2}$

$\therefore f(x)=x^3-\sqrt{2}x^2-x+2\sqrt{2}$

$f(x)=x^3-\sqrt{2}x^2-x+2\sqrt{2}$ 와 $y=x$에서

$x^3-\sqrt{2}x^2-x+2\sqrt{2}=x$

$x^2(x-\sqrt{2})-2(x-\sqrt{2})=0$, $(x^2-2)(x-\sqrt{2})=0$

$\therefore x=-\sqrt{2}$ 또는 $x=\sqrt{2}$

따라서 구하는 x좌표는 $x=-\sqrt{2}$ 이므로 이 점에서 $f(x)$의 기울기는

$\therefore f'(-\sqrt{2})=6+4-1=9$

다른 풀이

점 B의 좌표를 (k, k)라 하면 직선 l의 기울기는 -1이므로

$k=-k+b$, $b=2k$에 의해 $l : y=-x+2k$

곡선 $y=f(x)$와의 교점 A, B가 $x=0$, $x=k$이므로

$f(x)=-x+2k$, $f(x)+x^2-2k=x^2(x-k)$

$f(x)=x^2(x-k)-x+2k$

$f'(x)=2x(x-k)+x^2-1$

$f'(k)=1$이므로 $f'(k)=k^2-1=1$, $k=\sqrt{2}$

$f(x)=x^2(x-\sqrt{2})-x+2\sqrt{2}=x^3-\sqrt{2}x^2-x+2\sqrt{2}$

점 C의 x좌표를 구하면

$x^3-\sqrt{2}x^2-x+2\sqrt{2}=x$, $x^2(x-\sqrt{2})-2(x-\sqrt{2})=0$

$(x^2-2)(x-\sqrt{2})=0$, $x=-\sqrt{2}$ 또는 $x=\sqrt{2}$ 에서 C점의 좌표는 $x=-\sqrt{2}$ 이므로

$f'(x)=3x^2-2\sqrt{2}x-1$에 의해

$\therefore f'(-\sqrt{2})=6+4-1=9$

14 등차수열
정답 18

α, β, $\alpha+\beta$가 등차수열을 이루므로 공차를 d라고 하면

$d=(\alpha+\beta)-\beta=\beta-\alpha$이므로 $\beta=2\alpha$

한편, 이차방정식의 근과 계수의 관계에 의하여

$\alpha+\beta=k$, $\alpha\beta=72$

$\alpha\beta=2\alpha^2=72$이므로 $\alpha=6$ ($\because \alpha>0$)

$\therefore k=\alpha+\beta=3\alpha=18$

15 정적분과 급수
정답 21

$1+\dfrac{2k}{n}=x$라고 하면 $dx=\dfrac{2}{n}dk$

$\therefore \displaystyle\lim_{n \to \infty} \frac{1}{n}\sum_{k=1}^{n} f\left(1+\frac{2k}{n}\right) = \frac{1}{2}\int_1^3 f(x)dx$

$\qquad\qquad = \dfrac{1}{2}\int_1^3 (3x^2+4x)\,dx$

$\qquad\qquad = \dfrac{1}{2}\left[x^3+2x^2\right]_1^3$

$\qquad\qquad = \dfrac{1}{2}\{(27+18)-(1+2)\}$

$\qquad\qquad = 21$

직선 $y=x+1$ 아래에 있는 자연수 점의 좌표는

$(1,\ 1),\ (2,\ 1),\ (2,\ 2),\ (3,\ 1),\ (3,\ 2),\ (3,\ 3),\ \cdots$

즉, 자연수 $n,\ x,\ y$에 대하여 $y \le x=n$인 점이다.

$y=-x+2n+1$과 $y=x+1$의 교점의 좌표는 $(n,\ n+1)$이고,

$y=-x+2n+1$의 기울기가 -1이므로

$y=x+1$과 $y=-x+2n+1$및 x축으로 둘러싸인 삼각형 내부의

점의 개수는

$1+2+3+\cdots+(n-1)+n+(n-1)+\cdots+3+2+1$

$=\displaystyle\sum_{k=1}^{n}k+\sum_{k=1}^{n-1}k=\frac{n(n+1)}{2}+\frac{n(n-1)}{2}=n^2$

한편 $y=\dfrac{x}{n+1}$의 경계선을 포함한 아래에 있는 점을 구하면

$y=\dfrac{x}{n+1}$가 $(n+1,\ 1)$을 지나고, 직선 $y=-x+2n+1$과의 교점

$\left(\dfrac{(2n+1)(n+1)}{n+2},\ \dfrac{2n+1}{n+2}\right)$에서 교점의 y좌표가

$\dfrac{2n+1}{n+2}=2-\dfrac{3}{n+2}<2$이므로 구하는 점은 $y=1$일 때의

$y=-x+2n+1$과 $y=\dfrac{x}{n+1}$ 사이의 점이며 그 개수는

$(2n-1)-n=n-1$이다.

따라서 $a_n=n^2-n+1$이므로 $n^2-n+1=133$에서

$n^2-n-132=0,\ (n-12)(n+11)=0$

$\therefore\ n=12\ (\because n$은 자연수$)$

다른 풀이

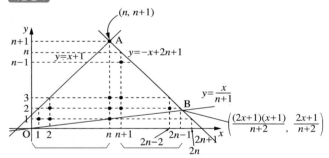

교점 A의 좌표는 $x+1=-x+2n+1$ $x=n,\ y=n+1$

교점 B의 좌표는 $-x+2n+1=\dfrac{x}{n+1}$ $x=\dfrac{(2n+1)(n+1)}{n+2}$,

$y=\dfrac{2n+1}{n+2}\left(=2-\dfrac{3}{n+2}<2\right)$

세 직선으로 둘러싸인 삼각형 내부(경계선 제외)에 있는 자연수인 점의 개수이므로 $x=1$일 때 1개, $x=2$일 때 2개, $\cdots$, $x=n$일 때 n개이다.

$y=\dfrac{x}{n+1}$에서 $y=1$일 때 $x=n+1$이고,

$y=-x+2n+1$에서 $x=n+1$일 때 $y=n$이며,

$y=2$일 때 $x=2n-1$, $y=3$일 때 $x=2n-2$이므로

$x=n+1$일 때 $n-2$개, $\cdots$, $x=2n-2$일 때 1개이다.

$x=n+1$에서 $x=2n-2$ 사이의 x좌표 개수는

$2n-2-(n+1)+1=n-2$이므로

$a_n=\displaystyle\sum_{k=1}^{n}k+\sum_{k=1}^{n-2}k=\frac{n(n+1)}{2}+\frac{(n-2)(n-1)}{2}$

$\qquad =\dfrac{n^2+n+n^2-3n+2}{2}=n^2-n+1$

$n^2-n+1=133,\ n^2-n-132=0$

$(n+11)(n-12)=0\quad \therefore\ n=12$

선택

1 확률과 통계

17 독립사건의 확률   정답 ④

$\mathrm{P}(A^{C}\cap B)=\mathrm{P}(B\cap A^{C})=\mathrm{P}(B-A)=\dfrac{1}{3}$이므로

$\mathrm{P}(A)=\mathrm{P}(A\cup B)-\mathrm{P}(B-A)=\dfrac{1}{2}$

$\mathrm{P}(A\cap B)=x$라고 하면

$\mathrm{P}(B)=\mathrm{P}(A^{C}\cap B)+\mathrm{P}(A\cap B)=\dfrac{1}{3}+x$이고,

$A,\ B$가 서로 독립이므로

$\mathrm{P}(A\cap B)=\mathrm{P}(A)\times\mathrm{P}(B)=\dfrac{1}{2}\times\left(\dfrac{1}{3}+x\right)=\dfrac{1}{6}+\dfrac{1}{2}x=x$

$\therefore\ x=\dfrac{1}{3}$

$\therefore\ \mathrm{P}(B)=\dfrac{1}{3}+\dfrac{1}{3}=\dfrac{2}{3}$

개념 체크체크

확률과 집합의 관계

벤다이어그램을 통해 $A\cup B=A\cup(B-A)$임을 알 수 있다. 이때 서로소인 두 집합의 확률은

$\mathrm{P}(A\cup B)=\mathrm{P}(A)+\mathrm{P}(B-A)$와 같이 덧셈으로 나타낼 수 있다.

18 표본평균의 분포   정답 ②

사과의 무게 X는 평균이 350, 표준편차가 30이므로 모집단 $\overline{X}$는

정규분포 $\mathrm{N}\left(350,\ \dfrac{30^2}{9}\right)$, 즉 $\mathrm{N}(350,\ 10^2)$을 따른다.

$\therefore\ \mathrm{P}(345\le \overline{X}\le 365)$

$=\mathrm{P}\left(\dfrac{345-350}{10}\le Z\le \dfrac{365-350}{10}\right)$

$=\mathrm{P}(-0.5\le Z\le 1.5)$

$=\mathrm{P}(0\le Z\le 0.5)+\mathrm{P}(0\le Z\le 1.5)$

$=0.1915+0.4332=0.6247$

19 조합을 이용한 확률 정답 ③

A: 앞면을 두 개 선택하여 뒤집는 행위
B: 뒷면을 두 개 선택하여 뒤집는 행위
C: 앞면, 뒷면을 각각 하나씩 뒤집는 행위
라고 하고 각 A, B, C로 시작해서 원래의 형태로 돌아오는 경우는
A로 시작하는 경우에는 A → B → C밖에 없으므로 그 확률은

$$\frac{_2C_2}{_5C_2} \times \frac{_5C_2}{_5C_2} \times \frac{_3C_1 \times _2C_1}{_5C_2} = \frac{3}{50}$$

마찬가지로 일어나는 다른 경우에 대한 확률을 구하면

$$B \to A \to C: \frac{_3C_2}{_5C_2} \times \frac{_4C_2}{_5C_2} \times \frac{_2C_1 \times _3C_1}{_5C_2} = \frac{27}{250},$$

$$B \to C \to A: \frac{_3C_2}{_5C_2} \times \frac{_4C_1 \times _1C_1}{_5C_2} \times \frac{_4C_2}{_5C_2} = \frac{9}{125},$$

$$C \to A \to B: \frac{_3C_1 \times _2C_1}{_5C_2} \times \frac{_2C_2}{_5C_2} \times \frac{_5C_2}{_5C_2} = \frac{3}{50},$$

$$C \to B \to A: \frac{_2C_1 \times _3C_1}{_5C_2} \times \frac{_3C_2}{_5C_2} \times \frac{_4C_2}{_5C_2} = \frac{27}{250},$$

$$C \to C \to C: \left(\frac{_2C_1 \times _3C_1}{_5C_2}\right)^3 = \frac{27}{125}$$

따라서 구하는 확률은

$$\therefore \frac{3}{50} + \frac{27}{250} + \frac{9}{125} + \frac{3}{50} + \frac{27}{250} + \frac{27}{125} = \frac{78}{125}$$

20 조건부확률 정답 10

검은 공이 나오고 흰 공이 나올 확률은 $\frac{3}{5} \times \frac{2}{4} = \frac{3}{10}$

흰 공이 나오고 또 흰 공이 나올 확률은 $\frac{2}{5} \times \frac{1}{4} = \frac{1}{10}$

따라서 구하는 확률은 $\dfrac{\frac{1}{10}}{\frac{3}{10} + \frac{1}{10}} = \frac{1}{4}$이므로 $p = \frac{1}{4}$

$$\therefore 40p = 10$$

21 연속확률변수와 확률밀도함수 정답 15

$\displaystyle\int_0^4 f(x)dx = 1$이므로

$$\int_0^1 \frac{1}{2}x\,dx + \int_1^4 a(x-4)dx = \frac{1}{4} + \frac{15}{2}a - 12a = 1$$

$$\therefore a = -\frac{1}{6}$$

$$E(X) = \int_0^4 xf(x)dx = \int_0^1 \frac{1}{2}x^2 dx - \int_1^4 \frac{1}{6}(x^2 - 4x)dx = \frac{5}{3}$$

이므로

$$\therefore E(6X+5) = 6E(X) + 5 = 6 \times \frac{5}{3} + 5 = 15$$

<blockquote>
개념 체크체크

확률밀도함수

확률밀도함수는 $\alpha \leq x \leq \beta$의 모든 실수 값 x에 대해
$f(x) \geq 0$이고 함수 $y = f(x)$의 그래프와 x축 및 두 직선
$x = \alpha$, $x = \beta$ 사이의 넓이는 1이다.
$P(a \leq x \leq b)$의 값은 함수 $y = f(x)$와 x축 및 두 직선
$x = a$, $x = b$ 사이의 넓이와 같다.
</blockquote>

22 독립시행의 확률 정답 121

A와 B는 반대 방향으로 각각 같은 크기로만 움직이므로 주사위를 5번 던진 후 두 점 사이의 거리는 3 이상이다.
따라서 두 점 사이의 거리가 3 이하일 경우는 두 점의 거리가 3인 경우뿐이므로 (가), (나)가 각각 3번, 2번 혹은 2번, 3번 발생하는 경우이다.

(가)의 확률은 $\frac{1}{3}$, (나)의 확률은 $\frac{2}{3}$이므로

$$\frac{q}{p} = {_5C_3}\left(\frac{1}{3}\right)^3\left(\frac{2}{3}\right)^2 + {_5C_2}\left(\frac{1}{3}\right)^2\left(\frac{2}{3}\right)^3$$

$$= 10 \times \frac{8}{3^5} + 10 \times \frac{4}{3^5} = 10 \times \left(\frac{12}{3^5}\right) = \frac{40}{81}$$

$$\therefore p + q = 121$$

<blockquote>
※ 두 점 사이의 거리가 3 이하일 경우 중에 두 점 사이의 거리가 0이 될 경우도 있지만 홀수 번 던지는 경우에는 조건을 만족하지 않는다.
</blockquote>

23 중복조합 정답 495

구하는 경우의 수는 좌석 15개 중 선택되지 않는 11개를 나열한 후 그 좌석들 사이와 양끝의 공간 12개 중에서 4개를 선택하는 경우의 수와 같다.

$$\therefore {_{12}C_4} = \frac{12!}{4!\,8!} = 495$$

<blockquote>
개념 체크체크

조합을 이용한 경우의 수

처음부터 15개의 좌석이 있는 것이 아닌 11개의 좌석이 있다고 생각하고, 각 좌석 사이 공간에 사람을 끼어 넣는 경우와 같다는 것을 알아둔다.

즉, 위의 11개의 좌석에서 12개의 세로 선을 선택한다고 생각하면 된다.
이때 순서를 생각하지 않으므로 조합을 이용하는 경우의 수를 구한다.
</blockquote>

2 미적분

24 급수와 수열의 극한 사이의 관계   정답 ②

$\displaystyle\sum_{n=1}^{\infty}\left(\dfrac{a_n}{3^n}-4\right)$가 수렴하므로

$$\lim_{n\to\infty}\left(\dfrac{a_n}{3^n}-4\right)=0 \quad \therefore \lim_{n\to\infty}\dfrac{a_n}{3^n}=4$$

$$\therefore \lim_{n\to\infty}\dfrac{a_n+2^n}{3^{n-1}+4}=\lim_{n\to\infty}\dfrac{\dfrac{a_n}{3^n}+\left(\dfrac{2}{3}\right)^n}{\dfrac{1}{3}+\dfrac{4}{3^n}}=\dfrac{4}{\dfrac{1}{3}}=12$$

25 등비급수의 활용   정답 ①

R_1에서 정사각형의 한 변의 길이가 2이므로 삼각형 $A_1B_1M_1$의 넓이는 1이다.

R_1의 원의 반지름의 길이를 r라 하고, $\overline{A_1B_1}=a$, $\overline{B_1M_1}=b$,

$\overline{M_1A_1}=c$라고 하면 삼각형의 넓이는

$\dfrac{1}{2}r(a+b+c)=\dfrac{1}{2}r(1+2+\sqrt5)=1$에서

$r=\dfrac{2}{3+\sqrt5}=\dfrac{1}{2}(3-\sqrt5)$

따라서 R_1의 색칠된 부분의 넓이는

$2\pi r^2=2\times\dfrac{1}{4}(3-\sqrt5)^2\pi=(7-3\sqrt5)\pi$

이때 $\overline{A_2M_2}=k$라고 하면 $\overline{A_2B_2}=2k$, $\overline{B_1B_2}=1-k$이고

$2k:(1-k)=2:1$에서 $k=\dfrac{1}{2}$이므로 넓이의 비는 $1:\dfrac{1}{4}$이다.

$\displaystyle\lim_{n\to\infty}S_n=\dfrac{(7-3\sqrt5)\pi}{1-\dfrac{1}{4}}=\dfrac{4(7-3\sqrt5)}{3}\pi$

3 기타

26 행렬의 연산   정답 ④

$AB+A=A(B+E)=\begin{pmatrix}2&-1\\0&1\end{pmatrix}\begin{pmatrix}1&3\\1&-1\end{pmatrix}=\begin{pmatrix}1&7\\1&-1\end{pmatrix}$이므로

$(1,\,2)$성분은 7이다.

27 그래프와 행렬   정답 ①

M^2의 주대각선 성분은 각 점에 연결된 변의 개수이므로 M^2의 주대각선 성분들의 합이 행렬 M의 성분들의 총합이다.

행렬의 총합이 곧 1의 개수이고, 변의 개수가 짝수인 점은 1개뿐이므로 $a=4+3+3+3+3=16$, $b=1$이다.

$\therefore a+b=17$

다른 풀이

행렬 M^2에서 $\dfrac{\text{대각선의 총합}}{2}$ =변의 개수가 된다.

변의 개수 $=\dfrac{16}{2}=8$

그림을 그리고 M의 행렬을 구하면 다음과 같다.

$M=\begin{array}{c}\\A\\B\\C\\D\\E\end{array}\begin{pmatrix}0&1&1&1&1\\1&0&0&0&1\\1&0&0&0&1\\1&0&0&0&1\\1&1&1&1&0\end{pmatrix}$

$\begin{array}{ccccc}A&B&C&D&E\end{array}$

1의 개수 $a=16$, 연결된 변의 개수가 짝수(4)인 $b=1$

$\therefore a+b=17$

28 행렬의 연산과 성질 정답 ⑤

ㄱ. $AB = A - B$이므로 $AB - A + B - E = -E$

$(A+E)(E-B) = E$

$A+E$ 가 $E-B$의 역행렬이고, 역행렬 관계에서는 교환법칙이 성립하므로

$(A+E)(B-E) = (B-E)(A+E) = BA - A + B - E = -E$

$\therefore AB = BA$ (참)

ㄴ. $AB = BA$이고, $AB + B = A$이므로

$2BA + 2B = 2(AB + B) = 2A = A^2$ $\quad \therefore A^2 - 2A = 0$

$A^2 - 2A - 3E = (A - 3E)(A + E) = -3E$

$\therefore (A - 3E)^{-1} = -\dfrac{1}{3}(A + E)$ (참)

ㄷ. $2BA + 2B = A^2 = 2A$에서

$B(A+E) = A$이고, $(A-3E)(A+E) = -3E$ 이므로

$B(A+E)(A-3E) = A(A-3E) = -3B$

$\therefore 3B = -A^2 + 3A = -2A + 3A = A$

$\therefore (A+B)^2 = (3B+B)^2 = 16B^2$ (참)

따라서 옳은 것은 ㄱ, ㄴ, ㄷ이다.

29 계차수열의 극한 정답 16

$T_n = b_1 + b_2 + b_3 + \cdots + b_n$

$= (a_2 - a_1) + (a_3 - a_2) + (a_4 - a_3) + \cdots + (a_{n+1} - a_n)$

$= a_{n+1} - a_1$

$T_{4n} = a_{4n+1} - a_1 = 2^{2n+2} - 4$

$T_{2n-1} = a_{2n} - a_1 = 4^{n-1} + 2^n - 1$

$\therefore \lim\limits_{n \to \infty} \dfrac{T_{4n}}{T_{2n-1}} = \lim\limits_{n \to \infty} \dfrac{2^{2n+2} - 4}{4^{n-1} + 2^n - 1}$

$= \lim\limits_{n \to \infty} \dfrac{4 - \dfrac{4}{4^n}}{\dfrac{1}{4} + \dfrac{1}{2^n} - \dfrac{1}{4^n}} = 16$

30 로그의 정수 부분과 소수 부분 정답 23

(i) $\sum\limits_{k=1}^{5} g(x^k) = g(x) + g(x^2) + g(x^3) + g(x^4) + g(x^5)$

$= g(x^{10}) + 2$

$= g(x) + \{2g(x) - a\} + \{3g(x) - b\}$

$\quad + \{4g(x) - c\} + \{5g(x) - d\}$

$= \{10g(x) - e\} + 2$

$(k = a, \ b, \ c, \ d, \ e$는 $0 \le ng(x) - k < 1$이 되는 정수$)$

$\therefore 5g(x) = a + b + c + d - e + 2$

$a, \ b, \ c, \ d, \ e$가 정수이므로 우변은 정수이고, 좌변도 정수이어야 하므로

$g(x) = \dfrac{n}{5}$ $\quad (n = 1, \ 2, \ 3, \ 4)$

(ii) $\sum\limits_{k=1}^{3} f(kx) = f(x) + f(2x) + f(3x) = 3f(x)$이므로

$f(2x) + f(3x) = 2f(x)$이고,

$f(3x) \ge f(2x) \ge f(x)$이므로

$f(2x) = f(3x) = f(x)$이다.

$\log 3x = f(3x) + g(3x) = f(x) + g(x) + \log 3$이고,

$f(3x) = f(x)$이므로 $g(x) + \log 3 < 1$이어야 한다.

$\therefore g(x) < 0.5229$

따라서 (i), (ii)에 의해 $g(x) = \dfrac{1}{5}$ 또는 $g(x) = \dfrac{2}{5}$ 이므로

$\log x = n + \dfrac{1}{5}$ 또는 $\log x = n + \dfrac{2}{5}$ $(n = 0, \ 1, \ 2, \ 3, \ 4)$

$\therefore \log A = \log x_1 + \log x_2 + \cdots + \log x_n$

$= \sum\limits_{k=0}^{4}\left(k + \dfrac{1}{5}\right) + \sum\limits_{k=0}^{4}\left(k + \dfrac{2}{5}\right) = 23$

<공통>

| 01 ④ | 02 ④ | 03 64 | | |

<확률과 통계>

| 04 ⑤ | 05 ① | 06 ④ | 07 78 | |

<미적분>

| 08 ② | 09 ③ | 10 ② | 11 ③ | 12 ⑤ |
| 13 ① | 14 ② | 15 23 | 16 75 | 17 160 |

<기하>

| 18 ③ | 19 ① | 20 ③ | 21 ④ | 22 12 |
| 23 8 | | | | |

<기타>

| 24 ⑤ | 25 ④ | 26 ② | 27 ① | 28 ⑤ |
| 29 90 | 30 9 | | | |

공통

01 로그의 실생활에의 활용   정답 ④

$\log P_1 = k - \dfrac{1000}{250}$, $\log P_2 = k - \dfrac{1000}{300}$ 이므로

$\log \dfrac{P_2}{P_1} = \log P_2 - \log P_1$

$= \left(k - \dfrac{1000}{300} \right) - \left(k - \dfrac{1000}{250} \right)$

$= \dfrac{1000}{250} - \dfrac{1000}{300} = 4 - \dfrac{10}{3} = \dfrac{2}{3}$

$\therefore \dfrac{P_2}{P_1} = 10^{\frac{2}{3}}$

02 수열의 귀납적 정의   정답 ④

$a_{n+1} = -\dfrac{3a_n + 2}{a_n}$ 의 양변에 2를 더하면

$a_{n+1} + 2 = -\dfrac{3a_n + 2}{a_n} + 2 = -\dfrac{a_n + 2}{a_n}$ 이므로 (가) $= 2$ 이다.

$b_n = \dfrac{1}{a_n + 2}$ 이라 하면 $b_{n+1} = \dfrac{1}{a_{n+1} + 2}$ 이고,

$a_{n+1} + 2 = -\dfrac{a_n + 2}{a_n}$ 이므로

$b_{n+1} = \dfrac{1}{a_{n+1} + 2} = -\dfrac{a_n}{a_n + 2} = -\dfrac{a_n + 2 - 2}{a_n + 2}$

$= \dfrac{2}{a_n + 2} - 1 = 2b_n - 1$

따라서 (나) $= 1$ 이고, b_n의 일반항은 (다) $= f(n) = 2^n + 1$이다.

$\therefore p \times q \times f(5) = 2 \times 1 \times 33 = 66$

03 점화식   정답 64

$a_{n+1} = a_n + 3n$

$a_{n+1} - a_n = 3n$

$\therefore a_n = a_1 + 3\sum_{k=1}^{n-1} k = 1 + \dfrac{3n(n-1)}{2}$

$\therefore a_7 = 1 + \dfrac{3 \times 7 \times 6}{2} = 64$

선택

1 확률과 통계

04 중복조합   정답 ⑤

$_3H_1 + {}_3H_2 + {}_3H_3 = {}_3C_1 + {}_4C_2 + {}_5C_3$

$= 3 + \dfrac{4 \times 3}{2 \times 1} + \dfrac{5 \times 4 \times 3}{3 \times 2}$

$= 3 + 6 + 10$

$= 19$

05 표본평균의 분포   정답 ①

사과에서 임의로 선택한 9개의 무게를 확률변수 $\overline{X}$라 하면 $\overline{X}$는 정규분포 $N_{\overline{X}} \left(350, \dfrac{30^2}{9} \right)$, 즉 $N_{\overline{X}}(350, 10^2)$을 따르고,

배에서 임의로 선택한 4개의 무게를 확률변수 $\overline{Y}$라 하면 $\overline{Y}$는 정규분포 $N_{\overline{Y}} \left(490, \dfrac{40^2}{4} \right)$, 즉 $N_{\overline{Y}}(490, 20^2)$을 따른다.

$\dfrac{3240}{9} = 360$, $\dfrac{2008}{4} = 502$이므로

$P(\overline{X} \geq 360) = P\left(Z_{\overline{X}} \geq \dfrac{360 - 350}{10} \right)$

$= P(Z_{\overline{X}} \geq 1) = 0.5 - 0.34 = 0.16$

$P(\overline{Y} \geq 502) = P\left(Z_{\overline{Y}} \geq \dfrac{502 - 490}{20} \right)$

$= P(Z_{\overline{Y}} \geq 0.6) = 0.5 - 0.23 = 0.27$

따라서 구하는 확률은

$\therefore 0.16 \times 0.27 = 0.0432$

06 조건부확률　　　　　　　　정답 ④

두 번째 뽑은 공이 검은 공일 경우의 확률을 구해 보자.

(ⅰ) 첫 번째 흰 공을 뽑고, 두 번째 검은 공을 뽑은 경우의 확률은

$\dfrac{1}{6} \times \dfrac{3}{7} = \dfrac{1}{14}$

(ⅱ) 첫 번째 파란 공을 뽑고, 두 번째 검은 공을 뽑는 경우의 확률은

$\dfrac{2}{6} \times \dfrac{3}{7} = \dfrac{1}{7}$

(ⅲ) 첫 번째 검은 공을 뽑고, 두 번째 검은 공을 뽑는 경우의 확률은

$\dfrac{3}{6} \times \dfrac{4}{7} = \dfrac{2}{7}$

따라서 구하는 확률은

$\therefore \dfrac{\dfrac{2}{7}}{\dfrac{1}{14} + \dfrac{1}{7} + \dfrac{2}{7}} = \dfrac{4}{7}$

07 조합을 이용한 확률　　　　　정답 78

A: 앞면을 두 개 선택하여 뒤집는 행위
B: 뒷면을 두 개 선택하여 뒤집는 행위
C: 앞면, 뒷면을 각각 하나씩 뒤집는 행위

라고 하고 각 A, B, C로 시작해서 원래의 형태로 돌아오는 경우는 A로 시작하는 경우에는 A → B → C 밖에 없으므로 그 확률은

$\dfrac{{}_2\mathrm{C}_2}{{}_5\mathrm{C}_2} \times \dfrac{{}_5\mathrm{C}_2}{{}_5\mathrm{C}_2} \times \dfrac{{}_3\mathrm{C}_1 \times {}_2\mathrm{C}_1}{{}_5\mathrm{C}_2} = \dfrac{3}{50}$ 이다.

마찬가지로 일어나는 다른 경우에 대한 확률을 구하면

B → A → C: $\dfrac{{}_3\mathrm{C}_2}{{}_5\mathrm{C}_2} \times \dfrac{{}_4\mathrm{C}_2}{{}_5\mathrm{C}_2} \times \dfrac{{}_2\mathrm{C}_1 \times {}_3\mathrm{C}_1}{{}_5\mathrm{C}_2} = \dfrac{27}{250}$

B → C → A: $\dfrac{{}_3\mathrm{C}_2}{{}_5\mathrm{C}_2} \times \dfrac{{}_4\mathrm{C}_1 \times {}_1\mathrm{C}_1}{{}_5\mathrm{C}_2} \times \dfrac{{}_4\mathrm{C}_2}{{}_5\mathrm{C}_2} = \dfrac{9}{125}$

C → A → B: $\dfrac{{}_3\mathrm{C}_1 \times {}_2\mathrm{C}_1}{{}_5\mathrm{C}_2} \times \dfrac{{}_2\mathrm{C}_2}{{}_5\mathrm{C}_2} \times \dfrac{{}_5\mathrm{C}_2}{{}_5\mathrm{C}_2} = \dfrac{3}{50}$

C → B → A: $\dfrac{{}_2\mathrm{C}_1 \times {}_3\mathrm{C}_1}{{}_5\mathrm{C}_2} \times \dfrac{{}_3\mathrm{C}_2}{{}_5\mathrm{C}_2} \times \dfrac{{}_4\mathrm{C}_2}{{}_5\mathrm{C}_2} = \dfrac{27}{250}$

C → C → C: $\left(\dfrac{{}_2\mathrm{C}_1 \times {}_3\mathrm{C}_1}{{}_5\mathrm{C}_2}\right)^3 = \dfrac{27}{125}$

따라서 구하는 확률은

$\dfrac{3}{50} + \dfrac{27}{250} + \dfrac{9}{125} + \dfrac{3}{50} + \dfrac{27}{250} + \dfrac{27}{125} = \dfrac{78}{125}$ 이므로

$p = \dfrac{78}{125}$

$\therefore 125p = 125 \times \dfrac{78}{125} = 78$

❷ 미적분

08 정적분으로 정의된 함수　　　정답 ②

$\displaystyle\int_0^1 t f(t)\,dt = C$ 라고 하면

$f(x) = e^x + \displaystyle\int_0^1 t f(t)\,dt = e^x + C$

이때

$C = \displaystyle\int_0^1 t(e^t + C)\,dt$

$= \displaystyle\int_0^1 t e^t\,dt + \displaystyle\int_0^1 Ct\,dt$

$= \left[t e^t \right]_0^1 - \displaystyle\int_0^1 e^t\,dt + \left[\dfrac{1}{2} C t^2 \right]_0^1$

$= \dfrac{C}{2} + 1$

에서 $C = \dfrac{C}{2} + 1$이므로

$C = 2$

$\therefore f(x) = e^x + 2$

$$\therefore \int_0^1 f(x)dx = \int_0^1 (e^x+2)dx$$
$$= \left[e^x+2x\right]_0^1$$
$$= e+1$$

09 매개변수로 나타낸 함수의 미분
정답 ③

$\dfrac{dx}{d\theta} = -2\sin\theta - 2\sin2\theta$, $\dfrac{dy}{d\theta} = 2\cos\theta + 2\cos2\theta$ 이므로

$$\frac{dy}{dx} = \frac{2\cos\theta + 2\cos2\theta}{-2\sin\theta - 2\sin2\theta} = -\frac{\cos\theta + \cos2\theta}{\sin\theta + \sin2\theta}$$

따라서 $\theta = \dfrac{\pi}{6}$에 대응하는 이 곡선의 접선의 기울기는

$$\therefore -\frac{\dfrac{\sqrt{3}}{2} + \dfrac{1}{2}}{\dfrac{1}{2} + \dfrac{\sqrt{3}}{2}} = -1$$

10 매개변수로 나타낸 함수의 미분
정답 ②

곡선의 길이

$$= \int_0^\pi \sqrt{\left(\frac{dx}{d\theta}\right)^2 + \left(\frac{dy}{d\theta}\right)^2}\, d\theta$$
$$= \int_0^\pi \sqrt{(-2\sin\theta - 2\sin2\theta)^2 + (2\cos\theta + 2\cos2\theta)^2}\, d\theta$$
$$= \int_0^\pi \sqrt{8 + 8\cos\theta}\, d\theta = 2\sqrt{2}\int_0^\pi \sqrt{1+\cos\theta}\, d\theta$$
$$= 2\sqrt{2}\int_0^\pi \frac{\sin\theta}{\sqrt{1-\cos\theta}}\, d\theta$$
$$= 2\sqrt{2}\left(2\sqrt{1-\cos\pi} - 2\sqrt{1-\cos0}\right)$$
$$= 2\sqrt{2} \times 2\sqrt{2} = 8$$

다른 풀이

$2\sqrt{2}\displaystyle\int_0^\pi \dfrac{\sin\theta}{\sqrt{1-\cos\theta}}\, d\theta$에서

$1 - \cos\theta = t$로 치환하여 미분하면 $\sin\theta\, d\theta = dt$이므로

$$2\sqrt{2}\int_0^2 \frac{1}{\sqrt{t}}\, dt = 2\sqrt{2}\int_0^2 t^{-\frac{1}{2}}\, dt$$
$$= 2\sqrt{2}\left[2t^{\frac{1}{2}}\right]_0^2 = 2\sqrt{2} \times 2\sqrt{2} = 8$$

11 정적분과 급수
정답 ③

$\displaystyle\lim_{n\to\infty} \frac{1}{n}\sum_{k=1}^n g\left(1 + \frac{3k}{n}\right) = \frac{1}{3}\int_1^4 g(t)dt$이고

$f(a) = 1$, $f(b) = 4$에서 $a = \sqrt{3}$, $b = 0\{f(\sqrt{3}) = 1, f(0) = 4\}$ 이므로

$$\frac{1}{3}\int_1^4 g(t)dt = \frac{1}{3}\left(\int_0^{\sqrt{3}} f(x)dx - \sqrt{3}\right)$$
$$= \frac{1}{3}\int_0^{\sqrt{3}} \frac{4}{1+x^2}\, dx - \frac{\sqrt{3}}{3}$$
$$= \frac{1}{3}\int_0^{\frac{\pi}{3}} \frac{4}{1+\tan^2\theta} \times \sec^2\theta\, d\theta - \frac{\sqrt{3}}{3}\ (\because)$$
$$= \frac{1}{3}\int_0^{\frac{\pi}{3}} \frac{4}{\sec^2\theta} \times \sec^2\theta\, d\theta - \frac{\sqrt{3}}{3}$$
$$= \frac{4}{3}\left[\theta\right]_0^{\frac{\pi}{3}} - \frac{\sqrt{3}}{3} = \frac{4\pi - 3\sqrt{3}}{9}$$

$\because$ $x = \tan\theta$로 놓으면 $dx = \sec^2\theta\, d\theta$이고

$x = 0$일 때 $\tan\theta = 0$에서 $\theta = 0$

$x = \sqrt{3}$일 때 $\tan\theta = \sqrt{3}$에서 $\theta = \dfrac{\pi}{3}$

$$r = \frac{2}{3+\sqrt{5}} = \frac{1}{2}(3-\sqrt{5})$$

따라서 그림 R_1의 색칠된 부분의 넓이는

$$2\pi r^2 = 2\pi \times \frac{1}{4}(3-\sqrt{5})^2 = (7-3\sqrt{5})\pi$$

이때 $\overline{A_2 M_2} = k$라고 하면 $\overline{A_2 B_2} = 2k$, $\overline{B_1 B_2} = 1-k$이고

$2k : (1-k) = 2 : 1$에서 $k = \frac{1}{2}$

따라서 그림 R_1과 R_2의 넓이의 비는 $2^2 : 1^2 = 4 : 1$이다.

$$\therefore \lim_{n \to \infty} S_n = \frac{(7-3\sqrt{5})\pi}{1-\frac{1}{4}} = \frac{4(7-3\sqrt{5})}{3}\pi$$

개념 체크체크

역함수의 그래프와 정적분

역함수를 적분하는 경우에는 그래프를 그리면 더 쉽게 구할 수 있다.

$$\int_{f(a)}^{f(b)} f^{-1}(x)dx = bf(b) - af(a) - \int_a^b f(x)dx$$

※ 역함수를 적분하는 것은 y축으로부터의 넓이를 구하는 것이다.
$bf(b)$는 큰 직사각형 $af(a)$는 작은 직사각형의 넓이임을 쉽게 알 수 있다.

---

12 함수의 최대·최소   정답 ⑤

$\theta = \angle POA$라고 하면 각 점의 좌표는

$P(2\cos\theta,\ 2\sin\theta)$, $Q(0,\ 2\sin\theta)$, $R\left(2\cos\theta,\ \frac{1}{3}\right)$

이때 삼각형 PQR의 넓이를 $S(\theta)$라 하면

$$S(\theta) = \frac{1}{2} \times 2\cos\theta \times \left(2\sin\theta - \frac{1}{3}\right)$$
$$= \sin 2\theta - \frac{1}{3}\cos\theta$$

한편,

$$S'(\theta) = 2\cos 2\theta + \frac{1}{3}\sin\theta$$
$$= 2 - 4\sin^2\theta + \frac{1}{3}\sin\theta \quad (\because \cos 2\theta = 1 - 2\sin^2\theta)$$
$$= -\frac{1}{3}(12\sin^2\theta - \sin\theta - 6)$$
$$= -\frac{1}{3}(3\sin\theta + 2)(4\sin\theta - 3) \text{이므로}$$

$S'(\theta) = 0$에서 $\sin\theta = -\frac{2}{3}$ 또는 $\sin\theta = \frac{3}{4}$

즉 $\sin\theta = \frac{3}{4}$일 때 넓이가 최대가 되므로

$$\therefore S(\theta) = \frac{1}{2} \times 2\cos\theta \times \left(2\sin\theta - \frac{1}{3}\right)$$
$$= \frac{1}{2} \times \frac{\sqrt{7}}{2} \times \left(\frac{3}{2} - \frac{1}{3}\right) = \frac{7\sqrt{7}}{24}$$

---

13 등비급수의 활용   정답 ①

그림 R_1에서 정사각형의 한 변의 길이가 2이므로 삼각형 $A_1 B_1 M_1$의 넓이는 1이다.

그림 R_1의 원의 반지름의 길이를 r라 하고, $\overline{A_1 B_1} = a$, $\overline{B_1 M_1} = b$,
$\overline{M_1 A_1} = c$라고 하면 삼각형의 넓이는

$$\frac{1}{2}r(a+b+c) = \frac{1}{2}r(1+2+\sqrt{5}) = 1$$이므로

---

14 삼각함수의 미분   정답 ②

ㄱ. $\displaystyle\lim_{x \to 0+} f(x)f(-x) = \lim_{x \to 0+}(-1+\sin x)(1-\sin x) = -1$

$\displaystyle\lim_{x \to 0-} f(x)f(-x) = \lim_{x \to 0-}(1+\sin x)(-1-\sin x) = -1$

$\therefore \displaystyle\lim_{x \to 0} f(x)f(-x) = -1$ (참)

ㄴ. $f\left(\frac{\pi}{2}\right) = 0$이므로 $f\left(f\left(\frac{\pi}{2}\right)\right) = f(0) = 1$

x가 $\frac{\pi}{2}+$일 때 $f(x)$가 $0-$, x가 $\frac{\pi}{2}-$일 때 $f(x)$가 $0-$이므로

$$\lim_{x \to \frac{\pi}{2}} f(f(x)) = \lim_{x \to 0-} f(x) = 1 = f\left(f\left(\frac{\pi}{2}\right)\right)$$

따라서 $f(f(x))$는 $x = \frac{\pi}{2}$에서 연속이다. (참)

ㄷ. $\frac{d}{dx}\{f(x)\}^2 = 2f(x)f'(x)$에 대하여

$\displaystyle\lim_{x \to 0+} 2f(x)f'(x) = -2$, $\displaystyle\lim_{x \to 0-} 2f(x)f'(x) = 2$이므로 미분
가능하지 않다. (거짓)

따라서 옳은 것은 ㄱ, ㄴ이다.

개념 체크체크

함수의 미분가능과 연속

함수 $f(x)$가 $x = a$에서 미분가능하면 $f(x)$는 $x = a$에서 연속이다. 하지만 역이 반드시 성립하는 것은 아니다.

예를 들어 함수 $y = |x|$는 $x = 0$에서 연속이지만 미분가능하지 않다.

따라서 함수의 기울기가 급격하게 변하는 점, 즉 뾰족한 점에서는 연속이지만 미분가능하지 않다.

15 로그함수의 미분

$f(x) = ax^2 + bx + c$라 하자.

$f'(1) = 2a + b = \lim\limits_{x \to 0} \dfrac{\ln f(x)}{x} + \dfrac{1}{2}$ 이므로 x가 0일 때 극한

값이 존재하고 (분모)가 0이므로 (분자)가 0이어야 한다.

즉, $\ln f(0) = 0$ 이므로 $f(0) = 1$ 에서 $c = 1$

$$\lim_{x \to 0} \frac{\ln f(x)}{x} = \lim_{x \to 0} \frac{\ln(ax^2 + bx + 1)}{x}$$

$$= \lim_{x \to 0} \frac{\ln(ax^2 + bx + 1) \times (ax^2 + bx)}{x \times (ax^2 + bx)} = b$$

$f'(1) = 2a + b = b + \dfrac{1}{2}$ 이므로 $a = \dfrac{1}{4}$

$f(1) = a + b + 1 = 2$ 이므로 $b = \dfrac{3}{4}$

따라서 $f(x) = \dfrac{1}{4}x^2 + \dfrac{3}{4}x + 1$ 이므로

$\therefore f(8) = 23$

다른 풀이

$f'(1) = \lim\limits_{x \to 0} \dfrac{\ln f(x)}{x} + \dfrac{1}{2}$ 에서 x가 0일 때 (분모)가 0이므로 (분

자)가 0이어야 한다.

$\ln f(0) = 0 \qquad f(0) = 1$

$$\lim_{x \to 0} \frac{\ln f(x)}{x} = \lim_{x \to 0} \frac{f(x) - 1}{x} = \lim_{x \to 0} \frac{f(x) - f(0)}{x} = f'(0)$$

$f'(1) = f'(0) + \dfrac{1}{2} \qquad f'(1) - f'(0) = \dfrac{1}{2}$

$f'(x) = \dfrac{1}{2}x + a$ ($\because f(x)$가 이차함수이므로 $f'(x)$는 일차함수)

$f(x) = \dfrac{1}{4}x^2 + ax + 1$

$f(1) = \dfrac{1}{4} + a + 1 = 2$

$a = \dfrac{3}{4}$

$f(x) = \dfrac{1}{4}x^2 + \dfrac{3}{4}x + 1$ 이므로

$\therefore f(8) = \dfrac{1}{4} \times 64 + \dfrac{3}{4} \times 8 + 1 = 23$

16 삼각함수의 극한

$\mathrm{P}(t, \cos 2t)$, $\mathrm{Q}(-t, \cos 2t)$, $\mathrm{R}(0, 1)$, $\mathrm{C}(0, f(t))$ 이므로

원의 방정식은 $x^2 + (y - f(t))^2 = (1 - f(t))^2$ ...... ㉠

㉠에 점 $\mathrm{P}(t, \cos 2t)$를 대입하면

$t^2 + (\cos 2t - f(t))^2 = (1 - f(t))^2$

$t^2 + \cos^2 2t - 2f(t)\cos 2t = 1 - 2f(t)$

$\therefore f(t) = \dfrac{t^2 + \cos^2 2t - 1}{2(\cos 2t - 1)} = \dfrac{-t^2 + \sin^2 2t}{4\sin^2 t}$

$\therefore \lim\limits_{t \to 0+} f(t) = \lim\limits_{t \to 0+} \dfrac{-t^2 + \sin^2 2t}{4\sin^2 t} = \dfrac{3}{4}$ (★)

따라서 $\alpha = \dfrac{3}{4}$ 이므로

$\therefore 100\alpha = 75$

다른 풀이

반지름의 길이가 같은 것을 이용하여 풀어도 된다.

$\overline{\mathrm{CR}} = \overline{\mathrm{CP}}$ 이므로 $1 - f(t) = \sqrt{t^2 + \{\cos 2t - f(t)\}^2}$

양변을 제곱하여 풀면,

$1 - 2f(t) + \{f(t)\}^2$

$= t^2 + \cos^2 2t - 2\cos 2t \cdot f(t) + \{f(t)\}^2$

$2f(t)(\cos 2t - 1) = t^2 + \cos^2 2t - 1$

$f(t) = \dfrac{t^2 + \cos^2 2t - 1}{2(\cos 2t - 1)}$

이하 계산과정은 위의 것과 같다.

> ※ ★의 풀이
>
> $$\lim_{t \to 0+} \frac{-t^2 + \sin^2 2t}{4\sin^2 t} = \lim_{t \to 0+} \frac{-t^2}{4\sin^2 t} + \lim_{t \to 0+} \frac{\sin^2 2t}{4\sin^2 t}$$
>
> $$= -\frac{1}{4}\lim_{t \to 0+}\left(\frac{t}{\sin t}\right)^2 + \lim_{t \to 0+} \frac{(2\sin t \cos t)^2}{4\sin^2 t}$$
>
> $$= -\frac{1}{4} + 1$$
>
> $$= \frac{3}{4}$$

17 회전체의 부피

타원의 단축의 절반 길이(b)는 2, 장축의 절반 길이(a)는

$\sqrt{4^2 + 2^2} = 2\sqrt{5}$ 이므로 타원의 방정식은 $\dfrac{x^2}{20} + \dfrac{y^2}{4} = 1$ 이다.

$\therefore V = \pi \displaystyle\int_{-2}^{2} x^2 dy = \pi \int_{-2}^{2} (20 - 5y^2) dy$

$\qquad = 2\pi \displaystyle\int_{0}^{2} (20 - 5y^2) dy = \dfrac{160}{3}\pi$

$\therefore \dfrac{3V}{\pi} = 160$

18 좌표공간에서의 선분의 내분점 　　　　정답 ③

두 점 $A(2, 3, -1)$, $B(-1, 3, 2)$에 대하여 선분 AB를 $1:2$로 내분하는 점의 좌표는

$$(a, b, c) = \left(\frac{-1+2\times 2}{1+2}, \frac{3+2\times 3}{1+2}, \frac{2+2\times(-1)}{1+2} \right)$$
$$= (1, 3, 0)$$

따라서 $a=1$, $b=3$, $c=0$이므로

$\therefore a+b+c=4$

19 쌍곡선의 접선의 방정식 　　　　정답 ①

점 $(2, b)$가 쌍곡선 위의 점이므로

$28 - ab^2 = 20$

$\therefore ab^2 = 8$

쌍곡선 $7x^2 - ay^2 = 20$의 양변을 x에 대하여 미분하면

$14x - 2ay\dfrac{dy}{dx} = 0$이므로

$\dfrac{dy}{dx} = \dfrac{7x}{ay}$

이때 점 $(2, b)$에서의 접선의 방정식은

$y = \dfrac{14}{ab}(x-2) + b$

이 접선이 점 $(0, -5)$를 지나므로

$-5 = \dfrac{14}{ab}(-2) + b$

$-5ab = -28 + ab^2 = -20 \; (\because ab^2 = 8)$

따라서 $ab = 4$, $ab^2 = 8$이므로

$a = b = 2$

$\therefore a+b = 4$

┌─ **개념 체크체크** ─┐

1. 음함수의 미분법

x의 함수 y가 음함수 $f(x, y) = 0$의 꼴로 주어졌을 때, y를 x의 함수로 보고 각 항을 x에 대하여 미분하여 $\dfrac{dy}{dx}$를 구한다.

2. 음함수로 나타낸 평면곡선의 접선의 방정식

평면곡선 $f(x, y) = 0$ 위의 점 P에서의 접선의 방정식은 다음과 같이 구할 수 있다.

(1) 음함수의 미분법을 이용하여 $\dfrac{dy}{dx}$를 구한다.

(2) (1)에서 구한 $\dfrac{dy}{dx}$에서 점 P의 좌표를 대입하여 접선의 기울기를 구한다.

(3) 점 P의 좌표와 (2)에서 구한 접선의 기울기를 이용하여 접선의 방정식을 구한다.

20 점과 평면 사이의 거리 　　　　정답 ③

구의 중심을 $C(2, 2, 1)$이라 하고, 점 P를 $P(a, b, 0)$이라고 하면

$\overrightarrow{CP} = (a-2, b-2, -1)$

$\overrightarrow{CP}$가 평면 α의 법선벡터이므로 점 $A(3, 3, -4)$를 지나는 평면 α의 방정식은 $(a-2)(x-3) + (b-2)(y-3) - 1(z+4) = 0$

$\therefore (a-2)x + (b-2)y - z - 3(a+b-4) - 4 = 0$

따라서 원점과 평면 α 사이의 거리는

$$\frac{|-3(a+b-4)-4|}{\sqrt{(a-2)^2 + (b-2)^2 + 1}}$$

이때 점 P가 구 위의 점이므로 $(a-2)^2 + (b-2)^2 + 1 = 9$이고

점 P가 평면 α 위의 점이므로

$a(a-2) + b(b-2) - 3(a+b-4) - 4 = 0$

두 식을 연립하여 풀면 $a+b = 8$

따라서 구하는 거리는

$$\frac{|-3(a+b-4)-4|}{\sqrt{(a-2)^2 + (b-2)^2 + 1}} = \frac{|-16|}{3} = \frac{16}{3}$$

┌ **다른 풀이** ┐

계산을 쉽게 하기 위해 점 P를 $P(a+2, b+2, 0)$이라 하면 평면 α의 법선벡터

$\overrightarrow{CP} = (a, b, -1)$

xy평면의 원의 방정식은

$(x-2)^2 + (y-2)^2 = 8$

점 P가 이 원 위에 있으므로

$a^2 + b^2 = 8$

법선벡터가 $\overrightarrow{CP}$이고 점 $A(3, 3, -4)$를 지나는 평면 α의 방정식은

$a(x-3) + b(y-3) - (z+4) = 0$

$ax + by - z - 3(a+b) - 4 = 0$

점 P가 평면 α 위에도 있으므로

$a(a+2) + b(b+2) - 3(a+b) - 4 = 0$

$a^2 + b^2 - a - b - 4 = 0$, $a+b = 8-4 = 4$

$\therefore$ (원점과 평면 α 사이의 거리)

$$= \frac{|-3(a+b)-4|}{\sqrt{a^2+b^2+(-1)^2}} = \frac{|-3\times 4 - 4|}{\sqrt{8+1}} = \frac{16}{3}$$

┌─ **개념 체크체크** ─┐

1. 평면의 방정식

법선벡터 $\overrightarrow{n} = (a, b, c)$이고 (x_0, y_0, z_0)를 지나는 평면의 방정식은

$a(x-x_0) + b(y-y_0) + c(z-z_0) = 0$

2. 점과 평면 사이의 거리

평면 $ax + by + cz + d = 0$과 점 (x_1, y_1, z_1) 사이의 거리는

$$\frac{|ax_1 + by_1 + cz_1 + d|}{\sqrt{a^2 + b^2 + c^2}}$$

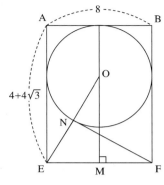

원의 중심 O에서 $\overline{EF}$에 내린 수선의 발을 M이라고 하면
$\overline{OM} = 4\sqrt{3}$ 이므로 △OEM에서 피타고라스 정리에 의해
$$\overline{OE} = \sqrt{(4\sqrt{3})^2 + 4^2} = 8$$
원과 $\overline{OE}$가 만나는 점을 N이라고 하면
$$\overline{EN} = 4$$
이때 △OEM과 △NEF는 SAS 합동이고, $\angle ENF = 90°$이다.
$\angle EOM = \theta$라고 하면 $\angle EFN = \theta$이고,
$\tan\theta = \dfrac{4}{4\sqrt{3}} = \dfrac{\sqrt{3}}{3}$ 이므로

$$\theta = \frac{\pi}{6} \quad \therefore \angle NEF = \frac{\pi}{3}$$

따라서 $S_1\cos\dfrac{\pi}{6} + S_2\cos\dfrac{\pi}{3} = \dfrac{\sqrt{3}}{2}S_1 + \dfrac{1}{2}S_2 = 16\pi$이므로

$$\frac{\sqrt{3}}{2}\left(S_1 + \frac{1}{\sqrt{3}}S_2\right) = 16\pi$$

$$\therefore S_1 + \frac{1}{\sqrt{3}}S_2 = 16\pi \times \frac{2}{\sqrt{3}}$$
$$= \frac{32\sqrt{3}}{3}\pi$$

◁ 개념 체크체크 ▷

1. **정사영**
   평면 α 위에 있지 않은 한 점 P에서 평면 α에 내린 수선의 발을 P′이라 할 때, 점 P′을 점 P의 평면 α 위로의 정사영이라 한다.

2. **정사영의 길이**
   선분 AB의 평면 α 위로의 정사영을 선분 A′B′이라 하고, 직선 AB와 평면 α가 이루는 예각의 크기를 θ라 하면
   $\overline{A'B'} = \overline{AB}\cos\theta$

3. **정사영의 넓이**
   평면 α 위의 도형의 넓이를 S, 이 도형의 평면 β 위로의 정사영의 넓이를 S'이라 하고, 두 평면 α, β가 이루는 예각의 크기를 θ라 하면
   $S' = S\cos\theta$

※ 이 문제처럼 좌표공간에 도형이 복잡하게 생겼을 때에는 단면을 잘라서 구한다.

$2x^2 + y^2 = 16$에서 $\dfrac{x^2}{(2\sqrt{2})^2} + \dfrac{y^2}{4^2} = 1$이므로 두 초점 F, F′의 좌표는 $F(0, 2\sqrt{2})$, $F'(0, -2\sqrt{2})$이다.
따라서 $\overline{PF} + \overline{PF'} = 2 \times 4 = 8$이고, $\overline{PF'} = 3\overline{PF}$이므로
$$\overline{PF} = 2, \quad \overline{PF'} = 6$$
$$\therefore \overline{PF} \times \overline{PF'} = 12$$

$$\overrightarrow{AB} \cdot \overrightarrow{OP} = \overrightarrow{AB} \cdot (\overrightarrow{AP} - \overrightarrow{AO}) = \overrightarrow{AB} \cdot \overrightarrow{AP} - \overrightarrow{AB} \cdot \overrightarrow{AO}$$
$$= |\overrightarrow{AB}||\overrightarrow{AP}|\cos\alpha - |\overrightarrow{AB}||\overrightarrow{AO}|\cos\beta$$

세 점 O, A, B는 고정되어 있으므로 $\overrightarrow{AB} \cdot \overrightarrow{AP}$가 최대일 때 $\overrightarrow{AB} \cdot \overrightarrow{OP}$가 최대이다.

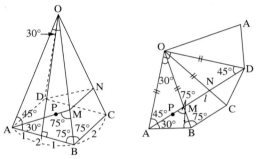

최단경로는 전개도에서 두 점 A와 D를 잇는 직선이므로 최단경로 l이 $\overline{OB}$와 만나는 점을 M이라고 하면 △OAD가 직각이등변삼각형이 되어 $\angle MAB = 30°$이다. 또한 $\angle MBA = \angle AMP = 75°$가 되어 △AMB는 이등변삼각형이 된다.
$\therefore \overrightarrow{AB} \cdot \overrightarrow{AP} \le 2 \times 2 \times \cos 30° = 2\sqrt{3}$ (P가 M에 위치할 때 최대가 됨)
$$\overrightarrow{AB} \cdot \overrightarrow{AO} = 2 \times \overrightarrow{AO} \times \cos(\angle OAB) = 2 \times 1 = 2$$이므로
$$\overrightarrow{AB} \cdot \overrightarrow{OP} = \overrightarrow{AB} \cdot \overrightarrow{AP} - \overrightarrow{AB} \cdot \overrightarrow{AO} \le 2\sqrt{3} - 2$$이다.
즉, $a = 2$, $b = -2$이므로
$$\therefore a^2 + b^2 = 8$$

◁ 개념 체크체크 ▷

최단경로, 벡터의 내적
각 이등변삼각형의 내각이 $30°$이므로 전개도에서 △OAD는 직각이등변삼각형으로 $\angle OAM = 45°$, $\angle MAB = 30°$이다.
(1) 점 P가 $\overline{AM}$ 위에 있을 경우
   $$\overrightarrow{AB} \cdot \overrightarrow{AP} \le |\overrightarrow{AB}||\overrightarrow{AM}|\cos 30° = 2\sqrt{3}$$
(2) 점 P가 $\overline{MN}$ 위에 있을 경우
   $$\overrightarrow{AB} \cdot \overrightarrow{AP} = \overrightarrow{AB} \cdot (\overrightarrow{AM} + \overrightarrow{MP}) = \overrightarrow{AB} \cdot \overrightarrow{AM} = 2\sqrt{3}$$
   $$= \overrightarrow{AB} \cdot \overrightarrow{AE} = 2\sqrt{3}$$
※ $\angle AMB = \angle OBC$에서 $\overline{MN} /\!/ \overline{BC}$이고 $\overline{AB} \perp \overline{BC}$이므로 $\overline{AB} \perp \overline{MP}$이다.

4 기타

24 행렬의 연산   정답 ⑤

$A+B$의 1행의 모든 성분의 합은 3이고, 2행의 모든 성분의 합은 6이다.

따라서 $A+B$의 모든 성분의 합은 9이고, A의 모든 성분의 합이 2이므로 행렬 B의 모든 성분의 합은 7이다.

25 일차변환   정답 ④

$AB = \begin{pmatrix} 2a+c & 2b+d \\ a+c & b+d \end{pmatrix}$

$AB\begin{pmatrix} 1 \\ 0 \end{pmatrix} = \begin{pmatrix} 2a+c \\ a+c \end{pmatrix} = \begin{pmatrix} 0 \\ 2 \end{pmatrix}$

$AB\begin{pmatrix} 0 \\ 1 \end{pmatrix} = \begin{pmatrix} 2b+d \\ b+d \end{pmatrix} = \begin{pmatrix} -2 \\ 0 \end{pmatrix}$

즉, $2a+c=0$, $a+c=2$, $2b+d=-2$, $b+d=0$이므로

위 네 식을 연립하여 풀면

$a=-2$, $b=-2$, $c=4$, $d=2$

$\therefore a+b+c+d=2$

26 삼각함수의 합성   정답 ②

$f(x) = 2\sin\left(x+\dfrac{\pi}{3}\right) + \sqrt{3}\cos x$

$\qquad = 2\sin x \cos\dfrac{\pi}{3} + 2\cos x \sin\dfrac{\pi}{3} + \sqrt{3}\cos x$

$\qquad = \sin x + 2\sqrt{3}\cos x$

$\qquad = \sqrt{13}\sin(x+\theta)\left(\text{단}, \sin\theta = \dfrac{2\sqrt{3}}{\sqrt{13}}, \cos\theta = \dfrac{1}{\sqrt{13}}\right)$

$x+\theta = \dfrac{\pi}{2}$ 일 때 함수 $f(x)$가 최댓값을 가지므로 $x = \dfrac{\pi}{2}-\theta$

$\therefore \tan x = \tan\left(\dfrac{\pi}{2}-\theta\right) = \cot\theta = \dfrac{\cos\theta}{\sin\theta} = \dfrac{1}{2\sqrt{3}} = \dfrac{\sqrt{3}}{6}$

> **개념 체크체크**
>
> 삼각함수의 덧셈정리
> (1) $\sin(\alpha \pm \beta) = \sin\alpha\cos\beta \pm \cos\alpha\sin\beta$ (복부호동순)
> (2) $\cos(\alpha \pm \beta) = \cos\alpha\cos\beta \mp \sin\alpha\sin\beta$ (복부호동순)
> (3) $\tan(\alpha \pm \beta) = \dfrac{\tan\alpha \pm \tan\beta}{1 \mp \tan\alpha\tan\beta}$ (복부호동순)

27 무리방정식   정답 ①

$\dfrac{1}{\sqrt{f(x)+3}} - \dfrac{1}{f(x)} = \dfrac{3}{f(x)\sqrt{f(x)+3}}$ 에서

$\dfrac{f(x) - \sqrt{f(x)+3}}{f(x)\sqrt{f(x)+3}} = \dfrac{3}{f(x)\sqrt{f(x)+3}}$

$\therefore f(x) - 3 = \sqrt{f(x)+3}$

위 식의 양변을 각각 제곱하면

$(f(x)-3)^2 = f(x)+3$

$f^2(x) - 7f(x) + 6 = 0$, $(f(x)-6)(f(x)-1) = 0$

$f(x) = 1$이면 식이 성립하지 않으므로 $f(x) = 6$이다.

$x^2 + 2kx + 2k^2 + k = 6$의 판별식을 D라 할 때 이차방정식이 서로 다른 두 개의 실근을 가지려면 $\dfrac{D}{4} = -k^2 - k + 6 > 0$이어야 하므로

$k^2 + k - 6 < 0$, $(k+3)(k-2) < 0$

$\therefore -3 < k < 2$

따라서 구하는 모든 정수의 합은

$\therefore (-2) + (-1) + 0 + 1 = -2$

28 로그의 정수 부분과 소수 부분   정답 ⑤

(i) $\displaystyle\sum_{k=1}^{5} g(x^k) = g(x) + g(x^2) + g(x^3) + g(x^4) + g(x^5)$

$\qquad\qquad = g(x^{10}) + 2$

$\qquad\qquad = g(x) + \{2g(x)-a\} + \{3g(x)-b\}$

$\qquad\qquad\quad + \{4g(x)-c\} + \{5g(x)-d\}$

$\qquad\qquad = \{10g(x)-e\} + 2$

$\qquad$ ($k=a$, b, c, d, e는 $0 \le ng(x)-k < 1$이 되는 정수)

$\qquad \therefore 5g(x) = a+b+c+d-e+2$

$\qquad$ a, b, c, d, e가 정수이므로 우변은 정수이고, 좌변도 정수이어야

$\qquad$ 하므로 $g(x) = \dfrac{n}{5}$ ($n = 1$, 2, 3, 4)

(ii) $\displaystyle\sum_{k=1}^{3} f(kx) = f(x) + f(2x) + f(3x) = 3f(x)$이므로

$\qquad f(2x) + f(3x) = 2f(x)$이고,

$\qquad f(3x) \ge f(2x) \ge f(x)$이므로 $f(2x) = f(3x) = f(x)$이다.

$\qquad \log 3x = f(3x) + g(3x) = f(x) + g(x) + \log 3$이고,

$\qquad f(3x) = f(x)$이므로 $g(x) + \log 3 < 1$이어야 한다.

$\qquad \therefore g(x) < 0.5229$

(i), (ii)에 의해 $g(x) = \dfrac{1}{5}$ 또는 $g(x) = \dfrac{2}{5}$이므로

$\log x = n + \dfrac{1}{5}$ 또는 $\log x = n + \dfrac{2}{5}$ ($n = 0$, 1, 2, 3, 4)

$\therefore \log A = \log x_1 + \log x_2 + \cdots + \log x_n$

$\qquad = \displaystyle\sum_{k=0}^{4}\left(k+\dfrac{1}{5}\right) + \sum_{k=0}^{4}\left(k+\dfrac{2}{5}\right)$

$\qquad = \dfrac{4\times 5}{2} + 5\times\dfrac{1}{5} + \dfrac{4\times 5}{2} + 5\times\dfrac{2}{5} = 23$

수학영역 B형   **173**

29 회전변환

$f \circ f = \dfrac{1}{9}\begin{pmatrix} 1 & -1 \\ 1 & 1 \end{pmatrix}\begin{pmatrix} 1 & -1 \\ 1 & 1 \end{pmatrix} = \dfrac{2}{9}\begin{pmatrix} 0 & -1 \\ 1 & 0 \end{pmatrix}$ 은 길이의 비가 $\dfrac{2}{9}$ 이고

$\dfrac{\pi}{2}$ 회전시키는 변환이므로 넓이는 $\left(\dfrac{2}{9}\right)^2$ 배가 된다.

따라서 $\square \mathrm{ABCD} = \dfrac{5(7+2)}{2} = \dfrac{45}{2}$ 이므로

$\therefore 81S = 81 \times \left(\dfrac{2}{9}\right)^2 \times \left(\dfrac{45}{2}\right) = 90$

30 역행렬과 연립일차방정식

조건 (가)에서 $(A-E)(A-3E) = E$이므로

$A^2 = 4A - 2E$

조건 (나)에서

$A^2\begin{pmatrix} -1 \\ 2 \end{pmatrix} = A\begin{pmatrix} 2 \\ 0 \end{pmatrix} = 4A\begin{pmatrix} -1 \\ 2 \end{pmatrix} - 2E\begin{pmatrix} -1 \\ 2 \end{pmatrix}$

$\qquad\qquad = 4\begin{pmatrix} 2 \\ 0 \end{pmatrix} - \begin{pmatrix} -2 \\ 4 \end{pmatrix} = \begin{pmatrix} 10 \\ -4 \end{pmatrix}$

$\therefore A\begin{pmatrix} 1 \\ 0 \end{pmatrix} = \begin{pmatrix} 5 \\ -2 \end{pmatrix}$

$\therefore \begin{pmatrix} x \\ y \end{pmatrix} = A\begin{pmatrix} 3 \\ 0 \end{pmatrix} = 3A\begin{pmatrix} 1 \\ 0 \end{pmatrix} = \begin{pmatrix} 15 \\ -6 \end{pmatrix}$

$\therefore x + y = 9$

2026 시대에듀 사관학교 10개년 기출문제 다잡기 [수학영역]

개정19판1쇄 발행	2025년 01월 10일(인쇄 2024년 11월 25일)
초 판 발 행	2006년 01월 25일(인쇄 2005년 09월 01일)
발 행 인	박영일
책 임 편 집	이해욱
편 저	시대특수대학연구소
편 집 진 행	박종옥 · 김희현
표지디자인	김지수
편집디자인	김기화 · 임창규
발 행 처	(주)시대교육
공 급 처	(주)시대고시기획
출 판 등 록	제10-1521호
주 소	서울시 마포구 큰우물로 75 [도화동 538 성지 B/D] 9F
전 화	1600-3600
팩 스	02-701-8823
홈 페 이 지	www.sdedu.co.kr

I S B N	979-11-383-8360-8
정 가	20,000원

시대에듀
한국사능력검정시험 대비 시리즈

한국사능력검정시험 기출문제집 시리즈

최신 기출문제 최다 수록!

>>> 기출 분석 4단계 해설로 합격 완성, 기본서가 필요없는 상세한 해설!

• PASSCODE 한국사능력검정시험
  기출문제집 800제 16회분 심화(1 · 2 · 3급)

• PASSCODE 한국사능력검정시험
  기출문제집 800제 16회분 기본(4 · 5 · 6급)

한국사능력검정시험 합격 완성 시리즈

완벽하게 시험에 대비하는 마스터플랜!

• PASSCODE 한국사능력검정시험
  한권으로 끝내기 심화(1 · 2 · 3급)

>>> 알짜 핵심 이론만 모은 한권으로
끝내기로 기본 개념 다지기!

• PASSCODE 한국사능력검정시험
  주제 · 시대 공략 기출문제집 심화(1 · 2 · 3급)

>>> 신유형을 대비할 수 있는 주제별 · 시대
별 이론과 기출문제로 단기 합격 공략!

• PASSCODE 한국사능력검정시험
  7일 완성 심화(1 · 2 · 3급)

>>> 기출 빅데이터를 바탕으로 선별한
핵심 주제 50개를 담은 7일 완성!

※ 도서의 구성과 이미지는 변경될 수 있습니다.